JN279002

ソクラテス以前の哲学者たち

【第2版】

G・S・カーク
J・E・レイヴン
M・スコフィールド 著

内山勝利
木原志乃
國方栄二
三浦要
丸橋裕 訳

THE PRESOCRATIC PHILOSOPHERS

京都大学学術出版会

The Presocratic Philosophers: A Critical History with a Selection of Texts (Second Edition) by G. S. Kirk, J. E. Raven and M. Schofield
Copyright © Cambridge University Press 1957, 1983

Japanese translation rights arranged with Cambridge University Press through Japan UNI Agency, Inc., Tokyo.

To
F. H. SANDBACH

目　次

　　日本語版への序　iii
　　第2版への序文　v
　　第1版への序文　viii
　　凡　例　xi
　　略語表　xii

はじめに——ソクラテス以前の哲学の典拠 …………………………3

哲学的宇宙生誕論の先駆者たち

第 1 章　哲学的宇宙生誕論の先駆者たち ……………………15
　　第1節　素朴な世界観　17
　　第2節　オケアノス　19
　　第3節　夜　27
　　第4節　オルペウス教の宇宙生誕論　32
　　第5節　ヘシオドスの宇宙生誕論と天地の分離　49
　　第6節　「混合的」神統記　64
　　第7節　哲学を目指して　96

イオニアの思想家たち

第 2 章　ミレトスのタレス …………………………………103
第 3 章　ミレトスのアナクシマンドロス ………………………133
第 4 章　ミレトスのアナクシメネス ………………………187
第 5 章　コロポンのクセノパネス ………………………213
第 6 章　エペソスのヘラクレイトス ………………………237

西方ギリシアの哲学

第 7 章　サモスのピュタゴラス ……………………………282
第 8 章　エレアのパルメニデス ……………………………309

第 9 章　エレアのゼノン ……………………………………341
第10章　アクラガスのエンペドクレス ……………………363
第11章　クロトンのピロラオスと
　　　　　前5世紀のピュタゴラス派 ……………………411

イオニア派の応答

第12章　クラゾメナイのアナクサゴラス …………………444
第13章　アテナイのアルケラオス …………………………483
第14章　サモスのメリッソス ………………………………489
第15章　原子論者たち――ミレトスのレウキッポスと
　　　　　アブデラのデモクリトス ………………………505
第16章　アポロニアのディオゲネス ………………………543

訳者あとがき　565

　地　　図
　主要文献一覧　573
　KRS／DK対照表　589
　出典個所索引　597
　固有名詞索引　611

日本語版への序

　ここに『ソクラテス以前の哲学者たち』第 2 版の日本語版への序を記すことは，わたしにとって大きな喜びである．日本は，古代ギリシア哲学研究において，最も躍進的なワールド・センターとなった．それゆえ，この分野に携わる多数の研究者，学生が，これからは邦語で 'KRS' に接しうるようになることを知り，それをすばらしいと思うことしきりである．多くの国々においてと同様，これまでのところ，ソクラテス，プラトン，アリストテレスが日本の研究者の関心の大きな部分を占めてきたし，当然ながら，これからもそれはつづくであろう．しかしながら，ソクラテス以前の哲学の魅力は多岐にわたり，かつ大きい．本書の刊行が，あらゆるレベルでの研究において——学部学生の教育から専門研究者の研究基盤まで——この分野へのさらなる関心を喚起する一助となることを期待する．

　本書（原著）の第 1 版が刊行されたのは 1957 年であった．1983 年に出た英語の第 2 版では，大きな改訂がなされた．それ以来 20 年以上が経過した．その間にわれわれの持つソクラテス以前の哲学像に重要な変化があっただろうか．たしかに研究状況は進展した．ソクラテス以前の思想家たちについての知識は，「学説誌」という二次的情報に基づいているところが大きいが，これについては多数の業績が現われた．その成果によって，学説誌家たちの典拠や研究基盤，そして彼らの知識の限界を，はっきりと取り押さえられるようになってきている．個々の論点についてのわれわれの理解を向上させる諸研究が現われたし，それぞれの哲学者について，従来の研究を統合化し総合化した校訂版の有用なものが何点も出ている．「ソクラテス以前の哲学者たち」というカテゴリーそのもの（最終的にはアリストテレスに由来する）についての活発な議論もなされてきた．すなわちそれは，本書はその立場に立っているのだが，一個の首尾一貫した思想伝統を捉えているのか，それともそれはより大きな知的集積のう

ちから，すなわち，医学，数学，宗教，魔術，弁論術，宇宙論，諸科学，そして哲学といった具合に，まったく異なるきわめて多様な既存諸分野に重なり合った，より大きな知的集積のうちから，むしろ任意に抽出されたものでしかないのか，についての議論である．最後になるが，初期ギリシア哲学と当時の西アジアの文化に盛行していた宗教的，宇宙論的な考え方との関係への関心が新たに巻き起こってもいる．そして，中でもジェフリー・ロイドは，ギリシア思想と中国思想との比較研究の道を開いた．

とはいえ，わたしの信ずるところ，本書『ソクラテス以前の哲学者たち』に提示された解釈の大筋と証拠の細目的な扱いは，時の吟味に全般的に持ちこたえた．ことによると，唯一エンペドクレスは再考してみるべき思想家かもしれない．ここでは，新しい証拠が活用できるようになった．『自然について』からの，これまで知られていなかったいくつかの詩行を含むパピュロス断片が同定され，それらが A. マルティンと O. プリマヴェージによる『ストラスブールのエンペドクレス』(*L'Empédocle de Strasbourg,* Berlin, 1999) によって公刊されたおかげである．ギリシア語原文の復元，新断片相互の関係，あるいはそれらがエンペドクレスの思想にどのような光を投ずるかについては，なお見解の相違がある．しかし，この新素材が確証を与える一つのこと，それは，エンペドクレスにおいて哲学が宗教的な固い信念と切り離せないものになっているという事実である——従来は『浄め（カタルモイ）』のものとされてきた諸断片が実は『自然について』に属するのではないかという，すでにこれまでも投じられてきた疑惑は，これで現実のものとなるまでに至った．おそらく，この邦訳版そのものが第2版を求められる頃までには，ストラスブール・テクスト群についての論争は十分な決着を見て，われわれのエンペドクレス論に正統性をもった改訂をほどこすために用いられるべきものとなっているであろう．

2005年4月

M. スコフィールド

第 2 版への序文

『ソクラテス以前の哲学者たち』が最初に公刊されて以来，もう 25 年以上になる．その間に多くの版が重ねられ，1963 年までは些細な訂正がなされたが，それ以降は変更されないままにきた．最近数年来，G. S. カーク (GSK) と J. E. レイヴン (JER) は，本書がなお耐用年限切れではないにしても，抜本的な改訂版が早急に必要であることを感じてきた．JER の健康が思わしくなく，しかも彼の研究関心がもっぱら植物に関することに傾注していた．そのため彼は，折をはかってチームに第三のメンバーを提案するよう，GSK に求めた．結果のとおり，JER が主に担当していた部分に大改訂が必要とされた．専門的な関心の動向の進展によるものであった．しかし，GSK もまた別分野での仕事をしていたために，手に余って協力者を要する状況にあった．M. スコフィールド (MS) は，1979 年にこの企画のパートナーとなることに同意し，作業がどのようになされるべきかについて，3 人全員の間で完全な一致が成立した．

この新版には，大々的で重要な変更がいくつか加えられている．MS はエレア派とピュタゴラス派についての章を全面的に書き改めた．主たる理由は，前者については分析哲学者による成果にあり，後者については（とりわけ）W. ブルケルトによる成果にある——この成果は，両派間の相互関係についてコーンフォード/レイヴンの立てた見解に，かなりの見直しを要請するものであった．アルクマイオンは，これらのいくつかの章のうちに組み入れられた．MS は，エンペドクレスの章についても，J. ボラックや G. ツンツその他による再解釈や，それらの巻き起こした論争を考慮に入れて，同様に全面的に書き改めた．エンペドクレスの断片をおそらく元通りのものと考えられる順序で配列したことで，より有益になったと読者に思ってもらえれば，と期待している．他方，アナクサゴラスについての章は，おおむね JER の執筆したままにとどめられている．MS は自分の解法（それについては *An Essay on Anaxagoras,*

Cambridge, 1980 参照) があちこちでどのように異なるかを注記しておいたが，本章はおおむね変更しないでおく，というのが三人の著者全員の要望であった．アルケラオスの個所も変更せずにおいた．ディオゲネスについては注を一つだけ増やした．原子論者については，アトム（原子）および空虚，そしてアトムの重さについて論じた形而上学的原理論の節を（D. J. ファーリー，J. バーンズ，D. オブライエンらの成果を考慮に入れて），さらに認識論と倫理学に関する節をも，MS が書き改めた——倫理学の節は，その多くが J. F. プロコペ氏（博士）による成果である．同氏に篤い感謝を表するものである．

　本書のはじめの部分は GSK によって全体を通して改訂されたが，全面的に書き直されたのは，わずかな個所である．先駆者たちを論じた第1章は，あちこちで配列の変更，短縮化，簡素化が行なわれ，さらには，新しいオルペウス教資料について，アルクマンの宇宙生誕論に関する断片について，神話から哲学への動きについての節が追加された．最近四半世紀にわたってミレトス派，クセノパネス，ヘラクレイトスについての刊行物は厖大な数に上るが，その影響力は，ピュタゴラス派やエレア派あるいはエンペドクレスについての成果に比較すれば，小さなものであった．考慮がはらわれたのは，特に C. H. カーン（アナクシマンドロスおよびヘラクレイトスについて），J. バーンズおよび W. K. C. ガスリーの寄与に対してであるが，本書の解釈と文章表現の上では，細部における多数の変更はともかくとして，きわめて大がかりな改変はされなかった．それは，本というものは，必要な個所を別にすれば，その手順や強調の置き所を抜本的に変えるべきではないとする全般的な確信を反映したものである．そしてまた，少なくとも GSK の判断としては，些細な争いは多々あるものの，本質的な前進は，ことこれらの初期思想家については，まことにわずかでしかなかったのである．

　特にギリシア語原文［この邦訳では割愛］よりもむしろ翻訳のほうを見る多数の読者にとって，はっきり改良された点は，翻訳を本文の中に組み入れたことである．参考文献は更新されている．新しい出典索引は N. オサリバン氏の労作である［この邦訳ではさらに補訂してある］．著者たちは彼に最大の謝意を呈するとともに，謝意はまた出版と印刷にたずさわった人たちに，彼らの助力と他に比して煩雑な稿を周到に取り扱ってくれたことに対しても呈するものである．ただし「著者たち」とは，遺憾なが

ら，存命の者たちのことである．JER は 1980 年 3 月に逝去した．享年 65 歳．彼の輝かしい才能と愛すべき人柄は『知友たちによるジョン・レイヴン』(*John Raven by his Friends,* published in 1981 by his widow, Faith Raven, from Docwra's Manor, Shepreth, Herts., England) が，よく伝えている．調子を明るいものに変えて，本書を F. H. サンドバッハ教授に再献呈できることは喜びである．同教授の深い学識は，初版当時にも増して今日よりよく拝察されるところである．

G. S. K.
M. S.

1983 年 6 月

第1版への序文

　本書は，第一には，初期ギリシア思想の歴史に通り一遍の関心以上のものを持ち合わせている人たちのために作られている．しかし，ギリシア語の部分にはすべて翻訳を付し，より細部にわたる議論の若干は小活字による注記として，当該段落の末尾[この邦訳では脚注]にまわすことによって，哲学史や科学史の研究者だがこの重要かつ魅力ある領域をこれまで知らなかったような人たちにも，本書を役立つものにすることをもくろんでもいる．

　二つの点を強調しておきたい．第一に，われわれは範囲をソクラテス以前の「自然学者」と彼らの先駆者に限定した．彼らが主に専心したのは，自然本性（ピュシス）と総体としての事物の全体的連関性であった．より特定化された学術的関心も，同時並行的に，前6世紀と5世紀にわたってずっと進展しつつあった．特に数学，天文学，地理学，医学，生物学などの領域においてである．しかし，紙面の不足，それにある程度は証拠の不足のために，こうした論題については，主要な自然学者の関心を越えたところまでの追求はひかえた．われわれはソフィストも対象除外とした．彼らの積極的意義を持った哲学的貢献は，しばしば誇張されがちだが，主として認識論と意味論の領域にある．第二に，われわれは必ずしも正統的定説（見解がかくも高速度で変化しつつある分野で，実際のところ，もしそうしたものがありうるとしてだが）の作成を期したわけではなく，多くの個所でわれわれ自身の解釈を表明することのほうを優先させた．それと同時に，つねにわれわれは，争われている論点については，他の諸解釈にも言及し，また読者が自分自身の判断をなしうるよう，つねに主要な素材を提示することに努めてきた．

　本書のうちイオニア派の伝統およびその先駆者を論じた部分，そして原子論者とディオゲネスを論じた部分（すなわち第1-6章，17章および18章）は，出典資料につい

ての付記とともに，G. S. カークが担当し，イタリア派の伝統を論じた部分およびアナクサゴラスとアルケラオスの章（すなわち第7-16章）はJ. E. レイヴンが担当した．各著者の草稿は，むろん，相互の綿密な検討に付されたし，本書の構成は全体にわたり両者によって立てられている．

　本書の各項目の長短は，見られるとおり，かなりまちまちである．証拠が比較的豊富ではっきりしているところ——特に，たとえばパルメニデスの場合のように，相当量の断片が残っているところ——では，注解はおのずから短めになることもある．証拠が比較的貧弱で錯綜しているところ——たとえばアナクシマンドロスやピュタゴラス派の場合——われわれの解明が長めでより込み入ったものにならざるをえない．特に第1章は，この主題でもしばしば黙殺されている部分であり，ことによるとそれの持つ最終的な重要性から見て，部分的には詳しすぎるかもしれない．専門家以外はその個所を後回しにすることをおすすめする．

　最も重要なテクストだけが引用されているが，そこにはどうしても個人的な取捨選択が入っていよう．ほぼ完全な断片および証言の集成は，H. ディールスの *Die Fragmente der Vorsokratiker*（第5版以降はW. クランツの編纂．ベルリン，1934-54年．[邦訳として『ソクラテス以前哲学者断片集』岩波書店，1996-98年]）によられたい．この基本的業績はDKという略記で言及されている．本書に引用された言及個所にDK番号（たとえばDK28A12）が付されている場合，それはDKが，当該個所において取り上げられた文言を，本書での引用よりも長く引用していることを意味している．DKへの参照が省略されているのは，当該テクストが本書引用より少なく，あるいは同じだけ挙げられている場合である．また断片引用の場合も省略されている（断片番号は，つねにディールスの番号づけにより，それらはDKのB項の番号に対応している）．引用原文に補訂があるが，特にそれ以上の情報がない場合，それらは一般にディールスによるものであり，DKの校訂注への参照が指示されていることもある．

　多数の知人から示唆や助力をいただいているのはもとよりのことであり，また，言うまでもなく，ツェラー，バーネット，コーンフォード，ロス，チャーニスなど，先行著作の書き手たちにも多くを負っている．恩恵を受けた点の多くは，本文中に明記してある．印刷上の助言と補佐については，ケンブリッジ大学出版部の印刷スタッフにお世話になった．H. ロイド-ジョーンズとI. R. D. マシューソンには校正に目を通

してもらうとともに，多くの有益な示唆をいただいた．いま一つ，F. H. サンドバッハから裨益されたところはきわめて大きい．最終稿に対して同氏からいただいた鋭く学識豊かな無数の意見は，この上なく貴重なものだった．捧げるに足らざるものながら，本書を同氏に献呈したい．

G. S. K.
J. E. R.

ケンブリッジ
1957 年 5 月

凡　例

1．原著には各資料のギリシア（ないしラテン）語テクストが採録され，それに英訳が付されているが，邦語版では原典は省略し，その邦訳のみとした．また，原著では本文中に組み込まれていた原注は脚注とした．

2．必要最小限と思われる範囲で訳注を付した．当該個所に＊を付して脚注としたものの他に，短いものは本文中に [ ] で組み入れた場合もある．なお [ ] は，原典資料中にKRSがコメントやテクスト・クリティークを付した場合にも用いられている．

3．ギリシア語のカタカナ表記にあたっては，
 (i) π と ϕ，τ と θ，κ と χ を区別しない．
 (ii) ου は「ゥ」で表記する（たとえば，「ヌース」でなく「ヌゥス」）．
 (iii) 固有名詞は原則として音引きを省くが，慣用化したもの（たとえば「エロース」「ゲー」など）で音引きを付したものもある．また，内容上母音の長短の区別が必要な場合に混用したものがある（たとえば「オーゲーノス」）．

4．原典資料の著者その他の古代人物名については，巻末の「出典索引」および「固有名詞索引」の当該項に手短な説明を付してある．訳注を補完するものとして適宜参照されたい．

5．巻末に「主要文献一覧」，「KRS／DK対照表」，「出典個所索引」，「固有名詞索引」を収載した．これらは，原著所収の索引とは別個のものとして作成し，さらなる便宜を図った．また簡潔な地中海周辺地図を折り込みで付した．

略 語 表

本書で用いられる略語は，自明なものを除くと，以下のようなものである．

ACPA	H. Cherniss, *Aristotle's Criticism of Plato and the Academy* (Baltimore, 1944).
AGP	*Archiv für Geschichte der Philosophie.*
AJP	*American Journal of Philology.*
ANET	*Ancient Near Eastern Texts relating to the Old Testament,* ed. J. B. Pritchard (2nd ed., Princeton, 1955).
CP	*Classical Philology.*
CQ	*Classical Quarterly.*
DK	*Die Fragmente der Vorsokratiker,* 5th to 7th eds., by H. Diels, ed. with additions by W. Kranz.（第6版 (1951-52)，第7版 (1954) は Kranz による増補版（第5版）を写真再版したものである．）
EGP	John Burnet, *Early Greek Philosophy,* 4th ed., London, 1930.（1920年刊行の第3版を訂正，再版したもの．）
GGN	*Nachrichten v. d. Gesellschaft zu Göttingen* (Phil.-hist. Klasse).
HGP	W. K. C. Guthrie, *A History of Greek Philososphy,* 6 vols. (Cambridge, 1962-81).
HSCP	*Harvard Studies in Classical Philology.*
JHS	*Journal of Hellenic Studies.*
J. Phil.	*Journal of Philology.*
KR	G. S. Kirk and J. E. Raven, *The Presocratic Philosophers* (Cambridge, 1957).
LSJ	Liddell and Scott, *A Greek-English Lexicon,* 9th ed., 1925-40, revised by H. Stuart Jones and R. McKenzie.
PCPS	*Proceedings of the Cambridge Philological Society.*
Rh. M.	*Rheinisches Museum.*
Σ	Scholion or scholiast（写本欄外の古注あるいは古注家．）．
SB Ber.	*Sitzungsberichte d. preussischen Akademie d. Wissenschaft.*
SVF	*Stoicorum Veterum Fragmenta,* ed. H. von Arnim (Leipzig, 1903-05).
ZPE	*Zeitschrift für Papyrologie und Epigraphik.*

ソクラテス以前の哲学者たち

はじめに——ソクラテス以前の哲学の典拠

A. 直接引用

　ソクラテス以前の思想家たちの断片そのものは，それ以降の時代の古代著作家たちの引用というかたちで伝えられている．引用者は前4世紀のプラトンから，後6世紀のシンプリキオスにわたり，さらには，まれなことだが，ヨハネス・ツェツェスのような後期ビザンティン時代の作家にまで及んでいる．引用を行なっている典拠の年代は，むろんそれの正確さについて信頼できる目安とはならない．たとえばプラトンは，どんな典拠から引用する場合にも，いい加減なやり方をしていることでよく知られている．彼はよく引用とパラフレーズをごたまぜにしているし，先行思想家に対する彼の態度は，しばしば客観的であるよりも冗談めいていたり諧謔的であったりする．これに対して，新プラトン派のシンプリキオスは，ソクラテス以前の人たちより完全に一千年後の人だが，長文の，明らかに正確な引用をしており，特にパルメニデス，エンペドクレス，アナクサゴラス，アポロニアのディオゲネスのものが多い．それらは著作に彩りをそえるためにではなく，アリストテレスの『自然学』や『天体論』への注解において，彼らの言葉をそのまま書き留めることによって，先行思想家に対するアリストテレスの見解を詳しく論ずることが必要だと考えたからである．ときには，シンプリキオスの引用は必要最小限以上の長さにわたっている．それは，彼が述べているところによれば，個々の古代著作は当時すでにきわめて希少になっていたからである．
　アリストテレスも，プラトン同様，直接引用は比較的わずかしかしなかったが，彼が主として評価されるのは，初期思想家たちについての要約と批評によってである．プラトン，アリストテレス，シンプリキオス以外では，言葉どおりの抜粋の典拠とし

て著名であり，個々に取り上げて特に説明を加えておいたほうがよさそうなのは，以下の人たちである．

(i) プルタルコス

後2世紀のアカデメイア派の哲学者で，歴史家，文筆家．多岐にわたる『倫理論集（モラリア）』において，ソクラテス以前の人たちから数百の引用をしている（しばしば引きのばしたり，語句を挿入したり，彼自身で言い換えたりもしている）．

(ii) セクストス・エンペイリコス

後2世紀後半の懐疑主義哲学者，医師．彼よりもおよそ2世紀古い時代に活動し，その人自身もヘレニズム時代の典拠に依拠するところの多かったアイネシデモスの説について詳しく論じた．セクストスは，認識や感覚の信頼性に関連した初期の文言を多数引用している．

(iii) アレクサンドリアのクレメンス

教義問答学校の学頭で，学識豊かだった．後2世紀後半から3世紀初頭にかけて活動．キリスト教に転向したが，クレメンスは，それにもかかわらずあらゆる分野のギリシア文献に関心を持ちつづけ，広い知識とすぐれた記憶力を発揮して，ギリシアの詩人や哲学者からの多数の引用により，異教信仰とキリスト教信仰の比較を的確なものにした（引用は主として『プロトレプティコス（キリスト教への勧め）』および8巻からなる『雑録集』でなされている）．

(iv) ヒッポリュトス

後3世紀，ローマの神学者．全9巻の『全異端派論駁』を著わし，キリスト教異端派を異教徒の哲学を復興するものであると主張して攻撃した．たとえば，ノエトスの異端説はヘラクレイトスの主張した相反的なものの一致という説を復興させたものだとした——その論争でヒッポリュトスは，立証を試みるために，17個以上のヘラクレイトスの言葉を引用しているが，その多くは他では知られないものである．

(v) ディオゲネス・ラエルティオス

おそらくは後3世紀に，瑣末ではあっても，われわれの観点からは重要な『著名な哲学者たちの生涯（哲学者列伝）』全10巻を編纂した．主としてヘレニズム時代の典拠から集められた伝記的，学説誌的記事の中に，時折短い引用を織り交ぜた．

(vi) ヨハネス・ストバイオス

後5世紀の抜粋集編纂者．『精華集』は全領域にわたるギリシア文献から教訓的な抜粋を集めたもので，倫理的な格言に特に力点が置かれている．ソクラテス以前の哲学者の多数の断片（特にデモクリトスのもの）が，彼によって伝えられているが，やや純粋さを欠いたものになっていることがしばしばである．ストバイオスの主たる典拠は，アレクサンドリア時代にさかんに編まれた摘要類や要約本であった．

以上に記した主要な典拠以外にも，ソクラテス以前の哲学者からの引用は，至るところで散発的になされている．エピクロス派のピロデモス，マルクス・アウレリウスのようなストア派，テュロスのマクシモスのような折衷派，クレメンスおよびヒッポリュトス以外のキリスト教著作家，たとえばオリゲネス，ときにアエティオス（次のB, 4, bを見られたい．彼の場合，直接引用はまれである），医師のガレノスや地誌学者のストラボンのような専門技術的著作家，食物や飲み物に関する抜粋集編纂者のアテナイオスなどにおけるものがある．そして，些細ならず重要であるのが新プラトン派の著作家のもので，ヌウメニオス，プロティノス，ポルピュリオス，イアンブリコス（後二者にはピュタゴラスについての著作がある）からプロクロス，そして，もちろん計り知れない価値を持ったシンプリキオスに至る人たちによるものである．

これら直接引用の典拠についての付記を締めくくるにさいして，強調しておかなければならないのは，直接引用をした人たちが必ずしも原著作を見るには及ばなかったということである．あらゆる種類の要約本や抜粋集や摘要などが，早くはヒッピアスから知られ（127ページ注17），アレクサンドリアの創建につづく3世紀間には多数作られていて，専門技術的な性格を持った散文による原典の大部分については，それらで十分に代用できると見なされていたからである．

B. 証言

(1) プラトン

プラトンは，ソクラテス以前の哲学者たちについての最初期の注解者である（エウリピデスやアリストパネスにはときたまの言及がありはするが）．彼の評言は，しかし，大部分がその場的なものにすぎず，また彼の引用の多くと同様に，諧謔精神と息抜き気分の所産である．したがって，彼のヘラクレイトスやパルメニデスやエンペドクレ

スへの言及は，しばしば気楽な obiter dicta（付言）の域を出るものではなく，しかも，まともになされた客観的な史実判断というよりも，むしろ一方的ないし誇張された言及でしかない．その点は認められるにしても，プラトンの言っていることには大きな価値がある．『パイドン』96A 以下の一節は，前5世紀の自然学上の通説についての有益で短い概観となっている．

(2) アリストテレス

　アリストテレスは，プラトンが払った以上に，まともな注意を哲学上の先行者たちに対して払い，いくつかの論考において，彼らの見解についてのかたちの整った概観を序として置いた．特に『形而上学』A 巻のものが目立っている．しかし，彼の判断は，彼の初期の哲学についての見解によって，しばしば歪曲されている．彼はそれを，アリストテレス自身がその自然学説，とりわけ原因に関する学説において明らかにした真理に向かうよちよち歩きとしか見ていなかったのである．しかし，多数の鋭く貴重な批評と事実に即した多くの情報が含まれているのは，むろんのことである．

(3) テオプラストス

　テオプラストスは，タレスからプラトンまでを含む，先行時期の哲学史に取り組んだ．それは，師のアリストテレスによって組織された百科事典的な活動への彼の寄与の一端をなすものであった——エウデモスが神学，天文学，数学の歴史に取り組み，メノンが医学の歴史に取り組んだのと同じである．ディオゲネス・ラエルティオスによる彼の著作一覧によれば，テオプラストスは17巻（あるいは18巻）の『自然学説誌』（あるいは『自然学者たちの学説誌』．ギリシア語属格形で Φυσικῶν δοξῶν [訳注*]）を著わした．これは後に2巻本に要約された．最終巻の「感覚について」だけが，大部分まとまったかたちで伝存している．しかし，第1巻の「素材（質料）因について」からの重要な抜粋が，シンプリキオスによって『アリストテレス「自然学」注解』の中に書き写された．（これらの抜粋の若干は，シンプリキオスが，重要なペリパトス派の注釈家アプロディシアスのアレクサンドロスの手になる，いまは失われた注解書から抜き書きしたものである．）これの第1巻でテオプラストスは，さまざまな思想

[訳注* ディオゲネス・ラエルティオスにある Φυσικῶν は Φυσικά（自然学的な）の属格形でもありうるし，Φυσικοί（自然学者たち）のそれでもありうる．]

家をおおむね年代順に取り上げ，彼らの出身地，父称，そしてときには年代と思想家相互の関係を付記している．伝存している諸巻では，主要な議論分野ごとの中だけで，年代順に配列されていた．全体的な歴史の他に，テオプラストスは，アナクシメネス，エンペドクレス，アナクサゴラス，アルケラオス，そして（数巻にわたる）デモクリトスについて個別の著作もした．それらは残念ながら失われた．おそらくテオプラストスは，これらの思想家については，労をいとわずに原資料を引照したものと思われる．しかし，今日参照できる証拠から見るかぎり，彼の判断は，これらの思想家についても，直接アリストテレスを元にしている場合が多く，新しい客観的な批評を加えることはあまりなされていない．

(4) 『学説誌』の伝統
 (a) その一般的性格

テオプラストスの大業績は，ソクラテス以前の哲学についての，古代世界に対する標準的な権威となり，それがそれ以降における「学説」（δόξαι, ἀρέσκοντα, あるいはplacita）の集成の典拠である．これらの集成は，さまざまな体裁をとった．

(i) テオプラストスの配列に準じて，各主要論題が別々の章立てで考察され，それぞれの思想家は各章ごとに順次扱われているもの．アエティオスおよび彼の典拠となった『学説誌旧版（Vetusta Placita）』（9ページを見られたい）のいき方は，これである．

(ii) 伝統的学説誌家たちは，各哲学者ごとに学説をすべて一括して考察し，生涯についての詳細をそれに付した——伝記は，相当部分が，スミュルナのヘルミッポス，ロドスのヒエロニュモス，キュジコスのネアンテスといった，ヘレニズム時代の伝記作家兼歴史家たちの熱にうかされたような空想力で補われたものだった．その結果は，ディオゲネス・ラエルティオスのごたまぜの伝記が好見本となっている．

(iii) もう一つのタイプの学説誌的事績は，Διαδοχαί（『学統誌』）すなわち哲学上の系譜を論じたものである．その元祖はペリパトス派の人アレクサンドリアのソティオンで，彼は前200年ごろに学派別に整理した先行哲学者たちの概説を著わした．名のある思想家たちが相互に師弟の線をなして関連づけられ，時代を下降してくるようになっている（これはテオプラストスによって始められたやり方を，ソティオンが拡張し定式化していったものである）．さらに言えば，イオニア派とイタリア派とが明確に区別されていた．教父たちによる学説誌の要約の多く（特にエウセビオス，エイレ

ナイオス，アルノビオス，テオドレトス——ただし，彼はアエティオスをも直接用いた——，聖アウグスティヌスなど）は，学統誌著作家たちに見られる短い記述をもとにしたものだった．

(iv) 年代誌家アレクサンドリアのアポロドロスは，前2世紀半ばに，哲学者たちの年代と学説について，韻律を伴った記述のかたちで著わした．そのもとになったのは，一部はソティオンによる学派と師弟の分類であり，一部はエラトステネスの年代誌であった．エラトステネスは，理にかなった仕方で，藝術家や哲学者や著作家，あるいは政治上のできごとに年代を割り当てていた．アポロドロスは彼の残した空隙を埋めたが，それはきわめて恣意的な原則によるものだった．当該哲学者のアクメー（盛年），すなわち主要な活動時期は40歳のときだったと想定され，しかも多数の年代誌的に大きなできごと，たとえば前546／45年のサルディスの陥落，あるいは前444／43年のトゥゥリオイの創建のようなことがあった年のうちで，最も近いものがそれに一致するものとされたのである．さらには，弟子とされる人物はその師と想定された人物よりも，つねに40歳若いものとされていた．

(b) アエティオスと『学説誌旧版（Vetusta Placita）』

二つの現存する学説誌の要約版は，相互によく似ているが，それらはそれぞれ独立的に，失われた一つの原本に由来したものである．原本となった『学説誌』の集成はアエティオスによるものであった．彼はこのこと以外では無名の抜粋編纂者で，おそらくは後2世紀の人である．彼の名はテオドレトスに見られる言及から知られている．これら二つの現存する要約版とは，誤ってプルタルコスのものとされている5巻本の『自然学説摘要』とストバイオスの『精華集』第1巻（の大部分）に見られる『自然学的抜粋』のことである（広く読まれた前者に由来するものに，擬ガレノス，アテナゴラス，アキレウス，キュリロスらによる短い言及がある）．ディールスは，すぐれた著書『ギリシアの学説誌家たち（Doxographi Graeci）』において，これら二つの資料を2欄に並列させたものをアエティオスの『学説誌（Placita）』として編成した．これが，われわれの手にできる，つねに最も精確なとは言いがたいにせよ，最も包括的な学説誌の典拠となっているものである．

アエティオスの作業は，直接にテオプラストスの歴史書に基づいたものではなく，その中型要約版によっていた．それは，おそらくは，前1世紀にポセイドニオスの学

派で作成されたものであった．この失われた著作はディールスによって『学説誌旧版 (Vetusta Placita)』と名づけられた．そこには，ストア派，エピクロス派，ペリパトス派の諸学説が，テオプラストスによって記録されていたものに追加されるとともに，テオプラストスに由来するものの多くはストア派的な再定式化をこうむることとなった．アエティオス自身もストア派およびエピクロス派の諸学説をさらに追加し，また若干の定義と序論的なコメントを付した．『学説誌旧版』の直接的使用は，ウァロによって（ケンソリヌス『生誕の日』において）なされ，またキケロ『アカデミカ第一』第2巻第37章118節における短い学説誌的記述にも見られる．

(c) その他の重要な学説誌的典拠

(i) ヒッポリュトス

彼の『全異端派論駁』の第1巻は，「哲学説 (Philosophoumena)」とも呼ばれ，かつてはオリゲネスのものとされていたが，それは主要な哲学者たちのそれぞれについての見解を含む，伝記的な学説誌である．タレス，ピュタゴラス，エンペドクレス，ヘラクレイトス，エレア派および原子論者の項は，取るに足りない要約版の伝記をもとにしたもので，その価値は低い．それに対して，アナクシマンドロス，アナクシメネス，アナクサゴラス，アルケラオス，クセノパネスの項は，より詳しくはるかに価値の高い伝記的典拠がもとになっている．多くの点で第二グループのコメントは，アエティオスにおける対応個所よりも，より詳しく，不正確なところも少ない．

(ii) 擬プルタルコスの『雑録集』

この短い「雑纂」（アエティオスを典拠とした『摘要』が，やはりプルタルコスのものとされているが，それとは区別しなければならない）は，エウセビオスに保存されている．その典拠はヒッポリュトスにおける第二グループと類似したものである．それとの違いは，こちらではテオプラストスのはじめのほうの諸巻での論題にしぼられていることで，扱われているのは素材的原理，宇宙生誕論，諸天体についてだけである．しかもいかにもあらずもがなの言葉を並べた，もったいぶった解釈になっている．とはいえ，他には見られない，いくつかの重要な細かい記述も含まれている．

(iii) ディオゲネス・ラエルティオス

多数の典拠から拾い集めた伝記的詳細のほか，アポロドロスからの有用な年代誌的情報，ディオゲネス自身の手になるみすぼらしいエピグラム，それに各思想家の学

説が，通常は，二分されたかたちの学説誌的覚書として羅列されている．第一のもの（ディオゲネスが κεφαλαιώδης すなわち要約的記述と呼んだもの）は，ヒッポリュトスが第一グループで用いたものに類する，つまらない伝記的典拠に基づいているが，第二のもの（ἐπὶ μέρους すなわち各論的記述）は，ヒッポリュトスが第二グループで用いたものに類する，より詳しい，より信頼度の高い摘要に基づいている．

(5) む す び

銘記しておかなければならないのは，直接テオプラストスに由来する伝統とは独立の多数の著作家たちが，初期の哲学者たちについて専門に論じた著作を捧げたことである．たとえば，前4世紀のアカデメイア派のポントスのヘラクレイデスはヘラクレイトスについての4巻本を著わしし，ストア派のクレアンテスもそうだった．またアリストテレスの弟子のアリストクセノスはピュタゴラスについてのものを含む，いくつかの伝記を著わした．したがって，プルタルコスやクレメンスのような後期折衷派の資料には，非テオプラストス的な見解がぽつんと現われている可能性もあることは，考慮に入れておかなければならない．もっとも，そうだと認められるような見解も大部分は，それにもかかわらず，アリストテレス派の，あるいはストア派やエピクロス派の，あるいは懐疑派の影響の兆候が見られるのである．

テオプラストスは依然として主要な情報源であり，彼の著作は学説誌家たちを介して，あるいはシンプリキオスの引用や，伝存する『感覚論』を介して，われわれに伝えられている．それらから明らかなように，テオプラストスはアリストテレスの強い影響を受けた——ことによるとテオプラストスにはあったのかもしれないが，すでに述べたように，アリストテレスには極力歴史的客観性を期そうとするつもりはなかった．テオプラストスには，彼以前の時代の動向や別個の思想世界を理解することは，とうてい期待されてしかるべきほどには，うまくやれなかった．より大きな欠陥は，いったん解明の一般的なパターンが抽出されてしまうと，特に宇宙論的なできごとについては，彼が十分な証拠を持ちあわせていないような事例にまで，おそらくは思い切りよすぎる仕方で，それを押しつけがちだったことである——そうした事例はさほど稀ではなかったようである．したがって，われわれがソクラテス以前の思想家たちを理解するにあたっては，アリストテレスないしテオプラストス的な解釈が，たとえそれを正確に再構成できたとしても，当の哲学者自身からの適切で確かに本物と認め

られる抜粋によって裏付けされる場合にのみ，完全な確信を抱くのが正しい態度である．

哲学的宇宙生誕論の先駆者たち

第1章
哲学的宇宙生誕論の先駆者たち

　この長い序章で検討する考え方のいくつかは，ほんとうの意味では「哲学的」とは言いにくいものである．分類上は合理的というよりも，むしろ神話的なものである．しかし，それにもかかわらず，それらはタレスによって始められたような世界説明の仕方への先触れとして意義深いものに思われるのである．
　ここで関心の対象となっているのは，純然たる神話そのものではない．神話的な言葉づかいによって，神話上の登場人物を介して語られてはいても，より直接的で経験的で非象徴的な思考方法の成果であるような諸概念である．これらの準合理的な世界観は，ほとんどの場合，世界の最初期の歴史にかかわっていて，世界の誕生ないし創成に始まっているとともに，（ヘシオドスの『神統記』でとりわけ目立った仕方でなされているように）伝説上の多数の神々を，世界の始まりにいた共通の一人の祖先，あるいは二人の祖先から系譜づけて組織化する試みと重ね合わされている．
　もっとも，世界の祖先さがしに力を入れて取り組んだのは，ヘシオドスのようにおおむね神話的であるにせよ，ミレトス派の哲学者たちのようにおおむね合理的であるにせよ，少数の人たちだけにとどまったにちがいない．現にある世界の全体的な構造や共通に体験する環境は，より広範な関心の対象となった．そしてこの領域では，共通の，素朴ではあるが外に開かれた，しかしそれにもかかわらず神話的な要素を残した様相が広く受け容れられた．それは時折ホメロスに見てとられるところで，第1節で手短に記してある．第2節と第3節では，のちにギリシア人自身が宇宙生誕論的に重要なものと考えた二つの概念を吟味する．オケアノス（大海）とニュクス（夜）との二つである．

第4節から第6節で扱う四つの個別的な考え方は，いずれも第一義的には非哲学的な性格のものではあるが，しかしいずれも宇宙論的な論点を扱っている．はじめに取り上げるのはオルペウスと結びついた多様な宇宙生誕論的な考え方である．次いでヘシオドスの『神統記』，それから興味深いが断片的でしかないアルクマンの考え方，そして（やや均衡を欠いて長いものになっているのは否めないが）シュロスのペレキュデスを取り上げる．最後に第7節では，より完全に理性的なアプローチに移行するのには何が必要であったかについて手短に考察する．

　いくつかの論点では，先行する時代の近東の諸文化，とりわけバビュロニア，エジプト，ヒッタイトの比較神話学が援用されることになろう．ギリシアの宇宙生誕物語のいくつかと大河文明やその近隣地域の神統記的神話との間には，大きな類似性がある．それらの類似性は，タレスに至るまでの，そして彼を含めたギリシア的な考え方におけるいくつかの細かな部分を解明する手立てとなるものである．

　非ギリシア語テクストの主なものの翻訳は，J. B. プリチャード編『旧約聖書に関連する古代近東文書』(*Ancient Near Eastern Texts relating to the Old Testament,* Princeton, 3rd ed. 1969) によるのが，最も簡便である．以下で本書を参照する場合にはPritchard, *ANET* と表記する．すぐれた簡略版として，H. フランクフォート他による『哲学以前』(*Before Philosophy,* Harmondsworth, 1949. 『古代人の知的冒険』(*The Intellectual Adventure of Ancient Man,* Chicago University Press, 1946) がその原著である），O. R. ガーニー著『ヒッタイト』(*The Hittites,* Harmondsworth, rev. ed. 1961), G. S. カーク著『ギリシア神話の本質』(*The Nature of Greek Myths,* Harmondsworth, 1974) の第11章がある．いずれも「ペリカン叢書」に収められている．

　この章では，魂概念の発展についてはあまり論じない．ホメロスのプシューケー（魂）観，つまり実質のない身体イメージとしての気息霊が生を付与するとともに，ハデス（冥界）にあっても惨めな血の気のない存在として存続する，という考え方は，ここで述べる必要がないほどになじみのものであろう．E. R. ドッズの『ギリシア人と非理性』(*The Greeks and the Irrational,* Berkeley, 1951) とイェーガーの『初期ギリシア哲学者の神学』(*Theology of the Early Greek Philosophers,* Oxford, 1947) の第5章に，哲学に先行する，一般の人びとの魂観がうまく述べられている．

　魂を道徳上何か重要なものとしてはっきりと位置づけたのは，おそらくピュタゴラ

スが最初であり，魂を知ることと宇宙の構造を知ることとが呼応することを明確に示したのは，ヘラクレイトスが最初であった．とはいえ，魂の実質がアイテール（上層大気），つまり天体の実質と結びついているとする考え方は，前5世紀の詩作品の文脈から見て，ホメロスに特徴的な気息－霊魂の理念とともに，複合的に一体化した民間信仰の一部を，すでにそれ以前からなしていたものと思われる．こうした先行形態については，タレスの章，アナクシメネスの章，ヘラクレイトスの章で，要約的にまとめることにする．

　最初期においては，世界を説明しようとする意識的な努力の主要な狙いは，単純な，したがって十全に包括的な始源から世界が成長してくるところを叙述することにとどまっていた．人間的生に関する事柄は，別種の探究に属することだったようだ．事実，それは詩的伝統においてなされていたが，そこでは，古来受け継がれてきた思いなしが，ときには具合の悪いこともあったにせよ，なお正しいことと見なされていた．しかも，世界の原初状態や世界が多様化してくる仕方は，しばしば擬人化された仕方で，一人の親とか両親とかによって想像されていた．系譜論的な捉え方は，第7節で論ずるように，ミレトス派の哲学者たちがついに伝統的な神話の枠組を放棄したあとでさえも存続した．そうしたアプローチを完全に拒否したことは，ヘラクレイトスの斬新さの一つであった．

第1節　素朴な世界観

　一般人が世界の本性をどのように考えていたかについては，主としてホメロスにおいてあちこちでなされている言及からたどられるところによれば，ほぼ次のようである．天空（ウゥラノス）は鉢状の堅固な半球である（『イリアス』第17歌425行「青銅の天空」．また以下の個所を参照のこと．ピンダロス『ネメア祝勝歌』第6歌3-4行，『イリアス』第5歌504行および『オデュッセイア』第3歌2行「大いなる青銅の天空へ」，『オデュッセイア』第15歌329行および第17歌565行「鋼鉄の天空」．輝きとともに堅固さがこれらの金属名の形容詞句によって表現されているのであろう）．天空に蔽われた大地は円くて平らである．大地と天空の間の低層部は雲のところまで（雲も含

む）で，そこには「アーエール」すなわち靄が充満している．上層域（ときに「天空（ウゥラノス）」そのものと呼ばれる）が「アイテール」すなわち輝く上層大気で，それはときには燃え上がっているものと考えられている．『イリアス』第14歌288行には「モミの木がアーエールを突き抜けてアイテールに達している」とある．大地は表面下にずっと伸び拡がっていて，その根元はタルタロスに，あるいはその上のところにある．

1　ホメロス『イリアス』第8歌13行（ゼウスが語る）
　　　それともその者を引っ捕えて靄深きタルタロスへ投げ込んでやろうか，
　　　はるかに遠く隔たったところ，そこには地の底の果てなる穴倉があり，
　　　鉄の門を備え青銅の床張りがされていて，　　　　　　　　　　　　15
　　　ハデス（冥府）よりも下方に隔たること，天空が大地から隔たるに等
　　　　しいところ．

2　ヘシオドス『神統記』726行（タルタロスについて）
　　　（タルタロスの）まわりには青銅の牆がめぐらされ，それを取り囲んで，
　　　　闇夜が
　　　喉口のあたりを三重にたゆたっている．また上方には
　　　大地と荒涼たる海の根とが伸び来たっている．

このように，タルタロス（奈落の底）の周囲は，天空と同様に「青銅製」（したがって堅固かつ硬質な）である．対称性は天空と地表面との距離と，地表面と地底との距離とが等しいというところにも表われている．資料1の最終行に「ハデス（冥府）」とあるのは，もともと「大地」であるべきものが理に合わなくなった異文である．『神統記』720行には「大地よりも下方に隔たること，天空が大地から隔たるに等しい」とある．ハデス（冥府）とエレボス（闇）とタルタロス（奈落の底）との関係はややあいまいである．もっとも，タルタロスが地下世界の最底部であることはまぎれもない．地下世界と上方世界の対称性は，完全というわけではない．タルタロスの形は通常は半球形とは考えられていないし，天空は，しばしば神々の住み処としてのオリュンポス山という観念がそれにまとわりついているために，煩雑になっている．異文による考え方では，大地は下方に無限に伸びているともされた．

3 クセノパネス断片 28（＝資料 180）
　　われわれの足下に見られるもの，これが大地の上限であり，
　　空気と接している．だがその下方は限りなく先へ延びている．
　　　　　　　　　　　［ストラボン『地理書』第 1 巻 p. 12 Cas. 参照．］

これは後代の定式化であるが，しかも知的活動によるものというよりも，民間に流布していたものである．
　円盤状の大地の周囲には，知的に未開明な考え方によれば，大河オケアノスが流れていた．このオケアノスの観念は，先科学的なギリシア思想ではかなり重要なものであるので，次の節で論ずることにする．

第 2 節　オケアノス

(i) 大地を取り巻く河，あらゆる水の源としてのオケアノス

4 ホメロス『イリアス』第 18 歌 607 行
　　（ヘパイストスは）大河オケアノスの力強さを，
　　がっちりと仕上げられた楯の外縁部に描き込んだ．

5 ヘロドトス『歴史』第 4 巻 8 節
　　このオケアノスのことは，話としては，太陽の昇るところに発して大地全体を取り巻いて流れていると，（ギリシア人たちは）語っているが，実際にそれを立証しているわけではない．［第 2 巻 21 節，第 2 巻 23 節をも参照のこと．］

6 ホメロス『イリアス』第 21 歌 194 行
　　（ゼウスには）王者アケロオス（河の神）とて力及ばないし，
　　流れ深き大河オケアノスの力強さとても及ぶべくもない．
　　そのオケアノスからこそ，あらゆる河もあらゆる海も，
　　またあらゆる泉もあらゆる深い井戸も流れ出ているのだが．

オケアノスは円形状の地表面を取り巻いている．このことは，ホメロスの叙事詩には明確には述べられていないが，資料 4（アキレウスのために造られた楯は明らかに

円形だと考えられる）や資料8に，あるいはオケアノスに付されたいくつかの形容詞句，特に「流れもどる（ἀψόρροος）」（おそらく「それ自身に流れもどる」という意味であろう）という語に示唆されている．ヘロドトス（資料5）と同様，エウリピデスその他の人たちの文言にも，オケアノスが円環をなして取り巻いているという考え方が広く受け入れられていたことが示されている．もっとも，ホメロスには時として，特に『オデュッセイア』には，広い外海という意味での，ややルーズな用法がすでに現われ始めてはいる．

資料4はオケアノスを河として記述している．これもまた一般に受け入れられた見解であった．オケアノスの「流れ（ῥοαί）」という言い方は頻繁に出てくる．それは本来的には淡水からなるもののようであるが，資料6には，淡水と塩水とを問わず，地表ないし地下にあって閉ざされた流路をなす，あらゆる水流の源として記述されている．塩水とは単に大地によって何らか風味付けされた淡水であるという考え方は，学知の時代に入ってからは一般的なものであった．

大地を取り巻いている河というのは，一般に流布した世界描像における他の要素とはちがって，はっきりと経験にもとづいたものではなかった．天空は半円形に見えるし，一部の人の目には透過できないものと映る．「青銅張りの」と言われるのもそのためであり，またアナクシメネスやエンペドクレスでさえも，氷状であるとか固いものであると見なしている．大地は平らに見えるし，地平線は円形をなしているように見える．しかし，地の果てが淡水の河で区切られているということは，そう容易に経験で考えられはしない．航海をした人たちがもどってきて，地中海のかなたにあるいくつもの広大な海のことを伝えることはあっただろうが，しかしそれらは塩水であったことだろう．地中から湧き出す泉水は地下の河を思わせはするだろうが，しかし取り巻いて流れる河の存在につながるものではない．

したがって，この特殊な観念はエジプトやメソポタミアの大河文明に発祥したものであり，それが何らかの仕方でギリシアにもたらされ，ギリシア特有のかたちを付与されたとする可能性を考えてみなければなるまい．122ページ以下で見るように，大地は水の上に浮いているというタレスの考え方は，おそらくそのようにして借用されたものであろう．また特定の神話について，ギリシア類型のものとバビュロニアないしヒッタイト類型のものとが，細部において呼応一致していることは，いくつかの観

第1章　哲学的宇宙生誕論の先駆者たち

念がエーゲ海域で生まれたものでもなく，隣接域でギリシア語を話す人びとの文化中心地のどこかで，ギリシア到来以前に生まれたものでもないもので，しかしすでにヘシオドスの時代までに，あるいはおそらくずっとそれ以前からギリシア人の思考の中に根づいていたことを証している．そうした呼応一致については，60-64 ページで手短に論じられている．

　ホメロスだけに言及されている，万物の源としてのオケアノスのことは，非ギリシア的な神話上の理念を暗に指したものと思われる仕方でも現われている（26 ページ以下）．バビュロニアの考え方でも，いくつかのエジプト類型においても，大地は原初の水のただ中から干上がったりそれ自身を押し上げたりしてできたものと考えられていた[1]．そうした考え方がメソポタミアに発展するのは驚くべきことではない．その地では，土地は実際に両大河の間の沼沢地から形成されたからである．エジプトでも同様で，そこでは，毎年ナイルの洪水が引くにつれて，肥沃な土地が現われたからである．限りなく拡がる原初の水から土地が出現しても，それはなお水に取り囲まれているだろう．このことがギリシア的なオケアノス[2]の観念を形成する機縁となった

---

1) バビュロニアの天地創造叙事詩を参照のこと．それはおそらく紀元前の第二千年紀に起源を持っている．粘土板 I, 1-6（Pritchard, *ANET*, 60 f.）「高みにあって天空はいまだ名付けられていなかったとき，下方の堅い大地は名を呼ばれることのないままだった．原初のアプスこそは彼らの生みの親．そしてムンム-ティアマト，彼女がそれらすべてを生んだ，彼らの水流が混じり合って一体化したとき．アシの小屋はいまだ敷かれず，沼沢地はいまだ姿を現わしていなかった……」（E. A. スパイザーの英訳による．アプスとティアマトは，それぞれ原初の水の男性および女性原理である．ときとして，ただしここではおそらくそうではないが，彼ら両者はそれぞれ魚と塩水を象徴していた）．エジプトについては，たとえば前 24 世紀のヘリオポリス出土文書を参照のこと．*ANET*, p. 3「おおアトゥム-ケプレルよ，汝（原初の）丘の高みにありき……」（原初の小山とは無限の水域からせり上がった陸地の最初の一かけのことであった．それは多数のさまざまな宗教的拠点に位置していて，ピラミッドによって象徴された）．さらにもう一つ別伝は『死者の書』からのもの（このかたちになったのは，前二千年紀の後半である）「われひとりヌンにありしとき，われはアトゥムなり．レ現われし初めよりわれはレなり，かの者の創りしものを続べし初めより」（J. A. ウィルソンの英訳による．アトゥムはヘリオポリスで祀られていた創造神で，太陽神レと同じとされていた．ヌンは原初に拡がっていた水域である）．

2) もともと「オケアノス（Ὠκεανός）」は擬人化されていない記述語であった公算もあるし，あるいは「輪」を意味するアッカド語の uginna や，「取り囲むもの」を意味するサンスクリットの

ものと思われるが，むろんそういう公算もあるということで，けっして確実にそうだ，というのではない．原初的な水のモティーフがこのように民間伝承化していったときには，大地は一旦出現してのちは，強固に根を張ったものと見なされ，果てしなく広がった水（ただし，それはいつでも上限つまり表面を持ったものとは考えられていたようだが）は，膨大ではあっても必ずしも無限ではない河へと縮約されている[3]．

還流している河の存在は，太陽が馬と引き車とともに天空を渡ったのち，黄金の鉢に乗ってオケアノスの流れを回航し，ちょうど夜明け前に東方にもどる，とされた神話にも含まれた想定である．

 7 ミムネルモス断片 10 Diehl
   ヘリオス（太陽）は毎日労苦を背負って，
   いささかの休息とて
   彼の馬たちにも彼自身にもありはしない．薔薇の指せるエオス（曙）
    が
   オケアノスを後にして天空へと上り来たると，
   波をよぎって彼を運ぶのは愛らしい臥所，
   それはヘパイストスの手で空ろなかたちに作られた
   高価な黄金製で翼を持てるもの．水の面を
   眠れるうちにヘスペリス（夕闇）たちの国から
   アイティオプスたちの領土へと運び行けば，その地には素早い引き車
    と馬たちとが
   立ち止まって，朝早き生れのエオスの到来を待っていた．
   そこでヒュペリオンの子は彼の馬車へと乗り込んだ．

---

  a-çāyāna-ḥ と関係しているかもしれない．ホメロスやヘシオドスに何度か見られるような，神話的な姿に発展したのは，比較的後のことだったにちがいない．M. L. West, *Hesiod, Theogony* (Oxford, 1966), p. 201 をも参照のこと．
3) 『オデュッセイア』（XXIV, 11）における（おそらくは後代の）地下世界にまつわる挿話では，オケアノスには向こう岸があるものとされ，またヘシオドスでは「オケアノスのかなた」（『神統記』215, 274, 294）は「人の知らぬ領域」とされている（M. L. West）．

ここに述べられているような細部(それについてはステシコロスの断片8,1-4行Pageをも参照のこと)は,ホメロスには語られていない[4] エジプトでは,太陽は西から東へ舟に乗って旅をし,地下の水流をよぎっていくと考えられていた.これがギリシア人の考え方の起源だった可能性もあるし,そうでなかった可能性もある.しかし,碗とか鉢が選ばれているのは,太陽それ自体が円い形をしていることに由来しているのだろう.だから,多少は経験的なところもあって,全面的に神話詩的な観点ばかりではないことをもうかがわせる.ヘラクレイトス(資料227)では,太陽それ自体が火の充満した空洞の鉢として叙述されているから,この種の広く流布した考え方がもともとあって,それが太陽を馬車になぞらえる,より絵画的な考え方に取って代わられたのかもしれない.

(ii) 万物の根源あるいは始原としてのオケアノス

8 ホメロス『イリアス』第14歌200行(第14歌301行でも反復.ヘラが語る)
多くを養う大地(ガイア)の涯へと,
神々の祖なるオケアノスと母なるテテュスのもとへと赴こう…….

9 ホメロス『イリアス』第14歌244行(ヒュプノスが語る)
永遠なる神々なりと,他のお方ならば,
たやすく眠りに就かせることができましょう,   245
たとえ万物の生みの親たるオケアノスの流れであろうとも.
しかし,クロノスの御子なるゼウスのもとへ近寄ることはかなうまいし,
彼おん自らの命(めい)なくば,眠りを送ることとてできはしません.

---

[4] 太陽はオケアノスから昇るが(たとえば『イリアス』VII, 422),いかなる種類の乗り物についても示唆されていない.太陽がオケアノスを周航するといった趣向はホメロス以後のものであろう.『オデュッセイア』X, 191によれば,太陽は地下を移動するのだが,これはおそらく単に「日没」を意味するのであろう.星々は,ホメロスでは,オケアノスに「浴みする」(たとえば『イリアス』V, 6; XVIII, 489).星々が皆それぞれボートを持っていることはまずありえそうにない.オケアノスを通り抜け,地下をくぐり抜けていったということになろうか.もっとも,そうした細部まで思い描かれていたとするには及ばないが.

前項では，ホメロスにおいて通常なされているオケアノスの描き方を概観した．いま取り上げている個所では，オケアノスは，神々の出所として（資料8），また万物の出所として（資料9）記述されている．これは特殊なこと，予期に反することであり，資料6に言われていることをはるかに逸脱している．注意すべきこととして，これら二つの引用個所は Διὸς ἀπάτη すなわちヘラによるゼウスへの謀り（『イリアス』第14歌 153-360 行および第15歌冒頭）という特定の挿話の部分からのものであるが，それ以外のところでは，ホメロスにははっきりと宇宙生誕論ないし宇宙論的な内容のものと解して差し支えないような個所は，ほとんど一つもない，つまり，一般に流布していた世界像と名づけてきたものの輪郭と目されたものを越え出たような個所は，ほとんど一つもない．しかも，上の特定の挿話においても，さほど頻繁に現われるというわけではないのである[5]．実際，たとえ表現上の多少の奇妙さはあるにしても，宇宙論的な解釈を導入しなければ説明がつかないような個所はわずかしかない．そのことは，オケアノスについてさえ当てはまるだろう．

　資料8および9も，オケアノスの流れがすべての淡水の源である（資料6に言われているように）ということ以上の意味はほとんど含まれていない．水は生命に不可欠であり，したがって，生命は直接間接にオケアノスに発したにちがいないのである．このことは資料8で言われているような，オケアノスが神々の祖であることの説明にはならないが，詩の上での拡張としてはありえよう．それはさらに資料9における πάντεσσι（万物）の適用範囲を生きている動物および植物の生命に限定するという含みを持つかもしれないが，ここでもまた詩の上での無頓着さを前提するべきかもしれないであろう．とはいえ，これら二つの言及は，もし以上のように解するとすれば，いかにも要点を欠いた仕方で縮約され，いささか的外れな効果をもたらすことになる

---

[5]　次のような個所がそれである．資料14（夜），『イリアス』XV, 189-193（ゼウス，ポセイドン，ハデスによる世界の分割），『イリアス』XIV, 203 以下，274（= XV, 225）および 279（第8歌13行以下および 478 行以下における二つの重要な個所を別にすれば，ホメロスにおける唯一のクロノス，ティタン族およびタルタロスへの言及個所），『イリアス』XIV, 271; XV, 37 以下．（ホメロスにおいて，神々が誓いを立てるステュクスに言及した四つの個所のうちの2個所）．後の二つの事例はヘシオドスに類同化された詩句が入り込んだものと見なしうるかもしれない．ただし，われわれの知るかぎりでのヘシオドス詩からはそれを導出できないが．

ことも認めなければなるまい．

　プラトンとアリストテレスにとっては，資料8および9が，ある種の宇宙論的な関連性を持つものに思われたことは確かである．

10　プラトン『テアイテトス』152E
　　……ホメロスは，「神々の祖なるオケアノスと母なるテテュス」と言って，万物が流れと運動の産物だと語っている．［資料12をも参照のこと．］
11　アリストテレス『形而上学』A巻第3章983b27（資料85のつづき）
　　ただし，ある人たちは，大昔の人びとが，いまの世代よりはるか以前に，はじめて神々のことを論じたときにも，自然本性について同じような見解をとった，と考えている．なぜなら，彼ら昔の人びとは，オケアノスとテテュスを万物の生みの親としているからであり，また神々が誓いを立てるとき水に対して，詩人たち自身の言い方によれば，ステュクスに対してなされたとしているからであって，つまり，最も古いものは最も尊いものであり，最も尊いものに対してこそ誓いは立てられるからだ，というのである．［資料15をも参照のこと．］

　プラトンは，資料10においてもその他のところにおいても，ヘラクレイトスのものとされる流転説の先駆者としてホメロスを論ずるのに，明らかに，けっして全面的に本気の態度をとっているわけではないから，彼がホメロスのオケアノス記述個所に正確にどれほどの評価を与えたのかは不確かである．しかし，アリストテレスははっきりとそれをまともに受け取っており，古代後期には，彼を介してオケアノスとテテュスを初期の宇宙生誕論の代表者として受け入れることが異存なくなされていた．エウデモスがホメロスの同じ個所を（明らかに資料11のアリストテレスに従って）ペリパトス派の神学史に組み入れたからである[6]．

　しばしば想定されてきたところによれば，オケアノスの宇宙生誕論的重要性を語る，

---

[6]　新プラトン派の著作家ダマスキオスが資料16の末尾でこれに反対意見を述べていることから，われわれにそのことが知られる．資料17におけるピロデモス，アテナゴラス『キリスト教徒のための嘆願』18, p. 20 Schwartz（DK 1 B 13）を参照のこと．プルタルコス『イシスとオシリスについて』34, 364Dは，ホメロスもまた，タレスと同様に，その考えをエジプトから入手したとまで想定している．

もう一つの，より古い一群の証言が存在する．すなわち，初期のオルペウス宗教詩である．

12　プラトン『クラテュロス』402B
　　……しかもホメロスも「神々の祖なるオケアノスと母なるテテュス」と言っているとおりで，ヘシオドスもやはりそう言っていると思うがね．さらにオルペウスもたしかこう言っている．
　　　流れ美しきオケアノスがはじめて（πρῶτος）結婚を行ない，
　　　母を同じくする妹のテテュスを娶った．

13　プラトン『ティマイオス』40D-E
　　……かつてそれを語った人たちを信じなければなりません．彼らは神々の子孫であると自称しており，どうやら自分たちの先祖のことをよくよく知っているようですからね．……ゲー（大地）とウゥラノスの子供としてオケアノスとテテュスが生まれ，彼らからポルキュスとクロノスとレアが生まれ，さらに彼らと同族の者らが生まれた……．

　しかし，資料12のオルペウス教の詩行は，プラトンの時代には成立していたにせよ，その起源は必ずしも前6世紀にまでさえ遡るものではない（ただし，後の43ページ以下に見るように，「オルペウス教」信仰は比較的古くまで遡るとする新しい証拠がある）．いずれにしても，そこに表明されている見解は，おそらくプラトンは気づいていたようだが，必ずしもヘシオドス的な『神統記』と大きく異なっているわけではない．そこでは，オケアノス，テテュスその他のティタン族は，ガイアやウゥラノスに次いで生まれている．宇宙生誕論的な誕生として見れば，比較的後の段階においてのことである．しかし，両性間での通常の子作りが行われ，完全に人間の姿をした者たち（タルタロスやポントスのような，世界の構成要因に対して）が生まれるようになったのは，彼らの世代においてである．

　資料13には「神々の子孫」とあることから，プラトンがオルペウス教の見解を祖述していることが分かるが，この資料は，ある一つのオルペウス教的考え方によれば，オケアノスとテテュスがティタン族（神統記的に欠かすことのできないペアたるクロノスとレアを含めて）の生みの親であることを明示しており，『神統記』におけるよ

うに，彼らと横並びにはされていない．おそらくは，それが，資料12のオルペウス教の詩行において，「はじめて（πρῶτος）」と言われている理由である．オケアノスとテテュスは，最初の完全に人間化された夫婦であり，彼らはクロノスとレアにすら先んじているのである．ヘシオドスは，予期されるほどにはオケアノスに重きを置かなかった．特に，資料8と9におけるホメロスの周知の個所に照らすと，その観がある．ということは，どうやらオルペウス教の新見地がヘシオドスの語るところに修正を加えて，オケアノスとテテュスをティタン族よりも一世代先に設定するまでに至ったのであろう．

比較的早い時期のギリシアに，オケアノスに宇宙生誕論的な優先性を付与する体系的教説があった，とする証拠はない．ヘシオドスにはまったくそんな兆候は見られないし，後代の想定は，二つの異例のホメロスの個所にもとづいたものに思われる．そのような宇宙生誕論上の教説の直接的な証拠として残されているのは，それら二つの個所のみである．それらが言わんとしているのは，ただ水というものが生命に必須であるということに尽きるのかもしれない．もっとも，それにしてはいささか奇妙な表現ではあろうが．(i) で見たように，還流する河オケアノスという観念は，エジプト人ないしバビュロニア人の考えから採用された公算が大いにありえよう．世界は原初の水から創造されたということもまた，彼らの考え方の一部であった（21ページ注1参照）．とすれば，孤立的なホメロスの個所は，その近東的な基本想定を念頭に置いたものだったのかもしれない．還流する河という理念そのものは，むろん，はるかに早い時期にギリシアの地に同化していた．

第3節　夜

(i) ホメロスの場合

14　ホメロス『イリアス』第14歌258行（ヒュプノスが語る）
　　　（ゼウスは）わたしを天上（アイテール）から大海へと投げ落として，亡
　　　きものとしたことでしょう，

もしも，神々をも人をも従わせる夜（ニュクス）が救ってくれなかっ
　　　　たならば．
　　　わたしが夜（ニュクス）の許へと逃げ込んだればこそ，ゼウスは立腹
　　　　してはいたが，それを納めてくれました．
　　　足速の夜（ニュクス）の不快を買うことは憚られたのです．

　ホメロスの詩の中で夜（ニュクス）が完全に擬人化されているのは，ここ一個所だけである．しかも，二つの特殊なオケアノスの個所とともに，これもゼウス瞞着のエピソードの中でのものである．しかもまた，神々の間での別格の力ないし優越性が示唆されているのも異例のことである．ここでゼウスが夜（ニュクス）に対して払っている畏敬ぶりは，たしかに奇妙であり，ホメロスにもヘシオドスにもまったく類例がない．後代の諸解釈を視野に入れてみると，このエピソードを語った詩人が，宇宙生誕論に登場する夜（ニュクス）についての何らかの話を知っていたふしもある．しかしこの言及は一回限りのもので，それは単に「神々をも従わせる夜（ニュクス Νὺξ δμήτειρα θεῶν）」という句に含まれている観念を詩的にふくらませただけのことかもしれない．つまり，神々でさえ眠りに打ち勝つことができないがために，事実上全能のゼウスでさえ，夜（ニュクス）すなわち眠りの母親を怒らせることをためらっているのである．それというのも，何かと具合のわるい折に従わされてはかなわないからである．

(ii) アリストテレスによる昔の宇宙生誕論的理念

15　アリストテレス『形而上学』N巻第4章1091b4
　　……昔の詩人たちも，最初に現われた者たち，たとえば夜（ニュクス）とかウラノスとかカオスとかオケアノスとかがではなく，ゼウスが王座について支配している，と語っているかぎりでは，同様である．[『形而上学』Λ巻第6章1071b27には「夜（ニュクス）から生み出させている神話作家たち」とある．さらに同章1072a8参照．]

　アリストテレスは，このように，夜（ニュクス）を「最初に」置いたり，あるいは夜（ニュクス）から生み出させたりした詩人や著作家がいたことを認めていた．彼はホメロスの一節（資料14）を念頭に置いていたのかもしれない．しかしそれ一個所だ

けでは，アリストテレスが夜（ニュクス）を組み入れる根拠とはなりにくかっただろう．したがって，彼が「オルペウス教」の詩行（これについては資料30の(2)および本書46ページ以下を参照のこと）を，さらには，(iii)で述べるような，主として前6世紀および5世紀に編纂されたヘシオドス以降期の宇宙生誕論を部分的には考慮に入れていた公算は高いように思われる．

　ヘシオドスの宇宙生誕論上の説明（資料31）ではきわめて初期の段階（最初ではないにしても）に生まれたとされ，ガイア（大地）やオケアノス（大海）やウゥラノス（天空）と並べて，『神統記』の中ではわずかに触れられるだけのその他大勢に組み入れられていた（20行，106行以下）夜（ニュクス）が，それらの著作においては，それ一つだけで，あるいはアーエール（靄）とかタルタロス（奈落の底）と組みになって，よろずの最初の段階に格上げされている．天と地が分かれるやいなや，それら両者のすき間を占めるべく，昼と夜が出現するのは，当然のことである．

(iii) オルペウス，ムゥサイオス，エピメニデスのものとされる宇宙生誕論の場合

　16　ダマスキオス『第一の原理について』124節（DK1B12）
　　　ペリパトス派のエウデモスにおいて，オルペウスのものとされた神々についての物語は，知性的領域全体については口を閉ざして，……しかし始源を夜（ニュクス）からとした．ホメロスもまた，たとえ連続した系譜は作り上げてはいないものの，事の始まりを夜（ニュクス）からと定めている．というのも，エウデモスは，ホメロスがオケアノスとテテュスから始めていると述べているが，これに同意すべきではないのである……．

　17　ピロデモス『敬虔について』47節a（DK3B5）
　　　エピメニデス（のものとされている詩句）では，万物はアーエール（靄）と夜（ニュクス）から成ると言われている．ちょうどホメロスもまた，オケアノスがテテュスから神々を生んだ，と表明して……．［資料27をも参照］

　18　ピロデモス『敬虔について』137節5
　　　ある人たちによれば，万物はタルタロス（奈落の底）と夜（ニュクス）から生ずるとされ，ある人たちによれば，ハデス（冥府）とアイテール（上層大気）から生

ずるとされる．また『巨神戦争（ティタノマキアー）』の著者はアイテール（上層大気）からと言っているし，アクゥシラオスは最初のものたるカオスから他のものが生ずるとする．そして，ムゥサイオスのものとされている著作においては，タルタロス（奈落の底）と夜（ニュクス）が最初のものであると書かれている．

オルペウス教の宇宙生誕論については，第4節で論ずることにする．さしあたりのところ，資料16によれば，エウデモスは，オルペウス教典における夜（ニュクス）の優先性をホメロスの詩句（資料14）にもとづいて解釈してはいなかった[7]．その理由は，彼の考えでは，明らかにホメロスは宇宙論上の優先性をオケアノスとテテュスに付与していた（資料8, 9）ことにある．資料17と18は，おそらくは前7世紀後半か前6世紀に作られた詩形式による見解（ひょっとすると，「オルペウス教」の詩も含めて，資料30 (2) 参照）として，夜（ニュクス）を（ともに暗さの観念を伴うアーエール（靄）ないしタルタロスと結びついた仕方で）世界の始源とするものがあったことを，はっきりと示している．しかし，「エピメニデス[8]」におけるアーエール（靄）を別にすれば，ここに登場して宇宙を彩る存在はすべて，ヘシオドスの宇宙生誕論（資料31）そのものに見いだすことができる．しかもアーエール（それは，われわれが「エアー（空気）」と呼んでいる透明な素材であるよりも，むしろ「靄」とか「闇」とかを意味するものだが）ですら，ヘシオドスの叙述に現われる一要素となっており，ただ人格化されて

---

[7] オルペウス教徒にとって夜（ニュクス）が重要な意味を持っていたことは，資料30のデルヴェニ・パピュロスによって確認される．ずっと後の時代だが，オルペウス教の叙事詩（35ページ注12参照）において，夜（ニュクス）は，パネス＝プロトゴノス（光＝最初に生まれた者）とほとんど同格の後継者という特別の重要性を持った存在として叙述されている．次の資料を参照．

 19 プロクロス『プラトン「クラテュロス」注解』396B（Kern fr. 101）
   （パネスは）名高い錫杖を夜の女神（ニュクス）の
    手の中に置いて，彼女が王の権限を掌握するようにと．

[8] エピメニデスのものとされている，六脚韻による宇宙生誕論と神統記は，おそらく彼の著わしたものではない（ピロデモスがはっきりと疑いを表明しているように）が，しかし前6世紀に作られたようである．ダマスキオスもまた，アーエールと夜（ニュクス）をエピメニデスの第一原理であると述べ，その情報源はエウデモスだとしている（資料27）．エウデモスの標準的な『神学史』に依拠したものと思われるピロデモスは，したがって，資料17においてダマスキオスの信憑性を時代をさかのぼって保証していることになる．

はいないだけである．つまり，そこでは，出産の第二段階として，夜（ニュクス）以前に，「靄深きタルタロス Τάρταρά τ' ἠερόεντα」（ただし，49 ページ注 24 参照）が出現する．

資料 27 で，ダマスキオスが「エピメニデス」に言及している個所に，夜（ニュクス）とアーエール（空気）とがタルタロスを「生む」とあるのを見ると，これらの著作家たちは，——少なくとも「（宇宙）卵」が生まれ出るところ（39-43 ページ）までは——きっちりとヘシオドスの定式化を守って著述しているかのように思われてきそうになる．資料 18 のムゥサイオス[9] およびアクゥシラオス[10] の場合も，事態は同様である．

新たな考察をここで導入してみたい．『神統記』において，ティタン族の敗北のエピソードの後につづく一連の個所（734-819 行）は，少なくともその一部は「原」テクストに付加されたものである．それらは，明らかに，地下世界についての言及の一貫性をより十全なものにしようとする意図を持った，短い異本である．もしそうだとすれば，それらの年代は，最も早くて前 7 世紀の後半で，その構成からすると，前 6 世紀初頭とするほうがより適切であるように思われる．したがって，まぎれもなくヘシオドスの手になる資料 2 の個所で，闇夜がタルタロスの喉口のあたりにたゆたい，上方には大地の根が伸び来たっている，という叙述そのものは，おそらく純然たる原初期のものであろう．しかし，資料 34（当該項および 57 ページ以下での議論を参照のこと）では，この想念がさらに発展させられて，万物の始源および限界は，嵐吹きすさぶ空

---

9) 神話ではオルペウスの弟子であり，神託文書の元祖的な著わし手であるムゥサイオスの名は，あの世のことを歌った詩であればどれとでも結びつけられることが多く，エピメニデスのものとされている先の神統記的な詩も，明らかに，その一部である．前 6 世紀後半というのが，そうした詩とその作者設定の terminus ante quem（遡りうる限度）である．オノマクリトスの場合を参照すれば，彼は，ヘロドトス『歴史』VII, 6（DK2B20a）によれば，ムゥサイオスの神託の収集と整理を委嘱されたときに，偽物を紛れ込ませたことが発覚したために，ヒッパルコスによってアテナイから追放された，とのことである．

10) アルゴスのアクゥシラオス（前 6 世紀後半ないし前 5 世紀前半）は，最古の先祖たちについての要約的で，むろん独自性のない見解を述べたと思われる系譜家．ただし，彼のものとされる資料の一部は，後代の疑わしいものである．ダマスキオスによれば（DK9B1），彼が行なったのは，ヘシオドスにおいてカオスの後につづいて登場してくる者たちを，ある限度の中で再編成することであった．しかし，彼はソクラテス以前の思想の歴史とはほとんど無関係で，ディールス／クランツで彼に割かれたスペースに価するものは，およそありえない．

洞に移される．それはおそらく116行目（資料31）のカオスが後代において叙述され直したものであろう．暗い夜（ニュクス）の館は，この空洞（カスマ）の中かその周囲にあると述べられている．この考え方が進めば夜（ニュクス）が事物の源初における未成状態を表わすものとなることは，容易に理解されよう．

　元来の宇宙生誕論上の考え方（資料31）では，夜（ニュクス）は初期の重要な段階で登場する．ヘシオドス的存在を再編成しようとする傾向を見せていることがすでに，（おそらく）前6世紀を窺わせる．ホメロスも，わずかながら夜（ニュクス）のさらなる地位向上をひそかに促していた．また，ヘシオドスの地下世界像に彫琢が加えられると，タルタロスと夜（ニュクス）を元来のカオスが土着化したものとして再解釈する趨勢をもたらした．新たなオルペウス教の証拠（45ページ以下）は，多少なりと，資料15におけるアリストテレスの判断に支持をあたえている．しかし，たとえそうだとしても，これまでのところ，夜（ニュクス）に絶対的優先順位を与える考え方が出てきたのは，準科学的な宇宙生誕論的思想に大きな影響を及ぼしたと言えるほどに早い時期であったとか，十分に独自のかたちを整えていたとかいうことは，わずかな示唆にとどまっている．

第4節　オルペウス教の宇宙生誕論

　いくつかの違ったかたちの宇宙生誕論が，「オルペウス教徒（Ὀρφικοί）」のものとされてきた．オルペウス教徒とは，一方にアポロン・カタルシオス（浄化の神アポロン）の崇拝，他方にトラキア地方の転生の信仰からの諸要素を結びつけることで，魂は清浄なままであれば生きつづけることができると考え，この理論を具現化するために，ディオニュソス神を中心にすえながら，部分的には独自の神話を練り上げた人びとである，と述べられてきた．トラキアの人オルペウスは，性的な清廉さ，音楽の才能，死後の予言の力を備えることで，いま述べた二つの要素を体現していた．そうしたオルペウス信仰は，「聖なる言説（ἱεροὶ λόγοι）」のかたちで記録されていた．この述べ方は，たしかに正しかったであろう．――たとえば，前3世紀の状況としてであれば．しかし，そのようなものとして十分に確定された独自の信仰をもった特定階層の人びとが

どれほど早い時期に出現していたかについては，激しい論争がつづけられてきた．

一つの見解は W. K. C. ガスリーの『ギリシア人とその神々』(W. K. C. Guthrie, *The Greeks and their Gods*, London, 1950) の第 11 章に代表されるもので，オルペウス教の教説はすでに前6世紀に聖典としてまとめられていた，とするものである．それとはまったく異なった見解が，ヴィラモーヴィッツによってそれ以前から提唱されており，さらにそれは，I. M. リンフォースの『オルペウスの技』(L. M. Linforth, *The Arts of Orpheus*, Berkeley, 1941) において，きわめて鮮明に打ち出されていた．彼は，オルペウスおよびオルペウス教徒に言及している典拠で，当時現存していたもののすべてを分析して，ともかく前300年までのところでは，「オルペウス教的」なる表現は，実際にはどのような宗教儀礼 (τελετή) に関係した観念であっても，それらすべてのものに適用されていたことを明らかにした．

すでに前6世紀には，オルペウスのものとされる著作が存在し，それらが実際にはムゥサイオスやエピメニデスのものとされてもいた (29ページ以下参照)．ヘロドトスは，前5世紀にオルペウス教徒とピュタゴラス派とが同じ禁制 (タブー) を順守していることを知っていた．神託やお祓いを行なうオルペウス教の行者の存在は，プラトンにお馴染であったし，「いわゆるオルペウス教の見解」はアリストテレスもよく知っていた．しかし，個々の宗派的な文献の本体（その一部として，ハデスの叙述，神統記や宇宙生誕論上の説明，讃歌その他が今日まで知られている）となると，ほとんどの部分が——とリンフォースは論じている——ヘレニズム時代以前には遡りえず，現在のかたちとしては，大部分がローマ時代のものである．

リンフォースが考えたように，アルカイック時代には，オルペウス教だけに固有の信仰の実体は何も存在しなかったのかもしれない．とはいえ，オルペウスはそのころから宗教儀礼と生活上の，そして死の，祭祀を司る聖者として遇されはじめていた．そして彼の名は，伝説上の弟子たるムゥサイオスの名がそうであるように，神統記的な文献と関係づけられていった．転生にまつわる信仰は，ギリシア世界，特にその周縁部で流布しつつあり，この信仰の尊崇者たちは，前5世紀に入るまえから，オルペウスの徒 (Ὀρφικοί) あるいはバッコスの徒と自称するようになっていた．まさにそのころに，排他的な教団を形成し，それに見合った確固たる聖典の実質を備え始めたこ

とは，本書 43 ページ以下で確証されるとおりである．それ以外の要因は，ほとんどが間違いなく後代に端を発したものであり，しかもしばしばオリエントの宗派や図像を細部にわたって意識していたことを示している[11]．それらの若干については，以下に考察されるであろう．

I．オルペウス教の宇宙生誕論についての新プラトン主義者による説明

後期の新プラトン主義者たち（後4世紀から6世紀），特にダマスキオスは，初期の時代の神話学的説明について長大な図式的アレゴリー化を行なったことで，オルペウス教における多様な世界形成についての考え方の，最も豊かな情報源となっている．これらの著作家たちは，一見してそう思われるよりも信頼性が高い．彼らの情報の多

---

11) 最も目につく事例として，宇宙生誕論において最初に登場する存在の一つ「時間（Chronos, Χρόνος）」は，イランにおいて実体化されたズラン・アカラナ（無限の時間）に由来するものと見られるかもしれない．しかし，このイラン的概念の最古の証言は，ダマスキオスの報告にあるように，前4世紀後半のギリシアにおいてエウデモスによってなされた言及であり，それがギリシアのアルカイック時代まで遡る時期に定式化されていたと考えられる根拠は何もない．「時間」は洗練された宇宙生誕論上の概念として，プラトンの『ティマイオス』に登場する．それはまた，前6世紀に遡るシュロスのペレキュデスによって擬人化されてもいたが，おそらくはクロノス神（Cronos）の語源説明としてであって，おおむねのところ深い抽象的な意味を伴ってのものではなかった（本書41ページ注21および78ページ注41参照）．オルペウス教の思想におけるそれがオリエント起源であることは，多頭有翼の蛇という具体的な姿をとっていることに指し示されている．そうした多数の部位を備えた怪物は，ケンタウロスのように比較的単純な空想的存在とははっきり区別され，オリエント化された性格のもので，もっぱらセム族に起源があり，前700年頃にギリシア美術に登場しはじめている．そうした怪物は，言うまでもなく，前7世紀の間と前6世紀初頭の四半世紀に，装飾用として大流行をきわめた．（ちなみに，ミノア美術にも怪物が登場したが，主として犬の頭をした神々とか，その他比較的単純な獣神像的な創造物であった．）「時間」が有翼の蛇の姿でギリシアの美術の領域に登場するのは，オリエント化の時代よりもはるか後代においてであるということは，主として一つの抽象概念をそうした形姿に同一化させていることに示唆されている．これは，むしろ複雑な東方の（とりわけアッシュリアあるいはバビュロニアの）思考様式を知ることを示すものである．それは，単なる絵画的モチーフの借用とか全面的に具体的な神話的形態の同化などとは，大きく異なった事柄である．そうした想像のけばけばしさは，ヘレニズム時代以前のギリシア人の心性にはあまり共感を呼ばなかった．

くは，エウデモスによるペリパトス派の大部の神学史の要約を基にしていたからである．いくつかのケースでは，後代のオルペウス教の詩の断片を，新プラトン主義者たちの記述の細部を確認するための証拠とすることができる．彼らの記述は，うんざりするほど冗漫であり（だから以下の(ii)と(iii)に図式化してある），しかも学派に特有の言葉づかいで表現されている．はっきりとオルペウス教と名指しされた宇宙生誕論の説明として，四つのものが現存する．

(i) 夜（ニュクス）を起源とする説

資料16で，ダマスキオスは，エウデモスによれば，「オルペウスのものとされる神学は，事物の始源を夜（ニュクス）からとした」と述べている．吟唱詩人たち[12]によれば，夜（ニュクス）はパネス（光）の娘であり（30ページ注7および37ページ注16参照），当のパネスはクロノス（Chronos）*[訳注]の末裔であった．夜（ニュクス）はパネスから予言の力を与えられるとともに，パネスを後継して支配者となった．また何らかの仕方でガイア（大地）とウゥラノス（天）に二度目の誕生をもたらしたらしい[13]．天地の

---

[12] いわゆるオルペウス教の吟唱詩（『スーダ』の「オルペウス」の項目に「吟唱詩による『聖なる言説』24巻」とある）は，ほとんどが新プラトン主義者たちの著作における引用によって，多くの断片が残存している（O. ケルン『オルペウス教文献断片集』断片59-235）．それらは，さまざまな年代に作られた六脚韻の詩行を，後代に編纂したものである．大部分がヘレニズム時代より後のもので，その多くはさらにずっと後代に作られた．ただし，「デルヴェニ・パピュロス」（資料30）の示すところによれば，若干のものは前5世紀，さらには6世紀に由来している．にもかかわらず，完全にキリスト教化した時代以前には，他にはどの著作家も，それらの大部分を耳にしたことはないものと思われるし，それらがオルペウス教の『イリアス』に纏め上げられたものは，紀元後3世紀か4世紀になるまで手にすることができなかった公算が，きわめて高いものと思われる．もっとも，編纂はたしかに後代のこととはいえ，純然たるアルカイック期の考えがそれらの詩の何行かにはちりばめられているのは，もちろんのことである．

[訳注* 以下のオルペウス教宇宙生誕論において「クロノス」と表記した場合はCronos（クロノス神）ではなく，Chronos（「時間」の神格化）のこと．両者の区別および関係については，34ページ注11と本文中の記述を参照されたい．]

[13] 次の資料を参照．
　20 「オルペウス教の吟唱詩」断片109 Kern（ヘルメイアスからの引用）
　　　そして夜（ニュクス）は今一度ガイアと幅広きウゥラノスとを生んだ．

誕生におけるこの第二次的，反復的な性格と，明らかにパネスを究極の世界創造者に仕立てようとする意図が示唆しているのは，夜（ニュクス）の宇宙生誕論上の優先性（まぎれもなく神々の間ではひ弱な存在でしかない地位とは対照的に）が，ここでは主としてオルペウス教神学の派生的，折衷的性格から結果しているということである．

(ii) 吟唱詩における「標準的オルペウス教神学」

21　ダマスキオス『第一の原理について』123節（DK1B12）
　　したがって，流布しているこれらのオルペウス教の「吟唱詩」の中で，これは知性対象にかかわる神学である．それはかの哲学者たちも論じているところであり，すべてのものの単一の始源の位置にクロノス（Chronos 時間）を置き……．[記述全体についてはDKの当該個所を見られたい．それは冗長で，難解な新プラトン派の用語で表現されている．ここでは，その骨子を図式化して示せば，次のようである．]

　　クロノス ＜ アイテール（上層大気） / カオス ＞ 14) → 卵 15)（あるいは，輝く上衣，あるいは雲）→ パネス 16) [〜メティス，エリケパイオス]

……通常のオルペウス教神論は以上のようである．

―――――――――

　　そして彼らを見えざるものから明らかなるものとし，彼らの素性をも明らかにした．
　しかし，すでにパネスがオリュンポスと太陽と月と大地を創り出していたのであり（吟唱詩からの断片 89, 96, 91-93, 94 Kern），天空もすでにあるものとされている．
14) 次の資料を参照．
　　22　「オルペウス教の吟唱詩」断片 66 Kern（プロクロスからの引用）
　　　この不老にして不滅なる知者クロノスがアイテールを
　　　生んだ．そして巨大にして力強き空隙（カスマ）を，ここかしこに生んだ．
　　シュリアノス（断片 107 Kern）もアイテールとカオスを第二段階に置いたが，「一にして善なるもの」を第一とし，そのあとに位置させた．「巨大なる空隙（カスマ）」はヘシオドス『神統記』740行（資料34）から直接とられている．
15) 次の資料を参照．
　　23　「オルペウス教の吟唱詩」断片 70 Kern（ダマスキオスからの引用）
　　　次いで，大いなるクロノスは，神々しきアイテールに
　　　銀色に輝く卵を生み落とした．

第1章　哲学的宇宙生誕論の先駆者たち

(iii) ヒエロニュモスとヘラニコスによる異説

24　ダマスキオス『第一の原理について』123節 [2個所あり] (DK1B13)

しかし，ヒエロニュモスによるものと伝えられ，またヘラニコスによるものとも伝えられる[17] [もし両者が同一人物でなければ，だが] オルペウス教神論は，次のとおりである．初めに水があり，と彼は言う，素材があった．その素材から大地が凝固して……．[記述全体についてはDKの当該個所を見られたい．ここでは，その骨子を示せば，次のようである．]

$$\left.\begin{array}{c}水\\素材\to大地\end{array}\right\} 不老なるクロノス^* \to \left\{\begin{array}{c}アイテール\\カオス\\エレボス\end{array}\right\}[18] \to 卵 \to 無形の神^{**}$$

＊有翼多頭両性の蛇．ヘラクレスとも呼ばれ，アナンケー（必然の女神）とアドラステイア（掟の女神）を伴っている．
＊＊有翼獣頭をしている．

「卵」については以下の39-43ページを参照のこと．
16)「パネス（光）」は，オルペウス教徒によって，φαίνειν（明らかにすること）などの言葉と関連させられて，比較的後代に，ヘシオドスの宇宙生誕論におけるエロース（資料31）が，オルペウス教独自の方向に発展したものである．同時に，あるいは資料30の (6) (7) にあるような，ゼウスによって呑み込まれたファロスの発展形態かもしれない．有翼で，両性にして自己受胎でき，光輝くアイテールの性を持つエロースは，第一世代の神々の誕生をもたらす者であり，究極的な宇宙の創成者である．
17) これらの著作家は，はっきりとは特定しがたい．ダマスキオスは明らかに，両者が同一人物ではないかと疑いをかけている．しかし，より公算が高いのは，たとえば一方が他方の要約版を著わした可能性である．ヒエロニュモスとは，ヨセフス『アピオン論駁』第1巻第94章に出てくる『フェニキア古代史』の著者のことかもしれない．エル-クロノスを表わす有翼の象徴が「サンクニアトン」に登場する（エウセビオス『福音の準備』I, 10, 36. 本書58ページ注29参照）．ヘラニコスはサンドンなる人物の父親（前2-1世紀）だった人かもしれない．サンドンは，おそらくタルソスの人で，オルペウス教の著作家として『スーダ』に名前が出ている．前5世紀のレスボスの散文作家とする説よりも，こちらのほうが，はるかに該当する公算が高そうである．
18)「クロノスは，それらの中で（すなわち，アイテールとカオスとエレボスの中で）卵を生んだ」とダマスキオスは言っている．その卵から「無形の神」が現われたということは，表に出しては

(iv) アテナゴラスの説：(iii) の変化型

25　アテナゴラス『キリスト教徒のための嘆願』18 節 p.20 Schwartz（DK1B13）
　　オルペウスによると，水は事物全体の始源であり，水から泥土が形成され，これら二つのものからある生き物が生まれた．それは，ライオンの頭が生え出て，胴の真ん中に神の顔がある蛇で，その神の名はヘラクレスとクロノスである．［ここまでは，ヒエロニュモスおよびヘラニコスの説とほとんど同じである．］このヘラクレスが途方もなく大きい卵を生んだ．それは生み落とした者の凶暴な力に満たされていたので，摩擦によって二つに割れた．そして，その頭頂部分はウゥラノス（天空）となって終わり，下方部分はゲー（大地）となった．さらに，ある双胴の神[19]も出現した．そして，ウゥラノスはゲーと交わり合って女系としてはクロト，ラケシス，アトロポスを生み，……［ヘシオドス型の神統記がこれに続く］．

　「オルペウス教の」という名を冠された宇宙生誕論の，これら四つの類型のうちで，(i) は最初の段階で夜（ニュクス）のことを言っているが，これ以外の場合にはそれは登場しない．オルペウス教の神々の世界における夜（ニュクス）の重要性は，おそらく，直接的にであれ間接的にであれ，ヘシオドスの宇宙生誕論ないし神統記の図式の修整に基づいていた（第 5 節を見られたい）．エウデモスは，エピメニデスおよびムゥサイオスの名と結びつけられた初期の形態と同じような，オルペウス教説に通じていたものと思われる．またデルヴェニ・パピュロス（資料 30 (2)) は，夜（ニュクス）がウゥラノスとガイアの第二の親という，宇宙生誕論上の特殊な機能を与えられていたことに確証を与えている．(ii) が標準的なオルペウス教説と呼ばれるのは，それが，多か

　　言われていない．しかし，明らかに彼はそのようにしている．資料 25 参照．また，次の「無形の（ἀσώματος）」についての注を見られたい．

19)　諸写本には γῆ διὰ σώματος（「ゲー（大地）が身体を通じて」？）とあるが，Lobeck の修正案に従い θεός τις δισώματος（「ある双胴の神が」）を読む．Diels および Kranz もこれを採っている．Th. Gomperz は τρίτος ἤδη ἀσώματος（「もはや身体なき第三のものが」）を提案している．――いずれにしても，ここで言われているのはパネスのことである．δισώματος と ἀσώματος の混同は容易に起こりうるものだから，資料 24 の原文に後者の用例があるからといって，必ずしもそれが正しいとすることはできない．δισώματος には「両性具有の」という含みがある（パネスがそうだった）．「身体なき（非物体的）」には単に身体の属性にかかわるもの以上の意味があり，しかもきわめて特有な意味

れ少なかれ，後代の吟唱詩人たちの間に広く流布していた図柄に呼応したものであったと見なされているからである．(iii) は (ii) に手を加えたものである．それは，ここに見るようなものとしては，ヘレニズム期に先行することはありえない．そこにある抽象的なクロノス（時間）についての空想的で具体的な叙述は，後代に起源を持つか，少なくとも後代における作り替えを示すものである．(iv) は，新プラトン主義的傾向を持った後2世紀のキリスト教護教家による引用である．そこには，一つの重要な細部の記述がなされている．卵が割れて天地が形成される場面で，後期新プラトン主義者たちの説明には完全に抜け落ちているものである．(iii) と (iv) には，最初の段階として，かたちはそれぞれだが，泥土が現われる．それはまぎれもなく折衷派的な哲学‐自然学説が入り込んだものである．たとえばアナクシマンドロスによるような，イオニア派の体系から直接取り込まれたとも考えられようが，むしろそれらの流れをくむストア派の宇宙生誕論に由来する公算のほうが大きいようだ．

II．初期のギリシア語資料における卵，それはオルペウス教説に限られない

26　アリストパネス『鳥』693行（鳥たちのコロスが語る）
　　　　初めにカオスと夜（ニュクス）と暗いエレボス（闇）と広々としたタル
　　　　　タロスがあったが，
　　　　ゲー（大地）もアーエール（大気）もウゥラノス（天空）もなかった．
　　　　エレボスの限りない胸の中で，
　　　　黒い翼の夜（ニュクス）が，劫初に風を孕んだ卵を生み落とした．
　　　　時節が満ち足りると，その卵から物狂おしいエロースが生まれ出た．
　　　　その背には金色の翼が輝き，風の渦巻くさまに似ていた．　　　　　　697
　　　　かのエロースが，広々としたタルタロスにおいて，翼持てる暗きカオ
　　　　　スとともに暮らし，
　　　　われらの種族を孵化させて，はじめて光の中へと連れ出した．

合いの属性がからんでいるので，おそらくこの語は新プラトン主義者においてであっても場違いかもしれない．

エロースがすべてのものを交わらせる以前には，不死なる者らの種族
　　　も存在しなかった．
　　しかし，それらのもの同士が交わり合いを重ねるにつれて，ウゥラノ
　　　スやオケアノスが生まれ，
　　ゲーや至福にして不壊なるよろずの神々の種族が生まれた．かくして，
　　　われら一族は，
　　よろずの至福の者らの中で，はるかに最も年古りているのである．

27　ダマスキオス『第一の原理について』124節（DK3B5 エウデモスの引用による）
　　エピメニデスはアーエールと夜（ニュクス）の二つを第一原理とした．……そ
　　れらからタルタロスが生まれ，……それらのすべてから二人のティタンたち[20]
　　が生まれ，……それらが互いに交わり合うと卵ができた．その卵から，ふたたび
　　別の子孫たちが続いていった．

　資料26は，前414年あるいはその直前に著わされたものである．資料27の内容についてわれわれが確実に言えることは，それがエウデモス以前のものだということだけである．しかし，六脚韻で書かれた神話的説明に見られる分裂増殖的な展開や，それが系譜論をなしていて，したがって神統記から始まることになりがちな点からすると，おそらく前6世紀末に遡りそうだが，さしあたり，そのころと前5世紀半ばの間に年代設定してよかろう（エピメニデスについては資料17と30ページの注8を見られたい）．宇宙生誕論の一要素としての卵は，新プラトン主義的伝統の中で記録された，後期オルペウス教の考え方の典型的特徴をなすものであるが，このように，それは前5世紀末近くには，そしておそらくはそれ以前にも，はっきりと言及されているのである．しかし，これらの初期の考え方は，オルペウス教に特有の性格であったのだろうか．

20）写本には「だれか二人の者ら（δύο τινὰς）」とあるが，「二人のティタンたち（δύο Τιτᾶνας）」とするクロルの訂正（DKのクランツにも受け入れられている）は，この問題の個所につづく新プラトン主義者による挿入句（「知性的対象としての中庸のことを，頂点と限界という二つの方向に「伸びている（ディアテイネイ）」がゆえに，そう呼んだのだが」）になされている語源説明に明示されている．資料27のテキストにおける，それ以外の省略個所は，解釈に何の手がかりにもならない新プラトン主義者による挿入句である．

第1章　哲学的宇宙生誕論の先駆者たち

　卵の生まれる手順は，確固としたオルペウス教の考え方においては，初期でも後期でも重要な相違はない．後者にあっては，後代の奇妙な姿をしたクロノスがアイテールの中に，あるいはアイテール－カオス－エレボスの中に卵を生みつける（資料23, 24）．資料26では「夜（ニュクス）」がエレボスの中に卵を生むとされている．また資料27では，二人のティタンたち——おそらくはクロノス神（資料52参照？）とレア——によって生み落とされる．その当の二神はアーエール－夜（ニュクス）およびタルタロスから生まれた者である．むろんここにはクロノスが登場していないが，シュロスのペレキュデス（77-82ページ）がすでにクロノス神（Cronos）をクロノス（時間Chronos）と結びつけており，ここには後代の説明との関連が入ってきているのかもしれない．その点については，資料52とその議論を見られたい[21]．

　卵から生まれるものについて，『鳥』における説明と後期のオルペウス教の説との間には，顕著な類似性が認められる．金色の翼を持つエロースとは，明らかにオルペウス教のパネス（光）の元型である[22]．とはいえ，アリストパネスの鳥族宇宙生誕論の大部分は，まぎれもなくヘシオドスの『神統記』を元にしたもので，それに適宜変更を加えただけである．カオス，夜（ニュクス），エレボス，タルタロスは，いずれもそれらの両方の第一段階に組み入れられている．大地だけが，アリストパネスでは後に廻されて，（いろいろな意味でより合理的に）天空と同時に生まれることになって

---

21) クロノス（Cronos）とクロノス（Chronos）の同一化は，オルペウス教の内部でも生じていた．これについては，たとえばプロクロス『プラトン「クラテュロス」注解』396B（Kern fr. 68）を参照のこと．これは，ペレキュデスがオルペウス教徒であったとか，彼が初期のオルペウス教からその考えを採用したとかいうことを意味するものではない（もっとも，『スーダ』には，おそらくこうした類似点をもとに，彼が「オルペウスの著述を収集した」という報告があるが）．むしろ，後代の折衷的なオルペウス教徒がペレキュデスを資料源として用いたということであり，それは彼らがヘシオドスその他の初期の神話的著述を用いたのと同じことである．いずれにせよ，それら二つの名前の類同化は，明白な動向であった．

22) 吟唱詩人たちの説の言葉づかいは，文字どおり，きわめて顕著にアリストパネスを思い起こさせる．「パネスは……金色の翼にて，ここかしこと動き回って」（Kern fr. 78）と資料26の697行を比較されたい．オルペウス教の詩句にある「ここかしこ」は，資料22でもそうだが，ヘシオドス『神統記』742（資料34），風吹きすさぶタルタロスの叙述の一部を想起させる．ヘシオドスは，まさに，オルペウス教の吟唱詩人たちにとって用語上，形式上の模範だったのである．

いる．その卵が「風を孕んだ卵」であるのは，それをいっそう鳥めかしくするためでもあるが，伝統的にタルタロスには風が吹きすさんでいるとされたからでもある（資料34）．だから夜（ニュクス）にもカオスにもエロースにも翼が生えているが，それは鳥の宇宙生誕論ということになっているからである．それは伝統的なタイプの宇宙生誕論に対するパロディーである．

　もっとも，パロディーの原型というのは，それと分からなければならないのだが，そこにあるヘシオドス的要因は十分に明確であるのに，卵は非ヘシオドス的な要因である．もっぱらそれが鳥族の系譜に当てはまるようにされてはいるにしても，卵という着想は，そうした理由から，アリストパネスによる純然たる発明とは考えにくい．それは生誕の手段としてなじみ深いものだったはずであり，必ずしも宇宙生誕論上の存在ではなかったにしても，少なくともエロース並みの重要な神格だったにちがいない[23]．

　卵のモチーフが初期のオルペウス教で使用されていたことを疑うべき理由の一つは，もしそうした初期での使用があったとしたら，後代におけるその用い方は初期の伝統がそのまま維持されるものと考えてよかろう，というところにある．聖典を持つ教団においては，それは神聖犯さざるべきものと見なされる傾きがあったからである．ところが，それについて三つのまったく異なった後代の用法が知られている．第一には，卵は単にパネスを生む，とされている（資料21, 24）．第二に，資料25においては，卵の上半分は天空を形成し，下半分は大地を形成するものとされている．パネスに対応する存在も登場するし，次いで天と地が連れ添うのは，ヘシオドスや民間的な伝承の場合と同様である．第三に，オルペウス教徒の一派では，卵の殻と卵膜（さらには，どうやら白身と黄身までも）の構造が天空（外側の天界）とアイテール（上層天）の構造に対応するものとして用いられていた．

28　アキレウス・タティオス『アラトス「天象譜（パイノメナ）」入門』第4巻

[23) おそらく，ヘレネが卵から生まれたことが，ここで重要な意味をもっている．ミュケナイ時代に遡るとも思われる樹木信仰と結びつきながら（M. ニルソン『ギリシア宗教史』（M. Nilsson. *Geschichte der griechischen Religion* I^3 (Munich, 1967), 22, 211)），ホメロスにおいて彼女はアプロディテ-エロースを擁護し代理する存在である．

(DK1B12, Kern fr. 70)

われわれが天球に付与してきた構造は，オルペウス教徒たちの言うところによれば，卵におけるそれと似たものである．すなわち，卵において殻の持っている関係は，万有において天空の持っているそれに対応し，アイテール（上層天）が円形をなして天空に接しているように，卵膜は殻に接している．

III. 最近の諸発見と当面の結論

これまでに提示された証拠によった場合に下されたはずの結論には，最近の諸発見によって，新たな次元の事柄が加えられることとなった．第一には，広く知られた一連の黄金板で，それらは死者のための教訓を記したもので，マグナ・グラエキア（イタリア南部）およびクレタの墓地で発見されたが，最近さらに南イタリアのヒッポニオン（現在名はヴィボ・ヴァレンティナ）出土の，前400年ころにまで遡る重要な新標本が加わった．糸杉のそばの泉の水を飲まずに，さらに先の記憶の湖から流れ出る水を飲むべしという，死者——この場合はある女性であるが——に対する通例の教訓（これについては，G. ツンツ『ペルセポネ』(G. Zuntz, *Persephone*, Oxford, 1971) 355ページ以下を参照のこと）の後に，続いてこう書かれている．

29　ヒッポニオン出土の黄金板（G. Pugliese Carratelli, *Parola del Passato* 29 (1974), 108-126 および 31 (1976), 458-466 による．） 10-16 行

　　こう言いなさい．「わたしはガイア（大地）と星輝くオラノス（天空）
　　　の子である．　　　　　　　　　　　　　　　　　　　　　　　　10
　　このわたしは喉が渇き，死に絶えんとしている．さあ，すぐにも与え
　　　たまえ，
　　ムネモシュネ（記憶）の湖より流れ出る冷たい水を」．
　　すると，地下の王たちはお前を憐れんで，
　　ムネモシュネ（記憶）の湖より飲むことを許し給うであろう．
　　そしてお前は人通りの多い道をたどる．その道は他にも　　　　　　15
　　秘儀を授かった名高い者らやバッコスの信女たちの進み行く聖なる道．

詩の最終行には、黄金板の信者たちの典型的な終末論に、現存の証拠の中でははじめて、「バッコスの秘儀を授かった者たち」、すなわち秘密の宗教的信仰を伴ったディオニュソスの信者たちも組み入れられている。バッコスの徒の葬儀のやり方は、ヘロドトスの『歴史』第2巻81節によれば、オルペウス教のそれと同じものとされている。そこには、バッコスの徒がエジプト起源であり、ピュタゴラス派でもあったとする意味深い指摘が付け加えられている。G. ツンツ（前掲個所）は、黄金板が明らかにピュタゴラス派のものだと論じていたが、ここに見られるディオニュソスとの関連からすると、むしろオルペウス教とのつながりがうかがわれよう。ヘロドトスの懐疑的な態度は、明確な宗派的区別が存在しなかったことを示唆している。しかし、人間は子供のディオニュソス神を殺して食らったティタンたちの灰から生まれたとする、人間創成についてのオルペウス教特有の神話において、この神が中心的な存在に浮かび上がってくることは、あるいは大きな意味を持っているかもしれない。

さらに、この点については、新しい証拠も現われている。1951年に、クリミア半島のオルビア（古代ミレトスの植民都市の一つ）の中心部の聖域から発見された骨片板である。その一枚に、おそらく前5世紀に引っ掻き記されたと思われる「オルペウス教徒たち」という名と、省略されたかたちでの「ディオニュソス」の名とが見られる。後者の名は、他にも数枚の骨片板にも出ている。これについては、271ページ注28をも参照されたい。より詳しい議論として、M. L. ウェストによる貴重な論考（ZPE 45 (1982) 17-29）がある。ヘロドトス『歴史』第4巻78-80節によれば、スキュレスという名の王がディオニュソスの狂乱の儀式、バッコス祭に参加したのも、このオルビアにおいてであった。

資料29の10行目で、死者の魂がなすように教導されている名乗り「わたしはガイア（大地）と星輝くオラノス（天空）の子である」は、そのままでは何のことか分かりにくいが、そこにはその死者と古い時代の神々とのつながりが想定されているのである。そのつながりが（おそらくは後代の）ディオニュソスとティタンたちをめぐる神話によって補完されることになったのだろう。

しかし、比較的早い時代からオルペウス教が最初に生まれた神々の系譜に関心を抱いていたことは、今日では、1962年にテッサロニキ近郊のデルヴェニで発見された注目すべきパピュロスの巻物によって、明らかにされている。前330年ころにある墓

第1章　哲学的宇宙生誕論の先駆者たち

のところで半ば燃やされたこの巻物には，繰り返しオルペウスのものだと名指された神統記について，アナクサゴラスおよびアポロニアのディオゲネスの説に精通した何者かによって著わされた詩行に対する寓意解釈的な注解が記されている．その注解にはプラトンやアリストテレスの影響がまったく見られないことから，ヴァルター・ブルケルト（たとえば，『アルカイック期および古典期におけるギリシア宗教』（W. Burkert, *Griechische Religion der archaischen und klassischen Epoche*, Stuttgart, 1977, 473)) は，そのおよその著作時期を「前400年をあまり降らない頃」としている．とすれば，当のオルペウス教の神統記——それは六脚韻の詩のかたちで書かれもので，引用は何度も行なわれている——は，前5世紀に遡り，場合によっては6世紀にまで遡る公算すらある．

　引用詩句のいくらかは，後代に編纂された，いわゆるオルペウス教の吟唱詩（これについては35ページの注12を参照のこと）の名残りと同一ないしほぼ同一である．それだからと言って，吟唱詩の大部分がヘレニズム時代ないしグレコ＝ローマン時代のものであるという事実をくつがえすことにはならないが，しかし，オルペウス教と特定して称され，聖なる詩句のかたちで文書化された信仰の始まりが，ヴィラモーヴィッツやリンフォースらが容認したであろう時期よりも，はるかに早かったことは，そこに示されている．

　そのパピュロスの完全な出版は長年にわたって遅れていたが，目下テッサロニキ大学のツァンツァノグルー，パラソグルー両教授によって刊行準備が進んでいる[*訳注]．その公刊までは，どんな論議も暫定的なものに留まらざるをえない．しかしR. メルケルバッハ教授は彼としてのテクストの版を刊行している（*ZPE* 47（1982）の付録（1-12ページ）として）．以下のオルペウス宗教詩からのとりわけ重要な内容をもつ抜粋は，そこから引用したものである．語句の追加と補訂は，何個所かでは，（きわめて

［訳注＊　*ZPE* 47（1982）の末尾に匿名校訂者（上述のようにメルケルバッハ）による暫定テクストが公表されて以来，A. Laks and G. W. Most eds., *Studies on the Derveni Papyrus* (Oxford, 1997) 所収のもの，G. Betegh, *The Derveni Papyrus: Cosmology, Theology and Interpretation* (Cambridge, 2004) 所収のものなど，いずれも基本的にK. ツァンツァノグルー（およびパラソグルー）による，そのつどの新訂版が公刊されている．］

45

粗雑な）古代の注解の文脈から決定されている．ただし，注解はここでは引用しない．

30　デルヴェニ・パピュロスの注釈者による「オルペウス」からの詩行の抜粋（カッコ付きの番号は，本書での引照のためだけのものである．それに続くローマ数字およびアラビア数字は，それぞれパピュロスのコラム（欄）番号および各コラムの行数字を示す．）

(1)　X, 5　　　　　（ウゥラノスに）大いなる仕業をなした（クロノス）[X, 7-8 参照]
(2)　X, 6　　　　　最初に王座についた，エウプロニエ（夜）の子ウゥラノス
(3)　XI, 6　　　　　彼の後にクロノスが続き，それから思慮に富めるゼウスが
(4)　VII, 1　　　　奥殿より（ニュクス（夜））が託宣することを……
　　　VII, 10　　　そしてニュクス（夜）は掟に適った事柄のすべてを託宣した
(5)　IX, 1　　　　　ゼウスは，父神より神託を聞くと
(6)　IX, 4　　　　　彼は，最初に高空(たかぞら)へと駆け昇った神の陽物を呑み込んだ
(7)　XII, 3-6　　　すなわち，最初に生まれた神の陽物を．そして彼（それ？）からすべての
　　　　　　　　　　不死なる至福の男神女神が生まれ
　　　　　　　　　　すべての川や愛らしい泉が生まれ，また他にも
　　　　　　　　　　そのときあったすべてのものが生じた．彼自らは，ただ一人で生まれたのだが．
(8)　XIX, 3-6　　　彼は大河なすオケアノスの偉大な力を造り出した［ブルケルトらによる復元］
(9)　XX, 3　　　　（月は [XX, 10 参照]）あまたの死すべき者らのために，果てしない大地の上を照らすもの
(10)　XXII, 9-10　恋心より彼の母親と通ぜんと欲した［XII, 1-2 μη[τρ]ός.....έᾶς（彼の……母と）を参照．ブルケルトらによる復元］

当然予想されるように，この注釈家の引用によって明るみに出たオルペウス教の神統記は，多くの点でヘシオドスの神統記と酷似している．その類似については第5節で考察する．しかし，興味深くて，おそらくは意味深くもあるのは，それと相違している諸点である．天上界の最初の王はウゥラノスすなわち天空である．しかしウゥラノスはエウプロニエ（夜）の子であり(2)(以下，資料30における当該番号を示す)，し

たがってヘシオドスにおける劫初のカオスと同じ位置を占めている（資料31，1行目）．それはまた資料15におけるアリストテレスの証言を確証してもいる．ここでクロノスが「大いなる（あるいは，恐るべき）仕業」(1) によって王座を手に入れる．おそらくは，ヘシオドス（資料39）にあるように，ウゥラノスを去勢することによってであろう．次の王はゼウスで，彼はどうやらクロノス自身から(5)だけでなく，エウプロニエ（夜）からも彼女の聖域で(4)神託を受け取るのだろう．ヘシオドスの場合（64ページ）とは違って，彼がクロノスに呑み込まれるのではなく，むしろ彼のほうが陽物を呑み込む(6)．それは，実はクロノスがウゥラノスから切除したものである (7, 1)．

その行為の結果，ゼウスは彼一人の力で，万物を生み出す．男神女神，川や泉その他すべてのものを生み出し(7, 2-4)，その中にはまぎれもなくポントス（海）や(8)オケアノスも含まれているし（吟唱詩の中の酷似した一節に言われているように，fr. 167 Kern），月もその一つである(9)．最後に，彼は母親と近親相姦を犯す(10)．母親はレアで，彼女はおそらく，ここでもそうだし，吟唱詩でも同様だが，デメテルと同一存在であろう．その場合に生まれたのが，（ブルケルトが示唆しているように）ペルセポネであろう．ゼウスは彼女とも関係を結んで地下世界のディオニュソスを生むことになるのかもしれない．

はるか後代の吟唱詩の思想内容に見られる要因の若干は，ここにまとまって提示されている．しかし除外されているものも多い．特に有翼の神パネスもそうである（37ページ注16参照）．もっとも，吟唱詩によれば（fr. 167 Kern），パネスは夜の深みの中でゼウスに呑み込まれることになっている．とすれば，後代において不穏当な表現を削除しようとする傾向が働いて，陽物をパネスに置き換えたかのようにも思われる．

陽物の起源はどこか．明らかに，系譜神話の細部の大部分がそうであるように（62ページ以下参照），近東に由来する．フルリ＝ヒッタイト系のクマルビ神話では，本書64ページに述べられているように，天空‐神の陽物を切り取るのがクマルビである．彼はそれを呑み込み，荒天‐神を懐胎して，分娩の苦痛にさいなまれる．この話はヘシオドスや彼に近接した出典には強烈すぎる内容だったらしい．陽物切除の行為は温存されたが（資料39参照），そのあと陽物は単に海中に投じられる．クロノス（他のいろいろな点ではクマルビに相応する存在）が自分の子供たちを呑み込むという場面はある——これなら多少は穏当な想念で，民話にもありうるテーマだろう．

神が切り取った陽物を呑み込むことによって懐胎するという，もともとのオリエント的説明は「オルペウス」に残されているかのように思われてくる．とはいえ，呑み込むのは切り取った当人ではないし，また彼が荒天－神に取って代わられる際の手段ともなっていない．かえって荒天－神（ゼウス）が陽物を呑み込むのであって，それは，創造の最終第二幕において宇宙全体を誕生させるために，産出の象徴あるいは手立てとして保持しつづけられるように思われる——ちょうど，後代の吟唱詩の説明において，パネスが実際にそうするように，である．
　オルペウス教の考え方とソクラテス以前の哲学との関係は，新しい証拠に照らしてみても，なおごくわずかでしかない．「夜」の優先的役割には新たな根拠が与えられた．もっとも，それは劫初のカオスというヘシオドス的な発想，あるいはまた前5世紀，さらには前6世紀にまで遡るかもしれない時期において，ヘシオドスに手を加えたさまざまな宇宙生誕論や神統記と関連したものかもしれない．オルペウス教思想がヘシオドスから離反しているところは，デルヴェニ・パピュロスから判断するかぎり，さほど多くはない．しかし，近東の系譜神話に見られるいくつかのモチーフを，ヘシオドス自身は弱めたのに対して，オルペウス教ではそれらを復活発展させていると見られる点では，重要な違いがある．とりわけゼウスによる懐胎とそれにつづく自然界全体の生誕についての違いは大きい．そのことからすると，シュロスのペレキュデス（第6節B）は，あるいはひょっとすると前6世紀に活動した何人かの初期思想家までもが，アジア起源のほかには確認されていない考え方について，そこに源泉を仰いでいる公算がますます高くなろう．そのことを別にすれば，デルヴェニ神統記の斬新さは，唯一の創造神という理念にあったのだろう．それは，バビュロニア神話のマルドゥク（61ページ参照）が持つ制作神としての力と，ヘシオドスの『神統記』における性的産出のテーマとを結びつけたものである．
　しかし，究極のところで最大の関心を呼び起こす要因は，黄金板に記された資料に見られる新局面にこそある．その資料は，宇宙生誕論的考察と死後の魂の運命を関連づけた人たちが，少なくとも前5世紀にはいた，ということを確証するのに大いにあずかっているからである．それはエレウシスの密儀の入信者たちが行なったとは思われない事柄であるとともに，とりわけヘラクレイトスのような人の，内容豊富で包括的な世界観を説明するのにかかわりの大きい事柄でもある．

第5節　ヘシオドスの宇宙生誕論と天地の分離

　目下論じている事柄よりも先にヘシオドスを直接考察するべきだった，ということは，明らかに一理ある．彼の『神統記』および『仕事と日』が著作されたのは，おそらくはいずれも前7世紀初頭のことであり，「オルペウス」その他の人たちによって発展させられ，またすでに論じられてきたテーマの多くは，はっきりとあちこちでヘシオドスのやり方に影響を受けているからである．しかしそれらはなお，世界とその発展について広く流布した，非分析的な考え方として，ホメロス（第1-3節参照）にも時折表現されているようなものの伝統の一端である．ヘシオドスは，それに対して，『イリアス』と『オデュッセイア』の作者（ないし作者たち）よりもほんの一世代かそこら後に活動したにもかかわらず，明らかに古代の神話をまったく新しく再編しようとする動向を代表している．彼もまた男神たち女神たちの相互関係やさらに原初的な諸力との関係づけに対処してはいるが，単に太古の神話的素材を整理づけようとしているだけでなく，ゼウスの権威と偉大さを示す究極の拠り所を立証しようとする明確な意図をもって，それを行なっている．

　以下の数ページにおいて特に注意を向けて取り上げるのは，『神統記』に叙述された宇宙生誕論的な発展（この著作はそこに帰趨するのだが）についてである．しかし『仕事と日』もまた，ゼウスが最終的に「秩序」あるいは「正義」（ディケー）に従ってこの世界を支配することを強調していることも含めて，ソクラテス以前の時代の考え方に，さほど明瞭ではなくとも確かな影響を及ぼしている――とくに，宇宙の根底にある秩序という考え方には，ヘラクレイトスを通じて，影響が及んでいる．この点については，さらに第7節を見られたい．

31　ヘシオドス『神統記』116行

　　　全き初めにカオスが生じた．それから次に　　　　　　　　　　　　116
　　　万物の常久(とこしえ)に揺るぎなき座なる，胸幅広いガイア（大地）と[24]，　　117

---

[24] 118行目「雪をいただくオリュンポスの頂きに住まう不死なる者らの」は唐突で，この個所にはふさわしくない．そのために削除されてきた．この行は中世写本にはあるが，プラトン（『饗宴』

道幅広き大地の奥底なる,霧深きタルタロス, 119
そしてエロース（愛）が生まれた．この神は，不死なる神々のうちに
　　あって最も美しき者にして, 120
四肢を萎えさせ，すべての神々，すべての人の子らの
胸の内なる精神と思慮深い意思を支配する．
カオスからエレボスと黒いニュクス（夜）とが生まれた．
次には，ニュクスからアイテールとヘーメレー（昼日）とが生まれ出
　　た．
ニュクスはエレボスと愛を交わして，それらを身ごもり，生んだのだ
　　った． 125
そしてガイアは，まず初めに，自らと大きさを等しくする,
星ちりばめたウゥラノス（天空）を生んだ．天空が彼女をすっかり覆
　　いつつみ,
至福なる神々の永遠に揺るぎない御座となるようにと．
それからガイアは高い山々を生んだ，神々しいニュンペー（妖精）た
　　ちの愛らしい住み処を．
彼女らは森蔭なせる山々に棲まいする者． 130
ガイアはさらに実りもたらさぬ海，波立ち騒ぐポントス（大海）を,
愛の喜びもないままに生んだ．そしてさらに
ウゥラノスと床を共にして，深き渦なすオケアノスを生み,

178B）や擬アリストテレス（『メリッソス，クセノパネス，ゴルギアスについて』I, 975a11）の引用にはない．セクストス・エンペイリコスやストバイオスでも同様である．119行目もやはり彼らの引用では省かれていたし（キティオンのゼノンが使用した写本でも，SVF I, 104-105によれば，そうなっていたらしい），ある欄外注解者は「偽作個所の印あり（ἀθετεῖται）」と評言している．しかし,カルキディウス（『プラトン「ティマイオス」注解』122）では，正しい位置に引用されている．なお彼は118行目を省いている．プラトンが117行目を120行目につづけていることは，必ずしも重要視するには当たらない．彼の関心はもっぱらエロースにあって，そのエロースにかかわりのあるところを引用しているだけなのである．古注家たちの疑義とプラトン以後の人たちによる削除は，プラトンの削除が元になっているのかもしれない．あるいは118行目は不調和と感じられたが，ハデスについての異なった叙述（31ページ参照）が出てきたときまでに，付加されたのかもしれない．

コイオス，クリオス，ヒュペリオン，イアペトスらを……[25]．

　『神統記』の著者は神々の系図を世界の始まりのところまで遡らせようと考えた．資料 31 は最初期の場面についての彼の見解で，それによれば，ウゥラノス（天空）のような宇宙を構成する要因の産出が，しだいに不明瞭ではあるが完全に擬人化された神話上の登場人物，たとえばティタンたちの誕生につながっていくのである．この詩的宇宙生誕論が書かれたのはおそらく前 7 世紀の初めであろうが，しかしヘシオドスによって創作されたわけではない．ときに見られる不合理や場面の繰り返しは，それが少なくとも二つの先行する別の説を合体させたものであることを示している．一例を挙げれば，エレボス（ヒッタイト起源の語であろう）は，ホメロスではそれについてはっきりしないところがあるものの，領域的には，ガイア－ハデス－タルタロスの複合体全体にあたるものだったにちがいないのに（『神統記』669 行に「地下のエレボス」とある），しかしその誕生はガイアとタルタロスよりも一世代遅れている．その説明は，ちょうど山々や海（ポントス）が大地から生まれる場合のように，領域の区分としてなされるはずだと思われようが，しかしエレボスの場合には，カオスからではなくタルタロスあるいはガイアから自然的に生ずることになっているのである．それがニュクス（夜）と同じグループをなしているのは，明らかに，大きな特徴（暗さ）を共有しているからであり，ちょうどアイテール（上層気）と昼日とが一グループをなしているのと同じことである．

　生誕は反対的なものからか（たとえば，エレボス——それは中性であるが親としての活動が差し止められてはいない——と夜によって，アイテールと昼日が生まれる場合），類似的なものからか（カオスからエレボスとニュクスが生まれる場合），あるいは領域的な分化による．しかし，若干の誕生については，これらの原則のいずれによっても説明がつかない——とくに，ガイアからウゥラノスが生まれる場合がそれである．さらには，産出の方法にも首尾一貫性を欠いたところがある．エロース（愛）

---

[25] ティタンたちの完全なリストがこれにつづく数行に挙げられている．これ以降ガイアが生むのは明らかに非宇宙論的な存在である．154 行以下には，クロノスによる切断の話がつづく（資料 39）．211 行以下で擬人化された抽象物，たとえば夜とか争いとかの出産の話にもどるが，それらにはもはや宇宙論的な意味合いはない．

は分化の最初の段階で生まれる．おそらく，以降における分化を擬人化された性的関係によって説明するためであろう．

とはいえ，エロース原理はいつでも行使されるわけではない．ガイアはポントス（大海）を「愛の喜びもないままに」生む（132行）．ニュクス（夜）はエレボスと愛を交わすが（125行），しかし次には「だれと添い寝することもなく」出産する（213行）．またカオスは123行で，ガイアはさらに126行で，だれにも頼らずに出産するが，そのときにはすでにエロースは存在していたのである．ガイアは，息子であり配偶者でもあるウゥラノスと愛を交わして，いっそう完全に擬人化された存在のオケアノスを生む[26]．

「全き初めにカオスが生じた」．カオスが最初に置かれているのは注目すべきことで，ヘシオドスがここでのカオス（Χάος）にどのような意味をもたせようとしていたかについては，注意深い考察がなされなければならない．さしあたり三つの解釈がしりぞけられよう．(i) アリストテレス（『自然学』IV, 1, 208b29）は，それを「場所」と解した．しかし，場所およびそれに関連した空間概念への関心は，『神統記』よりはるかに遅れて，おそらくエレア派に始まり，その最初の特筆すべき表現が見いだされるのは，プラトンの『ティマイオス』においてである．(ii) ストア派はキティオンのゼノンの説に従った（たとえばSVF I, 103）．ゼノンはシュロスのペレキュデス（DK7B1a）からその考え方を借用したのかもしれないが，χάος（カオス）をχέεσθαι（注がれる）に由来するものとして，したがってそれを「注がれるもの」すなわち「水」と解釈した．(iii) 渾沌という今日の通念的な意味は，たとえばルキアノスの『恋さまざま』32行に見られる．そこではヘシオドスのカオスは渾沌とした形なき物質と解されている．これもまたストア派起源のものかもしれない．

「カオス」は，χαίνειν や χάσχειν（ともに「大口を開ける」の意）などの場合と同じように，「開口，割れ目，すき間」などを意味する χα に由来する．確実に前400年以

---

[26] 世界を取り巻く河（第2節参照）という宇宙論的な重要性からすれば，オケアノスのほうが，ポントス（大海）よりも後というよりも，むしろ先に現われてもよさそうに思われるだろう．ポントスはそもそも大地の一区画と見なされるべきものだからである．しかし，オケアノスがガイアとウゥラノスから生まれるということには，合理的な動機が関与しているのであろう．すなわち，世界を取り巻く流れとは，大地とそれにかぶさった鉢のような天空との接触点にほかならないのである．

前のこの語の用例のうち，一つのグループは端的にこの個所における，宇宙生誕論上のカオスに言及している（資料18でのアクゥシラオス，アリストパネス『鳥』693行，『雲』627行がそれである）．もう一つのグループは「空気」という特別な意味で用いられている．すなわち，天空と大地の中間領域，その中を鳥が飛ぶ領域という意味においてである（バッキュリデス5, 27, エウリピデス断片448 (Nauck²)，アリストパネス『雲』424行，『鳥』1218行がそれである）．

ただしエウリピデスとアリストパネスによるものは，バッキュリデスが用いた，詩的で，ことによると彼の創意になる「限りない空間の中で (ἐν ἀτρύτῳ χάει)」というきわめて個性的な詩句（その中を鷲が飛ぶ所として，大地ないし海に対して自由な大気を言う）が意識的に模倣されていて，後者ではそれが叙情的に用いられ（『鳥』1218行），前者ではヘシオドスの宇宙生誕説における「カオス」が置かれるべきところに，必ずしも本気になってではなくとも，好都合な解釈として採用されたのではないかと疑問視することもできよう．とすれば，その証言は，「カオス」を天空と大地との間の空間という拡張的な用法を示すものとはならない．もっとも，そうした用法が確かに知られていたことにはなろう．

ここで，『神統記』そのものにおけるその語のもう一つの用例を考察しなければならない．

32　ヘシオドス『神統記』695行（ゼウスがティタンたちに雷挺を投げつける）
　　　　大地のすべても，オケアノスの流れも
　　　　実りもたらさぬ海も煮えたぎった．熱い旋風が
　　　　大地に生まれたティタンたちを包み込み，消えることのない火焔は聖
　　　　　　なるアイテールに達した．
　　　　たくましい者らではあったが，彼らの両の眼を盲にした，
　　　　雷電と雷光の輝きがきらめき渡って．
　　　　驚愕すべき燃焼火がカオスを捉えた．そのさまは，　　　　　　　　700
　　　　目で見るにも，その大音響を耳にするにも，
　　　　あたかもガイア（大地）と大いなるウゥラノス（天空）とが高所で
　　　　合体したかのようだった．なるほど，さほどにも巨大な物音がわき起

こりもしよう……．

　700行目の「カオス」が世界のどの領域を表わしているのかが，論争の種になってきた．それは（a）地下世界の全体ないし一部を表わすのか——これに対応した用例が『神統記』814行（資料35）にある．ただし，それは後から追加された改変版の一つの公算もある（31ページおよび57ページを見よ）——，（b）大地とアイテール（天空）との間の領域を表わしているのか．しかし（a）と考えるのには無理がある．どうして「熱」が地下世界にまで浸透していくのか（681行以下の個所では，なるほど投擲物の大音響が地下まで届いたとされている．しかし，その場合は自然事象であり，実際に起こりうることである）．ティタンたちがいるのは地下世界ではなく，オトリュスの山上である（632行）．また火焔はアイテール（天空）に達したと言われていることから，そのあとに来るのは，燃焼火もまた天地の中間領域全体を満たしたということのほうが適切である．それに続く詩行では，天と地がぶつかり合うさまが描かれている——ここでも，明らかに重点は地下世界にはない．客観的に判断すれば，700行でのカオスはまぎれもなく天と地の間の領域を指している，という結論が得られるであろう．

　「カオス」の基本的な意味（空隙すなわち境界の間隔．「空虚」の類いのものではない[27]）からしても，天地の間の領域という意味での用例が確実に前5世紀に一つあることからしても，あるいは，『神統記』にこの語がおそらく同じ意味で使われていると思われる用例がもう一つあることからしても，とりわけコーンフォード（たとえば『知の始まり』（*Principium Sapientiae*, Cambridge, 1952）194ページ以下）が提起したことで知られる一つの解釈に注目しなければならない．資料31の1行目の「カオスが

27）カオスと北欧神話の宇宙生誕論におけるギンヌンガ－裂け目（ginnunga-gap）との比較がしばしばなされてきた．この「裂け目」（ただし，これ以前に巨人による天地の創造が行なわれたのだが）は，単に無限定的な虚空間を意味するものと考えられてきた．しかし，スノリ*の構想の中では，それが北側を氷の世界（ニフルヘイム）によって，南側を火の世界（ムスペルズヘイム）によって区切られていることに注意する必要がある．このことからすれば，カオスが第一義的には巨大な大きさの領域を意味するにしても，第二義的かつ言外にその境界のことも暗に含まれているという想定を退けるものではないことは，確かである．［訳注* スノリ（Snorri Sturluson, 1179-1241）はノルウェー生まれで，アイスランドで活動した詩人，政治家．古代北欧神話の集成と紹介に努めた．］

生じた（Χάος γένετ᾽）」とは，「天と地の間の空隙が生じた」ことを意味し，それはすなわち，宇宙生誕論の第一段階は天地の分離ということだ，とする解釈である．そうすると，この宇宙生誕論の中で瀝として疑う余地なく見てとられる事柄として，ウゥラノス（天空）の誕生が，126 行以下の第二段階まで遅らされているのだが（123 行以下でのカオスからの誕生と，126 行以下でのガイアからの誕生とは，同時になされたのであろう），そのこととうまく話の合わないおそれがあろう．しかし，この点の奇妙さを別にすれば，他の条件はこの提案に合致する．

　大地は，それに付属したタルタロスとともに，その空隙ができたときすぐさま出現する．エロースも同様である．それは，詩に著わされたところによれば[28]，最も具体的なかたちでは雨／精液として，天地の中間に存在する．ヘシオドスの構想において，ウゥラノスの形成が遅れたのは，二つの別々の考え方をごたまぜにして用いた（それは彼の筋書き中の他の細部とも同様の仕方による混用だが）ためだということは，けっしてありえなくはないし，そのことは宇宙生誕論のまさに最初の段階にあたる 116 行に予示されているとも言えなくはないだろう．

　『神統記』における天と地の分離は，クロノスの切除の話のところ（資料 39）では，全面的に神話化された詩のかたちで，まぎれもなく重複化されている．もっとも，論理的性格を異にする考え方（準合理的なものと神話的なもの）の間での重複性であれば，同じ準合理的なレベルでの重複性よりも受容が容易であるのは事実であろう．

　コーンフォードの解釈には，宇宙生誕論の最初の段階を叙述するのに用いられた動詞が助けになるかもしれない．そこには「あった」ではなく，「生じた」とある．それは，あるいは，カオスが多様に分化した世界にとって，永遠に存続していた前提条件では

---

[28] ホメロスやヘシオドスにはない．最も顕著な用例は次のものである．
　　33　アイスキュロス断片 44, 1-5 行（『ダナオスの娘たち』より）
　　　　聖らなる天空（ウゥラノス）は激しく大地（クトーン）に押し入ろうと欲し，
　　　　欲情（エロース）は大地をとらえて結合への意をそそった．
　　　　雨は契りを結んだ天空より降り注ぎ，
　　　　大地を孕ませた．そして大地は死すべき者らに
　　　　羊たちの餌やデメテルの糧をもたらした．
　　このように雨が実際に大地を肥沃にするという考え方は，太古からのものであろう．

なく，当の前提条件を変容させたものだということを意味しているのかもしれない．(ヘシオドスないし彼の素材源が原初の実在を無から生じたものと考えていた，とするのは問題外である．) 大地と天空が初めは一体のものであったという考えは，ごく一般的なものであったから (59-62ページ参照), ヘシオドスもそれを当然のことと考え，世界の形成過程を分化の最初の段階の説明から始めたのであろう．これは，疑いもなく，謎を残したままのそっけないやり口ではあろう．しかも，「カオスが生じた」という表現には，単に「天空と大地が分かたれた」という以上に，おそらく何かより複雑な意味が込められていたように思われる——もっとも，わたしとしては，これがもともとこの詩句に込められていた意味であったということを受け入れる気になりつつある．

　天地が最初に分かれてのちにできた，その間の空隙の本性には，ヘシオドスもおそらくは依存していた民間の伝統によって，なにがしか細部が加味されたのは当然のことであろう．思うに，単に暗い天空と大地とその間の空隙だけがあったときには物事はどんな様相を呈していただろうか，と想像することが行なわれたのであろう．ここで，地下世界についてのヘシオドスの叙述にかかわる，二個所の具体的描写に立ち戻って (31ページ参照), それを援用しなければならない．

34　ヘシオドス『神統記』736行
　　　そこには，陰鬱なる大地の，靄深きタルタロスの，
　　　実りもたらさぬ大海の，星ちりばめた天空の，
　　　それらすべてのものの源が順をなして並び，凄惨でじとじとした最
　　　　果てが
　　　そこにある．それらは神々さえもが忌み嫌うもの．
　　　その大いなる空隙 (カスマ) は，一年をかけても全体を行きつくして　　740
　　　底にまで達しはしまい，——ひとたびその門をくぐろうものならば．
　　　いな，凄惨な嵐に次ぐ嵐が，かなたこなたへと引き回すだろう．
　　　不死なる神々にとってすら，その怪異は
　　　恐るべきもの．そして，陰鬱なる夜 (ニュクス) の恐ろしい館が
　　　どす黒い雲に包まれて建っている．
　　　　　　　　　　　　　　　　　　　　　　　　　　　　　　　745

35　ヘシオドス『神統記』811 行（資料 34 の 736-739 行と同詩句が繰り返されたのにつづいて）

　　そこには輝く門があり，青銅の敷居が
　　揺るがずにあり，どこまでも伸びた根を，みずから生やして
　　張っている．彼方には，すべての神々から遠く離れて
　　ティタンたちが，暗鬱なカオスをこえて，住まっている．

　これら両個所のうち，資料 34 は明らかに 726-728 行（資料 2）を改訂しようとした試みである．726 行以下によれば，タルタロス（おそらく，その上半部）は夜（ニュクス）に取り囲まれており，その上には大地と海の根が伸び広がっている．「最果て（πείρατ᾽）」には，明白に資料 2 の典拠となっている『イリアス』第 8 歌 478-479 行「大地と海の……最も深い果て」に対するさらなる改訂が見られる．なお，「泉（πηγαί）」は，海に特定的に適切なものとして導入されている．740 行以下は，720 行以下について，特別にそして独特な仕方で発展させたものである．他方，資料 35 は，資料 34 の最初の 4 行を繰り返した後に続いていて，ホメロスがタルタロスを叙述した部分（資料 1）からの詩行（『イリアス』第 8 歌 15 行）をわずかに変更したものに始まり，ここではごくぼんやりと表現された，資料 2 の「根」に続き，さらに 740 行目の「大いなる空洞」が「カオス」として繰り返されて終わっている．両個所は，いささか表面的な拡張と相まって，いくつかの一貫しない点を含んでいる．たとえば，大地の根がタルタロスの上のところにある，とする合理的な考え方は，大地や海や天空，さらにはタル・タ・ロ・ス・そ・の・も・の・の「源と最果て」がタルタロスにある，とする考え方に変更されている（資料 34）．

　興味深いのはその先の叙述で，タルタロスが χάσμα μέγ᾽ すなわち大きな空隙あるいは裂け目とされ（エウリピデス『フェニキアの女たち』1605 行参照），嵐が吹きすさび，夜の館が建っている，とされていることである．資料 35 では，この空隙は「暗鬱なカオス」と叙述されている（カオスは絶対的に無際限だというわけではないということには注目すべきだとしても，その奇妙な地理的記述にこだわる必要はない）．この叙述は 116 行（資料 31）で言及された原初のカオスを念頭に置いたものにちがいない．とすれば，ここでの記述の拡張を行なった著者ないし著者たちが，原初のカオス

を，タルタロスのように，暗く風吹きすさぶものと解していたと想定するのは，理にかなったことに思われる．もともとの宇宙生誕説の説明では，エレボス（闇）とニュクス（夜）が（両者ともに，おそらくは暗鬱なものだったろう）カオスから生まれたという事実は，この解釈を支えるそれなりの補強になるものである．

　その証拠は，以下のような結論を示しているように思われる．──ヘシオドスの典拠としたものによれば，要するに，分化した世界の形成における第一段階は，天と地の間の空隙の生誕であった．そして，ヘシオドスによって強調点は，空隙を生みだした分離というできごとにではなく，当の空隙そのものの本性に移された．空隙は暗く風吹きすさぶものと考えられた．アイテールと太陽はいまだ生まれ出てはいず，夜と嵐とが手を携えていたからである．同様の叙述は，ごく当然ながら，タルタロスにある光のない裂け目にも用いられている．のみならず，ときには，タルタロスは原初の空隙をもとに，あるいは実際上その一部とも考えられていた[29]．

---

29) G. ヴラストス（G. Vlastos, *Gnomon* 27 (1955), 74-75）は，資料34を，ヘシオドスの宇宙生誕論におけるカオスの起源として重要視しており，さらにはアナクシマンドロスが「無限なるもの（τὸ ἄπειρον）」の着想を得たのはここからである，とする示唆をも与えている．U. ヘルシャー（U. Hölscher, *Hermes* 81 (1953), 391-401）も，コーンフォードの解釈を全面否定し，カオスを暗く無限定な荒涼たるものと解している．彼は，この説を支持するものとして，エウセビオスの『福音への準備』I, 10において，ビュブロスのピロンがサンクニアトン（トロイア戦争以前に活動したとされるフェニキア人）のものとしている宇宙生誕論はヘシオドスよりもはるかに古いとする想定を立てている．エウセビオスにおける要約によれば，事物の最初の状態は暗鬱で限りのない空気と風（χάος θολερόν, ἐρεβῶδες というのが叙述の一つである）であった．そして，これが「自らの ἀρχαί を激しく欲求したとき」（このことが何を意味するにせよ），混合が行なわれると，「モット（一種の泥土）」が生じ，創造の種蒔きが行なわれた，という．さて，たしかに，ラス・シャムラ*などの各地での発見が次のようなことを示している．(a) ギリシアの神話におけるいくつかのモチーフは，ホメロスやヘシオドスよりはるか以前に遡り，ギリシア以外の地に起源を持つ．(b) フェニキアには神々の初期の歴史について，前二千年紀に遡る，独自の版の神話があり，その地は諸文化の邂逅の場であった．また，これも確かなこととして，サンクニアトンのものとされる神統記には，宇宙生誕論の要約につづいて，一つの細部的な話（ウゥラノスに先立つ世代のエリウンという神）がある．これはヘシオドスには対応せず，むしろ同族関係にあるヒッタイトの前二千年紀の考え方（45ページ以下参照）とはうまく対応している．しかしこれは純然たる古代の特定地域的な宇宙生誕論の伝統における細部的なもので，どの時代にでも話の中に組み入れられるようなものかもしれない．サンクニアトンの名で寄せ集められた全体の各部分（ヘルメス・トリスメギストスなどにもわたる）

第1章　哲学的宇宙生誕論の先駆者たち

Ⅰ．ギリシア文献における天地の分離

36　エウリピデス断片484（『賢者メラニッペ』より）
　　そして，この話はわたしのものではなく，わたしの母から聞いたもの．
　　いかように天と地は一体の姿形をなしていたかということも，
　　そして，たがいに二つに相別れたときに，
　　万物を生み，光のもとへと，
　　樹々や鳥たちや獣たち，そして塩辛い海の養うものら，
　　また死すべき者らをもたらしたということも．

37　ディオドロス『世界史』第1巻 第7章1節（DK 68 B5, 1）
　　なぜなら，全宇宙の最初の形成時には，天と地は一体の姿形をなしていて，それらの自然本性は交じり合わさっていた．その後に，諸物体が相互に分離して，宇宙世界は現に見られるような全体的秩序を獲得して……[30]．

38　ロドスのアポロニオス『アルゴナウティカ』第1巻496行
　　彼は歌った，いかにして大地と天空と海とが，

が，すべて古代の素材の集成であるとは限らない．とりわけ，その宇宙生誕論的説明が，実はまさにそう思われるがままのもの，すなわちヘレニズム時代に作られた，ヘシオドスおよびそれ以降の宇宙生誕論上の諸典拠の折衷主義的な模作（「卵」への言及らしきものもあるのだが）以外の何ものでもないという公算は，いまだ示唆すらされ始めてもいない．これを『神統記』のカオス解釈の手立てとして用いたり，原初の風吹きすさぶ暗闇という考え方がすでにできあがっていて，ヘシオドスはそれを咀嚼すればよかったことを示すために用いるのは，学術的というよりも興味本位のことと考えなければならない．[訳注＊ ラス・シャムラは，シリア北西部の地中海沿岸にある村落．ウガリットの遺跡で知られる．]

30) ディオドロス（彼はこの個所の少し後に資料36を引用している）の同書第1巻における宇宙生誕論と人間生誕論を，ディールスはデモクリトスのものとしている．コーンフォードが注意しているように，アトムへの言及はまったくないが，より後の諸段階についての細部の若干は，それにもかかわらず，彼の『小宇宙体系（ミクロス・ディアコスモス）』（本書509ページおよび同注2）に由来する可能性がある．社会の形成発展は，プラトンの対話篇におけるプロタゴラスの叙述に類似している．見解全体としては折衷的であるにせよ，その主たる様相は前5世紀起源のもので，イオニア的な特徴が顕著である．そのようなものとして，それは伝統的な宇宙生誕論の考え方を表わしていると言うことができよう．

以前には互いに一つの姿形で結びついていたのに，
破滅をもたらす争いにより，個々別々に分離されたかを．
またいかにして星辰と月と，また太陽の進む道が，
天上につねに定まった境界を保っているかを……[31]．

さきに触れられたように，ヘシオドスの宇宙生誕論の最初の場面は，暗に言われているだけで，はっきり強調されてはいないが，天と地の分離であった．ギリシアではこの考えが一般に流布していたことは，資料36から38に示されている．まぎれもなく前5世紀にまで遡りうるのは，資料36だけである．しかし，この資料にははっきりと天地の分離のことが述べられているとともに，それが母から子へと語り伝えられている，すなわち一般に流布した，伝統的な見解であるという意味で，とりわけ重要である．学問的な領域では，これと並ぶ時代にまで遡るものは一つもない．むろんその考え方自体は，資料37やその系統を引くものに見られるように，専門化されたイオニア派の諸理論にも取り入れられてはいたであろう．

II．ギリシア以外の典拠における分離

大地が天から分裂してできたという宇宙生誕論のメカニズムは，現在知られているギリシア最古の宇宙生誕論よりもはるか以前に，近東の大きな諸文化の神話的考え方に広く用いられていた．（それは文字通り多くのさまざまな文化に共通している．きわめてよく知られたものとして，拘束された子供たちによってランギ（天空）とパパ（大地）とが分離されるマオリ族の神話がその例で，それは資料39と密接に並行関係をなしている．）

エジプトの『死者の書』に紀元前一千年紀の終わりに記された余白注記に，「レが王として，シュによる持ち上げ以前の王として，現われはじめた．それは，彼がヘルモポリスにある丘の上に立ったときのこと」（ANET, 4）と述べているのも同様である．

---

[31]「彼」とは歌人(うたびと)のオルペウスのことである．この宇宙生誕論には，とくに「オルペウス教的」な見解（第4節）と共通するものは何もない．アポロニオスは，当然のこととして，彼が知るかぎりでもっとも古めかしく聞こえるかたちのものをオルペウスに語らせようとしたであろう．

シュは大気神で，レによって吐き出され，天空女神ヌトを大地神ケブから持ち上げている．

フルリ系ヒッタイトの『ウリクンミの歌』(*ANET*, 125; Gurney, *The Hittites*, 190-194)によれば，ギリシアのアトラスに当たるウペルリは「天と地がわたしの上に築かれたとき，わたしはそのことにまったく気づかなかったし，彼らがやってきて肉切り刀で天と地を切り裂いたときにも，わたしはそのことにまったく気づかなかった」と言っている．

バビュロニアの創造叙事詩 (IV, 137 ff.; *ANET*, 67) では，マルドゥクが原初の水神ティアマトの身体を切り裂いて，その半分を天空（天上の水を含む）とし，あとの半分をアプス（深淵）とエシャラ（大いなる住み処）すなわち大地の支えとした，という．これがわれわれに知られた世界構築の第一段階である．といっても，はるかに古いバビュロニアの神々の歴史では，第二段階でしかないのだが．

また，もう一つの後代におけるセム系ヴァージョンである『創世記』第1章においても，原初の水が同じように分割されている．すなわち「そして神は言われた，水帯のただ中に支台が現わるべし，そして水と水とを分かれしめよ．そして神は支台を作られ，支台の下にある水と支台の上にある水とを分かたれた．するとそのとおりになった．そして神はその支台を天空と名づけた」（『創世記』第1章6-8）[32]．

以上に見たように，天と地の分離は，ヘシオドス以前のさまざまな非ギリシア系の神話的説明に含まれている．次節で見るように，神々の最初の世代についてのヘシオドスの叙述は，基本的に近東の神話を変形させたものであり，また近東の神話自体が，現存のフルリ系ヒッタイト様式を焼き直したものでもある．したがって，ヘシオドスに現われる分離のモチーフには，何ら驚くべきものはない．正規の宇宙生誕論における準合理的な「カオスが生まれた」という表現によって，暗に語られている場合であれ，よりはっきりと，しかし完全に神話叙事詩を装って，今から考察するような切除

---

[32] 『創世記』第1章の冒頭の文言「はじめに神は天と地を創られた．地は形なく，空虚であった」は，以下に述べられる事柄をごたまぜにして予示している．最初の状態は無限に広がる暗い水であり，分化の最初の段階は水が天空の水と大地の水とに分離することである．冒頭の要約における予示は，ヘシオドスの宇宙生誕論に見られる二重記述（54ページ）に呼応するものになっている．

譚において語られている場合であれ，そのことに変わりはない．

III. 『神統記』における切除神話

39　ヘシオドス『神統記』154 行

というのも，ガイア（大地）とウゥラノス（天空）から生まれ出た
子らの中にあって最も恐るべき者たる彼らは，はじめから父親に憎ま
　れていた．
そして，彼らのいずれなりと生まれ出るやいなや，
すべての者らをガイア（大地）の奥深くに押し隠し，
光のもとに出させはしなかった．その悪行をウゥラノス（天空）は
ほしいままにしていたが，巨大なるガイアは，ぎっしりと詰め込まれ
　てうちに呻きを
発していた．そして奸智に長けた邪悪な策をめぐらせた．　　　　　　　160
……彼（クロノス）を待ち伏せの場所に隠しやった．そしてその手に
ギザギザ刃の鎌を持たせ，奸計のすべてを授けやった．　　　　　　　175
さて，大いなるウゥラノスがニュクス（夜）を引き連れてやって来
　て，ガイアの傍らに
情愛を求めて身体を伸ばし，彼女の全身に
おおいかぶさった．そのとき，息子は待ち伏せの場所から
左手を延ばし，右手に巨大な鎌を，
長大でギザギザ刃の鎌を執って，おのが父の陰部を　　　　　　　　　180
素早く刈り取り，背後に抛ると，それは後方はるかに
飛び去った……．
［その血のしたたりがガイアをうるおすと，エリニュス（復讐神）たち，ギガス（巨人）
　たち，メリアスという妖精たちが生まれる．切断された部位は海に落下して，その
　泡からアプロディテが生まれる．］

現行の版の細部には，ウゥラノス（天空）は，少なくとも昼間は，ガイア（大地）

と別のところにいたことがうかがえる．しかし，そうだとすると，なぜガイアは彼の不在の間に生みの子たちを解き放してやれなかったのだろうか．おそらく，この話の別の諸版では，（マオリ族の神話でランギがパパに覆いかぶさっているように）ウゥラノスがたえずガイアに覆いかぶさっていて，ある意味で「天空と大地は一体であった」のである．この露骨に性的な説明が，まず「カオスが生まれた」，次いで「ガイアは……自らと大きさを等しくするウゥラノスを生んだ」という，資料31の練り上げられた宇宙生誕論に込められているのと同一の宇宙生誕論的事態を，それとは別の，あまり知的に洗練されていない段階において，先取りするものであることには，ほとんど疑う余地がなさそうである[33]．

『神統記』の中味のいかほどかは非ギリシア起源のもので，時代的にもヘシオドスに直結した先行者よりもはるかに古いものだということは，ヘシオドスによる最古の神々の系譜の説明と，ヒッタイトのクマルビ粘土板にある，フルリ系起源でその現存形態でも前二千年紀の半ばにまで遡る説明との並行関係に，きわめて明瞭に示されている[34]．ヒッタイト版では，天上の最初の神はアラルで，彼は天空神のアヌに追い落とされる．アヌは成長した神々の父たるクマルビ（「神々の父」クロノスに対応する）に退位させられる．アヌが空中に逃れようとすると，クマルビはその身体の一部を食

---

33) 準合理的ではるかにずっと洗練されたまとめ方がすでになされていた事態が，神話叙事詩のかたちで反復されるという場合の，もっとも明白な並行的事例が，『創世記』に見られる．その第1章に登場する抽象的なエロヒム（神）が，第2章では，完全に擬人化されて，はるかに生身のままのヤハウェに取って代わられているし，第1章における「神は自らの姿に象って人間を創った」というあいまいな表現が，第2章でははるかにずっと描写的でいっそう素朴なかたちで繰り返されていて，そこではヤハウェが塵から人間を創り，その鼻から生命を吹き込む，とされている．（人間が泥から創られる事例は，たとえば古期バビュロニア文書 *ANET*, 99 col. b を参照のこと．また，ギリシアにはプロメテウス神話がある．）

34) クマルビ粘土板については，*ANET*, 120-121; Gurney, *The Hittites*, 190-192: R. D. Barnett, *JHS* 65 (1945), 100f.; H. G. Güterbock, *Kumarbi* (Zürich, 1946), 100ff.; G. S. Kirk, *Myth, its Meaning and Functions in Ancient and Other Cultures* (Berkeley and Cambridge, 1970), 214-219 を参照．『ウリクンミの歌』（本書61ページを見られたい）には，粘土板ごとに分けられて，クマルビが天上を支配していた間になした事柄が記録されている．天地はすでに分離していたことが，そこにははっきりと示唆されている．

いちぎって呑み込む．暴風神と他にも二柱の「荒ぶる神々」を孕んだと告げられて，クマルビは呑み込んだ部位を吐き出すと，それによって大地がそれら二柱の神を孕む．しかしクマルビは暴風神からは免れることができず，結局はその神を誕生させてしまう．アヌの助けを得て，というのは明らかなことで，暴風神（ギリシアでは，まぎれもなく，雷電神たるゼウスに当たる）はクマルビを追い落とし，天上の王となる．

　ギリシア神話との類似は明瞭である．天空神の系譜，神々の父，暴風神は，それぞれに共通している．クマルビ／クロノスによる天空神の去勢，投げ捨てられた身体部位による大地の懐胎などもそうである．むろん，重要な相違点もある．ヒッタイト版には，（他の近東各地の説とひとしく）天空神の前にもう一柱の神，アラルがいる．クロノスが呑み込むのは石塊である（それを暴風神と思い違いしてである（『神統記』468 行以下）．そして，それは他のすべての子供らを呑み込んだ後のことである）．また，暴風神ゼウスを生むのはレアであって，彼自身ではない．ヒッタイト粘土板の破損した部分に，クマルビが石塊を食べることへの何らかの言及があったかもしれない，とも考えられるが，確かなことではない．ヘシオドスにおいても，天空神が（ガイアとともに）暴風神の生き残りの手助けをすることは，注目してしかるべきである．ヒッタイト版には，天空神の去勢が天地の分離ということに関係していることを示唆するものは何もないし，事実，大地女神は登場しない．こうした相違は重要である．

　しかし，そこに示唆されているのは，ギリシア的な分離モチーフには前二千年紀の原型が存しないということではなく，ギリシア版にはヒッタイトの語り方に見られない異説が組み込まれているということである．ギリシア版は，むろんのこと，とりたててヒッタイト版によっているわけではない．広く行きわたっていた一般的な話はあったが，地方ごとにさまざまな異説があり，ヒッタイト粘土板もその一つの版を伝えており，ヘシオドスもそれとは別の版，というよりも，より後代のまったく異なった文化への伝播にともなう変容を受けた一つの版を伝えているのである．

第 6 節　「混合的」神統記

(A)　アルクマン

第1章 哲学的宇宙生誕論の先駆者たち

　スパルタの叙情詩人アルクマンは，前 600 年頃に活動した．1957 年にオクシュリュンコス・パピュロス 2390 番が公刊されて，彼の詩の一つにある種の神統記的な宇宙生誕論が含まれていた（「この歌でアルクマンは自然について関心を示している」と注解者は記している．断片 3, col. i, 26）ことが明らかにされたのは，きわめて大きな驚きであった．それは，大地の子らであるムゥサ（ミューズ）たちの祈祷の中に現われたものかもしれない．詩そのものは一瞥するだけにしておく．パピュロス（後2世紀のもの）には，その詩についての散文による注解のいくつかの部分が残されている．それは粗雑なアリストテレス学派的な性格のものだが，明らかにきわめて謎めいていて，そのために，さまざまな解釈の試みを誘発している（col. i, 27f.）．

　注解の主要部分は，以下の資料 40 のとおりである．しかし，それには内容項目（レンマタ）としてアルクマンからの短い詩句が含まれていて，それらに注解がつけられる体裁になっていること，また第 2 欄のはじめ（3 行目）に ἐκ δε τῶ π[とあって，それに 6 行目の πόρον ἀπὸ τῆς πορ.[という説明句が続いていて，τοῦ のかわりに τῶ という方言形が使われていることから，疑いの余地なくアルクマン自身が πόρος という語を用いていたこと——その語に τέκμωρ という，どういう意味にせよ詩的なかたちの語が密接に結びつけられている——に注目するのは重要なことである．（資料 40 に続く個所の）他の内容項目（レンマタ）として πρέσγ[υς，ついで ἆμάρ τε καὶ σελάνα καὶ τρίτον σκότος すなわち「尊崇すべき」および「日昼と月と，第三に闇」があげられている．

40　アルクマン断片 3 (Page), col. ii, 7 - 20

　　　というのは，素材（質料）が秩序づけされはじめたとき，／いわば端緒（あるいは起源 ἀρχή）として，ある種の道（あるいは，通路 πόρος）ができた．／すなわち，アルクマンによれば，万物の素材は雑然と／散らばっていて，未成形の状態にあったのである．次いで，／彼の言うに，万物を秩序づける何者か（男性形）が現われ，／次いで道（πόρος）ができ，その道が／通過すると，それに伴って，／限り（あるいは目標点 τέκμωρ）ができた．道は端緒（あるいは起源）のようなものであり，／限りは目的（あるいは境界 τέλος）のようなものである．テティスが現われ／ると，これらが万物の端緒および目的と／なった．そして，万物は／青銅素材と同じような自然本性を持ち，／テティスは制作者と同じような自然本性を持ち，道と／

65

限りは端緒と目的と……．

　この注解者は，アルクマンをアリストテレス『自然学』第2巻の四原因説――すなわち，自然的存在の前提条件ないし局面――に類同化させている．なるほど，明白な類似が，テティス（とりわけ，この女神の名前が τιθέναι, θέσθαι すなわち「位置づける・位置をきめる」という意味と結びつけられていたかもしれないとすれば）と作用因ないし制作者との間に，またポロス（道）と形相因との間にも，テクモール（限り）と目的因との間にも，見てとられる．しかしアルクマンは，間違いなく，そういったものよりもより抽象性の低い，そしておそらくはより非分析的な用語によって，考えようとしているのである．

　まさに，彼の思考のありようがどのようであったのかということが，最近さかんに考察の対象となっているが，何一つとして決定的なことは言えないのが実情である．テクモール（τέκμωρ を大文字で表記するべきか否か，慎重に決めかねている）とは，「道」すなわちポロスを指し示す「しるし」である（ブルケルトの説）．ポロスは原初の海における「進路」を表わし，テクモールは海上の方位を表わす「目印」（ウェストの説），あるいは星辰のことである（ヴェルナンの説）．ポロスとは，アルクマンの断片1の13行目の「アイサ（運命）」の均衡をとるための「割当て」（cf. πέπρωται < *πόρω）のことである（これについては，さらに67ページを参照のこと）（ペイジの説）．テティスは，言うまでもなく，海洋女神であるから，ウェストの魅力的な推測にうまく合致する．しかし，その名前は，上述したような語源に由来しそうなことと関連づけるとともに，当地スパルタにおける古来のテティス崇拝とも結びつけることで，いっそう適切に説明されよう．

　ポロスとテクモールについては，より具象的な意味で解するべきか，より抽象的な意味で解するべきかで，（前者に傾くのが自然であるにせよ）迷わざるをえない．つまり，ポロスとは自然的な「道」や「行路」のことなのか，通過ないし進行の「方法」や「手段」のことなのか，また，テクモールとは実際に目に見える「しるし」や「符号」や「限り」のことなのか，「目的」や「至高点」のことなのか（これらは，ともにホメロス的用法である）．しかも，抽象性あるいはその逆の度合いは，それら二つの異なった用語に一定していなければならない．だから，比較的具象的な意味での「限り」

として考えられるのは，とりわけテティスのもつ海洋女神としての内実を強調するならば，「オケアノス」(第2節参照)ということになるかもしれない．しかしそうなると，「進路」が何に当たるのかが容易に分からないだろう．

スコトス(闇)についての内容項目は，「夜」(第3節)との類似性を示唆しているように考えられる．注解者(24行目以下)は闇を素材(質料)がいまだ「未分化」であった段階に設定している．とすれば，(日昼と月に対して)「第三に闇」というのは，論理的な意味においてであって，時間順のことではありえない．彼は続けて「[……]の働きによって道と限りと闇とが現われた」と述べている．その欠損個所には，おそらくテティスの名が含まれていたものと推測される．ここでの闇は，ヘシオドスのカオス(第5節)とよく似た原初状態を表わすのであろう．この点について，注解者は言外に闇がポロスやテクモールに先行するものではないことを示唆してはいるが．

困難は，アルクマン断片1(Page)の13行目以下の断片詩句において，「パルテネイオン」とポロスが「神々の中で最も年古りた者」たる「アイサ(運命)」と結びつけられているらしいことで，複合的なものになっている．それ(Page, *Lyrica Graeca Selecta*, Oxford, 1968, p.6)の14行目に対する注解者は，ポロスがヘシオドスのカオスと同じであるとする注目すべき示唆を与えている．もっとも，その文脈そのもの(欠損の多いものではあるが)からすれば，それは人間の運命あるいは分け前という，「アイサ」と「ポロス」の両方について一般的な意味が求められているようではある——後者に対してペイジが，むしろよりいっそう明瞭な περάω などとの関連ではなく，πέπρωται などとの関連を示唆したのは，そのためである．

とはいえ，ヘシオドス的なカオスとの結合が，目下扱っている宇宙生誕論的断片から，パルテネイオンについての注解者によって引き出されたということは，ありえなくはないように思われる．そして，そのことは，この個所でのポロスの意味に，(パルテネイオンにおけるそれの役割が何であるにせよ)手がかりを与えるかもしれない．むろんしかし，ポロスは，それが通路あるいは道という限りでは，暗い未定形の物質(ないしそれに類した何らかのもの)という意味でのカオスと同等のものではありえない．それは，注解者が資料40の8-12行目で言わんとしているように，カオスの後に続き，あるいはそれに侵入していかなければならないのである．にもかかわらず，ここでなされたヘシオドスへの言及は興味深い．それは，この言及がなければ疑って

みたくもなるところだが，アルクマンもまた，宇宙生誕論的な事柄に手出しした他の人たちと同様に，たえずその背後にヘシオドスの考え方を意識していたことを物語っているのかもしれない．

それでもなお，ポロスとテクモールは，テティスもそうだが，決定的に非ヘシオドス的なものである（そして，さしあたりはオリエント的なものでもない）．それらはわれわれの気持ちをじらせる．さてしかし，ソクラテス以前の思想家たちにとってはどうだったのだろう．いずれにしても，重要な，あるいは特別の影響は何ももたらさなかった．しかしそれらは，宇宙生誕論的な思索がタレスの時代の風潮になっていたこと，それも単にイオニア地方においてのみならず，まったく文化的風土を異にするギリシア本土のまっただ中にまで広がっていたことを明示している．そう，まさにスパルタにおいてもであり，アナクシマンドロスは一世代後にその地を訪れたものと思われるのである（137-139 ページ）．

さらに言えば，その種の宇宙生誕論的な構想は，単に伝統的なヘシオドス的考え方を練り上げたりわずかに再構成したりしただけのもの（第3節で見た「エピメニデス」がそうだったように）ではなく，むしろテクモールに付与しうるさまざまな意味の内に含まれていたような，より広汎で一般的な着想を，新たに比喩的に適用する方向へと発展させたものだった．このテクモール概念に，アナクシマンドロスのいっそう散文化された裏概念である「ト・アペイロン（無限なるもの）」を連絡させてみたくなりはしないだろうか．

(B) シュロスのペレキュデス

ここに言うペレキュデスは神話論者，神統記作家のことであり，前5世紀アテナイの同名の系譜学者とも，またさらに後代のさして重要ではないレリア *訳注の同名人とも混同してはならない[35]．アリストテレスによれば，彼は問題の取り組み方において，

---

[35] F. ヤコビイ (F. Jacoby, *Mnemosyne* 13 (3rd series), 1947, 13ff.) は，「「ペレキュデス」とは，だれのものと特定できない，すべての初期イオニア散文著作に付された総称であり，それはすべての医学文献が「ヒッポクラテス」のものとされるようになったのと同じことである」とするヴィラモーヴィッツの説を，最終的には採らなかった．

［訳注* レリア（あるいはレロス）はエーゲ海南方に位置するスポラデス諸島の一つ．］

必ずしもまるきり神話的だったわけではない．

41　アリストテレス『形而上学』N巻第4章1091b8
　　……彼ら（神話論者）のうちでも「混合的」な立場の者たちは，万事を神話的に論じたわけではない．たとえばペレキュデスその他何人かがそうで，彼らは最初の生みの親を最善のものとした．またマゴス僧たちも同様だった．

I．年　代

　ペレキュデスが活動したのは前6世紀，おそらくその半ばのことであったようだ．しかし古代の典拠では意見が分かれている．一つの伝承によれば，彼はリュディアの王アリュアッテス（前605-560年）や，七賢人（慣例的にタレスの予告した日蝕が起こった年，前585／84年，あるいはダマスキオスが政務長官であった年，前582／81年のあたりに年代設定される）と，おおむね同時代人であった．しかし，アポロドロスに依拠したもう一つの伝承によれば，彼の盛年（アクメー）は第59オリュンピア祭期（前544-541年）であり，キュロスと同時代人であった[36]．アポロドロスによる年代設定は，したがって，彼をタレスより一世代若く，アナクシマンドロスの年少の同時代人としている．これは，ピュタゴラスがペレキュデスを埋葬したとする，後代のピュタゴラス派の伝承（本書72ページ）に合致する．もっとも，そのできごと自体はおそらく作り話であった．

　これらの年代誌的伝承は，いずれもことさら歴史的事実とは思われない．そして，周知のように，こうした年代合わせは，ヘレニズム時代の年代誌家がもっぱらア・プリオリな根拠に基づいて定めたものである．とはいえ，ペレキュデスに対する関心は，まぎれもなく前4世紀（アルカイック期についての情報の伝達に決定的に重要な時期

---

36) 早めの年代設定は，たとえば『スーダ』（DK7A2）やディオゲネス・ラエルティオス『哲学者列伝』I, 42（DK9A1，ヘルミッポスに基づく）に見られる．遅めのものには，たとえばディオゲネス・ラエルティオス『哲学者列伝』I, 118（アリストクセノスに基づく）および I, 121（アポロドロスに基づく）がある．DK7A1 参照．さらにキケロ『トゥスクルム荘対談集』I, 16, 38（DK7A5），プリニウス『博物誌』VII, 205, エウセビオス『年代誌』（DK7A1a）も後者である．

であった)に高いものがあったのであり,彼の年代を広めに設定して前6世紀とすることは,間違っていないようである.

II. ペレキュデスの著作

42　ディオゲネス・ラエルティオス『哲学者列伝』第1巻119節
　　かのシュロスの人(ペレキュデス)の書き表わした著作は伝存していて,その冒頭部は「ザースとクロノス*訳注はつねにあり,クトニエも……」[つづきは資料49参照].

43　『スーダ』:「ペレキュデス」の項
　　彼が書き表わしたものとしては,『七つの奥処(ヘプタミュコス)』あるいは『神々の交わり』あるいは『神統記』が,そのすべてである.(また10巻からなる『神性論(テオロギアー)』があり,神々の生誕と系譜を含んでいる.)

44　ディオゲネス・ラエルティオス『哲学者列伝』第1巻116節
　　テオポンポスの言うところによれば,自然と神々について最初に著作したのは,この人であった.

〔参照〕『スーダ』:「ペレキュデス」の項
　　ある人たちの語るところによれば,最初に散文で著作したのは彼であった.

　資料42によれば,ペレキュデスの著作(あるいはそう見なされるもの)が,ディオゲネスの時代,すなわち後3世紀まで伝存していた.その冒頭の言葉は,カリマコスによって作成された,アレクサンドリア図書館の目録に纂入されてからは,広く知られたものだったろう(父称が,ここでは省略されているが,直前に「バビュスの子」と記されていた).この著作が前47年に起こった図書館の火災をまぬがれたことは,資料50における比較的長い引用によって確証されるかもしれない.もっとも,これにせよ他の諸断片にせよ,提要や抜粋集に収められて伝存した可能性もある.

[訳注* 以下のペレキュデスによる宇宙生誕論において「クロノス」と表記した場合はCronos(クロノス神)ではなく,Chronos(「時間」の神格化)のこと.両者の区別および関係については,34ページ注11や本文中の記述を参照されたい.]

資料43にあげられた『七つの奥処（ヘプタミュコス）』という表題が，この著作の正しい表題であるように思われる．その内容を示した別の表題が，他の場合にもよくあるように，付け加えられているが，それらはおそらく後代のものであろう[37]．「10巻からなる『神性論（テオロギアー）』」とあるのは，おそらく，『スーダ』のこれに続く個所に記されたアテナイのペレキュデスのものとされるアッティカ史についての10巻の著作（それも，神々や英雄たちから始まっていたことはまぎれもないが）との混同であろう．『七つの奥処（ヘプタミュコス）』という謎めいた異例の表題への言及を精確に見極めることは，きわめてむずかしい．これについては80ページ以下を参照されたい．

資料44は，これが最初期の散文著作であったとする，一般に広まっていた伝承を典型的に示すものである．テオポンポス（前4世紀）が実際に語ったにちがいないのは，ペレキュデスが神々について，たとえばヘシオドスなどとは違って，最初に散文で著作したということであろう．散文体による年代誌のようなものは，ペレキュデス以前に記録されていたものと推測される．とはいえ，彼およびアナクシマンドロス（彼の著作はほぼ同時期になされ，おそらくは前547／46年あたりに比定されよう．134ページ以下を参照のこと）が伝存する最初の実質的な散文著作家である，としてしかるべきであろう．

III．彼の生涯と伝説

(i) ピュタゴラスとのかかわり

ペレキュデスは数多くの奇蹟を起こしたとされている．たとえば，地震や船の難破やメッセネ占領を予知したとのことである．それらの場所はスパルタ，エペソス近郊，サモス，シュロスなど多方面にわたっている．やっかいなのは，同じ奇蹟がピュ

[37) 一部の人たちは資料50から『五つの奥処（ペンテミュコス）』を正しい表題と考えようとしている．ディールスや彼に従ったイェーガーその他の人たちがそうで，彼らは，クロノスの種子から生まれた神的な諸事物が，五つの奥処に配置されて，ペンテミュコスと呼ばれたという，当該資料におけるダマスキオスの言明を強力な根拠としている．

タゴラスのものともされていることである．奇譚著作家のアポロニオスは，かならずしもアリストテレスによらずに，「ピュタゴラスは後にペレキュデスの執り行なう奇蹟（τερατοποιΐα）に熱中した」と語った（DK14, 7）．また，ペレキュデスがデロスでシラミの病に倒れたとき，彼の弟子のピュタゴラスがやってきて，亡くなるまで看病したという話（ディオゲネス・ラエルティオス『哲学者列伝』I, 118, ディオドロス『世界史』X, 3, 4; DK7A1 および 4）は，まちがいなくペリパトス派内部でも受け入れられていた．アリストクセノスもそう明言しているし，ポルピュリオス『ピュタゴラス伝』56 節によれば，ディカイアルコスもまた同様だった．

ポルピュリオスはさらに（エウセビオスに引用されているように，DK7A6）こうも述べている．すなわち，前 4 世紀の著作家であるエペソスのアンドロンによれば，奇蹟は本来はピュタゴラスの行なったことであったのだが，テオポンポスが奇蹟の話をアンドロンから剽窃して，この盗作を取り繕うために，それらをペレキュデスのものに変えて，関係する土地も多少変更した，というのである．しかし，アンドロンは批判精神にまったく欠けていて，天文学者だという，もう一人のシュロスのペレキュデスをこしらえ上げたくらいであるし（ディオゲネス・ラエルティオス『哲学者列伝』I, 119, DK7A1），食い違いについてのポルピュリオスの説明にも説得力がない．

前 4 世紀にこうした混乱と不一致が歴然と存在していたのは，ペレキュデスの生涯について信頼できる詳しい情報が欠如していたからにほかならない．もしペレキュデスが本来的に奇蹟譚を引き寄せるようなタイプの賢者（ピュタゴラスがそうだったように）だったとすれば，二人のよく似た同時代人の関係づけが，たとえ事実であったにせよなかったにせよ，こしらえ上げられたことだろう．しかし，彼でなければピュタゴラスのものとされる離れ業的事績を別にすれば，ペレキュデスにはシャーマンあるいは魔術師的なところはほとんど見当たらない．先のような伝説上のもつれはすべて，一つのよく知られた前 5 世紀の評言に端を発したものだろう，とも言われてきた．

45　キオスのイオン：ディオゲネス・ラエルティオス『哲学者列伝』第 1 巻 120 節による

　　キオスのイオンは，彼（ペレキュデス）についてこう言っている．

　　　かの男はかくも雄々しさと気高さに秀で，
　　　その身は滅んだが，魂は喜ばしい生を送っている．

第1章　哲学的宇宙生誕論の先駆者たち

いやしくもピュタゴラスがまことの賢者であり，万人にすぐれて
人の子らの考えを知り抜き，学びつくしたのであるならば．

H. ゴンペルツが主張したように（*Wiener St.* 47 (1929), 14 n. 3），これが意味しているのは，単に「もしピュタゴラスの言う魂の存続が正しければ，ペレキュデスの魂は喜ばしいあり方を享受していることだろう」ということでしかない．しかし，古代においてさえ，それは二人の間の交友関係を暗に意味するかのように誤って解釈されたかもしれないし，それによって，ピュタゴラスにまつわる物語をペレキュデスに移し替えることをうながしたことも考えられよう．手の込んだ伝記的記述がごく些細な口実をもとにこしらえ上げられたもので，とくに前3世紀，2世紀にその傾向があった（たとえば238ページ参照）．しかし，たとえそういうことがあったとしても，前4世紀の意見対立が，イオンの短い頌歌のような，ほんのわずかな証拠をもとに生じたと想定することには，ためらいが残る．依然として，この論点をめぐる証拠はどれ一つとして決定的とは思われず，彼ら二人の関係については，大きな疑問符を付しておくしかあるまい．

(ⅱ) フェニキアの秘伝書に接したとの言い伝え

46　『スーダ』：「ペレキュデス」の項

　　言い伝えによれば，ピュタゴラスは彼に教えを受けたとのことで，また当の彼はいかなる師も持たず，フェニキアの秘伝書を得て，自ら研鑽を積んだとのことである．［資料60をも参照］

ペレキュデスが自学したとする説は，おそらくは，彼の伝記が完全に整えられた段階で，いかなる師も都合よくあてはめることができなかった，という以上の意味を持つものではなかろう．彼がフェニキアの秘伝書を用いたということ（ありえない話だが）は，伝記作家たちに好まれたタイプの空想論の一つである．とはいえ，そこには何らかの根拠がなければならなかったし，彼の思想に見てとりやすいオリエント的なモチーフがもとにあったことも考えられよう．彼は後にゾロアスター教思想と結びつけられたし（88ページ注54参照），クロノスとオピオネウスの戦いは，ヘシオドスにおけるゼウスとテュポエウスの戦いと同じように，重要な点でフェニキアとの類同性

73

を持っていた (92 ページ).

(iii) 至点測定装置

47 ディオゲネス・ラエルティオス『哲学者列伝』第1巻119節

そのシュロス人の著作が残っていて…［資料49参照］…また，シュロス島には太陽回帰点（至点）測定装置も残っている．

48 ホメロス『オデュッセイア』第15歌 403-404行，および同詩行への古注

シュリエと呼ばれている島がある．ひょっとして聞いておいでかもしれぬが，

オルテュギエの上の方にあり，太陽の回帰がそこで起こる．

「太陽の回帰がそこで起こる」：そこに太陽の洞窟なるものがあって，それを通して太陽の回帰の合図をする，と言われている（QV）．いわばちょうど太陽が回帰する方面で，日没の方向，デロス島の上の方である（BHQ）．アリスタルコスとヘロディアノスがそう述べている（H）．

資料47には，ディオゲネスの時代にシュロスに保存されていた至点測定装置がペレキュデスのものであった，あるいは彼によって使用されたものであったということが示唆されているが，これについては慎重な対処が必要である．（至点測定装置とは，夏至あるいは冬至に太陽が黄道上で「回帰」する点を計測する仕組みである.）資料48のホメロスの謎めいた二行詩句とは，何らかの関連がありそうに見える．古注によれば，アレクサンドリアではその詩句について，どちらかを選択すべき二つの解釈が知られていた．(a)「そこで太陽が回帰する (ὅθι τροπαὶ ἠελίοιο)」は，（オルテュギエよりもむしろ）シュリエのことを述べていて，そこに洞窟のかたちの方位測定装置があったことを意味しているのか，(b) それが意味しているのは，シュリエがオルテュギエの「上方」，すなわち北方に位置するとともに，その西方，すなわち太陽が「没する」という意味で [38] 回帰する方向に位置するということなのか，のいずれ

---

[38] τροπαί のこの意味はまったく他に例がないし，きわめてありそうにないものである．特に，τροπαὶ ἠελίοιο（太陽の τροπαί）はヘシオドスの『仕事と日』に3度現われて，いずれも「至点」を意味しているからである．しかし (a) は，(b) も同じだが，事実上成立不可能である．τροπαί

かである．ともに（a）も（b）も，オルテュギエはデロスのこと，シュリエ（シュリエー）はシュロス（シューロス）のことだと想定しているが，それはまずありえないことである（シュロスはデロスの20マイルほど西方でやや北寄りのところに位置している）[39]．

さて，ホメロスの詩句の意味がどのようなものであるにせよ[40]，アレクサンドリ

ἠελίοιο が「至点」ないしいくつかの「至点」を意味しうるとしても（事実，意味しているのだが），ギリシア語としてどのように考えてみても，至点を測定ないし観測するための仕組み（洞窟であれ，他のどのようなものであれ）を意味することはありえないからである．

39) デロスだけではなく，他にも文字通りのオルテュギエという場所が存在する（デロスにこの名が当てられるのは，この資料48についての学術的な考察によって固められた脈絡においてのみのことである）．周知のように，シュラクゥサイ*の一部をなす島やエペソス付近の一地域がそれである．「オルテュギエ」は「ウズラ (ὄρτυξ) の」を意味し，それは，ウズラがエジプトから北方へ渡る途中に休息する習性になっていたところならどの地域にもつけられた名であったのだろう．オルテュギエをデロスのこととするのに一つの難点は，それら二つの場所がホメロスの『アポロン讃歌』(16)で区別されていることである．もう一つの難点は「シュリエ」の「シュ」は短音，「シュロス」は「シュー」と長音であることにある．シュリエをシュラクゥサイと結びつけるもまた文献学的に不可能である．H. L. ロリマー (H. L. Lorimer, *Homer and the Monuments* (London, 1950), 80ff.) は，シュリエがシュリア（シリア）のことであるという議論を立てた（彼女の主張によれば，素朴にシュリアが島であると考えられたのである）．そして，τροπαί は「日の出」すなわち東を意味するのだとする説である．しかし，シュリアが島と呼ばれることはありそうに思われないし，フェニキア人が彼ら自身の国にすぐ隣り合った場所との交易に丸一年かけることなど，まず考えられないだろう（『オデュッセイア』XV, 455参照）．［訳注* シュラクゥサイはシケリア（シチリア）島東海岸の都市．］

40) ὅθι τροπαὶ ἠελίοιο（太陽の回帰がそこで起こる）というのは，シュリエもしくはオルテュギエのことを言っている．ここでロリマー女史が注意している点はきわめて重要である．ホメロスにおいてここ以外にオルテュギエに言及されている唯一の個所は，『オデュッセイア』V, 123であるが，そこにはオリオンがエオスにさらわれてきて，オルテュギエでアルテミスに殺された，とされている．そこに意味されているのは，オルテュギエがエオスすなわち曙の女神の住み処だということであり，したがって，それは東方に位置することになる．ロリマー女史は「回帰」が方角的な意味を持ちえないと考えた．しかし，回帰は普通日の出時にしかも夏期に認められるのであるから，それは東北東の方角でということになり，この詩句が示唆していたと思われるのはこのことである．したがって，その意図は，おそらくは神話的なこのオルテュギエのあらましの方角を指し示すことにあろう．実際に，エオスの住み処はしばしばアイアだと考えられた．それは普通コルキスのこととされていた．まさしくコルキスは，イオニア地方の海岸線の中心から，ほぼ東北東に位置しているのである．

ア時代にはシュロスに伝えられた太陽の洞窟があったことは明白であり，おそらくそれが，3，4世紀のちにディオゲネスの言及した形態の測定装置であったのだろう．前4世紀のクレタ島のイタノスには，別のタイプの自然にできた至点測定装置があったと伝えられているし，その類いは，暦法のための比較的ありふれたものだったにちがいない．シュロスにあった太陽の洞窟がホメロスの言及のもともとの対象だったことは，まずありえないだろうが，にもかかわらずそれは，のちの時代に（しかも間違いなくペレキュデスよりのちのことと考えられよう），『オデュッセイア』の叙述を説明するために取り上げられたのである．その由来が何であったにせよ，当然のこととして，それは島で最も有名な住人のペレキュデスと結びつけられるようになったのであろう．彼が実践的な科学者であったという証拠はほかに何もないが，他の多数の前6世紀の賢者たち，特にミレトス派の人たちが，理論的関心とともに応用的な関心を持っていたことはよく知られていた．とすれば，たとえばアレクサンドリアの学者たちとしては，シュロスでただ二つだけ科学的な様相を呈しているもの，すなわちペレキュデスと至点測定装置とに，おのずから歴史的な関連をつけるのは，ほとんど避けがたいことだったのだろう．したがって，あのように心楽しい仕組みとあのように興味深い人物とを分断するのは，気の進まないことではあろうが，改めて極度に懐疑的立場をとるほうがよさそうに思われる．

IV. 彼の著作の内容

(i) 太古の神々，クロノス（Chronos）による最初の創造，奥処

49　ディオゲネス・ラエルティオス『哲学者列伝』第1巻119節
　　そのシュロス人の書いた著作が残っていて，その始まりはこうである．（断片1）
「ザースとクロノスはつねにあり，クトニエもまたそうである．クトニエはゲーという名になった．ザースが彼女に大地（ゲー）を贈り物として与えたからである」．

50　ダマスキオス『第一の原理について』124節［2個所あり］
　　シュロスの人ペレキュデスは言った．――ザースはつねにあり，クロノスとクトニアもまた三つの第一原理としてつねにあった……そしてクロノスは彼自身の

種子から火と風（もしくは気息）と水を作った．……それらが五つの奥処に配されると，それらから神々の数多くの他の係累がかたちづくられた．「五つの奥処の」と称されているのは，おそらく「五つの世界の」というのと同じことである．

ザースとクロノスとクトニエは「つねにある」．これによって無からの創造の困難が解消されている．それに相当する宣告が，ほぼ二世代後のヘラクレイトスの世界-秩序に見られ，それはどの神が作ったのでもなければどの人間が作ったのでもなく，つねにあったし，現にあるし，ありつづけるであろう，とされている（資料217）．またさらに少し後のエピカルモスの断片1（DK23B1——おそらく真正のもの）では，そのことがあからさまに論じられている．しかし，すでに前6世紀に，アナクシマンドロスのト・アペイロン（無限なるもの）やアナクシメネスの空気に神性が付与されていることは，おそらくそれらもまたつねに存在していたことを暗に示していよう．

この理念が，複数の存在について，神統記的な文脈の中で，このように比較的早い時代に，かくもはっきりと述べられているのを見いだすのは驚きである．とはいえ，つねに存在していた神々というのは，おそらくは，伝統的な神統記に由来する慣例的な姿形についての，もともとのあり方（語源的に）として考えられていたのであろう．そして，それらの一つは「時間（Chronos）」である．それは，深い抽象的省察を抜きにしても，不生のものであったことがおのずから察知されたことだろう．このように，ペレキュデスは，創造にまつわる論理的困難を解消しようとしたのではないし，語源に依拠して，特に神々の父たるクロノス（Κρόνος）についての新しい理解に立ちながら，ヘシオドスの「カオスが生じた」という，むしろ合理的ではあっても，不正確な考えにかえて，新しい第一段階を置き換えるほどのことをしたわけでもないのである．

彼が使用した名称は異例である．「ザース（Ζάς，対格形はΖάντα）」は，明らかにゼウス（Ζεύς）の語源的形態の一つで，ひょっとすると，ζάθεος（特別に神聖な）やζαής（きわめて激しく吹き荒れる）などに現われるようなζα-要素（強意接頭辞の一つ）を強調する意図があるのかもしれない．「クトーン（χθών）」に由来する「クトニエ（Χθονίη）」は，おそらく大地の原初的な役割を表示する意図を持っており，地霊たちの住域を意味するのかもしれない．いずれにせよ，その地下領域に強調が置かれている．「クロノス（Χρόνος）」については，その正しい読みはΚρόνοςであろうという議論がなされ

てきた．よく知られているのはヴィラモーヴィッツによるものである．すなわち，現存する一つの断片 57 に見られるように，クロノス（Κρόνος）はペレキュデスの神統記で重要な役割を演じていたし，「時間」は，前 6 世紀としては，洗練されすぎた宇宙生誕論上の概念である，というのである．しかし，クロノス（Χρόνος）は，資料的には広く指示されているように，まずまちがいなく正しい．他の二つの存在はよく知られた神統記上の存在の多様な異称の原義を示しているからには，第三の存在についても，同様の事態を予期して当然である．クロノス（Κρόνος）をクロノス（Χρόνος）に置き換えたというのが，まさにここでわれわれの期待するところであろう[41]．神統記の後期的段階に至る以前に，原初のトリオは，ゼウス，クロノス，ヘラというおなじみのかたちをとっていたようである[42]．ペレキュデスが語源的考察に熱を入れてい

---

[41] ヴィラモーヴィッツは，前 6 世紀における宇宙生誕論上の神としての「時間」などありえない，ときっぱり宣告した．たしかに，「時の裁き」（ソロン，資料 111 参照）や「時の裁定」（アナクシマンドロス，資料 110 参照）に含まれた抽象度は，その含意においてさほど驚嘆するにあたらない．ピンダロス『オリュンピア祝勝歌』II, 17 の「すべてのものらの父なる「時」」や悲劇において神格化されている「時」には，いささかの対応性があるにしても，それら二つの事例もまた同様である．ペルシアの宇宙生誕論上の「時」すなわち Zuran Akarana はマヅダ思想が洗練されて導入されたもので，この点でオリエントの影響の公算を全面的に割り引くことはできないにしても，それを前 4 世紀より前のものと想定することは不可能である（34 ページ注 11 参照）．後代のオルペウス教の宇宙生誕論におけるクロノスは，ヘレニズム的な様相を呈したもので，前 6 世紀との関連では，いかなる意味での対応性も先後関係も認めようがない．後代のオルペウス教徒がクロノス（Cronos）とクロノス（Chronos 時）を関係づけたことはまぎれもないが（たとえば Kern, *Orph. Frag.* fr. 68 参照），しかしプルタルコス（『イシスとオシリスについて』32）によれば，これはギリシア人に広く行なわれていた同一化であった．いずれにせよ，われわれにはペレキュデスがその創案者であったともなかったとも言うことはできない．

[42] クトニエがゲー（大地）の名を得たのは，引き続く段階においてのことで，おそらくは，資料 53 にあるように，大地の刺繍をほどこした織物を，ザースが彼女に贈ったときのことである．しかしそれによって，おそらく彼女は結婚の管掌と守護の役目を譲り受けたのであろう．これは，一般的な考え方としては，（「ガメリア（結婚の女神）」としての）ヘラの権限とされていたし，またクトニエ‐ゲーがザース‐ゼウスの妻であるかぎりにおいては，彼女はヘラになっていくものとも考えられる．ヘラはおそらく元来は大地母神ではなかっただろうが，しかし他にも彼女がガイアに取って代わっている場合がある．たとえば，ホメロスの『アポロン讃歌』351 以下では，彼女はテュパオン（テュポン）の母親とされているし，ステシコロス（『大語源辞典（*Etym. Magn.*）』772. 50）で

たことは，わずかな証言からもはっきりと浮かび出てくる．だからこそ，すでに論じたような呼称についての独特の由来のさせ方のほかにも，「カオス（Χάος）」は（のちにストア派によってそうされたように），彼によって χέεσθαι（注がれる）と結びつけられ，それによって水のことだと解されたのかもしれないし（82ページ注46），レアは「レー（'Pῆ）」と呼ばれ（DK7B9），ῥεῖν（流れる）などの言葉と結びつけられたのかもしれない．またオケアノスはオゲノスと呼ばれたし（資料53），神々は食卓をテュオーロス（θυωρός）すなわち「捧げ物の見守り手」と呼んだ（DK7B12）とのことである．

　資料50のダマスキオスは，エウデモスによっている．クロノスは彼自身の種子から[43]火と風と水を作り出すのだが，これは初期の段階になされたことが示唆されている．このエピソードはまったくのねつ造ではありえまい．ただし，細部がある程度変更されているとしても，驚くにはあたるまい．ここで思い起こされるのは，エジプトの宇宙生誕論上の説明として，最初の世界構成素因が原初の神の自涜行為によって，特にメンフィスの神学において述べられているアトゥム－レの行為によって産み出されるということ（*ANET*, 5），さらにまた資料39におけるクロノスによるウゥラノスの切除のことで，そこではウゥラノスの局部とそこから流れ出した血によって，しかるべき神話上の存在がいくつか生まれ出ている．人間の種子は産出力を持っていることから，したがって原初の神格的存在の種子には宇宙生誕論的な産出力があるとする考えは，途方もないものでもなければ，非論理的なものでもない．しかし，ここで驚くべきは，このような仕方で創造される諸事物であり，それらには前5世紀の四要素説を思わせるものがある．土が除外されているのは，それはクトニエ－ゲーという名称そのものに織り込まれているからである．「プネウマ（風）」は，なるほどアナクシメネスがおおむね同時代に（188ページ以下参照）それの重要性を強調してはいるにせよ，疑わしく思えるほど時代的に合わない感じがある．これらの基本存在は，後代の宇宙的配列の素材物質をなしていたわけではあるまい．資料50によれば，それらが

　もそうである．さらに資料52およびウェルギリウス『アエネイス』IV, 166 をも参照されたい．

43) あるいは，もし写本の ἑαυτοῦ に代えてケルンの αὐτοῦ が正しいとすれば，「ザースの種子から」の公算もある．しかし実質的に資料41と抵触しあうところは何もない．そこでは「最初の生みの親」はザース－ゼウスでなければならない．最初に世界の諸部分を創ったのはザースであり（資料53），クロノスが産み出すのは神統記的な存在であって，宇宙生誕論的なものではないのである．

産み出すのは世界ではなくて，ある種の神的存在なのである．実のところ，種子が火，風（プネウマ），水を産出するというのは，おそらくは後代の合理化された解釈であって，ことによるとストア派起源で，しかしアリストテレス的な考え方（それ自体が，あるところまでは，アポロニアのディオゲネス（資料616末尾参照）に依拠している），すなわち人間の σπέρμα（種子）は σύμφυτον πνεῦμα（生まれつきの気息）という，「熱い」ものでアイテール（天空物質）的なものとも述べられている（たとえば『動物発生論』B3, 736b33以下参照）存在を内含している，とする考え方を基礎にしているのではないか，と示唆してみたいところである．

初期ストア派の生理学説においても，種子は πνεῦμα μεθ' ὑγροῦ（「湿潤さを持ったプネウマ（気息）」ゼノンについてのアレイオス・ディデュモスの注解による）と述べられているし，πνεῦμα ἔνθερμον（暖かいプネウマ（気息））とも結びつけられている．とすれば，クロノスの種子による三つの思いがけない産出物——火，風，水——は，種子そのものの本性についての後代の解釈が混入した結果であり，本来は，かの奥処に置かれたのはクロノスの種子だった，という公算が高いように思われる．奥処なるものについて言えば，『スーダ』にある七つというのは，資料50においてクロノスと結びつけられている五つに，他の先在する二神，ザースとクトニエを加えることで得られたのかもしれない．特にそれら二神のうちクトニエには，まぎれもなく，場所的な含みが，しかも奥処めいた含みがあったのである．代案としては，七つの奥処すべてがクトニエの領分だったこともありうる．注目されるのは，バビュロニアにおける死者の世界が七つの領域[44]を持っていたこと，イシュタルの冥府行の神話において，イシュタルが七つの門をくぐり抜けなかればならないとされていることである（*ANET*, 107f.）[45]．

---

44) ヒッポクラテスの論考『七について』の最初の11の章には，世界が七つの部分に分けられて，人体の七つの部分に対応づけられている．何人かの学者が，この断片的で魅力にとぼしい著作を前6世紀のものとしている．しかし，それほど早期のものとする有力な根拠は何もなさそうだし，文体的には前4世紀起源の公算のほうが高い．
45) ポルピュリオスがペレキュデスに見いだした扉と門を参照されたい．

   51　ポルピュリオス『ニュンフの洞窟』31　……シュロスの人ペレキュデスが奥処と穴倉と洞窟，そして扉と門のことを語り，それらによって魂の生成と消失について謎かして述べたと

クロノスによる彼自身の種子からの産出について考察する手がかりは，次の資料にうかがわれる．

52　ホメロス『イリアス』第2歌783行への古注Σb
　　彼らはこう言っている．——ゲーはギガス（巨人）たちの殺戮に立腹して，ヘラにゼウスを非難した．ヘラはクロノスのところに出掛けていってそのことを告げた．クロノスは二つの卵に自分の精液を塗りつけてヘラに渡し，地下にしまっておくように命じた．それらから，ゼウスを支配の座から引き降ろすことになる鬼神（ダイモーン）が生まれ出るだろう，とのことだった．ヘラは，怒りをつのらせていたので，それらをキリキアのアリモンの地下に埋めた．しかし，テュポンが生まれ出ると，ヘラはゼウスと和解して，事のすべてを打ち明けた．ゼウスはテュポンを打ち倒し，その山をアイトナ（エトナ）と名づけた．

初期のホメロス注釈の解釈者階層は，ヘレニズム時代のきわめて学識豊かな材料を伝えている（H. Erbse, *Scholia Graeca in Homeri Iliadem* I（Berlin, 1969）xii による）．この独自の注釈は，前5世紀の詩作品（ピンダロス『ピュティア祝勝歌』I, 16 以下，アイスキュロス『ペルサイ』351 行以下）に見られるホメロス的要素に新たな一つ（アリモン）を付け加えている．オルペウス教の影響もありうるだろう．ただし，ここでの卵は，（吟唱詩人たちの説明にあるような）風吹きすさぶアイテール（天空）やエレボス（闇）の中ではなく，ガイア（大地）の中に置かれている．クロノスが Chronos ではなく Cronos となっていることは，必ずしも重要ではない（78ページ参照）．注目すべき事柄は，クロノスが彼自身の精子で二つの卵（なぜ二つなのか）に受精させていること，そしてそれらの卵が地下に（κατὰ γῆς），すなわちおそらくある種の奥処に——ここでは山の下だが——置かれなければならないということである．クロノスの種子によって受精された卵からは，テュポン／テュポエウスが生まれる．それはペレキュデスの言うオピオネウスに当たるものである（89ページ以下参照）．そこには，資料 50

きに．
　奥処，穴倉，洞窟は，問題になっていたのが単なる大地のくぼみではなく，より手を加えた何かのものであることを示唆している．

におけるクロノスの種子についての秘教的な言及との顕著な対応関係がありそうに見える．もしそうだとすれば，何らかの神統記的な存在ないし諸存在（「神々の数多くの他の係累」）が直接クロノスの種子から生まれたとする推測に，一定の確証を与えることになる[46]．それはまた，一個の卵からの生成（ただし宇宙論的な構成素因の生成ではないが）ということがペレキュデスに行なわれていた可能性を，わずかながらもたらしもする（39-43ページ参照）．もっとも，この着想はヘレニズム期および後代の説では，ごく一般的なものとなったために，もっと単純な話が元だったとされたのも当然かもしれない．

(ii) **ザースとクトニエの結婚，織物の刺繍**

53 　グレンフェルおよびハント『ギリシア・パピュロス・シリーズ』II, no. 11, p.23
　　（後3世紀）（DK7B2）

[46) ポルピュリオス（DK7B7 参照）は，彼がペレキュデスにおいて「流れ（ἐκροή）」と呼んでいたものは種子のことだと解した人たちに言及した．ただし，彼らはその同じ解釈を，ヘシオドスのステュクスにもプラトンのアメレスにも（ともに冥府を流れる河）適用していた．H. ゴンペルツ（H. Gomperz, *Wiener St.* 47 (1929), 19n. 10）の示唆するところによれば，クロノスが「流れ（ἐκροή）」から原初の神々の一世代を生み出したというのは，それの後代形であるクロノス（Cronos）がレア（女神）から神々を生み出したのと同じことである．このことは，火，風，水は後に挿入された書き込み注であるとする，さきになされた示唆と符合するだろう．レアはペレキュデス（DK7B9）ではレー（Ῥῆ）と呼ばれており，それと「流れ（ἐκροή）」とのつながりは，大いにありうるように思われる．さらには，より隔りの大きな可能性としてではあるが，クロノスの種子が原初の水となったのかもしれない．一つの資料（アキレウス『アラトス入門』3, DK7B1a）によれば，ペレキュデスは，タレスと同様に，水が基本要素であると明言し，彼はそれをカオスと呼んだ，と言われている（もしこのこと全体がストア派のお膳立てではないとすれば，カオス（χάος）は「流れ出る（χέεσθαι）」に由来するものと推測される）．『スーダ』にも，彼はタレスの見解を真似た（DK7A2），と言われている．ただしその一方で，セクストスによれば，ペレキュデスの基本原理は土であった（DK7A10）．これらの解釈にさほどの深さは求められないが，しかし，ペレキュデスがヘシオドスのカオスを独特の意味で，ことによると種子にまつわる語義から，理解したという公算はありうるようだ．現存する断片は，水が最初に出現したことに何らの疑問もないことを示している．しかし，カオスについての独特の諸解釈は，宇宙形成過程の比較的初期の段階における，クロノスの種子と結びつけられたものだったのであろう．

第1章　哲学的宇宙生誕論の先駆者たち

彼らは彼のために数多の大いなる宮居を造る．それらのすべてを仕上げ，家具や男女の召使たちや，その他必要なもののすべてを取りそろえる．かくてすべての準備が整うと，婚礼を執り行なう．そして婚礼が三日目になると，ザースは大いなる見事な織物を作り，それにゲー（大地）とオーゲーノスとオーゲーノスの宮居とを装飾する．……［第2欄］「なぜなら，結婚がおまえのものとならんことを望んで［ないし，それに類した言葉］，わたしはこれをもっておまえに報いんとするものである．わたしの挨拶に応えて，契りを結んでくれ」．これが最初のアナカリュプテーリア*訳注だと言われていて，以来，神々の間でも人間の間でも，この習慣ができたのである．そして彼女は，その織物を受け取って，こう答える……[47]．

結婚は，資料57によって確定されるように，ザースとクトニエの間で執り行なわれる．「結婚がおまえのものとならんことを望んで［ないし，それに類した言葉］」というザースの宣言は，クトニエがここで，ある面において，すなわち結婚の女神として（78ページ以下の注42参照），ヘラと同等に置かれている．婚儀の準備は妖精譚風であり，それを進めるのはだれと特定されていない行為者たちである．婚礼の祝典の三日目に[48]，ザースは大いなる織物をこしらえ，それをゲー（大地）とオーゲーノス（明らかにオケアノスに対するペレキュデスの呼称である）で装飾する[49]．彼はそれをク

［訳注*　花婿が花嫁のヴェールを取って，贈り物をする婚礼儀式．］

[47] この資料をペレキュデスのものとすること，「ゲー（大地）と……装飾する」を補うことは，アレクサンドリアのクレメンス『雑録集』VI, 9, 4「シュロスの人ペレキュデスは言う．ザースは織物を作り，……オーゲーノスの宮居とを……」によって確証される．その他の補訂は Blass, Weil, Diels によるものであり，テクストは，パピュロス中にある空隙部分の記載についてのわずかな誤りを改めたほかは，DKのとおりである．

[48] 結婚の儀式は全部で三日間にわたり，最後にヴェール外しにつづいて贈与と床入りとが三日目に行なわれた．ヘシュキオスの『辞典』の当該項にそうある．彼はヴェール外しが三日目としているが，しかしその他の典拠（いずれもより後のものだが）は，儀式全体が一日だけで行なわれたような言い方をしている．

[49]「オーゲーノス」（リュコプロン，ビュザンティオンのステパノスでは「オーゲノス」）は，「オーケアノス」の特異な別形である．21ページの注2を参照のこと．ペレキュデスがこの形を採用していることは，彼が古風で語源に由来する形を好んだことを示唆するもう一つの事例である．

トニエに贈る．ゲー（大地）を表現したこの贈り物が，資料49で言われていたもののことであろう．それによれば，クトニエがゲーの名を得たのは，「ザースが彼女に大地を贈り物［すなわち権限域］として与えたからである」．その織物とともに，彼は彼女にオーゲーノスを与える．あるいは，それは，広い意味での大地の表面の一部と見なされたのかもしれない．しかしそれは，ゲーと同じような仕方では，クトニエの権限域ではない．もともとクトニエは，むしろ大地の堅固な構造のことであって，その多彩な表層，すなわちゲーとオーゲーノスのことではない．

さて，大きな問題は，大地およびオケアノスを織る，あるいは刺繍するとは，実際の創造行為のアレゴリーなのかどうかということである．そのとおりだと思われる．さもなければ，ザースがこの奇妙な，男性らしからぬ作業に従事することの要点は何だというのか．その作業は，たとえば『イリアス』第18歌において，ヘパイストスがアキレウスの楯の装飾をほどこすのとは，まるで違ったものなのである．それは単にゲー（大地）の贈与の象徴だったり，アナカリュプテーリアすなわち花嫁のヴェールを外す儀式の神話的先駆形態だったりするにとどまらない．この話には，明確に述べられているように，この由来譚的な要素が含まれてはいる．しかし，もしヴェールを外すときの贈り物という以上の意味が何もなかったとすれば，その贈り物はそのような風変わりなものである必要がなかったのである[50]．より肯定的な示唆が次の資料に与えられている．

54 プロクロス『プラトン「ティマイオス」注解』II, p. 54 Diehl

ペレキュデスはこう言っていた——ゼウスは，制作にたずさわろうとするにさいして，エロースに姿を変えた．それは，相反的なものどもから宇宙世界を構成してから，それを同意協調と融和に導き，すべてのものに同一性と全体に行きわ

---

50) 一枚の外衣（ペプロス）が，結婚にさいして，カドモスからハルモニアに贈られたが（アポロドロス『ギリシア神話』III, 4, 2），それには何か特殊な装飾が施されていたとは言われていないし，カドモスがそれを作ったわけでもない．また，プラタイアで行なわれていた聖婚（ἱερὸς γάμος）では，樫の木の彫像に花嫁衣裳を着せてヘラを表わすものとされたが，それと関連づけるのは（cf. L. R. Farnell, *The Cults of the Greek States* I (Oxford, 1896), 244），いかにも冒険的すぎるように思われる．

たる統一性とを植えつけるためであった．

「それは」からあとの全体は，明白にストア派的な解釈で，そこにわずかに新プラトン派的な色付けがされていて，ペレキュデスについては何も語っていない．しかし，最初の一文でゼウスが創造にさいしてエロースに身を変えたと述べられた個所は，ペレキュデスにあった何らかのことに基づいているにちがいない．そこに示唆されているのは，第一にザースがある種の宇宙生誕論的な創造にかかわったということ，そして第二に彼がエロースとして，あるいは少なくとも何らかのエロース的な状況において，それにかかわったということである．これは，『神統記』とのつながりやそれの成立以上のことを意味するものではないようにも見えよう．しかし何か特定の記述が想定されていたことは，資料56にも示されていて，そこにははっきりとエロースがザースとクトニエの間に姿を現わしている[51]．これは，ザースによる創造が彼自身とクトニエとのエロース的な状況とかかわりがあることを，はっきりと告げている．したがって，結婚それ自体が意図されているのかもしれず，しかも宇宙生誕論的な連関を持った子孫のことは何も言われていないのに，他方で大地とオケアノス（世界を取り巻く河のことであれ，海一般のことであれ）の叙述が結婚の床入りへの序章をなしているということからすれば，とりあえずはそういうこととして受け取っておいてよかろう——とりわけ以下の資料55を考察してのちには，そうである．

(iii) 有翼の樫の木と織物

55　イシドロス（グノーシス派の，後1-2世紀）：アレクサンドリアのクレメンス『雑録集』第6巻第53章5節（DK7B2）による

　　……有翼の樫の木や，それに飾り付けされた織物が何であるかを，彼らが学ぶためである．それらはすべてペレキュデスが，ハムの予言から着想を得て，譬喩的に用いて神を論じたものであったのだが．

56　テュロスのマクシモス『哲学談義』第4巻4節，p. 45, 5 Hobein

　　しかしかのシュロスの人の著作にも注目して，ザースとクトニエとその間に位

---

[51] アリストパネス『鳥』1737以下における，黄金の翼を持ったエロースを参照のこと．このエロースは，そこで歌われる讃歌の中で，ゼウスとヘラの結婚にさいして介添役と想定されている．

置するエロースについて，またオピオネウスの誕生と神々の闘争，樹木と外衣（ペプロス）についても考察したまえ．

資料55から分かるように，その刺繡された織物（資料53において，ザースからクトニエに贈られたものである）は，何らかの仕方で有翼の樫の木にかけられた．資料56において「樹木や外衣（ペプロス）」が言わんとしているのも，それのことにちがいない．現代の一提案によれば (H. Gomperz, *Wiener St.* 47 (1929), 22)，樫の木とはザースが織物を作成した織機の木枠のことだとされる．そうだとすれば，「有翼の（ὑπόπτερος）」は単に「飛ぶように速い」を意味することになり，全体として具体的な翼のイメージは抑制される．しかし，具体的な主語をともなった用例で，それに当たるようなものは他にない．さらに問題となるのは，たとえ空想的な文脈においてにしても，木枠が単に「樫の木」と呼ばれることはまずありえない点である．もう一つの解釈によれば (Diels, *SB Ber.* 1897, 147f.)，その樫の木は，パナテナイア祭の祭礼行列において，アテナの外衣（ペプロス）を運ぶための柱に似ているという．たしかに，資料56には外衣（ペプロス）という言葉が使われているし，「有翼の」は衣服がつるされた横木を叙述したものとして説明されるようだ．しかし，実際には，パナテナイア祭のことを考えに入れる理由は何もないし，柱のことを樫の木と言うのはきわめて奇妙であろう[52]．

ディールスとK．フォン・フリッツ（パウリ－ヴィソヴァ『古典学事典』の「ペレキュデス」の項目執筆者）はともに，アナクシマンドロスが譬喩化された形で問題に

[52) ディールスは，後掲資料59の文章全体 (DK7B5) に感銘を受け，イェーガー，モンドルフォ，フォン・フリッツもそれに従った．当該個所でのオリゲネスの報告によれば，ケルソスは特定の祭祀や神話上のできごとを神による事態の制圧を象徴するものと解釈した，というのである．ホメロスにおける二つの個所，そしてペレキュデスによるタルタロスについての叙述（資料59），そして最後にパナテナイア祭の外衣（ペプロス）がそのように解釈される．この最後の事例は「母なしに未通で生まれた神がおごり高ぶった大地族を従える」ことを示すものと述べられて，それは，もちろん，伝統的に神々と巨人族との戦争においてアテナがエンケラドス（最強の巨人の一人）を倒したことを表わしていた．その解釈だけが一つ切り離され，同一論点にかかわるもう一つの実例として挙げられるという理由から，ペレキュデスからの抜粋に並ぶ事例として引用されている．しかし，ペレキュデスがパナテナイア祭と結びつけて解釈されるべきことを示唆するものは何もない．

なっていると考えた．彼らによれば，大地が木の幹のような形状をしているのは，アナクシマンドロスの場合（資料122参照）と同じように，円筒形だからである．また，それが樹木として叙述されているのは，アナクシマンドロスに，焔の環状層が，あたかも樹木のまわりの樹皮のように，空気と大地のまわりをぴったり囲んでいると言われているからである（資料121）．大地に翼が生えているというのは，それが空間を自由に浮遊しているからである（資料123）．織物の表面の刺繍は，アナクシマンドロスの地図を連想させる（138ページ以下参照）．さらには，オケアノス（大海）を地表面と一体的な部分として扱うことは，アナクシマンドロスによって見いだされた新しい進展である．——しかし，これらの議論はいずれも妥当性を欠いているし，まして有力なものとは言いがたい．大地の形状は木の幹の形だけで表わされることはありえないし，それが樫の木の唯一の，あるいは最も目につく部分でもない．アナクシマンドロスの言う樹木のまわりの樹皮というのは比喩にすぎない．「有翼の」は，そもそもそれが抽象的な意味内容を与えられるとしてのことだが，意味しそうなのは「浮遊する」よりもむしろ「すばやく動く」であろう．アナクシマンドロスの地図は，知られるかぎり，彼の宇宙論とは関係するところがない．オケアノスを内海と一体化させる傾向は，ホメロスにおいてすら，ときに認められるものである．ほかにもアナクシマンドロスからの借用とされるものがあるが（「時」とか，γόνοςないしγόνιμον），それらも，フォン・フリッツがあまりに楽観的に「事実上確実である」と言っている解釈を，より説得力を持って是認するものではない．

　以下に提示する解釈は，以上に述べられたもののいずれよりも可能性の高そうなものである．樫の木が表わしているのは，堅固に固められた大地の下層構造ないし基盤（ツェラーによれば大地の「骨格」）である．その幹と枝は大地の支柱であり根である．大地が根を張っているというのは，通念的な世界図の一部をなしている（17ページ以下）．そして樹木の枝は，冬には，逆さに広がった根のようである．大地および海の根は時としてタルタロスの上に広がっていたと考えられていたこと，タルタロスそのものは下方のかなり狭い立坑のように想像されていたことは，ヘシオドスの『神統記』726行以下の，重要視されるべき叙述にはっきりと示されている．すでに資料2として引用したように「（タルタロスの）まわりには青銅の牆がめぐらされ，／それを取り囲んで，闇夜が喉口のあたりを三重にたゆたっている．／また上方には大地と荒涼た

る海の根とが伸び来ている」．

　タルタロス（あるいはそれの一部）にあたる喉口あるいは首は樫の木の幹に対応し，その上にある根は枝に対応する[53]．樫の木が「有翼の」とされる理由の少なくとも一部は，それらの枝が翼のように見えることからきている．それらの枝の上に，ザースは大地とオゲノスの刺繍をほどこした織物をかけた．それは大地の表面を表わし，平らあるいはむしろ，事実そう見えるとおりに，ややふくらんでいる．オゲノスが大地を取り囲む河と考えられたのか，それとも海と考えられたのかは，明言しがたい．樫の木が特別視されているのは，それが他のどの樹木よりもゼウスと関係深いからであり（『オデュッセイア』第14歌328行に言われている，ドドナのゼウス神殿にある予言する樫の木を参照のこと），またよく知られたそれの堅牢さやたわわに伸びる枝ぶりのためでもある．

　このように，ここで提示された解釈によれば，ザースは大地の基盤として樫の大木を選んだ，あるいは魔術的な仕方で成長させたにちがいない．あるいは，（T. B. L. ウェブスターの示唆に従えば）ザースがはるかなたから樫の木を呼び寄せると，その木は，枝を翼代わりにして彼のもとに飛んでくる．そこでザースは織物を織って，大地とオケアノスでそれを装飾してやり，樫の木の大きく広がった枝に刺繍した織物を着せかけて，大地の表面を形作るのである[54]．

---

[53] 資料59には地下のタルタロスのことが言われている．そこには，ペレキュデスが大枠として受け入れたのは通念的な世界図であって，アナクシマンドロスの合理化された世界構成ではなかったことが示唆されている．上に措定された世界樹は，たとえばスカンジナビアの世界樹であるユッグドラシルとは区別されなければならない．この場合，その枝は天界を形成しており，大地の表面を支えるものではない．ただし，その樹木の根は大地を支えているものと考えられている．

[54] 有翼の樫の木と織物の意味するものを解くカギは，資料55におけるイシドロスの評言，ペレキュデスは「ハムの予言から着想を得た」から得られるようにも見える．しかし，残念なことに，この著作についてはわずかなことしか断定できない．ハルナックの示唆によれば，この個所でのハムとはゾロアスターのことである（Bidez and Cumont, *Les Mages hellénisés* II (Paris, 1938), 62 n.）．この同定は時折なされるものである（*op. cit.* I, 43; II, 49-50）．ゾロアスターはヘレニズム時代初期までには賢者として確固たる存在になっており，またアリストクセノスは，ピュタゴラスがバビュロンにゾロアスターを訪ねたと語っていた（ヒッポリュトス『全異端派論駁』I, 2, 12; DK14, 11）．ヘレニズム期に作られた擬ゾロアスター文献の膨大な山の中に，『自然について』という4巻の著作が

(iv) クロノスとオピオネウスの闘争

57　ケルソス：オリゲネス『ケルソス論駁』第6巻第42章による（DK7B4）
　　ペレキュデスはヘラクレイトスよりもはるか昔の人であったが，軍隊と軍隊が相対峙するさまを物語にした．一方を率いるのはクロノス，他方を率いるのはオピオネウスとし，両軍の挑戦と戦闘を叙述した．そのさい彼らは，両軍のいずれなりとオゲノスの中に落ち込んだ側が負け，追い落として勝ちを収めた側が天界を手に入れるべしとする取り決めを交わした．

58　ロドスのアポロニオス『アルゴナウティカ』第1巻503行（資料38の続き）
　　　彼（オルペウス）はいかにして最初にオピオンとオケアノスの娘エウ
　　　　リュノメが
　　　雪をいただくオリュンポスを支配したかを歌った．
　　　また，いかにして腕力に屈して夫はクロノスに，妻はレアに
　　　支配権を譲り渡して，オケアノスの波間に転落したかを歌った．
　　　そしてしばらくはクロノスとレアが，至福の神々たるティタンたちを
　　　　支配した，
　　　いまだゼウスが幼い考えを抱いた少年で，

あり，石や植物の持つ魔術的な特性についての特殊な見解，ハデス（冥府）についての叙述があった．自然についての書には宇宙生誕論的な関心は何も示されていなかったようだが，残りの著作と同様に，占星術，鉱物などが論じられていたようである．ゾロアスター文献の第二の波は紀元後最初の2世紀間に，グノーシス派のさまざまな分派集団の手になったもので，クレメンス派の聖書外典，セト派によるもの，プロディコスの弟子たちによるものなどがある．純正のゾロアスター思想（善と悪の二元論，火の重要性）は，それ以前の集団よりも，かえってこれらの著作の中に見いだされた．イシドロスがそのどちらの集団に言及しているのかは疑問である．もっとも，イシドロスの父バシレイデスはイラン派の二元論寄りであること，ハムとゾロアスターの同定が初めて見られるのはグノーシス派の資料であることなどの事実からすると，後代の集団であると言えそうだ．他方で，イシドロスは同時代の所産の中にあまり援用されてないようである．しかし，どちらの集団にも，有翼の樫の木や刺繍された織物のしかるべき先行例を探り当てることができない．また，イシドロスがペレキュデスの譬喩のオリエント的な性格に感銘を受けた，と想定することもできない．ギリシアにおけるゾロアスター文献の多くは，由来的にも色調においてもオリエント的ではないからである．ペレキュデスの譬喩が何らかの擬ゾロアスター資料に取り入れられていて，それがイシドロスの誤解をまねいた，とするのも確かなことではない．

ディクテの洞窟のうちで暮らしている間は……

59 ケルソス：オリゲネス『ケルソス論駁』第6巻第42章（DK7B5）による

　　　ペレキュデスは，と（ケルソスは）言う，これらのホメロスの詩句をそういう風に理解したうえで，次のように語った．（断片5）「あの領分の下方はタルタロスの領分である．ボレアス（北風の神）の娘たち，すなわちハルピュイアたちと，テュエラ（嵐）がそこを守っている．ゼウスは，神々のうちに大それたふるまいをする者があれば，そこに放り込む」．

　ペレキュデスは，まぎれもなく，クロノス（Κρόνος）（おそらくは原初の神クロノス（Χρόνος）に由来する．78ページ参照）とオピオネウスとの対決を，ある程度詳しく叙述したのであろう．その前置きが資料57に見られる．これは，マクシモスの梗概（資料56）にある「神々の闘争」の，少なくとも，一部をなすものにちがいない．オピオネウスは，明らかに，「オピス（ὄφις）」すなわち蛇と関係していて，ヘシオドスにおけるテュポエウス類型の蛇に似た怪物である（『神統記』825行によれば，テュポエウスは100の蛇頭を持っている）．クロノスとの闘いについては，ほかにもわずかながらヘレニズム期の言及が知られているが，資料58の叙述が最も重要である．そこでは，オピオン（この個所ではそう呼ばれている）は配偶者としてオケアノスの娘エウリュノメを伴っており，クロノスのほうはレアの助けを得ている．ここに見られる違いは，アポロニオスがペレキュデスをそのまま引き写しにしているのではないことを示すに十分である[55]．そして，ヘシオドスには言われていない古い物語があって，それがクロノスと彼に結びついた怪物との対決をめぐる，多様な失われた神話の一部となったように思われる．

　ペレキュデスでは，勝利した側が天界を領有する（またそれによって最高神になる，あるいはそれにとどまる）ことになっているが，資料58のアポロニオスによれば（アリストパネス『雲』247行への古注もそれを支持しているが），オピオンとエウリュノメはすでにオリュンポスを支配していて，挑戦を退けようとしているのだった．こ

---

[55] またアポロニオスが古いオルペウス教の考え方を復元していると考える必要もない．『アルゴナウティカ』でオルペウスが歌う宇宙生誕や神統記には，オルペウス教的ではないものがきわめて多く含まれている（資料38および60ページ注31をも参照のこと）．

こには最初の神々オケアノスとテテュスという考え方（資料8, 9）への言及があるかもしれない．エウリュノメネはオケアノスの娘であり[56]，オピオンとの組み合わせで，何らかの仕方でウゥラノスとガイアに取って代わる第二世代を表わしていることもありえよう．とはいえ，ペレキュデスには，オピオネウスが一度たりも天界を支配したことを示唆するものは何もない．

　資料56のマクシモスには「オピオネウスの誕生と神々との闘い」のことが言われていて，それは，オピオネウスが，ヘシオドスにおけるテュポエウスと同様に，権力奪取に成功しなかった挑戦者だったことを示唆しているのかもしれない．またテルトゥリアヌス（『兵士の冠について』7, DK7B4）は，ペレキュデスによるとクロノスが初代の神々の王であった，と明言した．さらには，ペレキュデスは，アポロニオスに見られるような通常の見解，すなわちゼウスは，クロノスの支配下の一時期に，子供としてクレタにいたという話を受け入れたはずがない．原初のザースがおそらくはゼウスに転じた（資料59にはザースではなくゼウスが登場する．ただし，これは伝承上の不注意によるものかもしれない）．それは，おそらくはクロノス（Chronos）がクロノス（Cronos）に転じたのと同じことである．それが誕生を通じてなされたということはほとんどありえまい．ペレキュデスにおいては，一般的な説でもそうだが，クロノス‐クロノスは，結局ゼウスによって退位させられ，大地の下に追いやられる（ホメロス『イリアス』XIV, 203以下，ヘシオドスなどでのように）．

　資料59はタルタロスの「領域」を下方に，おそらくは（『イリアス』VIII, 16の意味でのハデスの領域よりもむしろ）ガイアの領域に置いているが，具合のわるいことに，そこにはクロノスへの言及がない．それは宇宙の各部分を別々の神々に割り当てた叙述に起因しているようで，ゼウスによる敵対者たちの最終的な制圧がその叙述に続いていたことは，ホメロスやヘシオドスでも同じだった．

　クロノスとオピオンとの闘いは，明らかに，『神統記』におけるゼウスとテュポエウスとの闘いに対応している．蛇‐神との宇宙的な戦闘は，もちろん，ギリシアだけのものではなく，ヘシオドスよりはるか以前の近東一帯に，セム系の脈絡においても

---

[56]　『イリアス』XVIII, 398以下，『神統記』358でも同様．『神統記』295以下ではオケアノスのもう一人の娘カリロエが蛇身の女エキドナを生み，エキドナはテュパオンと連れ添う．

インド‐ヨーロッパ系の脈絡においても，見いだされるものである．バビュロニアの創造神話において，マルドゥクと毒蛇の助けを借りたティアマトとの戦闘（*ANET*, 62ff.），フルリ系ヒッタイトのイルヤンカにまつわる物語における，暴風‐神による龍のイルヤンカ制圧（*ANET*, 125f.; Gurney, *The Hittites*, 181ff.），エジプトの太陽神レが地下の旅の途次，夜ごとになしとげる龍のアポピス打倒（*ANET*, 6-7）などを比較参照されたい．ゼウスとテュポエウス‐テュポン（エジプトのセトと同等視された）の闘いは，ヘシオドスではそうではないが，後代の説ではキリキア［小アジアの南東部］が，特にラス・シャムラ／ウガリットにある，原フェニキア系ミノア人の神殿倉庫に近いカシオス山が舞台とされた．この対応関係が主たる動機となって，ペレキュデスはフェニキア人から借用したという主張がなされたのかもしれない．

60　ビュブロスのピロン：エウセビオス『福音の準備』第1巻第10章50節による
　　ペレキュデスもまた，フェニキア人からはずみをつけてもらって，彼がオピオネウスと呼んでいる神およびその神の子孫たち（オピオニダイ[57]）について神話を論じた．

これと並行してヘシオドスのテュポエウスがより以前に存在することから，ペレキュデスがオリエントの典拠から直接借用していると想定する必要はなくなっているし，彼がフェニキアの秘伝書に触れたとする『スーダ』の言及（資料46）は，オピオネウス‐テュポンの比較参照以上のことに基づいているのかどうか，疑問とする向きもあるだろう．

V．ペレキュデスの著作におけるできごとの順序

これまでのページで論じてきた証拠は，ペレキュデスによって叙述されたさまざまな場面を，われわれに提示している．(a)あらかじめ存在した三柱の神．(b)クロノ

---

[57]「オピオニダイ（Ὀφιονίδαι）」とは，文字通り「オピオネウスの子孫たち」のことなのか，それとも単に彼の配下の軍勢ないし支援者のことなのかは疑問である（資料57参照）．もし前者だとしたら，『神統記』306以下でテュパオンがエキドナによってもうけた怪物が比較参照されよう．もっとも，これらの怪物のことはテュポエウスの挿話には含まれていない．

スによる彼自身の種子からの諸事物の制作．それらは五つの奥処に配され，それらから他の世代の神々が生まれる．(c)ザースによる織物の制作，織物に描かれた大地およびオゲノスの描写，ザースとクトニエの結婚，織物の贈与，そしてそれに続いて（?）有翼の樫の木への織物の着せかけ．(d)クロノスとオピオネウスの闘い．(e)それぞれの神々への領域割当て（資料59にそれが言われているかもしれない）．

　われわれには知られていない，かなりの数のできごとがあったにちがいない．たとえば，クロ̇ノスーク̇ロノスは，一般に共通の説においてのように，おそらくザースーゼウスに取って代わられたのだろうが，これについてのペレキュデスの見解は知られていない．もう一つの問題は，マクシモスの梗概に言われているオピオネウスの誕生のことである．両親は誰なのか．ザースとクトニエだったようには見えない（神話上のあらゆる結婚に子孫が付きものなのに，この結婚による子孫だけは，われわれに知られていないのだが）．クロノスとオピオネウスの闘いの報償は天界の領有なのだから，それが行なわれたのはクロ̇ノスーク̇ロノスの支配の間，あるいはその幕開けとしてでなければならず，彼らの支配はザースとクトニエの結婚と大地およびオケアノスの創造と想定されるできごとに先んじていたらしいからである．オピオネウスとクロノスの戦闘で，オゲノスに転落した者が敗者となる決まりである．しかし創造の譬喩解釈によれば，オゲノスが創られたのはザースとクトニエの結婚式のときで，したがって，それはオピオネウスの戦闘に先行しなければならず，その後であってはならないのである．この難点は，例の織物の制作を創造の譬喩としたときの，すべての再構成にあてはまる．なぜなら，ク̇ロノスの天界支配は，その他のすべての証拠によって（とくに資料50およびホメロスーヘシオドス説のアナロジー），ザースの活動時期に先行していたことが示唆されているからである．

　したがって，ペレキュデスが首尾一貫性を欠いて，オゲノスの正式な創造以前にそれの存在を前提しているのか，それともオゲノスは例の織物に織り上げられるか刺繍されるかしたよりも以̇前̇に存在していたのかのいずれかである．あるいは，オゲノスはケルソスによるクロノスーオピオネウス戦争の説明における，もともとの要素ではないのである．この第三の仮説もありえなくはない．

　この衝突についてのやや異なった版がヘレニズム時代から知られていて，資料58にそれを最もよく見ることができる．そこでは，オピオンと彼の花嫁でオケアノスの

娘のエウリュノメが天界を支配していたが，クロノスとレアによって力ずくで取って代わられ，「オケアノスの波間に転落した」とされている．オケアノスへの転落は，「オケアノスの娘」および彼女の配偶者ということを筋の通ったものにする．しかし，ペレキュデスには，女性の配偶者なるものについては，それがどのようなものであれ，割り込む余地はなさそうに見えるし，オケアノスの娘についてはなおさらのことである．とすれば，ケルソスあるいは彼の情報源となった資料が，ペレキュデスの版に，むしろそれとは別個のヘレニズム時代の版に基づく細部の話を移入し，それを既知のペレキュデス的用語に適合させた，ということもありうるだろう．

しかしながら，たとえザースとクトニエが結婚後に両者でいっしょにオピオネウスを生んだことはありえないとしても，大地母神としてのクトニエ−ゲーがまぎれもなく一匹の蛇（その住み処は伝統的に地下である）の親であるということは，ちょうどガイアが一般的に蛇の形をしたテュポエウスの母親とされているように，依然として正しい．ザースとクトニエが結婚前に密通したのだとしたら（そのことは『イリアス』XIV, 296 にほのめかされているが），資料56 の順序は整合するだろう．ザースとクトニエの激情，オピオネウスの誕生，神々の闘い，樹木と外衣（そして，それに伴う結婚）という具合である．しかし，マクシモスがこれらの主題を，ちょうどペレキュデスの著作に登場する順序通りに並べた，と想定する強力な理由は何もない．しかも結婚式の叙述の持つドラマ的な迫力は，明白に文学上の要請とされるものだが，もしザースとクトニエがそれ以前から長年にわたってずっといっしょに過ごしていたのだとすれば，疑いなく弱められてしまうだろう．より可能性が高そうなのは，かりにオピオネウスがクトニエの子供だとしても，その父親は誰であれザース以外のものだった，ということである．ここで思い当たるのがクロノスである．彼の種子は，資料50 によれば，「奥処」に置かれたとある．おそらくは，地中にということであろう．

また，資料52 だけから知られる一つの物語があって，そこではそれはペレキュデスとは結びつけられていない．クロノスは彼の種子で二つの卵に受精させると，それらをヘラに渡して地下に置かせ，それによって蛇の姿をしたテュポエウス（オピオネウスも彼にそっくりである）を生み出した，というものである．もし事がこのとおりだとすれば，クロノスとクトニエはオピオネウスを生み，ことによると別の怪物をも生んだのではないか．そしてオピオネウスはクロノス（Chronos, あるいはすでに

Cronos だったかもしれないが）を攻撃して敗退したのではないか．次にはザースがクロノスを攻撃して打倒し，そしてクトニエを娶ると，それ以後女神はゲーと呼ばれることになり，何らかの次第でヘラに等しい存在になっていくのではないか．そうしている間に，ザースは，われわれに馴染みのあるようなかたちでの大地と海を創造した（天界の存在は何らかの仕方で前提されていた．あるいはザース自身のうちに暗にふくまれているのかもしれない）のではないか．

どのようにしてザースがクロノスを服従させたのかは分からない．オピオネウスが実行者として活躍していたと考えられるかもしれない．しかし，資料58の観点からすれば，オピオネウスは敗退し，またクロノスが退けられたのは別のやり方によってであった，と想定しなければならない．この場合には，できごとの順序は次のようになるのではないか．すなわち，あらかじめ存在した三柱の神，クロノスの天空支配とクトニエへの種子の植えつけ，オピオネウス（およびその他の大地族の怪物たち）の誕生，オピオネウスがクロノスに挑戦するが敗退，クロノスが何らかの次第でザースに服従する，ザースとクトニエ‐ゲー‐ヘラとの結婚，現世界の創造，世界の分配とゼウスの敵対者たちのタルタロス行き，という具合である．しかし，強調しておかなければならないのは，実際のところ，これらの大半がまったくの理屈合わせでしかないということである[58]．

むすび

不確かな点ばかりではあるが，ペレキュデスは，ギリシアの宇宙生誕論的な思索の歴史において，無視することのできない存在である．アリストテレスが資料41に記したように，彼の手法はけっして純然たる神話的なものではない．三柱の神々がつね

---

58) プラトンは，次の個所において，おそらくペレキュデスを念頭に置いていたのであろう．
　61 『ソピステス』242C-D　だれもがそれぞれに，われわれをまるで子供扱いして，何か物語めいたことを語っているようにわたしには思われる．つまり，ある人の言うところでは，あるものは三つで，ときにはそれらのうち或るもの同士が何らかの仕方で相争い，ときにはまた仲むつまじくなって，結婚し子供を産み，その子供たちの養育をするのだと言っているし……．

にあったという言明は，伝統的な系譜論的な定型を暗に合理的に修正するものとなっている．とはいえ，クロノスによる創造の方法はヘシオドスの場合と同じく粗野な擬人的性格のもので，彼は世襲神話の大まかな概要を，明らかに，ヘシオドスに負っている．装飾した織物の譬喩は，もしその解釈が正しかったとすれば，まったく神話的なものであり，そのことは，第1節で概観した世界の構造についての素朴だが非経験的な見方を，ペレキュデスが受け入れていたことを示している．彼の語義論に対する関心とそれに伴う最初の神々の扱い方は，アイスキュロスやヘラクレイトスにおいて顕著になる思考法を最初にはっきりと掲げたものであり，それは3世紀ないしそれ以上後のオルペウス教の折衷主義思想にも，なお明瞭に跡を残していた．

ペレキュデスは，神々についての伝統的な物語の扱いにおいても，通例にないモチーフを取り入れる点でも，自立自存の人だった．まったく直接的な近東からの影響を示すものは，わずかしかない．ことによると，七つの奥処に認められるかもしれない，というだけである．しかし，オリエント的なモチーフはそれでもなお比較的濃密である．さらには，全体的に見てとれる一つの点として，彼の語り口はギリシア的なものである以上に，オリエント的な論じ方に近い．彼の著作においては，三柱のあらかじめ存在する神々にまつわるできごとは，宇宙生誕論そのもの（すなわち，大地とオゲノスの形成）以前に語られている．この点は，たとえば，バビュロニアの創造神話に引き較べられよう．そこでは，ティアマトを引き裂いて天空と大地を形作るのは，ようやく神々についての長い伝説譚の結末においてのことである．それはまたヘシオドスの『神統記』とは対照的で，そこでは宇宙の構成素因はほとんどただちに生み出され，神々の物語の序幕をなしているのである．しかし，これは端的にヘシオドスのほうが準合理的であって，ペレキュデスおよびバビュロニアの宇宙生誕論のほうはそうでないという理由によるのかもしれない．

第7節　哲学を目指して

これまでに考察したさまざまな考え方は，ときに科学的な関心をかき立てるようなものがあったにしても，神々と神話という全体的な背景と密接に結びつけられていて，

世界の形状も展開過程も，もっぱらその枠組の中で見られていた．哲学に近づこうとする何らかの動きへの発展の多くは，その種の世界観を乗り越えて，より直接的で，より非象徴的，より非擬人的な世界観を追求することで達成されるものである．その発展の転向や転換を画定することに，最近の学者たちは好んで専念してきたが，しかし事はしばしば考えられているほどに直線的ではないのである．

　粗っぽい推測の一つとして，主として要請されたことは擬人化の放棄であるとされ，それによって（たとえば）天空と大地との相互作用は，もはやウゥラノスとガイアとの性的関係という仕方で見られる必要がなくなるし，宇宙の構成素材は，エンペドクレスの「（四つの）根」というのもあるが，直接的に同定され，構成原理は，たとえばアレスやアプロディテや，あるいは戦争や調和（ハルモニアー）などでさえなく，分離作用と集合作用の力として表現されるのである．事実，ソクラテス以前の哲学者たちは，これらの有用でつぶしの効く象徴系を完全に退けるまでに長い時間を要したし——それらは，むろんいずれは，少なくとも論理学に類したものが現われるまえには，消滅するしかなかったが——，またしばしば，たとえばヘラクレイトスのように，それらの機能と価値を再解釈することで十分だとしていた．

　擬人化という考え方そのものにしても，必ずしも全面的に合理性に反するばかりではなかった．さまざまな特性と力を持った複数の神々と鬼神たちによる世界の分割ということは，それ自体として，有益な類別化の仕方であった．最終的に遅滞をもたらしたものは，解釈の方式の制度化という，人が最も合理的であってもつい過信に陥りがちな趨勢であった．すなわち世界を人間的視点から生きたもの，あるいは合目的的なものと見てしまうことによる制度化であった．とりわけ，原初の「二親（ふたおや）」からおのずと分化してくるとする，自然の発生論的モデルは，放棄しにくいものだった．しかし，一例として挙げれば，ヘラクレイトスは，少なくとも一面においてはいま言った特定の神話‐宗教的モデル（ヘシオドスの『神統記』に最も明瞭に具現化されているような）を，もう一つのさらに強力なモデル，すなわち『仕事と日』に具現化されているような，進展する世界を正義（の女神）の助けを得て永遠に支配するゼウスというモデルに対峙させることで，それに成功した．

　ソクラテス以前の哲学の伝統がそれを基盤とし，やがて結果的に覆すことになった世界観の，全面的な非合理性ばかりを誇張しないようにすることは重要である．それ

があちこちに大いに理性を欠いた要素をはらんでいたことは，むろん異論の余地がない．しかし，それと同時に，ホメロスの時代のギリシア（前8世紀後半），あるいはホメロスが描こうとした時期（前13世紀あたりか）でさえも，文字通りの意味での原始時代ではなかった．後者の統治機構にせよ，前者の文学的感覚や組織にせよ，いずれも論理と心理の両面での洗練さを強力に証拠立てている．一例として挙げれば，ホメロスの描いたオデュッセウス像は，少なくともほとんどの点で，哲学に有能な人のものである．彼が優れているのは，「狡知に長けている」ことばかりではなく，複雑な状況を分析し，結果として合理的な選択をすることによってでもあるのだ．われわれはこのことを，彼に開かれた選択の余地をつぶさに論じたり，そこから結果する多数の可能性を論じたりするときに，見ることができる．たとえば，『オデュッセイア』第5歌で，彼がスケリアの岩場の沖を絶望的な気持ちで泳いでいるときがそうである．彼と男神女神たちとの関係は，たとえアテナとの関係ですら，彼の大部分の行為決定にとって，ほとんど付随的なものでしかない．彼は，人間存在において本来考慮されるべきものについて，鋭い感覚を備えた人である．

　かなり異なった仕方でヘシオドスもまた，たしかに見かけは神話的な，したがって究極的には非理性的な世界描像の語り手ではあるが，さまざまな諸宗教からそれぞれに強弱の度合いをつけて説話を格付けし総合するにあたって，有益なかたちでの合理性を行使していた．しかし，彼が成し遂げたのはそれ以上のものであった——それは第5節に見た興味深い宇宙生誕論上の主題を寄せ集めること以上のことでもあった．一方で体系的な宇宙生誕論と神統記をまとめあげながら，他方ではそれに付随することとして，発展した世界における秩序（あるいはその逸脱）の規則を吟味するのには，包括的な世界観（それの組織化および行動の原則，さらにはその中での人間の役割）が前提となる．それが非哲学的であるのは，それを表現しまた明らかに一定程度は構想するのに使用している神話の言語が象徴的なものであるからにすぎない．それを理由に，学者たちは時折ヘシオドスを最初のソクラテス以前の哲学者として遇したい気持ちに駆られてきたのである．しかし彼と，たとえばアナクシマンドロスとの間には，巨大な裂け目が横たわっている．その本性を，たとえ完全には理解できないにしても，一瞥することが重要である．

　というのは，神話から哲学への移行，よくミュートスからロゴスへという言い方が

される移行は，脱擬人化あるいは脱神話化を譬喩の排除あるいは一種の解読と解してのことであれば，単なるその過程よりもはるかに根底的な事態である．あるいは，ほとんど神秘的な思考法の変容，知性的な過程そのものの変容ということ（それがまったく無意味な理念ではないとしてだが）が含意していると思われるもの以上のことですらあろう．むしろそれは，単に知的である以上に，政治的，社会的，宗教的でもある変化，すなわち閉ざされた伝統社会（その原型的な形態としては，説話を語ることが安定と解明の重要な手段である口誦社会である）を後にして，過去の価値体系が相対的に意義を失い，共同体そのものについても環境的な広がりについても，根本的に新しい考え方が形成される，開かれた社会へ向かっての変化を伴い，またそうした変化の所産なのである．

　前9世紀と前6世紀の間にギリシアに起きたのは，そのような変化である．その変化が込み入っているのは，たしかに，その地に文学作品のない時代が異例に長く続いたことによる．それ以前の貴族的な構造から，ポリスすなわち独立した都市国家が成長したことが，異国との交渉や貨幣制度の発達と相まって，ヘシオドス的な社会観を変質させ，古来の神の原型，英雄の原型をすたれたものに思わせ，宗教集団によって直接護持された場合を別にすれば，時代に合わないものに思わせるに至った．ホメロス的伝統に底流する合理的なものの多くや，ヘシオドスの類別的な力は存続した．しかし，危うさをはらんだコスモポリタン的なイオニア社会にあっては，むろんミレトス内部においてもだが，それらはより先鋭化された様相を呈し，神話や宗教からすっかりかけ離れてというわけではないが，より広汎でより客観的な世界モデルに適用されることとなったのである．

イオニアの思想家たち

はじめて世界の本性についての真に合理的な記述の試みがなされたのは，イオニア地方においてであった．その地では，物質的繁栄と異文化との接触の機会——たとえばサルディスとは陸路で，黒海地方やエジプトとは海路で——にとくに恵まれたことが，少なくとも一時期は，ホメロス時代からの強力な文化的文学的伝統と手を携え合っていた．1世紀間のうちに，ミレトスにはタレス，アナクシマンドロス，アナクシメネスが生まれ，それぞれが単一の第一物質を想定することによって，際立った存在となった．それを分離抽出することこそは，実在についての体系的な説明において，つねに最も重要な第一歩となった．この対処は，明らかに，ヘシオドスの『神統記』に代表され第1章で述べたような，自然本性への起源遡及的，系譜的な追求方法の発展であった．偉大なミレトス派の人たちの後，その対処は緩和され，あるいは放棄された．クセノパネスはここではイオニア派の一人として扱われるが（第5章），実際には彼はいかなる一般的カテゴリーにもうまく収まりにくい存在である．コロポンに生まれ育ち，イオニア的な考え方にきわめてよく（おそらくはピュタゴラス以上に）通じていたが，彼は西方ギリシアに移住し，宇宙生誕論や宇宙論にはほんの付随的にしか関心を示さなかった．この間，エペソスでは孤高の人ヘラクレイトスが物質的一元論を脱却して，一方では基礎的な（とはいえ宇宙生誕論的ではない）実在を保持しながら，事物の最も意義深い統一性をそれらの構造ないし整序のうちに見いだした．この点で，西方のギリシア世界にあって，ピュタゴラス派の考え方が軌を一にしていた．ピュタゴラスと（彼よりやや後の）パルメニデスは影響力の大きな思想家で，しばらくの間は西方の学派が枢要を占めた．しかしイオニア派の物質主義的一元論も，パルメニデス以後のいくつかの体系との歩み寄りの中で，ある程度は自己の立場を主張した．

第2章
ミレトスのタレス

I. 年　代

　伝統的に最初のギリシア自然学者，すなわち総体としての諸事物の本性の探究者（資料85）とされるタレスは，前585年に起こった日蝕を予言した（資料74）．したがって，彼の活動期は，まず前6世紀初頭よりさほど遡ることはなさそうである[1]．

---

1) その日蝕が起こったのは，プリニウス『博物誌』II, 53（DK11A5）によれば，第48オリュンピア祭期の4年目（前585／84年）のことであった．プリニウスはおそらくアポロドロスによったのであろう．またエウセビオスの年表（DK11A5）によれば，1年ないしそれ以上後のことであった．現代の計算では，前585年（すなわち第48オリュンピア祭期の3年目）5月28日と算定されている．タレスの予言した日蝕は前610年のものであるとするタンヌリの見解は，今日では退けられている．ディオゲネス・ラエルティオス『哲学者列伝』I, 37-38（DK11A1）によれば，アポロドロスはタレスの生年を第35オリュンピア祭期の1年目（前640年）とし，没年は第58オリュンピア祭期（前548-545年），78歳のときであった，としている．ここには数学的な間違いがある．おそらく「第35オリュンピア祭期の1年目」というのは，よくあるE（5）とΘ（9）の混同による間違いで，正しくはΘすなわち「第39オリュンピア祭期の1年目（前624年）」であろう．とすれば，アポロドロスは，彼に特有の流儀で，タレスの没年をサルディスが陥落した記念すべき年のあたりに置き，例の日蝕の起こった年に彼のアクメー（盛年）を当て，慣例によってその40年前を生年としたのである．これは，若干古い年代設定をしている別の典拠と，ほぼ一致している．パレロンのデメトリオスは，ディオゲネス・ラエルティオス『哲学者列伝』I, 22（DK11A1）によれば，七賢人（タレスは必ずその一員とされていた）の制定はダマシアスがアテナイのアルコーン（政務長官）だったとき（すなわち前582／81年）だとしている．これはピュティア祭（デルポイの祭典）が復興された記念すべき年にあたる．

II. 出　自

62　ディオゲネス・ラエルティオス『哲学者列伝』第1巻22節（DK11A1冒頭）

　　さてタレスは，ヘロドトスやドゥリスやデモクリトスの言うところでは，エクサミュエスを父とし，クレオブゥリネを母として生まれ，テレウス一族の出であった．この一族はフェニキア人で，カドモスとアゲノルの後裔たちのうちでもきわめて高貴な家柄であった．……彼（アゲノル）がミレトスで市民登録されたのは，ネイレオスがフェニキアから追放されたために，いっしょにこの地へやってきたときのことであった．もっとも，大多数の人たちの言うところによれば，タレスは生まれついてのミレトス人で，しかも名だたる家柄の出であった．

63　ヘロドトス『歴史』第1巻170節（資料65より）

　　……ミレトスの人タレス……祖先を遡ればフェニキア人……．

　タレスがフェニキア人の血筋を引いているという話は，資料63でヘロドトスによってそのことだけが言われているにすぎないが（資料62は，彼がそれ以上のことまで言ったかのように思わせはする．ドゥリスやデモクリトスによる言及のことは，ここ以外には不明である），後代に大きく手を加えられた．理由の一部は，明らかに，ギリシアの学的認識の東方起源という通説を支えるためであった．もしタレスが，航海における小熊座の重要性に注意を促したとすれば，それは以前からフェニキア人水夫たちによって実行されていた（資料78参照）のであるから，そのことはヘロドトスの言説を後押しするものとなったであろう．タレスは大部分のミレトス人たちと同様にギリシア人であった可能性が高い[2]．

---

2)　次の資料を参照のこと．
　　64　ヘロドトス『歴史』第1巻146節　オルコメノスのミニュアスの一族も彼ら（イオニア地方の植民都市構成者たち）に混じり合っており，さらにカドモスの一族もドリュオプスの一族も……混じり合っている．
　　とすれば，タレスの「フェニキア」系の先祖とは，おそらくボイオティア出身のカドモスの一族のことであり，純粋のセム系の人たちではなかったのである．彼の父エクサミュエスはカリア風の名前を名乗ったものと思われる．ヘロドトスは，さらにつづけて，純粋のイオニア人の家系と称している場合でも，カリア人女性との結婚によって混血している，とも語っている．

第2章　ミレトスのタレス

III. 実践的活動

65　ヘロドトス『歴史』第1巻170節

　イオニアの陥落に先立って，ミレトスの人タレスが述べた意見も有益なものであった．彼の先祖を遡ればフェニキア人であるが，タレスの行なった提言は，全イオニア人が統一評議会を設立して，それをテオスに置き（テオスがイオニアの中心に位置しているという理由で），他方その他の諸都市はそのまま居住をつづけるが，いわば各行政区のようなものにする，というものであった．

66　ヘロドトス『歴史』第1巻75節

　クロイソスがハリュス河にさしかかったとき，当時そこに架っていた橋によって軍勢を渡河させた，というのがわたしの説であるが，ギリシア人の間に広く行き渡っている話によれば，ミレトスの人タレスが渡河させた，という．つまり，軍勢がどのようにして渡河したらいいものかと，クロイソスが困惑していたところ（というのは，当時はまだそれらの橋はなかったとのことで），軍営に同行していたタレスが，彼のために，軍勢の左側を流れていた川を右側にも流れるようにした，と伝えられている．そのやり方というのは，軍営の上手から深い水路を掘削し，三日月型に誘導して，水が軍営地の背後をとおるようにし，それによって，元の流れから水路沿いに逸らされた水が，軍営のそばを通り過ぎて，ふたたび元に流れ込む，という具合だった，という．その結果，すぐさま川は二分されて，どちら側へも渡れるようになった，という次第である．

　ヘロドトスは，政治家および技術者としての（また天文学者としても，資料74）タレスの活動について重要な証言をもたらしている．そうした多才ぶりは，ミレトスの思想家たちの特徴であったようである．彼らのことは，もっぱら観想的な自然学者としてばかり考えたくなるところであるが．とりわけタレスは，数学的・幾何学的な事柄における有能さの代表となった．ἄνθρωπος Θαλῆς（タレスのような人）とは，アリストパネス（『鳥』1009）において，都市計画家のメトンの性格を指して言う言い方である．またプラトン（『国家』600A）は彼をアナカルシスと並べている．ヘロドトスは，たしかに，タレスがハリュス河をわきへ逸らせたという資料66の話を信じてはいなかっ

105

たが，それがタレスならやってみせたような類のことである，という点は否定しはしなかった．おそらくハリュス河には架橋されていたのかもしれないが，しかしクロイソス軍がそれらを見つけなかったこともありうる．ヘロドトスの疑念の根拠が十全に正しいものではなかったにしても，彼が慎重なのは当然である．彼はさらに別の説にも言及していて，それによれば，河は新しい河床へと完全に逸らされてしまった，とのことである．だとすれば，この話は広く知られていたのであろう．資料 66 の別伝は詳細で抑制の効いた語り方になっていて，その核心部には真実が含まれていることをにおわせるものとなっている[3]．

IV. エジプト訪問の伝承

67　アエティオス『学説誌』第 1 巻第 3 章 1 節
　　タレスは……エジプトで哲学に携わったのち，高年になってからミレトスにやってきた．

68　プロクロス『エウクレイデス「原論」注解』p. 65 Friedl.（エウデモスによる）(DK 11A11)
　　タレスは，最初エジプトに赴き，幾何学の考察をギリシアに導入するとともに……．

前 6 世紀の賢者たち（目立った例としてソロンがいる）がエジプトを訪れたと考えるのは一般的な風潮だった．その地は伝統的にギリシア的学知の源とされていた．タレスには，知られるかぎり最初のギリシア人幾何学者として，土地測量術発祥の地と関係づけられる特別の理由があった[4]．資料 67 には，彼がその地でかなり長期間過ごしたという意味が含まれているが，これは異例なことで説得力はない．とはい

---

3) タレスの創意工夫についての，はるかにずっと懐疑的な見解については，D. R. ディックスが参照される（D. R. Dicks, *CQ* N.S. 9 (1959), 294-309）．
4) 次の資料を参照のこと．
　　69　ヘロドトス『歴史』II, 109　　わたしの思うに，幾何学はそれによって［すなわちナイルの氾濫の後に所有地を再計測するために］発見されて，ギリシアにもたらされたのである．

え，彼がエジプトを訪れたこと自体は十分にありうる．彼の事績のいくつかは，まさになるほどと思われる仕方でその地が舞台とされているし（たとえば資料79．また本書117ページをも参照のこと），ミレトスとその植民都市ナウクラティスとの関係はごく緊密で，有力市民が，交易目的であれそれ以外であれ，訪問することはきわめて容易であった．

さらに，アエティオスでは，タレスはナイルの氾濫についての一つの説，すでにヘロドトスによって記録されている三つの説のうちの一つの提唱者とされている．

70　ヘロドトス『歴史』第2巻20節
　　［ナイルの洪水の原因について，とりわけありえそうにない二つの説がある．］それらの見解の一方によれば，夏の季節風が原因となって，ナイル河が海へ流れ出るのを妨げるために，河を増水させるのである．

71　アエティオス『学説誌』第4巻第1章1節
　　タレスは，夏の季節風がエジプトに向かって吹き，周辺海域へのナイル河の流出が波によって遮られるために，河の水量が増すのだと考えている．

アエティオスは，おそらく，逸失したペリパトス派の論考に依拠しているようで，その逸失論考の痕跡は他の資料にも伝存している（Diels, *Doxographi Graeci*, 226 f.）．したがって，彼の情報は信頼にたるもののようで，むろんけっしてありえないことではないにせよ，まったくの当て推量的な比定ではあるまい．もしタレスがこの説を提起したのであれば，彼は自分でナイルを実見したのであろう．ただし，しかるべき情報（夏の季節風はエジプトでも起こること）や，あるいは当の考え方そのものを，ミレトスの交易商人たちから容易に入手することもできたであろう，ということも念頭に置かなければならない．

V．タレスが典型的な哲学者であったとする逸話

72　プラトン『テアイテトス』174A
　　……ちょうどタレスが星を観察しながら上の方を眺めていて，テオドロスさん，井戸に落ち込んだときに，気の利いたしとやかなトラキア出の下女が，あの方は

天空のことを知るのに熱中して、ご自分の後ろのことや足下のことには気が回らないでいる、という具合にからかったと言われているのと同じですね。

73　アリストテレス『政治学』第1巻第2章 1259a9

　　というのは、彼らが哲学は役に立たないと言わんばかりに、貧乏していることで彼をなじったときに、言われているところによれば、彼は天文研究によって、来たるべきオリーブの収穫を察知して、まだ冬の間に、わずかな金銭を調達してミレトスとキオス中にあるすべてのオリーブ搾油機の手付金をまかなったが、誰も競りあわなかったので、わずかな賃料ですんだ。さて時期が来ると、大勢の人たちが同時に一斉にそれを求めたので、彼は望みしだいのやり方でそれらを貸し付け、膨大な金銭を手に入れて、哲学者たちはもしその気になれば容易に富を築くことができるのだが、ただそれは彼らが本気でいそしむことではない、ということを示して見せた、とのことである。[『哲学者列伝』I, 26（DK11A1）をも参照。それはロドスのヒエロニュモスおよびキケロ『卜占について』I, 49, 111 に基づいている。]

　これらの話のどちらも文字通りの歴史的事実ではないようだ。とはいえ、それらは、遅くとも前4世紀に端を発しており、前3-2世紀の架空伝記が大流行した時期以前のものである。それらは、比較的早い年代に、いかにしてタレスが典型的な哲学者として受け入れられるようになったかを、よく示すものである。ただし、「うわの空の大先生」という趣旨の最古の形態の一つである資料72は、タレスのように実践的な関心の持ち主だったことでよく知られていたのではないだれかに当てはめられていたら、さらにぴったりだったであろう。場面全体をぴりっとしたものにするために、話の細部として気の利いた召使の少女が付け加えられている。これはおそらく、哲学者の物入りを嗤った、別のやや意地悪な冗談の名残であろう。プラトンはソクラテス以前の哲学者たちをからかうことを好んだ。この事実は、もっと目につきにくい個所ではしばしば見過ごしにされている。

VI. 日蝕の予告、その他の天文学的活動

74　ヘロドトス『歴史』第1巻74節

(リュディア軍とメディア軍との間で）彼らが互角の戦争をつづけて6年目になったとき，ある合戦があったが，その闘いのさ中に，昼日が突然夜になるというできごとが生じた．このときの昼日の転変は，ミレトスの人タレスが起こることをイオニアの人たちに予告したもので，この年を限って予測したところ，まさにそのときにこの変化は生じたのである．

75 ディオゲネス・ラエルティオス『哲学者列伝』第1巻23節

しかし，ある人たちの言うように，彼が天文研究を行なった最初の人であり，太陽の蝕および回帰を予告した最初の人であるとしてよかろう．エウデモスも『天文学者たちについての研究』においてそう述べている．クセノパネスやヘロドトスがタレスを称賛しているのもそのためであり，またヘラクレイトスやデモクリトスも彼の側の証言者となっている．

76 デルキュリデス：スミュルナのテオン『プラトンを読むための数学的事項に関する解説』p. 198, 14 Hiller による

エウデモスが『天文学』で考究しているところによれば，黄道の傾斜と大年の循環を最初に発見したのはオイノピデスであり，日蝕を発見し，また太陽の回帰点周行が常に等分に行なわれてはいないことを発見したのはタレスであった．

日蝕の予告は長期にわたって連続した経験的観測に基づいたもので，日蝕の真の原因についての科学的な理論を踏まえたものではなかったにちがいない．日蝕の原因は，ミレトスでのタレスの直接の後継者たちには知られていなかった．したがって，おそらく彼自身にも知られていなかったのだろう．もし資料76においてエウデモスがそれと逆のことを言わんとしていたのなら（アエティオスの主張はそうである．たとえば，『学説誌』II, 24, 1, DK11A17a)，彼は，タレスによる予告という疑問の余地のない事実から，誤った結論を導き出すことを犯したのである．

バビュロニアの神官たちは，宗教上の目的から，部分日蝕および皆既日蝕の両方についての観測を行なっていて，ともかくそれは前721年以来つづいていた．そして前6世紀までには，おそらく彼らは，どこかある地点で日蝕が起こりうる場合の太陽回帰の周行（あるいは，より公算は低いが月の運行）を確立していたのであろう．タレスの功績がこれらのバビュロニアの記録文書に依拠していた公算は，圧倒的に高い

(さらに詳しくは Kahn, *Anaximander and the Origins of Greek Cosmology* (New York, 1960), p. 76, n. 2 を参照のこと). 多数の開明的なギリシア人がこの時期にサルディスを訪問したことが分かっているし[5], イオニア地方との関係は当然きわめて緊密であった. 一部の学者は, タレスの情報がエジプトからもたらされた可能性のほうが高いとする論を立てた. その地とも彼は接触していたのである. しかし, 十分詳細な観測が, しかも十分に長期にわたって, エジプトの神官たちによって行なわれ, 記録されたという証拠は何もない.

また, バビュロニアのデータをもとにしたところで, 日蝕がある特定の地点で見られるだろうと予告することはできなかった. 神官たちは, 日蝕が起こりそうだということになると, バビュロニア王国の各地に派遣されたが, この広大な領域の中でさえ, 予期された事象がときには見られないこともあった. さらには, 精確なデータを予告することはできず, ただ広い時間域だけでしかなかった. したがってタレスは, 日蝕がいずれか特定の年に起こりそうだと言ったのであろう[6]. それが戦争の当日に起こり, そのためにとりわけ人目を引いたのは, 純然たる偶然であったし, しかもそれがそもそもイオニア地域の近くで見られたのは, ある程度は幸運なことだったのである.

エウデモスが資料75および76で付け加えた情報, すなわちタレスは太陽の回帰を予告し, それらの周行が必ずしも等分ではないことに気づいた (それによって意味されているのは, おそらく, 至点 (回帰点) および昼夜平分点によって分割される太陽季の長さがわずかにまちまちだということであろう) ということは, より端的簡明である. 必要とされたであろうことのすべては, 太陽回帰点 (至点) 測定装置, すなわちペレキュデスと結びつけられていた (資料47) ある種の ἡλιοτρόπιον を用いて, かなり長期にわたり太陽の年間の最南端および最北端の位置——夏至点と冬至点——を測定する観測に尽きよう.

---

5) 次の資料を参照のこと.
　　77　ヘロドトス『歴史』第1巻29節　　……豊かさの絶頂にあったサルディスには, ギリシア中のすべての賢者たちがやってきたが, ……とりわけソロンが…….
6) 一部の学者たちは, まる1年間というのはあまりに長期間だと感じて, 資料74の「年 (を限って)」の意味を「夏至」(それによって年の変わり目とされる) に限定しようと試みたことがある. しかし, そうした用法の満足すべき証拠はない.

もう一つのやり方としては、グノーモーンすなわち静止した垂直の棒で太陽の影の長さを正確に記録できれば、それだけで足りよう。これはバビュロニア人の発明だとヘロドトスに言われていて（資料97）、それをギリシアに取り入れたのはタレスではなく、アナクシマンドロスだとされている（資料94）。とはいえ、タレスによることとされるピラミッドの高さの算定（114ページ）には、確実に影の測定が含み込まれていたし、同様の方法による太陽の天頂観測ということが彼に知られていなかったとは、とても完全に確証することはできないだろう。その技術は、今日のわれわれには明瞭なものに見えるし、タレスのように、けっして原始的ではない天文観測の段階に達していた者であれば、だれでも思いついたと考えられるものである。

ディオゲネス（『哲学者列伝』I, 24, DK11A1）は、タレスが太陽の至点から至点への通り道と、太陽および月の軌道と直径との関係を発見した、とも言っている。前者の言い方はきわめてあいまいで、単に太陽は回帰点間を行き来するということを知っていた、ともとれよう。それなら、むろんタレスの知っていたことである。しかし、ことによると、それは黄道帯の傾斜の発見を言っているのかもしれない。それは、エウデモスが資料76で、1世紀以上後のキオスのオイノピデスのものだとしていることである。ディオゲネスによる二つ目の情報片は、まったく時代的に合わない。なぜならタレスは、天体が軌道を持っていると考えたはずがないからである。天体は大地（それはアナクシマンドロス以前には自由に揺動させられてはいなかった）の下側を通過することはありえなかったのである。せいぜい天体は半分の軌道を持つだけだったし、天空の通り道に対する直径の比率は、そこに与えられた数値の2倍だったはずである[7]。

さらにもう一つの観測がタレスのものとされているが、それもまた彼が外国に情報源をあおいだらしいと思わせるものである。

---

[7] これの比率の確定は、ギリシア天文学において繰り返し取り組まれた課題であり、それが知られうる最も古い天文学者と関連づけられるようになったのは、当然のことでもあろう。ディオゲネスに示された1：720という比率は、バビュロニア人に行なわれたような、60進法による蝕の周期の計測をにおわせる（A. Wasserstein, *JHS* 75 (1955), 114–116もそう解している。ヘロドトス『歴史』II, 109（資料97）およびII, 4参照）。

78 カリマコス『イアンボス詩集』第1巻52, 断片191 Pfeiffer (DK11A3a)

……なぜなら,勝利はタレスの手に
帰したからである.彼はすぐれた英知を発揮し,
とりわけ,車座(大熊座)にある小さな星々の群を観測したと言われ,
フェニキア人たちはそれをたよりに船を走らせる.

これは,現存する最も賢明な人物に贈られることになった大盃(いくつかの版では鼎)をめぐる,出典不詳の物語の一部である.タレスが第一に,あるいはいくつかの版では最終的にも,選ばれたのだが,彼は謙遜してそれをビアスにまわし,彼も他の七賢人たちにまわした,という物語である.「車座(大熊座)にある小さな星々の群」とは小熊座のことである(アラトス『天象譜(パイノメナ)』39および欄外古注参照).この星座は,回転が小さいので,大熊座すなわち車座全体よりも(北極星そのものに対して)より精確な固定点を与える.σταθμᾶσθαι は厳密には「測定する」という意味であるが,ときには,よりぼんやりと「目立たせる,画定する」(ピンダロス『オリュンピア祝勝歌』10, 53 への古注)の意味になる.

おそらくここで意味されているのは,タレスが小熊座を画定して,航海に役立てるようにとミレトスの船乗りたちの注意を喚起したということであろう.ディオゲネス・ラエルティオス『哲学者列伝』第1巻23節は,カリマコスのこの詩句を,単にタレスが小熊座を「発見した」ものと解した.イオニアの船乗りたちは古くはその星座を見過ごしにしてきたのであろう.よほど長い外海の横断でなければ,より目につきやすい大熊座で十分間に合ったからである.

このように,プラトン(資料72)やアリストテレス(資料73)によって[8] タレスの特質として言われている天文学(ἀστρολογία),すなわち天体の研究とは,おそらくはバビュロニアの周期表の助けによってうまくいった日蝕の予告,カレンダー作成目的の面から行なわれた可能性もありそうな,至点およびそれらの変差の測定,主として航海用だったかもしれない星座の研究,などの活動のことだったように思われる.

---

[8] 資料75をも参照のこと.クセノパネス,ヘラクレイトス,デモクリトスによるタレスへの言及については,この個所以外には何も知られていない.

Ⅶ. 数学上の発見

79　ディオゲネス・ラエルティオス『哲学者列伝』第1巻27節
　　ヒエロニュモスによれば，タレスはわれわれの影がわれわれと等身大になるときを見計らって，影を手がかりにピラミッドの高さを測定したとのことである．

80　プロクロス『エウクレイデス「原論」注解』p.352 Friedl.（DK11A20）
　　エウデモスは『幾何学史』において，この定理［すなわち，一辺とその両端の角が等しいとき，二つの三角形は合同である］をタレスのものとしている．なぜなら，タレスが海上の船同士の距離を示すのに用いたと言われている方法には，この定理を使わなければならないからだ，と彼は言うのである．

資料79でロドスのヒエロニュモスは，ピラミッドの高さを測定するのに最も簡単にやれそうな方法をタレスのものとしている．タレスはこれをエジプト人から学んだことが考えられる．あるいは，ピラミッドは，彼のエジプト訪問の伝承に合わせて，単に土地柄を表わしているだけだ，ということもありえなくはない．プリニウス（『博物誌』XXXVI, 82, DK11A21）も同じ見解であるが，プルタルコス『七賢人の饗宴』6節147A（DK11A21）には，より複雑な改変版が見られる．すなわち，ピラミッドの高さは，任意の測定可能な垂直物体の高さが日中の同時刻におけるその影の長さに対応しているのとまったく同様に，その影の長さに対応している，というものである．

　確かではないにしても，ここでヒエロニュモスは，ほぼ同時代のエウデモスに依拠しているのかもしれない（エウデモスの幾何学史と数学史に関する著作は，彼の天文学史の場合とは違って，ディオゲネス自身がタレスについて述べるのには使用しなかったようである）．もしそうだとしたら，タレスの用いたのはより簡便なやり方のほうだった可能性が大きい．他方，より複雑なほうは相似三角形による議論に基づいたもので，それは海上の船の距離を測定する手段として，資料80でエウデモスが彼のものとしている方法と類似している．観測者の海抜位置が分かっていれば，この計算は，原始的な測量器具すなわち留め金で軸回転する2本の棒（1本は視線，もう1本はおよその水平線に合わせる）を補助として用いることで可能である．

　エウデモスは，タレスが相似三角形についての知識を持っていたと考えたが，それ

は，さもなければこの種の計算ができたはずがないというア・プリオリな根拠に基づいてのことにすぎなかったふしがある．しかし，初歩的な角度計測装置を実地に使用するのに，それに含まれている原理についての明示的な理論を形成する必要はないし，それらの原理を幾何学者として表明するにはおよばないのは，明らかなことである[9]．資料80と同じ注解において，プロクロスは，エウデモスによりながら，そのほかに三つの定理をタレスのものとしている（DK11A20）．円は直径によって二分される，等辺三角形の底辺の両角は等しい，対頂角は相等しい，の3つがそれである．これらもまた，おそらくは，タレスに関連した特定の実際的課題について最もきちんと整えられた抽象的解答にほかならないだろう．これはすべてまったく推測の域を出ないことではあるが，わたし自身の推量としては，タレスは，経験にたよっただけの測量とは大きくかけ離れたさまざまな事績をなしとげたことで，当時の人びとの間で名声を博したのだが，それらの背後にある幾何学のことは必ずしもはっきりとは述べなかった，ということであろう．このことは，ミレトスにおけるタレスの後継者たちが数学的理論にはさほど注意をはらわなかったという事実で，あるいは確証できるかもしれない．

Ⅷ. 著　作

81　シンプリキオス『アリストテレス「自然学」注解』p. 23, 29 Diels
　　タレスは，自然についての研究をギリシア人に提示した最初の人であったと伝えられている．なるほど，テオプラストスも考えているように，他にも多くの先行者たちがいたのだが，当のタレスは，彼以前のすべての人たちを覆い隠してしまうほどに，彼らよりはるかにすぐれていたのである．しかし，『航海用天文誌』

---

[9]　バーネット（*EGP*, 45f.）は，エジプトの *seqt* 比［三角法による近似値［コサイン（余弦）に相当するもの］］の知識があれば，どちらの問題も解がもたらされたはずだということを認めた．タレスがエジプトに精通していたこと，バビュロニアで行なわれていたある経験則的な公式を，彼が類似した仕方で用いていた（と推定されている）ことを，可能性として考慮すれば，その説明もけっして排除できないだろう．——ディオゲネス・ラエルティオス『哲学者列伝』I, 24に，タレスが円に内接した正三角形を作図して，「牡牛を犠牲に捧げた」という，パンピラの報告があるのは，信ずるには足りないにせよ，愉快ではある（424ページ以下を参照のこと）．

と呼ばれているものを除けば，著作としては何も残さなかったと言われている．

82　ディオゲネス・ラエルティオス『哲学者列伝』第1巻23節

　　ある人たちによれば，彼は著作を何も書き残さなかった．彼の著作とされている『航海用天文誌』は，サモスのポコスのものだと言われているからである．しかしカリマコスは，彼が小熊座を発見した人であることを認めて，『イアンボス詩集』でこう言っている……（資料78，3-4行）．またある人たちによれば，彼が著わしたのは『太陽の回帰について』と『春分・秋分について』の二つだけで，その他の事柄については把握不可能であると考えたとのことである．

83　『スーダ』：当該項（ヘシュキオスに由来）（DK11A2）

　　……彼は，叙事詩体による天空についてのもの，春分・秋分についてのもの，その他多くの著作を著わした．

　これらの文言は，タレスの著作について古代において大きな疑義があったことを示している．いずれにせよ，はっきりしているのは，アレクサンドリアの図書館には，疑わしい『航海用天文誌』を除けば，彼の著作が何もなかったということである（資料96をも参照のこと）．アリストテレスは彼の書物を，少なくとも宇宙論にかかわるものを，何一つ目にしなかったようである．彼は諸見解を彼に当てるのに「彼がこうした見解をとったのは，おそらく，……からであろう」とか，「タレスがその見解を唱えたと言われている」とか（資料85，84），「彼らの報告からすると」（資料89）とかの表現を用いながら，慎重を極めている．アリストテレスは元の資料を用いるさいに，必ずしも誠実慎重ではなかった．テオプラストスは，初期哲学の歴史家を称している以上，誠実慎重だったはずだが（もっとも，実はつねにそうだったわけではない），明らかに彼は，タレスについては，アリストテレスに付け加えるべきことがほとんどなかった（資料81における推測に意味されている．タレスにはたしかに先行者たちがいたとする些細な修正にとどまる）．

　エウデモスは，幾何学者および天文学者としてのタレスについて，若干の肯定的な主張をしたが（資料75，76，80），すでに資料80について見たように，それらはときにはきわめて理論操作的なものであった．それらは，ことによると，一部は伝説がかった伝記の伝統に立ったものであり，けっしてエウデモスがタレスの著作を目にし

たことを意味するわけではない.

『航海用天文誌』についての資料82におけるディオゲネスの疑いを,プルタルコス『ピュティアの神託について』18節402E(DK11B1)も共有しており,彼は,問題の著作が韻文だったとも付言している.とすれば,これはヘシュキオスが資料83で「天空についてのもの」と述べている韻文の著作のことだ,という推測が成り立つかもしれない.アルゴスのロボン(前2世紀の悪評高いスティコス詩人)は,ディオゲネス・ラエルティオス『哲学者列伝』第1巻34節によると,タレスが200行のヘクサメトロン(六脚韻詩)を著わした,と語ったとのことである.

資料81にはほのかな疑念が表わされているが,「と呼ばれている」に含まれた不確実さは,おそらくその表題の性格に限ってのものではあるまいか.しかし,この最後の一文には,ほぼ確実にテオプラストスのではなく,シンプリキオス自身の判断が入っている.テオプラストスの説明的言い換えは,「しかし……と言われている」の前で終わっているようである.その著作をサモスのポコスなるものの作だとした,資料82におけるディオゲネスの情報は,事柄の決め手となるものである.古代初期の天文学的な著作であれば何であれ,タレスのものとされたとしても自然なことであったろうが,実際にタレスによって書かれた著作が,彼のものではなくてあまり正体の知れない人物のものだとされるということはありえないだろう.

『航海用天文誌』は,テネドスのクレオストラトスの『天文誌(Ἀστρολογία)』やヘシオドスのものと言われている『天文詩(Ἀστρονομίη)』(DK ch. 4)と同類のもので,前6世紀の真作だという可能性もある.ディールスなどもそう考えた.しかしヘレニズム時代の偽作の可能性もある.資料82のディオゲネスは,カリマコスが資料78で航海において助けになる特定の星がタレスによるものだと言っていることを,いささか気にしすぎている.しかし,これは必ずしもタレスが著作の中で書き表わしたということではない.とはいえ,タレスがそうした航海用の援助策を書き記したということには,事柄の性質上ありえないいわれは何もない.海上交通の要衝にあっては,実践的な賢者としては,大いに行なった可能性の高い活動である.しかし,彼が記したにしても,おそらくそれはヘレニズム世界に知られていた『航海用天文誌』においてではなかっただろう.

資料82で言われている残りの著作,『太陽の回帰について』と『春分・秋分につい

て』(資料83では後者のみ)は,それらの類似した内容から見て,別々の著作だったようには思われない.資料81のシンプリキオスも,資料82でタレスはいかなる著作も残さなかったと考えたとされている人たちも,この著作を真作とは認めなかったことは明らかである.資料75と76におけるエウデモスによれば,タレスは太陽回帰について考究した.上のような著作が彼のものであろうとされたのは,周知のこうした関心を根拠にしたものだったのだろう.しかしながら,もう一度繰り返しておけば,太陽回帰や星の昇没の観測は,古代初期には広くなされたことであり,また詩に書かれもした.理由の一部は,満足の行く暦を確定するための試みとしてであった.これについては,クレオストラトスの断片4 (DK6B4) やヘシオドスの『天文詩』(DK4B1-5) を見られたい.ヒュアデス星団についてやプレイアデス星団の昇没についての観測が,やはりタレスに帰されている(アラトス『天象譜(パイノメナ)』172への欄外古注,プリニウス『博物誌』XVIII, 213, DK11B2, 11A18).ちなみに,プレイアデス星団の観測は,ギリシアの緯度ではなくエジプトの緯度に合致したものになっている.

　残された証拠からは,たしかな結論を出すことができないが,可能性としては,タレスは書物を著わさなかったようである.ただし,古代でこの見解をとった人たちは,アレクサンドリアの図書館に彼のほんものの著作がなかったことによって,さらには総じて七賢人に割り当てられた英知の特質が箴言的なものであったということによっても,誤解させられたのかもしれない.

IX. 宇宙論

(i) 大地は水の上に,すなわち何らかの仕方で万物の元のものの上に,浮かんでいる

84　アリストテレス『天体論』第2巻第13章 294a28

　　　ある人たちは,(大地が)水の上に浮かんでいると言っている.この説はわれわれに伝えられている最も古いもので,ミレトスの人タレスがそれを唱えたと言われているからである.彼は,大地が,ちょうど木材や何かそれに類したものと同様に(すなわち,これらはどれも空気の上には留まりえないが,水の上には留まりうるようにできているのである),浮遊体として留まっているものと考えたのであるが,どうやら大地についてと同じ議論が,大地を乗せている水についても

ありうるとは考えなかったようである．

85　アリストテレス『形而上学』A 巻第 3 章 983b6
　　最初に哲学にたずさわった人たちの大部分は，もっぱら素材のかたちでのものだけを，万物の元のもの（始源）として考えた．すなわち，すべての存在する事物がそれから生じ，またそれへと消滅していくところのもの——その間，実体はそのまま存続するのに対して性状面ではいろいろ変化するのであるが——，その当のものを，存在する諸事物の基本要素であり，元のものである，と彼らは言っている．そして，そのために彼らは，いかなるものも生成もしなければ消滅することもないと考える．それは，このような自然本性的なものがたえず保持されていくものと見なしてのことである．……なぜならば，一つないしそれ以上の数の何らかの自然本性的なものが存在し，その当のものは保持されつつ，他の事物はそれらから生ずるとしなければならないからである．しかし，こうした元のものの数と種類については，彼らのすべての言うところはけっして同一ではなく，まず，このような哲学の創始者たるタレスは水がそれであると言っている（大地が水の上に浮かんでいると主張したのも，そのためである）．彼がこうした見解をとったのは，おそらく，あらゆるものの栄養となるものが湿り気を持っていること，熱そのものさえ湿り気を持ったものから生じ，それによって生きることを観察した結果であろう（ものがそれから生ずる当のもの，それが万物の元のものにほかならない）．彼の見解は，こうしたことによるとともに，またあらゆるものの種子が湿った本性を持っていることによるものでもあろう．水こそが，湿り気を持ったものにとって，その本性の元のものにほかならないのである．

　タレスの宇宙論についてのわれわれの知識は，事実上完全にこれら二つの文章に依存しており，あとは資料 89 から 91 の謎めいた付け加えがあるだけである．アリストテレス自身の批評と推測を除けば，二つの命題がタレスのものとされている．(1)大地は水の上に浮かんでいる（木片あるいはその種の何かのように）．(2)万物の「元のもの（始源）」は水である（アリストテレスの言うアルケーの意味で．資料 85 の前半で説明されているように，それは事物のもともとの構成素材で，基底的なものとして存続するとともに，事物がそれへと消滅していく先のものである）．

(1)は，他の人からの情報によって，間接的にアリストテレスに知られたことがはっきりしている．さらには，それを支える議論（固形物は空中に静止できないが，水の上には静止する，したがって大地は水の上に浮かんでいる）もまたタレスについての情報から得られたのか，それともそれは全面的にアリストテレスによって補われたものなのかも，はっきりさせることができない．彼の最終的な反論，すなわちタレスは何も解決しなかった，なぜなら大地を支えている水を支える何らかのものをさらに見いださなければならなかったはずだからであるという議論は，アリストテレスが，いかにわずかにしかタレスの考え方の本質と思われるものを理解しえなかったかを示している．タレスは，ほぼ確実に，大地の下方部分がはるかにずっとつづいているとする一般通念的な考え方をいまだなお受け入れていて，当の問題などほとんど解消されていたのであろう．ホメロス（資料1）や，タレスよりずっと後のクセノパネス（資料3）の場合と同様である．

　大地が水の上に浮かんでいるという，タレスの考えの直接の源となったと思われるのは，ギリシア以外の地の神話的な説だったろう（122ページ以下）．その案が彼を引きつけた理由の一端は，それが大地の支えをしてくれるということだったかもしれないが，しかしタレスがそれを重大な問題だと感じたことは，けっして確かではありえないし，いずれにしても，彼がその理論をさきの問題に対する意識的な解答として自分で編みだしたというようなことは，とうていありえない．

　(2)の命題については，明らかにアリストテレスは，彼が書き記した以上のことを何も知らなかった．タレスが水を選んだことに対して与えられた理由は，いずれもはっきりと推測的なものだからである（「こうした見解をとったのは，おそらく……」とある）．資料85の前半は，アリストテレスが（そして，彼に追随したテオプラストス[10]，またその結果としてつづく学説誌の伝統も）初期の自然学者あるいは自然哲

[10) テオプラストスによるタレスの素材因の簡略的な説明は，シンプリキオス『アリストテレス「自然学」注解』23, 21 Diels（＝テオプラストス『自然学説誌』fr. 1），DK11A13にある．それは資料85におけるアリストテレスにぴったりと合致したもので，多くの部分に同じ言い回しを使っている．そこには，タレスが水を選んだ理由として，さらにもう一つの推測が追加されている．死体は干からびている，というのがそれである．これはあるいはヒッポンから来たのかもしれない（次注を見られたい）．逸名著作家のロンドン資料 XI, 22（DK38A11），すなわちペリパトス派系の一資料では，

学者たち，すなわちφυσικοίに適用した分析の仕方や語彙の使用法を示すために引用してある．彼ら自然学者たちは，アリストテレスによれば，彼の四原因の最初のもの（素材因）だけを，あるいは主として，措定したのである．彼が先行者たちに単一の厳格な分析を施したことは，一面において正当かつ有益な仕方で彼ら同士の一定の類似点を強調するとともに，そのことはまた混乱の元ともなった．そのために「元のもの（原理）」（アリストテレス的な意味で）は「元のもの（原理）」でも，タレスのものとヘラクレイトスのもの（アリストテレスによれば火である）とでは，彼ら本人にとっては，明らかにまったく異なった種類のものだったのである．

事実，水に関するタレスの見解（大地は水の上に浮かんでいるということは別にして）についてわれわれが知りうることのすべては，伝聞により，しかもおそらくはすっかり簡略化され，いくぶんかは歪められた形のものが，あまり細かな区別立てをしなかったアリストテレスには，彼自身の素材的アルケー（原理）の観念にうまく適合するように思われた，ということだけである．しかしながら，アリストテレスの機械的な想定に反して，タレスは大地が水から立ち現われる（すなわち，何らかの仕方で水から固形化する）と明言したのだ，ということもありえよう．その場合は，したがって，大地およびその構成素因は何らかの意味で水であると考えたわけでもないし，それらが（大地が水の上に浮かんでいるという事実以上には）水に対して，せいぜいある人間と遠い先祖の関係くらい以上には，何らかの連続的な関係を持っていると考えたわけでもないのである．この点については，さらに123ページ以下を見られたい．

タレスが諸事物の構成素因として水に重要性を付与した理由として，アリストテレスが資料85において推測しているのは，主として生理学的なものである[11]．彼の直

　　類似の議論が，おそらくヒッポンのものとされている．この追加はアエティオスにも行なわれている．

11) アリストテレスがそれらの説をサモスの（あるいはレギオンないしクロトンの，あるいはメタポンティオンの）ヒッポンから得た可能性はないとは言えず，むしろあるとするべきだろう．彼は，前5世紀後半に，水が諸事物を構成する素材であるとする思想を復活修正した人である．ヒッポンの知的能力をアリストテレスは評価しなかったが，彼が強い生理学的関心を持っていたことは明らかである．とくに次の個所を参照されたい．

　　86　アリストテレス『魂について』第1巻第2章 405b1　　より粗雑な人たちの中には，（魂は）

接の後継者たちから類推すると，タレスは宇宙規模での水の重要性を支持して，もっと目立った仕方で，気象学的な理由を列挙したのではないかと期待されもしよう[12]．とはいえ，バーネットの見解に込められているような誇張された一般化，すなわち前6世紀の思想家たちはほとんどもっぱら気象学的な（天文学的なものも含んでだが，その厳密な意味で）事象だけに関心を持っていた，といった一般化には用心しなければならない．

なるほど，科学的な医術の研究が前5世紀になって始まったことは疑いないし，世界と人体構造の細部との類比関係がその時期からさらに一般通念化したことも疑いの余地がない．とはいえ，第1章に示されたように，はるかに哲学以前のギリシアにおける思索は，濃厚に系譜論的な色彩を帯びていたし，また生理学的な繁殖の譬喩が重要なものになっていた．タレスの場合，彼の世界説明はこうした初期ギリシアの半ば神話的な宇宙生誕論の諸説の作り出す色とりどりの伝統的背景からだけではなく，お

　　水であると主張した者たちもいた．ヒッポンもそうだった．彼らはすべてのものの種子が湿っているということから，そう信じたようである．なぜなら彼は，魂を血液だと言っている人たちを，種子は血液ではないとして反駁しているからである．

　ここにもまたかなり多くの推測が含まれていることに注意しなければならない．タレスが水を選んだことについて，アリストテレスの推測している理由はヒッポンから引き出されたものだとする想定があるが，それに対しては，テオプラストスの提出した追加理由（前注参照）はおそらくヒッポンから来たもので，したがってそれもアリストテレスに含まれていたはずだ，という反論が成り立つ．

12) たとえば次の個所を参照のこと．

　87　ホメロス注釈家のヘラクレイトス『ホメロスの諸問題』22　　なぜなら，湿潤な本性的実在は，容易に各事物へと形成されるために，多様なものへと変化するのが常である．すなわち，それが蒸発すれば空気となり，その最も希薄なものは，燃え上がって空気からアイテール（上層気）となる．また水が収縮して泥に変化すると，土になる．そのことから，タレスは，四つの基本要素のうちで水が最も原因的作用を持つものとして，それが基本要素であると唱えた．

　ここに挙げられた理由は，まぎれもなくストア派を典拠とするものであり――ストア派的な言葉づかいが多用されている――，しかも当然ながら全面的に推測によるものである．テオプラストスによれば，明確に，タレスは水とその所産を地震の説明に用いたし（資料88．これは，大地が水の上に静止しているとする，独自の考えに依拠したものである），また風や星の運動の説明にも用いた（ヒッポリュトス『全異端派論駁』I, 1）．しかしこれらは，タレスが自説を採用した第一義的な理由を与えるものとは，ほとんどなっていない．

そらくさらに東方の地域から直接もたらされた，明確に宇宙論的な思想からも影響を受けていた，と考えるべき多くの理由がある．

　タレスの宇宙論が部分的に近東起源であったことは，大地が水の上に浮かんでいる，あるいは静止している，という考え方に表われている．エジプトでは，大地は一般に水の上に静止していて，平らで縁のある皿状のものと考えられ，水は天空にも満ちているとされていた．太陽は日ごとに天空を横切って航海し，また夜ごとに地下を航行する（たとえば資料7に見るギリシアの伝説のように，大地の周囲を廻るのではなく）のだった．バビュロニアの創造叙事詩では，アプスとティアマトは原初の水帯を表わしていた．そしてマルドゥクがティアマトの身体を引き裂いて天（およびその水域）と地を形成してからは，アプスは地下の水域となった．エリドゥの物語（その最も新しい現存の版で前7世紀）によれば，はじめに「すべての陸地は海だった」．そこでマルドゥクが水の面に筏を作り，その上にアシの蔽いをつけると，それが大地となった．聖書の『詩篇』にも似たような見解がほの見える（そこでもリバイアサンはティアマトに相当する）．それによれば，ヤハウェが「水の上に大地を延べ広げ」(136, 6)，「それを海の上に築き，あふれる水の上にそれを固めた」(24, 2)のである．同様にして，テホムは「下方に広がる深み」（『創世記』xlix. 25）であり，「下に憩う深み」（『申命記』xxxiii. 13）[13]である．

　東方世界および南東世界には，地下の水域について，合致する材料がこのように豊富であるのに対して，ギリシアには，タレスを別にして，同列に並ぶべき証言が何もない．大河オケアノスが大地を取り巻いているとする，素朴な考えはギリシアにもあったが（第1章第2節），それは直接には同列にはできない（オケアノスが地下に存在しないことは明らかだからである）．もっとも，おそらくそれは，大地が原初の水域のまっただ中に盛り上がってきたとする，広く流布した近東に一般的な考え方か

---

[13] これらの事例は，U. ヘルシャーが彼の説得力あるタレス論（*Hermes* 81 (1953), 385-391）において挙げているものである．材料の若干は第1章，とくに19ページ以下で扱われている．エジプトで考えられた原初の海，ヌンが大地を支えているとする考えについては，次の所見をも参照されたい．J. A. Wilson, *Before Philosophy*, 59ff. および H. Frankfort, *Ancient Egyptian Religion* (N.Y., 1948), 114.

ら，かなり早い時期に，異なった方向に発展したものではあろう．——そうした近東の考え方は，ギリシア語を話す民族にはまず確実に生まれることのなかったものである．彼らがギリシアの半島部に移住する以前の故地は，海からはるかに隔たったところだったからである．

同様に，『イリアス』第14歌においてオケアノスを万物の源だとしている，他に類例のない言及も，おそらくはやはり同じ近東的な考え方を，やや異なった観点から踏まえたものであろうが，そこには大地が水の上に浮かんでいるという特有の考えはまったく含まれていず，したがって，タレスがその考えを主張するもとになった可能性はなさそうである．大地が水から現われた，あるいは水によって存続しているとする，より全般的な内実については，疑いなくタレスは，明らかにギリシア生まれのホメロスに先行例があったことにはずみをつけられ，満足を覚えたであろう．

とすれば，大地が水の上に浮かんでいるとするタレスの見解は，近東の神話的な宇宙論との直接的接触を踏まえたものである公算がきわめて高い．すでに見たように，彼はバビュロニアともエジプトとも交流があった．大地が実際に水の上に浮かんでいるという考えは，これらの国のうちでは後者においてより鮮明であり，より広まっていた．したがって，タレスは世界描像のこの要因については，エジプトのおかげをこうむっている，とあえて推測することにしたい[14]．

しかし，それだけの考え方では，宇宙論的な展望は限られている．したがって，資料85のアリストテレスの報告をもとに，タレスは世界が水から生じたとも考えた，と結論するのが理にかなっているように思われる．このことは近東のさまざまな神話にも暗に語られているし，それらの神話をもとに考えられたホメロスのオケアノスの個所にも述べられているからである．タレスは，ホメロスに見られるようなギリシア神話的なかたちを合理化して，その考えを得たのかもしれないし，あるいは（大地が水の上に浮かんでいるとする特有の細かな点で影響を受けているように見受けられる

---

[14] タレスは明らかに浮遊する大地を地震の説明に用いた．
　88　セネカ『自然研究』第3巻第14章（ポセイドニオス経由で，おそらくテオプラストスに由来．）すなわち，彼の説によれば，円盤状の大地が水に支えられ，船のように運ばれており，大地が揺れると人びとが言うのは，水が動いて波立つ場合のことである．

ので）異国の，おそらくはエジプトの説から直接影響を受けたのかもしれない．

これをも上まわる不確かさが，すでに予兆を見せた問題にはつきまとっている．ペリパトス派によってタレスの水が「素材的原理」と同定されたことからの推測によって，彼が現に目に見える展開された世界を，何らかの仕方で，水であると考えたとしていいのか，ということである．これが通常のタレス解釈である．しかし，それが最終的にはアリストテレスの定式化に則ったものであり，また確かにアリストテレスは，タレスのことをわずかしか，しかも間接的にしか知らないままに，世界が水から生じたとするだけの情報を，水がタレスの素材的原理すなわちアルケーだったと言明し，そこに水が恒常的な基体であるという含みをも持たせることを十分に正当化しうるものと見なそうとした，ということをはっきりさせておくことは重要である．

もう一度強調しておかなければならないが，そうした発展には何ら必然性がないし，最終的にタレスの素型であった近東の理念のうちに，それは含まれてもいなかったのである．世界は原初の水の無限の広がり[15]から生じ，世界はいまもその上に浮遊し，それが一定の自然現象の原因をなしている，とタレスが考えたことはありうるかもしれないが，その場合に，同時に大地や岩や樹木や人間が何らかの仕方で水から造られたとか，水から成っているとはしなかったこともありえよう．遠い祖先的なつながりはありえたにしても，それ以上ではなかったのではないか．

他方タレスは，水が恒存的かつ隠れた仕方ですべての事物の構成素因であるという，新たな推測を行なっていたこともありえよう．彼の身近な後継者アナクシメネスは，確実に，すべての事物が空気からできていると考えた（しかし，彼はどういう具合に

---

[15] タレスはシンプリキオスの判断（『アリストテレス「自然学」注解』458, 23, DK11A13），すなわち水は，彼にとって，無限（ἄπειρον）であったということを容認したことだろう．ただし，タレスにとっては，これは「無限」ではなく，「無際限」すなわち無限定な広がりを意味し，意識的に提起された学説であるよりも，むしろ自然な想定であっただろう．シンプリキオスは，タレスが，アナクシメネスと同じように，その素材的原理の濃密化と希薄化によって事物を作り出したと主張したことで（『アリストテレス「自然学」注解』180, 14），さらに大きな誤解をもたらした．これは，アリストテレス（資料104）の厳格すぎる二分法に基づく，純然たる図式的判断でしかない．テオプラストスだけがアナクシメネスにおいて明示的に行使された工夫に気づいていた．資料142を参照のこと．

してそうでありうるのか，そのあり方を考えていた．すなわち，空気は，圧縮されたり希薄化されたりすることで，さまざまな形態をとる，というのである）が，彼はタレスによって始められた思考の線を発展させ洗練させていったのだ，というのが変わることなくなされている想定である．テオプラストスおよびアリストテレスにまで遡るこの想定を退けるのは，まるで無分別というものであろう．アリストテレスが列挙した生理学的な諸理由，すべての生き物は養分として水に依存していること，種子は湿っていることなどは，推測によってはいるが，タレスにうまく当てはまりそうなものである．その他の示唆（たとえば，世界を取り巻くオケアノスがすべての泉や河川の源であるという，ホメロスの言明，資料6）に関しても，それらが彼を導いて，水は宇宙生誕論上の源であるとともに，進展した世界のまさに本質をなすものに含まれてもいる，という結論に至った可能性もなしとはしないだろう．しかし他方，アリストテレスは，他に何らの情報もないままに，世界は水から生じ，水はいまもなお大地を支えることで宇宙内で大きな役割を演じているというタレスの考え方をもとにして，単に彼自身の流儀での推測をしているにすぎない，という可能性にも心しておかなければならないのである．

　そこで，目下の議論から二つの事柄が浮かび上がってくる．(i)「万物は水である」は，必ずしもタレスの宇宙論的な見解の適切な要約ではない．(ii)たとえアリストテレスの説明を（いずれにせよ，彼に避けがたい観点の変更を許容してだが）受け入れたにしても，諸事物がどのように水と本質的に関係していると思われたのかは，われわれにはほとんど分からないままである．

(ii) 無生物と見えるものでも「生きている」可能性がある．世界は神々に満ちている

89　アリストテレス『魂について』第1巻第2章 405a19

　　彼らの報告からすると，タレスは「石（磁石）は鉄を動かすがゆえに魂を持っている」と言ったというからには，彼もまた魂を何か動かす力を持ったものと考えていたようである．

90　ディオゲネス・ラエルティオス『哲学者列伝』第1巻24節

　　アリストテレスとヒッピアスによれば，タレスは無生物［字義通りには，魂のないもの］も魂を持っているとし，マグネシアの石（磁石）と琥珀によってそれを

立証したという.

91　アリストテレス『魂について』第1巻第5章411a7
　またある人たちは,それ（魂）が宇宙全体に混在していると言っている.おそらくそれを踏まえて,タレスもまた万物は神々に満ちていると考えたのであろう.

　アリストテレス『魂について』からの二つの個所は,タレスの世界の全体図について何らかの仕方で生きて生命を付与されているものであることを推測させはするが,しかしそれ以上ではない.アリストテレス自身も二次的な証言を報告しているのであり,彼の言明は貧弱で慎重である（ただし,資料89の「というからには（εἴπερ）」は疑問の表明とはかぎらないし,おそらく実際そうではない.また資料91の「おそらく（ἴσως）」は,それにつづく主張にではなく「それを踏まえて（ὅθεν）」に掛かっている.資料91の結句「万物は神々に満ちている」は,プラトンにもあって,おそらくは承知の上で,不特定の引用のかたちがとられている[16].資料90には博学のソフィスト,ヒッピアスの名が挙げられ,タレスがマグネシアの石（磁石）にものを動かす力を割り当てたことについての,アリストテレス以前に遡る典拠とされ,そこにはまた,琥珀が摩擦を加えられると磁化することも付け加えられている.おそらくは,その付け加えもヒッピアスに由来したものであろう.どうやら彼がこの個所でのアリス

---

16) 次の個所がそれである.

　92　プラトン『法律』第10巻899B　こうしたことに同意しながら,万物は神々に満ちていることを否定してやまない者がいるだろうか.

　この個所では魂のことが論じられ,それが神々と呼ばれている.プラトン独自の,馴染みのうすい議論を分かりやすくするために,手間をかけて,よく知られた語句を著者の名前を挙げずに導入するのは,まさに彼のやり口である.当該個所でこの言葉を用いていることは,いずれにせよ,意味深い.それによって,この言葉が単にアリストテレスの要約ではないことが示されるからである.それは（間接的な語り方ではあるが）,タレスからの真正の引用なのかもしれない.それはパレロンのデメトリオスの資料集（ストバイオス『精華集』III, 1, 172, DK10, 3による）でタレスのものではないかとされている凡庸な格言とはまったく異なる様相を呈している.アリストテレスは,「神々（θεῶν）」のかわりに「魂（ψυχῆς）」として,まだれの言葉かを言わずに,『動物発生論』III, 11, 762a21において,それを反復引用した.

トテレスの典拠だったようである[17]．

　資料89においてアリストテレスが知っていたと思われるのは，鉄を動かせるのだから磁石には魂があるとタレスが考えた，ということに尽きる．しかし，さらなる推定として言われている，タレスにとって魂はものを動かす力を持ったものであるということも，まぎれもなく適切である．魂は，それが呼吸気と結びつけられるにせよ，血液や脊髄液と結びつけられるにせよ，普遍的に意識と生命の源と見なされていた．人が生きていれば，手足を動かすことができ，それによって他のものを動かすことができる．人が失神すれば，それは彼の魂が退去したか無力化したことを意味する．死ねば，永遠にそういう状態になる．そして泣きわめきながらハデス（冥府）に落ちていく「霊魂」は，ホメロスでは単なる影にすぎない．それは身体とのつながりを断たれ，もはや生命も運動も作り出せないからである．

　川や樹木などが何らかの仕方で生気を有している，あるいは霊を宿していると考えるのは，共通した原始的傾向であった．それは，全面的にではなくとも部分的には，それらが自己運動と変化の能力を備えているように思われるという理由からである．それらは単なる棒切れや石ころとは異なっているのである．タレスの態度はもとより原始的ではないが，しかしそうしたまったく非哲学的な霊魂崇拝とのつながりが存在している．とはいえ，彼があげている事例は異質の枠組に置かれていることに注意するべきである．磁石はおよそ生命のないものとしか見えず，それ自身は動きもしなければ変化もせず，ただある種の外的事物を動かすことができるだけである．このようにタレスは，ギリシアの神話思想に行きわたっていた，しかしその究極の源はほとんど未分化の状態にあった思考法を，ある先端的なかたちで鮮明にしたものと思われる．

　さて，第二の明確な情報片，すなわち資料91は，ある種の一見無生物と思われるものも，限られてはいるがものを動かす力を持っているからには，生きて魂を持って

---

17) スネルは，*Philologus* 96 (1944), 170-182 において，オケアノスなどの古来の考えとの比較（資料11．また資料12参照）を含めて，アリストテレスによるタレスについての他の諸見解の典拠がヒッピアスである可能性がきわめて高いことを示した．クレメンスに引用されたヒッピアスの断片（DK86B6）は，彼がホメロス，ヘシオドス，オルペウス教の諸著作，あるいはギリシアその他の散文出典から，類似した論題についてカギとなる文言の資料集を作成したことを示している．したがって，彼は最初の確固とした学説誌家であった．

いるとする，まさにこの帰結をもとにした一般化である公算もありえよう．「万物は神々[18]に満ちている」．神々を峻別する主要な標識は，不死であること，永遠の生を享受していること，その力（いわば彼らの生命力）が無限であり，生けるものの世界にも無生物の世界にも及んでいること，である．したがって，さきの言明は（石ころのように，一見死んでいると思われるものでもある種の魂をもっているかもしれないからには），総体としての世界が変化と運動の力を見せていること，ただしその力は主要局面においてすら明らかに人間的なものではなく，またその永続性のゆえに，その及ぶ範囲と多様性のゆえに神的なもの，不死なるプシューケー（魂）の一形態に本来備わったものに基づいていると見なさなければならないことを示唆していると言うことができよう[19]．

　万物は神々に満ちているというタレスの考えの精確な本意は，明瞭には確定しがたい．上に提案した解釈の線に則してみても，一つの目立った不明確な点がある．はたしてタレスは，マグネシアの石や琥珀についての観察から，一見したところ無生物と思われるすべてのものが何らかの程度に魂を備えている，とする大胆な帰納的推理を

---

18) あるいは，テオプラストスによったアエティオスにおける論旨説明によれば，ダイモーン（神霊）たち．次の資料を参照のこと．

　　93　アエティオス『学説誌』第1巻第7章11節　　タレスによれば，神とは宇宙の知性であり，また万有は生きているとともに神霊に満ちている．そして，湿の本性を持つ要素体を通じて，宇宙を動かす神的な力が行きわたっている，という．

　　アリストテレスからの二命題が並列されていることに，深い意味はない．最後の一文は表現形式も内容もストア的であり，最初の節（タレスによれば……神霊に満ちている）もまた完全に時代錯誤的で，おそらくはストア派の再解釈によるものであろう．これはキケロ『神々の本性について』I, 10, 25 にも繰り返されており，彼は，知性としての神が水から世界を造った，という付け加えをした．この類いの，はっきり創作と分かるかなりの数の見解が，困りものの悪らつな学説誌家や伝記著作家によって，タレスのものとされた．なお，ことによると，ヘシオドス『仕事と日』252 以下に 30,000 のダイモーンたちとあるのが参照されるかもしれない．

19) イアソスのコイリロス（前3-2世紀）その他の主張として，ディオゲネス・ラエルティオス『哲学者列伝』I, 24（DK11A1）に記録されている，タレスによれば魂は不死である，というのは，明らかにこの種の議論からの，不適切な帰結として生じたものであり，これもまた資料93と同様の，ストア派の歪曲によるものである．タレスは人間の ψυχή と総体としての世界にみなぎっている神的な生命力とをはっきりと区別した上で，同時に暗にそれらの間の関係を認めていたのではあるまいか．

行なったのだろうか．あるいは，バーネットが「磁石や琥珀は生きているという言明は，かえって他の事物は生きていないということを暗に語っている」と述べた (*EGP*, 50) のは，正しかったのだろうか．それ自体としては，その断片的な観察はどちらを意味するものでもない．また，万物は神々に満ちているという言明は，たとえそれが磁石についての観察と密接に関係しているとしても，必ずしも一般的な帰納推理がなされたということにはならない．ちょうどわれわれが「この本は馬鹿馬鹿しさに満ちている」と言ったときに，その本の個々の事柄の逐一が馬鹿げているというわけではないようなもので，πλήρης というギリシア語は「完全に埋め尽くされている」という意味とともに，「きわめて多数を含んでいる」という意味でもありうるからである．ア・プリオリにだが，タレスのつもりとしては，この生命原理が，それのものを動かす力ともども，欠如しているものが多種あったにしても，万物は（一つずつの各事物よりもむしろ）全体としては生命原理で解釈できるということだというほうが，ことによると，より公算が高いかもしれない．要点は，魂あるいは生命の領域が，一見したところそうであるよりも，はるかに大きいということだった．

　タレスが提示しようとしていたのは，すべての初期自然学者に共通する大きな想定の明確かつ特異な言明だった．すなわち，世界は何らかの意味で生きており，それは内発的な変化を行ない，したがって，（これがアリストテレスをいらつかせたことだが）自然的な変化をとくに説明する必要はない，というのがそれだった．この想定はいまでもときに「物活論」と呼ばれる．しかしこの名称は，何か統一的，確定的，自覚的なものという含みを強く持ちすぎている．実際には，この用語は可能性として少なくとも三つの異なった心的態度に当てはめられる．(a)（自覚的であろうとなかろうと）絶対的な意味で万物は何らかの仕方で生きているとする想定．(b) 世界には生命が浸透していて，一見無生物と思われるそれの諸部分の多くは実際には生命を持っている，とする考え方．(c) 世界を，その細部の構成がどのようであれ，総体として単一の生ける有機体として扱おうとする傾向．(a) は極端だが，ギリシア思想の普遍化傾向からすればありえなくはない形態の一般的想定である．ある意味で，クセノパネスがその例になると言えるかもしれない．タレスの考えは，すでに示唆されたように，(b) に近い．(c) は，第1章で述べられたような，世界の歴史についての古い系譜論的見解に暗に含まれているが，新たに合理化されたかたちの哲学的宇宙生誕論

にも，なおある程度存続している．アリストテレスは資料116で彼の最も鮮明な立場を見せているが，そこでは，あるいはタレスをとくに念頭に置きながら，この種の態度の可能性に気づいていたことをはっきりさせている[20]．

むすび

　タレスは，もっぱら実践的な天文学者，幾何学者，そして一般的な賢者としての才能で知られていた．彼の日蝕の予告は，おそらくは，サルディスで得られたものらしいバビュロニアの記録を使用することによって，なしえたものであろう．彼は，おそらくエジプトをも訪れている．大地が水の上に浮かんでいるという彼の説は，近東の宇宙生誕論的な神話から，多分直接に，由来するものだったように思われる．水が事物の源であるということも，これらの神話の一部であったが，それはタレスよりもはるか以前のギリシアの潮流の中で言われていた．彼がこの考えを発展させたことはそれ自体として，アリストテレスには，タレスが水を存続する基体というペリパトス派的意味でのアルケー（始源）とした，と語ることを十分に保証するものに思われた．とはいえ，タレスが実際に，水は植物や動物の生命を維持するのに不可欠であるからには——彼がどんな気象学的議論を用いたのかは分からないが——，それはなお事物の基本的構成素因となっているという思いを抱いていた可能性はあろう．

　これらの考えは，直接間接に，神話思想的な先行者たちに強く影響されてはいたが，タレスは明確に神話的定式を投げ捨てた．このことだけが，なるほど彼の思想はなお素朴ではあったにせよ，彼こそは最初の哲学者であるという主張を正当化するものである．さらには，彼は特定の種類の石でさえも限られた範囲でものを動かす力を持っているらしいことに注目し，それゆえに生命を付与する魂の力を持っているらしいと

---

[20] 『イリアス』（XI, 574 など）における「肉を食らってやまない」槍，その他類似の用例は，ときに霊魂崇拝思想が古いものであったことを示すものとして挙げられる．霊魂崇拝は，むろん，人間そのものと同じだけ古く，それは外界についての経験を対象化しそこねることから発生する．それは何らかの実践を要求する技術である．ホメロスの表現は，文学的なうたい文句としては，まずうまくできた，感情移入的虚偽のようなものである——そこでは技術は周到に退けられている．

考えた.総体としての世界には,したがって,何らかの仕方で生命力が(おそらくあますところなく完全にではないが)浸透しているが,その生命力とは,その及ぶ範囲と存続性のゆえに,当然ながら神的と呼ばれるべきものである.彼がこの生命力を水,すなわち世界の源であり,ことによると本質的な構成素因でもあるものと結びつけたかどうかは,言い伝えられていない.

第3章
ミレトスのアナクシマンドロス

I. 年代，著作，学術的活動

94 ディオゲネス・ラエルティオス『哲学者列伝』第2巻1-2節（DK12A1）

　　アナクシマンドロスはプラクシアデスの子でミレトスの人．彼は無限なるものが元のもの（始源）であり基本要素であると主張し，空気や水あるいは他の何か特定のものと規定することをしなかった．……彼はグノーモーン（垂針盤）の最初の考案者であり，ラケダイモン（スパルタ）において日時計のところに（？）それを設置した．ファボリノスが『歴史雑録集』で述べているところによれば，それは太陽の回帰（夏至・冬至）と昼夜平分（春分・秋分）を報知するためのものであった．また彼は日時計をこしらえた．彼は大地と海洋の輪郭をはじめて描くとともに，天球儀をもこしらえた．彼の学説を要約的に書き表わしたものが彼の手で造られており，アテナイのアポロドロスもたまたまそれを入手したようである．彼が『年代誌』で述べているところによれば，アナクシマンドロスは第58オリュンピア祭期の2年目（前547／46年）に64歳であり，その後まもなく歿したという（ほぼサモスの僭主ポリュクラテスの時代に盛年だったことになろう）．

95 『スーダ』：当該項

　　アナクシマンドロスはプラクシアデスの子，ミレトスの人で哲学者．タレスの縁者であり，彼の弟子にして後継者であった．はじめて春分・秋分と太陽の回帰（夏至・冬至）を発見し，時計を考案するとともに，大地が宇宙の真ん中にあるとした．またグノーモーン（垂針盤）をもたらし，幾何学全般について概略を示した．『自然について』『大地周行記』『彷徨わぬものたち（恒星）について』『天球論』

などを著わした.

(i) 年代

　もしタレスが,主として神話思想的な定式化を放棄したことで,最初のギリシア哲学者という称号を得たとすれば,アナクシマンドロスは,人間の経験世界のあらゆる局面を,包括的にも細部的にも説明することを試みた具体的な証拠が残されている最初の一人である. 彼はタレスより年少だったが,おそらくさほどの年齢差ではなかった. バーネット（*EGP* 51）は,資料 94 の後半部から推定して,年代誌家のアポロドロスは,アナクシマンドロスが前 547／46 年に 64 歳だったという決定的な証拠を,ことによると彼の著作の要約版から見いだしたのかもしれないとし,また「その後まもなく」の彼の死を,アポロドロスはその次の年,すなわちサルディスの陥落があった重要な年に設定したのだろう,としている（資料 94 の最後の一節はおそらく誤りのようだ. ポリュクラテスが権力を握ったのは前 540 年頃になってからであり,歿したのは前 522 年頃である）. もしそのとおりだとすれば,タレスとアナクシマンドロスは同じオリュンピア祭期に歿したことになり,アナクシマンドロスはタレスよりわずか 14 歳年少だということになる（103 ページの注参照）[1]. アナクシマンドロス

---

[1] タレスとアナクシマンドロスがアポロドロスに慣例の 40 年幅で隔てられていない（次注参照）ことは,前 547／46 年が勝手に決めた年代ではないということに有利に働く. たしかに,もしアナクシマンドロスがピュタゴラスの師とされえたとすれば,彼の生年はピュタゴラスの盛年（アポロドロスはそれを前 532／31 年とした）よりも 80 年前ということになるが,そうすると彼は,前 547／46 年には,64 歳にきわめて近い（実際には 65 歳）ことになるだろう. ヒッポリュトス（『全異端派論駁』I, 6, 7, DK12A11）の証言によれば,アポロドロスでさえ 1 年間違えたのである. ヒッポリュトスは生年を第 42 オリュンピア祭期の 2 年目ではなく,3 年目（前 610／09 年）としているからである. しかしながら,重要視すべきは,アナクシマンドロスの年齢が彼の盛年によってでもなく,また死に近い頃とはいえ,必ずしも没年とは限らない特定の年によって知られていたことである. さらには,大多数の情報源にピュタゴラスとアナクシマンドロスの関係はまったく知られていない（わずかに,テュアナの人のことであろうアポロニオスによった,ポルピュリオス『ピュタゴラス伝』2 と,アプレイウス『金言集』15, 20 にあるだけにとどまる）. とはいえ,アポロドロスによるアナクシマンドロスの年代設定が,ポリュクラテス - ピュタゴラス連関に依拠した恣意的なものだった可能性も,完全には排除できない. そうだとすれば,資料 94 の最後の節の説明をつける一助にはなるのかもしれない.

第3章　ミレトスのアナクシマンドロス

は，テオプラストスによって（資料101A），タレスの「後継者であり弟子である」と言われ，より後代の学説誌の伝承では，縁者であり仲間であり友人ないし同胞市民である，とも言われた．ほとんどの場合，この種の言明は，ただある人がもう一人と同じ都市の出身であるということ，幾分なりと年少であると考えられた，ということを暗に示しているにすぎない[2]．もしタレスにもアナクシマンドロスにも確定した年代設定があったとすれば（前者には前585／84年の日蝕の予告があり，後者については彼が前547／46年に64歳であったという報告が，おそらくはテオプラストスにも伝わっていたはずである），テオプラストスの判断のア・プリオリな基盤は理にかなったものだったであろう．

(ii) アナクシマンドロスの著作

　資料95においてアナクシマンドロスのものとされている著作の表題は，ヘシュキオスによるもののようだが，注意して留保の余地を残すことが必要である．確たる証拠がない場合には，初期の思想家について知られているかぎりでの関心事に合わせて，適当な表題を補うことが，アレクサンドリアの著作家たちの習慣であった．『自然について』という定番的な包括的表題は，アリストテレスが自然学者（φυσικοί）と呼んだ人たちすべて，すなわちソクラテス以前の哲学者たちのほぼ全員に割り当てられる傾向にあった[3]．アナクシマンドロスが間違いなく何らかの書物を著わしたことは，

---

2) 初期の哲学者たちを「学派」に整理し，それらの学派内部で子弟関係をつけることは，テオプラストスによって始められ，前200年頃のソティオン『学統記』によって，組織的に適用された．アポロドロスはソティオンの成果を用い，また師弟の間の年齢差を，通例的には40歳と想定した．
3) 次の資料を参照のこと．
　96　テミスティオス『弁論集』26 p.383 Dindorf　（アナクシマンドロスが）われわれの知るかぎりでギリシア人のうち最初に自然について著述することに踏み切った．
　タレスは書物を著わさなかった，ともかくも総合的な宇宙論の類いの書物は著わさなかったと考えられていた．この点については115ページ以下を見られたい．『自然について（Περὶ φύσεως）』を前6世紀の著作の真正の表題とすることへの異論の一つは，おそらくはφύσιςが前5世紀半ばころより以前には「自然」という集合的意味で使われていなかったということである（Kirk, *Heraclitus, the Cosmic Fragments* (Cambridge, 1954), 227ff 参照）．ゴルギアスの嘲笑的な表題『自然について，あるいはあらぬものについて（Περὶ φύσεως ἢ περὶ τοῦ μὴ ὄντος）』は，『自然について（Περὶ φύσεως）』

資料101Aにおけるテオプラストスの異論をさしはさむ余地のない引用によっても，おそらくはまた，資料94において，当の哲学者の手になるものと考えつつ，「要約的に書き表わしたもの」があったと伝えているディオゲネスの情報によっても，はっきりしている．ディオゲネスが手にしていたのは後代の要約版（弟子のだれかによるものか，あるいは，より可能性が高いのは，前4世紀ないしそれ以降のもの）だったかもしれない．あるいは，原著作だったのだが，短くて，ひょっとすると一体性がなく箴言的な書かれ方が，哲学書にふつう期待されたものとは違っていた，ということかもしれない[4]．

アポロドロスがアナクシマンドロス64歳の年を決めたのはこれを典拠にしてのことだったのかどうかは，明らかでない．ディオゲネスにはその公算が高いと思われたらしい．ただしその年齢は，標準的な著作活動時期としては，かなり高いとしなくてはならない[5]．テオプラストスは少なくとも一つの原文を目にしたが，アナクシマンドロスの原著の本体についての十全の情報は入手できなかったように思われる．彼もまた要約版ないし手引きを用いた可能性は無視できない．少なくともその一部は抜粋集のような形態のものだったようで，それも生みの親たる素材的なものの自然本性についてよりも，むしろ宇宙論や人類学などに焦点を当てたものだったと思われる．他

が彼の時代には一般的であったことを物語ってはいるが，それ以上のことは意味していない．他方，χρημάτων（事物の）とか ἁπάντων（すべての）のついた φύσεως（自然）は可能な用法だっただろう．ともかくわずかでも自然的本性にかかわる著作であれば区別なく何にでも『自然について（Περὶ φύσεως）』という表題がつけられたことは事実である．たとえば217ページ以下にあるようにクセノパネスの詩作品にもつけられたことを参照されたい．またKahn, *Anaximander and the Origins of Greek Cosmology*（New York, 1960）p. 6 n. 2をも参照のこと．

4) ほぼ同時代に著わされたペレキュデスの著作については70ページを見られたい．——前6世紀に1巻のパピュロスに何語ほど書き込まれていたようであるのかは分からない．おそらく文字は大きかっただろうから（パピュロスはミレトスではナウクラティス産のものが比較的安価だったはずである），書かれた分量はごく短いものだったはずである．アナクサゴラスの著作について448ページ以下と同注7を見られたい．

5) 大プリニウス（『博物誌』II, 31, DK12A5）によれば，アナクシマンドロスはそれと同じ第58オリュンピア祭期に獣帯（黄道）を発見したという．しかしこの発見を彼のものとするのはおそらく誤りであろうし（138ページ注），しかも，ことによるとプリニウスは，アポロドロスの年代設定を誤って当てはめただけかもしれない．

方，そもそも当のアナクシマンドロスが，原初的な実在についてはさほどの情報を提示しなかった，ということもありえただろう．

(iii) 学術的活動：(a) グノーモーン（垂針盤）

アナクシマンドロスは，資料 94 にはそう言われているが，グノーモーン（垂針盤）を発明したわけではない（グノーモーンとは固定された直角定規または垂直の棒で，その影が太陽の方角と高さを示すようになっているものである）．次の資料を比較参照されたい．

97　ヘロドトス『歴史』第 2 巻 109 節
　　天球儀とグノーモーン，そして昼日の 12 分割を，ギリシア人はバビュロニア人から学んだ．

しかし資料 95 は，アナクシマンドロスがギリシアにグノーモーンを導入したということを示唆している点では，正しいかもしれない．とはいえタレスがある形態のその器具を使わなかったとは確言できないし（111 ページ），一つの可能性としては，アナクシマンドロスがたまたまそういう認定を受けたのかもしれないし，あるいは彼のグノーモーンの使い方がより巧みだったことによるのかもしれない．その使い方を含めて，タレスが行なったとされていたもの以外に，特段の発明が彼のものとされていたわけではない．しかし，資料 94 のパボリノスが言及しているできごとによって，彼の名が挙がったのかもしれない．

アナクシマンドロスがスパルタに，「日時計のところに (ἐπὶ τῶν σκιοθήρων)」グノーモーンを設置した，という言明は謎めいている．σκιόθηρον（あるいは σκιοθήρης）というのは日時計であるが，その前置詞句は「日時計として」あるいは「日時計のために」という意味にはならない．ことによると，スパルタに後代には「日時計」として知られた突起物があって，それはその場所にあった一つないし複数のグノーモーンがもとになっていたのかもしれない．とすれば，ἐπί という前置詞は場所的な用法ということになる．資料 94 の ὡροσκοπεῖα (時を見張るもの) や資料 95 の ὡρολογεῖα (時を数えるもの) は，グノーモーン周辺の地面に目盛りがつけられて，毎日の時間や黄道上の太陽の位置，したがって年間の各季を示すようになっていたことを意味している．ア

ナクシマンドロスとスパルタとのもう一つの結びつきについては，139ページの注を見られたい[6]．

(iii) 学術的活動：(b) 地図

98　アガテメロス『地誌』第1巻第1章

　　ミレトスのアナクシマンドロスはタレスの弟子で，人が住まっている全地域を地図に描くことを，はじめて成し遂げた．彼の後を受けて，ミレトスのヘカタイオスが，多くの土地を旅行して正確なものに仕上げ，その成果は驚異の的となった．

99　ストラボン『地誌』第1巻，p. 7 Casaubon

　　……ホメロス以降の最初の二人としてエラトステネスが挙げているのは，タレスの顔なじみで同国人のアナクシマンドロスと，やはりミレトスの人であるヘカタイオスとである．前者は最初に地図をもたらし，ヘカタイオスは一書を残した．彼が著わした別の書物によって，その書が彼のものであると考えられている．

　これらの個所は，明らかにエラトステネスによる同一の言明にもとづいたもののようである．資料94でディオゲネスが「アナクシマンドロスは大地と海洋の輪郭をはじめて描いた」と述べているのがそれである．「天球儀をもこしらえた」（すなわち，天界の地図をこしらえたということ）というディオゲネスの付け加えには根拠がないし，またアナクシマンドロスの天体理論（177ページ以下）に照らしても，ありえないことである．彼の地図の全般的性格は，次の個所からおそらく推測がつけられるだろう．

---

[6]　プリニウス『博物誌』II, 187（DK13A14a）は，「スキオテーリコン（時を追うもの）と呼ばれる日時計を」スパルタで最初に披露したのはアナクシメネスであったし，また彼がグノーモーンの使い方を発見したと考えた．これはおそらくプリニウスの誤りで，彼は初期の天文学について記述するさいに事実を混同する気味があった．彼は獣帯（黄道）の傾斜の発見をアナクシマンドロスのものとしたが（136ページ），エウデモスは資料76でこれをオイノピデスのものとしたようである．黄道の完全な把握は明らかに前5世紀のことだったが，太陽が北から南へと移動し，また戻っていくということは，はるか以前から知られていた——また間違いなく，たとえばタレスには知られていた．

100　ヘロドトス『歴史』第4巻36節

　　これまで多くの人たちが大地一円を描いたが，だれも理にかなった仕方で説明してはいないのを目にしただけで，もう笑ってしまう．彼らはオケアノスが大地の周囲を流れているさまを，コンパスを用いたかのように円く描いているし，アシア（アジア）とエウロペ（ヨーロッパ）を同じ大きさにしているのである．

　ここに言われている（おそらくはイオニア製の）地図が，アナクシマンドロスのものや，それを改訂した同胞市民ヘカタイオスのものと似ていた，したがってアナクシマンドロスは円形の図を作成し，それに既知の世界の諸地域をおおむね等分に形作った，とするのは穏当な想定である．さらに詳しくはカーンの前掲書81-84ページを見られたい．アナクシマンドロスの地理学上の経験的な知識は，おそらくその一部は船乗りたちの報告に基づいていたであろう．交易の中心地であり植民都市の開設者であったミレトスでは，そうした情報が得やすくまた多彩でもあったことだろう．当の哲学者自身がアポロニア（おそらくは黒海沿岸の都市）への植民都市建設遠征を率いたと言われている．これについてはアイリアノス『ギリシア奇談集』第3巻第17章（DK12A3）を参照のこと．それ以外には，彼について知られている外国との接触はスパルタとだけである[7]．

II．アナクシマンドロスによる原初の実在，ト・アペイロン（無限なるもの）の本性

　アナクシマンドロスの原初的物質素材についての，テオプラストスによる説明の一部が，シンプリキオスによって保存されている．シンプリキオスはこれやこれに類し

---

[7]　資料94における太陽位置指示装置の話のほかに，キケロ（『卜占について』I, 50, 112, DK12A5a）によれば，アナクシマンドロスは，地震が差し迫っているからと，平野に移動するようスパルタ人に警告した，とのことである．ペレキュデスとピュタゴラスによるとされた奇跡的な予告のこと（71ページ以下）が思い起こされるが，地震帯に位置するミレトス市民だったアナクシマンドロスには，特殊な体験があったのかもしれない．たとえば，現代のテッサリアの人たちは，コウノトリが騒ぐときには地震が差し迫っているということを知っている．いずれにせよアナクシマンドロスがスパルタを訪れたのは事実であるように思われる．さもなければ，彼にまつわる二つの別々の逸話が，その地でのこととされるいわれはまずなさそうである．

た学説誌の抜粋を直接テオプラストスの版本から引き出したのか，それとも消失したアレクサンドロスによる『自然学』への注解を介したものなのかが，議論されている．いくつかの抜粋は，間違いなくこれを典拠としたものだった．さらに重要な問題は，シンプリキオスないしアレクサンドロスがテオプラストスの完全版を使っていたのか，それとも２巻の要約版ないしさらに短い簡便な記述を使っていたのか，ということである．感覚についての長い残存断片が，やはりシンプリキオスにあるが，これは素材（質料）的原理についてのきわめて大まかな抜粋とはまるで違う大規模なものであり，そこからすると，それらは別のテオプラストスの版から引き出されたもののようである．素材的原理についてのものは，おそらくは完全版に由来するものではないだろう．

　ヒッポリュトスや擬プルタルコス『雑録集』の著者も，アナクシマンドロスについての学説誌の要約版を手にしている．彼らは，シンプリキオス（資料101Aでの彼の文言は，カーンの前掲書33ページによれば「テオプラストスのものとおおむね同一であると見なしうる」）ほどには，テオプラストスに密着してはいない．とはいえ，いくつかの点で裏付けを与え，情報を拡張させているところもある．彼らはより広範な主題領域に手をのばしてもいて，そのいくつか（たとえば動物発生論や天文学など）については，アルケー（始源）の問題よりもずっと長い扱いをしている．資料101の一覧表には，左側にシンプリキオスの抜粋が印刷され，二つの補助的な版の対応個所がそれと並べられている．この学説誌の，より短くより不正確な異版が，資料94とアエティオス（『学説誌』I, 3, 3, DK12A14）にある．

　忘れてはならないが，資料101の文言はアナクシマンドロスについてのテオプラストスの見解の諸版なのである．これから見るように，素材的原理に関するかぎり，テオプラストスはアリストテレスと大差なく，いくつかの言葉づかいも直接彼によっている．テオプラストスは元の文章を一個所引いている（資料101Aの太字部分．155ページ以下参照）．これは，ほとんど決まったことのようにそう考えられてはいるが，彼がアナクシマンドロスの著作全体を見ていたということを意味するわけではない．もし彼が実際に全部を見たとするならば，原初の素材についてはきわめてあいまいな記述しかなかったか，それとも彼がまれなほど愚鈍だったかのいずれかである．

第3章 ミレトスのアナクシマンドロス

101 アナクシマンドロスの原初的実在についてのテオプラストスの見解の諸版

A. シンプリキオス『アリストテレス「自然学」注解』24, 13（DK12A9）

元のもの（始源）は単一であり、運動する無限なるものであると語っている人たちの一人であるアナクシマンドロスは、プラクシアデスの子でミレトスの人．タレスの後継者にして弟子であった．

　彼は、存在するものの元のもの（始源）すなわち基本要素はト・アペイロン（不定なるもの、あるいは無限なるもの）であると語った．

　そのさい、元のもの（始源）について、この名称をはじめて導入した．

彼は言う、それは水でもなく、その他のいわゆる基

B. ヒッポリュトス『全異端派論駁』第1巻第6章1-2節（DK12A11）

さてタレスの弟子となったのがアナクシマンドロスである．アナクシマンドロスはプラクシアデスの子でミレトスの人．……

　彼は、存在するものの元のもの（始源）すなわち基本要素はト・アペイロンであると語った．

　そのさい、元のもの（始源）について、＜この＞名称をはじめて用いた．（これに加えて、動は永遠であり、それによって諸天空の生成が起こる、とも語っている．）

……彼は言う、存在するものの元のもの（始源）は何

C. 擬プルタルコス『雑録集』第2章（DK12A10）

……タレスの仲間であったアナクシマンドロスは、

ト・アペイロンが万有の生成と消滅の全面的な原因であると言い、

まさにそれから諸天界および総じてすべての無限（無数）にある諸世界が分離してきた，と述べた．

彼は明言した，それらすべては円環運動しているがゆえに，それらの消滅も，またそれよりはるか以前に生成も，無限の劫初から行なわれている．

か無限なるものに由来する本性のもので，

それから諸天界およびそれらの内なる世界（コスモス）は生じた．それは永遠で不老であり，すべての諸世界を取り囲んでいる．

彼はまた，生成と存在と消滅とが定められているとして，時というものを語っている．

（時というものを語っている……）

本要素のうちのいずれでもなく，何かそれらとは異なる無限なる本性のものであって，

それからすべての諸天界およびその内部の諸世界は生ずる．

そして存在する諸事物にとって生成がなされる源となるもの，その当のものへと消滅もまた**必然に従ってなされる**．

なぜなら，**それらの諸事物は，時の裁定に従って，交互に不正に対する罰を受け，償いをするからである**．とこのように，やや詩的な言葉づかいによってそのことを語っている．（以下はテオプラストスではなく，シンプリキオスによるもの．）

第3章　ミレトスのアナクシマンドロス

(i) アナクシマンドロスは原初の実在をアルケー（始源）と呼んだか

　テオプラストスは，原初の基本存在についての特殊な用語として「アルケー」（文字どおりには「始め」「源」の意）という語を用いた最初の人としてアナクシマンドロスの名を挙げた，というのが，今日のほとんどの論者（カーンの前掲書29-32ページを含めて）の考えるところである．彼らの推測のもとになっているのは，資料101 Aの「アルケーについて，この名称をはじめて導入した（πρῶτος τοῦτο τοὔνομα κομίσας τῆς ἀρχῆς)」，資料101 Bにおける対応句，そしてシンプリキオス（『アリストテレス「自然学」注解』150, 23）におけるもう一つの個所で，そこにはアナクシマンドロスについて「彼自身が（相反的なものの）基体となるものをアルケーと呼んだ最初の人であった（πρῶτος αὐτὸς ἀρχὴν ὀνομάσας τὸ ὑποκείμενον)」と記述されている．

　しかし，バーネット（EGP 54 n. 2）の主張によれば，テオプラストスが言ったのは，単にアナクシマンドロスがはじめて素材的原理（ペリパトス派においてアルケーの通常の意味）を「ト・アペイロン」という名で呼んだ，ということであって，それ以上の意味ではない．事実これが資料101Aのテオプラストスからの抜粋の最も見やすい意味である．

　他方，資料101Bの場合，「この (τοῦτο)」が「名称 (τοὔνομα)」の直前に位置するために，おそらくは重字脱落によって書き落されたのであろう．もう一つのシンプリキオスの個所は，さらにむずかしい．それの最も見やすい意味は，上記のとおりであるが，バーネットの説明によれば，それが意味するのは「素材的原理（アルケー）として相反的なものの基体となるものに名前をつけた最初の人であった」ということである（というのは，アリストテレスによれば，アナクシマンドロスの相反するものは明らかに原初的な素材から産出されるからである）．バーネットの解釈は，その個所だけを切り離してみれば，なるほどけっして最もそれらしい意味のものではないが，しかしまぎれもなくシンプリキオスの議論の筋道には，より適切なものになっているのである．

　さらに（これはカーンの議論において扱われていない点だが），テオプラストスは，タレスについての所見において，すでにシンプリキオス（『アリストテレス「自然学」注解』23, 23, DK11A13）の報告にもあるとおり，「アルケー」という言葉を用いていたが，そのさい，タレス自身はこの言葉を実際に使ってはいなかった，といった注意は

とくにしていないのである——もしテオプラストスが引き続いて，アナクシマンドロスがそれの創始者であると主張したのであれば，あるいは当然あってしかるべき注意であっただろう．もちろん，シンプリキオスがアルケーおよびト・アペイロンについてのテオプラストスの見解を誤解した，ということはありえよう．全体として見れば，問題の重要性は限られている．しかし，アナクシマンドロスによるアルケーという語の専門用語的使用ということは，テオプラストスからはうかがえない——彼が言及したのは「ト・アペイロン」の用法である．

(ii) アナクシマンドロスはト・アペイロンにどんな意図を込めていたのか
 102　アリストテレス『自然学』第3巻第4章 203a16
 すべての自然学者たちは，無限がそれとは異なる，水や空気あるいはそれらの中間のものなど，いわゆる基本要素に備わる何らかの本性のものに属するものとしている．

まず，ト・アペイロンについてのペリパトス派的な解釈は，したがって学説誌的な解釈もまた切り離してかかるべきである．アリストテレスは，奇妙にもと言ってよかろうが，アナクシマンドロスの名前を挙げたのは4回だけなのに，彼の第一次的実在への言及と思われる個所はいくつもある（たとえば資料109末尾）．彼が，アナクシマンドロスおよび一元論者全般における「アペイロン」をもっぱら「空間的無限」の意味で解したことは，ほとんど疑う余地がない．そのことは資料102に示唆されている．無限概念についての彼の議論の一部にあたる資料108では，アリストテレスはある特定の性質，おそらくはアナクシマンドロスの場合の中間的なもの（146ページ以下）の持つべき性質を，無限なるものを認めるすべての自然学者たち（φυσικοί）の素材的原理に付与している．

テオプラストスは，アナクシマンドロスが彼の第一次的実在に付与した名前は空間的な属性を表わすだけで，その性質的属性については暗黙裏に（後代の「基本要素」のいずれとも異なっているということを）語っているにすぎない，と感じていたようだ．そこで，資料101Aの2行目でも，他の個所でのそうした分類においても，アペイロンは「無限」を意味することとなる．それは「水でもなくその他のいわゆる基

本要素のうちのいずれでもなく，何かそれらとは異なる無限なる本性のものであって，それらからすべての諸天界が生じる……」なのである（アナクシマンドロスの天界は，テオプラストスによれば，数的に無限である）[8]．

　しかし，アナクシマンドロス自身がト・アペイロンをはっきりと「空間的無限」の意とするものとするつもりだった，とは断定できない．当然疑問としてよかろうが，メリッソスとゼノンによって連続的延長と連続的分割の問題が提起される以前に，無限概念が把握できたのだろうか．「アペイロン」とは「境界，限界，限定がない」という意味である．この限定のなさは，初期の用法では，空間的なもののことである．たとえばホメロスの「限りない海（ἀπείρονα πόντον）」――アナクシマンドロスの ἄπειρον は，明らかに ἄπειρος（限りない）から来ている．ἀπείρων はそれのやや詩的な同意語である――や，クセノパネス（資料3）にあるように，大地は無限に（ἐς ἄπειρον），すなわち人びとの想像や思いの及ばぬところまで下方につづいている，といった場合がそれである．

　ところで，たしかにアナクシマンドロスは，原初の素材が限りなく巨大に広がっていたと想定した．しかし彼は，この考えの正式な表明の仕方としては，おそらくこの素材が「万物を取り囲んでいる」（資料108）という言い方をしたようで，したがってこの特性（それはタレスによっては当然のこととして想定されたものにちがいない．124ページ注参照）が，「空間的に無限」という意味での端的な記述として適用されるべきものと，十分にはっきりとは思っていなかったのかもしれない．そうした単純な記述に予期されるのは，第一には実在の種別についての言及であって，一般に思われているような巨大な広がりのことではあるまい．そこで，コーンフォードその他の人たちは，ト・アペイロンとは「内部的に限定のないもの，内部的区別のないもののことである」，すなわち種的に区別がなく不定なものである，とする説を立てた．内

---

8)「何かそれらとは異なる無限なる本性のもの（ἑτέραν τινὰ φύσιν ἄπειρον）」は，資料102における，アリストテレスのそれとは根本的に異なった「ト・アペイロンとは異なった何らかの本性のもの（ἑτέραν τινὰ φύσιν τῷ ἀπείρῳ）」と響きあっているようである．それら二つの語句の置かれたより広い文脈には共通するところが大きいからには，なおさらのことである．この表面的な言葉づかいの類似は，テオプラストスが，アナクシマンドロスの説の要約に取りかかるよりも以前に，彼の師による『自然学』での無限についての議論に精通していたことを示唆している．

部的な分割ということを強調する必要はないが[9]，論点一般としては成立しえないものではない．アナクシマンドロスにとって，世界を形成する原初の素材は不定なものであり，できあがった世界にあるいかなる種類の物質にも類似しないものであったのである．ただし，「アペイロス」の初期におけるこれと並ぶ用例で，確実に非空間的な意味のものは一つも挙げられない．このことは，「空間的に無限」とする解釈を保持する側に有利である．

　いずれにせよ，積極的な決め手に欠けることははっきりしている．ト・アペイロンは「空間的に無限」の意だが，それは定式的に火とも空気とも水とも土とも同定されなかった（資料101Aにおけるテオプラストスの言い方をすれば）以上，種的にも無限であることを暗に含んでいるというのか，あるいは，アナクシマンドロスはそれを第一義的には「種において不定のもの」を意味していたが，しかし当然のこととしてそれが限りのない広がりと持続性を持ったもの——それを表現するとすれば，すべてを包括するもの，神的な不死なるものと表現されることになるような特性——でもあると想定されたのかのいずれかであろう[10]．

(iii) 中間的な実在の意味での不定なるものとするアリストテレスの説

103　アリストテレス『生成消滅論』第2巻第5章 332a19

　　……これらのもの（火，空気，水，土）のうちの一つが，それから万物の生ずる

---

[9] ディールスおよびコーンフォードによれば，アペイロンは円ないし球の形で考えられた（アイスキュロス『アガメムノン』1382の「ぐるりとめぐらせて（ἄπειρον ἀμφίβληστρον）」や，アリストパネス，アリストテレスなどにおいて円環についてアペイロンと言われていることを参照）とされるが，この見解も受け入れにくいものである．この語のどんな特定の用法であれ，古代初期にありえたものならば，それをアナクシマンドロスがまったく思ってもみなかったということを立証することは不可能である．しかし，どの意味だと固定的に確定することを拒否する意図があったようにも思われる．さらに詳しくはカーンの前掲書231ページ以下を見られたい．

[10] チャーニス（H. Cherniss, *Aristotle's Criticism of Presocratic Philosophy* (Baltimore, 1935), 377f.）の説によれば，アナクシマンドロスは「＜数的に＞無限（ἄπειρον <τὸ πλῆθος>）」，すなわち「内的分割の数の不定について」言わんとしたのだとされる．しかし，この場合のアペイロンなら，はっきりと何らかの数の意を含んだ言葉によって規定されていなければなるまい．たとえば，アナクサゴラスの断片1および2（資料467，488）がそうである．

元のものではありえない．また，これら以外の何か他のもの，たとえば空気と水の中間のものや，空気と火の中間のもの，すなわち空気よりは濃密で他方の水よりは微細なものや，火よりは濃密で他方の水よりは微細な何ものかでもありえない．かようなものは，反対性質を伴うことで，空気となり火となるだろうし，またしかし，相反的なものの一方は欠如態であるから，かの中間のものは，ある人たちが「無限なるもの」「包括するもの」について言っているように，単独で存在することはけっしてできないのである．

104 アリストテレス『自然学』第1巻第4章 187a12

　　自然学者たちの論じ方には二通りある．すなわち，ある人たちは基体として存在する物体を唯一であるとして，さきの三つのものにいずれか，あるいは火よりも濃密で空気よりも希薄な他の何らかのものを立て，それ以外のものは濃密化と希薄化によって作り出しているが……ある人たちの言うところによれば，さまざまな相反的なものは一なるものに内在していて，それから分れ出てくるのである．アナクシマンドロスがそう言っているし，またエンペドクレスやアナクサゴラスのように，一と多の存在を語っている人たちがそうである．彼らもまた混合体からその他のものを分離させているからである．

　アリストテレスは，自然学者たち（φυσικοί）によるさまざまな一元論を列挙するにあたって，何度にもわたって，基本要素同士の中間——普通は火と空気の中間あるいは空気と水の中間——にある実在のことを述べている[11]．これらの個所のうちの三つないし四つでは，アナクシマンドロスが中間者的実在の提唱者であるかのように思われる．直接彼の名が挙げられているわけではないが，その実在が端的にト・アペイロンと呼ばれていたことがうかがわれるからである．資料103において，「無限なるもの（ト・アペイロン）」「包括するもの」が，基本要素とは別個にそれ自体として存在すると語った人たちとは，その用語からして（資料108参照），アナクシマンドロスとその後継者たちのことのようである．また資料109をも参照されたい．そこでは，水と空気の中間のものは「無限であって，すべての天界を包括している」と言われてい

---

11) 資料102，103，104，109のほか，『形而上学』A7, 988a30, 989a14,『自然学』I, 6, 189b1,『生成消滅論』II, 1, 328b35 をも参照のこと．

る．

　さてアリストテレスは，資料102において，無限を想定した自然学者たち（φυσικοί）のだれしもが，無限なるもの（ト・アペイロン）について特有の説明を与えたと言明している．アリストテレスは，彼がそうした文言を記したとき，アナクシマンドロスがどのような記述をしたと見なしたのか，もし中間のもの——当該個所では，実際にそれが典型的な記述として挙げられているのは確かなのだが——ではなかったというのなら，どうだったというのか，を問いたいところであろう．ある一つの個所，すなわち資料104さえなければ，ともかく中間者的な物質因に言及した個所の大部分において，アリストテレスの念頭にあったのがアナクシマンドロスであったものとするに，何らの困難もありえないだろう．アリストテレスについての古代における最も鋭い注釈家の一人，アプロディシアスのアレクサンドロスは，実際上そう認めていたし，シンプリキオスも通常はそうだった．ところが，資料104では，唯一の可能な解釈によるかぎり，アリストテレスは中間者的な実在を立てながら，アナクシマンドロスをそれに対立するグループに入れているのである[12]．

　中間者的実在説を実際にだれが提唱したのかについては，さまざまな推測がなされてきたが，いずれも問題を解決するにはいたっていない．しかし，アリストテレスの全言及を周到に考察すると，結局は，彼の念頭にあったのはアナクシマンドロスだったということになる．ただし，アナクシマンドロスは実際にはそうした説をとらなかったのではあるが．明らかに，アリストテレスは，アナクシマンドロスの（アリストテレスの立場から見ての）「無限の」アルケーがいわゆる基本要素と何らかの確たる関連を持っていたはずだと感じていた．そこで，いくつかの個所（たとえば資料105）では，単に「諸基本要素以外のもの（τὸ παρὰ τὰ στοιχεῖα）」すなわち基本要素のいずれかとも同一でないもの，そして「中間のもの（τὸ μεταξύ ないし τὸ μέσον）」でないもののことを記したのである．「中間のもの」という定式化による一つの可能性は，

---

[12] τὸ ἕν すなわち「一なるもの」は両グループに共通しているのだから，アナクシマンドロスがいずれにも登場することになるのではないか，とする議論もありうるだろう．しかし，両者の実質上対置されているのは，一なるものを基体として保持する人たちと，（アナクシマンドロスのように）そうしない人たちとである．

二つの基本要素の中間のものということであり，もう一つの可能性はそれらのすべての混合体ということである．資料104では，アリストテレスは後者の見解をとっているらしい．しかし他のところでは前者の可能性を考えていて，中間のものについての理論的仮説（むろん彼自身は成立不可能と見なした仮説である．資料103参照）に到達したのだが，それは，いわば，彼のアナクシマンドロス考察の副産物であった．

　しかしながら，アリストテレスが特定の歴史事実的な事例を念頭に置いていなかったことは，当の中間のものがどの基本要素の間に位置するかについてばらばらの言い方をしていることに表われている．通常アリストテレスが第一次的な実在として想定できるもののリストに中間のものを挙げているときには，その念頭にあったのはアナクシマンドロスであったが，ただし，中間のものをだれの説ということなしに，列挙し尽くすことを目的に，そうしたリストに加える傾向もあったことは確かである．資料104にそれが加えられたのもそれであるが，そこでは，批判の仕方が異なっているために，混合体解釈にアナクシマンドロスの名前を挙げているのである．この点については本書の次節(iv)，カーンの前掲書44-46ページ，Hussey, *The Presocratics* (London, 1972), p. 71; Kirk, 'Some Problems in Anaximander', *CQ* N.S. 5 (1955), 24ff.; M. Whitby, *Mnemosyne* 35 (1982), 225-247 を参照されたい．

(iv) なぜ原初的実在は「無限定のもの」であって，特定のものではないのか

105　アリストテレス『自然学』第3巻第5章204b22

　　またしかし，無限の物体は，それがある人たちの言っているように基本要素とは別のもので，それから基本要素が生ずるのだとしても，あるいは端的にそういうものだとしても，一にして単純なものではありえない．すなわち，ある人たちは基本要素とは別のものを無限なるものとし，空気や水をそれとはしないのだが，そうするのは基本要素のうちの無限なるものによってそれ以外の要素が消滅してしまわないように，と考えてのことである．なぜなら，それらは，（たとえば空気は冷たく，水は湿っていて，火は熱いという具合に，）相互に対立しあっているからで，もしそれらの一つが無限であったとしたら，他のものはすでに消滅してしまったことだろうが，実際には，無限なるものはそれらとは別のもので，それらが生じてくる元のものだとするのである．

106 アリストテレス『自然学』第3巻第4章 203b15

　何か無限なるものがあるという考えが，ものごとを考察するさいに生じてくるのは，主として五つの理由からであり，……さらには，生成するものが取り出されてくる源が無限であることによってのみ，生成と消滅は途絶えることがないだろう，という理由からである．

　これらの個所は，無限なるものが第一次的実在であるとする考え方の動機と目される二つの場合を示している．資料 105 に言われている理由——無限の第一次的実在が，もし特定の世界構成素因と同一のものだとしたら，それ以外の世界構成素因を圧倒して，それらをまったく成り立たせなくしてしまうだろう——は，アペイロンたる実在を「基本要素とは別のもの」とする，すなわちそれらのいずれとも同一ではないとする立場の人たちの考え方とされている．アリストテレスがこの定式を用いた場合は，必ずしも絶対にというのではないが，通常はアナクシマンドロスを念頭に置いており（本章(iii)），シンプリキオスもその個所への注解（『アリストテレス「自然学」注解』479, 33）において，この理由づけをアナクシマンドロスのものとしていた．

　他方，資料 106 に示唆されている，まったく異なった理由——無限の素材的物質は，世界における生成が物質の欠如によって途絶えることのない保証となる——をアナクシマンドロスのものとしているのは，アエティオス（『学説誌』I, 3, 3, DK12A4）および別の個所でのシンプリキオス（『アリストテレス「天体論」注解』615, 15, DK12A17）である．アエティオスがそうしていることは，テオプラストスが資料 106 に言われている動機をアナクシマンドロスに当てたことを示唆している．しかし，彼が資料 105 に言われていることをもアナクシマンドロスに当てなかったという確証もなく，おそらくはそのいずれの場合においても，アリストテレスの言っていたことに基づいて論じていたのであろう．

　最近の論者の大部分は，資料 106 がアナクシマンドロスの正しい動機を伝えていると考え，多くの人が資料 105 を，（一見したところに反して）アナクシマンドロスには当てはまらないものとして退けている．そのために，チャーニスは，資料 105 における議論を「相反する諸力の必然的均衡という，アリストテレスに特有の議論」と呼んでいる．たしかにそれは，ごく当然のことながら，アリストテレスの言い方で表現

されている．しかし，アナクシマンドロスは相反する実在間の包括的な均衡を措定したのであり（資料110およびそれについての議論を参照のこと），ほぼこんなふうに推論したことは十分考えられよう．「タレスは，万物が水から生じたと言った．しかし，水（それは雨や海や河川のかたちで見られる）は火（太陽，燃え上がる上層気，火山など）と対立していて，それらの事物は相互に破壊しあっている．とすれば，もし火がそもそもの始めから，限りなく広がるそれと完全に相反するものの巨塊全体と，たえず対立していたのなら，どのようにしてそれは現にある世界の有力な部分たりえているのだろうか．実際，どのようにしてそれは，たとえ一瞬たりとも，現出しえたのであろうか．とすれば，この世界で戦いあっている諸構成要因は，それらのいずれとも異なる実在――何か無限定のもの，不確定なもの――から成立したのでなければならない」（アリストテレスがアペイロンを「無限」と解釈していることは，この問題に抵触しない）．

資料106については，アリストテレス自身がその誤りを指摘している．

107　アリストテレス『自然学』第3巻第8章 208a8
　　なぜなら，生成が途絶えないためには，必ずしも感覚される物体が現実的に無限でなければならないわけではない．全体が有限であるとしても，一方のものの消滅が他方のものの生成となることがあるからである．

しかし，これがまさしくアナクシマンドロスの自然的変化についての見解にほかならない．すなわち，そこにはいかなる損耗もないのであって，相対立する諸実在は，侵犯に対して相互に報復しあうのである（158ページ以下）．均衡が維持されさえすれば，成立した世界におけるあらゆる変化は，原初から同量あって分離し相対立しあう実在の間で行なわれていく．（気づかれることだろうが，資料105には質的に無限定の第一次的実在を措定する理由が，資料106には空間的に無限定の，すなわち無限の実在を措定する理由が提示されている．144ページ以下を参照のこと．）

(v) **無限定のものはすべてを包括しすべてを操る（？）．それは神的にして不死である**

108　アリストテレス『自然学』第3巻第4章 203b7
　　……無限なるものの元のもの（始源）はありえず，……このものが他の諸事物

の元のもの（始源）であると考え，また万物を包括し，すべてのものを操っていると考えている．この点は，無限なるもの以外に，たとえば知性とか愛のような他の原因を行使しない人たちが，事実そのように言っているとおりである．彼らはまた，無限なるものが神的なものであるとも考えている．アナクシマンドロスが，それは不死にして不滅であると言っているのをはじめ，大多数の自然学者たちが述べているところである．

109　アリストテレス『天体論』第3巻第5章303b10
　　すなわち，ある人たちはただ一つのものを措定し，それを人によっては水とし，また空気や火とし，また水よりは希薄で空気よりは濃密なものとしている．それは無限であって，すべての天界を包括している，と彼らは言う．

　第一次的な実在が「万物を包括し，すべてのものを操っている」という資料108における主張は，アリストテレスによれば，無限なる第一次的素材を想定するとともに，それと別個に運動因を立てることをしなかった人たちのものとされている——したがって，まぎれもなくミレトス派やヘラクレイトスやアポロニアのディオゲネスのものということになる．「すべてのものを操っている」は，明らかに，ソクラテス以前の時代の用語を再現しているし，「万物を包括し，すべてのものを操っている」という文言は全体として，一つの韻律的な単位をなしているようでもある．アナクシマンドロスは，これと同一の論点を叙述した別の個所に関連して，この後でも言及されているし，おそらくは資料109で「包括する（περιέχειν）」との関連で言及されていることから，彼がその著者であったとも考えられよう[13]．

　しかし，アナクシマンドロスの無限なるものが，どのような支配の仕方を万物に及ぼしえたのかを見てとることは，容易ではない．ギリシア語としては，必ずしも「操

---

[13]　アナクシメネスの断片2（資料160）の περιέχει（包括する）という語は，仮に前後は多少言い換えられているにせよ，おそらく真正であろう．アナクサゴラス（アリストテレスの当該個所では対象にされていないが）は，間違いなく断片2で τὸ περιέχον（包括するもの）という語を用いた（資料488）．κυβερνᾶν という語は，宇宙的な構成素因ないしできごとを「操る」という意味で，ヘラクレイトス断片41（資料227），パルメニデス断片12, 3（資料306），アポロニアのディオゲネス断片5（資料603）に見られる．それら二つの言葉は，むろん，アリストテレスが別々の典拠から組み合わせたということもありえよう．

る」ことは「包括する」ことによるという意味にはならないが——それら両特性は，それぞれ一方だけでも，神的と考えられるものに付与されて当然のものである——，しかしおそらくはそうした意味が含まれているだろう．さらには，操るという比喩は，必ずしも意識的，知性的な行為主体を伴うものでもない．船の操縦とは純然たる機械的な過程とも見なされうるのであって，操縦の仕組みによって加えられる方向転換のことを言い，航海する人の意向まで言わなくてもいいからである．とはいえ，無限なるものが何か神的なものと考えられていた（資料108後半）のであれば，それは目的性を持った行動の想定に有利となる．

　考えられる支配の方法には，次に挙げるようないくつかのものがある．(1) 取り囲むことあるいは包括することによるもの．その場合，(a) 多様化した世界（「万物」）のさらなる拡張を阻止することによる，あるいは (b) この世界の変化の中にあって損耗を補填することによる．(2) 万物の中に，あるいは特定のものの中に内在することによるもの．その場合，(a) 動因力あるいは生命力を与える，あるいは (b) 変化の原理あるいは規則ないし法則を与える．(3) 変化の継続的な規則ないし法則を与えるような仕方で，世界を開始することによる．

　(1, b) は資料106にうかがわれるものだったが，150ページ以下で論じたように，これはアナクシマンドロスに妥当するとは考えにくい．同じ議論は (1, a) にも当てはまる．(2, a) は，あるいはタレスには当てはまるかもしれない．(2, b) は，むしろ (3) 以上に，ヘラクレイトスに当てはまるだろう（245-246, 261ページ）．(2) は，(1) も同様だが，アナクシマンドロスにはうまく合いそうにない．無限なるものは，明らかに，たとえタレスの想定した世界に神的な生命的実在が何らかの仕方で入り込んでいたような方法によってであれ，成立したこの世界に内在するものと思われていたはずがないからである．無限なるものがそう名づけられたのは，おそらくは，自然界にあるいかなるものとも同一ではなかったからである．(3) は，しかし，アナクシマンドロスに当てはまるかもしれない．万物に対して行使される支配は相反するもの同士の報復の法則を通じて行なわれた，とするのがふさわしいだろう．その法則（あるいは，ふるまい方）は，無限なるものの内部に最初の相反する諸実在が現われたときに開始され，そしていまもなおこの世界におけるすべての変化を支配しているものである．とはいうものの，資料108の最初の部分で，しかも，ことによるととりわけ「万

物を操る」という語句で，アリストテレスが念頭に置いていたのは，アナクシマンドロス以外のだれか，多分ヘラクレイトスか，あるいはアポロニアのディオゲネスかであったらしいということは，依然として動かない．

「包括する（περιέχειν）」という理念を一元論者たちのものとすることは，資料109でも繰り返されている．ここでも，無限の素材はアナクシマンドロスを思わせる．ただし，それが包括するのは「万物」ではなくて「すべての天界」である，とされている．この言明がテオプラストスによって取り上げられたものと思われるが（資料101），彼は，明らかに，そこに言われているのが最初の諸天界の分離のことで，そのそれぞれの天界が分離した各世界を包含している，という事態を考えていたのである．無数の世界という理念については161ページ以下を参照されたい．しかし，アリストテレスの文言は，「諸天界（οὐρανοί）」という言葉を太陽の天球，月の天球，恒星の天球などの諸天球という，彼独特の意味（『天体論』第1巻第9章278b9）で用いられていることによるものかもしれない．彼が，宇宙についての彼自身の分析（エウドクソス-カリッポス方式に立ったもの）を，アナクシマンドロスにも適用し，諸天体に割り当てられた別々の円軌道（177ページ以下）のことを考え，一個の複合的な世界以上には何も念頭になかったとしても，それも当然のことだったであろう．

資料108の後半部には，包括する素材は「神的なものであるとも考えている．アナクシマンドロスが，それは不死にして不滅であると言っているのをはじめ，大多数の自然学者たちが述べているところである」と言われている．他にも似たようなことを言った人たちがいたにしても，「不死にして不滅」という言葉がアナクシマンドロス自身のものと考えられていた，と想定するのは至当である．もっとも，テオプラストスが資料101Bで報告しているところによれば，その文言は「永遠にして不老（ἀίδιον καὶ ἀγήρω）」である．神々について，あるいは神々の付帯事項について用いられるホメロス的定型句として「不死にして老いを知らぬ」がある．たとえば『オデュッセイア』第5歌218行に（カリュプソに向かって）「彼女は死すべき身だが，あなたは不死にして不老なのですから」とあるのがそれである（また『イリアス』II, 447をも参照のこと）．叙事詩の短い定型句は，しばしば古代初期の散文に取り入れられている．したがって，この詩句のほうが，アリストテレスにいささか繰り返し出てくる同等の

文言以上に，元のかたちらしく見えよう [14]．いずれにしても，アナクシマンドロスは，無限なるものに対して，ホメロスの神々の主要な特性たる不死性と限りない力（ホメロスの場合には限りない広がりと結びついている）を付与したものと思われ，彼が実際にそれを「神的」と呼んだというのも，ありえないことではないように思われる．この点において，彼は広い意味でソクラテス以前の思想家たちの典型だったのである．

(vi) **無限なるものは永遠の動のうちにはなく，また混合体でもない**

　（無限なるものに関する，こうしたさらなる論点については，後の（167ページ以下）「宇宙生誕論」の項で論ずることにする．）

Ⅲ．アナクシマンドロスの伝存断片

110　シンプリキオス『アリストテレス「自然学」注解』24, 17（資料101Aより採録）
　……何かそれらとは異なる無限なる本性のものであって，それからすべての諸天界およびその内部の諸世界は生ずる．そして存在する諸事物にとって生成がなされる源となるもの，その当のものへと消滅もまた「必然に従ってなされる．なぜなら，それらの諸事物は，時の裁定に従って，交互に不正に対する罰を受け，償いをするからである（κατὰ τὸ χρεών· διδόναι γὰρ αὐτὰ δίκην καὶ τίσιν ἀλλήλοις τῆς ἀδικίας κατὰ τὴν τοῦ χρόνου τάξιν.)」と，このように，やや詩的な言葉づかいによってそのことを語っている．

(ⅰ) **真正断片の範囲**

　シンプリキオスは，疑問の余地なく，テオプラストスの初期ギリシア哲学史の一つの版から，それも物質因について，すなわち「始源について（περὶ ἀρχῆς）」の個所から引用している．結びの文章がアナクシマンドロスの文体についての判断となってい

---

[14] とりわけそれら二つの語は，エウリピデスによる哲学的な観想についての叙述において，自然的世界の構造に付与されているからである．すなわち「不死なる自然本性の不老の世界構造を見やりつつ（ἀθανάτου καθορῶν φύσεως κόσμον ἀγήρω）」（fr. 910 Nauck²）とある．

ることは，その直前の部分が直接引用であることを示している．したがって，「時の裁定に従って（κατὰ τὴν τοῦ χρόνου τάξιν）」は，「必然に従って（κατὰ τὸ χρεών）」をテオプラストス風に言い換えたものとも考えられようが，さしあたりは元どおりの字句と認定しておくべきだろう[15]．「交互に不正に対する罰を受け，償いをする（διδόναι - ἀδικίας）」は，確実に元どおりの字句であり，テオプラストスが注意している詩的な文体をよく例証している．「必然に従って」もまた，おそらくはアナクシマンドロスによるものと認定できよう．「必然（χρεών）」には（「〜が必然である（χρεών ἐστι）」という特殊な用法を別にして），τὸ χρεών がヘレニズム時代になって死の婉曲表現として一般的になるまでは，詩的な色彩が顕著である．目下議論の対象となっているものと類似の語句例が，ヘラクレイトスの断片 80 を最も正しいと思われる方法で復元した「争いと必然に従って（κατ' ἔριν καὶ χρεών（χρεώμενα に代えて））」である．

それらに先行する語句，「存在する諸事物……消滅もまた（ἐξ ὧν - εἰς ταῦτα γίνεσθαι）」については，さかんに議論されてきた．「生成（γένεσις）」および「消滅（φθορά）」という抽象的用語法が，ペリパトス派では十分に確立されていたが，ソクラテス以前の用語としては（現存する他の証拠からは）まだそうではなかったということは，それらがテオプラストスのものであることを示唆している．その感じからしてもペリパトス派的に思われる．それは，自然学上の一元論者についてのアリストテレスの基本的な説の一つ，「すべての事物はそれらが生成した元のものへと消滅していく」（『自然学』第 3 巻第 5 章 204b33．また資料 85 の 3 行目をも参照のこと）を忠実に述べ直したものにほかならない．テオプラストスにはごく短い語句や章句を引用する癖がある．したがって，彼はある一文の帰結句だけを引用し，その残りはパラフレーズすることで，全文引用した次の部分との関連をはっきりさせたとも考えられよう．さらには (v) での議論をも参照されたい．

---

[15] テオプラストスは類似の言い回しを，たしかに自分自身でも用いている．「何らかの定めと定められた時（τάξιν τινὰ καὶ χρόνον ὡρισμένον）」（ヘラクレイトスについて）が目につく事例である．しかし，これは「時の定め（τὴν τοῦ χρόνου τάξιν）」の大胆な擬人化とはまるで別物である．その点については (iv) をも参照のこと．

(ii) 主要な論点の意味

　その文脈からすると，テオプラストスは，彼がまさにアナクシマンドロスのものとしていた見解，すなわち「すべての諸天界およびその内部の諸世界」は無限なるものから由来するということに，その引用は合致するものと見なしていた．「存在する諸事物にとって生成がなされる源となるもの（ἐξ ὧν）……」（ἐξ ὧν の複数形はおそらくは包括的用法である）は，それらの事物が無限なるものから由来したからには，また「必然に従って……なぜなら，それらの諸事物は，時の裁定に従って，交互に不正に対する罰を受け，償いをする」ことでそれへと帰っていく，ということを付け加えている．擬プルタルコスの資料 101C からすると，「諸天界およびその内部の諸世界」によって，テオプラストスは「無数の世界（ἄπειροι κόσμοι）」のことを言っているようである．

　しかし，アナクシマンドロスからの引用語句を，無数の世界が無限なるものから生成しまたそれへと消滅していく事態を言ったものと解することには，きわめて強力な反論がある．「交互に」という言葉は，償いがこの一文の主語となっているもの同士の間で交互になされることを示している．はたして，神的な無限なるものがそれ自身の生み出したものに不正を犯し，賠償を支払わなければならないなどということが，実際に考えられるだろうか．まぎれもなく，それは容認の余地ないことである．しかし，もしそうだとすれば，テオプラストスは，（彼が「諸天界」および「諸世界」によってどんなものを意味していたにせよ）アナクシマンドロスの言明を正しく適用しそこねたのである[16]．すでに久しく注意がはらわれてきたことだが，交互に不正を犯すそれらのものは対等で，異なってはいるが相関的でなければならないのであり，それらとして最もふさわしいと思われるのは，この多様化した世界を作り上げている相反的な諸実在なのである[17]．

---

16) カーン（Kahn, *op. cit.*, 34f.）は，誤りは擬プルタルコスにあって，テオプラストスにはないと考えている．しかし，テオプラストスの言うコスモスとは大地ないしその周辺の，何か低次の「秩序」のことであろう，とする彼の提案（同書 50 ページ）には，ほとんど説得性がない．

17) ヴラストス（G. Vlastos, *CP* 42 (1947), 171f.）は，チャーニスに従って，世界が無限なるものに再吸収されることにより，いかにして相反的なもの同士の間の究極的な均衡が成立するかを示そうとした．再吸収が起こることで，と彼は言う，相反的な諸事物はそれら同士で（無限なるものと，

(iii) 相反的なもの

　後で見るように（資料118, 121），「相反するもの」と言い表わすことのできるあるものを生み出すことが，アナクシマンドロスにとって，宇宙生誕論における必須の段階であった．したがって，それら相反的なものが成立したこの世界で重要な役割を演じたと想定するのは，理にかなったことである．相反的なもの同士の交互作用は，ヘラクレイトスにおいて基本をなしているが，彼は「争いは正義である」（断片80, 資料211）というパラドックスによって，アナクシマンドロスに周到な修正を加えたものと思われる．相反的な自然的諸実在という理念が最初に明確な仕方で登場するのは，アナクシマンドロスにおいてである（それはヘラクレイトス，パルメニデス，エンペドクレス，アナクサゴラスに現われ，またピュタゴラス派でも，間違いなくアルクマイオンまで繰り返し見られるものである）．

　彼が大きな四季の変化を観察することから影響されたことは，疑う余地がない．そこでは，夏の猛暑と旱魃が冬の寒さと降雨と争っているかに見える．相反的な諸実在間の絶え間ない相互変化を，アナクシマンドロスは，人間界から引き出された法的な比喩で説明した．ある一つの実在がその反対のものを代償にして優勢を占めることは「不正」であり，それに対する巻き返しは平等の回復によって懲罰を課すという仕方でなされる．——いや，巻き返しは平等の回復にとどまらない．不当行為者は，その元々の実在の一部までも簒奪されるからである．この分は犠牲者側に，元々の持ち分だったものに加えて与えられ，すると逆に（推測されるとおりであろうが），さきには犠牲者であった側に飽満（κόρος）が引き起こされ，今度はそちらが，さきには侵略者であった側に対して，不正を犯すことになる．このようにして，自然的変化の連続性と定常性は，アナクシマンドロスの立場では，この擬人的な比喩によって動因を与えられているのである．

　宇宙生誕論における主たる相反的なものは，熱い実在と冷たい実在——焰（ほのお）あるいは火と靄（もや）あるいは空気——であった．これらは，そこに乾燥と湿潤が結びついて，宇宙

ではなくて）最終的に清算しあうのである．しかし，もし正義の原理が現在の世界で適用されるのだとすれば，この世界の無限なるものへの帰行というような，世界の構成素因のすべてに及ぶ徹底的変化が，一体どのようにして到来するものなのかを見てとることは，容易ではない．

論上の主たる相反的なものでもあって，自然界における大規模な変化過程に，きわめて顕著な仕方で入り込んでもいる．それらが個々に分離されたのは，おそらくヘラクレイトスによってであり（断片126），その後にエンペドクレスによって，それ以上分解されることのない要素の標準形態にまで高められることとなった．

　アナクシマンドロスにおける相反的なものには，明らかに，注意をはらう必要がある．たとえば，アナクシマンドロス自身の用いたより具象的な表現を，ペリパトス派が彼ら自身のより抽象的な定式化，熱とか冷とかに置き換えた，ということもありえよう．アナクシマンドロスにとっては，世界を作り上げている諸実在は，なるほどそれぞれに固有の性向を持っていて，何か他のものの持つそれとは対立していたのかもしれないが，それらは，たとえば硬いものと軟かいものというように，相反的なものとして定式化された言い方を要するわけではなく，単に火，風，鉄，水，男，女という具合に述べればそれでよかったのではないか．

(iv)　「時の裁定」

　「時の裁定に従って」という引用の結句は，不正という比喩を精緻なものにしている．どんなかたちの裁定を時は行なうのか．「裁定 (τάξις)」という語は，判決によって罰を定めることを，あるいは，よりぴったりした言い方をすれば，アテナイの貢納表に見るような貢納品の査定を定めることを示唆している．こうした場合，定められたり裁定されたりするのは，罰ないし支払い分の量である．これはまず時の裁定の第一義的な目的ではありえない．時は支払いの期限を管掌するもののようであり，その量は返済額プラス応分の償いの総計として定められるのであろう．期限という理念は適切である．夏の犯した不正はおおむねそれと等しい冬の期間内に正されなければならないし，夜の場合は昼の期間に正されなければならない，という具合である．画一的な期限が定まっているわけではない．時は個々の事例に見合った裁定を行なう．ここでなされている時の顕著な擬人化には，追加的に不可避性の理念が言外に込められていることは，ほぼアナクシマンドロスより一世代前のソロンに見られる，きわめてよく似た「時によって執行される裁判」という詩句に示されているであろう．

111　ソロン断片 24 Diehl 1-7 行

わたしが民衆を呼び集めた所以の事柄を
　　なぜに成し遂げずして打ち切ったのか．
　　それを時の裁きの場で最もよく証言してくれるのは，
　　オリュンポスに住まいする神々の偉大なる母，
　　か黒きゲー（大地女神）．かつてわたしは彼女の
　　至る所に打ち込まれた境界標石を引き抜いた．
　　それまでは隷従の身であった彼女，いまは自由の身となった．

　ここで大地女神がソロンの主張を擁護してくれるのは，時の経過とともに彼女が自由の身となったからである．時の裁きとはそういう意味合いである．ここには，あらかじめ決定された時限という意味は込められていない．ソロンの他の個所でも，同様に，繰り返し強調されているのは，応報が不可避だということである．とすればアナクシマンドロスの場合にも，不正は，時とともに遅かれ早かれ，不可避的に罰せられるきまりである，と推測してよかろう——ただしここでは，期限がそれぞれの場合ごとに適切に管掌され査定されているにちがいない．それらは，大きな四季の変化の期限とか，その他さほど重要ではないものの期限とかを指しているからである．

(v) テオプラストスの言い換えの祖型

　155ページ以下で触れたように，（直訳すれば）「存在する諸事物にとって生成がそれらのものからなされるところのもの，それらのものへと消滅もまたなされる」は，アナクシマンドロスに言われていた何らかのことを，テオプラストスが言い換えたものであろう．彼はそれを通例のアリストテレス的定式化によって改めたものと考えていたはずである．もしその言明が，アナクシマンドロスにおいて，相反的なもの同士の応報についてのアナクシマンドロス説の直前に置かれていたのであれば（「必然に従って（κατὰ τὸ χρεών）」という経過句がそれを示唆しているが），その場合には，おそらくは当の言明もまた，この成立した世界における相反的なもののふるまいに関するものだということになろう．これは試案だが，アナクシマンドロスがこの文脈で表現したと思われるが，テオプラストスが先に示したような仕方で解しそこねたらしい趣旨は，対立しあった諸実在がそれぞれ賠償を支払うのは，その当のものと相反的な

ものに対してであり，それ以外のものに対してではないということだったのではないか．たとえば，熱い実在は冷たい実在に対してであって，重いものや硬いものに対してではない，ということである．これは，宇宙の安定性についてのアナクシマンドロスの説にとっては，不可欠の仮定である．しかし，ヘラクレイトスも，彼だけに独自のねらいによって，そのことを強調しなければならなかったことからすると，われわれにとっては明瞭であるが，当時においてはさほど明瞭ではなかった事柄である．その原理はごく一般的な言い方で，しかもおそらくはごく不完全な文脈で述べられたのかもしれず，そのためにテオプラストスは，それの本来言いたかったことを取り違えることにもなったのであろう．

IV. 無数の諸世界

(i) 同時併存的よりも継時的

何らかの複数世界の存在が，テオプラストスによって，アナクシマンドロスの説とされていた．「何かそれらとは異なる無限の空間的広がりを持ったものであって，それからすべての諸天界およびその内部の諸世界は生ずる」（資料101A）．諸事物は不正に対して相互に応報を受けるということにかかわる断片は，何らかの仕方でここに言われている過程に関連したものとされた．この点で，テオプラストスは誤りを犯したように思われる（157ページ以下）．テオプラストスが学説誌に記載されたものでは，これらの複数世界が ἄπειροι すなわち無限ないし無数である，となっている．これらの無数の諸世界が時間的に継続していく（したがって，現にある世界もいずれは消滅して別の世界に継承され，そしてさらにそれが繰り返されていく）のか，それとも同時併存するのかについて，これまで多くの論争が繰りひろげられてきた．ツェラーは前者の解釈を支持し，バーネットは後者を支持した．コーンフォードはバーネットの議論の多くの誤謬を明らかにし，ツェラー解釈に全体として賛同して，それを復権させた（*CQ* 28 (1934), 1ff. および *Principium Sapientiae*, 177ff. 参照）．

(ii) しかし継時的諸世界すらアナクシマンドロスにありえたか

すでに別の個所で触れたように（*CQ* N. S. 5 (1955), 28ff.），アナクシマンドロスは，

実際にはいかなるかたちでも無数の諸世界を考えていなかったようである．ここでこの提案（それはカーン（Kahn, *op. cit.*, 46-53）の支持を得ている）を，さらに論ずることとする．

同時併存的な諸世界の存在が，諸天体の存在によって，ある人たちに（ただし，あいにくアナクシマンドロスにはありえないことだった．彼は，178ページ以下で見るように，諸天体を火の円環にあいた孔のかたちで考えていた）示唆されることがあったとしても，「目に見える自然界」には継時的諸世界を示唆するものは，およそ何一つとして存在しない．――継時的ではあるが別個の諸世界，それは（テオプラストスないし彼の後継者たちによっても，それに従う今日の人たちによっても，はっきりとそのようなものとして考えられているのだが）一つの連続した世界のあり方における継時的な変化とは区別されたものである．この後者のほうであれば，プラトンの『ティマイオス』（22C-E）に叙述された，猛火と洪水による神話的な大異変や，デウカリオンの洪水に描き出されているし，ある程度までは自然現象によって見当がつけられる（182ページ以下を参照）．しかし，世界全体が崩壊しつつあるとか，もし崩壊すれば別の世界に受け継がれるだろうなどということを思ってみる理由は，何もなかった．別々の諸世界の循環を信ずることは，ギリシア思想の神話的背景全体にも，常識の命ずるところにも反することだったであろう．とすれば，それがアナクシマンドロスに現われたとすれば，きわめて驚くべきことであろう．

しかし，エンペドクレスの球体（スパイロス）の徹底的な変化過程（381ページ以下）や，レウキッポスとデモクリトスの原子論において，無数の諸世界が無限の空間に生成しては消滅していくことに（522ページ以下），あるいはヘラクレイトスが諸世界の順次継続を想定した（261ページ注）とする，当時すでにあった誤解傾向に，すでになじんでいる人であれば，その奇妙さはさほどでもなかったであろう．特定の理由があれば，したがって，テオプラストスや彼の見解を再現している人たちが，誤って時代的に合わない人物の説としたことは，当然考えられよう．そうした理由となったのは，うかがい知られるところ，原子論者たちによる無数の諸世界の議論で，それはアリストテレスによって，次の個所で簡潔だが影響を与えるような仕方で述べ直されている．

(iii) 原子論者の議論が，テオプラストスによって，アナクシマンドロスのものとされ

たのか

112 アリストテレス『自然学』第3巻第4章203b23
　……残さず考え尽くすことができないことから，数は無限だと思われ，また数学上の大きさとか天界の外側の領域とかも，そう思われるのである．しかし，天界の外側の領域が無限であれば，物体もそして諸宇宙も無限だと思われよう．それというのも，虚空間のどこかある領域に別の領域によりもいっそうそれらが存在することなど，どうしてありえようか．

　この個所には，無限という観念の成立理由として，アリストテレスの挙げた第五の，最も重要な動因が提示されている．天界の外側の領域が無限ならば物体は無限である，そしてもし物体が無限であれば諸世界は無限である，という議論は，原子論者たちに由来するもので，ここでアリストテレスは，疑問の余地なく彼らのことを考えている．しかし，無限の諸世界の存在は無限の物体という前提によって必然とされていて，ひるがえって，この前提が（原子論者たちのように）無限の虚空間という前提に基づいて論じられているのか否かは問題ではない．こう推論することでテオプラストスは，無限の物体（ト・アペイロンとはそういうものだ，というのが彼の考えだった）の最初のそして最も著名な信奉者——すなわちアナクシマンドロス——もまた無限の諸世界を想定したのだろうとする考えに駆られたのかもしれない．無限の諸世界は，原子論者たちのものと同じように，同時併存的であるとともに継時的——すなわち次々と生成し消滅していく——でもあったのだろう．あらゆる無数の諸世界がこの種のものであるとする想定が，資料116の後半部におけるアリストテレスによってなされたように思われる．もし，テオプラストスがアナクシマンドロスの複数世界を同時併存的であるとともに継時的でもあるとしていた証拠が見つかれば，それによって，彼が原子論者的な推論をアナクシマンドロスに適用していたことが，強く示唆されるであろう．

(iv) 学説誌的な証拠は，テオプラストスが，原子論者タイプの複数世界をアナクシマンドロスに適用したことを，示唆しそうである

　テオプラストスの見解をさらに究明するために，学説誌的な典拠に目を転ずるなら

ば，その証言は混乱していて，相当程度破損してもいることが分かる．そのため，アエティオスがよった一対の典拠の一方（擬プルタルコス『雑録集』．アエティオス『学説誌』II, 1, 3, DK12A17 参照）は，無数の諸世界を原子論者たちだけのものとしているのに対して，他方（ストバイオス）は，アナクシマンドロスに加えて，アナクシメネス，アルケラオス，クセノパネス（!），およびアポロニアのディオゲネスのものともしているのである．いずれの版もテオプラストスを正しく伝えてはいないだろうが，しかしどちらも原子論的な議論を一般化したところから出てきた可能性はありそうである．アエティオス（『学説誌』I, 7, 12, DK12A17）では，さらに，無数の世界という前提と星辰は神々であるとする常識的見解とがいっしょくたにされている．こうした混乱（それはキケロにも見られる）は，テオプラストスの単一の言明，すなわちアナクシマンドロスは継時的な複数世界を想定したという言明だけからでは引き起こされとは考えにくいであろう．二人の重要な証言者が確定的な見解を表明している．

113　シンプリキオス『アリストテレス「自然学」注解』1121, 5
　　なぜなら，宇宙世界が数的に無限であると想定している人たちは，たとえばアナクシマンドロスの学派やレウキッポスとデモクリトスの学派，また後にはエピクロスの学派がそうであるが，それらの生成と消滅が際限なくつづき，たえずあるものが生成するとともに，あるものが消滅していくものと想定し，また動は永遠であるとも言った．……

資料112についてのこのコメントは，おそらくシンプリキオス自身のもので，直接テオプラストスを再現してはいないだろう．とはいえ，シンプリキオスがテオプラストスの解釈に影響されていることは予測できよう．事実，同じ解釈がシンプリキオスよりも古い年代の資料に見られる．それは別の経路を通じてテオプラストスの伝統に依拠したものである（最初の部分にはアナクサゴラスとの混同があるが）．

114　アウグスティヌス『神の国』第8巻第2章
　　なぜなら，彼（アナクシマンドロス）は，たとえばタレスが湿ったものからの生成を考えたように，万物が単一のものから生ずるとは考えず，それぞれのものに固有の元のもの（始源）から生ずると考えた．個々の事物の元のもの（始源）は無限であり，それらによって無数の諸世界およびその内なる諸事物は生ずるとす

る見解をとったのである．そして，それらの諸世界は，それぞれが一定の期間存続すると，解体してはふたたび生成するものと想定した．

諸世界が宇宙空間（あるいは無限なるもの）全体にわたって生成したり消滅したりしていることが，ここに言われていることは明らかである．「それぞれが一定の期間……ふたたび生成する（quanta......potuerit）」が示唆している不規則性は，単一の世界の連続という理念には無縁だが，原子論的な考え方には必須のものである[18]．

このように，二つの典拠はそれぞれ独立のもので，一方は間接的に，他方は直接的にテオプラストスの伝統に影響されながら，ともに原子論的な複数世界をアナクシマンドロスのものとしたのである．さらには，同時併存的であるとともに継時的でもある複数世界をテオプラストス自身が彼のものとしていることが，アナクシマンドロスについての学説誌の伝統の一部に，それら両見解の混乱をまねいた理由となったのではないだろうか．

(v) **以上の想定の当否についてのさらなる考察**

この解釈にまつわる二つの難点を挙げなければならない．

(a) 資料109からすると，アリストテレスは，複数世界を一元論に立つ自然学者全体に当てていた可能性もある．無限なる第一次的実在は，彼らによれば，「すべての天界（οὐρανούς）を包括している」．これと符号させるために，154ページでは，アリストテレスはοὐρανοίという語を「諸天球」という特殊な意味で使おうとしていたのではないか，という提案がなされた．アリストテレスが意味していたのは，「万物は第一の天界に取り囲まれている」ということであり，その考えを（ことによるとアナクシマンドロスの円環体との類比のために）彼自身の宇宙論に対応した言葉づかいで言い表わした，ということである．まぎれもなく資料108では，無限の第一次的実在は単に「すべてのものを」取り囲んでいると言われているだけで，原子論者たち以前

---

18) キケロのある個所（『神々の本性について』I, 10, 25, DK12A17）に，複数世界が「長い間隔をおいて（longis intervallis）」成長衰退するということがアナクシマンドロスの見解とされているのも，同じ方向を指したものだったかもしれない．ただし，「間隔（intervallis）」（空間的になのか，時間的になのか）の意味があいまいなために，確かなところは不明である．

にさかのぼる無数の分離した諸世界については，アリストテレスはどこにもその存在をほのめかしてはいないのである．

(b) もしテオプラストスが，無限の素材的なものを想定した人はだれでも，原子論者がそうであったように，無数の諸世界をも想定したはずだ，と考えたとすれば，なぜシンプリキオスは資料 147（資料 113 のつづき）で，アナクシメネスが継時的な単一の世界を考えたと書き記したのだろうか．アナクシメネスの第一次的実在は無限なものであると，テオプラストスもシンプリキオスも書いているのである．彼とアナクシマンドロスとの差異は，どのように解釈してみても，分かりにくい．しかし，ヘラクレイトスやディオゲネスもその考えをとったとされている．シンプリキオスが，ヘラクレイトスに継時的諸世界を割り当てたことは確かであり，また彼は，アナクシメネスがアナクシマンドロスや原子論者たちよりも，むしろヘラクレイトスと一括されるべきだと考えたことだろう．前者は単一かつ特定の第一次的実在の信奉者だったのに対して，後者の立てたアルケーは未分化のものだったからである．ただし，アナクシメネスはここにはまったく入らないという可能性もある．これについては 196 ページ注を参照されたい．それにもかかわらず，これら二つの断片的証言は，なるほど分かりにくいものではあるが，どちらつかずのものと見なすことはできない．

他方で，アナクシマンドロスの宇宙論には，無数の諸世界を想定する解釈をうながすような特徴が三つあった．(1) 大地は多数の——ことによると無限数の——天体の円環に取り巻かれているという説（177 ページ以下）．(2) 大地は干上がりつつあるという説．これは，おそらく，地表面におけるより広汎な変化の循環——局部的な秩序という意味での κόσμοι（諸秩序体）の継時的交代——という説の一部をなすものであろう（182 ページ以下）．(3) テオプラストスに知られていた断片にひそむ不明瞭性．この断片は，もともとはこの世界内での諸実在の交互作用についての記述であったと思われるが，テオプラストスが誤ってそれをこの世界と無限なるものとの交互作用に適用したのだった．こう見てくると，(1) は同時併存的諸世界を，(2) と (3) は継時的な諸世界をにおわせることを助長することになりそうである．またテオプラストスは，原子論者の議論を適用することで，その両方であるような諸世界をアナクシマンドロスに押しつけたこともありえよう．

V. 宇宙生誕論

(i) 「永遠の動」と渦動，それらはアナクシマンドロスに妥当するか

115 ヒッポリュトス『全異端派論駁』第1巻第6章2節（資料101Bから）
……動は永遠であり，それによって諸天界の生成が起こる．

116 アリストテレス『自然学』第8巻第1章250b11
動はあるときに生成したのか……それともそれは生成することも消滅することもなく，つねにあったし，つねにありつづけるのだろうか．そしてそれは存在するものにとって不死で止むことのないもので，いわば自然に存在するすべてのものにとって生命のようなものなのだろうか．……しかし，無限の諸宇宙世界が存在し，それら諸宇宙世界のあるものは生成しつつあり，あるものは消滅しつつある，と言っている人たちは，動がつねに存在すると言い……ただ一つの宇宙世界があると言っている人たちは，＜それを永続的であるとするか＞[19] そうでないとするかによって，動についてそれに対応した想定を立てている．

117 アリストテレス『天体論』第2巻第13章295a7
しかし，もし自然本来の動きが実際にあるとすれば，強制による動だけがあるのでもないし，強制による静止だけがあるのでもない．したがって，もし現に大地が強制的な力によってとどまっているのであれば，それが中心に寄り集まったのも，渦動が原因となって動かされたからである．（これを原因として語っている人たちはすべて，液体や空気の中で起こる事態をもとにしている．すなわち，こうしたものの中では，より大きなものやより重いものが，つねに渦巻きの中心へと運ばれるからである．）それゆえに，天界の形成を論ずる人たちはだれしも，大地が中心に寄り集まったと言っているのである．

---

19) 「それを永続的であるとするか（ἢ ἀεί）」はRossによる付加．これはテミスティオスおよびシンプリキオス両者の論によって支持されている．単一の永続的世界を指定する人たちは永続的な動をも指定しているが，単一の非永続的な世界を指定する人たちはそれを指定していない，というのがこの個所の意味である．単一の世界が次々に継続されていくという場合は（そのときには永遠の動が要求されるだろうが），この分析の中に含まれていないことに注意されたい．

テオプラストスは，無限なるものが永遠の動によって特徴づけられると，はっきり語っていて，それが何らかの仕方で無数の諸世界を担うものとなっていた．彼は，アナクシメネスに対しても同じように，永遠の動を割り当てた．おそらくは，アナクシマンドロスと同様に，アナクシメネスも見やすい仕方で変化の原因として働くはずのものを特定しなかったからであろう．アリストテレスは，まさにこの欠陥を取り上げて，しきりに一元論者たちを非難していた．しかし，資料116からすると，彼は，ときには彼らの思考法を，弟子のテオプラストスよりもよく理解していたようである．そこでは彼は生成したのではない「不死」なる動，事物の中に一種の生命のようなものとして本来的に備わった動を考えている．ことによると，彼はタレスのことを考えていたのかもしれない（130ページ）．しかし「不死で止むことのないもの」という語句は，資料108で彼がとりわけアナクシマンドロスのものとした言葉づかいの一つを思い起こさせる．したがって，アナクシマンドロスにとって宇宙内の変化は無限なるものの神性，生命力と運動力にかかっていたというのが，おそらく彼の考えだったのだろう．アナクシマンドロスの「永遠の動」としてテオプラストスの念頭にあったのは，おそらくは何かもう少し明確で機械的な形態の動，たとえば原子論者の想定した動のようなものであっただろう．資料116の後半部には原子論者について間接的に言及されている．すでに見たように（163ページ以下），テオプラストスは，無数の諸世界の問題とのかかわりで，アナクシマンドロスを原子論者たちと一括してしかるべしとしていたのである．何人かの現代の研究者（たとえばバーネット）は，アナクシマンドロスが想定したのはプラトンの『ティマイオス』に出てくる篩分けの動きに類した無秩序な混乱だと考えた．無限なるものに円運動を割り当てた人たちもいる（たとえばタンヌリ）．いずれも同様にありえそうにない想定である．そもそも，アナクシマンドロス自身がこの動の問題を切り離して立てたということ自体，およそありえないことである．無限なるものは神的であり，したがって，どんなものでも，また思うがままにどこへでも動かす力を，おのずから備えていたのである．その特性をそれ以上規定することは，アナクシマンドロスの意図を損ねることになったであろう．

　アナクシマンドロスに一つあるいは複数の渦動を読みとることが，しばしばなされる．これについての証拠は，実際には，資料117でのアリストテレス以外には何もなく，そのアリストテレスの証言は，ア・プリオリな推論に深く踏み込んだ挙げ句のも

のでしかない．しかし，いずれにしてもアリストテレスがこの個所を書いたときに，おそらくアナクシマンドロスのことは彼の念頭になかったであろう．というのは，その少し後で（資料123），彼は大多数の自然学者たちから区別されていて，その根拠として，彼によると大地が中心に静止しているのは均衡によってであり，通念化されたような「力」によるものではないとされていることが挙げられているからである．ここでなされた区別とそれにつづく議論は，渦動作用についての議論の補足として加えられたもので，渦動のことはもはや考慮に入れられてはいない．したがって，アリストテレスが資料117で「天界の形成を論ずる人たちはだれしも，大地が中心に寄り集まったと言っている」と述べているのは，もしそれが単なる付け加え以上のことを意味してのことであれば，彼の語り方はきちんとしたものではなかった，と考えてよかろう．渦動なるものは，アリストテレスが資料117で示唆した一般化からすると，テオプラストスは，もし見いだすことができたのであれば，より早期におけるその出現に間違いなく言及したであろうが，しかし，われわれの手にある学説誌的な証拠では，エンペドクレス以前のどの思想家とも結びつけられていない．

　ところが，それにもかかわらず，アナクシマンドロスの宇宙生誕論の最初の段階において，無限なるものから分離されてくるものが渦動であるということは，174ページに見るように，まさにありうる事態なのである．無限なるもの全体が渦動運動に巻き込まれているのかとか，諸天体の日周運動はこれが原因で起こっているのか（このことは資料123における大地の均衡ということに合致しないだろう）とかは，それと関係のないことである．重い物体が中心に集まる傾向性は，ほとんどの初期宇宙生誕論で想定されていた．これは一つには，資料117に示唆されていたように，日常経験的な渦動作用の観察によるものであったかもしれない．しかしまた一つには，単に目に見える宇宙世界の構成物の見たままの配列を投映した結果でもあっただろう．

(ii) どのようにして相反的なものが無限なるものから分離したか

　118　アリストテレス『自然学』第1巻第4章187a20（資料104より）

　　　ある人たちの言うところによれば，さまざまな相反するものは単一のものに内在していて，それから分れ出てくるのである．アナクシマンドロスがそう言っているし，またエンペドクレスやアナクサゴラスのように，一と多の存在を語って

いる人たちがそうである．彼らもまた混合体からその他のものを分離させているからである．

119　シンプリキオス『アリストテレス「自然学」注解』24, 21（資料 101A のつづき）
明らかに，彼（アナクシマンドロス）は，四つの基本要素が相互に転換しあうのを見てとって，それらの内のいずれか一つを基体とすることは考えず，それら以外の何か他のものをそれとしたのである．また彼は，生成を基本要素の質的変化によるものとはせず，相反的なものどもが永遠の動をつづけながら分離することによる，としている．

資料 119 の最初の一文からして，ほぼ間違いなく，シンプリキオスはもうテオプラストスを引用しているのではなく，直前に引用した部分についての，彼自身の論旨説明をしようとしている．二つ目の文章では，彼は部分的に資料 104 におけるアリストテレスの分析に依拠している．彼のコメントと元のアリストテレスのものとでは，二つの目立った相違点がある．(a) アリストテレスの場合には相反的なものが「分れ出てくる (ἐκκρίνεσθαι)」のに対して，シンプリキオスでは「分離してくる (ἀποκρινομένων)」とされている．(b) シンプリキオスは，分離は永遠の動によると言ったが，アリストテレスはそうは言っていない．

ところで，ヘルシャー (U. Hölscher, Hermes 81 (1953), 258ff.) は，資料 119 の二つ目の文章におけるシンプリキオスは（『アリストテレス「自然学」注解』150, 22 でもそうだが）もっぱらアリストテレスをふまえて拡張しているだけであり，テオプラストスの解釈を再現しているところはまったくない，と主張している．この個所は，したがって，資料 118 でのアリストテレスがあてにできるものでないとすれば，アナクシマンドロスに対する有効な証拠とはならない．しかし，議論はさらにつづいていて，アリストテレスは，どんな事柄にも彼自身の単純物体と基本的な二組の相反的なものを読み込む癖があり，そのために，無限なるものから「分離してくる」のかわりに「分れ出てくる」とすることによって，アナクシマンドロスを歪曲し，無限なるものを相反的なものの混合体にしてしまった，と言う．テオプラストスも「分離してくる」をアナクシマンドロスにあてたが，それは無数の諸世界についてであって，相反的なものについてではなかったのである（資料 101C「分離した (ἀποκεκρίσθαι)」）．そして，ヘルシャー

によれば,これがこの言葉の正しい使い方である.

　この巧妙な説に対して,以下のような諸点が指摘されよう.シンプリキオスによる永遠の動への言及は典拠をテオプラストスにあおいでおり,アリストテレスにではない(資料115参照).だからこそ,明らかに,「分離してくる」という動詞のほうを用いているのである.したがって,ここで彼がテオプラストスを引用していないことは確かに合意されているが,しかしおそらくはテオプラストスのアナクシマンドロス評価を念頭に置いているのではないか.さらには,ヘルシャーは,きわめて不利な一片の証拠たる資料121の個所を,説得的に打破できていない.資料101 Cにおける擬プルタルコスの学説誌のつづきのこの個所には,「現にあるこの世界の生誕のときに,永遠なるものから,熱いものと冷たいものを生み出すものが分離してきた」と述べられ,その後に宇宙生誕論の詳細がつづいている.これは,歪曲されてはいるが,テオプラストス説を再現したもので,テオプラストスが無限なるものからの分離(ἀποκρίνεσθαι)ということおよび相反的なものを,アナクシマンドロスの宇宙生誕論に含まれた事柄として容認していたことを示している.現存断片(資料110)はこの世界がなお相反的なものによって構成されていることを示唆しているからには,テオプラストスとアリストテレスのいずれによろうとも,宇宙生誕論に相反的なものが含まれていたことは,容認されてしかるべきだと思われる.

　とはいえ,アリストテレスにある「分れ出てくる(ἐκκρίνεσθαι)」についての警戒は聞くべきであろう.それが「分離してくる(ἀποκρίνεσθαι)」を歪曲したものであることは,まことにもっともらしく思われる.しかも資料121によれば,分れ出てくるものは相反的な諸実在(火焰と霧)ではなく,それらを生み出した何らかのものであった.それは一種の種子だったかもしれないし,渦動だったかもしれない.ことによると伝承に混乱があったのかもしれない(174ページ参照).いずれにしても,アリストテレスに同調して相反的なものが無限なるもののうちに(ἐνούσας)あって,それから分れ出てきたと想定する正当性を,われわれは持ちあわせていない.ましてや,無限なるものを,アリストテレスはそうしたのかもしれないが,一種の混合体と規定することはできないだろう[20].無限なるものを,アナクシマンドロスは,明確に規定するこ

---

[20] 次の資料を参照のこと.

とも分析することもなかった．しかし，だからといって，むろん彼がそれを，その産出物について，何らかの仕方である種の複合体——機械的な混合体であれ融合体であれ[21]——としてふるまわせることはなかっただろう，というのではない．もし相反的なものが，シンプリキオスが資料119で述べているように，無限なるものからの分離によって直接生ずるのであれば，無限なるものは無意識のうちに同質一様的ではないものとして，扱われていたことになる．分離とは単に無限なるものの一部分が切り離されて，それが世界となる，というだけのことではありえない．それが意味しているのは，そのこととともに，切り離された部分における何らかの変化である．もしその変化が相反的なものの現われだけではなく，それらを生み出す何らかのものの現われでもあったとすれば，無限なるものとは，たとえば種子とか胚とかを内包したようなものだったと推測されるだろう．しかし，それでもなお，アナクシマンドロスが無限なるものを何か確たる特性を持ったものと考えていたことを意味するものではない．

(iii) 宇宙世界の実際的形成過程

121　擬プルタルコス『雑録集』第2章（資料101Cおよび122Aのつづき．DK12A10）
　　　現にあるこの世界の生誕のときに，永遠なるものから，熱いものと冷たいものとを生み出すものが分離してきて，これから生じた焔の球体が大地のまわりの空気を，あたかも樹皮が木のまわりを包むようにして，包み込んだ，と彼は言う．

120　アリストテレス『形而上学』Λ巻第1章1069b20　……そしてこれがアナクサゴラスの一なるものであり（というのは，このほうが「万物が渾然一体」というよりもすぐれているからである），エンペドクレスおよびアナクシマンドロスの混合体であり，またデモクリトスの言っているところでもある．

資料118が疑わしいとしても，この個所は確実に混合体をアナクシマンドロスのものとしているように思われる．ただし，カロジェロ (G. Calogero) は「アナクシマンドロスの＜無限なるもの＞ (Ἀναξιμάνδρου ＜τὸ ἄπειρον＞)」という読みを提案している．

[21] コーンフォードおよびヴラストス (*CP* 42 (1947), 170-172) の提案．テオプラストスは，シンプリキオスの引用（資料492）によれば，アナクサゴラスにおける万物の混合体を「種においても大きさにおいても無限の単一の実在」と見なしうるものであり，またアナクサゴラスはアナクシマンドロスに似ているだろうと言った，とされている．ただし，その類似点が混合体という考え方においてであるかどうかは明らかでない．

第3章 ミレトスのアナクシマンドロス

そして，その球体が破裂し，多数の円環状のものに閉じ込められることによって，太陽や月やもろもろの星ができたのである．[資料134につづく]

　この個所は（天体については，資料125にヒッポリュトスの補足があるが），アナクシマンドロスにおける宇宙生誕論の細部についてのテオプラストスの報告に対する，事実上唯一の権威となっているものである．『雑録集』は，テオプラストスの再現にあたって，いつでもシンプリキオスあるいはヒッポリュトスより不正確である（資料101参照）．しかし，ここに挙げた個所は，疑う余地なくテオプラストスに基づいており，樹皮の比喩が挿入されているのは，あたかもアナクシマンドロス自身に由来したものであるかのように見え，この個所が，少なくともところどころではテオプラストスにかなり忠実に従っていることを示唆している．

　「永遠なるものから（ἐκ τοῦ ἀιδίου）」は，おそらく「無限なるものから」という意味であろう．無限なるものには不死という記述がされている[22]．「永遠なるものから，熱いものと冷たいものとを生み出すものが分離してきて」は，なお難解である．「生み出すもの（γόνιμος）」はペリパトス派好みの用語であるが，通常は，わずかながらも生物学上の生殖という意味合いを残している．他方，前5世紀にはこの語は，エウリピデスとアリストパネスに2例現われるだけで，後者の用例は比喩的に弱められたものである．ただし，ヒッポクラテス派の『流行病』における特殊な医学専門用語的用法（病気における重大な時期について用いられるが，生物学的な意味はほとんどなくなっている）を除外してのことである．したがって，それがアナクシマンドロスの用語である公算は，ありえないように思われる．そして，その語の使われ方，とくにプルタルコスの場合の使われ方が，生物学的な含みのまったくない，精彩を欠いた比喩となっていることから見て，ここでのそれが，どれほどかすかにであれ，生物学

---

22) 別の可能性としては，語句全体を「全時間から（いつでも）生み出すものが ……」という意味にとることである．この場合には，定冠詞なしの ἐξ ἀιδίου（全時間から）となるべきである．しかし，他方の解釈では ἐκ τοῦ ἀιδίου（永遠から）が定冠詞 τό と γόνιμον（生み出すもの）の間に割り込むことになり，これも奇妙と言えば奇妙である．いずれにしても，無理な表現はただちにアナクシマンドロスのせいではないし，どちらにしても意味の不明瞭さにさしたる相違はない．アナクシマンドロスにありえたかもしれないあいまいさについては，バーンズ（J. Barnes, *The Presocratic Philosophers* (London, 1979) I, 43）による巧みな分析を参照されたい．

な意味での生殖を表わす意図を持っている，と確言することはできないだろう．この点は強調しておかなければならない．アナクシマンドロスにおけるこの段階が「オルペウス教」の見解において宇宙卵を生む場面（これについては36-43ページを参照のこと）に対応している，とするコーンフォードの提案が広く知られているからである．もしアナクシマンドロスが，世界形成における最も困難な段階——種々雑多な複数のものを単一の素材から，しかもここでは無限なるものから，産出する段階——を説明するのに，古来の神話に見られる性的な出産という手段に逃れたことが分かったとしても，驚くことではないであろう．とはいっても，卵というような粗野で一目瞭然の仕組みを予想しはしないであろうし，証拠からしても，どれほど比喩的であれ，そうした性的な仕組みを支持するものでないことは，間違いないのである．「生み出すもの（τὸ γόνιμον）」とは何らかの事物であるよりもむしろ一つの過程であるとする，まったく異なった提案がヴラストスによってなされた（*CP* 42 (1947), 171 n. 140）．たとえば渦動によって，相反的なものの出現をうまく説明することもできよう．用語法としては，デモクリトスの断片167「渦動が万有から分離してきた（δῖνον ἀπὸ τοῦ παντὸς ἀποκριθῆναι）」がある[23]．とはいえ，さきに(i)で提起された考察を棚上げにして言えば，なぜテオプラストスは，すっかり彼になじみの過程を記述するのに，端的に渦動（δῖνος もしくは δίνη）という言葉を使わなかったのだろうか．しかもその言葉は，アナクシマンドロスとアナクサゴラスの類似をさらに強調することになったはずのものである（172ページ注21）．もし彼がその言葉を用いていたとすれば，擬プルタルコスにおける，こうしたあいまいで持って回った言い方はまずされなかったことだろう．少なくとも一つの可能性としては，テオプラストス自身がこの最初の段階について，ことによると十分な情報に欠けていたために，疑問を持っていて，それを埋め合わせるためにあいまいな表現を用いたのではあるまいか．しかし，彼は無限なるものと相反的なものとの中間的存在を考案することをしなかったのかもしれず（相反的なものはもっと簡単に，たとえば資料118におけるように，直接的に産出することもできた

---

[23]「分離してくる」が渦動そのものについてとともに，渦動の産物についても言われうることは，アナクサゴラスの断片9の冒頭部「かくして，これらのものが回転運動し，その力と速さのために分離しつづけると……」が例証となる．

であろう),とすれば,事の性質上,判断は保留せざるをえまい.

　このように謎めいた仕方で生み出された熱いもの(実在)および冷たいもの(実在)の本性は,擬プルタルコスのそれにつづく部分からうかがわれる.それらは焔と空気ないし靄(それの内部は圧縮されて土になっているものと想定されている)である.焔の球体は空気のまわりにぴったり密接していて,それはちょうど樹木のまわりに樹皮がぴったりと生ずるような具合である.これがこの比喩の要点ではあろうが,それは必ずしも焔が環状をなしていることを示唆してはいない(たしかに結果として大地の形状は円筒形ではあるが,資料122参照).そこで,これまでのところは,無限なるもののうちで何らかのものが切り離され,それが焔と空気ないし靄を産出すると,大地が核のところで凝縮し,焔が空気のまわりにぴったりと密接している,という状態にある.さて,焔の球体が破裂し,同時に広がった靄によって囲まれた複数の円環の中に分断されると(資料125参照),それが天体を形成する.資料132から分かるように,湿潤な大地は太陽によって干上がり,水分の名残が海である[24].

VI. 宇宙論,現にある世界の構造

(i) 大地

122　(A) 擬プルタルコス『雑録集』第2章
　　　また大地の形状は円筒形で,横の広
　　　がりに対して3分の1相当の縦の深さ

(B) ヒッポリュトス『全異端派論駁』
　　第1巻第6章3節
　　それ(大地)の形状は丸く(γυρόν)

---

[24] 資料121には,疑問の余地のある「生み出すもの(γόνιμον)」以外にも,生物学・胎生学的な言葉づかいの兆候が含まれている可能性はある.ボールドリー(H. C. Baldry, *CQ* 26 (1932), 27ff.)が指摘したように,「分離(ἀπόκρισις)」は,胎生学の論考では,親から種子が分離することを記述する場合に用いられている.また「樹皮(φλοιός)」は羊膜の意味でも使われるし,ことによるとアナクシマンドロスにも類似の意味で使われたかもしれない(資料133参照).「破裂する(ἀπορρήγνυσθαι)」は,新生児が親の身体から離れる場合に,ときとして使われる(この個所での意味はまずそれではなさそうである.この点,ハイデルおよびボールドリーとは意見を異にする).しかし,これらの言葉はいずれも胎生学的な意味だけを持ったものではない.それらは一般的な用語であり(ただし,「樹皮(φλοιός)」だけは別で,この語はほとんどの場合「樹皮」の意である),胎生学と宇宙生誕論の両方に用いられても当然のものである.

を持っている．　　　　　　　　　　　　　　円形（στρογγύλον）をなしていて石の
円柱鼓（κίονος）にそっくりである[25]．
二つの平面の一方にわれわれが乗って
いて，他方の面は対蹠的である．

123　アリストテレス『天体論』第2巻第13章295b10
　しかし，それ（大地）は均一性のゆえに静止していると言っている人たちもいる．古人のうちでは，アナクシマンドロスがそうである．すなわち，中心に定坐しているために，どの方向に対しても均等なあり方をしているものが，上方へなり下方へなりと動くことは，いずれも同様にふさわしくないし，また同時に二つの反対方向への運動を行なうことは不可能であるから，必然的にそれは静止している，というのである．

124　ヒッポリュトス『全異端派論駁』第1巻第6章3節（資料122Bの先行個所）
　大地はいかなるものにも支えられずに宙空に浮かんでいる．それがとどまっているのは，万物から同じように隔たっているからである．

　大地は円柱鼓のような形をしていて，人間はその上側の面に住まっている．大地の表面は凹面——あるいは，事実上は凸面——をしている，というのがその意味だと解する（カーンが考えるように）のは論外である．「丸い（γυρός）」という用語は大地の丸い断面を言っているのであり，それが伝統的な見解にも合致している（20ページ上段，オケアノスについての個所を見られたい．またLSJのγῦροςの項参照）．資料122Bにおける下側表面への言及が，そちら側にも人が住んでいることを言わんとしている，ということもありえない（カーンの前掲書56ページおよび84ページ以下に反して）．大地の

---

[25] γυρόν（丸く）は諸写本ではὑγρόν, χίονι, アエティオス『学説誌』III, 10, 2（DK12A25）ではκίονιとある．「丸く（γυρόν）」（Roeper）は，読みの通らない「湿った（ὑγρόν）」に較べて可能性がありそう．もともとの意味は「曲がった」（たとえば鉤とか身をかがめた肩とかについて言われる）であるが，「丸い」をも意味するようになった．とすれば「円形（στρογγύλον）」は書き込みの語注かもしれない．χίονι（雪）をκίονι（円柱鼓）と訂正したのは，参考意見としてである．おそらくκίονι λιθίνῳ（石の円柱鼓）と読むべきであろう（Diels, *Doxographi Graeci*, 218参照）．いずれにせよ，意味に疑問の余地はない．（カーンの前掲書55ページ以下は説得性がない．）

幅は深さの3倍である——その比率は諸天体間の距離（178ページ以下）と類比的である．大地の明白な安定性は新しい仕方で説明されており，そこには，大地が水上に浮遊し̇て̇い̇る̇とするタレスの考え方（それはアナクシメネスによって復活修正される．199ページ）を，根本的に前進させたことが示されている．大地は何の中心に位置しているのか．おそらくは諸天体の円環群の中心であり，それらの最大のものが太陽の円環である（資料125）．アナクシマンドロスは全体としての世界のことは口にしていないし，そ̇れが無限なるものの中心に位置しているとも言ってはいない．もっとも，もしその考えが彼に示されたとすれば，それを受け入れたであろうことは疑いない．いずれにしても，大地は何か具体的なものによって支えられていなければならない，それは「根」を持たなければならない，という通念を，彼は完全に脱却した．彼の均衡理論は，数学的領域そしてア・プリオリなものの領域への目覚ましい飛躍であった——そうであれば，たとえ渦動作用が彼の宇宙生誕論に適用されていたとして，それが，いわば手許にあって，大地の安定性を説明することができたにしても，彼はその説をとる気にはならなかったであろう，ということがうかがい知られよう．アナクシマンドロスの説に含まれた，より広汎な事柄については，さらにカーンの前掲書76-81ページを見られたい．

(ii) 諸天体

125　ヒッポリュトス『全異端派論駁』第1巻第6章4-5節

　　諸天体は火の円環体として生じ，全宇宙的な火から分離してそれが空気に閉じ込められたものである（資料121参照）．それには筒状のある種の噴出孔があり，そのところで天体の姿を呈する．したがって，噴出孔がふさがると，蝕が起こるのである．月がときに満ちて見え，ときに欠けて見えるのは，孔の開閉に呼応してのことである．太陽の円環は＜大地の＞27倍，月の＜円環は18倍＞であり，太陽は最も上方に位置し，彷徨わざる星々（恒星）の諸円環は最も下方に位置している．

126　アエティオス『学説誌』第2巻第20章1節

　　アナクシマンドロスによれば，（太陽は）大地の28倍の大きさの円環体で，車の輪にそっくりの形をしている．円環体には空洞があって，火が充満している．

ある個所に，ちょうどふいごの筒口のように，開口部から火がのぞいている．(月については，アエティオス『学説誌』II, 25, 1, DK12A22 を参照のこと.)

127　アエティオス『学説誌』第2巻第21章1節
　　アナクシマンドロスによれば，太陽の大きさはこの大地と同等であるが，しかし，その中から放出活動を行ない，またそれによって運ばれる円環体は，大地の27倍の大きさである．

128　アエティオス『学説誌』第2巻第16章5節
　　アナクシマンドロスによれば，それぞれの天体がそれの上に乗っている円環と帯域があって，（星々は）それに従って運行している．

太陽と月は，それぞれ別々の，車輪の外縁部のような固い輪の開口部である．これらの輪は空気（目に見えない状態の靄と考えられていた）で取り囲まれた火でできていて，それぞれの輪ごとにある一つだけの開口部から，ちょうどふいごの筒口から空気を吐き出すように，火を吹き出す．車輪とふいごの比喩は，ことによるとアナクシマンドロス自身から来ているのかもしれない．蝕や月の満ち欠けは，開口部が全面的に閉じられたり，部分的に閉じられたりすることで起こる．例によって，この遮蔽の起こる理由は述べられていない．太陽の開口部は大地の（おそらくは）表面と同じ大きさである（資料127）——注目すべき見解で，ヘラクレイトスが断片3でこれに反対している．車輪の直径は，これの27倍（資料126では28倍）[26]の大きさである．月の輪は，大地の直径の19個分（あるいは，おそらくは18倍か）の幅である．資料125にある欠損部は，アエティオス『学説誌』第2巻第25章1節に従って埋められてい

---

[26] この大きいほうの数値（$28x$）は，もし直径を表わすのであれば，天体の輪の外側（内側ではなくて）の縁からの距離を表わすものではありえない．その場合には1ではなく2が倍数として加えられ，$29×$となるはずだからである．もしそれが直径ではなく半径のつもりだったとすれば，与えられた数値は成立しよう．しかし「太陽の円環は大地の27倍である」（資料125, 126）——資料122で大地はその「幅」が特定されている——には，ここで実際に考えられているのが直径であることが，明瞭にうかがわれる．その場合には，——輪の厚みが大地の直径分であるという，理にかなった想定に立ってであるが——大きいほうの数値は外側の縁から外側の縁までの，小さいほうは空気の輪の本体の内側の縁と外側の縁の中間点から（大地の）外側の縁までの直径を表わすことになろう．

第3章　ミレトスのアナクシマンドロス

る．アエティオスには，月について資料126に対応する情報が提供されていて，それに太陽の輪と月の輪が傾斜しあっているということだけが付け加わっている．星々の輪（これについては以下を見られたい）については，とくに語られてはいないが，おそらくは大地の直径9個分（あるいは10個分）の大きさで，大地に最も近いところにある（資料125末尾）．このように，アナクシマンドロスは，世界の構造の基礎に数学的な基盤をすえ，それが秩序立っていて——たしかに当時としても粗っぽい数量化の方法によってではあったが——，確定可能であるとする想定を発展させていた（この想定はすでにホメロスやヘシオドスにも見られたものである．資料1およびそれに付したコメントを参照のこと）．彼の比例的な距離設定は，ピュタゴラスに影響を及ぼしたのかもしれない．

星々はいくつかの困難をもたらしている．(a) 資料125の末尾には，恒星が大地に最も近接していると言われている．可能性としては，ディールスが考えたように，ここにはもう一つの欠落部があって，惑星への言及もされていたのかもしれない．恒星と惑星が大地から等距離のところにあるということは，ことによると，アエティオス『学説誌』第2巻第15章6節（DK12A18）にも暗に言われているようだし，1（大地の直径）-x-18（月の輪）-27（太陽の輪）という一連の比例的な距離にも，それは示唆されている．このxという不明の距離は，恒星および惑星までの距離にちがいない．xは，この一連の数列に納まるためには，9にちがいないし，恒星および惑星までのさまざまな距離に該当する空き数字は，これしかないからである．(b) 資料128は星々の円環と帯域の両方を述べている（これに対して資料125は，冒頭では星々について一つの円環を，末尾では複数の円環を述べている）．これら二つのものは両立しない．おそらく帯域は恒星に，輪は惑星にあてられたのであろう．しかし，そうすると，恒星と惑星が大地から等距離のところにあるはずだという議論とは食い違うことになる．帯域と輪の両方を配する余地がなさそうだからである．実際のところ，一つの帯域というのが，最も簡単に恒星を説明できるだろうが，それはありえないのである．宇宙生誕論の説明（資料121）によれば，焔の球体が破裂し，あるいは大地を取り巻く靄を突き破り，次いで円環（明らかに空気ないし靄の）に閉じ込められると，太陽，月，星々が形成されるのだった．破裂した後に，焔の帯域の一部が，そのまま帯域として残ったという可能性はないし，ましてや何の言及もない．とすれば，惑星

を含めて，それぞれの星がそれ自身の輪を持つことになるほかない．それらの輪は同じ直径のもので，数限りなくさまざまな面に傾斜している．それらは太陽や月を曇らせることがない（たとえばホメロス『イリアス』XX, 444 以下，XXI, 549 参照）．もしそれらの中心が大地の中心と同じであれば，周極星（これらは沈むことがない）は説明がつかない——帯域によっても，やはり説明できないだろう．そうかといって，それらの中心が距離をいろいろに変えながら，大地の軸を上下するのだとしたら，若干の星が沈まないことの説明はつくだろうが，資料123および124で述べられた均衡を侵害することになりそうである．おそらくアナクシマンドロスは，こうした難点については考えてもみなかったのであろう．黄道上の太陽の動き，月の変則運動，惑星の彷徨などは，おそらくは風の作用によって説明されたのであろう（資料132）．それらの東から西への運行は，輪がそれぞれの円周面に沿った回転運動によるものとされた（資料128における「運行（φέρεσθαι）」を参照のこと）．

　アナクシマンドロスの天文学の大半は，明らかに思弁的であり，ア・プリオリなものであったが，それだからといって，すっかり神秘的ないし詩的なものだと言うことはできない（カーンの前掲書94ページ以下参照）．むしろ，すでにホメロスやヘシオドスに想定されていた宇宙の対称性をさらに発展させ，さらに精緻にして，いささか不完全で大まかな「常識」的観察にいっそう合致するように関係づけていたのである．

(iii) **気象学的事象**

129　ヒッポリュトス『全異端派論駁』第1巻第6章7節
　　　風が起こるのは，最も微細な蒸気が空気から分離するからであり，あるいはそれが凝縮するときに動くことによってである．また降雨は太陽下の事物から立ち昇る蒸発物によるものであり，雷電は風が雲に突入してそれを引き裂くときに起こる[27]．

---

27)「太陽下の事物から立ち昇る蒸発物による（ἐκ τῆς ἀτμίδος τῆς ἐκ τῶν ὑφ' ἥλιον ἀναδιδομένης）」は，ケドレヌスによる．諸写本は明らかに誤った読みを取っており（DK I p. 84 n.），そのままでは，蒸発物は何であれすべて大地から発する，という意味になってしまう．二段階的な蒸発はヘラクレイトスの考え方ともされているが（263ページ注21），おそらくそれは，アリストテレスによる手を加

130 アエティオス『学説誌』第3巻第3章1-2節

　（雷，稲妻，落雷，旋風，暴風雨について）アナクシマンドロスは，これらすべてが風によるものとしている．すなわち，風が厚い雲に取り囲まれて，やむなくその微細さと軽快さによってそれを突破するとき，雲が切り裂かれて音を発し，その裂け目が雲の黒さと対照をなして輝きを呈するのである．

131 セネカ『自然研究』第2巻第18章

　アナクシマンドロスは，すべての事象を風によるものとした．雷鳴は雲との衝突によって生ずる音である，と彼は言う……．（DK12A23参照）

　これらの個所は，（われわれの言う意味での）気象学的事象についてのイオニア的説明法の，多かれ少なかれ標準となるものを，アナクシマンドロスが共有し，またおそらくかなりの程度まで創始したことを示唆している．こうした構想案の主たる要素は，風，海からの蒸発，そして濃縮された蒸発気の集塊（それが雲を形成する）である．この問題についての証言のすべては，もちろん，テオプラストスに依拠しているが，彼が「適切な」説明を補おうとする誘惑にいつも抗していたとは言いきれまいという，疑いをかけてもよかろう．ソクラテス以前の人たちすべての関心の的であったと彼が考えた自然現象のあれこれで，いかなる説明も存在しなかった場合に，とくにそうである．資料129における風の説明（アエティオス『学説誌』III, 7, 1, DK12A24をも参照）はきわめて錯綜している．それは何らかの仕方で空気の最も微細な部分が「分離してくる」ことによる，とされている点に注意されたい．降雨は，太陽によって蒸発した（おそらくは）湿った蒸発気の濃縮化が原因である．風がその他の現象の大部分のものを引き起こし（資料130, 131），その中には，おそらく太陽や月の南北への動きも含まれている．資料132では，133とともに，この点について不明瞭である——その原因は風そのものよりも，その運動を引き起こす蒸発作用にあるのかもしれない（カーンはそう考える．前掲書66ページ）．ただし，資料131には，後者はアリストテレスの考えであったことが示唆されている．空気の所産である風の役割強調は，ともあ

えられた結果であろう．ケドレヌス（後11世紀）は，ときに正しい読みを示している．たとえば，資料129において彼の採っている ἐκπίπτων（突破して）は，諸写本には ἐμπίπτων（突入して）とあるが，資料130（ἐκπέσῃ）に照らして前者が正しい．

れ，ある程度アナクシメネスと合体したものであることをうかがわせる．彼も稲妻についてアナクシマンドロスと同じ説明を提示しているが，しかし，資料130への補論として，独特の譬え（櫂(かい)が水中できらめくこと，資料158参照）を挿入していることで，相違を示している．この問題および次の(iv)については，さらにカーンの興味深い議論（前掲書98-109ページ）を参照されたい．同書102ページでカーンは，気象学的な稲妻の火が風から発することと，天体を構成する円環が火を発することとの対応関係を強調している．

(iv) 大地は干上がりつつある

132　アリストテレス『気象論』第2巻第1章353b6
　　　最初，地表は一面湿潤であったが，太陽によって乾くにつれて，その蒸発分は風となって，太陽や月の回帰を起させるのであり，その残りが海である，と彼らは言っている．したがって，彼らは，海が次第に乾いていって，ついにいつかは干上がってしまうだろう，と考えている．
　　　　　　アレクサンドロス『アリストテレス「気象論」注解』p. 67, 11（DK12A27）
　　　……テオプラストスの語るところによれば，アナクシマンドロスとディオゲネスがこうした説をとっていた．

アレクサンドロスの報告によって（さらにはアエティオス『学説誌』III, 16, 1 によっても確証される），テオプラストスがこの説をアナクシマンドロスのものとしていたことが分かるのは，有益である．ただし，海が干上がりつつあるということに関して，アリストテレスによって名前が挙げられているのは，デモクリトスだけだということ（『気象論』II, 3, 356b10, DK68A100）には，注意が必要である．アリストテレスは，これより前の個所（『気象論』I, 14, 352a17）で，海が干上がりつつあると考えた人たちは，この過程の局地的な実情に影響されてのことだった（その過程が顕著だったのは，前6世紀のミレトス周辺だったことは銘記しておいてよかろう），と述べていた．彼自身は彼らの誤った推測を非難して，他の各地では海は増大しつつあると指摘している．また，長期にわたる相対的な乾期と洪水期というものもあり，アリストテレスはそれ

らを「大年」における「大夏季」「大冬季」と呼んだのである[28].

　もし，海がまったく完全に干上がってしまうだろうということを，アナクシマンドロスが考えたとしたら，明らかにそれは，現存する彼の断片（資料110）に表明されている「諸事物はそれらの犯した不正に対して罰を受ける」という根本原理への重大な裏切りとなろう．なぜなら，陸地は，海を侵犯しても，報復を受けないことになるからである．さらには，言われているのは海だけであるが，雨は蒸発気の濃縮化によるものと説明されていたからには（資料129），海が干上がるということは大地全体が干上がることにつながると結論するのは理にかなっている．しかし，彼の断片の全体的な解釈として，宇宙世界の安定を主張したものとするのは誤りだったのだろうか．大地が干上がることは無限なるものへの再糾合の前兆だったのだろうか．それはありえなかったはずである．大地が旱魃によって破滅したとすれば，それは暗黙のうちに，無限なるものそれ自体を乾いたもの，火の性(さが)のものとして，特性づけることになり，したがって，まさにその本性に矛盾をきたすからである．しかもその上，断片という形態に基づいた議論は，なおも存立できるのである．断片に示された原則は，しかしながら，もし海の減退が周期的過程の一部にすぎないというのだったら，維持されうるだろう．海が干上がると「大冬期」（アリストテレスの用語だが，より初期の説に由来すると思われる言葉でもある）が始まるが，しかしやがてもう一方の極が到来して，大地全体が海におおわれ，おそらくは泥地と化すのである．

　これがアナクシマンドロスの考えであったことは，ちょうど彼の直後の世代の，もう一人のイオニア人クセノパネスが，大地の干上がりと泥地化の周期的交代を想定した事実（230-232ページ参照）によって，より公算の高いものになっている．クセノパネスは，当時の海からほど遠いところにある岩石中に埋もれた植物や動物の化石に感

---

28) ここで，とくにアリストテレスの念頭にあったのは，デモクリトスかもしれない．彼は，海が干上がりつつあると考え，しかも世界が終末をむかえようとしている，と考えた．クセノパネスの場合以上に，アナクシマンドロスがそう考えたとする必要はない．実際には，アリストテレスはこれ以前のところでの周期説のことでデモクリトスを非難していたのかもしれない．――アリストテレスの次のような発言は，とくにアナクシマンドロスへの言及が含まれているようである（『気象論』II, 2, 355a22）．「大地をとりまく宇宙世界が太陽によって熱せられ，空気が生じて天空全体が拡張すると……と語っている人たち」（資料121参照）．

銘を受け，そこから大地がかつては泥だったと推論した．しかし彼が論ずるのは，海がさらに干上がるだろうということではなく，万物が泥へと帰っていくだろうということである．人類は滅びるであろうが，しかし周期的交代はさらにつづいて，大地は干上がるであろうし，人類は新たに生み出されるであろう．

アナクシマンドロスにとっても，人類は究極的には泥から生まれたのだった（資料133, 135）．両者の並行関係は完全ではないが，きわめて緊密である．クセノパネスは，アナクシマンドロスを訂正ないし修正しようとしたのであろう．アナクシマンドロスもまた，壮大な伝説上の火と洪水の時期，パエトンとデウカリオンの時代のことは，よく知っていた．イオニア地方の海岸線から海が後退していくことに感銘を受けて，彼がそうした時期を大地の全歴史のうちに当てはめようとしたことは，十分にありえたことだろう．

Ⅶ. 動物および人間の発生

133　アエティオス『学説誌』第5巻第19章4節

　アナクシマンドロスによれば，最初の生物は湿ったものの中で生まれ，トゲのある外被を纏っていた．そして年齢を経るにつれて，より乾いたところへ進み出ていったが，外被が破れると，わずかの間ながら別の新たな生を送った，という．

134　擬プルタルコス『雑録集』第2章

　さらにまた彼は，はじめ人間は異種の生物から生まれた，とも言っている．他の生物は生まれるとすぐに自力で育つようになるが，人間だけは長期にわたる養育を必要とし，したがって，こうしたものであるからには，はじめはけっして生存しつづけられなかっただろう，というのがその根拠である．

135　ケンソリヌス『生誕の日について』第4巻第7章

　ミレトスの人アナクシマンドロスは，熱せられた水および土の中から，魚あるいは魚とよく似た生き物が発生したと考えた．そして，人間はこの生き物の体内で生まれ，成長するまで内部にかくまわれて養育されたのであり，それが破裂したときに，男性と女性がすでに自立できるようになって歩み出た，と考えた．

136　ヒッポリュトス『全異端派論駁』第1巻第6章6節

生物は，＜湿ったものの中から＞太陽の蒸発作用を受けて発生した［「蒸発作用を受けて（ἐξατμιζομένου）」はディールスによる．諸写本には -όμενα とある．］．しかし，人間ははじめ別の生物，すなわち魚とそっくりであった．

137 プルタルコス『食卓歓談集』第 8 巻 730E（DK12A30）

それゆえ彼ら（シュリア人）は，魚を同族のもの，同じ育ちのものとして敬っているのであり，彼らのほうがアナクシマンドロスよりもすぐれた哲学的洞察をなしている．なぜなら，彼は，魚と人間を同じ親たちから生まれたとするのではなく，最初の人間は，サメのように[29]，魚の体内で生まれ育てられ，十分に自活できるようになって，そのときはじめて外に出て陸地に上がった，と主張しているからである．

以上が，動物および人間の生命の起源に関して，アナクシマンドロスによる見るからに見事な推測について，事実上，われわれが手にしている情報のすべてである．最初の生命体は，太陽熱によって泥土（どの典拠でも ἰλύς と言われている）から生まれる．これは標準的な説明となり，アリストテレスでさえ，そのような場合の自然発生を容認した．理論の背後にあるのは，おそらく，熱い砂地や海の縁に大量にいる湿地のハエやゴカイ類の観察だったのだろう．とはいえ，最初の生き物はその類いではなく，トゲの生えた外被にくるまれていた——コーンフォードの示唆によればウニのようなものであった．アエティオス（資料 133）は，これらの最初の生き物について特別の情報を保持していたようで，どうやらそれは，魚に似ていて体内で人間を養育する生き物よりも以前のものだったようである．ここに「外被（φλοιός）」が使われていることは，宇宙生誕論の説明（資料 121）において，樹皮の比喩に使われた同じ言

---

29) エンペリウスによる「サメ（γαλεοί）」は，諸写本にある παλαιοί（昔の人たち）への対案で，それはプルタルコスの別の個所，『陸生動物と水生動物とではどちらが利口か』33, 982A に，サメは卵を生んだあと，幼魚が大きくなるまで体内で養育すると言われていることを踏まえた，見事な訂正である．アリストテレスはサメのこの事実を『動物誌』第 6 巻第 10 章 565b1 で記している．しかし「サメのように」は，プルタルコスによる補足見解と見るべきかもしれない（対格ではなく主格になっていることに注意されたい）．彼はそのことを間接的にアリストテレスから知っていた．アナクシマンドロスの考えの一事例として，そのことを彼が引用したとしても，ごく当然のことだったであろう．

葉を思い起こさせる．焔の球体とトゲのある外被とは，どちらも中核部の周囲に破裂したのである（ただし，資料 133 では περι- ではなくて ἀπορρήγνυσθαι とある）．

資料 133 の帰結文の意味については議論が多い．「生を送った（μεταβιῶναι）」とあるが，後期ギリシアでの新しい複合語における μετα- は，いつでも継続よりも変化の意を含んでいる．したがって，おそらくは，その生き物は殻から出ると，短時間ながらさらに異なった生き方（すなわち陸上生活）をした，というのがこの個所の意味であろう．アナクシマンドロスは，環境への適応のむずかしさという理念を，多少なりとも持っていたのかもしれない[30]．これは，人間（9 カ月間の懐胎と長年の無力さを伴っている）が，ある種のものの保護を受けなくては，原初の条件の中で生き残ることはできなかったであろう，という賢明な観察に較べれば，さほど驚くに価しないだろう．この考察の結果として，人間はある種の魚の養育を受けたという推測を導いた——おそらくは，大地ははじめ湿潤であったから，最初の生き物は海生であったという理由からであろう．

アナクシマンドロスが行なったのは，世界の起源とともに人間の起源をも合理的に説明しようとする試みとして，われわれの知るかぎり最初のものであった．その上，生誕の展開の一般原理は，両者相似たものであった（とくに資料 121 参照）．湿ったものが樹皮様の外被の中に蓄えられていて，熱が何らかの仕方で殻を拡張ないし破裂させ，内部の完成形態のものを放出するのである．アナクシマンドロスの後継者たちのすべてが人間の歴史に関心を示したわけではなかったし（彼らの関心はむしろ人間の現状にあった），まただれ一人として，彼の諸説の洞察力ある卓見を凌駕することはできなかった．われわれの持っている資料は不完全ではあるが，それらは彼の自然界についての見解が，最初期のものでありながら，あらゆるもののうちで最も広い視野を持ち，最も想像力豊かなものの一つであったことを示している．

---

30) カーン（前掲書 69 ページ）が，短命はそれらの困難な生まれ方の結果であったと述べているのは，正しかろう．

第4章
ミレトスのアナクシメネス

I. 年代, 生涯, 著作

138 ディオゲネス・ラエルティオス『哲学者列伝』第2巻3節

　　アナクシメネスは，エウリュストラトスの子でミレトスの人であり，アナクシマンドロスに学んだ．ある人たちは，彼がパルメニデスにも学んだと言っている．彼は，元のもの（始源）は空気および無限なるものであると語った．また諸天体（星々）は，大地の下を運行するのではなく，その周囲をめぐって運行している，とも語った．彼は簡潔で無駄のないイオニア言葉を用いた．アポロドロスの言うところによれば，彼はサルディスの陥落の頃に活動中で，第63オリュンピア祭期（前528-525年）に歿した．

　年代誌的な伝承では，アナクシメネスの生没年について，彼はアナクシマンドロスの仲間であったという，テオプラストス（資料140）の言明以上のことが分かっているのかどうかは，疑わしいだろう．学統誌の著作家たちは，彼をアナクシマンドロスにつづく哲学者世代に設定したのだろうし，エラトステネスは，アポロドロスに従って，重要なできごとのあった適当な年を，彼のアクメー（盛年）すなわち40歳にあてたことだろう．目につく画期的年代はキュロスによるサルディス攻略のときで，それは前546／45年（＝第58オリュンピア祭期の3年目．ヒッポリュトス『全異端派論駁』I, 7, 9, DK13A7は第58オリュンピア祭期の1年目としている．また『スーダ』，DK13A2には混乱がある）．これは，彼の生年をタレスのアクメーの頃に，彼の死を一般に選ばれる60歳頃とし，アナクシマンドロスよりも24歳若かったとするもので

ある．これはすべてまったく仮想的なものである．しかし，彼の思想から見てもっともらしいと思われる事柄は認めてよかろう．彼がアナクシマンドロスよりも若かった，という点がそれである．他方，彼の活動が前5世紀になってから長くつづくことは，まずありえなかっただろう（ミレトスは前494年に滅亡した）[1]．

アナクシメネスの生涯および実践的活動については，実際上何も分かっていない（138ページ注参照）．しかし，資料138における文体についての判定から，アナクシメネスが一つの著作をし，少なくともその一部はテオプラストスに知られていたことは明らかで，文体批評はおそらく彼が元になっているようである．「簡潔で無駄のない」イオニア文体はアナクシマンドロスの「やや詩的な言葉づかい」（資料110）と好対照をなすものであろう．

II. アナクシメネスの空気

(i) 空気は原初的実在であり，物質の基本形態である．それは**濃密化と希薄化**によって変化する

139　アリストテレス『形而上学』A巻第3章984a5
　　アナクシメネスとディオゲネスは，水よりも空気をより先なるものとして，他の単純物体のもっとも元のもの（始源）であるとしている．

140　テオプラストス：シンプリキオス『アリストテレス「自然学」注解』24, 26

---

[1] 資料138のディオゲネスの諸写本では，「サルディスの陥落の頃に」と「第63オリュンピア祭期に」とが逆になっている．ディールスが（ここにあるとおりに）訂正した．カーファード（G. B. Kerferd, *Mus. Helvet.* 11 (1954), 117ff.）は，もしサルディスの陥落が前498年のことで，γεγένηται（上記訳文では「活動中」が），「盛年である」よりもむしろ「生まれた」の意であったとすれば（それはたしかに可能であり，おそらくそうであるべきだろうが），写本のテクストは正しいかもしれない，と指摘している．ただし，アナクシメネスが30歳ないしそれ以下で歿したとすれば，である．しかし，アポロドロスがテオプラストスによるアナクシメネスとアナクシマンドロス（アポロドロスによれば，彼は528年までに歿した）の関係づけを無視することなどありそうにないし，あるいはまた，彼が二度の別々のサルディス陥落をそれぞれ画期的な年代として使った（彼が546/45年のそれを使っていることはまぎれもない）ということも，まずありえないだろう．さらには，ヒッポリュトス（DK13A7）も546/45年ないしその前後をアクメー（盛年）とすることを支持している．

アナクシメネスは，エウリュストラトスの子でミレトスの人であり，アナクシマンドロスの仲間であった．彼自身もまたアナクシマンドロスと同様に，基体となるものが単一かつ無限であると言ったが，しかしアナクシマンドロスのようにそれを無限定なものとはせず，限定されたものであると言い，空気がそれであると語った．そして，それは希薄さと濃密さの違いによってあり方を異にする，とされる．すなわち，薄くなると火となり，濃くなると風となり，次いで雲となり，さらに濃くなると水となり，そして土となり石となり，またこの他のものはこれらから生ずる，というのである．彼もまた，動は永遠であり，変化もこれによって行なわれる，としている．

141 ヒッポリュトス『全異端派論駁』第1巻第7章1節

アナクシメネスは……こう言った．——元のもの（始源）は無限なる空気であり，現に生じているものも，かつて生じたものも，これから生ずるであろうものも，また神々も神的な諸事物も，すべて空気から生じ，それら以外のものといえども，空気が生み出したものから生ずる．(2) 空気の性状は以下のようである．すなわち，完全に斉一であるときは目に見えず，冷たくなったり熱くなったり，湿った状態になったり，あるいは動いたりすると，見えるようになる．そして，永遠に動いている．動くことなしには，変化する一切のものが変化しえないからである．(3) 濃密になったり希薄になったりすると，特性が現われる．すなわち，希薄化の方向に拡散すると火になり，逆に空気が濃密になると，それが風であり，空気がフェルト状に圧縮緊密化されると，まず雲ができあがり，さらには水が，そしていっそう濃密化の過程が進むと土ができ，とりわけ濃密になりきったときには石ができあがるのである．したがって，生成のために最も重要な役割を担っているのは相反的なもの，すなわち熱いものと冷たいものである．

資料139に資料150と159を合わせると，アリストテレスがアナクシメネスについて名指しで述べたことは，それですべてであり，われわれの伝承はテオプラストスに依存している．ディオゲネス・ラエルティオス『哲学者列伝』第5巻42節によれば，彼は，アナクシメネスだけを取り上げて論じた著作を書いたという（5ページ以下参照）．物質（質料）因についてのテオプラストスの説明の縮約版が，シンプリキオスによっ

て，資料 140 に保存されている．目下の引用事例については，ヒッポリュトスのものがシンプリキオスのものより長い．しかし資料 141 を調べると，それは主として言葉上の引き伸ばしと追補的（ときには非テオプラストス的な）解釈によるものである．しかしながら，空気の濃密化について用いられた πίλησις（πιλεῖσθαι），すなわち「フェルト状にする」という表現は，擬プルタルコスの要約（資料 148）にも現われており，おそらくはテオプラストスからきているのであろう．これは前 4 世紀に一般的な用語であり，そのままのかたちでアナクシメネス自身によって用いられたとはかぎらないだろう．この点，ディールスその他の主張に対立している．

アナクシメネスにとって原初的素材は，明確に，多様分化したこの世界における基本的な物質形態をなしていた．彼は，それがそのものの本性を失うことなく，海や大地など，この世界の他の構成素材となりうるような仕組みを考えていたからである．それは単に濃密化したり希薄化したりするだけだった——すなわち，それは，特定の場所にどれほどの量だけ存在するかに応じて，その様相を変えるのである．これによって，アナクシマンドロスがタレスの水に対して感知していたと思われる異論（資料 105 および 149 ページ以下）に応ずることができたし，その異論は彼に無限なる原初的素材を想定することを促しもした．アナクシメネスの空気もまた，広がりにおいて無限に巨大であった——それは万物を包括しており（資料 108 および 160），それゆえテオプラストスによって ἄπειρον（無限）と記述された．

彼が「空気」によって正確に何を意味していたか，には疑問の余地がある．ホメロスや，それより後のイオニア散文でもときには，「アーエール（ἀήρ）」は「靄」，目に見える何かぼんやりしたもの，を意味していた．そして，アナクシマンドロスの宇宙生誕論には湿った靄が含まれていて，その一部が凝結すると泥状の大地が形成されることになっていた（175，185 ページ）．アナクシメネスは，おそらく，万物が風（あるいは気息）と空気（πνεῦμα καὶ ἀήρ）に包括されている，と語ったようで，また魂がこの空気と関連しているとも語ったものと思われる（資料 160）．それからすると，彼にとってアエールは靄ではなく，資料 141 でヒッポリュトスが想定したように，目に見えない大気としての空気を指しているようである．このことは，はっきりと彼が風をわずかに濃密化した形態の空気として記述しているという事実（資料 140，141）によって確証される．

ところで，大気としての空気は，たしかにヘラクレイトスでは世界構成素因に算入されなかったし（たとえば資料218），その実在性——すなわち物体性——は，アナクサゴラスでは必ずしも強調されはしなかった（資料470）．とすれば，アナクシメネスは大気としての空気が，少なくともその一定部分が，実在性を持ち，実際に実在の基本形態をなすと端的に想定したかのように思われ，彼はそれの実在性についてはっきりした論証を提示して，彼にすぐつづく後継者たちを得心させることはなかったということであろう．この想定はきわめて注目すべきものである．しかし，銘記しておかなければならないが，気息の意味でのプネウマは，まぎれもなく存在するものと見なされていたのに，それでもそれは目に見えないのである．とはいえ，それはまったく感覚されないというわけではない．プネウマがそこにあることは，触覚的な諸特性——ヒッポリュトスの用語では「冷たくなったり熱くなったり，湿った状態になったり，あるいは動いたりする」——によって明らかにされるのである．大気としての空気は，まれには，これらの事物のいずれにもよらずに自分の存在を知られるようにすることもある．

　濃密化と希薄化の結果として空気がとるとされた主たる形態は，テオプラストスによって概観されている．それらはごく目につきやすいものであり，明らかに自然過程——雲から降ってくる雨，見るからに大地へと濃密化していくような水，そして蒸発など——の観察がもとになっていた．そうした変化は，すべてのソクラテス以前の哲学者たちの認めるところだった．しかし，それらを単一の物質素材の濃密化のみによって説明したのは，アナクシメネスただ一人だった[2]．

---

2) 次の資料を参照のこと．

142　シンプリキオス『アリストテレス「自然学」注解』149, 32　　なぜならば，テオプラストスは『自然学史』において，彼（アナクシメネス）についてのみ希薄化と濃密化ということを語ったが，他の人たちも希薄さと濃密さを行使したことは明白である．

　この個所には何らの難点も存しない（したがって，「……のみ（μόνου）」を「はじめて（πρῶτου）」の意味であると想定するような，応急措置は不必要である）．「他の人たち」（たとえばDK22A5でのヒッパソスやヘラクレイトス）も濃密化ということを用いたと，テオプラストスによって漠然とした仕方では述べられていたのだが，自説の本質的部分として希薄さと濃密さをはっきりと用いたのは，アナクシメネスだけだった，というのである．したがって，シンプリキオスは，アナクシメネスについてのテオプラストスのコメントをやや誤解している．

なぜ空気がことさら常態的ないし基本的な物質形態として特定されたのかが，問われるかもしれない．この世界の自然的変化の観点からすれば，水も同等に基本的でありうるし，空気はそれの希薄化した一形状ということにもなろう．資料160（206ページ以下）の見地では，宇宙規模での空気はプネウマすなわち気息に対比され，それは伝統的に気息＝霊魂すなわち生命力としての魂（ψυχή）と見なされていたことから，アナクシメネスは空気を世界の気息と見なし，そこから世界にとっての永生の，したがって神的な資源であるとしたように思われる（この点については209ページをも見られたい）．それのみならず，空気は，アナクシマンドロスの原初的素材が持つべき，無限（無限定）的な特性のいくつかを備えているように思われたのかもしれない（いかなる特定の相反的なものによっても，自然的に性格づけられないがゆえに）．その上，空気は成立した世界において大きな領域を占めているという優位性を持っていた．アナクシメネスは，一見したところでは，この世界における一般的対立相反の原則を放棄したかに思われ（それは，よりアナクシマンドロス的なかたちで，しかし幾分かの修正が加えられて，ヘラクレイトスによって間もなく復興されることになる），したがって自然的変化を説明する不正と償いという譬喩的な動因さえ失われたかのようにも思われる．しかし，一対の相反的なもの，すなわち希薄さと濃密さが，新しく特殊な重要性を持つことになり，すべての変化はこれら二つのものの対抗作用によるということが，筋の通った議論となりえたのである（さらに194ページを参照のこと）．その上，疑いなくアナクシメネスは，物質は何らかの意味で生きているとする，タレスの想定を共有しており，そのことは，空気のたえざる運動性によって確証されたのであろう——それが知覚されうる場合にのみ，これが空気であると認められたのであれば，とりわけそうだったのであろう．テオプラストスは，いつもながら，こうした想定を「永遠の動」という規定に還元し，すべての変化はこの動に依拠したのであろうと付け加えている．

テオプラストス（資料140末尾の「この他のものはこれらから」や，資料141冒頭における，ぼんやりした不正確なパラフレーズ，またキケロ『アカデミカ第一』II, 37, 118, DK13A9参照）によれば，アナクシメネスはすべての自然的実在が直接的な空気の形態として説明されると考えたのではなく，一定の基本的な形態（火，空気，風，雲，水，土，石）が存在し，その他のものはそれらの合成体としたのだった．もしこれがほんとうだったと

したら，重要なことである．それによってアナクシメネスは，いくつかの基本要素があって他の事物はそれらから合成されるとする考え方——公式的にはエンペドクレスによってはじめて形成された考え方——の先覚者となるからである．ただし，この解釈が正当化されるかどうかは疑問の余地があるように思われる．エンペドクレス以前に，だれにせよ主たる宇宙的実在以外のものについての詳しい説明を与えようと試みた証拠は，他に何も存在しない．多様性を説明する方策を考案しはしたが，アナクシメネスは，単一の宇宙的実在を固守したことで，むしろミレトス派的性格のうちにとどまっていたのであろう．しかも，テオプラストスには，特定されたリストのあとに，まさにここでなされているような一般論的要約を，往々にしてやや誤解をまねくような仕方で，付け加える僻があった[3]．とはいえ，空気が岩や銀梅花(ミルト)の繁みに転化することにまつわる困難は，実際アナクシメネスにも痛感されていたであろうから，それを補完する仕組みとして混合ということの持つ利点を示唆されることはあったのかもしれない（Guthrie, *HGP* I, 122f. 参照）．いずれにしても，アナクシメネスを「ソクラテス以前のボイル」と見なしたり，彼の自然学を「根本的に数量的なもの」とする考え方を，J. バーンズが一蹴したことは，当を得ている（前掲書 I, 45f.）．

(ii) 熱と冷は希薄化と濃密化に起因する

143 プルタルコス『原理としての冷たいものについて』第7章 947F（DK13B1）

あるいは，往年のアナクシメネスが考えたように，冷たいものも熱いものも実在の内に入れないで，それらを変化に応じて生ずる，素材（質料）一般に共通の情態とすることにしよう．すなわち，素材（質料）が圧縮され濃密になると冷たく，希薄なものや「弛(ゆる)んだもの」（用語としては何かこんな言葉を用いていた）は熱

---

[3] より確実に誤った解釈は，アナクシメネスを原子論の先駆者とするものである．彼は物質を連続的なものと考えたはずがない，とする議論がそれである．したがって，同一空間内に存在する物質が多かったり少なかったりすることがありうるからには，それは微粒子であってそれがより緊密にあるいはより軽度に集密化しうるのでなければなるまい，というのである．しかし，ヘラクレイトス以前にだれかが物質の確固とした組成に頭を悩ませることがあったとは思われない．濃密化とは正確にはどんな事態をはらんでいるかについても同様で，それは単に観察された特定の過程についての客観的な記述でしかなかったのであろう．

い，と彼は言い，それゆえに，人間が口から熱いものと冷たいものを吐き出すと言われているのは至極適切である，とするのである．なぜなら，吐く息が唇で抑えられ濃密にされると冷たくなり，口が拡がった状態で息が吐かれると，希薄さによって熱くなるからである．しかし，アリストテレスはこれを当のアナクシメネスの無知による誤りだとしている……．〔擬アリストテレス『問題集』第34巻第7章964a10 参照．〕

　プルタルコスは，アナクシメネスからの真正の引用に接していたものと思われる．「弛んだもの（χαλαρός）」という言葉は，たとえその一語だけであっても，彼のものであると断定的に言われていて，それを疑うべき理由は何もない．考えられるのは，プルタルコスがアリストテレスの失われた文言によっているということである．アリストテレス派の『問題集』には，資料143のつづきの個所に示唆されているような仕方で，この事象が論じられているが，ただしアナクシメネスの名まえは挙げられてはいない．気息の事例がアナクシメネスによって挿入され，空気の希薄化と濃密化が，単に硬さや軟らかさ，密や粗の多様なあり方のような，目に明らかなさまざまのものだけではなく，熱さと冷たさの多様なあり方のように，濃密さとはあまり直接的に関係なさそうなものをも作り出すことができることを示すために用いられていたことは明白である．これだけを証拠としてでも，その事例を，濃密化と希薄化がまるで予期しえない変容を作り出すことができるとする議論，したがってあらゆる多種多様さを担いうるものだとする議論の一部をなすものと予想されただろう．

　しかし，資料141のヒッポリュトスは，生成にさいして熱と冷が必須の役割を演じることを示唆している．言い換えれば，アナクシメネスは，アナクシマンドロスにおける宇宙生誕論の主要な実在，熱い素材と冷たい素材とに，依然として，特別の重要性を与えていたのである．シンプリキオスによるテオプラストスからの抜粋（資料140）には，この点についての言及はないが，それが全面的にヒッポリュトスないし彼が直接あおいだ典拠によるものだとは思いにくい．とはいえ，これらの相反的な実在が，どのような仕方でアナクシメネスの事物の構想において基礎的でありえたのかを見てとるのはむずかしいし，しかもテオプラストスが，アナクシメネスにおいて熱と冷に一定の卓越性が与えられているのを見て，それらは彼にとって，ちょうどアリ

ストテレスやテオプラストス自身にとってと同様に，生成（γένεσις）のために必須の基本要素の一つだったとする示唆を与えた公算は，きわめて高い．（ペリパトス派の単純物体は，第一質料が熱あるいは冷のいずれかと湿あるいは乾のいずれかによって形相化されたものであった．）

　この解釈は時代的に合わないので，プルタルコス自身によって示唆されている自然な解釈——それもなお，ペリパトス派的な用語で表現されているのだが——を受け入れることを制約するものとはならない．しかし，アナクシメネスでさえ，温度が濃密さと直接対応して変化すると考えたのだろうか．たとえば熱い石とか冷たい空気とかいったものは現にある．このことは彼には難点とならなかったのかもしれない．全体としては，確かに，濃密さの度合いが上がれば，火から岩石へと，それに応じて温度も下るからである．空気そのものは，通常は（ともかく地中海域では）目立った存在ではなく，一定して熱いか冷たいかである．そのかわりに，気息が唇によって加圧されるという事例は，濃密さが温度に影響しうるということを具体的に示すように思われたかもしれない．ただし，常に同程度に影響するという意味を含むものではなかったのであろう[4]．

(iii) **空気は神的なものである**

144 キケロ『神々の本性について』第1巻第10章26節

　　　次いでアナクシメネスが，空気は神であり，それは生成したものであるが，無際限かつ無限なるものであり，常に運動状態にある，と考えた．あたかも，神はいかなる形姿をも持たなくても空気は神であることができる……あるいは，生成したものすべてが必ずしも死滅に至るとは限らないというかのごとくである．

---

[4] 気息の例は，自然学説を裏付けるために行なわれた入念な観察として，ギリシアで記録された最初のものの一つである．しかし，以下の点に注意されたい．(1) それは厳密な意味での「実験」ではない．すなわち，一連の事象を周到に作り出すことによって，知られていなかったその帰結が当初の仮定を確証するなり否定するなり，といったものではない．(2) 管理と徹底性を欠いているために，観察から得られた結論が真と正反対のものになっている．(3)「言われている（λέγεσθαι）」という語は，その観察が一般的なものであって，アナクシメネスによってはじめて行なわれたわけではないことを示唆している．

145　アエティオス『学説誌』第1巻第7章13節
　　アナクシメネスは空気を（神であるとした）．こうしたことが言われる場合，基本要素や物体に行きわたっている諸力のこととして，それを解するべきである．

146　アウグスティヌス『神の国』第8巻第2章
　　彼（すなわちアナクシマンドロス）が弟子とし後継者として遺したアナクシメネスは，事物のあらゆる原因は無限なる空気であると述べ，神々を否定もしなければ，黙殺することもなかった．しかしながら，神々によって空気が造られたのではなく，神々が空気から生じた，というのが彼の考えであった．

　これらの文言の最初のものと第三のものには，アナクシメネスによれば，神あるいは神々は原初の空気から出現した，と明言されている．ヒッポリュトスもまた資料141の最初の一文で，「神々も神的な諸事物も」空気から生じた，と書き記していた．とすれば，おそらくテオプラストスは，アナクシメネスの原初の空気そのものが神的であるということにとどまらない事柄を語ったのであろう（資料108において，アナクシマンドロスをはじめ大部分の自然学者が彼らの原初的素材を神的なものと考えていたとする，アリストテレスの明言を参照されたい）．したがって，おそらくアナクシメネス自身が神々について何らかのことを述べたのであろう．この世界にいます神々は，それら自身が，万有を包括する空気という真の意味で神的な存在に由来する，というのがその趣旨であったとする推測は筋が通っていそうである．もしそうだとすれば，アナクシメネスは，因習的な宗教の神性を批判した点で，クセノパネスやヘラクレイトスの先覚者だということにもなろう．もっとも，アナクシメネスがヘラクレイトス以上に実際に神々の存在を否定するところまで行ったという証拠は何も存在しない．空気がすなわち神であるということは，アリストテレスの一般的見解にも，資料145におけるアエティオスにもうかがうことができる．アエティオスはストア色の出た叙述によって「基本要素や物体に行きわたっている諸力」，すなわち世界の構成素材の中にさまざまな度合いで本来備わっている動因，ないし組織力として内在しているような形態の神性を述べている[5]．

---

[5]　アナクシメネスの神々とは無数の諸世界のことであるという主張が，ときになされてきた（たとえばバーネット *EGP* 78ページで）．これは，アエティオス『学説誌』I, 7, 12 やキケロ『神々

III. 宇宙生誕論

148 擬プルタルコス『雑録集』第3章（DK13A6参照）

……そして，万物はそれ（すなわち空気）の一定の濃密化と逆にその希薄化によって生まれる．また動は永遠に存在している．空気がフェルト状に圧縮緊密化されると，最初に大地が生じたが，それは真っ平らなものであった，と彼は言う．したがって，それが空気に乗って浮遊しているのも理の当然である．そして，太陽も月もその他の星々も，大地から生成の源を得ている．少なくとも太陽は大地的なものであるが，素早い動きをすることによって，あのように十分に熱さを得ている，というのが彼の見方である．[「十分に熱さを得ている（ἱκανῶς θερμότητα λαβεῖν）」はZellerによる．諸写本には「（十分に）きわめて熱い動きを得ている（θερμοτάτην

───

の本性について』I, 10, 25によれば，アナクシマンドロスの無数の諸世界が神々と呼ばれていた（DK12A17）からである．これらの言明は，おそらくは，無数の諸世界と諸天体との混同から来ているのであろう．そして，キケロがアナクシメネスについてそうした類いの証拠を握っていたことは，まずありえないだろう．まさにそれにつづく一文（すなわち資料144）において，彼は，唯一の神が出現したと述べているだけだからである（しかも，それを無限なるもの，すなわち原初の空気とする，混乱した述べ方をしている）．アナクシメネスが無数の諸世界を想定したと学説誌上で指摘されているのは，実際にはただ2個所だけである．一つはアエティオス『学説誌』II, 1, 3（ストバイオスだけにある．164ページ参照），もう一つは次の個所である．

147 シンプリキオス『アリストテレス「自然学」注解』1121, 12　宇宙世界が常にあるとしながらも，同一のそれがいつまでもつづくのではなく，一定の時間的な周期に従って次々と別の宇宙世界が生成すると語っている人たちはいずれも，この一なる宇宙世界が生成したものであり，消滅すべきものであるとしている．たとえば，アナクシメネスやヘラクレイトスやディオゲネスがそうであり，また後代ではストア派の人たちがそうである．

ここでシンプリキオスは，アナクシメネスに継時的な複数世界を帰しているようである．その理由の一つは166ページに述べてある．しかし，シンプリキオスの文言はアリストテレスの『天体論』I, 10, 279b12（DK22A10）を忠実に踏まえていて，アリストテレスでは，ヘラクレイトスの前に置かれているのはアナクシメネスではなくエンペドクレスである．したがって，テクスト破損の可能性は排除できないであろう．学説誌的な証拠の状況からすると，無数の諸世界の存在をアナクシメネスに帰す根拠は，アナクシマンドロスに比して，はるかにわずかでしかない．その論点について，テオプラストスが無限の原初の素材と考えるものを，アナクシメネスもまた想定したことを根拠にして，テオプラストスがおそらくは何らかのことを言いはしたらしいのだが（163ページ以下参照）．

κίνησιν λαβεῖν)」とある.]

149 ヒッポリュトス『全異端派論駁』第1巻第7章5節

　星々（天体）は大地から生じた. すなわち大地からの湿った成分が蒸散したためであり, それが希薄化すると火となり, 天空高く上昇した火から, 星々（天体）はできているのである.

　アナクシメネスは未分化の空気からこの世界が成立したという説を唱えたようである. アナクシマンドロスの場合と同じく, 擬プルタルコスだけがこの主題全般について要約しているが, 空気の明白な変化をア・プリオリな宇宙生誕論の定型めいたものに当てはめること以上にはほとんど何もしていない（空気の変化については, テオプラストスによって概略が示されているが, それは現に継続されている自然過程を語ったものである. 資料140において,「～となる (γίνεσθαι)」という現在形が用いられていることを参照されたい). ただ天体の形成の場面についてだけは, 詳しい情報の提示がある. ここでは, 資料149のヒッポリュトスがほぼ間違いなく正しい. 資料148の最後の一文はそれに反していて, アナクシメネスにクセノパネスによる考え（運動による発火）やアナクサゴラスによる考え（前者と同じ点, および太陽が大地から造られること. エンペドクレスとの似たような混同については, 202ページ以下を参照のこと）を押しつけているように思われる. 天体 (ἄστρα) が大地を起源とするのは確かであるが, ただし湿った蒸発気が大地（の湿った部分）から吐き出される, あるいは蒸発するということにおいてのみ起源としているのである. この蒸発気はさらに希薄になり, そうすると火となり, 諸天体はそれから構成される. 大地の形成は, 無限に拡がった原初の空気の一部が濃密化することによって, 行なわれる. この最初の濃密化が起こる理由については, およそいかなる示唆さえもなされていない. 残るのは「永遠の動」の可能性だけである. アナクシマンドロスについてもそうだったが, 神的な原初の素材が思いのままに変化と運動を引き起こす能力を, テオプラストスの言い表す仕方がこれであった[6].

---

[6]　アナクシマンドロスについてと同様に, アナクシメネスにおいて渦動を想定する根拠は, 資料117におけるアリストテレスの一般的な言及の他には何もない. アナクシメネスの場合には,「熱いものと冷たいものを生み出すもの」という, 説明を要する神秘がかったものもない. もっとも, ア

IV. 宇宙論

(i) 大地は平らで空気の上に浮揚している

150 アリストテレス『天体論』第2巻第13章 294b13（DK13A20）

　　アナクシメネスとアナクサゴラスとデモクリトスの言うところによれば，それ（すなわち大地）が静止している理由は，その平板さにある．すなわち，大地は下側の空気を切り裂くことなく，フタのようにそれに覆いかぶさるのであり，これは，平たい物体がそうするのを見るとおりである．こうした物体は抵抗のために風に向かっては動きにくいからである．

アナクシメネスは，大地が幅広くて平らで浅い厚みのものであり——アエティオス『学説誌』第3巻第10章3節（DK13A20）によれば「テーブル状」——，空気に支えられている，とする概念をまとめ上げたものと思われる．この考えはアナクサゴラスと原子論者たち（資料502冒頭および526ページ）に忠実に受け継がれた．彼らの宇宙論の細部は，初期イオニア派の伝統から選び取られた保守的なものであった．大地が空気に支えられているというのは，疑いなく木の葉が空中に浮揚しているさまを観察したことに促されてのものだったにせよ，明らかに，大地が水の上に浮かんでいるとするタレスの考え方を改訂したものだった．アリストテレスは，資料150のつづきで，下方の空気がせき止められても後退することができないために，それが支えになるのだとする示唆をしていたが，それは誤りであった．アナクシメネスの立場では，周囲

ナクシマンドロスについては言外の含みとしてということだったようだが（168ページ以下），アナクシメネスは，アリストテレスの一般的言及からはっきり除外されていた．とはいえ，アリストテレスには，その数行前（資料150）で，アナクシメネスをアナクサゴラスやデモクリトスと一括する理由があった（彼らはいずれも，大地が安定しているのはその幅広さのゆえであると想定していた）．一括された他の二人は，たしかに渦動を想定していたから，アリストテレスは，この観点でも，アナクシメネスを安んじて彼らと一括したのかもしれない——もし彼が，資料117において，単に不用意に「すべての人たち（πάντες）」という言葉を用いたというのでなければ，であるが．むろん，ツェラーが指摘したように，渦動運動は宇宙世界の形成に要求されるさまざまな圧力の相違を作り出しはしたであろう．ただしアナクシメネスは，実際には，諸天体を直接に末端部の希薄化によって説明したわけではないのである．

の空気はどの方向にも限界がなく，考えるまでもなく，その限りない深さによって——そして，木の葉が空中を浮揚していることによって——大地を支えていると想定されていたことは，疑いない．資料148および151から判断するとテオプラストスも，またアエティオス『学説誌』第3巻第15章8節（DK13A20）も，アナクシメネスによると大地は空気の上に「浮揚している（ἐποχεῖσθαι）」と書き記した．この動詞はホメロスにも現れており，アナクシメネスが用いたことは当然ありうる．アリストテレスにある「下方の空気をフタのように覆う」というのは，おそらくは彼自身の表現であり，ことによるとプラトン（『パイドン』99B）による匿名の自然学者——アナクシメネスかアナクサゴラスか原子論者たちか，あるいは彼ら全員のことか——への言及，すなわち彼らは「下方の空気を大地の支えとし，大地は平たいこね鉢のようなものだとする」とあるのを改訂したものかもしれない．

(ii) 諸天体

151　ヒッポリュトス『全異端派論駁』第1巻第7章4節
　　大地は平板で空気の上に浮遊している．また太陽や月のみならずすべての星々は火の性のもので，やはり同様に平板であるがゆえに空気中に浮揚している．

152　アエティオス『学説誌』第2巻第13章10節
　　アナクシメネスによれば，星々（諸天体）の本性は火の性のものであるが，土の性を持ったある種の物体で目に見えないものが，それらといっしょに周転している．

153　アエティオス『学説誌』第2巻第23章1節
　　アナクシメネスによれば，濃密化されて抵抗性を持った空気に押し返されるために，星々（諸天体）は回帰を行なう．

154　アエティオス『学説誌』第2巻第14章3-4節
　　アナクシメネスによれば，星々（諸天体）は「氷状のもの」に鋲のように打ちつけられている．またある人たちによれば，火の性を持った多数の木の葉が描かれたようなものである．

155　アエティオス『学説誌』第2巻第22章1節
　　アナクシメネスによれば，太陽は木の葉のように平板である．

156　ヒッポリュトス『全異端派論駁』第1巻第7章6節
　　星々（諸天体）は大地の下を運行することはせず，その周囲をめぐっている，と彼が述べていることは，他の人たちもそう解しているとおりであり，それはあたかもフェルト帽がわれわれの頭のまわりをくるくる廻っているかのようだ，という．そして，太陽は大地の下に没して隠れるのではなく，大地の高く盛り上がった部分の蔭に，しかもわれわれと太陽との隔たりがいっそう大きくなるために，隠れるのである．

157　アリストテレス『気象論』第2巻第1章354a28
　　昔の天文事象学者の多数が考えたところによれば，太陽は大地の下を運行することはなく，その北方の場所の周囲をめぐって運行しているのであり，その姿を隠して夜を造るのは，大地が北方に高くなっているからである．

　諸天体は大地からの蒸発気が希薄化して火になることによって造られた，と資料149に明言されている．大地と同様に，諸天体も空中に浮揚している（資料151）．ただし，資料151および152に確証されているように，それらは火からなり，火は空気よりも拡散的であるからには，諸天体を，それらよりも濃密な大地と同じように，空気の上に浮揚させることには，アナクシメネスが気づいていなかったと思しい難点がある．太陽の黄道上の運行，月の軌道のぶれ，そしてことによると惑星の軌道のぶれも，さまざまな風（それはわずかに濃厚化された空気である．資料140参照）によって引き起こされることが，資料153に示唆されている．アリストテレスは，『気象論』第2巻第1章353b5および第2巻第2章355a21（資料609）で，それら三つの天体運動のうちの最初の二つを，まさにこの仕方で説明した昔の著作家たちに言及していた．

　しかし，資料154は一つの困難を生じさせている．そこには，「星々（ἄστρα）」（その語はすべての天体，あるいは恒星および惑星，あるいは恒星のみを意味しうる）が氷状の外周天（それは，資料156によれば，半球形だったのだろう）に鋲のように取り付けられていて，自由に浮遊してはいない，と述べられているからである．このことは恒星のみには適用可能であろう．しかし，「氷状のもの」については，他に何も知らされていないし，実際のところ，固い外周天の概念は，アナクシメネスの宇宙生誕論についてわずかに知られた事柄とも，その他の宇宙論上の詳細とも無縁のもので

ある．同じ用語がアエティオスによって3回エンペドクレスの天界（それは球体であっただろう）に用いられているし，『学説誌』第2巻第13章11節では，エンペドクレスの恒星は「氷状のもの」に固定されているが，惑星は自由である，と彼は述べていた．どうやらこの考え方が誤ってアナクシメネスに移されたもののようである．

資料154の後半部は「ある人たち」の唱えた見解として導入されている．しかし，アナクシメネスが諸天体を火の性のものと考えたことは確かであり，また資料155では太陽が木の葉に譬えられていることからすれば，それらが火の性を持った木の葉であるという見解の唱道者は彼であるかに思われるし，また原文が混乱しているようでもある．描かれたものの譬えがどんな意味を含んでいるのかは，きわめて不確かである．もしアナクシメネスのことが念頭に置かれているのだとすれば，ここに言われている「星々（ἄστρα）」とは天体全般のことでありえようし，あるいは（もし前半部が認められるとすれば），それらは惑星のことになるかもしれない．その場合，エンペドクレスにおいてそうであるように，「氷状のもの」に固定された恒星とは区別されていたことになろう．おそらく，この「氷状のもの」という用語は，見ての通りに天空が透明であることを言っているのであろう．それは，経験的な観点からすれば，ホメロスの固い金属容器（17ページ）からの進歩改善を表わしている．そうした進歩改善はアナクシメネスに特有のことでなくはないだろうが，しかしこの見解を彼のものとすることにはきわめて強い疑いが残る[7]．

だれの見解とするかについての，学説誌における不正確さは，とりわけアエティオスに顕著だが，おそらく資料152の後半部には，そのことがよく現れているだろう．アナクシメネスがそれらの目に見えない天界の物体を想定したのは，蝕を説明するためであった，と通常は考えられている．しかし，ヒッポリュトス『全異端派論駁』

---

7) W. K. C. ガスリー（*HGP* I, 136f.）は，ἧλος（資料154では「鋲」）が，少なくともガレノスの時代には，目の瞳に生じた斑点あるいは瘤の意味で使われることがあり，また角膜そのものがときには「氷状の被膜」と言い表されていたことから，この譬喩が生理学的なものかもしれないという巧妙な提言をした．この被膜は，固いものではなく粘性のあるものと考えられていた．とすれば，それをアナクシメネスのものとするための難点が一つ取り除かれることになる．とはいえ，アナクシメネスが「この世界を生命を持ち呼吸している生き物と考えていた」という，彼が確信を持って主張している言明（同書137ページ）は，いかにも当を得ていない．

第1巻第8章6節（DK59A42）によれば，アナクサゴラスもまたそれらの存在を考えたとのことである．とはいえ，アナクサゴラスは蝕の正しい原因を知っていた．したがって，彼がこの目的のために目に見えない物体を想定したはずはない．アエティオスの，これの前の一文がすべてを説明する．すなわち，アポロニアのディオゲネスがこれらの物体を考案したのだが，それは，前467年にアイゴスポタモイに落下した事例が有名な隕石を説明するためであった（資料608）．アナクサゴラスもまた，おそらくは，この周知のできごとによって，隕石を説明する必要を感じたのであろう．しかしアナクシメネスにはそのようなしかるべき理由はなかったことからすると，おそらくその説は，彼の信奉者と目されていたディオゲネスから彼に移し替えられたものであろう．いずれにせよ，その説は隕石に関わったもので，蝕に関するものではなかった[8]．

諸天体は大地の下を通過せず，（哲学以前の世界描像では，少なくとも太陽は大河オケアノスの北側を回航することになっているのだが，ちょうどそのように）大地のまわりを移動する（22ページ以下参照）．まるで帽子がわれわれの頭のまわりを廻るように，とヒッポリュトスは資料156で言い添えている．このイメージを考案したのは，およそアナクシメネス以外のだれでもなさそうである．言われている帽子は，頭にぴったりした，ほぼ半球形のフェルト帽のことである．それは，天界が有限の（ことによると粘性のあるものかもしれないが）半球形をしていて，それが恒星を運行させているという，資料154に含まれた疑わしい示唆を裏付けるものとも考えられそうである．すでに触れたように，これは天空を金属の鉢とする素朴な見方を単に洗練させただけのものである．

資料156の後半部には，太陽は「大地の高く盛り上がった部分の蔭に」隠れる（つまり，西方からふたたび東方にもどる道すがらのことである）ということが付け加え

---

[8] エウデモス（?）は，資料76（DK13A16）のつづきの個所で，月が反射光によって輝いてることを発見したのはアナクシメネスである，としている．これは月が火の性のものだとする考え方とは整合しないので，おそらくは，これもまた古い年代への移し替えによるものであろう．それは，この時代には，パルメニデス（DK28A42），エンペドクレス（資料370），アナクサゴラス（資料500）に共通の考え方であった．

られている（また，太陽との隔たりがいっそう大きくなるために，とも言われているが，これは学説誌的な付け加えのようである）．もし太陽が大地の下を通らないのだとしたら，なぜ夜には太陽が見えないのかについて，相応の説明がされなければならない．しかし，「高く盛り上がった部分」とは北方の高山地域——すなわち，神話に登場するリパイ連山——のことを言うのか，それとも平たんな大地の水平軸上に実際にある傾斜を言うのだろうか．後者の説明が，アナクサゴラス，レウキッポス，ディオゲネスといった，宇宙論的な事柄において強くアナクシメネスの影響を受けた人たちのものとされていたことは，はっきりしている．この傾斜は，どのようにして星々が，何らかの仕方で天上に固定されているものとされながら，没することがありうるのかを説明するものとなっただろう．星々は半球上（その極点は車座（北斗七星）である）を周転し，大地の北縁上部の下方だが平均水平軸以下ではないところを通過するのである．

たしかにこの解釈は魅力的ではあるが，資料 157 によってきわめて疑わしいものとなる．ここでアリストテレスは，昔の天文事象学者の多数が唱えた「高くなっている部分」（またしても，あいまいな用語だが）という説に言及している．しかし彼の文脈は，北方ではいくつかの最大の河が最大の山脈から流れ出ていることを示すことに関わっていて，そのことから，「大地が北方に高くなっている」というのは北方の高山地域への言及だと彼が理解していることは，まさに明瞭である．アリストテレスはアナクシメネスも含めて考えていたものと想定しなければならない．彼には，アナクシメネスの宇宙論的見解の詳細が知られていたのである（資料150, 159参照）．アナクサゴラスやレウキッポスは，したがって，ここでアナクシメネス説を進展させたか，あるいは彼ら自身が後に誤って解釈されたかのいずれかである．

大地が傾斜しているとする仮説にまつわる重大な困難は，そうすると大地は空気の上に浮揚することなく，ちょうど木の葉がそうであるように，すべり落ちて行くだろう，ということである．この点はレウキッポスの大地にも当てはまる．帽子のイメージが明示しているのは天界が半球型をしていることであって，それが傾斜していることではあるまい．実際，なぜ帽子が頭の上で傾いているように思い描かれなければならないのかを納得することはむずかしい．したがって，アナクシメネスはおおまかには素朴な世界描像の構造を受け入れたのであろうが，しかしそこに含まれた，より見

えすいた神話的な細部要因，たとえば太陽が乗る黄金の鉢（これはおそらく北方を航行する間の太陽光を密封する手立てだったのだろう）の類いは払拭されたものと思われる．

(iii) 気象学的現象

158　アエティオス『学説誌』第3巻第3章2節

　　アナクシメネスは彼（アナクシマンドロス）と同意見だが，櫂（かい）で海が切られると白くきらめくという，海面上の事象を，説明として付け加えた．

　　アエティオス『学説誌』第3巻第4章1節

　　アナクシメネスによれば，空気がさらに濃厚になると雲が生じ，それがなおいっそう密集すると雨が搾り出されるが，水分が落下の過程で凝結すると霰（あられ）になり，何か気体状のものが湿ったものにくるみ込まれると雪になる．

159　アリストテレス『気象論』第2巻第7章365b6

　　アナクシメネスの言うところによれば，大地は水に浸かったり乾燥したりすると破砕が生じ，これらの破砕した土塊が落下することによって，地震が起こる．したがって，旱魃（かんばつ）の場合にも，また逆に大雨の場合にも地震は起こるのである．旱魃の場合には，すでに述べたように，乾燥によって破砕が生じ，また雨によっては水分過剰となって崩落が起こるからである．

アナクシメネスは，雷と稲妻についても風によるとするアナクシマンドロスと同じ説明をした，と言われている．これについては，資料130とその解説を見られたい．櫂（かい）のイメージは元のものであろう．雲，雨，霰，雪は，予期される通り，もっぱら空気の濃密化によるものである．このことは資料140でテオプラストスによって示され，アエティオス（またヒッポリュトス『全異端派論駁』I, 7, 7-8, DK13A7 も）が，さらに細部を付け加えている．風もまたわずかに濃密化された空気であり（資料140），さらに，ヒッポリュトスによれば，虹はさまざまな太陽光線が空気によって反射されることで生ずる．アリストテレスは資料159で，アナクシメネスによる地震の説明について，まずまず十全な報告をしている．目につくのは，これについては空気が何らの役割も演じていないことである．

V. 宇宙規模の空気と気息 – 魂との対比

160 アエティオス『学説誌』第1巻第3章4節

エウリュストラトスの子でミレトスの人アナクシメネスは，存在するものの元のもの（始源）は空気であると主張した．すなわち，万物はこの空気から生じ，またそれへと解消されていく，というのである．**われわれの魂は空気であり，それがわれわれを統括しているように，宇宙世界全体を風（あるいは気息）と空気が包括している**，と彼は言う．（ここで「空気」と「風」は同義語的に用いられている．）しかし彼もまた，単純かつ単一性質のものである空気ないし風から，さまざまな生き物が成り立っていると考えたことで，誤りをおかしている．……（つづきは DK13B2 を見られたい．）

ここで太字で表記した語句は，アナクシメネスからの直接引用と認められることが多い．しかし，多少の変更と多少の言い換えは行なわれているにちがいない．文章がイオニア方言で書かれていないし（資料138参照），そこに含まれている συγκρατεῖ（統括する）という語は，おそらくアナクシメネスによって用いられたはずがなく，もう一つ，κόσμον（宇宙世界）という語も，正確にこの意味では，彼によって用いられたとは思われないからである[9]．とはいえ，この文章がアナクシメネスによる言明を何

---

9) 「統括する（συγκρατεῖν）」は，ここ以外では，プルタルコスにはじめて用いられ（2回），次いで後2世紀の医学著作家たちとディオゲネス・ラエルティオス（「息を止める」という用例など）に用いられた．『農事記集成（ゲオポニカ）』やキリスト教の教父たちの著作にも見られる．それは共通ギリシア語（コイネー）にのみ現れうる不自然な複合語で，実質上は「一体的に保持し，支配する（συνέχειν καὶ κρατεῖν）」を縮約したものである．プルタルコス『ポキオン伝』12にその用例がある（「彼は軍の精鋭を［丘の上に集結させて］統括した（συνεκράτει τὸ μαχιμώτατον τῆς δυνάμεως）」）．「宇宙世界（κόσμος）」は元来は「秩序」を意味し，それが「世界 – 秩序体」の意味で定着させられたのは，おそらくは前5世紀半ばになってからであろう．むろん，自然界に見られる秩序を記述するのにはそれよりずっと以前から用いられていたにちがいないし，おそらくは初期ピュタゴラス派によっても用いられたであろう．ピュタゴラス自身が κόσμος を οὐρανός（天界）の意で用いたと信じられているが，それは事を単純化しすぎているのかもしれない（ディオゲネス・ラエルティオス『哲学者列伝』VIII, 48）．ヘラクレイトスの「このコスモス（κόσμον τόνδε）」（資料217）は，おそらく，後に広く行なわれた用法への移行段階にあるもので，それが間違いなく最初に現れるのは，エンペ

らかの仕方で再現したものを表わしていることは，ここで「空気」と「風（あるいは気息）」は同義的に用いられているというアエティオスの評言によっても示されているし，また，魂との対比がアエティオスによって再現されているアリストテレスの端的な批判，すなわちアナクシメネスは動力因を特定しなかったとする批判を込み入ったものにしているという事実によっても示されている．他方，「彼は言う（φησί）」が用いられていても，この種の著作では，直接引用を保証するものとはならない．空気が万物を「包括している（περιέχει）」という表現は，まことにアナクシメネスらしいものである（資料108参照）．気息としての魂概念は（冒頭の一節には，もともと「空気（ἀήρ）」ではなく「気息（πνεῦμα）」とあったのではないか，と疑われるのだが），まぎれもなく古代初期的なものである——ホメロスにおいては，気息と同一とされるのが通例と思われる，生命力としての魂と，感覚および知性の働きをする魂で，通例は「テューモス（θυμός）」と呼ばれるものとが峻別されていることと対比されたい．「宇宙世界（τὸν κόσμον）」は，たとえば単に「万物（ἅπαντα）」を言い換えただけかもしれない．とすれば，言い換えの度合いは，おそらくきわめて大きくはなさそうである．残念ながら，それが正確な要点や対比の度合いに影響したのかどうか，影響したのであればそれがどれほどのものであったのかを確定することはできない．

　このままでは，その対比はきわめて明瞭とは言いがたい．「われわれの魂は気息であり，それがわれわれ（すなわち，われわれの身体）を一つにまとめ，支配管理しているように，宇宙世界全体を気息と空気が包括している（取り囲んでいる）」．単に主語が同じ空気だというだけで，それ以上何らの意味的な含みもないとすれば，二つの事態の類似性は成立しないであろう．たとえば，「ちょうど空気が湿潤さを乾かすように，それは風船を膨らませもするだろう」と言ってみても，不得要領に終わるだけであろう．いろいろな可能性の中の四つを挙げるとすれば，次のようなところだろう．(i) アエティオスにある「統括する（συγκρατεῖ）」は，「一つにまとめる（συνέχει）」といった単純な想念を言い換えたもので，したがって，この個所の意味は「空気は，内側から，

ドクレスの断片134, 5（資料397）においてである．「コスモス」についての十全な議論は，Kahn, *op.cit.*, 219-239を見られたい．また，アポロニアのディオゲネスからの（後代の）影響の可能性については，以下の210ページの注10を見られたい．

われわれを一つにまとめ，そして外側から世界を一つにまとめている．＜したがって，人間と世界は一見したところ以上に類同的である＞，あるいは，＜したがって，空気は最も異なった種類の事物の中で作用を及ぼしている＞」ということである．(ii)「包括している（περιέχει）」は，「操っている（καὶ κυβερνᾷ）」（資料108参照）という語に含まれた意味を担っている．したがって，この個所の意味は「われわれの魂が身体を一つにまとめ，それによって身体を支配管理しているように，原初の実在（それは基本的に魂と同じ素材である）は世界を一つにまとめ，それによって世界を支配管理している」ということである．(iii)「魂は気息であり，それが人間を一つにまとめ，支配管理している．したがって，世界を一つにまとめそれを支配管理しているものもまた気息あるいは空気にちがいない．なぜなら，世界は大規模な人間ないし動物のようなものだからである」．(iv)「人間の生命原理および作動力は，伝統的に，プネウマあるいは気息-魂とされている．＜プネウマは，外部世界では，風として見られる＞．したがって，外部世界の生命原理はプネウマである．＜したがって，風，気息，あるいは空気が万物の生命であり，根本実在である＞．

さて，συγκρατεῖ（統括する）がアナクシメネスにはありえない形の語であることは，すでに見たとおりであるが，さらには συνέχει（一つにまとめる）のような動詞でさえ，彼にとって，魂と身体の関係を記述することができたであろうか，という疑問も生じてくる．魂が身体を一つにまとめるという観念は，ソクラテス以前の資料には，いや，まったくのところアリストテレス以前のギリシア語資料には他に類例が一つもない，というのが実情である．そこに含まれている考え方がけっして複雑なものではないことは，明瞭である．生命原理としての魂が離れ去れば，身体は，あるいはその大部分は，明らかにばらばらになり，もはや一つにまとまってはいない．とはいえ，類例がないうえに，アナクシメネスの用語がこの点でまぎれもなく差し換えられていることが分かっているからには，この個所での συνέχει（一つにまとめる）の意味を容認することでさえ賢明でない．これで(ii)は退けられるが，(i)と(iii)はそうでもない．それらの主要論点は「一つにまとめる（そして支配管理する）」とあるところを，たとえば「所有する」と言い換えることもできよう．まちがいなく，アナクシメネスは，魂が身体全体に行きわたるという意味では，魂が身体を所有する（ἔχει）と考えたはずだからである（たとえば，ヘラクレイトス断片67a参照）．さらには，おそらく魂が身体を支配

管理するとさえ考えたはずである．(iv)は συγκρατεῖ（統括する）を強調することを避けるとともに，部分的には，「プネウマ」という語の用例としてはアナクシメネスのものが現存する最初のものであり，悲劇詩人たちには通有のもの（気息の意味でも，突風の意味でも）となったという事実に，いく分かは依拠している．「プネウマ」という語がそれら二つの意味で使われていたことが，アナクシメネスを人間と世界の並行関係に導いた公算はなしとしないだろう．実際，残された三つの解釈，(iv)および(i)と(iii)との改訂形態はいずれも，かたちこそ違え，この並行関係を表わしている．解釈上そこがこの言明の重要点である．

　それを越えて，その並行関係を基盤としていたはずの，類推のあり方を特定するところまでは，確実さをもって迫ることは，まず望み薄である．とはいえ，よく知られた小宇宙としての人間から未知の大宇宙としての全体世界への類推が，十全に発展したかたちで明確になされた事例は，これを別にすれば，前5世紀の後半に，当時起こった理論医学への新たな関心の影響下に（と考えられるのだが）はじめて現れるのである．(iii)のように鮮明なかたちで，アナクシメネスのように早い時期にそれが登場することは，おそらくありえないだろう．さらには，彼が(i)や(iv)に示唆されているほどにさえ論理的に議論することはなかった，とも考えられよう．むしろ，人間と魂に言及することで，それが世界について推測するための例証とされたのではないか．ちょうど稲妻の原因についての考え方がオールの先端部によって例証されたり，天体についての考え方が頭にかぶった帽子によって例証されたりしたような具合である．それであれば，人間と世界についての議論の発展における最初の段階として，いっそうありえたことのようであるし，アナクシメネスにおける周知のイメージ的なものの使い方とも合致する．

　これがすべて全くの推測の域を出ないのはやむをえないことである．どの程度までアナクシメネスがこの世界そのものを生きているもの，一種の巨大な生物的有機体として論じようとしていたのかは，不確かなままである．すでに注意したように，確かにアナクシメネスは，変化について徹底的に合理的な記述を導入したのだが，彼はいくつかの点で，広く流布した，非哲学的な世界構造の枠組に固執し，そのために，一見してそんなところかと思われるより以上に，古来の擬人化の態度を温存しているようである．とはいえ，空気が人間における生命力としての魂に宇宙規模で対応するも

のであることを直覚したのは，そうした態度をはるかに越え出たものであった．事実それは，空気を原初の実在として選ぶための重要な動因となっていたにちがいない[10]．魂への言及は，それ自体として重要なことである．資料89を別にすれば，これは現存する最古の，ソクラテス以前における魂についての言明である——ただし，実際に思い描かれた，気息としての，魂の構造は，太古から広く流布した伝統に属するものであったが．外なる天空をも満たしている火の性を持つアイテール（上層気）から成るとする，もう一つの魂概念は，やはり広く流布した伝統の経路からヘラクレイトスに受け入れられた．彼はまた，人間と外部世界とが同じ物質素材から成り，同じような規則に従ってふるまうとする想定，おそらくはアナクシメネスにおいては暗黙のうちにとどまっていた想定を発展させることにもなる．

むすび

アナクシメネスは，偉大なミレトスの思想家たちの最後に位置している．彼はまぎれもなくアナクシマンドロスに依拠していたが，おそらくはタレスにも依拠しており，世界の構成素因として現にあるものを原初の素材とする彼らの考え方に立ち返る

---

[10] アリストテレスが『魂について』第1巻第2章405a21でアナクシメネスの名前を挙げなかったのは，ことによると手抜かりかもしれない．そこには，魂は空気であるという見解をとった人たちとして「ディオゲネスその他の人たち」という名前の挙げ方がされている．アリストテレスは，ソクラテス以前の哲学者たちが魂をアルケー（始源）からなるとしたことを論じようとしているのである．プラトンの『パイドン』96B（われわれが思考するのは空気によってである）は，おそらくディオゲネスのことを言わんとしていたのであろう（554ページ以下参照）．彼は魂が温かい空気であると考え，これによって，あるいは魂をアイテール（上層気）あるいは火とする見解と結びつけようとしたのかもしれないからである．ヴラストス（*AJP* 76 (1955) 364およびn. 56）に従って，唯一ディオゲネスだけがここでアナクシメネスに依拠していると考える理由はないし，また（カリン・アルト（Karin Alt, *Hermes* 101 (1973), 129ff.）が論じたように），資料160のアエティオスはアナクシメネスとディオゲネスを混同しているということも，少なくとも「われわれの魂は空気であり……」という言明においては，ありそうにない．その個所は，語調や洗練のされ方において，たとえば資料602とは，大きくかけ離れている．たとえアエティオスのさらなる論評「……さまざまな生き物が成り立っていると考えた」は，ディオゲネスに当てはまるものかもしれないにしても，である．

ことができたのは，濃密化と希薄化——量が形態を左右するような変化の方式として観察できるもの——というすぐれた着想によってであった．この着想はおそらくヘラクレイトスによって採用されたが，かなり異なった自然体系の中に覆い隠されることとなった．というのは，ミレトス派以降においては，この多様な世界の全体が生じてきた元となるべき単一の物質形態を名指すことを最も重要な目的としていた，古来の宇宙生誕論的追求方法は，拡大されるとともに緩和されもしたからである．新しい課題として，神学的な事柄と，事物の物質面よりもむしろ整序的な統一性ということに，アナクシメネスの後継者たるクセノパネスやヘラクレイトスは取り組んだ——もっとも，彼らもまた（たとえ前者は移住したにしても）イオニア派の人たちではあった．

　ミレトス派の伝統からの，さらに根本的な離反が西方に起こった．しかし前5世紀に入り，東方および本土の思想家たち（アナクサゴラス，ディオゲネス，レウキッポスおよびデモクリトス）が，西方のエレア派による吟味論駁から失地回復してのちに，彼らが主として宇宙論の詳細を求めて立ち返ったのは，ミレトス派であり，とりわけアナクシメネスであった．それは宇宙規模での気息-魂に類した壮大な直観のゆえにであるよりも，むしろそれらの詳細が，部分的には，広く流布した非科学的な伝統から援用され，なおそれに守られていたからであった．

第5章
コロポンのクセノパネス

Ⅰ. 年代と生涯

161 ディオゲネス・ラエルティオス『哲学者列伝』第9巻18節（DK21A1）

　　クセノパネスはデクシオスの子，あるいはアポロドロスによればオルトメネスの子でコロポンの人……彼は祖国から追放され，シケリアのザンクレやカタネに滞在し……彼は叙事詩体で著作し，またエレゲイア調やイアンボス調の詩を著わして，ホメロスやヘシオドスを批判し，神々について語られた事柄で彼らを叱責した．しかし，自作の詩を自ら吟唱することもした．またタレスやピュタゴラスに対立する見解を唱えたと言われ，エピメニデスをも論難したと言われている．彼がきわめて長命であったことは，彼自身もある個所でこう言っているとおりである．

　　　ヘラス（ギリシア）の土地をかなたこなたと
　　　　わが思いを騒がせ来たることすでに60と7年．
　　　生まれた日から数えれば，あのときまでの25年がこれに加わる，
　　　　わたしがこれらについて間違いなく話すことができるとすれば．（断片8）
……（20）そして彼は，第60オリュンピア祭期に盛年であった．

162 クレメンス『雑録集』第1巻第64章2節

　　エレア派を創設したのはコロポンのクセノパネスで，彼は，ティマイオスの言うところによれば，シケリアの僭主ヒエロンや詩人エピカルモスの時代の人であったが，アポロドロスによれば，彼は第40オリュンピア祭期に生まれ，ダレイオスとキュロスの時代まで長生きしたとのことである．

クセノパネスは，ミレトス派とは対照的に，韻文で著作した．彼の著作断片は多数伝存している．彼がイオニア地方のコロポンを離れたのは，前546/45年にメディア人によってその地が占領されたころだった（彼は，断片3（DK21B3）でリュディア風の贅沢でコロポンの人たちが堕落したことに言及したことからすると，間違いなくそのことを事前に察知していた）と想定すれば，資料161における彼自身の言葉から，その25年前の前570年頃に生まれたことになろう．たとえこう想定したとしても，彼は長命だったから——資料161の彼の言葉からすると，少なくとも92歳——，現存する彼の詩作品を狭い期間に特定することは不可能である．

　彼はピュタゴラス（資料260）やシモニデス（DK21B21）に言及し，タレスやエピメニデスのことも述べている——後の三人については，ただ彼が言及したという事実以上のことは何も知られていない——．そして，彼自身はヘラクレイトスによって言及されている（資料190）．また後代においては，パルメニデスは彼の弟子であったと考えられた．これらすべては，彼の生涯が前570年頃から前475年頃にわたっていたとすれば，十分に可能である．資料162でティマイオス（前4/3世紀のシケリアの歴史家）が語っていることは，この想定とかみ合っている．ヒエロンは前478年から前467年まで支配に座にあり，その間エピカルモスはシュラクゥサイにいたからである．

　アポロドロスは，おそらく，資料162では間違った伝えられ方をしているのだろう．第40オリュンピア祭期（前620-617年）というのは，クセノパネスの生年としては，法外に早いし，「ダレイオスとキュロスの時代まで」というのは奇妙である．キュロスが歿したのは前529年であり，ダレイオスが権力を掌握したのは前521年だからである．もっとも，クセノパネスの死が，たとえば前525年すなわちピュタゴラスがイタリアに来て間もない頃よりも後のことだとする絶対的なはっきりした証拠は何もない．とはいえ，ディオゲネスは資料161で，アポロドロスに言及した後で，クセノパネスの盛年を第60オリュンピア祭期（前540-537年）としている．これが正しいアポロドロスの年代設定に思われる．それは前540年のエレアの創建（これについてクセノパネスは詩を書いたと言われている）というできごとのあった年代を踏まえたものである．

　クセノパネスの生涯の細かい点は，さらにもっと不確かである．イオニアに生まれ育ち，明らかにイオニアの思想動向に通じていたが，若者だったときにその地を離れざるを得なくなり，以後は，おそらく主としてシケリア島で，放浪生活を送った．エ

レア派との関係は後代の捏造だったであろう（次節参照）．彼は詩人にして知者，他人の作った詩歌よりもむしろ自作の歌い手であった．彼は，一部の人たちが資料161から想像してきたような，ホメロス吟唱家ではなかったことは確かである．現存する彼のエレゲイア詩で最も長いもの（断片1．直接に哲学に関わるところはないが，きわめて興味深い詩である）において，彼は宴会を執り行なうさいに則るべき規則を概括するのに十分な拠り所となっている．彼は，そのために，高貴な邸宅に敬意をもって迎えられたようである．

Ⅱ．クセノパネスとエレア派との関係

163　プラトン『ソピステス』242D（DK21A29）

　　他方，われらがエレア族は，クセノパネスあるいはさらにそれ以前に発しているのだが，いわゆる万物は一つであるとして，それを物語によって述べているのである．

164　アリストテレス『形而上学』A巻第5章986b18

　　というのは，パルメニデスは定義における一なるものに固執しているのに対して，メリッソスは素材（質料）における一なるものに固執しているからである．だから，前者はそれを有限であると言い，後者は無限であると言っているのである．しかし，彼らの内で最初に一なるものを立てたクセノパネスは（パルメニデスは彼の弟子であったと言われているからだが），何も明確にはしなかった……［つづきは資料174参照］．

学説誌家の間では，クセノパネスが少なくとも一時期はエレアで生活し，しかも彼が哲学上のエレア派の創始者であった，と共通に想定されている．資料162がその好例である．彼がパルメニデスの師であったということは，資料164におけるアリストテレスに発して，シンプリキオス（資料165）に見るように，テオプラストスでは断定的に主張されることとなった．とはいえ，アリストテレスの判断は，おそらく資料163におけるプラトンの所見から来ているのであろう．この所見は必ずしもまともな歴史事実としての判断のつもりではなかった（『テアイテトス』152D-E, 160D）における，

ホメロスとエピカルモスがヘラクレイトス派の伝統の創始者であるとする言明に比してもよかろう）．そのことは，「さらにそれ以前に（καὶ ἔτι πρόσθεν）」という語句が付け加えられていることによっても確証されよう．

　クセノパネスとパルメニデスの結びつきは，明らかに，前者による不動の唯一神と後者による不動の球体としてのあるものとの表面的な類似性に依拠したものである——ただし，やがて見られるように，パルメニデスの理論的な構成は，クセノパネスのものとは全く別個の仕方で達成されたものであり，実際には両者は相容れないものであった．クセノパネスをエレア派の一人として論じた極端な事例が，擬アリストテレスの『メリッソス，クセノパネス，ゴルギアスについて』（DK21A28）に見られる．それはおそらくキリストの時代あたりに書かれた論考で，クセノパネスの神が完全にエレア派的な用語で説明されているとともに，その推論は，資料164におけるアリストテレスの判断，すなわちクセノパネスの神はパルメニデスにおけるように有限なものでもなく，メリッソスにおけるように無限なものでもない，ということから導出されている．

　具合のわるいことに，シンプリキオスは，クセノパネスの詩のこの個所を目にすることのないままに（『アリストテレス「天体論」注解』522, 7, DK21A47），この論考を頼りにして，テオプラストスからは通例に較べてはるかに少ない引用しかしなかった．クセノパネスをエレア派に関係づける証拠は，他にはわずかしかない．ディオゲネス・ラエルティオス（『哲学者列伝』IX, 20, DK21A1）によれば，彼は，コロポンの建国とエレアへの植民について2000行の詩を書いたと言われている．しかし，これはおそらく散文詩作家で偽作家のアルゴスのロボンに依拠したもので，信頼できない．またアリストテレス（『弁論術』II 23, 1400b5, DK21A13）は，クセノパネスがエレアの人たちにある勧告をしたという逸話を語っている——しかし，これは「浮浪性」の逸話であって，ヘラクレイトスその他の人たちとも関係づけられている．クセノパネスがエレアを訪れたというのはありえないことではない．彼とエレアとの関係は，ことによるとそれだけのものかもしれない．

　いずれにせよ，彼は，ピュタゴラスに主導された西方の新しい哲学動向を代表してはいなかった．彼はまた典型的なイオニア人でもなかったが，彼の考え方は，イオニア派の諸理論や，もともとイオニア人であったホメロスへの直接的な応答となってい

るので，本書では彼をイオニア派に位置づけ，またおそらく年代的にはピュタゴラス——彼も，クセノパネスと同様，ギリシア世界の西方から東方への移住者であった——の後に位置するのだが，そうはしなかった．

III．クセノパネスの詩

　現存するクセノパネスの断片のうち，あるものはエレゲイアの韻律により，あるものはヘクサメトロンの韻律（六脚韻）によっている．また資料 167 は，イアンボス調のトリメトロン（三脚韻）にヘクサメトロンの韻律（六脚韻）を伴ったかたちをなしている．これは，ディオゲネスが資料 161 でこれら三つの韻律を挙げていることに符合している．ともあれ彼の詩の若干は「シロイ（斜視・横目）」と呼ばれた諷刺詩であり，前 3 世紀の「シロイ作家」プレイウスのティモンは自作の「シロイ」をクセノパネスに献じた，とセクストス（DK21A35）によって言われている．ティモンが彼について著作したのは確かである．彼の詩については DK21A20-23 をも参照されたい．

　後代の三つの典拠，すなわちストバイオス（アレゴリー的な著作をしたある人物によっている），『イリアス』へのジュネーヴ古注家，ポルクス（DK21A36, 21B30, 21B39）によれば，クセノパネスには『自然について（Περὶ φύσεως）』と呼ばれる自然学的著作があったとのことである．この表題をどう見るべきかについてはすでに論じられたとおりで（135 ページ，および同ページ注 3），期待されるのは，少なくともクセノパネスに見られる自然学的諸見解への後代におけるいくつかの言及がこのかたちで行なわれたのだろう，ということだけである．アエティオスは，いま挙げたうちの最初の二つ場合に挿入された個所をやはり引用しているのに，『自然について（Περὶ φύσεως）』のことは何も言っていないのであり（DK21A36 および 46），このことは注意されていい．クセノパネスが自然学的な事柄について正式な著作をした公算はきわめて低い．クセノパネスの一元論的な考え方は，普通の意味での「自然学的」なものではなかった，とテオプラストスが言ったことは，目にとめてよかろう[1]．

---

1) 次の資料を参照されたい．
　165　シンプリキオス『アリストテレス「自然学」注解』22, 26　　コロポンの人でパルメニデス

クセノパネスは，アナクシメネスやヘラクレイトスのようには，自然的世界を包括的に説明することに，それを第一義として携わりはしなかった．疑いの余地なく，彼の関心はとりわけ神学にあり，自然学的な論点についての彼の所見の多くは，その問題に関わっていた．それ以外にも，皮肉を込めて先行諸理論を退けている場合もあったことだろうし，また，当時にあって，多数の教養あるギリシア人たちが自然学上の諸問題に感じたであろうような関心を，おのずから反映したような場合もあるにはあっただろう．そうした所見は，特定の詩人や思想家に対する見解を交えつつ（たとえば資料166．またDK21A22をも参照のこと），別々のいくつかの詩の中で，多様な韻律によって表現されていたのであろう——ただし，現存する神学的断片や自然学的断片は，ほとんどすべてヘクサメトロンの韻律（六脚韻）によるものばかりである．エレゲイアの韻律による宴席用の詩歌集が別にあったのかもしれない．

IV. クセノパネスの重要性

クセノパネスの知的重要性については，きわめて多様な見解がある．そのため，イェーガー（W. Jaeger, *Theology*, 52）は「後代の宗教的発展への巨大な影響」について記したのに対して，バーネット（*EGP*, 129）は「いつの日か彼が神学者と目されることになると知ったならば，笑いを浮かべたであろう」と主張した．バーネットの書き方がいささか誇張されているのは確かである．とはいえ，クセノパネスがミレトス派やヘラクレイトスやパルメニデスとかなり相違していたことは明瞭である．

彼は詩人であるとともに，思索に富んだ関心を，特に宗教や神々について抱いてい

の師のクセノパネスは，元のもの（始源）を一つ，あるいはあるもの全体を一つである（そして，それは有限でもなければ無限でもなく，運動してもいなければ静止してもいない）と想定した，とテオプラストスは言い，クセノパネスの見解はむしろ自然についての研究とは異なるものであることに同意している．

テオプラストスは，ここで，資料174におけるアリストテレスによって誤解させられ，クセノパネスの唯一神がまったく非自然学的なものであり，パルメニデスのあるもののような存在全体のことである，とする考えに導かれている．しかし，もしミレトス派の著作とどこか類似した詩があったとしたら，彼はまずそんな風には考えたりはしなかっただろう．

て，そのために詩人の開祖にしてクセノパネスの当時の教育の根幹をなしていたホメロスに対抗することになった．ホメロスの神観に対するクセノパネスの攻撃は，彼の詩を聞いた普通の人たちにも，また他の思想家たちにも，ともに深い影響を及ぼしたにちがいない．たとえば，ヘラクレイトスが血による浄めや神像を弾劾したのも（資料241），おそらくは彼に影響されてのことであった．クセノパネスによる神性についての肯定記述は，『救いを求める女たち』におけるアイスキュロスの神的力についての記述（資料173）の下地をなしていると考えてよさそうである．詩人と運動競技者とのほんとうの相対的価値の算定ということ（断片2）は，エウリピデスによって『アウトリュコス』（断片282 Nauck^2, DK21C2）において発展させられた．これはクセノパネスの合理的な知性主義の，やや専門領域的な事例である．

　また，彼の神学的な関心を理由にして，その非科学的な性格を誇張するのも無難なことではない．神々についての考究と自然研究とは分かちがたいものだったのであり，化石からの推論（230ページ以下）は，それが彼独自の観察によるものだったかどうかはともかくとして，観察事実から一般的仮説への周到な議論——ソクラテス以前にあっては周知のごとくにまれなものである——，しかもけっして成立不可能ではない議論を示している．彼が提示したその他の自然学的言明には，話にならないほど奇妙なものもいくつかあるが，それらについては，どれほど本気で言われていたものなのかを，はっきりさせることはできない．

　彼は，第一には，批判家であり，その追求方法は独自であり，またしばしば特異なものだった．専門家であるよりも知者という意味での真のソフィストであり，ほとんどいかなる問題に対しても関心を示す用意があった（もっとも，たまたまそうなったのだろうが，政治的な表明については何も知られていない）——むしろそのことが資料190におけるヘラクレイトスのクセノパネス攻撃の理由であった．ほとんどあらゆる主題にわたる彼の諸見解は，いずれも周到に注意を向けるに価する．

V. 神　観

(i) 因習的宗教における神々への攻撃：(a) 不道徳性，(b) 擬人的本性

166　断片11：セクストス・エンペイリコス『学者たちへの論駁』第9巻193節

> ホメロスとヘシオドスは人の世で破廉恥とされ
> 非難の的とされるあらんかぎりのことを神々に行なわせた——
> 盗むこと，姦通すること，互いに騙しあうことを．

167 断片14：クレメンス『雑録集』第5巻第109章2節
> しかし死すべき人間たちは，神々が生まれた身であると思い，
> 自分たちのような衣服と声と体つきを持っていると思っている．

168 断片16：クレメンス『雑録集』第7巻第22章1節
> エチオピア人たちは＜自分たちの神々が＞平たい鼻で色が黒いと主張
>   し，
> トラキア人たちは自分たちの神々の目は青く髪は赤い＜と主張する．＞

169 断片15：クレメンス『雑録集』第5巻第109章3節
> しかし，もし牛や＜馬や＞ライオンが手を持っていたとしたら，
> あるいは手によって絵を描き，人間たちと同じような作品を作りえた
>   としたら，
> 馬たちは馬に似た神々の姿を，牛たちは牛に似た
> 神々の姿を描いた＜ことだろうし＞，身体を作るのにも
> ＜それぞれ＞自分たちの持つ体つきと同じようなものにしたことだろ
>   う[2]．

クセノパネスの批判は明確である．第一に，ホメロスとヘシオドスの神々はしばしば不道徳的であるということ——これは，あからさまにそのとおりである．第二に，そしてより根本的なこととして，神々が擬人的な存在であるとする，正当な理由は何もないということである．クセノパネスがあざやかに見てとっているように，第一にそれぞれの民族は神々に彼ら自身の特質を持つものと考えているし（これは，ヘロドトスに見られ，その極めつけが「ピュシス／ノモス（自然本性／法律習慣）」の区

---

[2] 資料168は，クレメンスによる韻律に合わない引用をもとに，ディールスが納得のいく仕方で再構成したものである（＜　＞は彼による補訂部分）．資料169の補訂はそれぞれ順にディールス，シルブルク，ヘルウェルデンによるもので，原文はDKのままを読む．資料167の1行目はイアンボス調の三脚韻（トリメトロン）になっている．

別となる，新しい人間学的追求方法の初期の一事例である），第二に背理法としてだが，動物たちもまた同じように考えることだろう．その帰結は，そうした査定が主観的で無価値なものでしかないということ，そして，ホメロスにおいて確立された（断片10の「すべての人はホメロスに従って学んだ」を参照のこと）男神女神の描き方は放棄されなければならないということである．

(ii) **構成記述的神観：唯一の非擬人的神性が存在する**

170　断片23：クレメンス『雑録集』第5巻第109章1
　　　唯一なる神は，神々と人間どものうちで最も偉大であり，
　　　その体つきにおいても思惟においても，死すべき者どもと少しも似て
　　　　いない．

171　断片26＋25：シンプリキオス『アリストテレス「自然学」注解』23, 11＋23, 20
　　　彼は常に同じところにとどまっていて，少しも動かない．
　　　あるときはここへ，あるときはかなたへと赴くことは，彼に相応しく
　　　　ないのであり，
　　　労することなく，心の想いによってすべてを揺り動かす．

172　断片24：セクストス・エンペイリコス『学者たちへの論駁』第9巻144節
　　　（彼の）全体が見，全体が思惟し，全体が聞く[3]．

資料170に「神々と人間どものうちで最も偉大であり」とあるのは，文字どおりに解するべきではない．「人間ども」への言及は「対極的」用法で，ヘラクレイトス断片30（資料217）において，この世界秩序体（宇宙）を造ったのは「神々のどなたかでもないし，人間のだれかというのでもない」と言われている場合と同様である．これは，おそらく，単に強調のための工夫であり，（バーンズ（J. Barnes, *The Presocratic Philosophers* I, 89-92）が言うように）神々の階層序列づけは論理的に不可能であると

---

[3]　ディオゲネス・ラエルティオス『哲学者列伝』IX, 19（DK21A1）は，「しかし呼吸はしない（οὐ μέντοι ἀναπνεῖ）」が引用の一部をなしていたことを示唆している．これは，おそらく，ピュタゴラス派の宇宙論に関心を持っていた何者かによる，後代の異本であろう．

する議論の一部をなすものではなさそうである．事実，クセノパネスは，たとえば資料188にあるように，他の個所でも「神々」という書き方をした．それは，一つには，ことによると十分意識されてのことではなかったかもしれないが，明らかに民間宗教における言葉づかいに譲歩したものでもあった．クセノパネスが，かの唯一神と何らかの仕方でつながりを持った他の下位の神的存在を，かすかに人間にとどいたその投映像を別にして，認めたかどうかはきわめて疑わしく想われる．

唯一なる神は，体つきにおいても思惟においても，人間には似ていない——したがって，それは（資料172に照らしても）身体を備えている．しかし，神が動き回ることはそれに「ふさわしくない」という興味深い理由によって，その唯一神は不動である[4]．クセノパネスは，つまり，ギリシアでしっかりと確立されていた「ふさわしさ」[5]という判定基準を受け入れているようである．神にとって動くことはふさわしくないだけではなく，運動は実際のところ不必要であった．神は「彼の洞察から発する能動的な意思によってすべての事物を揺り動かす」（資料171，3行目）[6]からである．この

---

[4] クセノパネスの神がパルメニデスの「あるもの」と同一視され，後にはその特質のいくつかを糾合していったのは，おそらくはその不動性のゆえであった．早くもプレイウスのティモンでは，それは「あらゆる方向に等しい（ἴσον ἁπάντῃ）」（パルメニデスの資料299「中心からあらゆる方向に均等に釣り合っている（μεσσόθεν ἰσοπαλὲς πάντῃ）」を参照のこと）と言われ，そこから球状の形を与えられることとなる．クセノパネスがそれを「全体に等質である」（ティモンの断片59，DK21A35にあるὁμοίην参照）とは記したのかもしれない．資料172におけるような，それの全体としての特殊な仕方での働き方には，そのことが暗に示唆されているからである．それが球状であるかどうかは断片外のことであり，議論の余地を残している．

[5] バーンズ（J. Barnes, *op. cit.*, I, 85f.）が，「ふさわしさ」とは論理的であるということだとして，「神が場所移動するのは‥‥論理的に不可能である」と主張しているのは興味深い．

[6] この訳はフォン・フリッツ（K. von Fritz, *CP* 40 (1945), 230）を踏まえたもの．彼は，νόος（知性，直観）とφρήν（心，思念）の意味内容について，すぐれた議論を提示している．「心の想い（νόου φρενί）」という句は，実際以上に奇妙に見える．それは明らかに『イリアス』IX, 600およびXXII, 235のνόει φρεσίおよびνοέω φρεσί（心に想って）を踏まえている．さらに，κραδαίνειは「揺り動かす」を意味するだけだが，それによってクセノパネスは，『イリアス』I, 530において，ゼウスが頭でうなずくことで大いなるオリュンポスを揺り動かす場面を念頭においていたことを示唆している．これらの点は，他にもクセノパネスの神が見かけ以上にホメロス的（ただし否定的な方向で）であることを示すものである．

「洞察」は見ることや聞くことにも連動していて，しかしそれらのように特定の器官によってではなく，神の不動の身体全体によって遂行されるのである．

　この注目すべき記述は，おそらく，ホメロス的な神の特徴のまさに正反対をとることによって達成されたのであろう．思惟あるいは知性が，手足の働きなしに，思考する者の外の事物にまで作用を及ぼしうるとすることは，神が単に，たとえば狂乱（Ἄτη）を，死すべき者（人間）に送り込むだけで，目的を達成できるとするホメロス的な考え方を発展させたもの——しかしきわめて思い切って発展させたもの——である．それがもっともな考え方と目されたことは，それをアイスキュロスが受け入れ，発展させたことに示されている[7]．

(iii) 唯一神はこの世界と同一の拡がりのものか

　174　アリストテレス『形而上学』A 巻第 5 章 986b21（先行部分は資料 164 を参照のこと）

　　……しかし，彼らの内で最初に一なるものを立てたクセノパネスは（パルメニデスは彼の弟子であったと言われているからだが），何も明確にはしなかったし，それら（すなわち，パルメニデスの形相的一者とメリッソスの物質的一者）のいずれの本性にも触れたようには思われない．彼はただこの世界全体に目を向けて，一なるものは神であると言っているのである．

---

[7] 次の資料を参照のこと．
　173　アイスキュロス『救いを求める女たち』96-103 行
　　（ゼウスは）高い望みの塔の上より
　　死すべき人の子らを，破滅の果てに
　　投げやるが，いかなる力も要しはしない．
　　神々は何事にも労することなく，
　　座したまま，思い図ることを，いかようにしてか
　　たちまちに成し遂げる，
　　聖らなる御座にいましながらに．
　これにはどこかソロンの詩の一節を思い起こさせるものがある．クセノパネスの神観が今日そう思われるほどに独創的なものであったとは，必ずしも断定できないようだ．

クセノパネスは，ホメロス的な擬人化された多神教への反発から，唯一神の理念に到達した．パルメニデスは，純粋に存在にかかわる原理からの論理的推論によって，あ̇る̇ものの球体に到達した．両者の過程はまったく異なっており，すでに強調しておいたように，たとえパルメニデスが年長の詩人の見解にある程度の関心を持って注目するようなことがありえたとしても，彼がクセノパネスの弟子であったとは考えにくい．アリストテレスは，明らかに，クセノパネスがその不動の唯一神によって何を言わんとしたのかを理解できず，「何も明確にはしなかった」という不平をこぼして，彼をメリッソスとともに「やや粗野にすぎる（μικρὸν ἀγροικότεροι）」として切って捨てた．このアリストテレスの困惑ぶりからすると，クセノパネスは彼の神学上の見解を議論としてたんねんに論じることはしなかったようで，その主題について現存する断片をはるかに越え出るほどのことは言われていなかったのかもしれない．

　彼の唯一神は非物質的（アリストテレスの考えでは，パルメニデスの一なるものがそうなのだが）でもなければ，メリッソスの一なるもののように物質的でもない，とアリストテレスが暗に言わんとしている（資料164参照）のは，クセノパネスの叙述に物体的要因と非物体的要因らしきものとがともに現われている——一方では，「体つき（δέμας）」と言われ（資料170），他方では，知性によって万物を揺り動かすと言われている（資料171）——からである．ここでアリストテレスが，クセノパネスの神の例示説明として，アナクサゴラスの「知性（ヌゥス）」（それは運動の究極の源泉であり，最も精細な種類の物体であるとともに，すべてではないが若干の事物にいきわたっている）を挙げなかったことは意味深い．かわりに彼は，クセノパネスが「ただこの世界（οὐρανός）全体に目を向けて，一なるものは神であると言っている」という，謎めいた評言を付した（ここでは，οὐρανός は「第一の天（恒星天）」を意味するものではまずありえない）．これは，神と世界とが明らかに同一であることを示唆しており，テオプラストスが想定したと思われる（資料165）のもそれである．

　しかし，アリストテレスはここで誤っているにちがいない．もしその神が世界というそれ自体として動きを含意しているもの（資料171）と同一であるならば，それがどのようにして不動でありうるのだろうか．クセノパネスの神は宇宙生誕論的な伝統からただちに発展したものではないが，それでも，一定程度は，ミレトス派の神的な実在，すなわちタレスやアナクシメネスの場合のように，何らかの仕方でこの世界の

事物の中に行きわたり，それらに生命と運動を付与していると見なされていた実在を踏まえたものだという公算は，実際のところ大である．とはいえ，クセノパネスが一方に唯一神を配し，他方に多様多彩な世界（それを彼は退けるつもりはなかったはずである）を配して，その間の場所的関係をきちんと考え抜くようなことをしたはずがない．アリストテレスは，彼を未開段階のエレア派という扱いをしたために，この点で，古代の伝統全体を誤った方向に導いた．

結論としては，クセノパネスの神はホメロス的な神の特性の否定として考えられたものであり，その所在場所については，古来のホメロス的な神々が，クセノパネスの同時代人たちには，必然的にオリュンポスの高みに位置するとされた以上には，きちんと定められはしなかった，ということのようである．完全に非物体的な存在は考えられないために，その神はある種の身体を備えているとされたが，しかし身体なるものは，感覚的，知性的活動を別にすれば，副次的な重要性しかなく，おそらくその所在場所についても同じだったのであろう．

VI. 自然学上の諸見解

(i) 諸天体

175　ヒッポリュトス『全異端派論駁』第1巻第14章3節

　　　そして，太陽は日ごとに微小な火の粉が集塊をなしてできるものであり，大地は無限であり，空気にも天空にも取り囲まれてはいない．また太陽も月も無数にあり，すべてのものは土から造られている．

176　擬プルタルコス『雑録集』第4章（DK21A32）

　　　太陽および星々は雲から生ずる，と彼は言う．

177　アエティオス『学説誌』第2巻第20章3節

　　　クセノパネスによれば，太陽は燃え上がった雲からできている．テオプラストスは『自然学説誌』において，それは湿った蒸発気から寄せ集められた火の粉からなり，それらが寄り集まると太陽ができると記している．

178　断片32：『イリアス』第11歌27行目への古注ΣbT

　　　また人びとがイリスと呼んでいるもの（虹），これもまた本来は

雲である——

　紫に，紅に，また黄色に見えるところの．

179　アエティオス『学説誌』第2巻第24章9節

　クセノパネスによれば，大地の地域や区域や地帯に応じて，多数の太陽や月があり，ある一定のときになると，その円盤がわれわれの居住していない大地のある区域へと落下して，そのために，いわば虚空を歩むようなこととなり，蝕が現出するのである．同じく彼はまた，太陽は限りなく進んでいくのだが，距離が遠いために円軌道をなしているように見えるのだ，とも言っている．

　諸天体の成り立ちについて，学説誌の見解には相違がある．それらは，資料175，資料177の後半部，そして擬プルタルコスの資料176の少し前の個所で太陽について言われているように，火の微粒子の寄り集まったものなのか，それとも資料176で太陽と星々について，資料177で太陽について言われ，また星々について，アエティオス『学説誌』第2巻第13章14節（DK21A38）では，それらは熾火(おきび)のように夜になると再着火すると言われているように，燃え上がった雲なのだろうか．テオプラストスは，資料177では，前者の見解の支持者として名前をあげられているが，後者の見解もまた，学説誌家たちの間で広く論じられているところから，何らかの仕方で彼に由来しているものにちがいない．

　少なくとも太陽を火の集密体とし，火は海からの蒸発物から生じたものとする考え方が，ある面ではクセノパネスとヘラクレイトスとの合体によるということは，事実でありうるように思われる．ヘラクレイトスは，おそらく，鉢の形をした諸天体がそれぞれの軌道をめぐりながら，蒸発物によって養われた火に満たされていると考えたようである（資料224）．彼は，太陽は日ごとに新しいとも考えたが，それは資料175におけるクセノパネスと合致している．しかし，ヘラクレイトスは，他の点でもクセノパネスから影響を受けており，ここでの類似性も同じようにして起こったのかもしれない．

　とはいえ，先の二つの説は，一見してそう思われるほど異なっているだろうか．火の集密体と燃え上がった雲とは似たようなものであるし，テオプラストスにあった何かそれに類した言明が，後のさまざまな摘要的記述では分断された，と考えることも

できそうである．別の可能性としては，太陽だけは，とりわけ明るいという理由で，火の「集密体」とされ，その他の諸天体は単に燃え上がった雲とされたのかもしれない．クセノパネスが虹を雲として説明した（ことによるとアナクシメネスを発展させたものか．205ページ参照）ことは，資料178から明らかである．アエティオス『学説誌』第2巻第18章1節（DK21A39）によれば，今日「セント・エルモの火」と呼ばれているものは，何らかの動きによって着火した小さな雲によるとされ，あるいは，これによって資料178の1行目にある「また（καί）」の説明がつくのかもしれない．この語からいくつかの天体が雲であると推論するのは，なるほどたしかにそれがクセノパネスの見解であったということはありえそうに思われはしようが，疑問がないわけではない．

この説が（彼のとった他のいくつかの考え方とは違って）完全に理にかなった自然学説であることは，注目に価する．それは，クセノパネスをもっぱら神学者の部類に入れておくだけではすまないことを証している．ただし，彼が諸天体の自然学的説明を行なった動機は，それらを神々とする広く流布した考え方を反証することにあった可能性は十分にある．そのことは，資料178にある「人びとがイリスと呼んでいるもの」という詩句にもはっきりとうかがわれる．

資料175におけるヒッポリュトスの言明，「太陽も月も無数にあり」は，太陽が（そして，おそらくは月も）日ごとに再着火することを言っているものと思われる．しかし資料179には，それとまったく異なった，それよりはるかに奇妙な説明がされている．大地の別々の地域や区域や地帯に応じて，多数の太陽や月があり，日蝕は，われわれの目にしている太陽が，いわば虚空を歩むような具合になって，「われわれの」住まっていない他の区域へと追いやられることによって起こる，というのである．資料179の末尾の文章は，しかし，太陽は日ごとに新しいという，資料175での見解と一致している．明らかに，ここには，アエティオスあるいは彼が典拠とした著作による混同がある．おそらくはこうであろう．すなわち，多数の太陽および月があるとされるのは，単にそれらが日ごとに新しくなることによるのであり，また，クセノパネスは日蝕を太陽が大地の別側の区域へ退いていくことによって説明したのだが，それら二つの考え方が混同されるようになったのである．

太陽がどこまでも際限なく西方へ進みつづけるというのは，非科学的な観点に立っ

たよほど素朴な言明である（ヘラクレイトスも，ことによると，天文学上の行きすぎた教条主義に，似たような仕方で異を唱えたのかもしれない．断片3参照）．大地上の各区域が，プラトンの『パイドン』(108C 以下) の神話に述べられているような，多数の空洞のくぼみと考えられた可能性はあろう．これによって見かけ上の日の出や日没の説明はつくだろう．ただし，日蝕時の消失は説明されない．いずれがほんとうの説明であるにせよ，クセノパネスがここで一定程度の空想に身を任せていたことは（またおそらくは，「虚空を歩むようなこととなり」という笑いを誘う表現から判断しても）明らかである．あるいは，ある種のアイロニーもあったのかもしれない．ともかくも，日蝕の説明は，諸天体の実際の成り立ちについての，彼の，必ずしも独自のものではないにしても，より経験的な諸見解とは，明確に区別されなければなるまい[8]．

(ii) **大地の根**

180　断片28：アキレウス・タティオス『アラトスの「天象譜（パイノメナ）」入門』第4章 p. 34, 11 Maass

　　われわれの足下に見られるもの，これが大地の上限であり，

　　空気と接している．だがその下方は限りなく先へ延びている[9]．

　クセノパネスは，ホメロスおよびヘシオドスによってタルタロス（冥府．ある意味では，大地の地下部分のことである）が，ちょうど天空が大地の上に広がっているように，はるか下方にあると叙述されていることに（『イリアス』VIII, 16 = 資料1,『神統記』720），反対の態度をとっているものと思われる．その描かれ方は，いずれにして

---

[8]　アエティオスが言っている1カ月間連続した日蝕ということも（『学説誌』II, 24, 4, DK21A41），おそらくは，奇妙だが独自性のあるクセノパネスの言明と学説誌家たちによる誤解とが結びついた結果として説明がつこう．

[9]　「空気（ἠέρι）」はディールス．カルステンは「アイテール（αἰθέρι）」とする．諸写本は「そして流れる（καὶ ῥεῖ）」である．提案された二つの訂正案はともに可能だが，前者のほうがあらゆる観点からより適切である．-ι が -ει とつづり間違われるのはよくあることで，またそのあと，ここにはそぐわない離接の接続詞 ἠέ と見える部分が καί（そして）に変えられたのであろう＊．［訳注＊ καὶ ῥεῖ という諸写本の誤記が生じた経過の説明．］

も，少しも明瞭なところがないし，『神統記』727 行以下（資料 2）では，大地の「根」はタルタロスの上に拡がっていると言われている．しかし，どのみちそれにまつわる距離は途方もないもので，事実上は無限大である．

とはいえ，クセノパネスの意図は，この特定の事柄についてホメロスとヘシオドスを修正したり論争したりする（彼が神観ではそうしたのだが．先の資料 166 についての個所参照）ことにはなく，むしろ，おそらくは以下の資料 186 に表われた懐疑精神から，そうした論点についてのミレトス派の教条主義（たとえば資料 84（タレス），資料 122（アナクシマンドロス），資料 150（アナクシメネス）を参照のこと）を反駁することにあったのかもしれない．彼の苦労の甲斐もなく，アリストテレス（『天体論』II 13, 294a21, DK21A47）は適切な説明を求めようとしなかった彼の怠慢を非難したのだった！

(iii) 水あるいは海と大地

181 断片 29：シンプリキオス『アリストテレス「自然学」注解』189, 1
  およそ生まれて成長するかぎりのすべてのものは，地と水である．

182 断片 33：セクストス・エンペイリコス『学者たちへの論駁』第 10 巻 314 節
  われわれはみな大地と水から生まれでたのであるから．

183 断片 30：『イリアス』第 21 歌 196 行目への古注 Σ Genav.
  海は水の源にしてまた風の源．
  偉大なる大海なくしては，雲の中に
  ＜風の力が生じて＞内より＜外に吹き出すこともなかったろうし＞，
  河の流れも，天空より落ちる雨の水も生じなかったことだろう．
  いな，偉大なる大海こそは，雲と風と河の生みの親．

人間を含む万物が水と地からなり，それらを源とするという考え方は，素朴で広く流布していたものである．肉と骨は土と石に，血は水に対比されるのであろう．われわれが埋葬式で唱える「土は土に，灰は灰に，塵は塵に」と，『イリアス』第 7 歌 99 行目にある「お前たちはみな，水と土に帰るがいい」とを較べられたい．さらには，われわれの足下に広がっている（資料 180）大地の表面は，見て明らかに，広く地面

と海からなっている．クセノパネスはこの事実を端的に受け止め，それを資料183（＜ ＞内の補訂は主としてディールスによる）における自然学説の第一歩へと発展させた．海は水の最も拡がりある形態であるが，それはホメロス（資料6参照）においてと同様，すべての河川の源として特筆されているとともに，雨と雲の源ともされ（アナクシマンドロスはそれらを海からの蒸発物の濃縮体と想定していた），また雲から吹き出るように見える風の源ともされている．海に付与されたこのような重要性によって，現状の地表面は海から発展してきたものにちがいないという重要な役割が，その観察事実と次節に述べられるような推論とから与えられるのである．

(iv) 地表面はふたたび海となる

184　ヒッポリュトス『全異端派論駁』第1巻第14章5節
　　またクセノパネスは，大地と海との混合が起こりつつあり，時の経過とともに，大地が湿潤さによって解体されると考える．そして，内陸部や山岳部で貝殻が発見されることが，その証拠であると主張している．また，シュラクゥサイの石切り場では魚や海草（φυκῶν）［ゴンペルツによる校訂．諸写本では「アザラシ（φωκῶν）」］の形象化石が発見され，パロスでは岩の底層部に月桂樹の形象化石が，メリテ（マルタ）ではすべての海産物の石板が発見されている，と彼は語っている．(6) これらは，彼の言うところでは，太古にすべてが泥に覆われていたときに生まれ，その痕跡が泥の中で干上がったものである．また，大地が海へと沈降して泥状化するたびごとに，すべての人間は死滅し，それからふたたび生成が始まり，しかもこの基盤形成（καταβολήν）［H. ロイド‐ジョーンズによる校訂．諸写本では「沈降（καταβάλλειν）」，ディールスおよびDKは「変化（μεταβολήν）」］はすべての世界で起こる，とされている．

185　断片37：ヘロディアノス『独特の表現について』第30巻30節
　　さらにまた，いくつかの洞窟の中では水がしたたり落ちる．

化石に基づいた推論は瞠目すべきもの，印象的なものである．さまざまな事例を列挙しているのは，それ自体として，まれに見るほど科学的な態度である．擬アリストテレスの『異聞集』において，ストロンボリ火山が17年目ごとに噴火するという説

がクセノパネスのものとされているが（DK21A48），それも同様の方法を示すものである．必ずしも詩人本人が三つの場所すべてで化石を実見したとするには及ばないが——化石の痕跡は，当然多数の人たちの興味を呼び起こし，したがって広く知られるようになるだろう——，しかしそれら三つの場所のうち二つまでが，クセノパネスのシケリアにおける行動圏内に位置していることは注意をひく．（パロスの例は，地質学上の理由から疑問視されてきた．しかし，その島の北東部は大理石質でも結晶片岩質でもなく，したがって化石を含有していた可能性はあろう．アテネの地質学研究所長は，植物の化石が当地で見いだされたことを確証している．）化石の観察がクセノパネスの生きていた時代にはじめて行なわれたことは，確かめられない．アナクシマンドロスもそれらを手にすることができたかもしれない．とはいえ，化石の示すほんとうの意味に注意を喚起したのは，クセノパネスが最初であったようだ．

　大地の表面がかつて泥状ないしヘドロ状であったという推測も，やはり新しいものではない．これはミレトス派の説だったのであり，おそらくはタレスに始まり，アナクシマンドロスは確実にその立場をとっていて，生命は泥の中から発生したと考えたのだった．しかし，化石というのはそれを実証する証拠品であるように思われたのである．すでに見たように（182ページ以下），アレクサンドロスは，海が後退しつつありやがては干上がってしまうであろうとする考え方を，アナクシマンドロス（およびディオゲネス）のものとしていた．とはいえ，アナクシマンドロスの場合には，その過程が周期的なものであるということをはっきり打ち出している情報はまったくない．ヒッポリュトスは資料184の末尾で周期説を明確にクセノパネスのものとしている．いま岩となっているものの中にかつて植物が存在し，いま乾いた陸地に魚がいたからには，大地はかつて泥状だったにちがいないし，それが泥地にもどれば人類は死滅する．それからまた新たに生まれ出る．しかもそのことは地表のすべての秩序体に起こる事態なのである．

　このように，クセノパネスは，アナクシマンドロスに従って，生物が泥中から発生することを認めた．しかし，アナクシマンドロスは生物の滅亡が極度の干ばつによって起こると考えたようだが，クセノパネスはそれを洪水のせいだとした．大規模な天変地異の神話，特にデウカリオンとピュラの洪水やパエトンの焦土の話がこのような説の先例となった，ということがすでに言われてきた．二人の思想家の間でのこうし

た相違は，地表の変化傾向の現状についての解釈の違いに連動していた．それは，アナクシマンドロスの目には干上がりつつあったが，クセノパネスにはすでに海ないし泥地へと戻り行きつつあった．この相違は，後者の側からの意識的な訂正であったのであろう．というのも，ミレトス近辺では海域は退きつつあったが，シケリアでは，かつて陸つづきであったところが水没してそれがメッシーナ海峡になったと考えられていたことは，けっして偶然の符合ではないだろうからである．

大地と海の周期的変容——しかし，そのいずれも完全に滅失させられることはなかったのであろう——は，明らかに，資料181および182における，事物は大地と海から生ずるという主張と関連している．もっとも，資料183における海の所産は，海が驚くほど力強いことを示している．資料185は，断片的ではあるが，それら二つの基本的素材間の行程を例示しようとしているのかもしれない．ディールスらは鍾乳洞を考え，水が土（岩とのはっきりした相違はない）に転ずる過程と見なしたが，ダイヒグレーバー（K. Deichgräber, Rh. M. 87 (1938), 16）は，それおよびそれと反対の行程の両方を言わんとしているのだろうと考えた．たしかに，湿った洞窟は土から湿気を作り出しているように見える．この点は，他の多くの点についても同じだが，不確かなままである（たとえば，どの段階で海が干上がっていく過程は逆転するのか）．しかし，周期説が具体的な証拠に裏付けられて明確に説明されていることは異論の余地がないし，ここでもまた，クセノパネスがまともに取り組まれるべき存在であることが示されている[10]．

Ⅶ. 人知の限界

186　断片34：セクストス・エンペイリコス『学者たちへの論駁』第7巻49節および110節（プルタルコス『どのようにして若者は詩を学ぶべきかについて』第2章

---

[10] こうした周期説が学説誌家たちに無数の諸世界解釈をうながした可能性は，資料184における複数形の「世界（κόσμοις）」という語のあいまいな用法に明示されている（当該個所では，もともと「世界内の諸秩序体」すなわち地表の諸事象の意であるが，「別々の諸世界」を意味しているように思われそうである）．

17E 参照)

　　人の身で確かなことを見た者はだれもいないし，これから先も知って
　　　いる者は
　　だれもいないだろう——神々についても，わたしの語るすべてのこと
　　　についても.
　　たとえできるだけ完全にほんとうのことを言い当てたとしても，
　　彼自身がそれを知っているわけではない．すべてのことに思わくが
　　　つきまとっているのだ．[(あるいは) すべての人びとに思わくがつきまとっ
　　　ているのだ．*訳注]

187　断片 35：プルタルコス『食卓歓談集』第 9 巻第 7 章 746B
　　これらのことは真実に似たものとして思わくされてあれ……．

188　断片 18：ストバイオス『自然学抜粋集』第 1 巻第 8 章 2
　　まことに神々ははじめからすべてを死すべき者どもに示しはしなかっ
　　　た，
　　人間は時とともに探求によってよりよきものを発見していく．

189　断片 38：ヘロディアノス『独特の表現について』第 41 巻 5 節
　　もし神々が黄金色の蜂蜜を創りたまわなかったなら，人びとは言った
　　　ことだろう，
　　イチジクをもっとはるかに甘い，と．

　クセノパネスが人間の知の欠陥を口にしたのは，詩において一般になされていた対比，すなわち詩人の相対的な無知とその詩人が助けを乞うムゥサ（ミューズの女神）の全知との対比（たとえばホメロス『イリアス』II, 485 以下やピンダロス『パイアン』6, 51 以下参照）を発展させているものだ，とダイヒグレーバー（K. Deichgräber, *Rh. M.* 87 (1938), 23ff.）は示唆している．しかし，この対比は，単に神々一般の能力と人間の限界性との対比の特殊なかたちであるにすぎず，それは，クセノパネスの後，ヘラクレイトスによって断片 78 で（資料 205），アルクマイオンによって断片 1 で（資料 439）再表明

[訳注* πᾶσι は「すべてのこと」（中性複数形）とも，「すべての人びと」（男性複数形）とも考えられる.]

されている．クセノパネス自身としては，資料170における，唯一神は身体においても思惟においても人間と似ても似つかないという主張にさいしても，そのことは暗黙裏に言われているだけである．

パルメニデスは，人間の経験からは裏付けられない独断教義的見解を提示するところにさしかかると，それらに神の啓示という形式をとらせた．しかし，クセノパネスが啓示に類したものを唱えた形跡はまったくない．資料188には苦労した探求は報われることが示唆されており，彼は，ヘラクレイトスと同様に，それゆえにこそ彼自身には特別の洞察力が備わっているという自覚を持っていた公算が高い．

ダイヒグレーバーは，資料186が構成的神学への序としてよりも，むしろ自然学説への序としての意図が込められていた，とも考えた．しかし，「神々について（ἀμφὶ θεῶν)」という複数表現は文字どおりに「因習的な宗教上の神々について」を意味するものと解するべきだという主張は，およそ可能性のないものに思われる．この語句は単に「神学について」を意味するものである．二つの別個の詩があったという想定は，すでに触れたように，疑わしいものである．そしてそのことは，ここで「神学」と「わたしの語るすべてのこと」が連結されていることで確証されている．唯一神についての構成的記述は，最終的には資料186の範囲内に収まるべきものだったにちがいない．それは誤ったホメロス的観念の対極をなすものであった．しかしそれは，たとえ資料187の表現にあるように「真実に似たもの」ではありえたにしても，絶対確実なものと見なすことはできなかった．当の主題に深く注意を払ってきた者の一人という，クセノパネスの特別の立場をもってしても，それを保証することはできなかった．とはいえ，人はある考え方が誤りであるという確信を持ちえない，という示唆はクセノパネスはしなかった．ホメロス的な神々に対する彼の破壊的な批判は，実のところは明示的主観性を基盤にしたものであっても，真として受け入れられたのであろう．

資料189は，相対性の問題という，やがてヘラクレイトスにとってとりわけ重要になる事柄（247ページ以下）について，クセノパネスが考察したということを示している．クセノパネスからすれば，蜂蜜についての観察（それは広く言い習わされたことだったのかもしれない）は，おそらく，知の限界についての彼の信念に確証を与えるものだったのであろう——ここにもまた，神ないし神々と人間との対比がはっきりと表わ

れている．いま一度，クセノパネスは，よく知られた文藝作品においてすでに暗に言われていた考え方を発展させて，それに特定の哲学的な重要性を込めようとしていたのである．ミレトス派の教理主義の後では（ピュタゴラスの教理主義もこれに加わる．クセノパネスは資料 260 で彼の法外な魂輪廻説を嘲笑している），警戒を呼びかけるのは健全なことであった．そしてこのときから，最も広い局面での認識論に触れた議論が，さらに言葉どおりのものとしてなされるようになったのは確かである．

しかし，クセノパネスが復活させた人間的限界についての伝統的教説は，このときある面では哲学的な脈絡に置かれたのだが，さして実をあげずに終った．ただし，ギリシア哲学が元気はつらつたる最初の段階にあっては，おのずから過度に独断教義的傾向に陥ったことに対して歯止めとなったことは特筆に価する[11]．

---

11) J. Barnes, *op. cit.*, I, ch. VIII における，クセノパネスの「懐疑主義」についての，より十全かつ熱烈な議論をも参照されたい．ただし，彼の示唆の多くは，そのとおりだろう，というよりも，そうかもしれない，というところにとどまる．

第6章
エペソスのヘラクレイトス

I. 年代と生涯

190 ディオゲネス・ラエルティオス『哲学者列伝』第9巻1節（DK22A1）

　　ヘラクレイトスはブロソンの子（ある人たちによればヘラコンの子）で，エペソスの人．彼は第69オリュンピア祭期に盛年（アクメー）を迎えた．とりわけ気位が高く，人を見下す態度をとっていたことは，彼の著作からも明らかで，その中で彼が言うには，「博学多識は真智（ノオス）を教えることはない．もしそうであったら，ヘシオドスにも，ピュタゴラスにも，さらにはクセノパネスにも，ヘカタイオスにも教えただろうから」（断片40）．…（3）…ついに彼は人間嫌いとなり，世間から遠ざかり，山中で草や木の葉を食べて生活していた．しかし，それがもとで水腫に罹ってしまい，町へ降りて来て医者に謎かけして，「多雨から日照りにすることができるか」と尋ねた．だが彼らには通じなかったので，牛の堆肥中に身を埋めて，堆肥熱で体内の水分を蒸発させようとした．けれど，それもうまくいかなかったので，60歳でその生涯を閉じた．

　ヘラクレイトスが第69オリュンピア祭期（前504-501年）にアクメー（盛年），すなわち40歳であったという情報は，疑いなく年代誌家アポロドロスに由来するものである．ヘラクレイトスの壮年期は，アナクシメネスが盛年であったと推測される年，およびクセノパネスがコロポンを出立した年から40年後に置かれている．このアポロドロスの年代設定に重大な疑いをかける必要はまったくない．なぜなら，ディオゲネスが報告しているように，ヘラクレイトスはクセノパネスと並べてピュタゴラスや

ヘカタイオスについて言及しているし[1]，また間接的ではあるがパルメニデスによって言及されている公算もあるからである（資料293，および資料302のパルメニデス断片8, 55行以下を参照のこと）．それにもかかわらず，ヘラクレイトスの哲学的な活動を，アポロドロスの年代設定から割り出される時期よりも遅く，前478年以降に位置づける試みが幾度もなされてきた（さらには，まずありえないことだが，パルメニデス以降とすらされもした）．しかしこうした試みは受け入れられてはこなかったし，いずれも無理な想定に基づいたものでしかなかった．たとえば，断片121の情報に示されているように，エペソスの人びとがヘラクレイトスの友人ヘルモドロスを追放したといったような自治政体の証跡は，前478年頃にペルシアから解放されるまでのエペソスにはありえなかっただろう，とするたぐいの仮説である．ヘラクレイトスは，アポロドロスの証言にある60歳（伝承では，その年齢でアナクシメネスも死去し，またアリストテレスによればエンペドクレスも死去したとされている）よりも，さらに長生きしたとも思われる．しかしながら，さしあたりは，彼が前6世紀末に盛年であり，彼の主要な哲学的活動は前480年頃までには終わっていたということを受け入れておいてよいだろう．

資料190の残りの部分は，ヘラクレイトスの名前をめぐって蔓延した伝記的な作り話のたぐいの好見本として引用しておく．彼はエペソスの人びとのために法律を制定することを断り，むしろアルテミスの神殿で子供たちと遊ぶほうを好んだ，という報告がディオゲネスにある．これらの逸話のほとんどが，よく知られたヘラクレイトス

---

[1]（資料190に引用した）断片40における「教えただろう」という過去の時称は，言及された人たちがすべて死去しているということを意味するのでなく（クセノパネスはともかく前478年までは生存していた），彼らがこの記述のなされた時期に広く知られていたことを示唆している．もう一つの断片129は（資料256．ある程度まで言葉が言い換えられているかもしれないが，偽作ではない．285ページ注3を見よ），ピュタゴラスがすでに死去していたことを示している．彼は前532／31年に「盛年」であり（293ページ），そしておそらく前510から前505年の間に死去したと言われている．『スーダ』は，ヘカタイオスの生年を前520-516年まで遅らせて設定している．学統誌家のソティオンによれば（ディオゲネス・ラエルティオス『哲学者列伝』IX, 5, DK22A1），ある人たちはヘラクレイトスをクセノパネスの弟子であると主張していた．他の要因は別としても，断片40の批判的な調子からはまず考えにくいことである．

の言葉に基づいている．その多くは，彼の高慢な語調を快く思わなかったヘレニズム時代の衒学的な著作家の悪意から，彼を笑いものにしようとする意図のもとに捏造されたものである．たとえば，極端な人間嫌いは，大衆に向けられた彼の批判から導き出されており（たとえば資料194），菜食主義は資料241で血の穢れに言及していることから，命取りになった水腫は，資料229での「魂にとって水となることは死である」という主張から導き出されている．

彼は不明瞭な謎かけ人として知られていたが，このことで彼は命を失う羽目になった，とされている．医者たちのことを彼は断片58で批判しているようであるが（247ページ），その医者たちは彼を救うことにまったく無能だった．彼が糞尿に身を埋めたと言われているのは，断片96で死体は糞尿よりも価値のないものであると語っていたからである．「蒸発させる」は，海からの蒸発気についての彼の理論に関係している（263ページ以下とその注を参照のこと）．ヘラクレイトスの生涯について，正しい証言として受け入れてよいであろうと思われるわずかな詳細は，彼がエペソスで生涯を送ったこと，古い貴族の家系出身であったこと[2]，同胞市民たちと不仲であったことにとどまるだろう．

II．「暗い人」

前3世紀の風刺家であるプレイウスのティモンは，ヘラクレイトスのことを「謎かけ人」（アイニクテース）と呼んだ（ディオゲネス・ラエルティオス『哲学者列伝』IX, 6）．彼の文体についてのこの正当な評言は，ほとんど不朽の通り名となった「暗い人」（スコテイノス，ラテン語ではobscurus）を生んだ（キケロ『最高善と最高悪について』II, 5, 15

---

2) 次の資料を参照のこと．

　191　ディオゲネス・ラエルティオス『哲学者列伝』第9巻6節　　アンティステネスは，『学統記』の中で，彼（ヘラクレイトス）が度量の大きい人であったことの証拠として，「王位」を弟に譲ったことを報告している．

　この情報が捏造されたものであるという明白な根拠はない．ストラボン『地理書』14, p.633 Cas. (DK22A2) によれば，エペソスの創設者アンドロクロスの子孫がいまだに「王」と呼ばれていて，競技のさいに前列席を占めるといったような特権を持っていたとのことである．

など).ローマ時代に広まったもう一つの言い方に「泣く哲学者」がある.この比較的後代の裁定はまったく取るに足りないもので,万物は川のように流れているという見解への冗談めいた言及に基づいているということが,一つには考えられる(たとえばプラトン『クラテュロス』440Cでは,流転説の信奉者たちはカタルを患った人たちになぞらえられている).また一つには,周知のようにテオプラストスがヘラクレイトスに「メランコリアー」を性格づけていることに基づいているところもある(ディオゲネス・ラエルティオス『哲学者列伝』IX, 6).しかしながら,テオプラストスがその言葉によって意味していたのは,後代および現代におけるような「憂鬱症(メランコリー)」ではなく,「衝動的な」(アリストテレス『ニコマコス倫理学』VII 8, 1150b25 での記述を参照)ということであった.

III. ヘラクレイトスの著作

192 ディオゲネス・ラエルティオス『哲学者列伝』第9巻5節

　彼の著作として伝えられているのは,『自然について』という一連の論述からなるものであるが,それは万有についての論(宇宙論)と,政治論と,神学論との三つの論説に分かれている.(6) そして,彼はこの書物をアルテミスの神殿に奉納したのであるが,ある人たちによると,彼はわざと不明瞭な書き方をして,有力者たちだけがその書物に近づくようにし,大衆によってたやすく軽蔑されることがないようにした,とのことである.……彼の著作は非常に好評であったので,彼に因んで「ヘラクレイトス派」と呼ばれる人たちが生じた.

　古代の伝記作家たちや哲学史家たちは,すべてのソクラテス以前の哲学者たちが,一つないしそれ以上の著作を書いたと想定した(タレスについては疑わしいが,この点については114ページ以下を参照).彼らは,ヘラクレイトスが一つの著作を書いたとはっきり想定し,またディオゲネスによればその表題は『自然について』であった.この表題は,アリストテレスやペリパトス派の人たちの言う「自然哲学者たち」の著作に決まって当てられていたもので,しかも必ずしもすべての場合にほんものだと見なすことはできない(135ページ注3を参照されたい).三つの部分への分割が当初からのも

のであったことはありそうにもないし，その分割はディオゲネスあるいは彼の典拠が格言の編集ないし寄せ集め——おそらくそれはアレクサンドリアにおいてなされたもので，哲学の諸部分についてのストア派の分け方にしたがっている——を念頭に置いていたことを示唆している．

　ヘラクレイトスは一纏りの著作といったようなものを書かず，注意深く組み立てられた一連の見解や格言（γνῶμαι）を繰り返し口にしていただけだったとディールスは主張した．この考え方は，少数の者にしか支持されなかったが，あるいはある種の真実を含んでいるかもしれない．現存する断片は，口頭で語られたものの様相を呈していて，簡潔で印象的であり，またそれゆえに記憶しやすい形式となっている．それらは一纏りの書かれた著作からの抜粋のようには見えない．この考え方にとって妨げとなるのは，断片1（資料194）であり，その複雑な構成がとられた文章は，一つの著作のために書かれたまさに序文のように見える．おそらくヘラクレイトスが賢人として名声を博するようになったときに，彼の最も有名な発言の集成がなされ，そのための特別な序言が書かれたのであろう．

　ともかく，われわれが所持している断片（ディールス／クランツの断片すべてが真正なものなのではないが）は，そのほとんどが明らかに長い論考の一部としてよりも，口頭による警句としての体裁をなしている．このことは，ヘラクレイトスが神託を意識していたことにうまく符合していた（274ページ参照）[3]．それはまた神の知についての彼の見解（資料205と206）とも一致しているし，また大多数の人びとは，たとえばヘラクレイトス自身のロゴスあるいは説明（啓示）に助けられたときでさえ，事物の真なる本性に応答できないという彼の見解とも一致している．

　プラトンやアリストテレスによっても言及されている「ヘラクレイトス派の人びと」とは，その書物の熱狂的な信奉者のことであったという資料192での示唆は，ほとんど確実に当て推量によるものである．この報告の重要性は，エペソスには直接の後継者たちの「学派」は存在しなかったことがほのめかされていることにある[4]．注目に

---

[3] この論題全体について，少し異なった論点からの興味深い議論としては，カーンを参照されたい (Kahn, *The Art and Thought of Heraclitus* (Cambridge, 1979), 3-9)．

[4] 次の資料を参照のこと．

価する信奉者が知られるようになったのは，クラテュロスが最初であり，この人物はプラトンの（おそらく）年長の同時代人で，変化の不可避性についてのかのエペソス人（ヘラクレイトス）の信念と，名前の意味についての自らの信念（彼の時代にまったく一般的なものであった）を結合させ，誇張することによって，ヘラクレイトス主義の堕落形態を発展させた．

IV. 解釈の特別な困難さ

すでに見てきたように，ヘラクレイトスは不明瞭な人物であったことで古代において評判だった．彼の意見は紛れもなくしばしば謎めいていたし，おそらく意図的にそうされていたのである．そしてその実際の意味するところを看取しようという真剣な試みは，プラトンやアリストテレスによってはほとんどなされてこなかったように思われる．後の時代の学説誌的伝統が依拠しているテオプラストスは，自らの解釈の基礎を不幸にもアリストテレスの解釈の上に置いていた．アリストテレスはヘラクレイトスの著作を完成されたかたちで入手してはいなかったようで，あるいは（たとえば，アリストテレスの『感覚と感覚されるものについて』では，ヘラクレイトスへの言及をごくわずかなものにとどめて，あとはすべて省略していることから判断しても），十分に彼の思想を代表しうる個々の発言を集めたものですら入手していなかったであろう．実際，アリストテレスはヘラクレイトスの言っていることは不完全であるか，一貫していないかのどちらかであると不平を言っていた．

---

193 プラトン『テアイテトス』179D 　　（争いは）些細なことどころではなく，イオニア一帯では，ますます発展していっているのです．ヘラクレイトスの徒がまさに勢い込んでこの議論を先導しているのですから．［同書179E「エペソス周辺の人びとに……」も参照されたい．］

　この文言全体は，実際ヘラクレイトスについてプラトンが言及したほとんどの箇所に見られるように，故意に滑稽な感じにされていて，場所的な言及が文字通りのものとは限らない．ヘラクレイトス的なタイプの議論であるとプラトンが考えているであろうものを行使する人のことを，おそらくは皮肉を込めてエペソスと結びつけているのだろう．ともかくプラトンの知っている最も急進的なヘラクレイトス派の人，すなわちクラテュロスは，エペソスの人でもイオニア出身の人でもなかった．

しかもストア派の人びとが，自然学的な問題について，彼らの古い権威としてヘラクレイトスを採用することによって，その説明をさらに歪曲してしまった．ある点で彼らはヘラクレイトスの見解を正確に発展させた．たとえば「自然本性と一致して生きる（ὁμολογουμένως ζῆν）」という彼らの理念がそれである（たとえば資料 195 参照）．しかしながら，他方で彼らストア派は自分たちの特殊な要請に合致するようヘラクレイトスの見解を根本的に改変してしまった．たとえば，火による世界全体の周期的な焼尽の説であるエクピューローシスという考えをヘラクレイトスに帰したことがそうである．われわれの典拠としては，ストア派の創始者であるキティオンのゼノンに続く時代のものが，この独特のヘラクレイトス解釈を受け入れたのであり，それはいくつかの現存するヘラクレイトスの言葉ともうまく符合させられるし，テオプラストスによってもよしとされてきたのだが，他のヘラクレイトスの言葉とは両立せず，自然学的な変化の尺度についての彼の基本概念と矛盾してしまう．これについては，さらに 255 ページ以下および 261 ページでの注を参照されたい．

　プラトンとアリストテレスに関しては，ヘラクレイトスの言葉通りの引用はほとんどないし，実際彼らは初期の先人たちを正確に客観的に評価することに関心を持っていなかった．プラトンが幾度かヘラクレイトスに言及する場合には，主にユーモラスないし皮肉を込めた言い方で，「万物は流転する」（パンタ・レイ，あるいはパンタ・コーレイ）という見解を強調して，それを対話の中で自由に彼に帰しているのである．アリストテレス『形而上学』A 巻第 6 章 987a32 によれば，プラトンは若い頃，このような見解をクラテュロスが強調していたことに影響を受けた．しかしソクラテス以前の思想家たちはすべて，われわれの経験世界において，変化が支配的であることを感知していた．ヘラクレイトスも明らかに例外ではなく，実際のところ，おそらく先人たちよりも明瞭かつあざやかに変化の普遍性を表現したのである．しかし彼にとって決定的に重要だったのは，この変化の普遍性という見解は，変化に本来備わっている尺度，すなわち変化を通じて持続し，変化を制御する安定性という補完的な考え方だった．プラトンは，ここでヘラクレイトスが強調している内実を，とくに前 5 世紀のソフィストの誇張によって，まったく誤解させられて歪曲してしまったのかもしれない．そしてプラトンによる流転説解釈をアリストテレスが受け入れて，それをさらに推し進めたのである．

アリストテレスがヘラクレイトスに言及しているその他の箇所では，相反的なものは「同じ」であると主張することで，ヘラクレイトスは矛盾律を否定している，と攻撃している．このこともまた，アリストテレスによる誤った解釈であり，アリストテレスは時代錯誤的に自分自身の厳密な論理学上の基準を適用してしまっている．ヘラクレイトスは「同じ」という言葉によって，「同一である」というよりも「本質的に異なってはいない」ということを意味しようとしていたことは明白である．

　古代において評価を下した著作家たちのこうした欠陥を考慮すると，まずは現存する断片に基づいて，ヘラクレイトスの思想の再構成を試みることが無難である．だがたとえそうしたとしても，理解できることには限りがあり，それ以上のことは望めない．アリストテレスが明らかにしたように，ヘラクレイトスは形式的な論理のカテゴリーを用いることなく，同じ事物（あるいはおおまかに同じと言える事物）を，時には神として語り，時には質料の一形式として，また時には行動や原理の法則——それにもかかわらず，それは事物の自然学的な構成要素であったが——として語る傾向があったのもその理由の一つである．実際，彼はイオニアの先人たちより以上に形而上学的な人物であったし，変化や発展の仕組みよりも，それらの基礎にある統一的実在性に関心を持っていたのである．

V．ヘラクレイトスの思想

(i) 人びとは，事物の基底にある一貫性を理解しようと努めるべきである．それは，定式，すなわちあらゆる事物に共通する整序の要素であるところの「ロゴス」として表現される

> 194　断片1：セクストス・エンペイリコス『学者たちへの論駁』第7巻132節
> 　理(ことわり)（ロゴス）は，わたしが示している通りにあるのに，人間たちはそれを聞く以前にも，いったん聞いてからも，けっして理解には至らないのが常である．なぜなら，万物は，この理にしたがって生じているのに，人びとはまるでそれを経験しなかったかのようであり，しかも，わたしが説明しているような言葉や行いを見聞きしていながら，そういうありさまなのである．まさにそうしたことをわたしは詳細にしており，それぞれの事物をその構成要素にしたがって分明にし，

それがいかにあるかを明示しているというのに．ところが他の人びとは，目覚めてから何をしているのかも，ちょうど眠っているときの行いを忘れているのと同様に，気づいていないのだ．

195　断片2：セクストス・エンペイリコス『学者たちへの論駁』第7巻133節
　　それゆえ，＜公的なもの（遍く行き渡っているもの）＞に従わなければならない．しかるに，この理（ロゴス）こそ公的なものであるのにかかわらず，多くの人びとは，自分だけの私的な思慮を備えているかのように生きている[5]．

196　断片50：ヒッポリュトス『全異端派論駁』第9巻第9章1節
　　わたしにではなく，この理（ロゴス）に耳を傾けて，万物は一であることに同意するのが知というものである．

これらの言明が明らかにしているのは，人間をその一部とする世界の構成素因について，きわめて重要な真実に自分は通じているが，それを伝達普及しようとしても無駄に終わってしまうとヘラクレイトスが考えたということである．大多数の者たちは，その真実を認知できずにいる[6]．すなわちその真実とは「共通なもの」であり，すべての事物に妥当するとともに，自分たちの観察や理解[7]を用いて，私的な見せかけ

---

[5] 写本は，διὸ δεῖ ἕπεσθαι τῷ κοινῷ· ξυνὸς γὰρ ὁ κοινός· τοῦ ……（「それゆえ，共通のものに従わなければならない．というのも，共通のものは公的なものだからである．しかるに，……」）となっている．ξυνός（「公的なもの」）と κοινός（「共通のもの」）とは，同じ考えを違った言葉で表わしたものであり，前者が通常の叙事詩的でイオニア方式のものであり，ヘラクレイトスによって用いられた言葉である．後者のかたちは，語句注解として与えられたものであることは明白であり，書き添えられた説明が残ったままで，この注解がオリジナルな言葉に置き換わってしまったのである．

[6] 他の多くの現存断片において，人びとがそれを認知できないでいることが攻撃されている．断片17, 19, 28, 34, 56, 72 を見よ．しかしそれらの断片では，資料194, 195, 196 の内容にどんな実質も付け加えられない．似たような非難は，個々の人たち――ホメロス，ヘシオドス，クセノパネス，ヘカタイオス，アルキロコス，ピュタゴラス――にも向けられている．たとえば資料190, 255 にあるように，批判の根拠は，そういう人びと（その中でもピュタゴラスはどの個所でもとくに攻撃されている．たとえば資料256を参照）が，誤った種類の知識――すなわち博学多識（πολυμαθίη）やばらばらで関連性のない事実の単なる集積――を追求していたということにある．

[7] 次の資料を参照のこと．
　　197　断片55：ヒッポリュトス『全異端派論駁』第9巻第9章5節　　見えるもの，聞こえるもの，知覚しうるもの，これらのものをわたしは優先させる．

の知性を偽造することがないときにのみ，万人に近づきうるものである．彼らが認識すべきは「ロゴス」であり，それはおそらく諸事物の基底にある定式，すなわち諸事物の釣り合いのとれた整序の方法として解釈されるべきものであり，個別的にも総体においても諸事物の構造的な計画図と言い表わすことができるかもしれない．

　ヘラクレイトスにおけるロゴス（λόγος）の術語的な意味は，おそらく「尺度」，「計算」，「比率」という一般的な概念と関連づけられるであろう．それは単に，そこで問題となっているヘラクレイトス自身の「説明」ではありえない（さもなくば，資料 196 での，「わたし（ἐμοῦ）」と「このロゴス（τοῦ λόγου）」の区別が意味のないことになってしまう）．ただし，ロゴスはその説明において明らかに示され，いわばそれと同時生起するものである．共通の計画図や尺度にしたがって整序されていることによって，万物は，たとえ一見したところは多数的で全体として不整合であるにしても，実際にはひとまとまりの複合体において統一されているということになる（資料 196）．人間たち自身はその一部であり，それゆえそれについて理解することは，彼ら自身の生を適正に規律あるものとさせるために論理的に必要である．しかし，「定式」，「釣り合いのとれた整序」などの言葉は，ロゴスのこの術語的な意味の訳語としては抽象的で誤解を生む．ロゴスは，おそらく時には事物の実際の構成素材としてヘラクレイトスに見なされていたであろうし，多くの観点でそれは第一義的な宇宙の構成素因である火と同じ広がりを持っていきわたっているものである（261 ページを見よ）．

(ii) 相反的なものの本質的統一についてのさまざまな事例の類別

　199　断片 61：ヒッポリュトス『全異端派論駁』第 9 巻第 10 章 5 節

　しかし観察は知慮（νοῦς あるいは φρόνησις）によって検証されねばならない．これは資料 250 だけでなく，次の断片にも示されている．
　198　断片 107：セクストス・エンペイリコス『学者たちへの論駁』第 7 巻 126 節　　目も耳も，言葉を解さぬ魂（バルバロイの魂）を持つ場合には，人間たちにとって悪しき証言者である．
　ここで「バルバロイの魂」とは，感覚の言語を理解できず，感覚を正しく解釈できずに，表面的な現われ方によって誤って導かれてしまう人びとのことである．単なる感覚と，感覚与件についての知性による解釈との間の同じような峻別は，後にデモクリトスによってなされた（517-518 ページ）．

海水はきわめて清浄で，きわめて汚い．魚にとっては飲むことができて，生命を保たせるものだが，人間にとっては飲めないし，命取りになるものである．

200　断片60：ヒッポリュトス『全異端派論駁』第9巻第10章4節
上り道と下り道は同じ一つのものである．

201　断片111：ストバイオス『精華集』第3巻第1章177節
病気は健康を，飢餓は飽食を，疲労は休息を快適にして善いものにする．

202　断片88：擬プルタルコス『アポロニオス宛の弔意書簡』第10章106E
そして，生きている間も死んだ後も，目覚めているときにも眠っているときにも，また若いときも老いても，同じものとしてわれわれの内に存在しているのである．なぜなら，このものが変転してかのものとなり，またかのものが変転してこのものになるからである．

これらの断片は，明らかに相反的なもの同士の間には，四つの異なった種類の関係があることを例証している．

(1) 資料199では，同一のものが，部類を異にする判別者に対して相反的結果を生み出している．断片13「豚は泥を好む（しかし人間は好まない）」や断片9「ロバは黄金よりもわら屑を好む（だが人間はわら屑より黄金を好む）」も同様である．

(2) 資料200では，同一の事物の異なった位相が，相反的な記述を正当化しているのであろう[8]．断片58「切ったり焼いたり（通常は悪いとされていること）」が，外

---

8) これは，「上り道と下り道」についての最も可能な解釈であるように思われる．テオプラストスや彼に従う何人かの人たちは，宇宙の生成変化の過程における世界規模の物質塊［大地，海，天空の火のそれぞれを指す］の間の相互変化にこの語句を適用していて，現代のほとんどの研究者たちがこれと同じように理解している．しかし，「同じ一つのもの」と同様の言葉が，この断片と形式的に類似した断片59での明白な相反的なものに対して用いられている．そしてヒッポリュトス——彼はヘラクレイトスから言葉通りに引用している信頼しうる典拠であり，哲学者の言葉を主題によって分類わけしたいい手引き書を持っていたように思われる——は，確かに「上り道と下り道」を，実際は完全に適切にあてはまるとはいえない宇宙論的な喩えとしてではなく，相反的なものの統一についての例証の一つとして捉えている．われわれは，実際の道路や小道について想像してみるべきであり，それは下方に住んでいる人びとには，「上り道」と呼ばれ，上方に住んでいる人びとには「下り道」と呼ばれる．ヴラストス（Vlastos, *AJP* 76 (1955), 349 n.26）は，「凡庸さ」を根拠にしてこの解釈に反論したが，たとえば習字に関する断片59は，疑いなく正確にこれと同質のものである．

科医によってなされると報酬を要求される」,また断片59「文字を書く行為は,全体の線においてはまっすぐに結合しているが,それぞれの文字のかたちは曲がっている」もこれと同様である.

(3) 資料201では,健康や休息のような,善いもの,望ましいものは,病気や疲労など,それらと相反的なものを認めたときにのみ成立可能になるように見える.おそらく断片23「不正がなければ正義もないであろう」も同様である.

(4) 資料202では,ある相反的なもの同士が本質的に結びついていると言われている(文字通りには,「同じ」という含みのある表現がされている).なぜならそれらは,互いに続いて起こり,また互いによって引き起こされるのであって,他の何ものによってもそうなりはしないのだからである.同様に断片126でも,熱い実在と冷たい実在とが,熱-冷の連続体とわれわれが呼ぶもの,つまり一つの統一体(すなわち温度)を形成するとされている.また断片57でも,ヘシオドスが親と子と見なした夜と昼は,本質的に結びついていて,相互依存的なものであるし,常にそうあり続けてきたにちがいないとされる.

相反的なものの間のこれら四種類の関係は,さらに二つ主要な項目へと帰着させることができる.すなわち (a) 単一の主体に内在し,同時にそれによってつくられる相反的なもの(= (1)-(3)),そして (b) 単一不変な生成過程の中での異なった段階であることによって関連づけられる相反的なもの(= (4)),である.

こうした考察は(断片103, 48, 126, 99をも参照のこと),慣習的には,相互にまったく別々のもの,相反するものと見なされている対象についてなされているが,明らかに,相反的なものが真に絶対的な仕方で相反的なものから切り離されることはけっしてありえないと考えるようにヘラクレイトスを促した(この見解がアナクサゴラスによってより直接的に述べ直されていることに関しては,466ページを見よ).

(iii) したがって,相反的なものの各組み合わせは統一性も多数性も形成する.そのさまざまな組み合わせもまた,相互に関係し合っていることは明らかである

203 断片10:擬アリストテレス『宇宙論』第5章396b20

一纏まりに繋がったものは,全体であって全体ではない.一致していながら仲違いしていて,調子が合っていながら調子外れである.万物から一が生じ,一か

ら万物が生じる[9]．

204　断片67：ヒッポリュトス『全異端派論駁』第9巻第10章8節
　　神は昼であり夜，冬であり夏，戦争であり平和，飽食であり飢餓である（これはあらゆる相反的なものを意味している）．それが変化するのは，ちょうど＜火が＞，香料と混ぜられると，それぞれの香りに応じて名づけられるのと同様である．[πῦρ（火）という言葉はディールスによって補われたもの．]

　資料203での「一纏まりに繋がったもの」とは，第一義的には相反的なものであるにちがいない．たとえば夜と一纏まりに繋がっているものは昼である（ここで気づかれようが，われわれが「性質」と呼ぶべきものを，ヘラクレイトスは端的に両極をなすものによって表現しているということであり，したがってそれを相反的なものとして一括することが可能となっているのである）．そのような「一纏まりに繋がったもの」とはまさにある意味で「全体」として語られ，つまり一つの連続体を形成しているものとして語られる．また別の意味では「全体でないもの」すなわち単一の構成素材として語られる．この二者択一的分析を「一纏まりに繋がったもの」である統合体に適用して，「万物から一つの統一がつくられる」のをわれわれは見て取ることができるし，したがってまたこの統一性から（「一から（ἐξ ἑνός）」），事物の表面上分離した多なる相（「万物（πάντα）」）が分離されうるのである．

　資料204は，神と無数の相反的なものの各組み合わせとの関係を語っていて，その相反的なものの組み合わせのそれぞれは個別的に自然の成り行きにのっとった継続性によって繋がり合っている．これらはこの注釈者が考えたように，おそらくは，繋がり合いながら相反関係にあるもののすべての組み合わせを代表している．問題になっている関係性は，ゆるやかな述語づけになっている．そしてヘラクレイトスは，おそらくクセノパネスを敷衍しつつ，「神」を何らかの，おそらくは明確にされないまま

---

[9]　「一纏まりに繋がったもの（συλλάψιες）」は，テキスト的には「接続したもの」を意味するσυνάψιες よりもわずかにまさっている．より重要な問題は，この語が主語か述語かということである．スネルは一般的な見解に反対して，それが主語であると指摘した．「全体であるもの」と「全体でないもの」，「調子の合ったもの」と「調子外れのもの」はいずれも，ヘラクレイトスに典型的な相反的なものの組み合わせではないし，事実それらは247ページ以下で概略的に述べた分類にはない．

の仕方で事物に内在するものとして,あるいは全事物の総体として見なしていたように思われる[10]. 原初の物質は——それは現にこの世界においてもはっきり姿を現わしているであろうが——神的であるというミレトス派の見解がここで思い出される. ヘラクレイトスは「神」を,その神観念においてはっきりとは物質的なものとはしなかったとしても,祭儀や崇拝を必要とするものとは考えなかった点で(ただしすべての祭儀を拒否したのではない. 273ページ以下を参照),ミレトス派の人びと同様に慣習的な宗教観にとらわれていなかった. 資料204の特有な点は,すべての相反的なものが神によって表現されうるということである. すなわち平和が神的であるからといって,戦争がこれと等しく神的であることはないという結果にならないし,また戦争が,時として秩序づけられた宇宙全体と等値の支配的で統一的な構成素因によって等しく浸透されていることはないとは言えない(245ページ以下,261ページ).

　神はここで本質的にロゴスと異なるものではありえない. ロゴスは,他の諸事物の中にあって,それらを相反させる構成素因であり,相反的なものの間の変化が釣り合いのとれていることを保証するものである. したがって神は,ちょうど火が異なった蒸発物の共通要素であるように(というのも,それらは異なった種類の香りを持った火から構成されたものと考えられているからである),あらゆる対極物の中にあって共通に結びつける要素であると言われている. 一方から他方への変化は,名前をすっかり変えてしまうが,それは人を誤らせるものである. 実は表面的な構成素材のみが変化し,最も重要な構成要因は存続しているからである. この理解し難い文言が示唆

---

[10] 人間に対する神の卓越,また人間のカオス的なものの見方に対する神の統合的なものの見方の卓越は,ヘラクレイトスによってきびしく強調されている. たとえば,次の断片を参照のこと.
　205 断片78:オリゲネス『ケルソス論駁』第6巻第12章　なぜなら,人の本性には知の洞察力は備わっていないが,神の本性には備わっているからである.
　断片79,82-83も参照し,次のようなヘブライの見解と比較されたい.「天は地よりも高いように,わが道は汝らの道よりも高く,わが思いは汝らの思いよりも高い」(『イザヤ書』55,8以下). とくにあるヘラクレイトスの言葉では,神にとっては相反的なもの同士に孕まれた個別分離性は存在しないと語られている.
　206 断片102:ポルピュリオス『ホメロス「イリアス」についての諸問題』IV,4への注解　神にとっては,すべてが美しく,善く,正しいが,人間たちはあるものを不正と考え,あるものを正しいと考えた.

しているのは，相反的なものの個々の組み合わせのそれぞれが一つの連続体を形成しているのに対して，いくつかの連続体もまた，異なった仕方であるが，互いに関連づけられているということである．このようにして，事物の全体的な多数性は，単一で一纏まりの確定可能な複合体を形成しているのであり，それをヘラクレイトスは「統一性」と呼んだのである．

(iv) 事物の統一性は，表面下にある．それは相反的なものの間の釣り合いのとれた相互作用に依存している

207　断片 54：ヒッポリュトス『全異端派論駁』第 9 巻第 9 章 5 節
　　顕わになっていない結びつき（ハルモニエー）は，顕わになっている結びつきより強力である．

208　断片 123：テミスティオス『弁論集』5, p.69D
　　自然本性（ピュシス）は隠れることを好む．

209　断片 51：ヒッポリュトス『全異端派論駁』第 9 巻第 9 章 1 節
　　どうして対立分離しているものが（διαφερόμενον），自らと一致しているのか（ξυμφέρεται），彼らには分からないのだ．逆向きに引っ張り合う（παλίντονος）調和（ハルモニエー　結びつき）があるのだ[11]．ちょうど弓や竪琴の場合と同様である．

---

11) ヒッポリュトスはここで最も完全なかたちの典拠であり，またたいていいつでも信頼しうる出典となっているが，「一致している（ξυμφέρεται）」の個所を（ὁμολογέει の代わりに）ὁμολογέειν（理（ロゴス）を一つにしている）とし，「逆向きに引っ張り合う（παλίντονος）」の個所を παλίντροπος（逆向きに働く）としている．ξυμφέρεται という言葉は，プラトン『饗宴』187A での読みに基づく正しいと思われる復元であり，それによって ὁμολογεῖν という動詞——ヒッポリュトスは断片を引用する少し前で，その動詞を不定法で二度用いたので，意図せずにそれを容易に繰り返したのであろう——を使用する困難さを回避することができる．παλίντονος は，プルタルコスとポルピュリオスの（後半部分のみの）読みに見られる παλίντροπος と同じ程度の証言数を持つものであり，十全に理解可能な意味を与えていることを理由に選ばれている．

　ヴラストス（G.Vlastos, *AJP* 76 (1955) 348ff.）は，παλίντροπος のほうを擁護して，ディオゲネス・ラエルティオス『哲学者列伝』IX, 7 ——ある種の要約であり，しばしばテオプラストスを不正確に伝えたもの——で，διὰ τῆς ἐναντιοτροπῆς ἡρμόσθαι（反対方向に向かうことによって一致調和する）という句が記されていることを指摘している．これは，一見したところ確かに παλίντροπος ἁρμονίη

資料 207 で述べられていることは，普遍的な法則である．資料 208 と比較しても（そこでのピュシスはおそらく「自然 (Nature)」ではなく，「事物の真なる構成素因」を意味している），また資料 209 と比較しても，そこで示唆されているのは，法則が全体としての世界，すなわちその関係が一見して明らかでない構成部分の総計としての世界のはたらきに合致するよう定められていることである．実際，相反的なもの同士の見えざる結びつきは，その他のより明白なかたちでの結びつきよりも強力である[12]．ヘラクレイトスの最もなじみの深い言明の一つである資料 209 は，述語づけにおける特徴的なゆるやかさを含んでいる．「一致する (ξυμφέρεται)」の主語はおそらく，特定の相反関係にあるもののまた別の例である ⟨τὸ⟩ διαφερόμενον（対立分離しているもの）でなく，普遍化された διαφερόμενόν ⟨τι⟩ であり，その場合は「別々に分かれてゆく任意のもの」とは，「別々になっている一対の任意の相反的なもの」を意味する．したがって，与えられた意味は，資料 203 での「一致していながら仲違いしている (συμφερόμενον διαφερόμενον)」の言外に込められたものと同様である．

どんな一対のものも，対になったもののどんな総体も，(a) 異なった種類からなるものであり，分かれた両極によって分解しうるか，あるいは (b) 自らと一緒になって統一性を形成する傾向があるものとして見なされる．ここで重要な付け加えが必要

に基づいているように見える．だがしかし，ἐναντιοτροπή（それはもし -τροπος という形容詞の形に由来するのであれば，ἐναντιοτροπία でなければならないであろう）は，おそらく相反的なものの間の変化として解釈される「上り道と下り道」に結びつけられる資料 218 の τροπαί（転換）に関連した言及であろう（それらは確かにテオプラストスに由来するものであることについては，ディオゲネス・ラエルティオス『哲学者列伝』IX, 8 での彼についての詳細な説明を参照せよ）．パルメニデス断片 6（資料 293）にある παλίντροπος κέλευθος（反対方向の（逆向きの）道）は，言うまでもなく十分に理解可能な表現で，ヘラクレイトスや，ともかくもこの断片への関連づけをそこに含意させる必要はない（320 ページ以下参照）．正しい読み方に関するさらなる議論については，ガスリー (Guthrie, *HGP* I, 439f.n.3) を参照のこと．

12) 根底にある真実を見出すためには，信頼と忍耐力の両方を必要とするということが多くの断片に示唆されている．たとえば，次の断片を参照のこと．

   210 断片 18：クレメンス『雑録集』第 2 巻第 17 章 4 節   予期しなければ，予期されていないものは発見できないであろう．それは，見いだしえないもの，獲得しがたいものだから．

    また，資料 244 および断片 22, 86 をも参照．さらにクセノパネス断片 18（資料 188）と比較されたい．

になる．すなわち，ある種の結びつきあるいは接合（ἁρμονίη の文字通りの意味）の手段が，相反的なものの緊張関係[13]を通じて存在するということであり（つまり一対のものにおいて存在するのであり，すなわちそれがこのことを例証している），それがこの統一的結合性を保証するのである．それは，ちょうど弓や竪琴の弦に見られる緊張のように，道具の腕木に働く外部への張りつめた緊張関係によって，それらが正確に釣り合いのとれた状態にあるときに，一貫していて統一的な複合体，しかも安定的かつ作用力を持った複合体を作り出している場合のようなものである．もし相反的なものの間の釣り合いが維持されることなく，たとえば，「熱いもの」（熱い実在の総体）が冷たいものに対して，あるいは夜が昼に対して，ひどく優勢な状態になり始めたら，世界の統一性と一貫性は終わってしまうと推測できよう．それはちょうど弓の弦に見られる緊張が腕木における緊張を超過したら，複合体全体が破壊されてしまうのと同様である．

(v) **宇宙における全体的な釣り合いは，一方向への変化がやがては他方への変化を促す場合，すなわち相反的なものの間の終わりなき「闘争」がある場合にのみ，維持される**

211　断片80：オリゲネス『ケルソス論駁』第6巻第42章
　　　戦争は共通のものであること，争いが正義であること，そして万物は争いと必然に従って生ずることを知らねばならない[14]．

212　断片53：ヒッポリュトス『全異端派論駁』第9巻第9章4節
　　　戦争は万物の父であり，万物の王である．それはある者たちを神々として，ある者たちを人間として示し，またある者たちを奴隷とし，ある者たちを自由人としたのである．

---

13) παλίντονος ＝「逆向きに引っ張られた」，すなわち反対双方向へ等しく向かっている状態．一方向への緊張は，自動的にもう一方向への等しい緊張を作り出す．さもなくば統一性は崩壊する．
14) χρεών「必然」はディールスの読み．諸写本は χρεώμενα．校訂は確かなものではないが，再訂はむずかしい．三つの余分な文字は，直前の箇所で，最良のヴァチカン写本が，明らかにもともと εἰδέναι とあったところを εἰ δέ としているという，その三文字の脱落と関係しているのかもしれない．

争いや戦争は，世界に変化が支配していることに対してヘラクレイトスが好んで用いる比喩である．それは明らかに相反的なものの間の相互作用に関連している．ほとんどの種類の変化は（たとえば，似たものと似たものが融合する場合の成長を除いて），相反的なものの間の変化に還元されうると推測できよう．いずれにせよ，一つの極から他の一方の極への変化は，起こりうる最も徹底的なもののように見えるであろう．あらゆる出来事の基底にある「戦争」は，資料211での特有の意味において「共通」である（ホメロスはその用語を用いていたが，「公平な」ということを意味していた）．すなわちそれは普遍的であり，人びとの多様で実際対立している状態を左右している——それは死後の運命を担うものでさえある．というのも，戦死（資料212）はある者たちを「神々」にするだろうからである（資料237, 239を参照）．それは正義（ディケー）と呼ばれ，すなわち「示された道」（δίκη（正義）は δείκνυμι（示す）と同根の語である），あるいは常道正規なる行動規則である．

　これは，諸事物が自然的変化の過程で相互侵犯という不正を犯しているために，相互に報復し合うというアナクシマンドロスの言明（資料110）を周到に修正したものにちがいない．ヘラクレイトスが指摘しているのは，争い——相反する実在間の作用・反作用——がもし終わってしまったら，両極間のあらゆる闘争に勝利したものは永遠の支配を築くだろうし，現にあるような世界は崩壊してしまうだろうということである[15]．とはいえ，ちょうど闘争の中に一時的な局地的停止状態があるように，あるいは相反する力がまさに均衡することによって作り出される行き詰まりがあるように，ただ一時的にすぎず，他のどこかでのそれに対応した状態によって釣り合いがとれているかぎりで，宇宙の戦場には一時的な安定性がここそこで見出されうることをヘラクレイトスは認めたにちがいない．このことは争いの支配の正当性（それはアナクシマンドロスにとってと同様に，比喩的に変化の動因を与えるものとなってい

---

15) 次の資料を参照のこと．
　213　アリストテレス『エウデモス倫理学』第7巻第1章1235a25　そしてヘラクレイトスは，「神々からも人間たちからも争いがなくなればよいのに」（ホメロス『イリアス』XVIII, 107）と詠った人物を非難している．というのも，高音と低音がなければ音階（ハルモニアー）は存在しないし，反対のものである雌雄がなければ動物も存在しないだろうからである．
　ここでハルモニアー（調和）は，「音階」という特定の意味である．

る）を減じることなく，むしろ実際のわれわれの経験世界——そこではあらゆる事物は，最終的に変化しなければならないが，いくらかのものは一定の時間は明らかに安定している——にこの原理が適用できるのである．

(vi) 川のイメージは，変化の中に尺度や釣り合いが保持されていることに基づく一種の統一性を例示している

   214　断片12：アレイオス・ディデュモス（エウセビオス『福音の準備』XV, 20による）

   断片91：プルタルコス『デルポイのEについて』第18章 p. 392B

   同じ川に入っていく者にとって，つぎつぎと違った水が流れてゆく（＝断片12）[16]．……撒き散らしては……一つにまとめ，……一緒にしては別れて行き，……加わっては離れ行く（＝断片91）．

アリストテレスやテオプラストス，さらに学説誌家たちによって受容され展開されたプラトンの解釈によれば，この川の比喩は，あらゆる単一物における変化の絶対的な連続性を強調するためにヘラクレイトスによって挿入されたものである．つまり万物は川のように絶え間ない流れのうちにある．

   215　プラトン『クラテュロス』402A

   ヘラクレイトスは，すべてのものが流転し，何一つとどまらない，とどこかで語っている．そして存在するものどもを川の流れにたとえて，「同じ川に二度足を踏み入れることはできないであろう」とも語っている．

アリストテレスはこの解釈に言及して，次のように述べている．

   216　アリストテレス『自然学』第8巻第3章 253b9

---

[16] アレイオスによる ὕδατα ἐπιρρεῖ（「水が流れてゆく」）に続く καὶ ψυχαὶ δὲ ἀπὸ τῶν ὑγρῶν ἀναθυμιῶνται（「魂も湿ったものから蒸気化する」）という言葉は，多くの編者・校訂者によって断片12の一部とみなされている．しかしその言葉はほぼ確実に，クレアンテスが魂の蒸気化をゼノンと同様にヘラクレイトスにも見出そうと試みた文言の一部である．Kirk, *Heraclitus, The Cosmic Fragments*, 367ff. 参照．断片91を構成している対になった動詞群は，プルタルコスによって主要な川の言明が（プラトン的な言葉づかいで）要約されたすぐ後に現われている．さらに258ページ参照．

> 存在するもののうちあるものは運動しているが,あるものは運動していないというのでなく,すべてのものが常に運動しているのであって,われわれの感覚がそれに気づかないでいるのだと,ある者たちは主張している.

ここでアリストテレスは,プラトンの場合に暗に言われていたことを明示的にしている.すなわちそれは,多くの物事(安定しているように見えるもの)が,目に見え ない変化,あるいは気づかれることない変化をこうむっているのでなければならないということである.ヘラクレイトスは実際に,たとえば岩あるいは青銅の大釜が,目に見えない物質的変化を不可避的に被っていると考えたのだろうか.おそらく彼はそう考えたのだろう.しかし,現存する断片には彼がそう考えたことは何一つ示されていないし,もし感覚が知性的に解釈されるならばという条件つきで,彼がはっきりと表明している感覚への信頼からすると,彼がそう考えなかったことが示唆されている[17].パルメニデス以前に,そして感覚が完全に虚偽であるというパルメニデスの明白な立証——それは彼の同時代人に対して明らかに衝撃的なことであった——以前には,常識からの大きな逸脱は,思うにそれらに対する証拠が非常に強力である場合にのみ受け入れられるべきであろう.目下の場合には,ヘラクレイトスがいずれは起

---

[17] 資料197,198を参照.メリッソスが断片8(資料537)で何か「安定的」な事物が変化するという現象に注目しているのは事実である.すなわち鉄が指によって磨耗する現象などがそれである.この考察は,ことによると逐語的にヘラクレイトスに言及している公算もある文脈の中でなされている(たとえば「熱いものは冷たくなり,冷たいものが熱くなる」.断片129参照).しかしこの場合に変化が目に見えないものであっても継続的でなければならないとメリッソスが考えたとする理由はない.指が擦るごとに鉄の目に見える部分が擦り取られるとしても,しかし擦らない場合にも,鉄がなお変化していると考えるどんな理由があるのだろうか.メリッソスの指摘はむしろ,現象の示すところによれば表面的に安定しているように見えても,あらゆるものは変化を被っているということである.このことは,まさにヘラクレイトスが考えたにちがいないことである.視域下の変化について彼は言及しているかもしれないし,していないかもしれないが,いずれにせよそれらが推論で導き出された場合にだけ受け入れるであろう——そして継続的な変化は一見したところ安定的な事物の場合には導き出されないのである.もちろん,メリッソスの議論は感覚が虚偽でなければならないとするものであった.というのも,ヘラクレイトスとメリッソスの間にパルメニデスがいたからである.エンペドクレスによる流出説(396ページ以下)の場合には,状況はさらに変わってくる.

こる変化を強調したことが，それ以後の人たちに誇張されたり歪曲されたりして，プラトンが誤解に導かれたということは考えられることである．ことによると，とくに若い頃のプラトンに影響を及ぼしたとアリストテレスに言われているクラテュロスによってそうされたのかもしれない（アリストテレス『形而上学』A6, 987a32）．

しかしながら，ほとんどの研究者たちはこの見解を受け入れていない．なぜならばプラトンは正しいにちがいないと彼らは考えているからである．ある意味で彼の重要性ゆえに，またある意味で彼の年代ゆえに（断片12の起源であるアレイオス・ディデュモスの年代と比べると比較的早いものである），また一部はアリストテレスが彼を信用していることから，さらに一部はクラテュロスの修正（「あなたは同じ川に一度も入ることができないであろう」．アリストテレス『形而上学』Γ 5, 1010a13）が，ヘラクレイトスの言ったこと，ないしそれに類した事柄についてのプラトンの述べ方に依拠しているように見えることからそう考えるのである．しかし，しばしばプラトンはソクラテスに対して，ソクラテス自身の，あるいはプラトン自身の都合で先駆者たちを歪曲させているのが見られる．またクラテュロスの修正は，プラトンによる言い方に依拠しているとする必要はなく，アレイオス・ディデュモス版への評言としてたやすく言い換えられるであろう．そのさい，ともすると，知覚や変化についての見解が一般的に発展してきたことを考慮にいれるべきであり，その他のヘラクレイトス断片の含意もまた考慮するべきである．

しかし，断片12にはイオニア方言の複数与格が用いられ，「つぎつぎと違った水」というアルカイックな言い方がなされ，それがヘラクレイトスの言葉らしいものになっているという問題もある．ガスリー（Vlastos, *AJP* 76, 1955, 338ff. も同様に）は，その表現が含蓄を持ったものでなく，逆説的ではなく，したがってプラトンによる言い方ほどにヘラクレイトス的ではないと反論しているが，総合的に見て断片12は自然で無理のないイオニア方言であって，古代初期の詩の特徴的なリズムがあるので，ヘラクレイトスのものである印象を持っているように思われる．他方，後者はプラトンによるものに見えるし，おそらく断片12を再定式化したものと考えるほうが，その逆だと考えるよりも容易であろう．

問題は決着をつけにくい．一方の解釈はここできわめて強力に提示されているし，もう一方の解釈も，たとえばガスリーが論じている（*HGP* I, 449-454）．この二者択

一的見解の基本に含まれている意味内容をさらに熟考すれば，ここに提出されている立場が強化できるかもしれない．プラトンによる定式化は，川がつぎつぎと移行する瞬間にけっして同じではないことを示していて（そしてそれゆえ，クラテュロスはまったく正しかった），そして自然におけるあらゆるものはこの点で川にたとえられるということが定言的な表現で付け加えられている――「何一つとどまらない（οὐδὲν μένει)」．アレイオスによる，すなわち断片 12 の定式化は，それほど徹底的なものではない．同じ川といったようなものは存在するが，ある意味でそれは異なってもいるというのである．このことは，特定の事例に見られる「同じ」と「違う」を対照させていて，それゆえ，ヘラクレイトスの「対立の一致」の具体例の一つに属するものとなる．しかし，もしここで意図されているものが（プラトンが少なくとも示したように）そのこと以上のものならば，それが意味するところは，あらゆる単一の事物は川のようであるにちがいないということではなく，むしろ，複雑な全体――すなわち世界のような――は，その構成的部分は永遠に変化しているのだが，「同じ」にとどまっているであろう，ということである――それは 7 節以下で論じるヘラクレイトスの自然学的見解と確実な類似性がある．

　このことを考慮すると，断片 91 を構成している動詞（その文脈とそれらの動詞そのものの性格は，水の流れをその交代の規則性に独特の注意を払いながら述べていることを指示しているように見える）を断片 12 に付け加えることは（資料 214），断片 12 の言外に込められていること，すなわち川の全体としての統一性はそれを構成する水の流れの規則性（「つぎつぎと（ἕτερα καὶ ἕτερα)」と述べることで示してもいる）に依存しているということを明らかにしている．そこで，川は世界の構成素因の釣り合いをイメージしたものであろう．明らかに岩や山や机は一時的に静止状態にあり，そしておそらく長い間そのままの状態にとどまっているだろう．ヘラクレイトスの釣り合いのとれた相互作用や争いの理論が言わんとしているのは，結局はそれが変化することになり，それによって世界の構成素因の生成過程を維持するのを助けているということである．その間，たとえば山の安定性は，対応する海や火やアイテールの量塊の対応した安定性によって釣り合いがとれているのである（山はほとんど土であるのだから）．そのことについては次節で見る．

第6章 エペソスのヘラクレイトス

(vii) 世界は永遠に生きる火であり，火の一部は，他の二つの主要な世界的量塊である海と大地を形成するために，常に消滅し続けている．火，海，大地の間の変化は，相互に釣り合っている．だが純粋な，すなわちアイテール（上層空気）的な火は，主導的な能力を持っている

217　断片30：クレメンス『雑録集』第5巻第104章1節

　　この秩序ある世界（コスモス）（万人に同一のものとしてあるこの世界[18]）は，神々のどなたかが造ったのでもないし，人間のだれかが造ったのでもない．それは，常にあったのだ．そして今もあり，これからもあり続けるであろう．永遠に生きている火として，一定の分だけ燃え，一定の分だけ消えながら．

218　断片31：クレメンス『雑録集』第5巻第104章3節

　　火の転換．最初に海，そして海の半分が大地になり，半分が熱気流（プレーステール，すなわち稲妻あるいは火）となる．……〈大地〉は溶解して海となるが，海の分量は，大地となる前にそうであったのと同じ比率（ロゴス）のものである．

219　断片90：プルタルコス『デルポイのEについて』第8章388D

　　万物は火の交換物であり，火は万物の交換物である．ちょうど品物が黄金の交換物であり，黄金が品物の交換物であるように．

220　断片64：ヒッポリュトス『全異端派論駁』第9巻第10章6節

---

[18] ヴラストス（Vlastos, *AJP* 76 (1955), 344ff.）の議論によれば，「万人に同一のものとしてある」とはもとからの言葉であり，それによって共通に経験する実際の自然的世界と，ロゴスに従わない人びとの想像する偽りの私的世界（資料195など参照）とが対比されているという．もし断片30が人びとの思い違いへの言及に直接続いていたなら（とくにそれはありえそうなこととは思われないが），この考えは十分可能であろう．だが，断片の最初の部分を引用しているプルタルコスにもシンプリキオスにも，論争となっているこの語句は見られない．これはより重大なことだが，クレメンスがこの引用の文脈で，あるストア派の典拠に従いながら，この断片とストア派の宇宙焼尽（エクピュローシス）解釈（それについては，さらに261ページの注を見られたい）との不整合をはっきり説明しようとしていることを，ヴラストスは述べていない．クレメンスによれば，ヘラクレイトスの言う「この秩序ある世界」とは，クレメンスが直前で言ったように，全てを包括した永遠の世界体系（τὸν ἐξ ἁπάσης τῆς οὐσίας ἰδίως ποιὸν κόσμον）のことであり，この特定の世界のことではない．したがって，問題の挿入句には，きわめて強い意図が込められているのである．さらにKirk, *Heraclitus, The Cosmic Fragments*, 307ff. を参照のこと．

万物を電光が舵取る．

　火は物質の原型である．全体としての世界秩序は火として，その一定の分量が消えると，それと対応した分量が再び点火される火として言い表わすことができる．そのすべてが同時に焼尽しつくすことはない．それはこの状態において常にあったし，常にあるであろう（資料217）．それゆえミレトス派的な意味での宇宙生誕論は，ヘラクレイトスには見出されない．火は，タレスやアナクシメネスにとって水や空気がそうであったのと同じようなあり方での原初的素材ではない．またアリストテレスや彼に従う人たちによれば，それはもはや無限定でも無限でもない（テオプラストス（シンプリキオス『アリストテレス「自然学」注解』24, 1, DK22A5による）を参照．）．にもかかわらず，それは資料218に言われている自然過程を継続させる源泉である．宇宙の一部として見れば，火は三つの明瞭な世界的量塊の一つとして，海（おそらくクセノパネスと同様，水一般をあらわしている）と拮抗し，また大地（土）と拮抗している．純粋に宇宙的な火は，おそらくヘラクレイトスによってアイテール——輝く空を満たし，世界を囲んでいる輝かしい火的な素材——と同定されている．このアイテールは神的なものであるとともに，魂の座でもあると一般に考えられていた[19]．

---

19) たとえば以下の個所を参照のこと．

　　221　アリストテレス『天体論』第2巻第1章 284a11　　古来の人びとは，天界である上層部を唯一の不死なる場所として神々に割り当てたのである……．

　　222　『ギリシア碑文集』*Inscriptiones Graecae*^{2} I, 945, 6（アテナイ，前5世紀）　　アイテールは彼らの魂と，身体である大地とを受け入れた．

　　223　擬ヒッポクラテス『肉質について』第2章　　「熱いもの」と呼ばれているのは不死であり，かつてあり，今もあり続けながら，万物を理解し，万物を見たり聞いたり認識したりするものであると思われる．かくてそれは万物が混在したとき，上層部の回転へと向かう．それは古い時代の人びとによってアイテールと呼ばれたものであったように思われる．

　またエウリピデス断片839, 9以下，断片941（Nauck^2），『ヘレネ』1014行以下，アリストパネス『平和』832行以下も参照されたい．もちろん，これらの文言のいずれも，ヘラクレイトスほど初期のものではないし，資料223には明らかにアナクサゴラスとアポロニアのディオゲネスの影響が見られる．しかし，資料221と223には，それらの見解が古いものであると述べられているし，前5世紀の詩に広範に言われているので，その頃には十分に確立され，広く知られていたにちがいないであろう．それは太陽の神性といった考え方が太古からのものにちがいないことに比較することもできよう．

第6章 エペソスのヘラクレイトス

　魂はアナクシメネスが考えたような息ではなく，火あるいはアイテールであるとする考えは，物質的な支配形態として火を選定することを促したにちがいない（210ページ参照）．資料220 はヘラクレイトスの火——最も純粋で最も輝かしい種類のもの，すなわちアイテール的で神的な電光（稲妻）のような火——が主導的な能力を持っていることを示している．ある意味で，これは一般に普及した考え方としてアイテールに割り当てられた神性を反映したものである．だがことによるとそれより重要なのは，すべての火は（より下方に位置づけられる地上的な種類の火さえ），燃料を消耗し，煙を発するその規則性によって，それらの間にある種の安定性を維持しながら，変化における尺度の法則——世界過程に内在し，ロゴスはそれについての一つの表現である（245ページ以下）——を明らかに具現化しているということかもしれない．したがって，火はまさに事物の構造や振る舞いを能動的に規定する構成素因と見なされるべきものである——それは相反的なものの相反性を保証するだけでなく，「争い」を通しての統一性を保証するものでもある．

　世界はおおまかに見れば，大地（土）の量塊（火山に見られるように第二の火と浸透し合っている）と，海の量塊から成っていて，それらは火とアイテールの輝く外郭によって取り囲まれている．この火は，資料218 に基づいて推測すると，宇宙過程の原動力であるとヘラクレイトスに見なされていた．つまりこの領域から雨が発生し，それがついには海を養う．そして海から立ち上る湿った蒸発物によって自ら補給される（火は湿り気を「消費する」から）．海はクセノパネスが示したように，大地に変わり，土は別のときに別のところで水へと変わる．このようにして，海と大地は，宇宙的かつアイテール的な火が「転換する」ものである（資料218）[20]．三つの世界的量

---

[20] あるいは，資料219 の表現にある「交換」．資料217 と219 の両方に，周期的なエクピュローシス，すなわち火による世界の焼尽をストア派的にヘラクレイトスに帰することを妥当でないとする傾向があるという点に注意せよ（しかしながら，この見解はカーン（Kahn, *The Art and Thought of Heraclitus*, 134ff.）によって支持されている）．世界秩序体は，尺度の内で（すなわち同時に）燃えたり消えたりしながら永遠に生きる火であり，かつあるだろう．品物と黄金の交換イメージの中では，すべての品物（多様な世界）が同時に黄金（火）に吸収され，その結果あらゆる黄金が存在して，どんな品物も存在しないといった状況は生じ得ない．テオプラストスは，このイメージについて言及した後で，これに付け加えて，「彼は定められた何らかの必然性にしたがって，世界の変化

塊の間の変化は，それぞれの総量がいつも同じにとどまっているような仕方で同時に進行するのである．一定量の大地が海へと溶け出せば，他方でそれと同量の海が大地へと凝固しているのであり，海と「熱気流」(火) との間の変化でも同様である．このことが資料218の意味するところであるように思われる．「ロゴス」すなわち割合は同じにとどまる——ここでも，強調されているのは変化の尺度や規則性であり，つまり一度に起こる大規模な宇宙論的変化のそれである．

この宇宙論について唯一驚くべきは，相反的なものに帰着させること，すなわち火－海－大地と相反的なものとの関係をはっきりと回避していることである．相反的なものは，変化についての論理的な吟味においては引き合いに出されるが，大規模な変化を考察するさいには，とくにロゴスが火に密接に関連づけられるように，むしろ経験的な記述が維持されているからだ，とする説明が成り立ちそうである．二つのタイプの分析を繋ぐものは，基本にある尺度と割合の概念であるが，火はそれ自体（ガスリー（Guthrie, *HGP* I, 457）が考察しているように）究極的なものであり，ミレトス派の水や無限定なものや空気といったような潜在的な中間的媒体物ではないのである．

の秩序や一定の時間を定めている」(シンプリキオス『アリストテレス「自然学」注解』24, 4 以下，DK22A5) と語っている．おそらくテオプラストスは，エンペドクレスとヘラクレイトスが現在の状態と崩壊との間を世界が変動していると考えたというアリストテレスの所見 (アリストテレス『天体論』I 10, 279b14, DK22A10) に，この文言を関連づけているのであろう．しかしアリストテレスは，ヘラクレイトスが明らかに言及していた 10,800 年の大年周期のことを考えていたのかもしれない (DK22A13)．これは，幸運な魂の周期にあたるのかもしれないし，あるいはもっとありそうなところでは，火の単一の部分が，火のあらゆる段階を貫いて通ってゆくのに必要とする時間にあたるのかもしれない．

プラトンは，ヘラクレイトスの宇宙の同時的な統一性と多数性と，エンペドクレスの愛と憎しみの，別々に設定された期間とを明確に区別している（『ソピステス』242D, DK22A10）．しかしそれと同時に，彼らはともに宇宙の統一性と多数性の両方の存在を確信している者たちとして言及されている．そしてアリストテレスが二人を結びつけているのは，思うにプラトンの比較によって促されながら，二人の間の重要な違いが見過ごされたためにちがいない．また Guthrie, *HGP* I, 455f. および 458, さらにそこに挙げられている文献，そして D. Wiggins, 'Heraclitus' conceptions of flux, etc.' in *Language and Logos,* ed. Schofield and Nussbaum (Cambridge, 1982), 1ff. をも参照のこと．

(viii) 天文学．諸天体は火の鉢であり，海からの蒸発物によって養われている．天体の事象にも尺度がある

224　ディオゲネス・ラエルティオス『哲学者列伝』第9巻9-10節（DK22A1）

　　だが，周囲を取り巻くものについては，それがどのようなものかを彼は明らかにしていない．しかしその中には凹面がわれわれのほうに向いている鉢状のものがあって，その鉢状のものの中に光輝く蒸発気が集められて炎を生み出す．生み出された炎が星（天体）なのである．(10) また，最も光り輝き，最も熱いものが太陽の炎である．……太陽も月も，それぞれに鉢状のものが上方へとその向きを変えると蝕を起こす．そして毎月起こる月の満ち欠けの変化はその鉢状のものがその場で少しずつ方向を変えるときに生じるのである．

225　断片6：アリストテレス『気象論』第2巻第2章355a13

　　太陽は……日々新しい．

226　断片94：プルタルコス『亡命について』第11章604A

　　太陽は限度を踏み越えたりはしないであろう．さもなくば，ディケー（正義の女神）に仕えるエリニュス（報復の鬼神）たちが，それを探し出して摘発するであろうから．

　現存する断片には，天体の自然本性についてのヘラクレイトスの見解が明確には表明されてはいない．しかしテオプラストスは，主観的なものかもしれないが，彼の見解について適度に詳しく述べていることは明らかであり，そのうちのペリパトス派的でない部分については適度に精確であるといえよう——ただし，ヘラクレイトスは，おそらくミレトス派の人たちがそうだったようには精確な天文学的詳細にさほど関心がなかったようである．ディオゲネスはこの説明を最も完全なかたちで保存し，その一部が資料224である．残りについてはDK22A1を参照されたい（星は太陽より地球から遠く，月はより近い）．天体は火で満たされた固い鉢状のものである．この火は海からの湿った蒸気や蒸発物によって維持されていて，それらが何らかの仕方でこの鉢に集められて燃料として燃えるのである[21]．これはおそらく，資料218で述べ

---

21) テオプラストスやそれに従う者たちは，通常二つの蒸発気，すなわち湿った蒸発気と乾いた蒸発気をヘラクレイトスに帰している．これはおそらく，アリストテレス自身の説として，気象論的な

られている世界的量塊の間の釣り合いのとれた相互作用において，水が火に変化する仕方である．

　湿ったものは火によって蒸気化されるのだから，火は物理的に湿ったものに養われているのだという考えは，素朴で一般に広まっていたものである．同様にして，天上の固い鉢は，おそらく太陽が毎夜西から東へとオケアノスの北方の流れをまわって黄金の鉢を航海するという一般に広まっていた神話を，準-科学的に練り上げたものである（資料 7 を参照）．月蝕と月の満ち欠けは，鉢の転回によって説明された．しかし（単なる機械論とは違った）ほんとうの原因は与えられていないし，ディオゲネス（『哲学者列伝』IX, 11, DK22A1）は，おそらくここでもテオプラストスに従いながら，ヘラクレイトスは鉢がどのようにして作られるかについて何も語っていないと述べている．実際，彼は宇宙論的な変化についての彼らの一般理論が伝存しているかぎりでは，一般に行き渡っている説明を採用することで満足しているように見える．資料 225 は，天上の鉢についてのテオプラストスの説明と一致している．太陽は，その火が全く新しい蒸気で毎晩補充されているという意味で，日々「新しい」．当然ながらこの補充と消費は，わずかな変動は認められるとしても，規則的な循環を形成している．自然的変化における尺度の原理は，資料 226 でも例証されている．そこでは，太陽は規則の，したがって法則の人格化であるディケー（正義の女神）によって，その尺度を越えた状態，たとえば地球に近づきすぎたり本来の時間を超えて輝いていたりすることを制限されている．

　事象（彼の場合は天体論とは別のものとして）について二重の蒸発気を説明したことに基づく間違った理解であろう．アリストテレスは，海やその他の地上の水域からの蒸発気を重要なものと見なしたヘラクレイトスの見解から，その説を練り上げたように思われる．しかし，アリストテレスが大地からの乾いた蒸発気を自分自身の発見であると考えたのは，その『気象論』での記述から明らかである（Kirk, *Heraclitus, the Cosmic Fragments*, 273ff.）．だが，それが点火されるゆえに，ヘラクレイトスの蒸発気を火的なものとして扱うことができる．267 ページ注 23 を見よ．夜と昼は（冬と夏と同様に），暗い蒸発気と輝ける蒸発気が交互に優勢になることによって起こる，とする説明が，ディオゲネスによるテオプラストスの考えでは，ヘラクレイトスに帰せられているが，これはありそうもない．だれでも知っているように，ヘラクレイトスも昼が太陽によることを知っていて，断片 99 で「もし太陽がなければ，夜となっていたであろう」と述べている．

(ix) 知恵は，世界が働く仕組みを理解することにある

227　断片41：ディオゲネス・ラエルティオス『哲学者列伝』第9巻1節

　　知とは唯一のもの．すなわち，いかにして万物を通して万物が操られるかの叡智に精通していることにある[22]．

228　断片32：クレメンス『雑録集』第5巻第115章1節

　　知なるものは唯一であり，それがゼウスの名で呼ばれることは意にかなったことでもあり，かつ意に背くことでもある．

資料227にはヘラクレイトス哲学の真の主題が提示されている．すなわち自然本性についての好奇心だけでなく（これも疑いなく表明されているが），まさしく人間の生が，それを取り巻く全体と不可分に結びつけられているという信念である．叡智――またそれゆえ満足に生きることとも推測できようが――は，事物の整序の類比的な構造や共通要素であるロゴスを理解することにある．それは，ばらばらで混沌とした多数性を変化が生み出さないよう保証する「メトロン」すなわち尺度を具現化して

---

[22]「いかにして万物を……精通していることにある（ἐπίστασθαι γνώμην, ὅκη κυβερνᾶται πάντα διὰ πάντων）」には，次のようなさまざまな異読が試みられている．ὁτέη κυβερνῆσαι P¹B, ὅτ' ἐγκυβερνῆσαι F; ὁτέη ἐκυβέρνησε Diels, DK, ὁπῇ κυβερνᾶται Gigon, Walzer, ὁτέη κυβερνᾶται Vlastos, ὅκη κυβερνᾶται scripsi. 女性形のὁτέη（「いかにして」）は，実際上用例が見つからない．ὅκη が原文の崩れる一つの明白なもととなっている．これによってハイデル以後，γνώμην（叡智）を ἐπίστασθαι（「精通している」）の内的客語の対格として捉えることになっている．すなわち「いかにして万物を通じて万物が操られるかの叡智に精通していること」．これはソロン断片16 (Diehl)（「判断のための顕わならざる尺度を理解することはきわめて困難である．それのみが万物の限度を掌握している」）を発展させたものである．他方で，ストア派の人たちは，ヘラクレイトスの言葉にある γνώμην を，神的な理性という彼ら自身が慣れ親しんだ考えを表明しているものとして，ἐπίστασθαι の直接の目的語と捉えている（クレアンテス「ゼウス讃歌」34 以下）．この格言について彼らがこうした解釈をとることになったのは，いずれにせよ驚くべきではない．しかしヘラクレイトスが，火やロゴス（資料220参照）を表わすために，γνώμη を定冠詞も所有者の明示も伴わずにそれだけで用いたということは，幾人かの者たちには考えにくいと思われた．この二者択一的な二つの解釈のそれぞれに難点があるが，それぞれの場合に結果的に意味されている内容はさほど違いはない．すなわち知恵は宇宙世界がいかに働いているかを理解することにある――ともかく，それは神的なロゴスの理解を含んでいる．

いるのである．ここで絶対的な理解はただ神によってのみ成し遂げられる（資料228．また資料206も参照）．それゆえ，この神はいくつかの点で慣習的宗教のゼウス神に似ている（しかしもちろん人間的な姿をしていたり，宗教崇拝を求めたりするものではない）．神は，彼の大局的見地に立つと，このように「(完全な)叡智を持つ唯一のもの」である．火（資料220）やロゴスそのもの（資料196）は，かなりの程度に，この完全に知なるものと同一の広がりをもって行きわたっている，あるいはそれの異なった様相の表われである．

人間——彼らの魂，法的制度，考え方——についてのヘラクレイトスの見解を述べることがまだ残されている．しかしヘラクレイトスにとって，この主題は外的な世界の研究とけっして切り離せない．それぞれの領域で，同じ物質と同じ法則とが見出される．資料227は明らかにこの想定に依拠しており，それは資料194（断片1）にも明示されている．

(x) **魂は火から成る．それは湿ったものから生じ，そこへと帰っていく．湿ったものへの全面的な同化吸収は，魂にとっての死である．魂–火は世界規模での火に関係づけられる**

229 　断片36：クレメンス『雑録集』第6巻第17章2節
　　　魂にとって水となることは死であり，水にとって土となることは死であるが，しかし，土から水は生じ，水から魂は生ずるのである．

230 　断片118：ストバイオス『精華集』第3巻第5章8節
　　　乾いた魂こそ，最上の知を備え，最もすぐれている．

231 　断片117：ストバイオス『精華集』第3巻第5章7節
　　　一人前の大人でも酔うと，どこへ歩いていくのかも分からずに，よろめきながら，年端も行かぬ子供に手を引かれていく．魂を湿らせたからである．

232 　断片45：ディオゲネス・ラエルティオス『哲学者列伝』第9巻7節
　　　魂の限界は，それに行き着こうとして，たとえあらゆる道を踏破しても，見つけ出せないであろう．それほど深い理（ロゴス）を，それは持っている．

おそらくアナクシメネスは，ホメロスの見解にしたがって，魂の本質を気息として

捉えたことから宇宙論的な結論を導出したのであろう．ヘラクレイトスはこの考え方を放棄して，魂が火的なアイテールから成っているという，もう一つの広く流布した魂概念のほうを選んだ．これを基礎にして，彼は合理的な魂論を構築し，(すでにピュタゴラス自身が，われわれの考えている以上にこの方向を推し進めたのでないとすれば）そこにおいてはじめて魂の構造が身体の構造に関係づけられただけではなく，世界全体の構造にも関係づけられたのである．

真の実効的状態にある魂は，火からなっている．資料229では，世界的量塊（資料218参照）の主要な相互作用として挙げられているものの中で，魂は火に置き換えられている．これが含意しているのは，魂が火的であるということだけでなく，自然の変化の大規模な循環の中で，魂がある役割を果たしているということでもある．魂は湿ったものから生じ（そしてもし宇宙的な火と類比的であるなら，少なくとも部分的にはある種の湿ったものによって維持される．263ページ以下を参照），そしてそれが完全に水となったとき，破壊されてしまう[23]．実効的な魂は，乾いている（資料230），すなわち火的である．湿った魂，たとえば資料231にあるような度を越した飲酒によって（それはヘラクレイトスの魂論の持ついまだ素朴な性格を例証しているが）湿った魂は，才気も身体的強靭さもなく，能力を減じ，自らの振る舞いを幼稚なものにする．したがって，知性ははっきりと魂に位置している．

魂は身体のあらゆる部分を必要なときに動かすことができるが[24]，到達すること

---

[23] 資料229についてのストア派の再定式化は，ヘラクレイトスの本来の三つの世界的量塊に，（エンペドクレス以後の考察に見られる四「要素」を作り出すべく）空気が付加されていることが特徴的で，それは「火の死が空気の生誕であり，……」とされている．これはディールス／クランツで断片76とされたものであるが，ヘラクレイトスの思想をすっかり誤解させるものである．彼はアナクシメネスを踏まえた後であるにもかかわらず，宇宙の主要な構成素因としての空気を無視したように思われる．海が火に変わる過程における海からの蒸発気は，ἀήρ（空気）と称されてもよかっただろうが，そうはしなかった．アリストテレスは，ヘラクレイトスが魂を質料的原理と同一なもの，すなわち「その他の事物をそこから合成する蒸発気」であるとしたと記している（『魂について』I, 2, 405a25, DK22A15)．アリストテレス自身の説としては二種類の蒸発気を認め，一方を火的なものとした．したがってここでの「蒸発気」は火を表わしていることになる．また263ページの注21を参照．

[24] カルキディウスへの欄外注釈家によれば（ディールス／クランツ断片67a)，ヘラクレイトスは，

のできない限界を持っている（資料232）．しかしおそらくこうした思想がかかわっているのは，自己意識という問題よりも，むしろ魂が宇宙規模の火を代理する一つの部分であるということである——この火は個人と比較すると明らかに膨大な広がりを持っている．したがって，それは取り巻く宇宙の火の不純な一小片として考えられ[25]，またその火の主導的な力をある程度持ったものとしても考えられている（資料218）．以上のことは，すでに示したように，アイテールの本質について広く流布した概念とされていて当然と思われるものを発展させた考えである（260ページ注19）．しかし魂が火的本性のものであることをより端的に，より経験的に示す事柄が手近にあった．なぜなら，暖かさが生きた身体と結びつき，魂を欠いた死せる身体が冷たいことが，一般に観察されてきたにちがいないからである（Vlastos, op. cit. 364f. を参照）．

(xi) 目覚め，眠り，死は魂における火であることの度合いと相関している．眠っているときの魂は，世界火から部分的に切り離され，活動性を減じる

233　断片26：クレメンス『雑録集』第4巻第141章2節
　　人は，夜中になると自分の眼光が消えるので，灯火をつける．生者も眠っているときには死者につながり，目覚めているときには眠った者につながっている．
　　［テクストはヴィラモーヴィッツに従ったディールス／クランツによるものである．］

234　セクストス・エンペイリコス『学者たちへの論駁』第7巻129節（DK22A16）
　　ヘラクレイトスによれば，われわれは呼吸を通じてこの神的な理性（ロゴス）を吸い込むことによって知的になるし，眠っているときには忘却しているが，目覚めているときには知的になるのである．というのも，眠っている間は，感覚の通路が閉じて，われわれの思惟が周囲を取り巻いているものとの自然的接合から切り離されてしまい，ただ呼吸による接続だけが，あたかも何らかの根のように

損なわれた糸の部分へと急いで向かってゆくクモに魂をたとえた．魂は身体に「しっかりと一定の割合で結びついて」（firme et proportionaliter iuncta）いると述べられている．割合という考え方はヘラクレイトスにふさわしいものである．アナクシメネスについては206ページ以下を参照．

[25] マクロビウス『スキピオの夢』14, 19（DK22A15）「魂は星の本質をなすものの放つ火花である（scintillam stellaris essentiae），とヘラクレイトスは言っている」を参照．星は疑いなくアイテールの凝集したものであると見なされている．

保持されているのである．こうして切り離されることで，思惟は以前に持っていた記憶の力を失うのである．（130）しかし，再び思惟が目覚めると，ちょうど窓のようなものを通して外をのぞき見るように，感覚の通路を通って外へと伸びてきて，周囲を取り巻くものと結びつき，理性の力を身につけるのである．……

資料233での夜に点火される灯火とは，人間が夢で見ているものであるにちがいない．実際の暗闇が照らされているように見えるのである．また「眠っている人たちは働いている人たちである」（断片75），あるいは「眠っているときに見るものは眠りである」（断片21）とも語られている．当然この光は，偽りのものである．断片1（資料194）の最後の文章を参照のこと．それは個別的で私的な明かりであり，万人に共通のロゴスの真なる明かりの代用品でしかない（資料195）．眠っているとき人は死に「接触している」（資料233には「火をつける」，「接触する」という ἅπτεσθαι の二つの意味をかけたヘラクレイトスに典型的な言葉遊びが見られる）．眠った人の魂の火は，か細く燃えており，ほとんど消えそうな状態にあり，その人はまったく死人同然である．したがって眠りは，目覚めて生きているのと死んでいるのとの中間的な状態である．

資料234におけるセクストスの情報が重要であることは明らかであるが，その扱いには注意しなければならない．彼はもちろん，懐疑的な認識論的解釈をヘラクレイトスに押しつけている．それに加えて，ヘラクレイトスについての彼の情報源はストア派の影響を受けたものである．しかし彼は長文の断片1と断片2とをきわめて正確に引用している（資料194と195）．資料229から予期されうるのは，魂-火が外なる宇宙的な火とある種の物質的類似性を持っていて，それゆえそれとのつながりを持っているということである．セクストスが述べているところによると，起きている状態でのつながりは感覚を通して，永遠なる火との直接の接触によって与えられる．彼自身の言葉ではそれは「取り囲むもの」との接触であり，周りを取り囲んでいるアイテールがそれによって意味されていると推論できよう．あるいはむしろそれは事物に内在するロゴス的要素であって，それは純粋なアイテール様態の火から直接派生したものと考えられよう．視覚は，光の火的な表象を受け取って吸収しているがゆえに，おそらく感覚の中でも特別の重要性を持っている．

眠っているときには，可能な接触は呼吸によるものだけである．呼吸が，湿ったものと同じ程度に火を内部へと吸い込むのかどうかは疑わしい（だが 272 ページの注 30 参照）．なぜなら「水から魂は生じ」（資料 229），湿ったものから養分を摂取するはずだからである．アエティオス『学説誌』IV, 3, 12（DK22A15──幾分ストア派の影響が見られる個所）によれば，魂は外的な蒸発気と内的な蒸発気によって養われている．内的な蒸発気は，それがもし存在するとすれば，血などの身体的な液体に由来し，外的な蒸発気は，呼吸によって吸収されたもので，同様に湿ったものでもあろう．残念ながら現存する断片は，この点については役に立たない[26]．睡眠中は魂‐火が湿ったものによって養われているのだが，それが目覚めているときに感覚を通して直接に受け取られた火の増大分ともはや釣り合いがとれなくなると，魂を沈静化させ，死に似た状態にさせるということが考えられよう．ロゴスの理解に伴って知的な状態が成立するということ（断片 1，資料 194 を参照）は，心理学的に言えば，魂の活動的で火的な部分が，客観的状況内に存する火としてのロゴス的構成素因と接触し，それによって増大されたことを意味するであろう[27]．

(xii) 徳のある魂は，身体の死に際して水にならず，生き残って，最終的には宇宙の火と結合する

235　断片 25：クレメンス『雑録集』第 4 巻第 49 章 3 節
　　なぜなら，ヘラクレイトスによれば，より大いなる死（モロイ）は，より大い

---

[26] セクストスは，魂‐火が普遍的なロゴス（ここでストア派的・懐疑派的用語で言い表わされている）と接続して再生することによって蘇生するというあり方を，盛んに燃えている火に燃えさしを近づけると再び燃え上がることにうまくなぞらえている．このイメージはおそらくすでにクセノパネスによって用いられたもので（226 ページ），ヘラクレイトスによって再利用されたもののようである．ヘラクレイトスが用いた ἀγχιβασίη（「接近」）という言葉（断片 122）は，おそらく，『スーダ』によれば，同じイメージに属している．

[27] カルキディウスは，おそらくポセイドニオスにしたがって，セクストスと全く異なった見解をヘラクレイトスに帰している．それによれば，睡眠中に感覚の妨げから自由なときにのみ，魂は宇宙の理性と接触を持つ（『プラトン「ティマイオス」注解』251, DK22A20）．「宇宙の理性」とはストア派の言葉で，残りの部分は主にプラトンの言葉である．ただし，ピンダロス断片 131b とも比較されたい．

なる分け前（モイライ）を得るからである．

236　断片 63：ヒッポリュトス『全異端派論駁』第 9 巻第 10 章 6 節
　　†かしこにある者（あるいは物）の前に†，彼らは立ち上がり，生ける者および死せる者の見張り番となる．

237　[断片 136]：逸名著作家の古注（エピクテトスへの古注 p. lxxxiii Schenkl）
　　戦死者の魂のほうが，病人の［病没した人の］魂よりも清らかである．

資料 235 における獲得された「より大いなる分け前」とは，魂のみに属するものにちがいない．なぜなら死後に身体は「糞尿よりも捨てられるべき」（断片 96）ものだからである．それゆえ，すべての魂が水になるような，すなわち本質的に火である魂の状態を終えてしまうような「死」（資料 229）を等しく経験するわけではない．資料 236（その最初の言葉は原形が損なわれてしまっているが）は，ある魂が死を生き残り，ダイモーンたち（神・神霊）になることを示しているようである．これは明らかにヘシオドスの有名な文句から発展したものである[28]．ここでのヘラクレイトスの考えを解く鍵は，おそらく資料 237 に与えられている．それは明らかに言葉どおりの引用

---

28) 以下の資料を参照のこと．
　238　ヘシオドス『仕事と日』121 行以下（黄金の種族について）
　　　しかし，大地がこの種族を隠した後は，
　　　偉大なるゼウスの思し召しによって，彼らは死すべき
　　　人間たちの守護神として高貴なダイモーン（神霊）となる．
　同書の 252 行以下も参照のこと．ヒッポリュトスによって伝えられたもう一つのヘラクレイトスの言葉は，非常に不明瞭である．それは相反的なものについての教義と何らかの関連性を持っていることは明らかであるが，一部の魂の神格化をも示唆している（資料 213 参照）．すなわちその文言は以下の通りである．
　239　断片 62：ヒッポリュトス『全異端派論駁』第 9 巻第 10 章 6 節　　不死なる死すべき者，死すべき不死なる者（あるいは，「死すべき不死なる者，不死なる死すべき者」，あるいは「不死なる者が死すべき者であり，死すべき者が不死なる者である」等々）．かのものの死をこのものが生き，かのものの生をこのものが死んでいる．
　オルビア出土の前 5 世紀の骨片板の一つ（44 ページ）に，Dio(nysos)（「ディオニュソス」），Orphicoi（「オルペウス教徒たち」），βίος θάνατος βίος（「生，死，生」）と刻まれているのは興味深い．それゆえヘラクレイトスは，バッコス的ないしオルペウス教的な色合いを持った異国的密儀宗教の中で幅広く受容されていた生と死の交代について，特殊な解釈を与えようとしていたのかもしれない．

ではなく，おそらくヘラクレイトス自身よりもかなり後の時代につくられた詩のかたちの要約であろう（ただし，スキュティノスが前4世紀末あるいは前3世紀にヘラクレイトスを詩にしたものを作ったということがディオゲネス・ラエルティオス『哲学者列伝』IX, 16, DK22A1 から知られている）．おそらくここに言われている考え方は，断片24「戦死者に対しては，神々も人びとも敬う」に幾分依拠したものであろうが，病気で死んだ人びとと比較するのは新しい要素であり，単純にヘラクレイトス以後に捏造されたものであると考えるべきではないかもしれない．

　戦死者の魂が病死者の魂よりいかにして「清らか」でありうるのか．答えはおそらく病死者の魂は湿っていて不活発であり，それを持っている人は意識が薄れて，眠っているような状態にあるということであろう．それに対して戦死者が命を絶たれるさいには，魂は徳や勇気を伴った活動性ゆえに火的な状態にあるときで[29]，最も活動力があるのである．死の瞬間に病気で虚弱化した魂は，火性の最後の残滓を失い，まったく完全に水となる．その結果，それらは魂として存在するのを止める．ところが，戦死者の魂は（ほとんどたいていの場合は即死であるが），すぐれて火的である．とすれば，戦死者の魂は，魂が水となって死ぬのを免れる，と考えられそうである[30]．それらは身体を去って，アイテール的な火と再び結合するものと推測されよう．

---

[29] ただしヴェルデニウス（W. J. Verdenius）に巧妙な提案があり，それによれば別のヘラクレイトスの言葉は，テューモス（怒りや感情）が火の消費や魂の火の減衰を必然的に伴うということを示唆しているという（「輝く目」や「熱気を吐く」など，われわれ自身の用いる表現と比較されたい）．次の断片がそれである．

　　240　断片85：プルタルコス『コリオラヌス伝』第22章　　怒り（テューモス）と戦うことはむずかしい．何であれ欲するところのものを，魂を引き換えに購おうとするからである．

　怒りを制御することはむずかしい．なぜなら魂の火（おそらくそれが制御支配するはずのものである）が怒りによって減じられたからである．おそらくこれは正しい見解であろう．しかし，（英雄をたたえる闘争概念においてそうであるように）徳にかなった怒りや感情の場合には，この損失は火の増大によって十分に埋め合わせられるのかもしれない．

[30] 断片98には，魂は「ハデス（冥界）では臭いをかぐ」と述べられている．これもまた，少なくともいくらかの魂は身体の死後に存在していることを示唆している．「ハデス」はあまり文字通りに受け取られるべきではない．この謎めいた文言の要点はおそらく，死を生き残る魂は，乾いた物質（言い換えるならば，火）によって取り囲まれているということであろう．というのも，嗅覚が機能するのは，嗅覚器官より乾いた対象物に対してであるというのが共通の見解だからである（擬ヒッポ

第6章　エペソスのヘラクレイトス

そうなる前には，おそらくそれらの魂は，ヘシオドスの先例にならって，身体から離脱したダイモーン（神霊）として一定の時間とどまっているのであろう．しかし身体から離れて個人として生き残るとは考えられないし，また実際のところアイテール的な火として永久に生き残るとも考えられない．なぜなら，その火の尺度が常に宇宙論的な生成過程の中へと繰り入れられていくのであり，資料218に言われる変化をこうむっているからである（想定可能な魂の期間とでも言うべきものについては，261ページ注20を参照されたい）．したがってヘラクレイトスがここでピュタゴラスに依拠しているようには思われない．

(xiii) 既存の宗教は，時には偶然に真理を言い当てるけれども，愚劣で理に合わないものである

241　断片5：アリストクリトス『神智学』第68章
　　　しかし彼らが浄めをおこなうといっても，それは徒に〈血を〉血で汚してのことである．まるで泥にまみれた者が泥で身を洗い清めようとしているようなものだ．そのようにしているところを，誰かふつうの人が見れば，気が狂ったとしか思われないであろう．また，あちこちの神像に祈りをささげているのも，まるで家屋に話しかけているようなものだ．神々や英雄が何者であるのか，彼らは少しも分かっていないのである．［〈血を〉はD. S. Robertsonによる補い．］

242　断片14：クレメンス『プロトレプティコス』第22章
　　　人びとの間で一般におこなわれている密儀は，不浄なものである．

243　断片15：クレメンス『プロトレプティコス』第34章
　　　なぜなら，祭礼行列をおこなったり，恥部を讃える歌をうたったりするのが，ディオニュソスを奉ずるためでなかったとしたら，彼らの所業は破廉恥極まるも

クラテス『肉質について』16，アリストテレス『感覚と感覚されるものについて』5, 444a22）．しかしながら断片が言おうとしているのは，まったく素朴なことである可能性もある．すなわち単に，魂は一般に流布した一つの見解によれば，気息であるということ，臭いは呼吸によって吸い込まれるということ，それゆえ臭いは他の器官が身体とともに滅びた場合に魂に用いられる感覚であるということである．もしこの通りであれば，この文言は皮肉を込められたものであるか，あるいは魂が気息であるとする考えを攻撃したものであるのかもしれない．

のだっただろう．だがハデスとディオニュソスとは——彼らはディオニュソスを奉じて狂喜乱舞し，祭礼をおこなっているが——，同一の存在なのだ．

244　断片93：プルタルコス『ピュティアの神託について』第21章404E
　　デルポイの神託所の主は，語りもせず隠しもせずに，徴(しるし)を示す．

ヘラクレイトスは，クセノパネスにならって，同時代のオリュンポスの宗教の擬人化と偶像崇拝を嘲っている．しかし資料241の最後の言葉は（また，たとえば資料204および236でも），神性の観念を，それについての慣習的に言われていることを彼が完全には拒否していなかったことを示唆している．資料242に示唆されているのは，密儀宗教も，もし正しく執り行われたなら，完全に無価値なものではないだろうということである．資料243にはそれがいかにしてそうであるのかが示唆されている．そのような祭儀も積極的な価値を持ちうる（しかも時には偶然にそうなる）．なぜなら人びとを間接的にロゴスの理解へと導くからである．ハデスとディオニュソスがここで同一視されている精確な根拠は知られていないが，おそらく前者が死をあらわし，後者が生き生きとした生をあらわすものであろう．宗教儀礼が全く恥ずべきものになってしまうのを妨げているのが，ここで示唆されたとくに意味深長なこれらの相反的なものの同一視である（資料202および239参照）[31]．デルポイの神託においてアポロンの採った方法は，資料244で賞賛されている．なぜならしるしは，誤解をまねく仕方で明瞭に表明された言明よりも，隠された真実の本質，つまりロゴスの本性と一致するだろうからである（資料207-209参照）．おそらくヘラクレイトスはこのような類似点によって，彼自身の神託的であいまいな書き方を正当化しようとしたのであろう[32]．

---

31) オルペウス教的・ディオニュソス宗教的儀礼についての言及かもしれないと考えられるものを，271ページの注28に示唆してある．もう一つのオルビア出土の骨片板は，それもまた「ディオニュソス」の省略形を伴ったものであるが，これは「戦争-平和，真実-虚偽」という言葉を含んでいて，やはりそれらについてのヘラクレイトス的な響きを伴っている．

32) 以下の資料を参照のこと．
　　245　断片92：プルタルコス『ピュティアの神託について』第6章397A　　ヘラクレイトスによれば，シビュラ（巫女）は，狂った口で，面白くもなければ飾り気もなく流暢さにも欠けた音声を発しながら，その声によって千年のかなたに達しているのは，神のなせるところである．

⒁ 倫理的・政治的勧告：自己知，共通意識（良識），節度は，ヘラクレイトスにとって世界全体を説明するさいに，ある特別な根拠を持っていた理念である

246　断片 101：プルタルコス『コロテス論駁』第 20 章 1118C
　　わたしは自分自身を探求した．

247　断片 119：ストバイオス『精華集』第 4 巻第 40 章 23 節
　　人の性格は，その者にとってのダイモーン（守護神・運命）である．

248　断片 43：ディオゲネス・ラエルティオス『哲学者列伝』第 9 巻 2 節
　　傲慢は，大火よりもいっそう消さねばならないものである．

249　断片 44：ディオゲネス・ラエルティオス『哲学者列伝』第 9 巻 2 節
　　市民は，都市の城壁を守るために戦うように，法を守るために戦わねばならない．

250　断片 114：ストバイオス『精華集』第 3 巻第 1 章 179 節
　　知をもって語るならば，その者はあたかも国家が法によって強固にされなければならないのと同様に，万有に共通のものによって強固にされなければならない．しかも，はるかに強力にそうされる必要がある．なぜならば，人間の法はすべて，神の唯一なる法によって養われているからである．すなわち，神の法は欲するかぎりのものを支配し，すべてのものに及んで，なおそれを凌駕しているのである．

ヘラクレイトスによる倫理的な勧告は，箴言のかたちで語られている．そしてその

これがどれだけ言葉どおりの引用であるのかを正確に決定することはできない．たとえば，フレンケル（H. Fränkel）は，それが「口で（στόματι）」までだけだと考えている．わたしの推測は，「音声を発しながら（φθεγγομένῃ）」までがおそらくヘラクレイトスのもので（ただし，「飾り気もなく，流暢さにも欠けた（καὶ ἀκαλλώπιστα καὶ ἀμύριστα）」は除外されるべきかもしれない），残りの部分はプルタルコスによって大雑把に言い換えられているのだとすることである．この言明は，飾り気のない神託の釈義の方法を正当化しているようである．しかし精確な解釈は不可能である．ヘラクレイトス自身は，箴言形式の簡潔さと，それと関連した神託形式の不明瞭さとを結びつけていることは確かである．彼が言わんとしている裏に隠された意味は，時として言葉遊び（たとえば資料 250 での ξὺν νόῳ（「知をもって」）と，ξυνῷ（「共通のものによって」）のように）や語源的な遠まわしの言い方によってより強化された．これと同様の用法がアイスキュロスに見られ，その合唱形式は，とくに『オレステイア』では，幾分ヘラクレイトスとの親近性を持っている．

大部分が，一般に彼の先駆者たちや同時代の人たちと同様の内容のものである．だがいっそう生き生きとした描写によって表現されているものもあり，またいっそう粗々しく表現される場合も多い[33]．彼の勧告は，節度の重要性を強調しており，その節度そのものは本人の能力についての正しい評価に依存するものである．だが，この種の勧告（それはもちろん「汝自身を知れ」や「度を超すなかれ」というデルポイの神託と比較されるものである）が，ヘラクレイトスの場合に，よりいっそう深遠な重要性を持つのは，それらが彼の自然学的な理論に基づいている（明示的に述べられてはいないが，資料194などには明らかに含意されている）からであり，そして事物の中心的な法則を理解することによってのみ人は知を得ることになり，完全にその力を発現できるようになるという信念を彼が持っているからである．この点については，資料194, 196, 227, 234 を参照されたい．それがヘラクレイトス哲学の真の道徳であり，ここではじめて倫理学が形式的に自然学と織り合わされたものになっている．

したがって，資料246での「自分自身を探求した」という文言は，魂が自らの外部に及んでいるということ（資料232, 234を参照）の発見に導くものであると推測されるであろう．資料247には，個人はしばしば自分がなした行いの責任を取りえないというホメロスに通例の見解が否定されている．ここでのダイモーンとは，単に人間各自の運命を意味している．それは自分が相応に支配することのできる自分自身の性格によって決定されるのであって，おそらく好機や運命の女神によってそれぞれの個人に割り当てられた「神霊」を通じて働くような，外部からやってくるしばしば気まぐれ

---

[33] ヘラクレイトスが強烈な批判的気質を持っていたことは疑いない．そして彼の毒舌ぶりのために，不幸なことに同胞市民たちの間で人気を博することはほとんどなかった．たとえば，以下の資料を参照されたい．

 251 断片29：クレメンス『雑録集』第5巻第59章5節 最もすぐれた人たちは，すべてのものに代えて一つのものを，すなわち死すべきものに代えて「不滅の」栄誉を選ぶ．しかし大多数の者たちは，家畜のように腹一杯むさぼり尽くしているだけである．

 彼の政治的理念は，おそらくイデオロギー的な動機よりむしろ経験的な動機からだが，反民主主義であったように思われる．「たった一人の人でも，もし最上の者であれば，一万人に値する」と彼は言った（断片49）．そしてエペソスの人たちが彼の友人ヘルモドロスを，その飛び抜けた能力ゆえに追放したことに対して，彼らに悪態をついた（断片121）．彼自身は高貴な生まれであったのに，その父祖伝来の特権を拒否した（資料191）．

な力によって決定されるのではない．伝承によれば，ヘレネはアプロディテを彼女自身の持つ弱さゆえに非難した．しかしヘラクレイトスにとっては（実際，すでに英雄的精神の持つ道徳的無力さに反発してきたソロンの場合と同様に），知性的で思慮ある行動が真の要点であった．資料 248 は，どんな特別の含みもない．ヘラクレイトスの倫理学の実践的な側面がいかに慣習に基づいたものであったかをそれは示しているのである．したがってまた，人間の行動について，彼が常に魂の火的な本性によって考えていたわけではないことを示している（というのも，「傲慢（ὕβρις）」は魂が湿った状態になることを含んでいるはずであり，魂の大火であるはずがないからである）．

それと対比的に，資料 249 で法の尊重を主張しているのは，これも伝統的な用語によって表現されてはいるが，はるかに深遠な重要性を持ち，資料 250 の観点に基づいて深みのある正当化を与えている（資料 194, 195, 196 と比較すべきである）．人間の法は，神的な普遍的な法によって養われる．それらは宇宙に定式性を付与する構成素因であるロゴスと一致している．「養われている」というのは，完全にではなくともおおむね比喩的にそういう言い方がされているのである．人間の法とロゴスの間の結びつきは，物質的な基盤を持たないわけではないが間接的なものである．なぜなら善き法は，火的な魂を持った賢者の産物であり（資料 230），その賢者は，ヘラクレイトス自身がそうであるように，人間と世界との固有関係をそれによって理解するのだからである．

むすび

ヘラクレイトスの思想は，解釈が不明瞭で不確実なところが多々あるにもかかわらず，総合的な統一性を持っていることは明らかであり，（おそらくアナクシマンドロスについての情報が欠落しているゆえに）それは完全に革新的なものであるように見える．ほぼすべての世界の様相が体系的に説明されていて，しかもそれは中心的な発見との連関のもとに説明されているのである．すなわちその発見とは，あらゆる種類の自然的変化は規則的で，釣り合いがとれていて，この釣り合いの原因は火であるということであり，火は事物の共通の構成素因でもあり，その構成素因は諸事物のロゴスとも名づけられたのである．人間の行為は，外的な世界における変化と同様に，こ

れと同じロゴスによって支配されている．魂は（世界秩序全体の一部と同様に）部分的に消滅する火からなる．ロゴスについての理解，すなわち事物の真なる構成素因についての理解は，われわれの魂が過度に湿らされたり，私的な愚かさで無力化されないようにするために必要である．ヘラクレイトスによって魂が世界と連関づけられたことは，ピュタゴラスの場合よりも合理的であるがゆえに，より信憑性が高い．それは全体的に見れば，原子論者たちやその後のアリストテレスまで継承する者のなかった方向性を指し示していた．その間に，自然を拒否する方向をとった新しい傾向が，エレア派，ソクラテス，プラトンにおいて最盛期を迎えることになったのである．

西方ギリシアの哲学

南イタリアのギリシア人都市で教えを説いたことが分かっている，最初の二人の哲学者は，ともにイオニア地方からの移住者のクセノパネスとピュタゴラスで，彼らは前6世紀の終り頃に盛年であった．しかし，南イタリアで発展した哲学は，ミレトス派のそれとは動機においても性格においても，その最初から大きく異なっていた．ミレトス派の場合には，知的好奇心と古来の神話的説明に対する不満によって，自然的な諸事象についての体系的な自然学的解明を試みることへと促されたのだが，ピュタゴラス思想の根底にあった推進力は宗教的なものであったし，エレア派のパルメニデスとゼノンが提出した形而上学的なパラドクスは，自然的世界の存在そのものへの信念を根元から切断するものであった．西方にあって，イオニア精神に近いものをもってイオニア派の探求の伝統を継続した唯一の大思想家は，シケリア（シチリア）の哲学者エンペドクレスであった．とはいえ，彼もピュタゴラス思想とパルメニデスの考え方から深い影響を受けていた．しかも彼の体系には，形而上学的にも宗教的にも思考与件的なものが多々見られ，またまったく彼特有の大胆な（奇怪な，とまでは言わないにしても）想像力にあふれている．

　西方ギリシアの哲学とイオニア地方の哲学とのこうした相違は，ギリシア世界のうちで遠く隔たったこれら両地域の社会的，政治的諸条件の相違と関連している，あるいはそれが作用してさえいる，と推測してみたくなるところだ．確かに，南イタリアやシケリアは，死者と地下の神々の崇拝に関わる神秘宗教の温床であったのに対して，イオニア地方の沿岸部の諸都市では，この種の宗教活動についてはあまりその形跡がない．また，西方の諸都市は元来安定性に乏しく，ギリシア的ポリス（都市国家）に特有の政治的価値観に市民が参画するということが，ギリシアの他の地域ほどには強固に根づいていなかった，ということが言われてきた（確かに，イタリアおよびシケリアの諸国家間の戦争は異常なほど過酷であったようで，全住民の国外追放や家屋の徹底破壊が行なわれた．前510年にあったシュバリスの破壊は，そうした残虐行為の最たるものであった）．

　こうした理念的考察がどこまで正しいかはともかくとして，現代的な哲学概念

の最も顕著な要因の二つが生まれたのは，イオニア地方ではなくて，南イタリアにおいてであった．ピュタゴラスは，人びとに生と死の意味を教える賢者としての哲学者の祖であり，パルメニデスは，事物の本性についての第一階梯的探求（それは，今日では，自然科学の領分である）としてではなく，何ものかが存在するとか，運動しているとか，多であるとかいうことは何を意味するのかについての，第二階梯的研究としての哲学の創始者である．これは意味深いことであるが，これら二つの思想与件的な事柄は，当初から，二つの全く相異なったタイプの精神と結びついていながら，なお同じ一つの名まえのもの，すなわち哲学の特性をなしているのである．

第7章
サモスのピュタゴラス

Ⅰ. 証　言

252　プラトン『国家』600A-B（DK14, 10）

　それでは，もし公にはないとしても，私的なことで，ホメロス自身が生きている間に，彼がある人たちの教育上の指導者となって，その人たちが，その交わりのゆえにホメロスを敬慕し，なにかホメロス的な生きる道を後世に伝えたと言われているだろうか．ちょうど，ピュタゴラスが，そのために彼自身もとりわけ敬慕され，また後継者たちも，今日でもなおピュタゴラス的な生き方と名づけて，他の人たちの間で異彩を放っていると評判されるように．

253　プラトン『国家』530D（DK47B1）

　ぼく（ソクラテス）は言った，おそらく目が天文学と結びつけられるように，耳が音階の調和をつくる運動と結びつけられていて，これらの知識はお互いに姉妹関係にあるのであろう．これはピュタゴラス派の人たちが主張し，グラウコンよ，われわれも同意していることである．

　資料252, 253 は，プラトンが唯一ピュタゴラスとピュタゴラス派の名を挙げて言及している個所であるが，このことからわれわれは，ピュタゴラスの哲学に二つの側面があることを知ることができる．すなわち，宗教的・倫理的側面と，哲学的・科学的側面である．ピュタゴラス派の教説のこれらの二つの側面はどのように関係しあっていたのか．これらはともに師ピュタゴラスにまで遡るものであったのか．こういった問題は，1世紀余りの間ピュタゴラス派の研究の主題となってきたが，われわれ

も本章と第12章において，取り扱うことにしたい（たとえば，F. M. コーンフォードの論文「ピュタゴラス派の伝承における神秘主義と科学（Mysticism and science in the Pythagorean tradition)」やヴァルター・ブルケルトの『知恵と科学（Weisheit und Wissenschaft)』のタイトルをみれば，これまでの研究動向が知られよう．後者は第2次世界大戦後の古典学研究を代表する名著であり，今日では Lore and Science in Ancient Pythagoreanism (Cambridge, Mass., 1972) というひかえめな表題の英語訳が利用できる）．論争が長引いて結論を得ないのは，満足のいく証言がとりわけ少ないためである．そして，直接のではないとしても，その責任の多くはプラトンにある．

　周知のように，プラトン自身の形而上学は，たとえ彼が明言せずとも，われわれがピュタゴラス派のものと認めている思想に深く感化されている．たとえば，プラトンの『パイドン』では，魂の運命に関する終末論的な教説と倫理的，宗教的な規定とが真にピュタゴラス風に混ぜ合わされ，友人たちとの哲学問答というピュタゴラス派的な背景のもとにおかれている．（バーネットは適切にも，『パイドン』はプレイウスのピュタゴラス教団にいわば献じられた作品であると述べている（EGP, 83 n.1).）しかしながら，プラトンがピュタゴラス派の材料をアレンジしているというまさにこの理由で，ソクラテス以前を扱う哲学史家は，『パイドン』を前4世紀前半のピュタゴラス派の思想を証言するものと見ることには用心しなければならないし，ましてピュタゴラスその人の哲学についてはなおさらそうである．同時にまた，初期のピュタゴラス派の思想を描くのに『パイドン』やその他の対話篇からまったく影響されずにいるというのは間違いであろうし，いずれにせよ不可能であろう．

　プラトンは，われわれのピュタゴラス理解を歪めたのと同様に，古代においてピュタゴラスについて書かれ，考えられたきわめて多くのものに影響をあたえ，感化させた．とりわけ影響力のあったのは，プラトンが『ティマイオス』『ピレボス』，そして有名であるが分かりにくい「書かれざる教説」（これについては，たとえば W. D. Ross, Plato's Theory of Ideas, Oxford, 1951, chs. IX-XVI を参照されたい）において数論を採用したことである．この数論は，アカデメイア内部の「ピュタゴラス派的な」形而上学において流行をみて，プラトン自身によってよりも，彼の弟子たちによって熱心に研究されたが，このことは偽書の『エピノミス』から，あるいはスペウシッポス，クセノクラテスの著作でわれわれが知っていることからもわかる．この人たちは，彼ら自身

がピュタゴラスの教説をプラトン風に発展させたものと，ピュタゴラス自身の教説を区別して考えることになんの興味も示さなかった．彼らのプラトン主義というブランドにはおそらく必ず共鳴者がいただろうし，前1世紀以降にはモデラトス，ヌウメニオスといった「新ピュタゴラス派」の人たちによって再興されることになる．それは紀元後におけるたいていの著作家たちが，ピュタゴラス派の，あるいは実際ピュタゴラスその人の真正の形而上学的な教説として述べたものである（たとえば，セクストス・エンペイリコス『学者たちへの論駁』X, 248-309）．ただアリストテレスだけが，プラトン主義者たちがピュタゴラスの思想を自分たちの思惑どおりに解釈することに抵抗した．ピュタゴラス思想のもつ素朴で混乱した思考法が表わしているものを明示し，これを活用したプラトン哲学と実際にどのように異なっているかを指摘することで，彼は満足している．前5世紀のピュタゴラス派の形而上学や宇宙論に関する十全で，比較的客観的なアリストテレスの報告については，第11章で大いに参照することになろう．本章では，ピュタゴラスその人とごく初期のピュタゴラス派の教説や伝承を知るうえで，アリストテレスのモノグラフ*訳注の断片を用いることになる．

　ピュタゴラスはなにひとつ著作を書かなかった[1]．そのために彼らに関する情報には空隙が生じているわけで，やがて厖大な量の文献がその空隙を満たすことになるのであるが，これらの多くはピュタゴラス自身の教説の歴史的な証言としてはなんの価値もないものである．これらの文献は，ピュタゴラス派の形而上学ばかりでなく，自然学，倫理学，政治論をも扱うものであり，さらにピュタゴラスの伝記，そして数十もの論攷（これらの多くは現存する）を含んでいる．論攷の著者は初期ピュタゴラス

［訳注＊『ピュタゴラス派について』を指す．］

1) 次の資料も参照．

254 ヨセフス『アピオン論駁』第1巻163（DK14, 18）　ピュタゴラスには著作がなかったということでは意見が一致しているが，彼にまつわる出来事を記録した人は数多くして，そのなかでも特筆に値するのはヘルミッポスである．

　このピュタゴラスの著作についての懐疑的な見解は，たとえば，プルタルコス（『アレクサンドロス大王の運と徳について』328A）やポセイドニオス（ガレノス『ヒッポクラテスとプラトンの学説について』459M）によって受け入れられたが，ディオゲネス・ラエルティオスはこれを斥けている（『哲学者列伝』VIII, 6）．これらのテキストについてはディールス／クランツ（DK14, 18-19）を参照．

派になってはいるが，それらのすべては（ピロラオスとアルキュタスのいくつかの断片を除き）今日では後代の擬書であると判断されている[2]．これらの厖大な量の文献のうち，ディオゲネス・ラエルティオス，ポルピュリオス，イアンブリコスの手になる三つの主要な『伝記』だけをここでは扱うことにしよう．ハサミと糊でつなぎ合わせた，紀元以後の編纂でしかないけれども，人を容易に欺くような内容のもののほかに，前350-250年頃の著作家からの抜粋や要約を含んでいる．これらはピュタゴラスやピュタゴラス派に関するかなり初期の伝承，とりわけアリストクセノス，ディカイアルコス，ティマイオス（最後の人物は，歴史家の著作においても引用されている）から入手した情報である．

II. ピュタゴラスに関する初期の典拠

証言の状況を考えると，特に幸運であるのは，前5世紀の著作家たちにピュタゴラスおよびその後継者に関するかなりたくさんの言及が残っていることである．これらの言及が作り出すのは，以下の3点からなる人物像である．

(i) 賢者を疑う世評

255　ヘラクレイトス断片40：ディオゲネス・ラエルティオス『哲学者列伝』第9巻1節

博識は覚知を得ることを授けない．さもなければ，ヘシオドスやピュタゴラスにも，さらにはクセノパネスやヘカタイオスにもそれを授けたはずではないか．

256　ヘラクレイトス断片129：ディオゲネス・ラエルティオス『哲学者列伝』第8巻6節

ムネサルコスの子ピュタゴラスは，すべての人に抜きんでて知識探求にいそしんだ．そして，そのたぐいのもの[3]から選択して，自分のものとして知恵を，

---

[2]　ピュタゴラス派の擬書を包括的に収集したものとして，H. Thesleff, *The Pythagorean Texts of the Hellenistic Period* (Åbo, 1965) が刊行されている．

[3]　「そのたぐいのもの (ταῦτα)」はわれわれの修正であって，写本は「そのたぐいの著作 (ταύτας

博識を，詐術をこしらえた．

257　ヘロドトス『歴史』第4巻95節（DK14, 2）
　　わたしがヘレスポントスや黒海に住むギリシア人から聞いたところによると，このサルモクシスというのは人間であり，サモスで奴隷となって，ムネサルコスの子ピュタゴラスに仕えていたという．……トラキア人は生活も貧しく，どちらかというと思慮も足りないほうであるのに，このサルモクシスは，ギリシア人と交わり，とりわけギリシア人の中でもけっして卑しくない知者であるピュタゴラスと交わっていたために，イオニア風の生活法やトラキアにはないような洗練された風習に通じていた．そのために，宴の会場を設けて，町の主だった人たちを招待して饗応しながら，自分も飲み仲間もその代々の子孫たちも死ぬことはなく，かの地に赴いて，そこで永遠の生を保ちながらあらゆる善きものを享受することになるであろうと説いたという．

258　イオン断片4：ディオゲネス・ラエルティオス『哲学者列伝』第1巻120節
　　キオスのイオンは，彼（ペレキュデス）についてこう言っている．
　　　かの男はかくも雄々しさと気高さに秀で，
　　　その身は滅んだが，魂は喜ばしい生を送っている．
　　　いやしくもピュタゴラスがまことの賢者であり[4]，万人にすぐれて
　　　人の子らの考えを知り抜き，学びつくしたのであるならば．［資料45と同じ］

　資料256で，イオニアの知識人たちの特徴とも言うべき，旺盛な批判的探求を典型的に実践する人物として描かれているのは皮肉なことである．ヘラクレイトスはこのような探求を軽視してはいない（ヘラクレイトス断片35「知を愛する者（φιλοσόφους）

τὰς συγγραφάς）」となっている．しかし，特定の著作がこの前に言及されていたとは考えにくい．この言い回しもヘラクレイトスらしくなく，文のリズムを損なうものでもある．また，ἐκλεξάμενος の語も，たいてい写本の読みから解釈されているような「～の（から）抜粋を行なって」の意味であるかどうか疑わしい．おそらくこれらの語は，著作家としてのピュタゴラスの作品への証言を見つけたいと願う読者が改竄したものであろう．後の「知恵」以下を先取りするものとして，「そのたぐいのもの」と読む．

4)　写本の「まことに賢者である（ピュタゴラスが）（ἐτύμως ὁ σόφος）」を上記のように読む（ἐτύμως σόφος,<ὃς>）．F. H. Sandbach, PCPS N.S.5 (1958-59), 36 参照．

は多くのことを探求せねばならない」を参照)．ピュタゴラスの探求は，もっぱら彼が他人に見いだした技術を選別し，これを特異な仕方で利用することにあった．三つの特性のうちの三番目で，頂点をなす詐術は，はじめの二つの評価を損なうものである．知恵は偽物であり，博識は覚知を欠いたものでしかないのだ(資料255)．資料256が示唆することは，ピュタゴラスがヒストリエー(ἱστορίη)，すなわち探求の実践者になりすましているということなのか，あるいはとにかく一般にはそのように見なされていたということなのか．あるいは，もしかするとピュタゴラスが「知恵の愛求者」だと主張したということなのか(再びヘラクレイトス断片35を参照されたい)．

イオンは前5世紀中葉の作家であるが，資料258において資料256のヘラクレイトスと同じ表現を繰り返している．イオンは，ピュタゴラスを真の賢者とみなし，彼がピュタゴラスに帰した死後の生に関する教説を受け入れようとしているようにみえる．ヘロドトスも，ピュタゴラスが山師であったかどうかの問題について，曖昧な表現を選んで(資料257の「けっして卑しくない知者」を参照)，しかも(サルモクシスを詐欺師として描いている)その文脈によって，それとなく発言しているのである．

これとまったく異なるのが，エンペドクレスの熱のこもった表現である．

259　エンペドクレス断片129：ポルピュリオス『ピュタゴラス伝』30節
　　これらのことについては，エンペドクレスも証言しており，彼(ピュタゴラス)についてこう言っている．
　　　彼らの中に並はずれた知識をもつ男がいた――
　　　あらゆる賢い業(わざ)にことのほか精通して．
　　　この人は知の最も豊かな富をわがものとしていた．
　　　なぜなら，全精神をあげてみずからを差しのべるときにはいつでも，
　　　すべての存在するものの各々をたやすく見てとったからである――
　　　一〇たびや二〇たびにもわたる人間の生において[5]．

ヘラクレイトスと同様に，エンペドクレスも，ピュタゴラスには口にできないような話題はひとつもなく，しかも，その方法は合理的なもの，科学的なものに限られて

---

[5]　2行目と3行目は写本の順序を変えてある(G. Zuntz, *Persephone*, 208を参照)．

いるわけではない，といった印象をあたえる．「あらゆる賢い業」という言葉が暗示するのは，実践的な技術に通じたひとであり，理論家に劣らず賢者であったということである．われわれはこのテーマが，ピュタゴラスの奇跡にまつわる文献や彼がクロトンでおこなったことに関する証言の中で違ったふうに展開されるのを見ることになる．

(ii) 輪廻転生の教説

260　クセノパネス断片7：ディオゲネス・ラエルティオス『哲学者列伝』第8巻36節

　　（ピュタゴラスが）その時どきで別の者に生まれ変わったことについては，クセノパネスがエレゲイア詩の中で証言しているが，それは次のように始まっている．
　　　さて今度は別の話に移って，道を指し示そう．
　　そして，クセノパネスは彼（ピュタゴラス）について語っているのは次のようなものである．
　　　あるとき，仔犬が打たれているところに通りかかったとき，
　　　哀れみの情にかられて，こう言ったという，
　　　「よせ，打つな．これはまさしく友人の魂だ．
　　　声を聞いて，そうとわかったのだ」．

261　ヘロドトス『歴史』第2巻123節

　　人間の魂は不死であり，肉体が滅びると，そのつど生まれてくる別の生きものの中に入って宿るという説を唱えたのも，エジプト人が最初である．陸の生きもの，海の生きもの，飛翔の生きものと，ありとあらゆる生きものをめぐると，魂はふたたびまた，生まれてくる人間の肉体に宿り，こうして魂が一巡するには3000年かかるという．ギリシア人の中にも ── 人によって，時代の先後はあるが ── これを自分の説のように用いた者がいる．わたしはそういう人たちの名前を知っているが，ここには記さない．

どちらのテキストもピュタゴラスという名前を挙げているわけではないが，それぞれ言及しているのは彼のことであろう．ただし，ヘロドトスはもしかするとエン

ペドクレスのことを言っているのかもしれない（資料401参照）．クセノパネスはからかって言っているのであるが，バーンズが述べているように，「その相手が輪廻転生の信者でないとしたら，からかいは意味がなくなってしまう」（Barnes, *The Presocratic Philosophers* I, 104）．ヘロドトスはこの説がエジプト人のものだとしている．しかし，輪廻転生の信仰は外部から（たとえば，インド，中央アジア，南ロシアから）ギリシアに移入されたものであるが，魂の輪廻は動物の姿への変身とは異なり，エジプトの文献や絵画にはこれを立証するものはない．ヘロドトスは，完全にギリシア人の考えや慣習であるものをしばしばエジプト起源だと断定している．

資料260と261，これに資料258を含めると，輪廻転生説をプシューケー（ψυχή魂）という言葉を用いて表明したのはピュタゴラス自身だというのがありそうに思われる．プラトンの『パイドン』は，「プシューケー」という語が，時には「生の原理」，時には「心」，時には「自己」を意味しうる，順応性のある語であることを教えてくれる．ピュタゴラスが，「生の原理」という意味を合わせ含みつつ，自己の本性，人格のことを語っていることは明らかである．資料258（257も参照）においてイオンが示唆しているのは，ある人間たちの魂は死後に祝福される定めにあるとピュタゴラスが考えたということである．この思想が輪廻のサイクルという考えとどのように結びつくのか，また裁きの日もまた想定されているのかどうかといった問題は，ピュタゴラス派の教説に関するさらに二次的な文献を探ることで最もよく考察されうる（306ページ以下参照）．

(iii) オルペウス教の秘儀と著作との連関

262　クレメンス『雑録集』第1巻第131章（DK36B2および15）

　　キオスのイオンは『トリアグモイ』の中で，ピュタゴラスもいくつかの作品をオルペウスの作としたと証言している．しかし，エピゲネスはオルペウス＜のものとされる＞詩に関する著作の中で，『冥界下り』と『聖なる言説』はピュタゴラス派のケルコプスの作であり，さらに『外衣（ペプロス）』と『自然論』はブロンティノスの作であると言っている．

263　ヘロドトス『歴史』第2巻81節（DK14, 1）

　　しかし，（エジプト人は）羊毛を神殿の中に持ちこむことはなく，いっしょに埋

葬することもない．それは不敬なことだからである．これらの風習は，いわゆるオルペウス教やバッコスの徒らのそれと一致している[6]が，実際にはエジプト人やピュタゴラス派のものである．なぜなら，これらの秘儀にあずかりながら，羊毛の上着を身につけて埋葬されることは，敬虔なことではないからである．これについては，聖なる言説が伝えられている．

前5世紀から4世紀にかけて，いくつかのオルペウス教の「著作」なるものが存在した（エウリピデス『ヒッポリュトス』953-954行，アリストパネス『蛙』1030-1032行，プラトン『国家』364E 参照）．これらの詩に関するわれわれの限られた知識については，第1章（第4節）で述べられた．これらの作品が，ホメロス以前に生きたと信じられている詩人の名声を利用して，オルペウスの作とされたことは疑いないことである．ピュタゴラスが著者だというのはさらにありそうもないことであるが，資料262から，その内容がピュタゴラスの教説と密接な関係があったに相違ないと推測することはできる[7]．

資料263は，秘儀においてもピュタゴラス派のやり方とオルペウスのものとされるそれとは相当に類似したところがあったことを教える．たしかに「オルペウス教」の儀式とされるものは不明瞭であるが，われわれは，オルペウスの名が少なくとも前5世紀以降においてさまざまな秘儀（τελεταί）の慣行と結びついており，これらの秘儀がハデス（冥府）の恐怖を語る秘教への入信を含む儀式であり，入信者たちに生前と死後における浄福な生をもたらすことを目的としたものである，と言ってさしつかえないであろう．おそらくヘロドトスが主張しているのは，このような秘儀をもたらしたのがオルペウスではなくピュタゴラスであり，彼がエジプト人の儀式から拝借したのだということであろう．

オルペウス教徒とピュタゴラス派とにはたしかにいくつかの違いがある．たとえば

---

6) 「一致している」は ὁμολογέει 読み方に関しては，Burkert, *Lore*, 127-128 を参照．
7) 「（ピュタゴラスは）いくつかの詩をつくって，オルペウスの作とした」（ディオゲネス・ラエルティオス『哲学者列伝』VIII, 8）という言葉からすると，イオンが言おうとしたのは，ピュタゴラス自身が実際に書いた詩が彼によってオルペウスの名で行き渡っていたということのように思える．ピュタゴラスがなにも書かなかったことが明らかならば，この偉大な人の仲間で代わりとしてふさわしい人物はおそらくエピゲネス（おそらく前4世紀の人）であろう．

オルペウス教徒が教義の権威となるものとして頼ったのは書物であるが，ピュタゴラス派のほうはこのような書かれた言葉を忌避した．ピュタゴラス派はなんらかの教団（あるいは，複数の教団）を組織したことは疑いないが，「オルペウス教徒」という表現は，浄化する技を実践する個人を意味するのがふつうのように思われる．さらに，前5-4世紀の文献でも，一般にオルペウス教徒とピュタゴラス派は同一だとか，お互いに密接に関係し合っているとみなされているわけではない．むしろ，お互いから思想や慣習を相当に借りてはいるものの，別々の宗教運動であると考えるのがおそらく一番よいであろう．

こうして借りられたものについて，われわれはいくつか推測することができる．オルペウス教徒は，肉体は墓場のようなものであり，その中で魂はその罰の償いをするまで保護されている（σώζεται，これより σῶμα（肉体）の語が生じる．プラトン『クラテュロス』400B-C 参照）．彼らの主張によると，秘儀という手段によって，人間や国を浄化し，厄災から守ることができるのである（プラトン『国家』363C-E）．血を流すことを戒めて，生きものを食べることも犠牲に捧げることもない（エウリピデス『ヒッポリュトス』952，アリストパネス『蛙』1032，プラトン『法律』782C）．こういった思想や慣習はすべて初期ピュタゴラス派にあり，その類例を見いだすことができる．また，オルペウス教の詩は精巧な宇宙生誕論を含んでおり，これは部分的にヘシオドスの題材を利用して，神話的なかたちをとってつくられている（32-48ページ参照）．またさらに，ピュタゴラス派のアクゥスマタ（訓戒）のいくつかにはこの種の思想の痕跡を表わしているものがある[8]．

Ⅲ. ピュタゴラスの生涯と仕事に関する歴史的資料

後代の証言に基づく歴史的な観点から，ピュタゴラスと彼の教説の概略を述べることにしよう．

---

[8] この節で論じられたことについては，さらに W. Burkert, 'Craft versus sect: the problem of Orphics and Pythagoreans', *Jewish and Christian Self-definition*, ed. B. E. Meyer and E. P. Sanders, Ⅲ (London, 1982), 1-22 を参照されたい．

(i) ピュタゴラスの生涯に関するアリストクセノスの証言

264　アリストクセノス断片 11A Wehrli：ディオゲネス・ラエルティオス『哲学者列伝』第 8 巻 1 節（DK 14, 8）

……ピュタゴラスは，宝石の彫刻師ムネサルコスの子で，ヘルミッポスによると，サモスの人であった．あるいは，アリストクセノスによると，テュレニアの人で，アテナイ人がテュレニアの住民を追い出して，占領した島々のうちのひとつの出身であるという．

265　アリストクセノス断片 14：ディオゲネス・ラエルティオス『哲学者列伝』第 1 巻 118 節（DK 14, 8）

アリストクセノスが『ピュタゴラスとその弟子たち』の中で言うところでは，彼（ペレキュデス）は病気になり，ピュタゴラスによってデロス島に葬られた．

266　アリストクセノス断片 16：ポルピュリオス『ピュタゴラス伝』9 節（DK 14, 8）

アリストクセノスの言うところでは，（ピュタゴラスは）40 歳のときに，ポリュクラテスの独裁政治の脅威が強まるのを見ると，専制的な支配に甘んじることは自由人にふさわしくないと考えて，そのためにイタリアへ去った．

267　アリストクセノス断片 18：イアンブリコス『ピュタゴラス伝』248-249 節（DK14, 16）

クロトンの人キュロンは，生まれと名声と富にかけては市民の中でも随一の者でありながら，他方において，その性格は気難しく，乱暴で，騒々しくて，僭主的なところがある人物であった．そのために，ピュタゴラス的生活にあずかることに非常な熱意を見せて，すでに老齢であったピュタゴラス自身のところにやって来たときにも，いま述べた理由から不適格とみなされた．このことが起きてからは，キュロンも彼の仲間たちも，ピュタゴラスとその弟子たちに対して激しい戦いを始めた．キュロン自身や彼に味方する人たちが抱いた対抗心たるや，非常に強烈で度を越していたために，この戦いは最後のピュタゴラス派の人たちの頃まで続いたほどである．このことが原因で，ピュタゴラスはメタポンティオンへ去り，その地で生を終えたと言われている．

アリストクセノスはアリストテレスの弟子で音楽を専門としたが，タラス（タレン

トゥム）の出身であった．タラスは，ピュタゴラス教団が南イタリアのほかのどの地においてよりも長く存続した都市であり，プラトンの友人でピュタゴラス派のアルキュタスが前4世紀の前半に長きにわたって政治的主導権を握っていた土地でもある（ディオゲネス・ラエルティオス『哲学者列伝』VIII, 79）．アリストクセノス自身がピュタゴラス派の「最後の世代」を数多く知っていた．彼らは前5世紀に解散したイタリアの教団直系の者たちであった（ディオゲネス・ラエルティオス『哲学者列伝』VIII, 46（＝資料421），イアンブリコス『ピュタゴラス伝』251）．アリストクセノスは，彼の父スピンタロス（イアンブリコス『ピュタゴラス伝』197）の回想だけでなく，ピュタゴラス派の人たちが残していた口伝を頼りに述べていると推測してよいだろう．

　資料264-267の証言は，真実とも誤りとも立証することのできないものである．アリストクセノスの証言の長所は，ピュタゴラスの伝記にある内容のほとんどをほかの作家ならもっと入念に扱っているのに対して，比較的穏当で信頼しうるかたちで残していることである．われわれはすでに，ピュタゴラスがペレキュデスと関わったとされることについて論究した（71ページ以下）．より信頼できるのは，ピュタゴラスとサモスとの関わり，ポリュクラテスが政権をとったころ他国へ移民したというくだりで，この政権はおそらく前540-532年のある時から522年頃まで続いたと思われる．（ピュタゴラスの伝記について年代的により正確な記述を求めるのは不可能である．古代の人々の憶測は互いに矛盾しており，ピュタゴラスがしたとされる東方への旅行に関する詳細で，しかも信用できない年代記述によって複雑なものとなっている．たとえば，イアンブリコス『ピュタゴラス伝』11-19参照．）クロトンはピュタゴラスが向かった土地として当然とも言える．南イタリアで最も著名な都市であり，オリュンピアでもたびたび勝利をおさめていたからである．ひょっとするとピュタゴラスはポリュクラテスの侍医デモケデスを知っていたかもしれない．彼は有名なクロトン「医学派」の一員であった（ヘロドトス『歴史』III, 125, 131-132参照）．ピュタゴラスが存命中に，彼の弟子たちがこの地の政治に大きな影響をあたえていたことは確かである．同時にまた不評を買っていたことも事実であるが，この事実はピュタゴラスを僭主制に敵対する者として描くことに熱心であったアリストクセノスによって評価されることはほとんどなかった．アリストクセノスはまた，前500年から450年の間にピュタゴラスが南イタリアにますます影響をあたえ，掌握し（当時の貨幣から判断す

ると，この頃権勢を誇っていた国はクロトンである），ついには打倒される（前450年頃，ポリュビオス『歴史』II, 39およびWalbankの当該個所の注を参照）にいたる次第を証言している．彼はこの惨事の後生きのびた二人の人物，アルキッポスとリュシスに関する十分な情報をもっていたことは明らかである．

268　アリストクセノス断片18（つづき）：イアンブリコス『ピュタゴラス伝』249-251節（DK14, 16）

　　キュロン党と呼ばれる人たちは，ピュタゴラス派と争って，あらゆる敵意を示すことをやめなかったが，それでもしばらくの間は，ピュタゴラス派の人たちの気高い性格と，国制に関することはピュタゴラス派の人たちに治めてもらいたいという，国々みずからがもっていた願いとが，優勢を保っていた．しかしついに，彼らはこれらの人たちに対して陰謀を企てて，ピュタゴラス派の人たちがクロトンのミロンの家で会議し，国事について検討していたときに，その家に火を放ち，アルキッポスとリュシスの二人を除いた人たちを焼き殺した．この二人は，いちばん年も若く，いちばん力も強かったので，なんとか外に逃れ出たのである．こんな事件が起こっていながら，国々はこの起きた災難について何ひとつ語ることをしなかったので，ピュタゴラス派の人たちはこれらの国の世話をすることをやめた．……死を免れた二人はともにタラスの人で，アルキッポスのほうはタラスへ帰り，リュシスのほうは軽視されたことを恨みに思って，ギリシアへ立ち去り，ペロポンネソス半島のアカイアで過ごしたが，後に（テバイの人たちから）熱心に乞われて，テバイに移住した．かの地ではエパメイノンダスが彼の弟子となり，リュシスのことを「父」と呼んだのである．このようにして彼は生涯を終えた．残りのピュタゴラス派はレギオンに集まり，そこで一緒に暮らした．しかし，時が経過して，政治が悪化してくると，タラスのアルキュタス以外の人たちはイタリアの地を去った[9]．

9）　最後の二つの文（写本と順序が入れ替わっている）の読み方については，K. von Fritz, *Pythagorean Politics in Southern Italy* (New York, 1940), 13, 103-104 を参照＊．［訳注＊　写本通りに読むと，「残りのピュタゴラス派は，タラスのアルキュタス（あるいはアルキッポス？）を除いて，イタリアの地を去った．彼らはレギオンに集まり，そこで一緒に暮らした．しかし，時が経過して，

(ii) クロトンにおけるピュタゴラスの活動

269 ユスティヌス抄録，ポンペイオス・トログス『地中海世界史』第20巻第4章1-2, 5-8節

　このこと（サグラの戦い）があって後，クロトン人たちは勇気を養う訓練もせず，武器にも関心を示さなかった．やろうとしたことが不首尾に終わったことを厭わしく思っていたからである．そして，もし哲学者のピュタゴラスがいなければ，その贅沢によって生き方を変えてしまっていたであろう．……こうした経験［東方旅行で知恵を会得したことと，クレタとスパルタで法律を学んだこと］をしたうえで，ピュタゴラスはクロトンにやって来て，贅沢三昧にふけっていた人々を，みずからの権威で，質素な生活に引き戻した．彼は日々に徳を称え，贅沢という悪徳とこの病気で滅んだ国々の没落を数え上げて，人々をおおいに鼓舞して質素な生活に向かわせたので，彼らのうちに贅沢に溺れていた者がいたとは信じられないほどに思われた．彼はまた，夫たちとは別に夫人たちにも，親たちとは別に少年たちにも，しばしば教えを説いた．（もとの英訳はJ. S. Morrisonによる）

270 ディカイアルコス断片33 Wehrli：ポルピュリオス『ピュタゴラス伝』18節（DK14, 8a）

　ディカイアルコスの言うところでは，ピュタゴラスはイタリアの土を踏んでクロトンに着くと，クロトンの人々は，多くの土地を遍歴し，非凡な才能をもち，幸運にもみずからの素質に十分に恵まれた人物がやって来たのだと思った．というのも，その容姿は自由人にふさわしいもので，背丈があり，その声，その品格，その他のどれをとってもきわだった優美さと調和をそなえていたからである．このようにしてピュタゴラスはクロトンの市民たちの心を摑むと，多くの優れたことを説いて，長老たちの評議会を魅了したうえで，市の長官たちから嘱望されて，今度は若者たちに青年たるにふさわしい助言をあたえた．その後には，学校から寄り集まってきた少年たちや，さらに女たちにも教えた．というのも，女たちの集会が彼によって組織されたからである．

政治が悪化してくると……（テキスト欠損）」となる．］

資料269（前3世紀の歴史家シケリアのティマイオスに基づく）と270（アリストテレスのもうひとりの弟子ディカイアルコスに基づく）は，真面目な歴史というよりは『聖ピュタゴラス伝』のような書物からの抄録のように見える．しかし，話の核心では真実を含んでいるかもしれない．ひとつの妥当な解釈は，「賢者（ソポス）としての最高の権勢と風評を得たピュタゴラスは，アテナイのアレオパゴス*訳注に匹敵するクロトンの会議に信任状を提出することが直ちに要請された．その時，ちょうどアテナイにおけるエピメニデスのように，市民たちの志気（ユスティヌスによれば，戦いで予期せぬ敗北をきした後弱まっていた）を回復させるためにできうることをなすように求められたわけである」(J. S. Morrison, CQ N.S. 6 (1956), 144-145) というような推測である．つづいてピュタゴラスが若者たち，少年たち，女性たちにしたと言われる演説がどのようなものであるかについては，知るのが困難である．この話はもしかすると，「アルカイック期社会の，クラブのような組織団体」(Burkert, Lore, 115) を反映したものであるかもしれない．いずれにしても，若者からなる結社（ヘタイレイア）がピュタゴラスの周囲に結成されたことは，ほとんど疑いのないことである．

271　ティマイオス断片 13a Jacoby：「プラトン『パイドロス』への古注」279C

　　ティマイオスはその書の第8巻においてこう述べている．「若者たちがピュタゴラスのところにやって来て，仲間になりたいと言うと，彼はすぐにはこれを認めず，彼らの財産もここで交流する人たちと共有のものとせねばならないと言った」．さらにずっと後の個所で，「「友のものは共通のもの」という言葉がイタリアではじめて言われたのは，彼ら（ピュタゴラス派）のおかげである」と述べている．

272　ユスティノス抄録，ポンペイウス・トログス『地中海世界史』第20巻第4章14節

　　300人もの若者たちが，同胞意識による誓いを立てて団結し，他の市民たちから切り離された生活を送っていたが，あたかも徒党を組んで陰謀をめぐらし，この都市（クロトン）を掌握しようとするかのように思えた．

[訳注*　アクロポリス北西にある丘で最高会議が開かれた．なお，ディオゲネス・ラエルティオス『哲学者列伝』I, 110-111参照．]

ポリュビオス（『歴史』II, 39, 1）がイタリアのいくつかの都市にあったという「シュネドリア（クラブハウス）」に言及しているが，これは資料272でピュタゴラス派が別の場所で権力をもっていたという記事に出てくるのと似たような組織であろう．ヘタイレイアイが，ある特殊な，排他的な生き方に身を捧げる宗教結社として存在することは，秘教の信徒たちが守ったとされるアクゥスマタ（訓戒）のさまざまな形態や内容があることや，ピュタゴラス派独特の祭儀についての証言の説明となりうる．「友のものは共通のもの（κοινὰ τὰ τῶν φίλων）」というスローガンは，アリストクセノスその他が伝えている，ピュタゴラス派の友情にまつわる逸話（イアンブリコス『ピュタゴラス伝』233-237 ＝断片31 Wehrli，また同書127, 239など参照）のもとにあるのと同じ考え方である．

IV. 奇跡譚

273　アリストテレス断片191 Rose：アイリアノス『ギリシア奇談集』第2巻26節（DK14, 7）

　　ピュタゴラスはクロトンの人々によって極北人*訳注の国から来たアポロンと呼ばれていた，とアリストテレスは言っている．さらにつけ加えて，このニコマコスの子（アリストテレスのこと）は，かつて同じ日に同じ時刻に，メタポンティオンとクロトンにいるのを多くの人たちに目撃された，と述べている．また，＜オリュンピアの＞[10]競技のときに，ピュタゴラスは劇場で立ち上がって自分の腿の片方が黄金でできているのを見せたという．同じ著者によると，コサス河を渡っていたとき河神に挨拶され，このように挨拶されるのを多くの人が聞いた．
　　（もとの英訳はW. D. Rossによる）

274　アリストテレス断片191：アポロニオス『奇談集』6節（DK14, 7）

　　アリストテレスの言うところでは，カウロニアで白い熊が現われるのを予言し

[訳注* ヒュペルボレ（イ）オス人．極北に住む伝説的な民族で，アポロンを崇拝する．]
10)「オリュンピアの」は『ギリシア奇談集』IV, 17によって補った．

たという．同じくアリストテレスは[11] ピュタゴラスについて他にもたくさんのことを書いているが，とくに「テュレニアでは，毒蛇が咬んだとき，自分でそれを咬んで殺した」と言っている．また，ピュタゴラス派の人たちの間で内紛が起きることを予言したという．そのため，彼はだれにも見られることなく，メタポンティオンへ去ったのである．（もとの英訳は W. D. Ross による）

　ピュタゴラスが，愚かで意志の弱い人たちの心に訴えるだけの魔術師や心霊師として成功したのでなかったことは明らかである．むしろ，資料 273-274 は，彼が尋常でない霊力をもっていたことを主張し，おそらくまたもっていたことを示している．実際のところ，ピュタゴラスは古代から，アリステアス，アバリス，エピメニデスといったアルカイック後期の謎につつまれたいくつかの人物と比較されてきた．これらの人びとについては，予言，悪を抑えつける霊力，断食，消えたかと思うと再び現われる不可思議など，数々の説明のつかない離れわざを行なったと信じられた．おそらくピュタゴラスの名前は，メタポンティオンではアリステアスという奇妙な旅行者と結びついていたと思われる．この人は，ヘロドトスによると，ヒュペルボレイオイ（極北人）のアポロン崇拝をこの町にもたらしたとされている（ヘロドトス『歴史』IV, 15 および Burkert, *Lore*, 147ff. も参照）．この種の証言があるために，ピュタゴラスは時にはシャーマンと呼ばれてきた．しかしながら，中央アジアのシャーマン文化がアルカイック期のギリシアにあたえた影響がどの程度まで歴史的に検証できるかは疑わしいし，原始的な政治形態しかもたない遊牧民の生活にとって重要な慣習が，豊かで強力な都市国家のもつより複雑な社会に住むギリシアの賢人の活動をどこまで明らかにできるかについても同様である[12]．

V.「訓戒（アクゥスマタ）」

---

11)「白い熊が……同じくアリストテレスは」までは，ディールスによって補った（イアンブリコス『ピュタゴラス伝』142 との比較による）．

12) シャーマニズム解釈は，ドッズによって推し進められた（E. R. Dodds, *The Greeks and the Irrational* (Berkeley, 1951), ch. V）．I. M. Lewis, *Ecstatic Religion* (Harmondsworth, 1971) の純理論的な著作を用いれば，これをもっと推し進めることもできよう．

後代のさまざまな著者たちが，ピュタゴラスの教説の一部とされる格言集を蒐集したものを保存している．アクゥスマタ（「耳で聞かれたこと」）という名前が示すように，これらは明らかに口で語り伝えられたものである．ピュタゴラス派への入会者は，教義問答や実践にあるように，これらを暗唱しておくことを要求されたであろう．格言集のもうひとつの名はシュンボラであるが，「合い言葉」や「象徴」の意味からしても，これらは新参者がこの世と来世においていかなるレベルにあるかを，他の仲間や神々によって了解させるものであったことがわかる．こうして蒐集された格言の多くは明らかに古いものであるが，年代は特定できない．すでに前4世紀には（たとえば，クセノポンが引用するミレトスのアナクシマンドロスがそうである．『スーダ』の当該項＝DK 58 C6，クセノポン『饗宴』3, 6参照）学者たちの解釈の対象になっていたからである．したがって，確実とは言えぬまでも，これらのテクストのいくつかをピュタゴラスその人の生涯と思想にあてることに問題はないであろう．

(i) **禁忌の原則**

275　アリストテレス断片195：ディオゲネス・ラエルティオス『哲学者列伝』第8巻34-35節（DK58C 3）

　　アリストテレスが『ピュタゴラス派について』の中で述べているところによると，ピュタゴラスは「そら豆をひかえよ」と命じていたが，それは陰部に似ているとか，ハデス（冥府）の門に似ている（そら豆だけに接合部がないから）とかいう理由によるものであった．また，有害であるとか，万有の本性に似ているからとか，寡頭制的であるから——役人が抽選で任命されるのには，そら豆が用いられる——とかいう理由もある．また，「落ちたものを拾いあげてはならない」と命じているのは，無節制に食べないように習慣づけるためであった．アリストパネスもまた，『英雄たち』の中で，

　　　テーブルの下に落ちたものはどんなものも食してはならぬ

と語りながら，落ちたものは英雄（英霊）たちのものであるとしている．また，「白い雄鶏に手を触れてはならない」と命じているのは，雄鶏は月の神に捧げられたものであり，嘆願するものであるという理由による．嘆願は善きことのひとつであった．月の神に捧げられたというのは，雄鶏は時を告げるものであるからであ

る.また,白は善きものの本性のひとつであり,黒は悪しきものの本性のひとつである.「神聖な魚には手を触れてはならない」と命じているのは,自由人と奴隷とに同じ食事が出されることがないように,神々と人間とに同じものが出されるべきではないからである.(35)「パンをちぎってはならない」と命じているのは,昔の友人たちはひとつのパンの下に集まってきたからで,今日でもなお異国人たちはそのようにしている.また,友人たちをひとつに結びつけているパンを切り分けてもいけないとされる.ある人たちはこれをハデスにおける裁きに関係づけているが,ある人たちは戦争のさいに卑怯な行ないをさせるからだとし,またある人たちは万有がそれ(パン)から始まっているからだと説明している.(もとの英訳はW. D. Rossによる)

こうした規律のいくつか(豆,雄鶏,魚に関連するもの)は,ギリシアのさまざまな神秘宗教で儀式にあずかるための準備として入信者に事前に課せられたものに似ている.その他の規律(パン屑やかたまりに関連するもの)については,アリストテレスが一般の信仰や異国人の風習と比較しているのはたしかに正しい.一般的に言って,アリストテレスがあたえている説明がきわめて数が多く,多面的であることは重要な意味をもっているであろう.おそらく,こうしてあたえられる説明よりも,ピュタゴラス派自身のほうが,自分たちが守るべき禁忌の意味を明確に理解していたということであろう.とりわけ注目に価するのは,資料275の規律が完全なる菜食主義を命じるものでなかったことである.後者は輪廻転生説からおのずからでてきた思想である(ディオゲネス・ラエルティオス『哲学者列伝』VIII, 19(アリストテレス断片194)では,身体の特定の部位だけを禁じられている).事実,前5世紀の資料にはピュタゴラス派が動物の犠牲を拒んだと証言するものはない.これは結局はギリシアの「ポリス」の宗教において論争点となった問題で,南イタリアのピュタゴラス派がかかわったことが注目されたということである.前4世紀の証言(DK14, 9; 58E)が食い違っていることは,その後においてきわめて論争の種となったということの証左となる.

(ii) その他の禁忌

276 アリストテレス断片197:ポルピュリオス『ピュタゴラス伝』42節(DK58C6)

「象徴」にはそのほかに[13]次のような種類のものがあった.「秤竿を踏みこえるな」とは,分をおかすなということである.「火を剣でかきまぜるな」とは,脹(ふく)れっ面をして怒っている人を挑発的な言葉であおってはならないということである.「花冠をむしるな」とは,法律を穢すなということである.なぜなら,法律はその国の花冠だからである.さらに,以上のほかに次のようなものがある.「心臓を食べるな」とは,悲しみで自分を苦しめるなというようなことである.「1日の糧の上に座ってはならない」とは怠惰に生きるなというようなことである.「国の外に出るときには振りかえってはならない」とは,まさに死なんとするときにこの世の生に執着してはならないということである.(もとの英訳はW. D. Rossによる)

これらの訓戒(アクゥスマタ)——ポルピュリオスが保存している長いリストの前半にあたる——は,諺風の言い回しに聞こえるが,たいていのギリシア人が意識して受け入れるのよりも,はるかに厳格な道徳律を指し示すべく選ばれ,また解釈されるものである.このような箴言は明らかに文字通りに[14]受けとられるべきでなく,(たとえば,法律や生死の意味づけのように)これらにあたえられた意味のいくつかは,まぎれもなくピュタゴラス派の人びとが専心していたものを表している.上のように説明されている格言は,もともとはもっと広く適用されたものであったかもしれない.

(iii)「数」と調律(ハルモニア)

277　イアンブリコス『ピュタゴラス伝』82節(DK58C4)

このように<呼ばれる>訓戒のすべては三つの種類に分けられる.そのうちのあるものは「何であるか」にかかわり,あるものは「何がもっともそうであるか」にかかわり,あるものは「何をなすべきであり,なすべきでないか」にかかわる.

---

13) 資料281につづく.
14) しかし,ほかの個所で記録されている「訓戒」には,どう見ても未開の時代の因習によるものと思われるものがある.たとえば,「刈りとった髪の毛や切った爪にはつばを吐け」とか「靴は右足を先にはかねばならないが,足洗いの水には左足を先に入れねばならない」(イアンブリコス『プロテレプティコス』21, DK58C6)とかいったものがそうである.

さて，「何であるか」の例としては，次のようなものがある．「浄福な者たちの島*訳注とは何であるか．――太陽や月である」．「デルポイの神託とは何であるか．――テトラクテュスであり，セイレン**訳注が歌うときの音階（ハルモニア）と同じものである」．また，「何がもっともそうであるか」の例としては，次のようなものがある．「何がもっとも正しいことか？――犠牲を捧げることである」．「何がもっとも知恵あるものか？――数であり，二番目には事物に名前をつけた人である」．「われわれの力にかなうことで，何がもっとも知恵あるものか？――医術である．」「何がもっとも美しいものであるか？――ハルモニアである」．「何がもっとも強いものであるか？――知識である」．「何がもっとも善きものであるか？――幸福である」．「何がもっとも真実なことと言われるか？――人間たちが邪悪であることである」．

アリストテレスの証言は現在の学者らによって信頼されているが，このように三つの種類に最初に分けたのが誰であったかについてはわからない．イアンブリコスの三番目の例については，すでに検討した（資料275-276）二番目の例は，箴言の形式としては古いものであるが，内容，言葉遣いともに後の哲学の影響を受けているように思われる．もっとはっきりとピュタゴラス派のものだと言えるのは，「何であるか？」のタイプの例であるが，デルポイの神託[15]に関するものがとりわけ重要である．事物に関する知識の真の拠り所となるのは「テトラクテュス」，すなわち最初の四つの自然数であり，これはさまざまな関連のもとにつながっていると考えられている．テトラクテュスの意味は，神託が意味するものと同様に，解釈を必要とするが（ヘラク

[訳注＊「浄福な者たちの島」とは，ギリシア世界における極楽浄土を指す．]
[訳注＊＊ 半身は女，半身は鳥のかたちをした怪物で，人を魅了する歌い手．]
15) ピュタゴラスの教説は，より比喩的な意味あいの少ないものについてはデルポイのアポロンに負うところがあったのかもしれない．次の資料を参考のこと．
   278 アリストクセノス断片15 Wehrli：ディオゲネス・ラエルティオス『哲学者列伝』VIII, 8 (DK14, 3)　アリストクセノスも言っていることであるが，ピュタゴラスは，倫理的な教説の大部分をデルポイの巫女テミストクレイアからもらい受けたのだという．
　倫理学的な教説がとりわけ歓迎されたクロトンやメタポンティオンは，「浄めの神」アポロンへの崇拝がさかんな都市である（Burkert, Lore, 113-114, 資料273参照）．

レイトス資料244参照），理解のためのヒントとなるのは，これら四つの数から，4度，5度，そしてオクターブ（8度）の音程を構成しうることである（美に関する訓戒を参照[16]）．初期ピュタゴラス派にとってこれらの比率がもっている重要性は，セイレンに言及しているのを見れば多少とも理解しうる．プラトンは彼女らの歌を諸天体がその中を動く天球の音楽に見立てている（『国家』616B-617E，後出の資料449参照）．ハルモニア，すなわち「調律」は，彼らには広い，宇宙論的な意味を有していたのである．

このハルモニアおよび数的比率に関する教説は，ピュタゴラス自身のものであると見るのがきわめてもっともらしい．実際のところ，プラトンやアリストテレスの時代までは，数理論を音楽に適用することはピュタゴラス派が主として従事したことであるし，ピュタゴラスは，ハルモニアを事物の秩序原理としてとらえる魅力ある考えに興味をかりたてる思想家であると考えたい気がする．これはヘラクレイトス（資料207-209），エンペドクレス（とくに資料348-349，360，373-374，388），ピロラオス（資料424，429）といったさまざまな哲学者の資料にみられることである．オクターブに含まれる音楽の基本的な関係が単純な数の比で表されるということを発見したのはピュタゴラスだとする明確な証言は，後代のあまり信用のおけない著作家にしかない．彼らは究極的には（したがって，確実にというわけではないが）クセノクラテス（断片9 Heinze，ポルピュリオス『プトレマイオス「音階論」注解』30，2以下）に基づいているのかもしれない．アリストクセノスによれば，この着想を（青銅の円盤を用いて）自然学

---

[16] 次の資料も参照されたい．

279 セクストス・エンペイリコス『学者たちへの論駁』第7巻94-95節　このことを示すのに，ピュタゴラス派はある時には「万物は数に似ている」と言い，またある時には最も自然学的な誓いの言葉で「永続する自然の源泉であり根であるものを宿すテトラクテュスをわれらに授けられた方にかけて，否」と誓うのを慣わしとした．ここで「授けられた方」というのはピュタゴラスのことであり（彼らはピュタゴラスを神格化していたから），「テトラクテュス」というのは，四つの基本数から構成されて最も完全な数をつくる数のことである．たとえば，10がそうであり，1，2，3，4で10の数ができる．この数が第一のテトラクテュスである．それが「永続する自然の源泉」と呼ばれるのは，全宇宙がハルモニアに支配されているからである．ハルモニアは三つの協和音——すなわち，4度，5度，オクターブ（8度）——から構成されるものであり，またこれら三つの協和音には，今述べた1，2，3，4の4つの数の中に比例関係が見られる．

的に論証したのはピュタゴラスではなく，前5世紀前半のヒッパソス（断片90 Wehrli，「プラトン『パイドロス』への古注」108D = DK18, 12）と呼ばれるピュタゴラス派哲学者である．この問題について証言がくい違うのは，おそらくこの学派の科学的，理論的な功績について古代から意見が分かれていたことと関係があるのであろう．

280　イアンブリコス『共通なる数学的知識について』pp. 76, 16-77, 2 Festa

> イタリア学派——すなわち，ピュタゴラス派と呼ばれるもの——には二つの種類のものがある．というのは，これを信奉する者には，聴従派（アクゥスマティコイ）と学究派（マテーマティコイ）がおり，このうち聴従派のほうはもう一方の学派からピュタゴラス派と認められているが，学究派のほうは認められておらず，彼らの学問の功績もピュタゴラスのものではなく，ヒッパソスのものとみなされている．ヒッパソスはクロトン人だと言うひともいるし，メタポンティオン人だと言うひともいる．しかし，ピュタゴラス派で学究に従事した人たちは彼ら（聴従派）のことをピュタゴラス派だと認めているのである．しかも，自分たちにはずっと多くピュタゴラス派の資格があり，自分たちの述べることは真実であると主張している．

この後，学究派（マテーマティコイ）からの情報に基づく説明が続いているが，そもそもはじめからピュタゴラスの後継者には，政治にたずさわり，ピュタゴラスの思想を単なる生活の指針として受け入れた年長のひとたち（そのさいに彼らが拠り所とするのは訓戒（アクゥスマタ）である）と，学究するための余暇と素質に恵まれた若いひとたちがいたことが語られている．われわれが知るところでは，学究派（マテーマティコイ）の人たちはヒッパソスと絶縁して，聴従派（アクゥスマティコイ）がヒッパソスのものではないとした教説を，もっぱらピュタゴラス自身の功績としたのである．

音楽や数論に関するピュタゴラス派の思想がヒッパソスから始まったという主張は，それ自体信じがたいものである．けれども，もしピュタゴラス自身の名前が，（たとえば）輪廻転生の信仰と結びついていたように，（たとえば）音階をつくる比率の発見と分かちがたく結びついていたのであれば，そのような主張がなされることはなかったであろう．以下のような説明がもっともらしく思われる．(1) 資料279で言及されている三つの協和音の数的な比率は，すでにピュタゴラスの時代に知られていた．お

そらく同じように引っ張っても，テトラクテュスの比率に応じて長さが異なる弦の間では，音の高さが異なるのが観察されたためであろう．そして，(2) ピュタゴラスがテトラクテュスの比率を音楽の音程に適用したことが，限りなく広い意味をもつに至った．その結果，(3) ヒッパソスのような初期のピュタゴラス派は，これらの適用性について新しく，人目を引く証明を試みたのであろう（鍛冶屋から和音に気づいたという有名な話はここから生まれた*訳注．たとえば，イアンブリコス『ピュタゴラス伝』115 以下，マクロビウス『スキピオの夢』II, 1, 9 以下．これについては Burkert, *Lore*, 375-377 参照．）

デルポイの神託にまつわる訓戒（アクゥスマ）は，宇宙が秩序と合理性を有するものであることを暗に保証するものである．このような教説は，教養ある人の手によって形而上学的，宇宙論的，数学的に展開されることもあるが，馬鹿正直な人の手にかかると子供じみた数占いになってしまうこともある（これら二つはかならずどちらかのタイプの人間であるというように排他的ではない）．後期のピュタゴラス派思想に両方の傾向が見られることは，この教説がピュタゴラス自身のものであるという想定によってのみ自然なものとなる．

(iv) 魂の運命

281　アリストテレス断片 196：ポルピュリオス『ピュタゴラス伝』41（DK58C2）

　　ピュタゴラスは，ある事柄を神秘的な仕方で象徴をもちいて述べたのであるが，これらのうち比較的多くのものをアリストテレスが書き留めた．たとえば，海は「クロノスの涙」，熊座は「レアの手」，プレイアデス（昴星）は「ムゥサたちの竪琴」，惑星は「ペルセポネの犬たち」，青銅のものを打ったときに生じる響きは，青銅の中に閉じ込められた「ダイモン（神霊）たちの声」であると言った．（もとの英訳は W. D. Ross による）

282　アリストテレス断片 196：アイリアノス『ギリシア奇談集』第 4 巻 17 節（DK58C2）

［訳注* ピュタゴラスが鍛冶屋の前を通ったとき，金槌が金床の上で出す音が 8 度，5 度，4 度の和音をつくっていることに気づいて，自分でも何度か試みるなかで音階理論を発見したと言われる．］

ピュタゴラスは，地震の原因は「死者たちの集会」にほかならないと説明し，虹は「太陽の光線」であり，何度も耳に入ってくる響きは「すぐれた人たちの声」であると主張した．(もとの英訳は W. D. Ross による)

283　アリストテレス『分析論後書』94b32-34（DK58C1）
　　もし雷が鳴り……，もしピュタゴラス派の人たちが言うように，タルタロスにいる者たちに恐れをいだかせようと，彼らを威嚇するためのものであるとすれば，……．

ピュタゴラス派への入会者は，実直な行動（資料275-276）や事物の本性についての並はずれた理解（資料277参照）によって，死後にみずからの魂が祝福されることを望んだにちがいない．資料281-283は（さらに資料277の浄福者たちの島に関する訓戒も参照），実践的な格言集の多くと同じように（イアンブリコス『ピュタゴラス伝』85参照），入会者の心を死についての明確な思想にふり向けるものである．それらは（星座の命名を変更することなどを含めて）神話についての一貫した合理的解釈であり，主としては，特有の終末論を形成すべくつくられたものである．神話上の登場人物や出来事は，われわれの周囲の自然的世界を示す特徴として解釈されているが，それは現実の自然としての世界ではなく，生と死の劇を演じる見えざる霊的存在が住まう劇場なのである．その構造の全体を完全に把握することはできないが，その中心となるのが，浄福者らが安らぐ場所である太陽と月であり，また地下にある黄泉の領域であることは明らかである（『デメテル讃歌』480-482のエレウシスの終末論を参照）．これはまた，前476年の（シケリアの）アクラガスのテロンのためにピンダロスが書いた祝勝歌にもみられることである．

284　ピンダロス『オリュンピア祝勝歌』第2歌56-77行
　　生を終えた人のうち，驕慢な心をもつ者たちは
　　こちら（地上）でただちに償いをはらうが，このゼウスの国で
　　犯した罪を地下の世界で裁くお方がいる．　　　　　　　　　　　60
　　いとわしい必然の力で宣告を下して．
　　いつも等しい夜と等しい昼に陽が照らすなか，善き人びとは
　　労苦の少ない生をあたえられる．むなしき日々の糧を

求めて，大地や海の水を手の力でかきまわす
こともない．いな，むしろ喜んで誓いを守った人びとは，　　　　　65
誉れある神々のもとで涙のない生をおくるのだが，
他の者どもは直視しえぬ労苦に耐えることになる．
二つの世界に留まっている間，三度までも
魂を不正から遠ざけた人びとは，
ゼウスの道を通ってクロノスの塔に至る．　　　　　　　　　　　　70
そこでは大洋からのそよ風が浄福な者たちの島を
吹きわたる．黄金の花々が燃えさかり，
そのあるものは陸の輝く樹々から咲き，そのあるものは水が養うが，
彼らは花輪をつくって手に巻き，花冠を編む
――ラダマンテュスの正しき指図にしたがって．　　　　　　　　　75
偉大なる父が，すべてのもの中で至高の玉座をもつレアの
夫（クロノス）が，彼を忠実なる補佐としているからである．

　おそらくこの詩は，（資料410と同様に）ピュタゴラス派の信仰をもった依頼人のために書かれたのであろう．裁き，刑罰，輪廻転生の間関係の多くは曖昧なままにしておかねばならないが，資料284と資料281-283をあわせてみると，ピュタゴラスの教えた終末論には以下のような内容のものが含まれていたことがわかる．(1) 魂は死後に神の裁きを受ける．(2) 邪悪な者には地下世界での刑罰が待ちうけているが（最後には解放される希望があるかもしれない，資料410参照），(3) 善き者にはより善き運命が待ちうけている．すなわち，彼らは来生とさらなる輪廻転生において悪から身を遠ざけるならば，ついには浄福な者たちの島にいたることができるのである（プラトン『ゴルギアス』523A-B参照）．

むすび

285　ポルピュリオス『ピュタゴラス伝』19節（DK14, 8a）
　ところで，ピュタゴラスが仲間の者たちに話した事柄について，これを確実に

語ることのできる人はひとりもいない．なぜなら，彼らの間では異常なほどの沈黙が守られていたからである．もっとも，次のようなことは，ピュタゴラスが言ったこととして一般によく知られていた．すなわち，まず第一に，魂は不死であること．次に，魂は他の生きものに生まれ変わること．さらに，生成したものはある周期に従ってまたふたたび生まれてきて，絶対的な意味で新しいものはなにもないということ．そして，魂をもって生じてきたものはすべて同族的なものであると考えなければならないということである．以上のような教説を最初にギリシアにもたらしたのはピュタゴラスであったように思われる．

資料285（たぶんディカイアルコスを典拠としている）は，ピュタゴラスの教説に関して，われわれの典拠に関する調査から確認できるかぎりのものを要約したものである．われわれが強調した1，2の点（とくに，数やハルモニアについての思想）を省いているが，ピュタゴラス派の秘密の厳守（アリストテレス断片192（DK14, 7）やディオゲネス・ラエルティオス『哲学者列伝』VIII, 15参照）や物事が円環をなしてくり返されるという思想（エウデモス断片（シンプリキオス『アリストテレス「自然学」注解』732, 30）：DK58B34を参照）などこれまで言及されなかったものを含んでいる．この資料もまた，その他のものと同様に，ピュタゴラスの思想の内容について，はっきりと哲学的，科学的と言えるものと確認する根拠にはほとんどなっていない．われわれが下すべき結論は，ピュタゴラスが哲学者であるというのは賢者のひとりであった（前述の280-281ページ参照）というくらいのことでしかないというものである．しかしながら，より広い意味でのギリシア思想への彼の貢献は独自で，魅力的で，持続的なものであったと言えよう．

第8章
エレアのパルメニデス

I. 年代と生涯

286　プラトン『パルメニデス』127A（DK29A11）

　　アンティポンの説明によると，ピュトドロスは，パルメニデスとゼノンがかつてパンアテナイア大祭の折りにアテナイにやってきたことがあると語った．パルメニデスはかなりの老人——年は65歳ほど——であって，頭髪はすっかり白くなっていたが，その外見は立派であった．ゼノンのほうはその時40歳近くで，背丈も高く，眉目秀麗であった．噂では彼はパルメニデスのお気に入りだった．アンティポンの言うところでは，二人はケラメイコスの城壁の外にあるピュトドロスの家に逗留した．そしてちょうどそこにソクラテスと，他にも多くの人々が彼と一緒にやってきた．ゼノンの著わしたものを聞きたいと思ってのことである．というのも，彼の書物が彼らによってアテナイへ持ち込まれたのはこの時が初めてだったからである．そしてソクラテスは当時まだかなり若かった．

287　ディオゲネス・ラエルティオス『哲学者列伝』第9巻21-23節（DK28A1）

　　ピュレスの子でエレアの人パルメニデスはクセノパネスの弟子であった（彼[1]については，テオプラストスが『摘要』の中で，アナクシマンドロスに師事したと述べている）．ただし彼は，クセノパネスの弟子ではあったが，その教えを継承することはなかった．彼は，ソティオンが報告していたように，ピュタゴラス

---

1) テオプラストスが主張しているのはクセノパネスのことだったに違いないが，ディオゲネスはあたかもパルメニデスのことが言われているかのように記述している．

派のアメイニアス——ディオカイタスの子で，貧しくはあったが高貴な人物であった——とも親しく交わり，彼に従うことのほうをよしとした．アメイニアスが亡くなると，名家の出で裕福だったパルメニデスは彼のために社を建立した．パルメニデスが考究の生へと転向したのはクセノパネスによってというよりもアメイニアスによってであった．……彼は第69オリュンピア祭期（前500年頃）に盛年を迎えた．……また，スペウシッポスがその著書『哲学者たちについて』で報告しているように，パルメニデスはエレアの市民たちのために法を起草したとも言われている．

かつてパルメニデスとゼノンがアテナイを訪問してそこで若きソクラテスと会ったにせよそうでなかったにせよ，プラトンが各自の年齢に関してこれほどに厳密になる必要はどこにもなかった．このように事細かにプラトンが述べているという事実が強く示唆しているのは，彼が年代の点で正確な記述をしているということである．ソクラテスは前399年に死刑に処せられたときちょうど70歳すぎだった．このことから彼の生年は，前470／69年ということになる．もしσφόδρα νέον（「かなり若かった」）という言葉が，ソクラテスはおよそ20歳だったということを意味していると仮定するなら，その場合，ソクラテスとパルメニデスたちとの邂逅は前450年にあった出来事ということになろう．そこからすると，パルメニデスの生年はおおよそ前515年，ゼノンの生年は前490年頃となる．なるほど確かに，この年代と，ディオゲネスが与えている年代——彼はこれをおそらくはアポロドロスから得たのであろう——は一致していない．しかし，バーネットが指摘しているように (*EGP*, 170)，「アポロドロスによって与えられている年代は，エレアの創設年（前540年）にのみ依拠しており，この創設年を彼はクセノパネスの盛年として採用した．パルメニデスが生まれたのはこの年であり，それはちょうど，パルメニデスが「盛年を迎えた」年にゼノンが生まれたのと同様である」．プラトン後期の一対話篇は，年代決定の証拠としては十分なものではないかもしれないが，こちらの方がアポロドロスの図式よりも信頼できることはほとんど疑いようがない．

資料287に含まれるその他の情報は，たぶん初期の伝承——それらはことによると真実かもしれない——に由来するものであり，とりわけソティオンの伝える詳細な話

はそうであろう．パルメニデスを哲学へと転向させたのがピュタゴラス派の人間であったにしても，彼がピュタゴラス派の考え方に傾倒し，それが彼の円熟した思想において存続していたということを示す形跡は，おそらく，誕生を何か「憎むべき」もの（資料306）とする記述と，魂の運命——これについてはシンプリキオスが断片13（『アリストテレス「自然学」注解』39, 18）との関連で手短にかつ暗示的に書き記している——の教説を除いては，まず見当たらない．パルメニデスがクセノパネスに教えを受けたとする説はアリストテレスからテオプラストスが引き継いだものだが，当のアリストテレスはと言うと，『ソピステス』でプラトンが与えている，おそらくはそれほど大まじめなものではない所見から，それを得た可能性がある（215ページ以下の議論と合わせて資料163を見よ）．確かにパルメニデスには，クセノパネスの神論（資料170と171）および認識論（資料186-189）の，単に言葉の上だけにとどまらない反映が見られる．そしてパルメニデスに六脚韻の詩で自らの哲学を書こうと決心させたきっかけの一つに，クセノパネス——彼はその長い生涯の後半生をシケリアと南イタリアで過ごした——という先例があったのかもしれない．

II．パルメニデスの六脚韻*[訳注]の詩

パルメニデスには一編の書物だけが帰されている（ディオゲネス・ラエルティオス『哲学者列伝』I, 16, DK28A13）．六脚韻の詩であるこの著作については，主としてセクストス・エンペイリコス（彼は序歌を引用保存した）とシンプリキオス（彼は，「この著作が希少であるがゆえ」にアリストテレスの『天体論』と『自然学』に対する自分の注解中に，さらにそれ以上の抜粋を書き写した）のおかげでかなりの量の断片が残存している．時代の古今を問わず，パルメニデスの作家としての才能を低く見る点では，人々の評価は一致している．パルメニデスの言葉づかいはとても流麗とは言えず，また，革新的で難解で高度に抽象的な哲学的見解をむりやり韻律形式にはめ込もうと奮

[訳注* 叙事詩の詩型で，長短短の三音節（これは長々の二音節と置換可能）を単位（脚）とし，一行は六脚からなっており，すなわち，長短短あるいは長々を五回繰り返し，最後の脚だけ長短または長々の二音節で終わる型のものである．]

闘するあまり，しばしばいかんともしがたい曖昧さ，とりわけ構文上の曖昧さを生む結果となっている．しかしその一方で，詩の中でもそれほど論証的でない個所では，ぎこちない荘重さとでも言うべきものを達成している．

　詩は，序歌以降，二つの部分に分かれる．第一部は「まん丸い真理の揺るぎなきこころ」(資料288, 29行) について詳説するものである．その議論は徹底的で強力である．パルメニデスの主張によると，どのような探究においても，論理的に見て矛盾のない可能性は二つあり，しかもその二つしかないのであり，これらは排他的関係にある．すなわち，探究の主題となるものが存在するという可能性か，存在しないという可能性のいずれかである．パルメニデスは，認識論的な理由から，後者の選択肢を考えられえないものとして除外する．そしてその上で彼がとりかかるのは，凡庸な死すべき者たちへの非難罵倒である．なぜなら，死すべき者たちは，自分たちがけっして「あ̇る̇」と「あ̇ら̇ぬ̇」の二つの道から選択することなく，むしろそれらを判別しないまま両方ともにたどっていることを，その信念を通じて曝け出しているからである．この第一部の最後の部分で彼は，唯一の確実な道すなわち「あ̇る̇」の道を踏査し，もしも何かが存在するなら，それは生成も消滅もしえず，変化することも運動することもありえず，またいかなる不完全さも被ることはありえないということを，演繹推論による驚異的な力業で証明する．パルメニデスの議論とその逆説的帰結は，その後のギリシア哲学にはかりしれない影響を及ぼした．したがって，彼が，その方法においても衝撃力においてもデカルトの「コギト」のそれと対比されてきたのも当然である．

　パルメニデスの形而上学と認識論は，イオニアの先人たちが作り上げてきたような宇宙論の余地をなくし，それどころか，感覚がわれわれに明示する世界を信じることに対してもその余地をまったく与えていない．にもかかわらず，詩の第二の（そして保存されている量もずっと乏しい）部分で，パルメニデスは「真なる確証のない死すべき者たちの臆見」についての説明を与えている．この説明がどういう資格のもので，どういう動機をもつものなのかは，はっきりとは分からない．

III. 序　歌

288　断片1：セクストス・エンペイリコス『学者たちへの論駁』第7巻3節 (1-30

行），シンプリキオス『アリストテレス「天体論」注解』557, 25 以下（28-32 行）
　私のこころが望むだけ遠くまで私を運ぶ雌馬たちは，
　私を連れて神の名高き道に就かせると，私を急かせた．
　この道はすべての街々[2]を越えて物知る人を運び行く．
　その道を私は運ばれて行った．なぜなら，その道を，知恵ある馬たち
　　　が馬車を強く牽きながら私を
　運んで行ったのであり，また乙女たちがその道を案内したからである．　5
　そしてこしきの中の車軸は灼熱の炎を放ちつつ角笛のごとき音を発し
　　　た．
　それというのも，車軸は二つのぐるぐると回転する車輪によって
　両側からきつく押しつけられていたからである，
　太陽の娘たちが，光を目指して夜の館を出て，そして両手で
　頭から覆いを押しやって，私を護り送ろうと急いだときに．　　　　　10
　　そこには「夜」と「昼」の道の門があり，
　まぐさと石の敷居がそれらの門を囲い込んでいる．
　これらの門自体は空高くそびえ大きな扉でふさがれており，
　復讐の女神ディケー（正義）が開け閉めの鍵を持っている．
　彼女を乙女たちは優しいことばで喜ばせて，栓で止められた　　　　　15
　閂棒を門から即座に押し戻すようにと巧みに説得した．
　そして門が，釘と鋲でしっかりと固定された青銅装の支軸を
　軸受けの中で交互に回転させながら大きく開くと，
　扉の枠の中にぽっかりと隙間ができた．
　その門を真っ直ぐに通り抜けると，　　　　　　　　　　　　　　　　20
　乙女たちは馬と馬車を大道に就かせた．
　　そして女神が私を優しく迎えると，私の右手をその両手にとって
　私に次のような言葉で語りかけた．

---

2) 推測に基づく読みである「街々（ἄστη）」については A. H. Coxon, *CQ* N. S. 18 (1968), 69 と A. P. D. Mourelatos, *The Route of Parmenides* (New Haven, Conn., 1970), 22 n.31 を見よ．

「若者よ，あなたを運ぶ雌馬たちを御する不死なる馭者たちとともに
　わたしの館に到着したあなた，ようこそ．　　　　　　　　　　　　　25
　この道を旅するようにとあなたを送り出したのはいかなる悪しき運命
　　でもなく
　――実際，この道は人間たちの歩く道からはるかに離れたところにあ
　　る――
　むしろ掟と正義がそうしたのです．あなたがすべてを学ぶのは妥当な
　　ことです．
　まん丸い³⁾ 真理の揺るぎなきこころと
　死すべき者たちの真の信頼性なき臆見の両方を．　　　　　　　　　30
　しかしそれにもかかわらずあなたはこれらのことをも学ぶであろう
　　――信じられていることが，
　どうしてあらゆることにあまねく行きわたりつつ⁴⁾ 確かにあらねば
　　ならないのであろうかということを」．

　これらの詩行におけるパルメニデスの主要な目的は，凡庸な死すべき者たちによっては獲得されることのない真理についての知識が自分にはあるのだと主張することにある．その主張は，主としてホメロスとヘシオドスに由来するモチーフにより，調和した語法と韻律で劇的に表現されている．女神のもとへのパルメニデスの旅はシャーマンたちの魔術的な旅を思い起こさせる，と言われることが時にある．ところが，先に述べたように（298 ページ）初期ギリシアにシャーマンの伝統があったとする証拠は確実なものではない．現代の研究者たちの多くが従うセクストスは，その旅を啓蒙の寓意，すなわち「夜」である無知から「光」である知への移行と捉えた．しかしパルメニデスは，「物知る」者にふさわしく，すでに光輝の中でその旅を開始しているの

---

3) 「まん丸い (εὐκυκλέος)」は シンプリキオスの読み．この読みは Diels, *Parmenides Lehrgedicht* (Berlin, 1897), 54-57 が支持している．セクストスの伝える「説得力のある (εὐπειθέος)」というより容易な読みを支持する現代の研究者もいる．例えば，Mourelatos, *Route*, 154-157.
4) 「行きわたりつつ (περῶντα)」は シンプリキオスの A 写本の伝える読み．DEF 写本では「まさに（あらゆるもので）ありつつ (περ ὄντα)」となっている．

である．叙述の要点はむしろ，突破すべき障害および目的地という，詩人パルメニデスが具体的に挙げているこの二つのもの（馬車とその動きは別として）によって暗に示されている．日常的に経験される通常の世界——そこでは夜と昼が交替し，その交替は，アナクシマンドロスならこれに同意したであろうが（資料110），法ないしは「正義」によって支配されている——そのような世界からパルメニデスは離脱しようとしている．むしろ彼が進むのは，不変の真理と死すべき者たちの臆見の両方の超越的な理解へと至る思考の道（「大道」）である．同様に重要なのは，この目標の達成の前に立ちはだかる障害についての彼のメッセージである．つまり，死すべき者たちの臆見からの逃避を阻む障壁は侮りがたいものではあるが，しかしそれも「優しい説得」には屈するのである．

　ヘシオドスの『神統記』における題材に範を求めた「昼」と「夜」の門のモチーフ，そして神による啓示というモチーフは，合理的探究と並の人間の理解力とを隔てているとパルメニデスが考える途方もない深淵と，彼自身の理性が彼に明示したことの意外性とを伝えるために精選されたものである（これら双方の点に関してはヘラクレイトスを参照のこと．たとえば資料205, 206, 210）．そして，哲学の並々ならぬ真剣さと同時に権威を頼みとしていることを，宗教的啓示は示唆している——ただし，その権威は議論の余地のない権威であるわけではない．すなわち，女神は後で（資料294）「論争に取り巻かれた私の論駁を理性によって判定せよ」と述べている．

289　断片5：プロクロス『プラトン「パルメニデス」注解』I, p.708, 16 Cousin
　　　……私が開始するのは共通の地点である．
　　　なぜなら，そこへと私は再三再四もどるであろうから．

　資料296-299で見られる証明のすべてが資料291で明確に述べられている選択をその共通の根拠とする，ということが少なくとも資料289の要点であるならば，この資料は，288の後と291の直前にぴったりとおさまる（資料294もまた参照せよ[5]）．

---

[5]　資料289と比較されうるのが次の資料である．

290　ヘラクレイトス断片103，ポルピュリオス『ホメロス「イリアス」についての諸問題』XIV, 200　円では，始まりと終わりは共通である．
　　しかし，「まん丸い真理」について語っているにもかかわらず，必ずしもパルメニデスがここで彼

IV. 真理

(i) 選 択

291　断片2：プロクロス『プラトン「ティマイオス」注解』I, 345, 18, シンプリキオス『アリストテレス「自然学」注解』116, 28 (3-8行)

 さあ，私はあなたに語ろう（そして私の話を聞き終えたら，あなたは
  それを携えて伝えていかなくてはならない），
 他に並ぶもののない，考えられるためにある探究の道を*訳注．
 一つは，(それは) あ̇る̇，そして (それが) あ̇ら̇ぬ̇ことは不可能である，
  という道．
 これは説得の女神（ペイトー）の道である（なぜなら彼女は真理の女
  神にかしずくがゆえ）．
 もう一方は，(それは) あ̇ら̇ぬ̇，そして (それが) あ̇ら̇ぬ̇ことが必要で
  ある，という道．　　　　　　　　　　　　　　　　　　　　　5
 これはまったくもって識別不能の道であると私はあなたに言明する．
 というのも，あなたはあ̇ら̇ぬ̇ものを知ることはできないであろうし──
  それはなされえない──
 またそれを指し示すこともできないであろうから．

　女神は，他に並ぶもののない，考究されるべき探究の道を，具体的に述べることから始める．これらの道は明らかに論理的に排他的だと考えられている．つまり，もし一方を取れば，それによってもう一方を取ることはできない．これらが排他的である

自身の思考は円環をなすものだと暗示しているとは限らない．

［訳注＊「考えられるためにある（……that are to be thought of)」の訳に対応するギリシア語原文はεἰσι νοῆσαι である．この訳は，「考える (νοῆσαι)」という動詞の不定詞を，「ある (εἰσι)」の補語で目的を表わす与格不定詞と見なすことに基づく．したがって文字通りには，「考えることのためにある」となる．これを受動表現に変えれば「考えられるためにある」という訳が得られ，これはさらに，「考えられうる」という可能性を表現するものへと移行しうる．なお後掲資料292 の訳も「ある＋補語としての与格不定詞」の解釈に基づく．]

のは矛盾関係にあるからだということも同じく明らかである（資料296，16行：「これらのことがらに関して判定は次のことにある．すなわちそれはあ̇る̇か，それともあ̇ら̇ぬ̇か」を参照せよ[6]）．パルメニデスの動詞 ἔστιν（「ある」）の文法的主語として，われわれの翻訳において補われた「それ」とは何か．おそらくそれは，どのようなものであれともかく探究の主題となるものであろう——どんな探究においても，自分の主題とするものがあ̇る̇，あるいはあ̇ら̇ぬ̇と仮定しなければならない．ここでは，ぎこちないけれども中立的に「あ̇る̇」と訳したが，ἔστιν それ自体の解釈はさらに難しい．すぐにわかる語釈としては，存在と解するもの（「存在する」）と述定と解するものの（「……である」）の二つがある．このどちらかに決しようと試みるには，ἔστιν がもっとも目につく形で登場してくる議論，とりわけ，資料291の5行から8行における否定の探究の道に対する反論を検討する必要がある．

あいにくこの反論を検討しても決定的な解決が与えられるわけではない．確かに，存在しないものを知ったり，あるいは指し示したりすることは不可能であるように思われる．たとえば，誰もピックウィック氏[*訳注]と知り合いになることはできないし，彼を他の人に指し示すこともできない．ところがしかし，パルメニデスの前提を述定として読むこともまた，理にかなっていると思わせる．何ものかでないもの，すなわちいかなる属性ももたず，そのものに当てはまるような述語をまったくもっていないものを知ったり，あるいは指し示したりすることは，不可能であるように見える．資料296の5-21行はもっと明快である．そこでは，類似の前提——「それがあ̇ら̇ぬ̇ということは語られえず，また考えられえない」（8-9行）——が，生成あるいは消滅の

---

[6] 問題：パルメニデスはさらに第一の道を「（それが）あ̇ら̇ぬ̇ことは不可能である」，そして第二の道を「（それが）あ̇ら̇ぬ̇ことが必要である」と明記しているが，これらは矛盾関係を構成しない．解決：おそらくこれらの付加的な説明は，二つの道を特徴づけるものではなく，二つの道が両立しえないことを指摘するものである．3行目が言わんとしているのは次のようなことだろう．つまり——第一の道は「（それは）あ̇る̇」である．そして必然的に，もし何かがあ̇る̇なら，それがあ̇ら̇ぬ̇ことは事実ではない，ということになる．同じことが5行目についても必要な変更を加えた上で言える．

[訳注* C. Dickens の初期の代表作である『ピックウィック・クラブ（*Pickwick Papers*）』（1836-37）に登場する主人公の名前．]

可能性に反論するのに用いられている．パルメニデスが力説しているのはこういうことである．つまり，もし何ものかが生成するならば，それは以前にはなかったにちがいない——そしてそのときそれについて「それはあ・ら・ぬ・」と言ってもそれは正しかったであろう．しかし前提はまさにそう言うのを禁じている．だから生成するということはありえない．ところでこの文脈での「生成する」は明らかに「存在するにいたる」と解釈される．したがって，この場合，「あ・ら・ぬ・」は「存在しない」を意味することになる．

しかしながらパルメニデスは，すぐに続けて資料 296 の 10 行目で，存在しないもの（もちろん，「あ・る・」が「存在」を意味するものと仮定してのことだが）を「無」（資料 293, 2 行目を参照せよ）と呼んでいるのである．このことが示唆しているのは，彼が非存在を，ま・っ・た・く・何・も・の・で・も・あ・ら・ぬ・こ・と・，すなわちいかなる属性ももっていないこと，と理解しているということである．だから，彼にとって存在するということは要するに何・ら・か・の・も・の・で・あ・る・ということなのである．後で（たとえば，資料 297 の 22-25 行，資料 299 の 46-48 行で）彼が分詞形 ἐόν（「あ・る・もの」）を用いるとき，それを「実在」あるいは「実在的なもの」と解釈する方が，存在を顕然と意味していると解釈するよりも，はるかに容易である．そして，何らかのものを実在的とするのは確かに，そのものに当てはまる何らかの述語（たとえば，「空間を占めている」といった述語）をそれがもっているということである．もしこの方向での解釈が正しければ，パルメニデスによる ἔστιν（「あ・る・」）の用法は，（カーク／レイヴンが考えたように）存在的用法であると同時に述定的用法でもあることになる．ただし，だからといって（カーク／レイヴンが結論したように）両者の用法が混同されているというわけでもない．

存在しないものを知ることはできないということから直接にパルメニデスが引き出すのは，否定の道が「識別不能」である，すなわち，存在否定の言明によってはいかなる明晰な思考も表現されないという結論である．われわれはその要点を次のように言い表わすこともできよう．「何でも自分の好きな探究の主題（たとえば，ピックウィック氏）を選びなさい．その場合，「ピックウィック氏は存在しない」という命題は真正な思考をまったく表現していない．なぜなら，もしそれが真正な思考ならば，その主題であるピックウィック氏と知り合うことができなくてはならないだろうからである．ところが，ピックウィック氏が存在するのでない限り，その可能性はな

い——そしてピックウィック氏が存在するというこのことは，まさしくその命題が否定しているものなのである」．こうした趣旨の議論は，いろいろと姿を変えつつ，プラトンからラッセルに至るまで多くの哲学者たちを強く惹きつけてやまなかった．その結論はパラドクスのようであるが，よくできたすべてのパラドクスと同様，それは，用いられている諸概念について——とりわけこの場合は，意味と指示と存在の関係について——のわれわれの理解のありようをより徹底的に吟味するようわれわれに強いるのである[7]．

(ii) 死すべき者たちの誤謬

293　断片6：シンプリキオス『アリストテレス「自然学」注解』86, 27-28; 117, 4-13

　　　語られかつ考えられるためにあるものはあらねばならない*[訳注]．なぜ
　　　なら，それはあるためにあるが，

[7) 資料291の8行目は半行で終わっているが，原文校訂者たちはこれを，まったく異なった出典でしか知られていない次の断片で補完することが多い．

292　断片3：クレメンス『雑録集』第6巻第23章，プロティノス『エンネアデス』第5巻第1章8節　　なぜなら同じものが考えられるためにあるとともにあるためにあるから (τὸ γὰρ αὐτὸ νοεῖν ἔστιν τε καὶ εἶναι)．

このように翻訳すると（ただし，「思考と存在は同じである」と訳す研究者もいる），それは確かにこの個所にぴったりと合うかのように思われる．資料293の1行目からはっきり分かるのは，明らかにパルメニデスが，否定の道に対して反論する文脈において，単に知られうるものだけでなく，考えられうるものに関する考察を展開しているということである．しかし，もし資料292が291に続くとすると，プロクロスもシンプリキオスもそれを資料291の最後に引用していないというのは意外である．そして，それが資料291の6行から8行での推論にどのような寄与を付加しているのかを見とどけることは困難である．（もしνοεῖν（「考える」）がここで，たとえばC. H. Kahn (*Review of Metaphysics* 22(1968-69), 700-724) が考えているように，「知る」を意味するなら，その場合，おそらく資料292は単に291の7行から8行を別の形で言い換えたものということになろう．しかしνοεῖνはパルメニデスによって，語ることを意味する諸々の単純な動詞（資料293, 1行目，資料296, 8行目．なお資料296, 17行目のἀνώνυμον「名前のない」を参照せよ）と対比的に用いられており，それゆえ，「考える」と訳すべきである．)

[訳注* 英語原文は "What is there to be said and thought must needs be" で，対応するギリシア語原

無はそうではあらぬから．私はあなたにそれをよくよく考えるよう命
じる．
というのも，これは，私があなたをそこに進まないよう引き止める最
初の探究の道だから．
しかしその次に私は，死すべき者たちが何も知らないで
双頭のままさまよい歩く道からあなたを引き止める．なぜならば，彼
らの胸の中で， 5
困惑がとりとめもなくさまよう考えを導くからである．そして彼らは，
耳も聞こえなければ目も見えず，呆然として，判別する力のない群と
なって引き立てられる．
彼らは，あるとあらぬが同じであり同じでないと信じている．
そして彼らすべてがたどる道は反対方向に向いている．

　否定の道へのパルメニデスの反対論の要約（1-3行）——要するにどんな思考の対象も実在する対象でなければならないということを述べているものだが——は，その曖昧さにもかかわらず，パルメニデスによる「あらぬ」の排除が，真正な思考の内実となりうるものが何であるかという関心に動機づけられていることを確証するものである．それに続くのが，死すべき者たちのたどる探究の道と認定される第二の誤った道に対する警告である．資料291では，この第三の道にまったく触れていなかったが，その理由ははっきりしている．女神がそこで具体的に述べていたのは，理性的な探究者がどちらを取るかを決定しなくてはならない論理的に首尾一貫した二者択一の選択肢であった．これに対して第三の道とは，単に，大多数の死すべき者たちのように，自分の批判能力を行使しないために（資料293，6-7行）その決定を下さない場合

文は χρὴ τὸ λέγειν τε νοεῖν τ' ἐὸν ἔμμεναι である．この英訳の主語部分も，資料291（2行目），292と同様に，二つの不定詞「語る」と「考える」（λέγειν τε νοεῖν τ'）を「ある（もの）」（ここでは分詞形 ἐόν で，不定詞 ἔμμεναι（「ある」）の意味上の主語となる）の補語で目的用法不定詞と解することで得られる「語りかつ考えるためにあるもの」を受動表現に変えたものである．これはさらに「語られ考えられうるもの」とも解されうる．この解釈とは別に，「あるものがあると語りかつ考えなくてはならない」と読む解釈も有力．このほか，「あるものについての思惟と言説はあらねばならない」，「語ることと思惟することはあるものでなければならない」といった解釈の提案もなされている．］

(資料293, 7行目)，いつの間にか自らがたどっていることに気づく，そのような道にすぎない．ふと気がついてみると，ものがあ̇る̇ということと同時にそれがあ̇ら̇ぬ̇ということを（たとえば，変化と生成を認めることによって）自分が口にしたり暗に意味していたりする．そしてそのことで，資料291で区別されていた二つの道の一方から他方へと途方に暮れてさまよい歩くことになる．したがって，その歩みは「反対方向に向いている」，つまり矛盾したものになろう．もちろん，「あ̇る̇」と「あ̇ら̇ぬ̇」が同じでないということはわかるだろうが，しかし，そのどちらを取るべきかを決めることができないために，それらをあたかも同じものであるかのように扱うことになるのである．

資料293の後には，たぶん少し間を空けて，女神がパルメニデスに対して，第二の道に対する彼女の論駁について（資料293で退けられた死すべき者たちとは異なって）判定を下すように命じる次の断片が続いていただろう．

294　断片7：プラトン『ソピステス』242A（1-2行），セクストス・エンペイリコス『学者たちへの論駁』第7巻114節（2-6行）

　　なぜなら，あ̇ら̇ぬ̇ものどもはあ̇る̇，というこのことは何としても主張
　　　されてはならないから．
　　むしろあなたは探究のこの道からあなたの考えを引き止めなくては
　　　ならない．
　　また，多くの経験から生まれた習慣が，あなたに
　　目標をもたぬ眼や無意味な音で満ちている耳と
　　舌とを用いさせることで，あなたを強制してこの道を行かせるように
　　　させてはならない．　　　　　　　　　　　　　　　　　　　　　　5
　　私から語られた，論争に取り巻かれた論駁を，理性*訳注によって判定せよ．

[訳注＊　原語はλόγος（ロゴス）であるが，パルメニデスの時代に「理性」の意味でこの語が用いられている例はない．「判定せよ」と言われているその対象からすると，ここは「理（ことわり）」ないしは「論理」の意味で解することも可能．]

(iii) 真理のしるし

295　断片 8, 1-4 行：シンプリキオス『アリストテレス「自然学」注解』78, 8；145, 1

> なお残っているのは，それはあ・る，とする道についての
> ただ一つの説明である．この道には非常に多くのしるしがある．
> すなわち，それは不生にして不滅であり，
> 全体としてあり，ただ一つの種類で，揺らぐことなく，完全である[8]．

　もし「あ・ら・ぬ・」の道を避けなくてはならないのなら，探究者としてのわれわれの唯一の希望は，「あ・る・」の道を追い求めることにしか存していない．もしわれわれがこちらの選択肢を採るなら，一見，われわれには無限の説明可能性がそこに開かれているように思われるだろう．つまり，われわれが研究する主題となるものはどれも存在していなくてはならないとする要件は，その主題に関してわれわれが何を発見しうるにしても，それに対してほとんど何の制限も加えることがないように見えるのである．そして，考えられうるものは存在しなくてはならないという議論（資料293, 1-2 行）は，ネズミやレストランだけでなくケンタウロスやキマイラ[*訳注]も含めて，探究の主題となりうるものの範囲がとてつもなく広大であるかのように思わせるのである．しかし，ほんの 49 行の中で，パルメニデスはこの無限の可能性をまさしくただ一つの可能性に縮減するのに成功している．なぜなら，資料 295 でプログラムのように列挙されている「しるし」は，実際に，探究の主題となるものならどれもが満たさなくてはならないさらなる明確な諸要件を構成しているからである．そしてそれらの要件は，或るものについて，それが存在すると語ることと両立しうるのはいったい何であるか，ということを解明する上でとてつもない制約（後掲資料 296 と 298 で現われる鎖の隠

---

[8]　ギリシア語原文は ἠδὲ τέλειον である．シンプリキオスの諸写本では ἠδ' ἀτέλεστον（「無窮である」）とある．校訂案については G. E. L. Owen in *Studies in Presocratic Philosophy* II, ed. R. E. Allen and D. J. Furley (London, 1975), 76-77 を見よ．Owen はまた，ἔστι γὰρ οὐλομελές τε καὶ ἀτρεμές（「完全であり不動である」：プルタルコスによる）というカーク／レイヴンの読み（ディールス／クランツを承けたもの）も，説得力のある仕方で退けている．

［訳注* ケンタウロスとは馬身で腰から上が人間の姿をした怪物であり，キマイラとは頭がライオン，尾が蛇，胴体が牝山羊の，口から火焔を吐き出す怪物．］

喩に注意せよ）を課すのである．これらの諸要件を論じるこの後のパルメニデスの議論は，結局のところ一元論の一形態である．すなわち，確実に明るみに出されるのは，あるものすべてが同一の性質をもたなくてはならないということである．そして，一つの全体としての実在以外に何かが実際にそういう性質をもちうるのかどうか疑わしいのである．

(iii) a. 不生にして不滅

296 断片 8, 5-21 行：シンプリキオス『アリストテレス「自然学」注解』78, 14; 145, 5（資料 295 の続き）

　　それはあったことなく，あるだろうこともない．それは，すべて全体
　　　として，　　　　　　　　　　　　　　　　　　　　　　　　　　5
　　一つで連続したものとして今あるのだから．なぜなら，あなたはそれ
　　　についてどのような生まれを探究するというのか？
　　どうして，またどこからそれは成長したのか？　あらぬものから，と
　　　あなたが言うことも考えることも私は許さないだろう．
　　なぜならそれがあらぬとは，語られえず考えられえないから．
　　そして，どのような必要がそれを駆り立てて，無から始まって，
　　　より前よりもむしろより後に成長するようにしたというのか？　　10
　　かくしてそれは，全くあるか全くあらぬかのいずれかでなければなら
　　　ない．
　　また，確証の力が，それに並んで何かがあらぬ[9]ものからいつか生
　　　成することを
　　許しはしないだろう．したがって，正義の女神がその足かせをゆるめ
　　　てそれが
　　生成したり消滅したりするのを許したことは一度もなかったのであり，
　　むしろそれをしっかりとつかんでいるのである．そしてこれらに関す

---

[9] 多くの研究者は Karsten と Reinhardt に従って，否定辞 μή を冠詞属格 τοῦ に改訂し「あるものから」とする．

る判定は,
それが*あ*るかそれとも*あ*らぬか，というこのことにある．しかし，実
　　際に必然のこととして，
考えられず名もなき一方の道から離れ（なぜならそれは真の道では
　　ないから），もう一方の道が*あ*り，真正のものであるということが決せ
　　られた．
また，*あ*るものがどうして未来において*あ*りえようか？　どうしてそ
　　れが生成しえようか？
というのも，もし生成したのであれば，それは*あ*らぬし，未来におい
　　ていつか*あ*ることになるとしても，それは*あ*らぬから．
かくして，生成するということは消去され，消滅するということはそ
　　の消息が聞かれることもない．

15

20

　以上の詩行が意図しているのは（結論である 21 行目が示しているとおり），*あ*るものは生成することも消滅することもありえないということの証明である[10]．パルメニデスは，生成に対する明確な反論だけをまとめることで満足しているが，それは，生成反対論と相似する消滅反対論は明らかに類推によって構成できるだろうと考えてのことである．彼は「どうして，またどこからそれは成長したのか？」(7 行) という二重の問いに対応して二つの主要な考察を押し進める．彼は，「どこから？」という問いに対する唯一の合理的な答えは「存在しないものから」という答えしかありえないと想定するが，彼はこれを「*あ*らぬ」に対する反論 (7-9 行) によってすでに除外されたものとして排除する．また彼は，「どうして？」の方を論じるに当たっては，「充足理由律」に訴える．つまり彼の想定によれば，生成するものはどんなものも，その

---

10) パルメニデスは 5-6 行において，これよりもさらに先に歩を進めているように見える．「それは*あ*ったことなく，*あ*るだろうこともない．それは，すべて全体として，今*あ*るのだから」という言明は，単に*あ*るものが存在するようになる（生成する）ことはないだろうということだけでなく，それは未来において全然存在することがないだろうということも主張しているように思われるのである．おそらく，パルメニデスが*あ*るものに帰するつもりでいるのは，いかなる種類の時間的区分にも従うことのない永遠の現在における存在性であろう．彼が資料 296 の議論の中でこの結論に対してどうやってその根拠を与えたいと考えていたかはまったく不明である．

生成を説明するに足る何らかの発生の原理（「必要（χρέος）」）をその内に含んでいなくてはならない．ところが，もし何かが存在しないならば，そのような原理をどうしてそれが含みうるであろうか．

(iii) b. 一にして連続

297　断片8，22-25行：シンプリキオス『アリストテレス「自然学」注解』145, 23
　　　（資料296の続き）

　　　またそれは分割されることもない．それはすべてが一様のものとして
　　　　存在しているから．
　　　それは，あるものが繋がり合うのを妨げることになるような，ここで
　　　　より多く
　　　そこでより少ないということもなく，むしろそれは全体としてあるも
　　　　ので充ちている．
　　　だからそれは全体が連続している．なぜなら，あるものはあるものに
　　　　密接しているから．

パルメニデスがここで念頭においている連続性とは空間的なものなのだろうか，時間的なものなのだろうか．あるものはそれの占めるどんな次元においても連続している，ということを示すところに彼の意図があるのは確かである．しかし，それが時間の中に存在するというのは，おそらく資料296がすでに否定していたことである．要点は単に，どんな探究の主題も，内的連続性によって特徴づけられなくてはならないということなのだろうか，あるいは，パルメニデスはもっと野心的に，実在はすべて一であると主張しているのだろうか．彼が意図しているのは先鋭的な命題の方ではないかという印象には抗しがたいものがある．もっとも，彼が自分にその説を唱えるだけの資格があると考えている理由が何なのかははっきりしない（おそらく彼は，たとえば，あるものを他のあるものと区別する基準はない，とする不可識別者の同一性に依拠しているのであろう）．同じ曖昧さは，資料298と299にも影響しており，出てくる判断も同じである．

325

(iii) c. 変わりえない

298 断片 8, 26-31 行：シンプリキオス『アリストテレス「自然学」注解』145, 27
（資料 297 の続き）

　　しかし，それは大いなる縛めの中で変わることのないものとして，
　　始まることも終わることもなしに存在する．生成と消滅は
　　はるか遠くへとさまよい行き，真なる確信がそれらを追放したからで
　　　ある．
　　それは同じものとして同じ場所にとどまりながら，それ自身で横たわ
　　　り，
　　そしてそのように固定されたものとしてとどまるであろう．なぜなら，
　　　力強き必然の女神が　　　　　　　　　　　　　　　　　　　　30
　　限界の縛めの中でそれを保持し，この限界がそれをあらゆる側から閉
　　　じこめているからである．

26 行から 28 行は次のような議論を示している．つまり，

(1) あるものが生成したり消滅したりするのは不可能である．だから，

(2) 限界の縛めの中でそれは変化することなく存在する．

そうして 29 行から 31 行は当然，(2) の内容をより十全に詳説するものと解釈される．このように解すると，それらは，(1) を前提とした，より複雑な次の推論を示していることになる．

(2a) それは，あらゆる側からそれを閉じこめている限界の縛めの中で保持される．だから，

(2b) それは同じものとして同じ場所にとどまり，それ自身の力で横たわる．

パルメニデスがここで用いている限界という概念は判然としない．もっとも容易な理解は，それを空間的限界と見ることである．そしてその場合，(2b) は (2a) からわかりやすい形で帰結する．しかし，この解釈では，いったいなぜ (2a) が (1) から帰結するのだろうか．おそらく「限界の中で」はむしろ限定性を表現する隠喩的な語り方なのであろう．そうすると (2a) においてパルメニデスは，あるものが，現在のそのあり方と――どんなときであれ，あるいはどんな点においてであれ――異なった

ものになる可能性をまったくもっていないと主張していることになる．

(iii) d. 完　全

299　断片 8, 32-49 行：シンプリキオス『アリストテレス「自然学」注解』146, 5（資料 298 の続き）

　　したがって[11]，あ̇る̇ものが不完全でないのは正当なことである．
　　なぜなら，それは欠けてはいないから．もし不完全なら，それはあらゆる点で欠けていることになろう．
　　同じものが，考えられるためにあ̇る̇とともに，思考がそのゆえにあ̇る̇ところの当の理由でもある．
　　なぜなら，あなたは，これまでに言われてきたすべてにおいて[12]，
　　　あ̇る̇ものなしに　　　　　　　　　　　　　　　　　　　　　　　　　　35
　　思考することを見出すことはないだろうから．というのも，あ̇る̇ものに並んで何か他のものが
　　現にあ̇る̇こともこれからあ̇る̇だろうこともないからである．運命の女神（モイラ）が，
　　全体としてあ̇り̇不変であるようにそれに足かせをつけたためである．
　　　したがって，それには，
　　死すべき者たちが真であると信じて立てたすべての名前
　　　──つまり，生成することと消滅すること，あ̇る̇こ̇と̇とあ̇ら̇ぬ̇こ̇と̇，　40
　　場所を変えることと明るい色に変わること──が付けられてきた[13]．

---

11) οὕνεκεν を「したがって」の意と解することについては，資料 296, 13 行目の τοῦ εἵνεκεν（「したがって」）を参照せよ．叙事詩的用法では「なぜならば」の方がより慣用的な意味であり，ここでは多くの研究者がこちらの意味の方を望ましいものとしている．

12) この個所は，「(あなたは) 思考することがそこにおいて表現されるところの (あ̇る̇ものなしに……)」とも訳されうる．

13) 「名前が付けられてきた (ὀνόμασται)」はシンプリキオス（『アリストテレス「自然学」注解』87, 1）E 写本の読み．写本 DF では「(信じて定めたものは) 名前であろう (ὄνομα ἔσται)」とある．Mourelatos, *Route*, 180-185. M. F. Burnyeat, *Philosophical Review* 91 (1982), 19 n. 32 を参照．

しかしもっとも外の限界があるので，それは，完全である．
ちょうど，あらゆる側においてまん丸い球のかたまりのようなもので，
中心からあらゆる方向に均等に釣り合っている．なぜなら，ここあるいはかしこで，
幾分なりともより大きくまたより小さくあってはならないから． 45
なぜなら，それは，それが似たものに達するのを妨げるであろうような非存在ではなく，
また，ここではより多く，そこではより少なくあるというような仕方で
存在しているのでもないからである．なぜならそれは全体が侵されることのないものだから．
なぜなら，それはあらゆる方向においてそれ自身と等しく，その限界内で一様に存しているから．

「真理」の部の掉尾を飾る，長く理解しにくいこの個所は，詩の第一部全体の要点説明と，実在の完全性をその限定性から導き出す議論（これが十分に論じられているのは，42-49 行であり，それは，カーク／レイヴンがそうだが，32-33 行——通常は資料 298 の一部と考えられている——と 34-41 行のいずれともまったく違う一連の思考を示すものと見なされることが多い）とを組み合わせたものである．パルメニデスは，あるものがもし有限であったり限定されているなら，欠けているはずはなく，またもし欠けていないのであれば不完全であるはずはない，という彼の中心となる議論の概要をまず始めに手短に述べる（32-33 行）．それから彼は，われわれを彼の元々の出発点へと連れ戻す．つまり，もし何らかの探究対象について考えているのであれば，何かあるものについて考えているのでなければならない（34-36 行）．すでに生成しつつあるものとは別に何かについて考えることもできると思われるかもしれない．しかし，あるものは完全にかつ変わることなく存在する，すなわち，それはけっして生成の過程にはない，ということが議論から明らかになった（36-38 行）．だから，「生成する」とか「変化する」といったような死すべき者たちが用いる表現も，実は，（彼らの誤った意図にもかかわらず）完全で不変の実在のみに関係しうるのである（38-41

行).実際,あるものは有限であり,あるいは限定されているという事実から,われわれはそれが完全であると推論できる (42-44 行).なぜなら,あるものがもつ限定性は,単にそれが生成と変化を被る可能性を排除するだけでなく,その実在性において,どんな種類の不完全性をも被る可能性を排除しているからである (44-49 行).

またしてもわれわれは,「限界」をめぐって,字義通りの解釈と隠喩的解釈のいずれを選ぶべきかという厄介な選択に直面しており,またしても議論が要求しているように思われるのは,何らかの形の限定性のみであり (資料296, 14-15 行を参照),またしてもその語がもつ空間的な含みは無視しがたい——実際,それはわれわれの注目を引いてやまない(「もっとも外の限界」という表現の付加形容詞 πύματον に注意せよ).そして,実在が空間的に延び拡がっていてかつまた限定されたものであるなら,それは空間的拡がりにおいて有限なものでなくてはならない,とパルメニデスが結論を下していると想像するのもたやすい.結局われわれは,この語の文字通りの読み方と隠喩的読み方の両方を不承不承に受け入れなくてはならないのである.

かくして「ある」の道の探究は「あらぬ」の考察の結果と同じほど意外な結果に至る.資料 299 におけるパルメニデスの最終的な立場は実のところ二重に逆説的である.彼は,世界についてわれわれが信じているあらゆることの論理的整合性を否定するだけでなく,実在全体を有限の球とすることで,逆にそれ自体の整合性が疑われなくてはならないようなそんな観念を導入しているのである[14].

V. 死すべき者たちの臆見

(i) パルメニデスによる説明の資格

300 シンプリキオス『アリストテレス「自然学」注解』30, 14(資料 299 の続き,シ

---

[14] その球の限界が限界として機能しうるなら,それを超えた外側には本当の空虚な空間がなくてはならないのではないか,という反論がある.パルメニデスが,限界という隠喩(すなわち,われわれなら隠喩であると見なすであろうところのもの)をどうやら無批判なままに利用しているがゆえに,われわれは彼が実在を球と信じていたにちがいないと考えてしまうのだが,仮にもしそういうことでないとすれば,先の反論はわれわれに,パルメニデスが実在を球と考えていたはずはないと納得させるであろう.

ンプリキオス同書 146, 23 参照)

パルメニデスは理性の対象から感覚の対象へと,あるいは彼自身のことばでは,真理から臆見へと移行しているが,その際,次のように述べている（断片 8, 50-52 行）.

> ここで私は真理に関する信頼できる私の言説と考えを　　　　　50
> 終わりにする．これからは，死すべき者たちの信念を学びなさい,
> わたしのことばの欺瞞に満ちた構成を聞きながら．

これからの女神の説明は確かに信頼できず欺瞞に満ちたものとなるが,その理由は主として,それ自体完全に混乱している様々な信念を,あたかも秩序立っているものであるかのように彼女の説明が提示するからである（資料 293 参照）．詩の後半部は,流布していた宇宙世界に関する臆見をただ単に記述し,あるいは分析するだけのものではなかった．それは,念入りに仕上げられた特色ある神統記と宇宙論——そこにはヘシオドスを想起させる部分もあれば,アナクシマンドロスを想起させる部分もある——を含んでいた．これから見ていくように,パルメニデスの目的は,死すべき者たちの臆見を実際にありのままに示すことではなく,ありうべき最善のものとして示すことにある．しかしそのことによって女神の説明はさらに別の意味において欺瞞的なものとなる．要するにそれは,実在に関して（本当に説得力があるわけではないが）理にかなっていると人を欺いてみせる描写を与えているのである．

パルメニデスの宇宙論と死すべき者たちの臆見一般との関連をもっとよく理解するために,われわれは資料 301 の最後の二行を検討する必要がある[15]．

301　断片 1, 28-32 行：シンプリキオス『アリストテレス「天体論」注解』557, 25（資料 288 より）

> あなたがすべてを学ぶのは妥当なことです．
> まん丸い真理の揺るぎなきこころと

---

[15] 原文，翻訳，解釈，いずれにおいても議論百出の個所である．Mourelatos, *Route,* 第 8 章を見よ．主たる問題は，31-32 行が死すべき者たちの臆見の信頼性を救済しようとしているように見える点である．これは，彼らの臆見にいかなる真実性もないとする第 30 行の主張ときわめて明白な矛盾を呈する．その解決は，31-32 行の教示の内容を嘘偽りと解釈することであり，実際，資料 300 でははっきりとそう示されている（資料 301 の原型であるヘシオドス『神統記』26-27 行を参照のこと）．

死すべき者たちの真の信頼性なき臆見の両方を．　　　　　　　　　30
　　しかしそれにもかかわらずあなたはこれらのことをも学ぶであろう——
　　　　信じられていることが，
　　どうしてあらゆることにあまねく行きわたりつつ確かにあらねばなら
　　　　ないのであろうか，ということを．

31-32 行は当然，死すべき者たちの信念が対象としているものの真の実在性が確保されるための条件，すなわちそれらの対象があらゆるものに完全に行きわたっているという条件を述べているものと解釈される．この条件は，探究の主題となるものはどれも完全に存在していなくてはならないという「真理」の部における要件と酷似している．パルメニデスが 31-32 行で誤っていると見なしているのは，女神によるその条件の詳述ではなく，その条件が死すべき者たちの信念の諸対象によって満たされうるのだという彼女の主張である．結果として，詩の第二部の宇宙論は，死すべき者たちが信じている世界に新たな解釈を与えるものとして読みとられるべきである，ということになる．そこでのことばは，あまねく行きわたっているという条件を満たすものとして（誤ってはいるが興味をそそる仕方で）世界を説明する．

(ii) 光と夜

　302　断片 8, 53-61 行：シンプリキオス『アリストテレス「自然学」注解』39, 1（資料 300 の続き）

　　　　なぜなら彼らは，二つの形態に名前を付けようと決心したからである．
　　　　彼らはそれらの一つさえ名前を付けてはならない[16]のに——そこに

[16) これに代わる訳として次のものがある．(a)「一方に名前を付けてはならない（もう一方については正しいのだが）」．この場合，パルメニデスが「あるものの側に熱を，あらぬものの側にもう一方を配している」（『形而上学』987a1）とするアリストテレスの説明（ただしこれは誤っている．資料 303 を見よ）に従うなら，不正を咎められるのは「夜」あるいは「あらぬもの」（この考え方は穿ちすぎ）と同定される．(b)「一つだけに名前を付けてはならない」．シンプリキオスにならったもので，カーク／レイヴンがこれを採用．しかし死すべき者たち一般はむしろこの過ちを避けている．彼らの言説は，資料 302 からはっきり分かるように，相反関係を表わす表現に満ちている．なお詳しくは，たとえば次のような文献を見よ．A. A. Long in Furley and Allen (eds.), *Studies in Presocratic*

おいて彼らは道に迷ってしまった．
そして彼らはそれらを外見において正反対のものとして区別し，それらに対して 55
相互に異なるしるしを与えた——一方には，天空の火の炎を．
これは，穏やかでとても軽く，あらゆる方向においてそれ自身と同一であるが，
もう一方のものとは同じでない．そしてその片方のものもまたそれ自体において
まさしくこれと正反対のものであり，暗い夜で，その外見において濃密で重い．
これらの全構造を，私はあなたに妥当なものと思えるように語る． 60
そうすれば，死すべき者たちのいかなる考えも必ずやあなたを追い越すことはないであろうから．

303 断片9：シンプリキオス『アリストテレス「自然学」注解』180, 9
しかし，すべてのものが光と夜と名付けられた，
またそれらの力に応じて様々なものがこのものやかのものに割り当てられたので，
すべては同時に光と暗い夜とで充ち，
どちらも等しい．なぜなら，いずれも無を分けもつことはないから．

資料302-303では，特定の前提が提出され，この前提によってパルメニデスは，死すべき者たちの臆見を救済するためにできる最大限のことをしようとする．彼の申し立てによると，死すべき者たちの臆見は，基本的で相互に還元されえない二つの感覚的形態に対する信念を基盤として，その上に築かれている．これらの形態にはそれぞれに，「真理」の部において探究の主題に必要とされた限定性と同様のものが帰されており，またそれらはともに，実在全体に浸透しているという資料301, 31-32行の条件を満たすものである．その他のものは，単に光あるいは夜の（あるいはおそらく

Philosophy II, 82-101, Mourelatos, *Route*, 80-101, D. J. Furley in *Exegesis and Argument*, ed. E. N. Lee *et al*. (*Phronesis* Supp. Vol. I), 1-15.

両方の）顕示と見なされており，いずれか一方の形態と結びつけられた特定の力によって特徴づけられる．

「光」と「夜」という名前の採用は恣意的な決定であるが，これまでその虚構は，死すべき者たちによって信じられているような世界がいかにして存在しうるのかを説明するものだと解釈されたこともあった．しかしこれは受け容れがたい解釈である．むしろそれは，彼らの信念の認識論的な特性を印象的に表現しているのである．死すべき者たちの臆見は，彼らが客観的真理を発見したということを反映するものではない．だから，唯一のとるべき解釈の道は，その臆見を，人間の心が入念に仕上げた様々な慣習の産物と解することである．ところで，当然の帰結として出てくるのは，いったいなぜ死すべき者たちがそのような慣習をもっているのか，あるいは彼らはどういう理由でそれらの慣習に特定の内実を附与しているのか，という疑問に対して，世界のいかなるものも説明を与えることができないということである．したがって，これらの慣習を容認することは，恣意的な決断によるものとしか言えない．

後掲資料305-307と次に掲げるプルタルコスの証言（これは臆見における主な論題を示している．断片11*訳注，シンプリキオス『アリストテレス「天体論」注解』559, 20を参照のこと）から判断すると，パルメニデスが，自然学的な説明において光と夜をきわめて体系的に使用していたのは明らかである．

304　プルタルコス『コロテス論駁』13節 1114B（DK28B10）

　　パルメニデスは実際に秩序づけを行ったのであり，また基本要素としての明るいものと暗いものとを混合することにより，それらから，そしてそれらによって，すべての感覚的な現象を作り出している．なぜなら彼は，大地について，そして天空と太陽と月について，多くのことを語ったからである．また人間たちの発生についても詳述している．また，誰か他人の書物のあら探しをしたりせずに，自分自身の書物をまとめた古代の自然哲学者にふさわしく，彼は，重要な論題はどれ一つとして論じないでおくことはなかった．

［訳注＊　断片11：「いかにして大地と太陽と月とが，またものみなに行きわたるアイテール（上層気）と天の川と涯なるオリュンポスと星々の熱い力とが動きを与えられて生じてきたか」．］

パルメニデスは，光と夜とを宇宙論的原理として選ぶことの正当性について理にかなった説明を与えてはいないが，その一方で，おそらくヘシオドスの『神統記』123行以下（資料31）に倣っているという自覚はもっていただろう．これは確かに，パルメニデスがエロース神の起源（断片13*訳注，資料31, 116-122行を参照）そして戦いの神と争いの神（キケロ『神々の本性について』第1巻第11章28節，DK28A37；『神統記』223-232行を参照）を論じる際に手本となっていたものである．

(iii) 宇宙論

305　断片10：クレメンス『雑録集』第5巻第138章

　　　そしてあなたはアイテール（上層天）の本性とその中のすべての
　　　しるし（すなわち星座）と輝く太陽の清澄な
　　　たいまつの破壊的な働きと，そしてそれらがどこから生じたのかを知
　　　　　るであろう．
　　　そしてあなたは丸い目をした月の気まぐれに歩む働きと，
　　　月の本性とを聞き知るであろう．さらにまたあなたは，周囲を取り巻
　　　　　く天空と，　　　　　　　　　　　　　　　　　　　　　　　　5
　　　それがどこから生まれてきて，どのようにして必然の女神（アナン
　　　　　ケー）が星々の限界を保持するために
　　　天空を導きつつ束縛しているかも，知るであろう．

306　断片12：シンプリキオス『アリストテレス「自然学」注解』39, 14 および31, 13

　　　より狭い円環は混じり気のない火で充たされており，
　　　それらに続く円環は夜で充たされている．しかしそれらの中に炎の分
　　　　　け前が注ぎ込まれる．
　　　そしてそれらの真ん中にすべてのものの舵をとる女神がいる．
　　　なぜなら彼女は，すべてのものの憎むべき誕生と交わりを支配するか
　　　　　らである．

[訳注＊ 断片13：「(その女神は) あらゆる神々の中でまずエロースを工夫して創りたもうた」.]

女を送って男と交わらせ，そして今度は逆に男を送って　　　　　　　　5
女と交わらせながら，

307　アエティオス『学説誌』第2巻第7章1節（DK28A37）
　　パルメニデスの主張によると，互いに複雑に絡み合った円環があって，一方は希薄なもので形成され，もう一方は濃密なもので形成されている．そして，これらの間に，光と闇から混成されている別の円環がある．そして彼の言うところでは，それらすべてをさながら壁のように取り囲んでいるものは，その本性において堅固である．その下には火の円環がある．そして同様に，それらすべての真ん中にあるものは堅固である．そしてそれの周りにまた火の円環がある．混じり合った諸円環の中央にある円環が，それらすべてにとっての運動と生成の第一原因であり，彼はそれを，すべてのものの舵を取る女神，鍵の保有者，正義の女神ディケー，そして必然の女神アナンケーと呼んでいる．彼の主張では，空気は，大地のより強い圧縮により蒸発させられて，そこから分離される．太陽は火の蒸発気で，銀河の円周もまたそうである．月は空気と火の両方から構成されている．アイテールはもっとも外部にあって，すべてを取り囲んでいる．それに続くのが火の性質をもつもので，われわれはこれを空と呼んでいる．そして最後に来るのが大地の領域である．

　資料305が，天空に関する詳細な説明を導入する個所の一部分をなしていたことは明らかである．それは，「真理」の部をふまえていると思われる表現で満ちている．たとえば，「取り囲んでいる」天空（資料298，31行参照），「星々の限界」（資料298，26行，31行および資料299，42行，49行参照），そして，どのように天空を「必然の女神が束縛していたか」について語っている個所（資料296，14行および資料298，30-31行参照）がそうである．それらで示そうと意図されているのはおそらくこういうことであろう．つまり，死すべき者たちの臆見を救済しようと試みるならば，その臆見が拵え上げた世界像をわれわれが描写するとき，それは，われわれの真実在の説明で用いられる描写に可能な限り近接した描写でなくてはならない．

　パルメニデスの天文学説に関するわずかに残された証拠も，非常に短く（資料306）またきわめて不明瞭である（資料307）ために，その奇抜な「花冠」ないし円環の説

についての整合的な説明を，確信をもって再構成するのは不可能である[17]．全体の構造は，光と夜という基本的形態から組み立てられており，その好例として，さらに，月の光が他からの借り物だと述べるパルメニデスの注目すべき次の一行が挙げられる．

308　断片14：プルタルコス『コロテス論駁』15節1116A
　　大地の周りをさまよい歩き，夜に輝く，外からの光．

彼の説は驚くほどに影響力をもっていたように思われる．ピロラオス（資料446-447）は，大地を，伝統的に割り当てられてきた場所から移動させ，火を万有の終端とその中心の両方においたが，その点でおそらく彼はパルメニデスに従っていた（ただし，パルメニデスの見解では火は大地の内部にあるとされていた可能性もある）．プラトンは『国家』(617-618)におけるエルの物語[訳注*]の中で，天界の仕組みについて，それを統括する神も含め，自分なりの見解を展開した．パルメニデス自身はどうかと言うと，たぶんアナクシマンドロスの環状体（資料125-128）から何らかの恩恵を受けていたのであろう．もっとも，すでにヘシオドスが「天空を花冠のごとくに飾る輝く星々」（『神統記』382）と語ってはいたが．

宇宙の生誕における混合の第一原因として女神を前提としていることは，動物の出産について女神の働きかけ（資料306, 4-6行）——これが詩のこの部分の主題の一つだったことをわれわれは知っている（資料304参照）——に訴えている点から裏付けられる．パルメニデスの発生学については次のただ一行のみが保存されている．

309　断片17：ガレノス『ヒッポクラテス「流行病」注解』6, 48

---

17) いくつかの試みについては以下のものを見よ．K. Reinhardt, *Parmenides* (Bonn, 1916) 10-32, H. Fränkel in Furley and Allen (eds.), *Studies in Presocratic Philosophy* II, 22-25, J. S. Morrison, *Journal of Hellenic Studies* 75 (1955), 59-68, U. Hölscher, *Parmenides: Vom Wesen des Seinenden* (Frankfurt am Main, 1969), 106-111.

［訳注*　パンピュリア族のエルは戦場で死んだが，火葬されようとしたそのときに生き返り，天球構造や，魂による来るべき生の種類の選択のありようなど，あの世での見聞を物語る．その際に天球構造は，必然の女神（アナンケー）のもつ紡錘と表現されており，大地を中心とする各天体（太陽，月，その他の惑星および恒星）は，その紡錘の弾み車——これは幅の異なる八重の環状体からなる——のそれぞれの環の縁に乗って大地を中心に異なる速度で回転運動をしている．各天体の明るさも異なり，月は太陽に照らされて色彩をもらい受けていると言われている．］

右側には男の子たち，左側には女の子たち……．

　パルメニデスがこうした問題に関心を抱いたのは，おそらくクロトンの医学の伝統から刺激を受けたからだろう．反対物の混合という彼の考えは，次に挙げるアルクマイオンの健康に関する説と対比されうる（たぶん二人は大まかに言って同時代人だっただろう）．

310　アエティオス『学説誌』第5巻第30章1節（DK24B4）

　アルクマイオンの主張によると，健康のきずなとは，諸々の力，すなわち湿，乾，冷，熱，苦さ，甘さ，そして残余のものの「平等な権利」であり，これに対して，これらの中の一者による「独裁」が病気の原因である．なぜなら，反対性質のいずれか一方による独裁は破壊をもたらすからである．病気が生じるとき，その直接の原因は，熱あるいは冷の過剰であり，間接的原因は，過栄養あるいは貧栄養である．また，病気の集中する個所は，血液，髄，あるいは脳である．往々にして病気は外的な諸原因，つまり，ある種の湿り気，環境，疲労，困苦あるいは同様の諸原因によって，これら集中個所で生じる．他方，健康とは，諸性質が均衡を守って混合している状態である．

　パルメニデスの神としての第一原因が，反対関係にある形態によって行使される相互的牽引力を象徴する隠喩表現以上のものなのかどうかははっきりしない．ただ，資料302-303の存在論においてはそのような原因が入ってくる余地はない．彼の宇宙生誕論において明白であり重要なのは，宇宙世界の創造が（ミレトス派の人々が考えていたように）原初的単一者からの分離の結果ではなく，反対関係にある力の相互作用と調和の結果であるという一般的見解である．この見解は，エンペドクレスによって，そして（見るからにピュタゴラス派的な形で）ピロラオスによって採用されることとなった．

(iv) **死すべき者たちの思考に関する説**

311　テオプラストス『感覚論』1節以下（DK28A46）

　感覚知覚に関する一般的な見解の大部分は次の二つのものに大別される．すなわち，感覚知覚を，似たものによる似たものの知覚と解するものと，反対のもの

による反対のものの知覚と解するものである．パルメニデス，エンペドクレス，そしてプラトンは，感覚知覚は似たものによる似たものの知覚であると言い，アナクサゴラスとヘラクレイトスに従う人々は反対のものによる反対のもののそれであると主張する……(3) パルメニデスははっきりとした定義をまったく与えておらず，ただ，二つの基本要素があり，知識はそれらのうちの一方の超過に左右されると述べていただけである．思考は，熱が優勢となるか冷が優勢となるかに応じて変化するが，熱による思考はよりすぐれていてより純粋である．とは言うものの，それさえも一定の均衡を必要とするのだが．その理由を彼はこう言っている．

> さまよい動く四肢の混合がどんなときでも現前しているように，
> そのように思惟も人間たちに現前している．というのも，
> 思考するその当のものは，各々すべての人間において同一のもの，す
> 　なわち彼らの四肢の本質
> だからである．なぜなら，より優勢なものが思考となるのだから[18]．（断片16）

というのも，彼は感覚することと思考することを同じものと見なしているからである．したがって，記憶と忘却もまた，これらの原因から混合によって生じる．しかし彼は，それらが等しく混じり合った場合に思考が生じるのかどうかについて，またもしそうならその思考の特徴はどのようなものになるのかについて，まったく明確にしていなかった．しかし，死体は，火の欠如ゆえに光や熱や音を知覚しないが，それらの反対物つまり冷，無音などは確かに知覚すると彼が語るとき，彼は自分が，感覚することは反対物それだけによるものだとも見なしていることを明らかにしている．そして彼は，存在するすべてのものが概して一定程度の知識を有しているとも付け加えている．

---

[18] あるいは「なぜなら，十分なものが思考となるから」．この断片全体の翻訳と解釈については激論が交わされている．これをめぐる議論と専門的な文献案内についてはたとえば Guthrie, *HGP* II, 67-69 を見よ．

断片 16 の意義が増すのは，死すべき者たちの臆見を却下する最後の論評と解される場合である．「真理」の部では，真正な思考はその思考の対象である存在とある意味で同一視されていた．しかし死すべき者たちの臆見は人間の心がこしらえ上げたものにすぎず，実在によって規定されているのではない．今や死すべき者たちの思考は，人体内の光と夜の割合と相関関係にあるものとして，彼らがこしらえ上げたまさにその形態によって還元的に「説明」される．

むすび

312 断片 19：シンプリキオス『アリストテレス「天体論」注解』558, 8
　　このようにして，信念によれば，これらのものは生成し，そして今あ
　　　り，
　　この後将来において成長した上で終滅に至るであろう．
　　そしてそれらに対して人間たちはそれぞれを区別するために名前をお
　　　いたのである．

313 断片 4：クレメンス『雑録集』第 5 巻第 15 章 5 節
　　しかし，離れてはいるが心には確実に現前しているものを見なさい*訳注．
　　なぜなら，あなたは，あるものがあるものと繋がっているのを自分で
　　　切り離すことはないだろうから．
　　あらゆるところにあらゆる仕方で秩序立って［つまり，宇宙的秩序をなして］
　　　散在しているにせよ，
　　一つにまとまっているにせよ．

女神は，真理を考究せよという資料 313 の曖昧な勧告で，死すべき者たちの臆見の内実に関する自らの説明（資料 312 で締めくくられる）を終えていたのかもしれない．

――――――――――

［訳注* この一文もまた，原文，解釈ともに様々に論じられているものであり，他には，「現前していないものも現前しているものも知性により同じようにしっかりと見よ」，「現前してはいないものが知性によって確かに現前しているのを，知性の目で見よ」，「現前してはいないものをあたかも現前しているかのように知性によってしっかりと見よ」などの訳が可能である．］

あれほどに念入りな説明がどうして詩の中に含まれていたのかということは謎のままである．女神はできる限り現象を救おうとしているが，しかし，彼女はその企てが不可能であることを知っているし，そうわれわれに告げている．ことによるとパルメニデスは，「真理に似た多くの偽りを述べるし，望むときには本当のことを語る」（ヘシオドス『神統記』27-28）というもくろみによってもたらされる，自在に立場を変えられる機会に，単に抗うことができなかっただけなのかもしれない．

第9章
エレアのゼノン

Ⅰ．年代と生涯

　ゼノンの年代に関してもっとも確実な証言は，パルメニデスの年代決定で用いられたのと同じプラトンの『パルメニデス』の一節（資料286）である．その証言に基づくなら，ゼノンは前490-485年頃に生まれたと思われる．またもやこの年代は，アポロドロスがゼノンの盛年として挙げた年代，つまり前464-461年（ディオゲネス・ラエルティオス『哲学者列伝』IX, 29 = DK29A1, 残念ながら原文は欠落個所が多い）と相容れない．しかし，アポロドロスによるエレア派の年代決定がエレアの都市創設年にのみ依拠するものであることはすでに見たとおりである．それでも，もしゼノンが（資料314が伝えるように）本当に若い頃にその書物を書いたのだとすれば，その著作年代についてアポロドロスは偶然にもほんの5年ほど後の年をわれわれに示していることになるであろう．

　ゼノンの生涯に関してはほとんど何も知られていない．ディオゲネス・ラエルティオスが伝えるところでは（『哲学者列伝』IX, 28, DK29A1, これは資料286での話を否定することにその意図があるかに見える個所である），彼は，エレアという「ちっぽけではあるが，人々を立派な人間に育て上げることにだけは熟達している国を，アテナイの驕傲さよりも」愛したのであり，全生涯を祖国で過ごし，アテナイを訪れることはなかった．彼の名前が単独で繰り返し現れる場面——僭主に対する謀反事件で彼が果たした役割と拷問にかけられたときの彼の勇気にまつわる物語（DK29A1, 2, 6, 7, 8, 9を見よ）——が唯一あるが，それぞれの報告は細部において一致しない点があまりに多いため，事実関係の全体像を復元するのは不可能である．

II. ゼノンの著書

314 プラトン『パルメニデス』127D-128A

　ソクラテスはこれ［すなわちゼノンによる自著の朗読］を聞き終えると，第一の議論の最初の仮定をもう一度読んでくださいと彼に頼んだ．それが読まれると，ソクラテスは言った，「ゼノン，あなたのおっしゃっていることをどう理解すればいいのでしょうか．もしあるものが多であるならば，その場合，それらは似ているとともに似ていないものでなくてはならぬが，それは不可能であるとあなたは言われる．なぜなら，似ていないものは似ているはずはなく，また似ているものは似ていないはずがないから．あなたがおっしゃっているのはそういうことではないですか？」──「いかにも」，とゼノンは答えた．──「ではもしも似ていないものが似ており，似ているものが似ていない，ということが不可能であるとすれば，多なるものがあることも不可能となるのではないですか？　なぜなら，もし多なるものがあるとするなら，それらはさまざまな困難を被ることになるだろうからです．あなたの議論の目的はここにあるのですか──つまり，ふつうに言われていることのすべてに抗して，多なるものは存在しないと主張するまさにこのことに？　そしてあなたの議論のそれぞれがまさしくこの結論の証拠となり，その結果，多なるものは存在しないという証明を，あなたが書き上げた議論と同じ数だけ与えることになると実際に思っておられるのでしょうか？　これがあなたのおっしゃっていることでしょうか，それとも私はあなたのことを正しく理解してはいないのでしょうか？」──「いや」，とゼノンは言った，「君は私の論文全体の意図を見事に理解してくれた」．

　プラトンが言及している論文はしばしばゼノンの唯一の著述作品と解されている．『スーダ』に保存されている著作名の一覧（DK29A2）には何の信憑性もない．彼の著作が，驚くほどの独創性を備えた，人を当惑させる哲学の書であったことについて疑念を抱く者はいないが，その形式と構想をめぐっては諸説が入り乱れている．資料314（同じく315-316も見よ）に基づいて，その書物が一群の議論だけからなっており，その各々は，多なるものが存在するという命題からそれと矛盾する帰結を導出するこ

とによって当の命題をはっきりと攻撃するものだった，と推測するのは当然のことである．しかしこの推測に対しては，ゼノンの議論に関するいくつかの報告から疑義が呈されている．つまり，それらの報告――とりわけ運動をめぐる有名なパラドクス（逆説）についてのアリストテレスの報告（後出資料317-326）――では，ゼノンの議論はアンチノミー（二律背反）の形をもつものだったとも，多なるものが存在するという仮定をはっきりと標的にしていたものだとも説明されてはいないのである．この難問は，おそらく次の三つの考え方のうちの一つで対処されるだろう．(a) 資料314で言及されている著書の形式は上述のとおりであった．しかしゼノンは少なくとももう一編の書物を著していたのであり，その中に，運動のパラドクス，キビの穀粒のパラドクス（アリストテレス『自然学』250a19以下，DK29A29），場所のパラドクス（アリストテレス『自然学』210b22以下，209a23以下，DK29A24），そしておそらくはその他のパラドクスも含まれていた．(b) ゼノンはただ一編の書物しか著わさなかったが，その形式についてのわれわれの想定は誤っているにちがいない．多分それは，多数性ではなく運動をその明確な標的とする議論を含んでいた．そしておそらくその議論のすべてがアンチノミーだったわけではなく，別の形の背理法も用いられていたであろう．プラトンは，彼の書物の形式がどういうものかを誤って伝えているか，さもなければ，その書物における議論を描写しているのでなく，必ずしも明確ではないがそれらの議論の根底にある標的についての解釈（おそらくは誤った解釈）を与えているかのいずれかである．(c) ゼノンの論文は一編だけしかなくて，そこでの議論のすべてが多数性に関する明確なアンチノミーの形をとっていた．(a)で挙げられた他のパラドクスも，もともとはその形をとっていた．たとえば，アキレウスのパラドクス（資料322）は，もし多なるものが存在するならば，各々は他のものよりも速くあるとともに遅くなくてはならない，ということの証明を意図したものであっただろう（アリストテレスの報告におけることばづかいに留意せよ．それは，アキレウスと亀という奇抜な比喩が，アリストテレスの参照している議論の述述には含まれていないかもしれない可能性を示唆している）．

　ゼノンが，その一編あるいは数編の書物で諸議論を整えるにあたってどのような構成の原則に従っていたのかという点については，現代でも，それらの展開における組織的構造あるいは少なくとも総合的な戦略を突き止めようとする試みが様々になされ

ているにもかかわらず，われわれには判然としない．一つのよく知られた解釈案（これはカーク／レイヴンで採用された）によると，アリストテレスによって論じられている四つの運動をめぐるパラドクスは，二つのペアをなしており，一方のペア（競走路のパラドクスとアキレウスのパラドクス）は，空間と時間が無限に分割可能であると仮定し，もう一方のペア（矢のパラドクスと動いている列のパラドクス）は，空間と時間が分割不可能な最小単位からなると仮定するものであった，とされる．そして，それぞれのペアにおいて，片方の議論は，物体の運動をまさにそれ自体において考えた場合のその運動概念にさまざまな不合理を生起させ，もう片方の議論は，物体の運動を別な物体の運動と相関的に考えた場合のその運動概念に不合理を生起させたのである．この解釈案とは別に，資料318-326だけでなく315-316も併せて考えた，より綿密で意欲的な企てがほぼ同時期にオーエン（G. E. L. Owen）によって発表された（*Studies in Presocratic Philosophy* II, 143-165）．そうした企てが人を惹きつけるものであることに疑問の余地はないが，そのどれひとつとして古代に典拠をもってはおらず，批判的な精査にそれほど十分に耐えるものでもなかった．とくに，運動をめぐる諸々のパラドクスの中には，空間と時間が無限に分割可能なわけではないと仮定しているものがある，とする提言は激しい抵抗に遭った（たとえば，D. J. Furley, *Two Studies in the Greek Atomists* (Princeton, 1967), 71-75 を見よ）．

III. 残存しているアンチノミー

315 断片3：シンプリキオス『アリストテレス「自然学」注解』140, 28

もし多なるものがあ・るなら，同じものが有限であるとともに無限である，ということをもう一度証明するとき，まさしくゼノン自身のことばは次のようになっている．

「もし多なるものがあ・るなら，それらは現にあ・るちょうどそれだけの数だけあ・り，それより多くもなければ少なくもない．しかしもしそれらが現にあ・るちょうどそれだけの数だけあ・るなら，それらは有限である」．

「もし多なるものがあ・るなら，あ・るものは無限である．なぜなら，現にあ・るものの間には常に他のものがあ・り，そしてさらにそれら他のものの間にも別のもの

があるからである．かくしてあるものは無限である」．

　資料315は，無傷のままわれわれのもとに伝えられてきた，唯一その真正性に疑問の余地のない著作断片である．それが提示する謎はたいして不可解なものではないと思われることが間々ある．しかしこの議論の各節は，少なからずわれわれを動揺させる力をもっている．たとえば，後半の節はおそらく，ある集合の任意の二つの元が，あくまでも一つではなく二つの事物であろうとするならば，それらは何かによって分離されていなくてはならない，という考えに基づくものであろう．これに対しては，そこで主張されている原則が有効なのは，点の集合のように密に配列された集まりに適用される場合だけだ，とする反論がなされるかもしれない．だが，もし立体的な諸対象が分離していることの要件が別にあることをわれわれがゼノンに納得させ，その要件が，点と点とが分離していることの要件となぜそしてどのように違うのかということを彼に示すことができない限り，当然ながら，この反論によってゼノンが動じることはないだろう．そして，ある対象がなぜ一であって多でないのかということの理由に関する哲学的考究にわれわれが携わったときにはじめて，われわれはこれらの問題に対して適切な解答を案出することができるだろう．資料315は，まさにそのような種類の考究がわれわれの中に芽生えるようにわれわれを挑発することを目的としている．

316　断片2および1：シンプリキオス『アリストテレス「自然学」注解』139, 9および140, 34

　(a) この議論［すなわち多なるものは大であるとともに小であるということを証明するもの］において，彼は，大きさも厚みも嵩ももたないものは存在すらしていないだろうということを証明している．「なぜなら」，と彼は言う，「もしそれが何か他のあるものに付け加わるとしても，そのものをより大きくすることはないだろうからである．というのも，もしこれがいかなる大きさももたないで付け加わるとしたら，それ［すなわちこれを付け加えられたもの］は大きさを増すことはありえないだろうから．そしてそれゆえ，付け加わったものは実際のところあらぬものであろう．それが取り去られてももう一方のものはより小さくはならず，さらにまた，それが付け加えられてももう一方のものが増大することはないなら，明

らかに，付け加わったものはあらぬものだったのであり，さらには取り去られたものもあらぬものだったのである」．そしてゼノンがこう述べているのは，一なるものを破棄するつもりだからではなく，多であり無限である[1]もののそれぞれが大きさをもっているがゆえにである．というのも，無限分割のゆえに，取り去られるものの前に常に何かが存在しているからである．そしてこれを彼が証明するのは，多なるものの各々がそれ自身と同じであり一であることからして，いかなる大きさももっていない，ということをまず最初に証明した後のことである．

（b）大きさが無限であることを彼は同じ論法で先に［つまり資料315よりも前に］証明していた．なぜなら，もしあるものがいかなる大きさももっていないならば，それは存在すらしていないだろうということをまず最初に証明した［先の（a）を見よ］後で，さらに続けて彼はこう言っているからである．「しかし，もし（多なるものが）あるなら，そのそれぞれが一定の大きさと厚みをもち，そのものの一部分が別の部分と離れていることが必然である．そして同じ議論は先端に立っている部分についても当てはまる．なぜなら，それもまた大きさをもち，それの一部分が先端に立っているだろうからである．実際，このことを一度言うのも常に言い続けるのも同じことである．というのも，そのものの先端に立っているいかなる部分もなくなることなく，ある部分が別な部分とつながっていないということもないだろうからである．——かくして，もし多なるものが存在するならば，それらは小さいとともに大きくもあることが必然である．つまり，大きさをもたないほどに小さいとともに，無限であるほどに大きくあることが」．

ゼノンの複雑なアンチノミーは，その一部だけがシンプリキオスによって引用されているが，その目的は，彼がアリストテレスの『自然学』に対する注解の中でたまたま論じていた問題の立証にある．にもかかわらず彼は，そのアンチノミーの構造に関して十分に語ってくれているので，われわれはある程度の自信をもってそれを再構成することができる．

ゼノンは，そのアンチノミーの前半節で，もし多なるものが存在するならば，それ

---

[1] 写本のこの読みとは異なりFränkelは「多なるもののそれぞれが無限の大きさをもっている」と読む．

らはいかなる大きさももたないほどに小さい，という証明を試みた．その証明については何も残っていない．われわれに残されているのはただ，ゼノンが，多なるものの各要素がそれ自身と同じであり一であらねばならない——そしてそれゆえ（とわれわれは推測してよかろう）それは大きさに必要とされる諸部分をもちえない（資料538におけるメリッソスの議論を参照）——という前提からその帰結を推論したとするシンプリキオスの言質（資料316（a）末尾）のみである．そして，われわれのもとに残存している議論の前半部分がその後に続いていたのである（資料316（a））．それはアンチノミーの前半節の結論が受け入れがたいものであることを強調するとともに，後半節のお膳立てをしていた．その節とはすなわち，何かがいかなる大きさももたないならその場合それはまったく存在しない，というものである——これは多なるものが存$\cdot$在するというもともとの想定と矛盾する．

　資料316（b）はアンチノミーのこの後半節を保存しており，これは，もし多なるものが存在するなら，それらは各々が大きさをもっていなくてはならない，という仮定から出発している．後続の遡及議論のギリシア語は曖昧で，どうしてゼノンが，何か大きさをもつものが無限の大きさをもっていなくてはならないという帰結を推論できると考えたのかはっきりしない．おそらくは，その議論でもって，（1）どんな大きさも無限数の部分をもっていると考えてかまわない，と彼は信じたのであろう．そこから彼は，（2）明確な大きさをもつ無限数の諸部分の総計はそれ自体無限である，と推論した．そしてそれゆえ，（3）多なるもののどの要素もその大きさは無限である，と結論した．この結論は，アンチノミーの前半節の結論がそうだったように，不合理であり，したがって，これは単にアンチノミーであるだけでなくディレンマ（両刀論法）である．

　バーンズ（J. Barnes）は言っている，「明らかにこの議論は不合理である．そしてそれを真剣になって擁護する者は一人もいない（つまり「現在では」ということ）．それにもかかわらず，これに反対する者たちは算を乱しており，この議論がふくむ瑕疵——あるいは主たる瑕疵——がいったいどこに見出されうるのかというまさにその点について見解の一致は見られていない」（*The Presocratic Philosophers* I, 244）．資料315と同様に，というより当該資料の場合のほうがよりきわだっているが，なるほど確かに，真相究明のためには，無限が孕む哲学的諸問題に対して深くかつ炯眼をもって関

与することが要求されるのである．したがって，簡単にゼノンの側に「誤謬」を帰そうと試みても，それはパラドクスに対して実り多い解答を提出することにはならないだろうし，たいした説得力をもっていそうにもない．しかし，これはおそらく注目に値することだろうが，(2) は無制限に真であるわけではなく，ちょうど 1/2, 1/4, 1/8 …… というようにゼロへと集束する無限系列に関しては偽なのである．資料 316 (b) でゼノンが念頭に置いているのは多分そのような系列であろう．しかし彼の議論は，(2) が妥当するような系列を生成するように容易に定式化し直すこともできよう．たとえば等しい大きさをもつ諸部分に帰着する系列がそうである．われわれがよりいっそう批判的な目を向けるべきなのは (1) の方に対してであり，そしてそれが主張していること（今われわれがこれを，誤解を招きかねない正確さをもって表現すると次のようになる），すなわち，もし大きさが無限に分割可能であれば，それは諸部分からなる集合――これは無限に多くの元を含む――をもっていなくてはならない，という主張のほうに対してである．

　資料 316 におけるゼノンの標的は，多なるものが存在するという命題である．しかしながら，彼の議論はパルメニデスの実在概念に対しても等しい効力をもつのではないのか．なぜなら，パルメニデスは実在を一であるとともに延び拡がったものと理解していたからである．この理解ゆえに彼は，アンチノミーの各節からの攻撃を免れないように見えるのである．パルメニデスを救い出そうとして，これまで，ゼノンは無限分割可能性を拡がり (μέγεθος) のみからの帰結ではなく厚み (πάχος) ないし嵩 (ὄγκος) からの帰結であると考えたのだと主張されてきた．しかし彼の議論は，拡がりだけでも遡及を生み出すのに十分であると，明白にかつ正しく想定しているのである．エレア的一元論は実在に対して拡がりを認めていない，ということが言われてきた．しかしそれは明らかに誤りであるように思われる．実際，資料 316 が確かにパルメニデスの「真理」の部を突き崩すものであって，ゼノンもそのことを実によく認識していたのだ，とする結論には抗しがたい．おそらくゼノンは，常識とパルメニデスの形而上学とがまさしく同じ対話的論法（ディアレクティケー）の戦略によって立ち往生させられうるという考えを享有していたのであろう．

IV. 運動をめぐるパラドクス

317 アリストテレス『自然学』第6巻第9章239b9（DK29A25）

運動に関するゼノンの議論は，それが提示する問題を解決しようと試みる者に非常な困難をもたらすものであるが，その数は四つである．（もとの英訳はGayeによる）

明らかにこの独特のパラドクス群は，今もなおそれらが享受している悪評をすでにアリストテレスの時代に得ていたのであり，独特な一連の難問と認められるようになっていった．もっとも，われわれには，ゼノン自身それらがそのようなものとして読まれることを意図していたのかどうか知る由もないのだが．われわれの説明が試みるのはただ，それぞれの難問の構造とその顕著な特徴を明らかにすることだけである．それ以上の哲学的研究については，読者は「主要文献一覧」を参照のこと．

(i) 競走路

318 アリストテレス『自然学』第6巻第9章239b11（DK29A25, 資料317の続き）

……最初の議論は，場所移動しているものはそれがゴールに到達する以前に中間点に到達しなくてはならないということを根拠に，運動の非存在を主張するものである……．（もとの英訳はGayeによる）

319 アリストテレス『トピカ』第8巻第8章160b7（DK29A25）

なぜなら，受容されている見解に反する議論が多くあるからである．たとえば，運動は不可能であり，あなたは競走路を走り抜けることはできない，とするゼノンの議論のように．

320 アリストテレス『自然学』第6巻第2章233a21（DK29A25）

したがってゼノンの議論は，何かが無限のものを有限の時間内に逐一通過したりあるいは接触することは不可能である，と主張する点で誤った前提を立てている．というのも，距離も時間も，そして総じて連続的なものはどんなものも，それが無限であると呼ばれる場合に，2通りの意味があるからである．つまり，それらがそう呼ばれるのは，分割可能性の観点から見てか，末端の観点から見てか

のいずれかなのである．だから，ものは，有限の時間内に量的に無限なものと接触することはできないのに対して，分割可能性の点で無限であるものとは接触することができるのである．なぜなら，この観点においては時間それ自体もまた無限だからである．そしてそれゆえ，無限のものを通過するのに要する時間は有限ではなく無限の時間であり，無限のものとの接触は有限数ではなく無限数の時間においてなされる，ということをわれわれは見出すのである．（もとの英訳はGayeによる）

この難問（これは時に「二分割（ディコトミー）」として知られているものである）についてのアリストテレスの説明は簡略できわめて暗示的である．つまり，競走路において走者がなすべきことは走路の中間点よりも手前の中間点に（そしてそれから，それよりも手前の中間点に，そしてさらにそれよりも手前の中間点に，と続く）到達することなのか，それともむしろ中間点よりも後の中間点（そしてさらにそれよりも後の中間点に，と続く）に到達することなのかさえ不明確なのである*訳注．しかしわれわれは以下の議論を取り出すことができる．つまり，

(1) 自分のゴールに到達するためには，走者は1/2, 1/4, 1/8, ……という系列で並べられた無限に多くある点に触れなくてはならない．
(2) 有限の時間内に無限に多くある点に触れることは不可能である．

したがって，

(3) 走者はゴールにはたどり着けない．

アリストテレスの考えでは，われわれは (2) を排除することによって不合理な結論 (3) に容易に抵抗することができる．つまり，有限な時間は無限に分割可能であり，そして無限に分割可能な時間は，走者が，無限に分割可能な距離を通過してそれらの

［訳注* すなわち，出発点を基準に，全走路の距離の1/2の地点，この1/2のさらに半分だけ手前の地点（つまり1/4の地点），この1/4のさらに半分だけ手前の地点（つまり1/8の地点）というようにゴールとは反対方向の向きに中間点を取っていくのか，それとも，全走路の距離の1/2の地点，その1/2のさらに半分だけゴール側の地点（つまり3/4の地点），この3/4のさらに半分だけゴール側の地点（つまり7/8の地点）というようにゴールに向かう方向で中間点を取っていくのか，このどちらを考えているのかが不明確であるということ．］

分割を示す点に触れるのに十分なものである．

321　アリストテレス『自然学』第8巻第8章263a15-18, b3-9

　　しかし，この解決法は質問者に対する返答としては適切なものである（なぜなら，有限の時間内に無限のものを通過したり数え上げることが可能か否かが問題だったからである）けれども，事実と真実の説明としては不適当である．……だから，無限のもの——時間においてであれ距離においてであれ——を通過することが可能かどうかと誰かが問い尋ねたならば，それはある点では可能であり，ある点では可能ではないとわれわれは答えなくてはならない．なぜなら，もしそれら無限のものが現実態において存在しているならば，通過することは可能ではないが，もしそれらが可能的に存在しているならば通過できるからである．というのも，誰か連続的に運動している者が無限のものを通過したのは，付随的にであって，端的にではないからである．それというのも，線にとってそれが無限に多くある半分の線であることは付随的なことだが，その実体と本質は異なっているから．

ここでアリストテレスは再考している．資料320での解決法はゼノンに向けての適切な対人的回答を与える．しかし (2) は，もしそれが次のように定式化し直されるなら，そう簡単に棄却されるものではないのである．

(2′) 無限に多くある点に触れるという仕事をやり終えるのは不可能である．

アリストテレスは，「無限に多くある点」が「無限に多くの，現実態において存在する点」を意味するならば，その場合にのみ (2′) が真となるであろう，と見て取ることによって，定式化し直された議論に応酬する．どうやら彼はこの場合にそれが真となるだろうと信じているようである．なぜなら彼は，現実態において存在する無限数の点のそれぞれに「触れる」とか「接触する」ことと見なされた無限数の非連続的な身体的行為を行なうことは不可能であろうと考えているからである (263a19-b3)．しかし実際には，「無限に多くある点」についての，より弱められた解釈が (1) によって必要とされているのだ，とアリストテレスは考えている．つまり，走者は，可能的に存在するにすぎない無限数の点によって分割される有限の距離（すなわち，われわ

れならこう言うところだが，1/2, 1/4, 1/8, ……という無限の系列に従って分割されるものとして単純に数学的に表現されうる距離）を通過しなくてはならない．そしてもし，より弱められたこの読み方が (2′) において採択されるなら，(2′) は偽である．

　アリストテレスの第二の解決法は，根本的な問題，すなわちパラドクスが提起し，依然として，激しくかつ決着のつかない論争のテーマとなっている諸問題を明るみに出すものである．ことに，無限数の非連続的な身体的行為を完遂するのが不可能であるという場合（実際それが本当に不可能であるとしての話だが），この不可能性が，論理的なものなのかそれとも単に物理的なものにすぎないのかという問題に関して，そして，どちらにせよその不可能性がいったい何に存しているのかという問題に関しても，哲学者たちは見解の一致を見ることができずにいるのである．

(ii) **アキレウスと亀**

322　アリストテレス『自然学』第 6 巻第 9 章 239b14（DK29A26）

　　　第二の議論は「アキレウス」と呼ばれているものであるが，それは要するにこういうものである．つまり，競走において，もっとも足の速い走者でも，もっとも足の遅い走者に追いつくことはけっしてできない．それというのも，追いかけるものは何よりも先に，追いかけられるものが出発したその地点に到達しなければならず，その結果，足の遅いほうは常に先んじていなければならないからである．この議論は二分割による議論と原則的に同じ議論である．ただし，付加される大きさが半分に分割されることがないという点で，この議論は二分割によるものとは異なっている．（もとの英訳は Gaye による）

　資料 318-319 の走者が次々に出てくる中間点に到達しなくてはならないのに対して，アキレウスは，亀が出発した地点にまず到達し，そしてそれから，彼が亀の出発点に到達した時点で亀がすでに到達していた地点に到達しなくてはならず，そして同様のことが無限に続く．もし，追いかけるものと追いかけられるものとが一定の速度で走っていると仮定すると，その場合，アキレウスの一連の走りはまたもやゼロへと集束する等比数列をなすことになる．アリストテレスが評しているように (239b24-25)，アキレウスの議論は競走路の議論に演出を施したものにすぎない．

(iii) 矢

323　アリストテレス『自然学』第6巻第9章 239b30-33 および b5-9（DK29A27）

　　(a) 第三の議論は，ちょうど今言及されたもので，つまり，場所移動している矢は静止している，という議論である．これは，時間が諸々の「今」から成ると仮定することから帰結する．なぜなら，もしこれが承認されないならば，この帰結は出てこないだろうからである．

　　(b) ゼノンは誤って論じている．というのも，彼の主張では，もしあらゆるものが等しいものと向かい合っているときに常に静止し*訳注，場所移動しているものが常に今のうちにあるならば，場所移動している矢は動かない，としているからである．しかしこれは虚偽である．なぜなら，時間は，他のいかなる大きさと同様，分割不可能な諸々の「今」から成るのではないからである．

324　断片4：ディオゲネス・ラエルティオス『哲学者列伝』第9巻72節

　　ゼノンは次のように述べて，運動を破棄している．「運動しているものは，そのものがその内にあるその当の場所においても，また，それがその内にあらぬところの場所においても運動していない」．

資料323 (b) の報告は，原文からして不確実で，そしてまたもやきわめて縮約されている．そのため，この報告を見ても，おそらく矢の議論が，資料324でゼノンのものとされ後にディオドロス・クロノスによって借用された（セクストス・エンペイリコス『学者たちへの論駁』X, 87）アンチノミーの前半節を構成していたものであろうということが明らかになるわけではない．以下は，アリストテレスが要約している推論の再構成である．

(1) ちょうど自らと同じ大きさの場所を占めているものは静止している．

(2) 現在，運動しているものは，それ自身とちょうど同じ大きさの場所を占めている．

[訳注＊　諸写本ではこの後に「あるいは動いており（ἢ κινεῖται）」が続くが，Zeller が削除．この箇所に対する Ross の注を参照のこと．なお「あらゆるものが等しいものと向かい合っている」とは，あらゆるものがそれ自身と等しい空間を占めているということを意味する．]

したがって,
 (3) 現在,運動しているものは静止している.
ところで,
 (4) 運動しているものは常に現在において運動する.
したがって,
 (5) 運動しているものは常に——その運動の間じゅう——静止している.

　アリストテレスは (3) と (4) から (5) へと進む推論に異議をとなえる.アリストテレスは,「今」ということばでゼノンが言わんとしているものは,アリストテレス自身がそれで意味しているもの,すなわち分割不可能な瞬間として考えられた現在であると見なしている.そしてアリストテレスは,われわれがその推論を妥当だと判断してかまわないのは,われわれがゼノンとともに,時間間隔とはその内部の分割不可能な諸瞬間の総計であると誤って仮定する場合のみであると示唆している.彼のこの示唆は間違っており,それは,矢の議論において空間と時間とが無限に分割できるのではないとゼノンが仮定しているとする同じく誤った理解に起因する.ゼノンの議論は,空間と時間の構造に関するいかなる明確な仮定も必要とはしていない.ゼノンが自らの推論の妥当性にとって不可欠の条件としているのはただ,一定間隔の時間のあらゆる時点において(諸時点が分割不可能な瞬間であるか否かにかかわらず)何かについてあてはまることは,その間中ずっとそのものについてあてはまるということだけである.

　実際,運動が生起するのは———仮にも運動が生起するとしたら——必ず現在においてであるという魅力的な見解に対して,このパラドクスは辛辣な異議を提示する.それが示しているのは,この見解を,同じように魅力的な考え方,つまり現在においては運動するものはどれほどの距離も横断しつつあることは不可能であるという考え方と両立させるのは困難だということである.おそらくここでは「今」についての二つの相容れない理解が問題となっている.つまり,一つは現在の持続という理解であり,もう一つは分割不可能な瞬間という理解で,これはいわば過去と未来とを分かつ線のようなものである.そうだとしても,そのためにゼノンの議論の印象がそれだけいっそう希薄になるわけではない.なぜなら,この区別をわれわれに強いるのは,ほ

かならぬそうした議論だからである．そして選択肢のいずれを選ぶかは，リア（J. D. Lear）が示しているように（*Phronesis* 26, 1981, 91-104），時間の哲学の点で各自がもっている深く根ざした選好にかかっているのである．

(iv) 動いている列

325 　アリストテレス『自然学』第6巻第9章239b33（DK29A28）

　　　　第四の議論は，次のような等しい大きさの諸物体に関するものであり，すなわちそれら等しい大きさの物体は，競走路において等しい速度で等しい大きさの物体に沿って，一方の列は競走路の末端から（われわれの方に向かって），もう一方の列は（われわれから離れる方向で）中央から，それぞれ正反対の方向へ動く——この場合，半分の時間が（その）二倍に等しいという結論が出てくると彼は考えている．この虚偽は，等しい大きさの物体に沿って等しい速度でものが通り過ぎる場合，その物体が動いていても静止していても等しい時間がかかるとするところに存している．しかしこれは誤っている．たとえば，等しい大きさの静止している物体をA, A……とし，B, B……を，数と大きさがそれら（つまり諸々のA）と等しい，中央[2]から出発する物体とし，Γ, Γ……を，数と大きさがそれら（つまり諸々のA）と等しく，速度がそれらBと等しい，端から出発する物体とする．さて，先頭のBと先頭のΓは，それら（つまり諸々のBとΓ）が互いに沿って通過するとき，同時に末端にあるということになる．そして，そのΓ（つまり先頭のΓ）がそれらすべて[3]（つまり諸々のB）を完全に通過し終えても，そのB（つまり先頭のB）は（それが通過するもの，つまり諸々のAの］半分しか通過していないということになる．したがって，その時間は半分である．なぜなら，各々の物体が各々の物体に沿って通過する時間は等しいからである．そして同時に，先頭の

---

2) 写本 FJ²K では「中央から」に「諸々のAの」が付加されているが，写本 EHIJ¹ と Ross はなし．シンプリキオス『アリストテレス「自然学」注解』1017, 4 参照．

3) 「すべて」に続けて写本 E²FJK，シンプリキオス（『アリストテレス「自然学」注解』1018, 1），アレクサンドロス（シンプリキオス『アリストテレス「自然学」注解』1019, 28 による）は「（すべて）のA」とあり，写本 E¹HI は「（すべての）B」とある．Ross は削除．

B[4]はΓすべてを通過し終えているということになる．というのも，先頭のΓと先頭のBは同時に反対側の末端にいるだろうからである[5]．なぜなら，どちらも諸々のAに沿って通過する時間は等しいからである．かくして，以上が彼の議論であり，それはわれわれがすでに述べた誤りに基づいている[6]．

326　シンプリキオス『アリストテレス「自然学」注解』1016, 14 によるアレクサンドロスの図解

```
        AAAA              A = 静止している物体
Δ       BBBB⇒      E     B = ΔからEに向かって動いている物体
        ⇐ΓΓΓΓ             Γ = EからΔに向かって動いている物体
                          Δ = 出発点
                          E = ゴール
```

資料 326 の図解はアリストテレスがゼノンの議論を例示するときに配置した三列の（おそらくは接触している）諸物体の出発時点での配置を表わしている．われわれには語っていないが，どうやら彼は，諸々のAが競走路の中央にあり，その中間点から先頭のΓが先頭のBと同じく運動を開始すると仮定している．それからアリストテレスは，物体の大きさ，速度そして方向に関して資料 325 の最初の文章で設定されている初期の仮定が与えられた場合，それらの物体が実際に必ず到達するその後の位置に焦点を合わせる．それはすなわち，三つの列がすべて相互にぴったりと整列する位置である（「先頭のBと先頭のΓは，同時に（おそらく互いの列の）末端にある」）．彼は二つの単純な事実を指摘する．つまり，先頭のΓがすべてのBに沿って通過し終えたときに，先頭のBは (i) Aについてはその二つ分だけ通過したが，(ii) Γに

---

4)　「先頭のB」は Cornford の読み．E 写本は「AB」，そのほかは「諸々のB」と読んでいる．
5)　この後に諸写本では「彼が言っているように，Bの各々の物体に沿って通過するのにも，Aのそれぞれに沿って通過するのにも経過する時間は同じだから」という一文があるが，Ross は削除．
6)　本文中の括弧が（そしてギリシア語テクストへのわれわれの注が）示しているとおり，資料 325 は困難で不確実な点に満ちている．十全な議論については，たとえば H. D. P. Lee, *Zeno of Elea*, (Cambridge, 1936), 83-102, W. D. Ross, *Aristotle's Physics* (Oxford, 1936), 660-666 を見よ．アリストテレスの不十分な解説が，もともとは，資料 326 のような図解の参照が理解の手助けとなる口頭での発表で用いることを意図されていた一連の覚え書きであることは明らかである．

ついてはそのすべてを通過したのである．アリストテレスによると，動いている各物体は，等しい時間にそれが通過するすべての物体とぴったりと相対していなくてはならない，とさらに仮定することにゼノンの誤りはあった．このことから彼は，(i′) 先頭のBがAの列を半分通過するのに要する時間は，先頭のΓがすべてのBを通過するのに要する時間の半分だけであると結論した．しかし (i′) と (ii) からは，(ii′) それがAの列の半分を通過するのに要する時間もまた，それがΓすべてを通過するのに要する時間の半分であるということが帰結する．だから，先頭のBがAの列の半分を通過するのに要する時間は，それがΓの列を通過するのに要するのと同じ時間であるとともにその半分の時間でもある．

　ゼノンは，彼の言う諸物体が，分割不可能な最小の物体であり，静止している一つの物体を各物体が通過するのに要する時間は分割不可能な最小の時間である，という前提を立てていたにちがいない，と――アリストテレスは言い落としてるが――これまでしばしば（カーク／レイヴンにおいてそうだったように）想定されてきた．その場合，パラドクスは，その前提に対する強力な反論となる．なぜなら，各Bは各Γを分割不可能な時間の半分で通過しなくてはならないからである．しかしながらこの議論のアリストテレス自身による解釈の仕方は，彼が認める以上に申し分のない難問をもたらす．率直に言えば，彼がゼノンに帰している仮定は確かにありふれた過ちのように見える．しかしゼノンが，資料325で達した結論をわれわれに無理強いするには，もしある物体が大きさmの物体をn個通過する場合，それは編成単位m×n分の距離を運動する，というもっともらしい説をわれわれに認めさせさえすればよいのである．そうすると，単純な計算から，運動している編成単位m×nは，同じ速度で運動している編成単位2m×nの半分の時間を要するだろうということがわかる．またこの説は，相対論に同意して簡単に放棄されるような運動測定に関するものでもない．なぜなら，ある物体が運動する距離が，単に他の物体との関係におけるそれの位置の相関的要素にすぎないなら，はたしてそれに運動を帰するための絶対的な根拠などあるのだろうか．

　自ずと浮かんでくるのは矢の議論との対比である．われわれはふつう運動に関してよくよく考えるということがないが，いずれのパラドクスも，そのような無反省な思考に含まれるさまざまな難点をあらわにする．つまり，もし運動が実在し経験で捉え

ることのできるものであるなら，それは現在の瞬間において現出し，絶対的な測定を受けるものでなくてはならない，とわれわれはしばしば思うのである．それぞれの場合における明白な選択肢は，物体の運動を相対的な位置の問題にする，というものである．すなわち，分割不可能な瞬間においてその物体自身がより前とより後に占める位置が問題なのか（おそらく矢の場合がそうであるように），それとも，それが他の物体の位置との関係において占める位置が問題なのか（おそらく動く物体列の場合がそうであるように）ということである．しかしそうすると，どうやらそれぞれの場合に運動はもはや直接的経験で捉えられないように見え，そういうものである以上，いずれにしても運動は実在性——運動にはそれがあるとわれわれは思っていたが——を欠いていることになるのである．

V．ゼノンのねらい

327　プラトン『パルメニデス』128C（DK29A12）

……実際には，その書物は，もし「一」なるものが存在するならパルメニデスの議論には多くの不合理で矛盾した帰結が生じると示すことでそれを物笑いの種にしようとする者たちに抗して書かれた，パルメニデスの議論のための一種の弁護である．この書物は多の存在を信じる人々に対する反駁なのである．それは，もし誰かが問題を徹底的に検討すれば，その人々が多なるものを仮定する場合の方が「一」なるものを仮定する場合よりもなおいっそう不合理な帰結が出てくる，と示そうとすることで，彼らにしっぺ返しを——しかもより多く——するものである．私は，そういう競争心から，若者だったときにそれを書いたのだ……．

『パルメニデス』がゼノンの著作の意味を論じるのにかなりのスペース（127D-128E）を割いているが，明らかにそれは，ゼノン自らが自分の目的をはっきりと述べていなかったからである．資料327におけるプラトンの評定は，例外なくとはいかないまでも，たいていは受け容れられてきた．ゼノンの諸議論のうち，いくつか（たとえば運動にまつわるパラドクス）は，多なるものが存在するという特定の信念に向けられたものではなかったのかもしれない．しかしそれらはみな常識を攻撃するもの

である．そしてプラトンの説明の要点は，ゼノンが，憤慨した常識の側の反攻に抗してパルメニデスを弁護したということである[7]．さらに，一元論はパルメニデスの中心的な主義主張ではなかったが，先に見たように（323ページ以下）確かに彼は何らかの形の一元論にコミットしている．ゼノンの諸議論の中には実際に，多元論の立場をとる常識に対してと同様に，パルメニデスの立場に対しても，根底からそれを堀り崩す議論があるのは事実である（345-348ページ）[8]．ここからわれわれが結論として導

[7) カーク／レイヴンは，ゼノンの主要な標的が，常識ではなく，特定の哲学的多元論者の一派すなわちピュタゴラス派だったとするかつての通説を支持した．しかし，この時代のピュタゴラス派が，万有の構成要素から構成される多なるものについての独特の見解（それらが調和（ハルモニアー）を示すとする見解とは別に）をもっていたとか，ゼノンがそうした特別な立場を念頭においていたとする確たる証拠はない．

8) ゼノンが一元論をあからさまに攻撃したというのはありそうにない．ただ，シンプリキオスの考えでは，エウデモスはそう想定している．次の資料を見よ．

   330　エウデモス：シンプリキオス『アリストテレス「自然学」注解』97, 12（DK29A16）による．　ゼノンは，もし誰かが私に一なるものとは何であるか説明してくれるなら，私は存在しているものを説明することができるだろう，と常々言っていたそうである．

   331　シンプリキオス『アリストテレス「自然学」注解』99, 7（DK29A21）　この個所のゼノンの議論は，プラトンが『パルメニデス』の中で言及した彼の書物における議論と異なっているように思われる．なぜなら，あそこでは，彼はパルメニデスの一元論について正反対の観点から賛成の論を唱えて，多なるものが存在しないことを明らかにしているが，しかしここでは，エウデモスが言っているように，彼は一なるものを一掃する（なぜなら，彼は点を一と語っているからである）とともに，多なるものの存在を認めているからである．ところが，エウデモスはここでもゼノンが多なるものを一掃していると述べているのだ，とアレクサンドロスは考えている．アレクサンドロスは，「エウデモスが報告しているように，パルメニデスの友人であるゼノンは，存在しているものの中に「一」なるものはないし，多なるものとは単一体の集合であるがゆえに，多なるものが存在するのは不可能である，ということを示そうと試みた」と述べている．

多分後の方のアレクサンドロスによるエウデモス解釈が正しいだろう（シンプリキオス『アリストテレス「自然学」注解』97, 13（DK29A21）を参照）．エウデモスは単にゼノンに次のような見解を帰しているにすぎないのである．すなわち，おそらく多なるものを構成しているにちがいないその当の単一体については，どんな整合的な説明も与えられえないだろう――なぜならもし諸々の単一体が（点のように）分割不可能であるなら，それらはいかなる真正の存在ももたないが，もしそれらが（ごく普通の知覚可能なもののように）分割可能であるなら，それらは単一体ではなく多

き出すべきことは，ゼノンがパルメニデスの徒ではなかったということではなく，おそらく，その学説よりもむしろ方法を信奉したパルメニデスの徒だったということだろう．すなわち彼のパラドクスは，哲学的命題が不合理な結論へと現に至りつくか，または至りつくように思われても，そのことはこの命題に対するいかなる決定的な反論でもない――あるいはもしそうだとしたら，常識とはエレア派の論理と同じくらいにもろいものである――ということを示すものと解されるべきである．そして，もくろまれていた一般的教訓は，完全にパルメニデス的な次のような勧告であっただろう（上掲資料294参照）．「諸帰結のことだけを考えてはならない．それらを導出する議論にこそ汝の批判能力を傾注せよ」．この解釈は，次のアリストテレスによるゼノンの評定によって裏付けられるかもしれない．

328　ディオゲネス・ラエルティオス第8巻57節（DK29A10）

アリストテレスは『ソピステス』において，エンペドクレスが弁論術を，ゼノンが対話的論法（ディアレクティケー）をそれぞれ最初に発見した人物である，と述べている．

対話的論法ということでアリストテレスが念頭においているのは，プラトンの初期対話篇でソクラテスが追求した哲学的問いかけのようなものである．つまり，問い手は，対話相手からエンドクサ――すなわち，あらゆる人，たいていの人，あるいは専門家たちによって受け容れられている歴とした信念――に対する同意を引き出しておいて，それから，その信念を不合理なものへと還元するか，もしくはその信念が対話相手の信奉する他の信念と相反することを示し，これによって相手にその信念を放棄させるのである．もし問い手の動機や策に疑念が湧けば，その問い手を単なる論争好き（ἀντιλογικός）と言って非難したくもなるだろう．そしてプラトンが『パイドロス』においてゼノンを次のように描写したときに心に思い描いていたのはまさにそれである．

329　プラトン『パイドロス』261D（DK29A13）

なるものだからである（上掲資料316（a）参照）．

ではこのエレアのパラメデス*訳注が，きわめて巧みな技を使って論じるので，それを聞く者たちには，同じものが似ているとともに似ておらず，一であるとともに多であり，静止しているとともに運動しているように思われるというのを，われわれは知っていないか？

VI. ゼノンの影響

　ゼノンの著書がメリッソスとアナクサゴラスの哲学的思索に先行し，これに影響を与えたのか，それとも事実はその逆であるのかという点については判然としない．それよりもはるかに決定的な影響が，レウキッポスとデモクリトスの原子論において明瞭に見て取れるが，これについては後で論じる（512-514 ページ）．ソフィストたちについて言えば，ゴルギアスの一風変わった著書『あらぬものについて』は，ゼノンの論法に色濃く染められ，ゼノン特有の思考過程を数多く反映している一方で，プロタゴラスは，あらゆる主題について矛盾する議論を組み立てることを唱道する点で，確かにゼノンから感化を受けていたにちがいない．ゼノンに対するプラトンの関心が開花したのは，彼の哲学人生でも比較的遅くになってからだった．そしてその関心から生まれた成果が，『パルメニデス』最後の 30 ページを占める綿密で近寄りがたい数々のアンチノミーであり，これらは，（とりわけ）運動，場所そして時間に関する含蓄のある議論——それは，アリストテレスがその『自然学』において自らこれらの論題を扱う段になったとき，大いなる刺激を受けることとなる議論である——でもってそのページを埋め尽くしている．明らかに，アリストテレスの運動の連続性をめぐる『自然学』での議論も，ヘレニズム初期の問答学派ディオドロス・クロノスの運動反駁論（セクストス・エンペイリコス『学者たちへの論駁』X, 85 以下）がそうであるように，より直接的な恩恵をゼノンから被っている．しかし，ラッセルが 20 世紀最初の 10 年間にゼノンのパラドクスの魅惑に負けてからというもの，現代ほどの熱心さで哲学者たちがそのパラドクスを論じるということはなかった．すべてのソクラテス以前哲学

[訳注* パラメデスとは，知勇兼備で知られ，文字や賽子，貨幣などさまざまな発明者とされているトロイア戦争の英雄であるが，ここでは彼になぞらえてゼノンをそう呼んでいる．]

者の中で今日もっとも生気に溢れているのがゼノンなのである．

第10章
アクラガスのエンペドクレス

I. 年 代

332　ディオゲネス・ラエルティオス『哲学者列伝』第8巻51節（DK31A1）

　　ヒッポボトスによれば，エンペドクレスは，同名のエンペドクレスを父にもつメトンの子であり，アクラガスの人であった．……またエラトステネスも，『オリュンピア競技勝利者記録』において，第71回オリュンピア祭のおりにメトンの父が勝利を収めたと言って，アリストテレスの証言を引用している．文法家のアポロドロスは『年代記』にこう記している．

　　　彼はメトンの息子だった．そしてトゥリオイには
　　　まだその都市（まち）が創建されて間もない頃
　　　やってきたと，グラウコスは言っている．

そして，その少し後のところにはこうある．

　　　またある人びとの報告によると，彼は祖国を逃れて
　　　シュラクゥサイに赴き，そこの人びととともに
　　　アテナイ人たちと戦ったというのだが，私には彼らが完全に事実を誤
　　　　認しているように
　　　思われる．というのは，そのころ彼はもはや生きてはいなかったか，
　　　　あるいは完全に
　　　老境に達していたかであるが，彼がそのような老境にまで達したとは
　　　　思えないからだ．

　　じじつアリストテレスは――さらにはヘラクレイデスも――彼が60歳で生涯を

終えたと言っている.

333　ディオゲネス・ラエルティオス『哲学者列伝』第 8 巻 74 節（DK31A1）
　　彼が盛年を迎えたのは，第 84 オリュンピア祭期（前 444-441 年）の頃だった.

334　アリストテレス『形而上学』A 巻第 3 章 984a11（DK31A6）
　　クラゾメナイのアナクサゴラスは，年齢の点ではエンペドクレスよりも先だが，哲学活動の点ではより後のひとだった……．（もとの英文は Ross による）

335　シンプリキオス『アリストテレス「自然学」注解』25, 19（テオプラストスの引用，DK31A7）
　　アクラガスのエンペドクレスが生まれたのは，アナクサゴラスよりそれほど遅れてではなかった．そしてパルメニデスを熱心に崇拝し，その仲間に加わり，さらにはピュタゴラス派の一員ともなった．

336　ディオゲネス・ラエルティオス『哲学者列伝』第 8 巻 58 節（DK31A1）
　　サテュロスの『伝記』によれば，彼は医者でもあり，一流の弁論家でもあった．とにかく，レオンティノイのゴルギアスが，彼の弟子だったというのである．

　アナクサゴラスの生年が前 500 年頃で（後出 445 ページを見よ），ゴルギアスのそれが前 485 年頃（DK82A6, 7 参照）だったとすれば，エンペドクレスは前 495 年頃から 435 年頃まで生きたことになるだろう．この年代は，テオプラストスが伝える彼の哲学的な影響関係（資料 335）や，彼のトゥウリオイ訪問（前 445／44 年創建）の話とうまく合致する．アポロドロス――資料 333 においてディオゲネスは明らかに彼に従っている――がエンペドクレスの盛年を前 444-441 年としたのは，おそらくその話に基づいてのことだろう．しかし，この年代は少なくとも 10 年は遅すぎるように思われる．

II. 生　涯

　エンペドクレスは，ピュタゴラスやヘラクレイトスと同様に，出所の怪しい伝記的な物語にとって十八番の話題だった（238 ページ参照）．かなりの数のそうした物語を多数の出典から引用して現代に伝えているのは，ディオゲネス・ラエルティオスである．それらの大部分は，彼の政治的な活動か，彼の死にまつわるものであるが，おそらくわずかでも真実を含んでいる可能性があるのは前者のグループだけである．ただ

し，彼がエトナの火口へ身を投じたという話（ディオゲネス・ラエルティオス『哲学者列伝』VIII, 67-72, DK31A1）は，後世の人びとの想像力を魅了し続けてきた．

アリストテレスの典拠に基づいて，エンペドクレスは熱烈な民主政支持者だったと言われている（ディオゲネス・ラエルティオス『哲学者列伝』VIII, 63, DK31A1）．また，彼は祖国の王位を固辞し，そして「千人会議」と呼ばれる——他の仕方では知られていない——組織を解散させたとも言われている（ディオゲネス・ラエルティオス『哲学者列伝』VIII, 63 および 66, DK31A1, プルタルコス『コロテス論駁』1126B, DK31A14 参照）．少なくともここには，彼の詩の彼自身の言葉が見当違いに潤色されたのとは異なった何かがあるように思われることは確かである．しかし，実際にはむしろ彼自身の言葉のせいで，彼が反民主的な見解の持ち主だったと考える向きもあるだろう（ディオゲネス・ラエルティオス『哲学者列伝』VIII, 66, DK31A1 によれば，歴史家ティマイオスはそう指摘した）．いずれにせよわれわれは，エンペドクレスが祖国の国政にあたって民主政支持者として指導的な役割を果たしたのではないかと考えることはできる．それは，彼が名高い家系の出身であるだけでなく，そうだったと思われているとおりに弁論術に関心をもち，またその道に秀でていたとするなら（資料336．アリストテレスは彼を弁論術の創始者とさえ呼んだ，資料328），当然期待されることだろう．

後に生じた医者としての彼の評判は（資料336．たとえば，ケルスス『医術について』第1巻 Proem. p. 2, 11, ガレノス『治療法について』1, 1 参照），時として，詩のなかで彼が人を癒す力をもっていると主張したことから誤って推論されたことと見られることがある．この主張がもとになって，呼吸停止に陥った女性を彼が蘇生させたという話（ディオゲネス・ラエルティオス『哲学者列伝』VIII, 60-61, DK31A1）のような架空の逸話が生まれたことは疑いない．しかし，彼がはっきりと医者を讃美しているのは（資料409, 1行目をも参照），おそらく一部は自己讃美なのだろう．

Ⅲ．著　作

337　ディオゲネス・ラエルティオス『哲学者列伝』第8巻77節（DK31A1）
　　　エンペドクレスの詩作『自然について』と『カタルモイ（浄め）』は5000行に及び，『医術論』は600行に及んでいる．なお彼の悲劇作品についてはすでに（第

8巻58節で）われわれは述べた．

338 『スーダ』「エンペドクレス」の項（DK31A2）

彼は，韻文によって『存在する事物の自然について』2巻（そしてそれはおよそ2000行にも及んでいる）を著わし，『医術書』その他多くの作品は散文で著わした．

エンペドクレスの残存断片は，『自然について』と『カタルモイ（浄め）』と呼ばれる詩作（しかし，おそらく彼自身がそう呼んだのではない）に基づいている．現存している詩行数は，『自然について』の場合でさえ（もしわれわれが資料337と338を信じることができるとすれば[1]），元の詩全体の5分の1以下でしかないし，『カタルモイ（浄め）』の場合はいっそう断片的である．しかし，エンペドクレスの断片の量は，ソクラテス以前の他のいずれの哲学者の断片よりも多く，その結果，われわれは解釈上の強固な基盤を与えられている．ただそれらの断片が，引用資料の中で，特定の巻はおろか，どちらか一方の詩作のものと指定されることはほとんどない．にもかかわらず，確信の程度はさまざまだけれども，大多数の断片を二つの作品のどちらかに振り分けることは可能である．しかも最も重要な引用章句の場合，その確信の程度は高い（M. R. Wright, *Empedocles: the Extant Fragments* (New Haven, Conn., 1981) ch. IV を見よ）．

---

1) 資料337-338で（あるいはディオゲネス・ラエルティオス『哲学者列伝』VIII, 57-58において）言及された他の著作が，そもそも実在したかどうかは疑わしい．また，二つの真正の詩についてそこで語られていることが間違っている可能性もある．ツェツェスがある断片（資料397）を『自然について』の第3巻に属するものとして引用しているのは（『キリアデス』VII, 514），明らかに資料338と矛盾する．現在学問的見解として支持されている巻数は，『自然について』が3巻，『カタルモイ（浄め）』が2巻である．後者については，最近公刊されたヘロディアノスのパリンプセストに「『カタルモイ（浄め）』の第2巻」に対する言及があることが裏付けとなっている（Wright, *Empedocles*における断片152．一般的には同書17-21ページの彼女の議論を見よ）．『カタルモイ（浄め）』が（資料337と338との綜合によって示唆されるように）もっと長大な詩であったのかどうかも疑われてきた．ディールスが資料337に修正を加えて，「5000行」（πεντακισχίλια）ではなく，「全部で3000行」（πάντα τρισχίλια）と読んだのはそのためだった（*Sitz. Ber. d. Berlin Akad.* 63 (1898), 398）．一方，G. ツンツ（*Persephone*, 236-239）は，資料338に，γ' καὶ ἔστιν ἔπη ὡς τρισχίλια· καὶ τοὺς Καθαρμούς, βιβλία という言葉の欠落があるという，より説得力ある提案をしている（すなわち，『自然について』<3巻，およそ3000行，および『カタルモイ（浄め）』>2巻，およそ2000行）．

第10章　アクラガスのエンペドクレス

詩作内部での諸断片の元の順序を再構成することははるかに困難である．本章で断片が提示される順序は，たいていの場合，エンペドクレス自身の配列に相当することが最もありそうだとわれわれが信じる順序になるだろう．

　エンペドクレスがなぜ六歩格（ヘクサメトロス）で書こうとしたかは，パルメニデスの場合より容易に説明できる．まず第一に，彼は（テオプラストスの言葉，資料335によれば）パルメニデスを熱心に崇拝していた．『自然について』の諸断片に示されているように，形而上学と宇宙論を書くにあたって彼が出発点としたのは，パルメニデスの思想を肯定するにせよ否定するにせよ，これに深く心を奪われているという事実だった．それに呼応して，エンペドクレスの詩行のなかには，パルメニデスの詩句の模倣やそれへの暗示がしばしば現われる．それゆえ，エンペドクレスがこの年長の思想家と同じ韻律を媒体とすることによって，伝統的に叙事詩と結びついてきた教訓的な影響力を，彼と同様に要求したとしても驚くにはあたらない．第二に，パルメニデス的とは言えない『カタルモイ（浄め）』の主題——人間の堕落とその再生のために必要な実践——には，ヘシオドス流の叙事詩的な取り扱いが当然似つかわしい．エンペドクレスはここでヘシオドスに重大な恩恵を受けているのだ．第三に，たいていの読者は，アリストテレスに反対してエンペドクレスの詩的才能を賞讃するプルタルコスに同意するだろう[2]．その才能は目録を作るよりも例証した方がよい．しかし，彼が自分の選んだ媒体を活用して，とくに二つの仕掛けを用いることによって，彼の

---

[2]　次の資料を参照のこと．

　339　アリストテレス『詩学』第1章1447b17（DK31A22）　　ホメロスとエンペドクレスには韻律以外に共通点は何一つない．それゆえホメロスを詩人と呼ぶのは正しいが，エンペドクレスは詩人というよりも自然学者と呼ぶ方が正しい．

　340　プルタルコス『食卓歓談集』第5巻第8章2節683E（DK31B148-150）　　美文調を意識して，あたかもけばけばしい色彩で塗り固めるかのようにして，人目を引くことこの上ない形容句で事実を飾り立てるのは，エンペドクレスの流儀ではない．むしろ彼は，一つひとつの表現によって何かあるものの本質や権能を明示しようとするのである．たとえば，「人の身を覆う土」とは魂を包みこむ身体のことであり，「雲を集めるもの」とは空気のことであり，「血に充ちたもの」とは肝臓のことである．

　より詳細な議論は，Guthrie, *HGP* II, 134-136, また（さらに大がかりな議論）J. Bollack, *Empédocle* I (Paris, 1965), 277-323 を見よ．

世界観の複雑な統一性を表現し強調したということは，観察に値する．その仕掛けとは，詩行やその部分を繰り返すホメロスの技法の斬新な利用と，直喩や隠喩の同様に個性的な使用とである．

IV.『自然について』—— 一般原理

341　断片1：ディオゲネス・ラエルティオス『哲学者列伝』第8巻60節
　　　パウサニアスよ，聴くがよい，賢きアンキテスの息子よ！

パウサニアスについては何も知られていない（ただし，古代の作り話はある．たとえば，ディオゲネス・ラエルティオス『哲学者列伝』VIII, 67-69, 71）．『自然について』は彼に向かって語りかけられている．

(i) 感覚の擁護

342　断片2：セクストス・エンペイリコス『学者たちへの論駁』第7巻123節
　　　狭隘なものは，肢体にちりばめられた諸々の力[*訳注]，
　　　数多きものは，そこへ襲いきたって想いを鈍らせるわざわい．
　　　いのちあるあいだ，生のわずかな断片を見てとるや，
　　　はかなくも死すべき者どもは，烟のごとく立ち上り消え去ってゆく，
　　　各々が四方八方に駆り立てられて，たまたま出遭ったものだけを　　　5
　　　信じこまされたまま．しかし，いったい誰が[3] 全体を発見したと誇
　　　　らしげに語り得ようか．
　　　それほどまでにこれらのものごとは，人間たちにとっては見えがたく
　　　　聞こえがたく，
　　　思惟によって捉えがたい．されど汝は，ここへ逃れ来たったのだから，
　　　学ばねばならぬ——死すべき知力はそれ以上を達し得ないのだという

[訳注* 感覚の「手だて（παλάμαι）」，すなわち感覚能力のこと．]
3) τίς ἄρ' H. Fränkel, KRS : πᾶς Bergk, Diels「ところが＜万人が＞全体を発見したと誇らしげに言う」．

ことを[4]．（もとの英訳は Guthrie による）

343 断片 3，9 行目：セクストス・エンペイリコス『学者たちへの論駁』第 7 巻 125 節

　さればいざ，あらゆる力*[訳注]を尽くして，それぞれのものがいかにして明らかになるのかを見定めよ．
　見ることに，聞くことよりも多くの信をおくことなく，　　　　　　　10
　鳴り騒ぐ耳の聞こえを，舌に明示されることの上におくこともなく，
　また，肢体の他のいかなる部分（感覚器官）であれ，思惟への道が開かれてあるかぎり，
　これに不信を抱くこともなく，ただそれぞれのものが明らかになる道に従って思惟すべし．（もとの英訳は Guthrie による）

これらの詩行が詩の冒頭部分におかれていること——断片 3，1-8 行目にムゥサへの呼びかけがあることによって示唆される——と，ここにパルメニデスからの影響があること（たとえば，資料 342 の「死すべき知力」を参照し，また資料 343 を資料 294 と比較せよ）からほとんど確実に言えるのは，パルメニデスの業績のなかに，宇宙論への根本的な認識論的挑戦があることをエンペドクレスが認め，そのために彼自身の立場をまず最初にはっきりさせておく必要に迫られたということである．ここでの彼の応答は，ヘラクレイトス的な精神に強く支配されている．たいていの人間がその感覚を通じて達成する事物の理解は非常に制限されたものでしかないということを，彼は深く嘆き悲しむのだ（前出 245 ページ以下参照）．しかし，彼自身の教えに導かれて，死すべき人間が駆使できるすべての感覚的証言を知的に使用するなら，（パルメニデスの主張に反して）それぞれのものがわれわれにとって明らかになるだろうと彼は約束する（資料 194，197，198 参照[5]）．

---

4) πλεῖόν γε Sextus, KRS：πλέον ἠὲ Stein, Diels「ただ死すべき知力の達しうるだけのことを学ばねばならぬ」．
[訳注* 前注参照．]
5) 10 行目には，また，次の断片への批判をそれとなく示すものが含まれているかもしれない．

344 ヘラクレイトス断片 101a：ポリュビオス『歴史』XII, 27「目は耳よりも正確な証人であ

(ii) 知識の力

345　断片111：ディオゲネス・ラエルティオス『哲学者列伝』第8巻59節
　　　病いと老いを防ぐためにあるすべての薬を汝は学ぶことだろう——
　　　ただ汝のためにだけわれはこれらすべてを成し遂げようというのだか
　　　　ら．
　　　また汝は疲れ知らぬ風の力を鎮めるであろう——それらが大地に
　　　襲い来たり突風によって田畑を滅ぼそうとも．
　　　そしてこんどは，汝がそう望むのであれば，報復として微風を送り返
　　　　すであろう．　　　　　　　　　　　　　　　　　　　　　　　5
　　　汝は人間たちのため，暗黒の豪雨のあとには時宜を得た日照りを
　　　もたらし，さらにまた夏の日照りのあとには
　　　天空から降り注いでは樹木育む水の流れをもたらすであろう．
　　　そして汝は，ハデス（冥府）から亡き人の力を連れ戻すことだろう．

　人間が生まれながらにもっている能力は狭隘なものかもしれないが，エンペドクレスはその人間を，魔術的とさえ言える偉業をなしうる存在にすると約束する．もっとも，四つの基本要素（3-8行目）と人体の構成と機能（1-2, 9行目）とに関して詩のなかで実際に展開される議論は，当然のことながら哲学的なものである．

(iii) 四つの根

346　断片6：アエティオス『学説誌』第1巻第3章20節
　　　四つの，万物の根をまずは聴け．
　　　まばゆきゼウス，いのち育むヘラに，アイドネウス．
　　　そしてその涙もて死すべき者どもの泉うるおすネスティス．

347　アリストテレス『形而上学』A巻第4章985a31-33（DK31A37）
　　　さらにまた，彼はいわば素材の意味で語られる基本要素が四つであると初めて

　　　る」．
　しかしながら，ヘラクレイトスが言わんとしたことはおそらく，自分で何かを目撃する方が，間接的な報告を聞くよりもよいということにすぎないだろう．ただし，268ページ以下参照．

標榜した人物でもある．

　四つの「根」がここで正式に導入される．その名が示しているのは，それらが相互に還元できない基本要素であって，他のすべての事物がそれらから形成されるということだ（パルメニデスの光と夜，資料302-303を参照）．四つ組の基本要素という考え方は，（資料347が主張しているように）エンペドクレス独自のものであるようだ．その四つを彼が選ぶ理由は，資料355に与えられている．それらが最初に神々として描写されるのはおそらく，伝統的な神の観念のなかに聞き取れることをそれとなく示し，まだ規定されてはいないが畏怖に値するだけの権能と性格をそれらに要求することが意図されているからであろう．ネスティスは明らかに水であるが，残りの三つについては，すでに古代において意見の不一致があった（DK31A33を見よ）．テオプラストスは，ゼウスを火，ヘラを空気，アイドネウス（すなわちハデス（冥府））を土と同一視していたと思われる（アエティオス『学説誌』I, 3, 20）．

(iv) 生成の円環

348　断片17, 1-13行：シンプリキオス『アリストテレス「自然学」注解』158, 1

　　　二重の物語をわれは語ろう．すなわち，あるときそれら（四つの根）
　　　　　は多から生長して
　　　ただ一つになり，またあるときは逆に一から分離して多となった．
　　　死すべき者どもには二重の生成と二重の消滅とがある．
　　　すなわち，一方は，万物の結合が生んではまた滅ぼし，
　　　また他方は，ふたたびそれらが分離するにつれ，育まれてはまた飛散
　　　　　する．　　　　　　　　　　　　　　　　　　　　　　　　　　5
　　　そしてこれらのものは永遠に交替しつづけることをけっしてやめはし
　　　　　ない——
　　　あるときは「愛」によって　すべてが結合して一つになり，
　　　あるときは「争い」のもつ憎しみによって　逆にそれぞれが離ればな
　　　　　れになりながら．
　　　＜このように，一が多から生まれるのを慣いとし，＞

また逆に，一が分かれて多が生じるかぎり，　　　　　　　　　　　　　　10
　　　そのかぎりでは，それらは生成しつつあるのであって，永続的な生を
　　　もってはいない．
　　　しかしそれらが永遠に交替しつづけることをけっしてやめないかぎり，
　　　そのかぎりでは，それらは円環をなしつつ常に不動のものとしてある[6]．

　資料348は，エンペドクレス哲学の主要原則を提示している．その語りはじめはパルメニデスを慎重に模倣しながら挑戦的に否定している．たとえば，「二重の物語」（資料295, 1行目を対比せよ），「あるときは」（資料296, 5行目を対比せよ），「生長して」（資料296, 7行目を対比せよ）など．しかし，この個所は結果的に（12-13行目），パルメニデスの形而上学的な立場をある程度は維持することを意図しているように思われる主張に落ち着く．

　この断片個所は三つの部分に分けられる．1-5行目は，多から一の創造と，それにつづく一から多の創造とによって構成される二重の過程について語っている（1-2行目．あいまいな3-5行目にさらなる描写がある）．6-8行目は，この二重の過程がやむことなく繰り返されることを主張し，それが「愛」と「争い」の交互の働きによることを説明する．9-13行目ではこの二つの要点が取り上げられ，むしろヘラクレイトス的な驚くべき結論のなかで両者が対比されている．9-11行目が事物の二重の生成にもとづいて暗示することは，それらが生成しつつありかつ（あるいは，生成しつつあるけれども）永続的な生をもってはいないということである．しかしながら，12-13行目は，それらが一と多のあいだをやむことなく交替しつづけるがゆえに，永遠に不動のものとしてあることを主張するのである．

　エンペドクレスはこの原則をどこにおいても立証してはいない．それゆえにこのパッセージは，明らかに矛盾する二つの見解——誕生（生成）と死（消滅），そして一般に変化というものが存在するという見解と，パルメニデスが考えたように，あるも

---

[6]　7-8行目および10-13行目は，断片26の5-6行目および9-12行目とほとんど同じである．この断片もシンプリキオス（『アリストテレス「自然学」注解』33, 19）によって保存されている．また9行目は，意味を完全なものにするために必要とされているが，ディールスによって断片26の8行目からここに挿入されたものである．

のは不変・不動にして永遠であるという見解と——の調停を目的とする一つの仮説を提供している，と理解するのが最善であるように思われる．その調停の決定的な要点は，1-5行目で描写されている二重の過程がやむことなく繰り返されるかぎり，その過程に与る事物はある種の不動性をもっているというところにある．一は常に多から生じ，多は一から生じる．そしてそれは常に同じ一であり同じ多でありつづけるだろう．（一と多が，変化の起こりうるもののうち，考えられる最も単純な両極として選択されていることは疑いえない．）ヘラクレイトスの場合と同様に，J. バーンズの言葉を借りれば，「局所的には運動が，全体的には静止がある」わけだ（*The Presocratic Philosophers* II, 13）．

こうした彼の永劫回帰の考えは，エンペドクレスの「宇宙的円環」と呼ばれることがある．しかし，ここでその考えが提出されているのは，まったく一般的な形而上学的命題としてである．その命題が最も明白に最も重要な仕方で適用されるのが，宇宙の生成・消滅についての彼の理論においてであることは疑いない．しかし，彼はその考えを，生物の生命的円環にも適用したのである（断片26におけるように[7]）．

---

7) それゆえに，多くの学者がそうしているように，3-5行目をとくに宇宙あるいは宇宙内の生成物の創造と崩壊に関連づけようとすることは原則的に間違っている．ましてや，かつてはKRが，そして最近ではD. O'Brien (*Empedocles' Cosmic Cycle* (Cambridge, 1969)) や M. R. Wright (*Empedocles: the Extant Fragments*) がそうしているように，3-5行目を根拠にして，事物が多から一になるときの，あるひとつの世界の生成・消滅（4行目にその言及があると想定される）と，事物がふたたび一から離ればなれになるときの，まったく異なったもう一つの世界の生成・消滅（5行目）とをエンペドクレスが仮定していたという考えを支持することは誤りである．3-5行目は，9-11行目に照らして理解されるべきである．9-11行目が示唆しているのは，すべての事物の生成が一なるものを生みだし，多なるものを滅ぼすということ（4行目），そしてまたそれらが分離すると，多なるものが生みだされ，一なるものが消滅するということをエンペドクレスは言っているにすぎないということである（9-11行目で利用される生成・消滅の観念を導入するのは3-5行目であって，1-2行目ではない）．τήν (「一方」，4行目) は，γένεσις (「生成」) と ἀπόλειψις (「消滅」) の両者（3行目）を指し，τίκτει (「生む」) と ὀλέκει (「滅ぼす」) の両者に支配される両義的な内的対格と理解するのが最善である．そして，ἡ (「他方」，5行目) も同様に読まれるべきである．「一方の（一なるものの）生成が生まれ，一方の（多なるものの）消滅（とそれは一致する）が（，それが）滅ぼされるのは万物の結合によってである．また他方の（多なるものの）生成は，ふたたびそれらが分離するにつれ，育まれては，また他方の（一なるものの）消滅（とそれは一致する）が（，それは）

(v) 円環の作因と素材

349　断片17, 14行目：シンプリキオス『アリストテレス「自然学」注解』158, 13
　　（資料348につづく）

　　　　されどいざ，わが言の葉を聴け．学びは分別をはぐくむがゆえ．
　　　　先にもわが言の葉の分限を明らかにして語ったごとく，　　　　　　　　　15
　　　　二重の物語をわれは語ろう．すなわち，あるときは多から生長して
　　　　ただ一つとなり，またあるときは逆に一から分離して多となった——
　　　　火と水と土と，限りなき高さもつ空気のみならず，
　　　　それらとは離れてあって，四方八方に等しき呪われの「争い」と，
　　　　それらのただ中にあって，長さも幅も相等しき「愛」とが．　　　　　　　20
　　　　この「愛」をば，汝は心によって見よ．肉眼をもって茫然と坐視する
　　　　　　ことなかれ．
　　　　この「愛」は，死すべき者どもの四肢にさえ生まれながらに宿るもの
　　　　　　とみなされ，
　　　　この「愛」によってこそ，彼らは友愛の想いを抱き，協調の業を成し
　　　　　　遂げる，
　　　　——その名を「悦び」とも「アプロディテ」とも呼びながら．
　　　　この「愛」が，かのものどもの間を渦巻きめぐることを　　　　　　　　25
　　　　死すべき人間は，誰ひとり知らない．されど汝は，わが言の葉の欺く
　　　　　　ことなき天命を聴け．
　　　　すなわち，これらはすべて互いに等しく，齢を同じうしているが，
　　　　それぞれ別個の特権をもち，それぞれ自らの性格をそなえ，

滅びる（（文字どおりには）「飛散する」）」．(Guthrie, *HGP* II, 153 *ad loc.* 参照．）エンペドクレス
は「死すべき者ども」（3行目）という言葉によって全体的な一者に達しない諸要素の結合物を指し
ているのであって（たとえば，資料349, 22行目，資料388, 3行目），一なるもの（「スパイロス（球）」
と理解される，後出資料357-358）であれ多なるもの（基本要素と同一視される）であれ，いずれ
にせよそれを死すべきものと記述する気にはならなかっただろう，と考えられることもあった．し
かし資料360, 14行目では，基本要素が明らかに死すべき運命をもっていると信じられている．ま
た「スパイロス（球）」は明白に死すべきものとしてある．

第10章　アクラガスのエンペドクレス

　　時の経巡るに従って，交互にその権力をふるう．
　　そしてこれらのほかには，何一つ生じることもなくなることもない．　30
　　じっさいいかにして滅び去ることがあり得ようか．これらなくしては
　　　何ものもないというのに．　　　　　　　　　　　　　　　　　　33
　　なぜなら，もしも絶え間なく滅びつづけたとしたならば，もはや・ある・
　　　ことはなかったであろうから．　　　　　　　　　　　　　　　　31
　　また何がこの万有を増大させ得ようか．それはどこから来たというの
　　　か[8]．　　　　　　　　　　　　　　　　　　　　　　　　　　　32
　　いな，・ある・のはただこれらのみ．それらは，互いの間を駆け抜けては
　　ときによってさまざまなものとはなるが，切れ目なく常に同様の性格
　　　を保ちつづける．　　　　　　　　　　　　　　　　　　　　　　35

　エンペドクレスはここで，資料348の高度な抽象世界から少しだけ降下して，生成の円環に関与する存在物が四つの根であることを明らかにし，それら四つの根と，円環の起動力である「愛」と「争い」とについていくつかの具体的な主張を行なう．
　この最後のテーマに彼が割くほとんどのスペースを占めているのは，「愛」の讃歌である．その主旨は認識論的なものだ．「愛」を肉眼で見ることはできない．しかし，パルメニデスの思い出に異常なほど充ちた言葉でパウサニアスが命じられるのは，人間界における「愛」の影響からその一般的な存在と力を推し量ることである．19-20行目でエンペドクレスが暗示しているのは，「争い」は四つの根と不和の状態にあるが，「愛」はそれらと調和の状態にあるということだ．「愛」と「争い」の等しさを言うここでの彼の口ぶりには，おそらくそれらが物体であることを含意させようという意図はないだろう．その要点が明らかになるのは第2段落の27-29行目である．彼はそこにおいて，基本要素（資料365-366参照）と，「愛」と「争い」（資料359参照）が交互に権力をふるうという彼の理説を明確に系統立てて説いていくのである．その理説が詳細に述べるのは，宇宙全体の安定が絶え間ない運動変化によって維持されるメカニズムである．その核となる考え方は，アナクシマンドロス（資料110と111）やへ

---

[8] 33行目は31行目の前に移した．

ラクレイトス（資料211, 217-219）にまで遡る．しかしエンペドクレスが明細に述べるのはそのメカニズムの前提条件なのであって，それは，彼の先行者たちがはっきりとは言及しなかったばかりか，実はヘラクレイトスが火を特権的に扱ったばかりに暗黙のうちに否定したことだった．すなわち，変化に関与するそれぞれの基本要素は他の基本要素のそれぞれと等しくなければならない（前出159ページ参照）．そしてもしその変化の過程が「愛」と「争い」によって規制されるべきであるとするなら，そのそれぞれはある意味においてすべての基本要素の全体と等しいものでなければならない，という前提条件である．これらの等しさがいかに正確に理解されるべきかということに対しては，互いに等しい基本要素とそれらを統制する互いに等しい力とが存在するという形式的な要求に対するほど強い関心を彼は抱いてはいない．

資料349の最後の部分（30-35行目）でエンペドクレスが指摘しているのは，四つの基本要素に関する教説がもつ主要な魅力の反面と彼が考えていることである．われわれは，それらが混ざり合って（「互いの間を駆け抜けては」）死すべき混合物を形成すると考えることによって，絶対的な生成・消滅の存在という，パルメニデス（資料296）によって困難であることが示された観念をなしですますことができるのだ．この教説のそのような因果関係が事細かに練り上げられるのは，次節の諸断片においてである．

(vi) **誕生と死**

350 断片8：プルタルコス『コロテス論駁』10節 1111F
　　他のことをわれは汝に語ろう．すべての死すべきもののいずれにも
　　誕生というものはなく，また呪われの死の終末というものもない．
　　あるのはただ混合と，混合されたものの交替のみで，
　　誕生とは，これらに人間たちがつけた名目にすぎぬ．

351 断片9：プルタルコス『コロテス論駁』11節 1113A-B
　　これら（四つの根）が人間のかたちに混合されてアイテール（空気）の
　　なかへ＜やってくる[9)]＞とき，

---

9) Dielsがためらいがちに補訂：写本には，μιγὲν φῶς αἰθέρι のあとに6-8文字分の欠落部あり．

あるいは荒野に棲む獣の種族や樹木の茂みの種族,
あるいは鳥たちの種族のかたちをとるとき,そのとき人びとはそれが
　生まれると＜言い[10]＞,
またそれらが互いに分離されるとき,こんどはこれを惨めなめぐり合
　わせと呼ぶ.
彼らがそう呼ぶのは正しいことではないが,われみずからも習わしに
　は従おう.　　　　　　　　　　　　　　　　　　　　　　　　5

352　断片 11：プルタルコス『コロテス論駁』12 節 1113C
　　愚かなる者たちよ！　彼らには遠きに及ぶ想いがない.
　　彼らは,かつてはなかったものが生じてくると思いこみ,
　　あるいは何かが死んで完全に滅び絶えると思いこんでいるのだから.

353　断片 12：擬アリストテレス『メリッソス,クセノパネス,ゴルギアスについて』第 2 章 975b1
　　げにまったくあらぬものから生じてくるとは不可能なこと,
　　またあるものがまったく滅び去るとは,実現しがたく耳にしがたきこと.
　　なぜなら,それはどこに押しやられようとも,常にそこにあるだろうから.

新たな要点（「他のこと」,資料 350）は言葉をめぐる当然の帰結で,「誕生」と「死」という名詞（資料 349, 30-5 行目では,もっぱら同根の動詞で表現されている）に対する攻撃として表明されている.資料 352-353 に示されているように,「誕生」や「死」などの言葉にエンペドクレスが異議を唱えるのは,それらの言葉が通常の意味では,あらぬものからの創造とあらぬものへの破壊という観念を含意するからである.他の個所では（資料 351, 5 行目参照）,彼はこうした含意とは無関係に喜んでそれらの言葉を用いている.たとえば,資料 348, 11 行目で,彼は四つの根が生成しつつある——それらが多から一となり,また一から多となるかぎりにおいて——と語るのである.
資料 350-352 を引用したすぐ後で,プルタルコスはさらにもう一つの断片を引用しているので,それが『自然について』のこの同じ文脈に属していたと想定するのは自

---

10) Reiske による補訂：写本には,τὸν のあとに 7-8 文字分の欠落部あり.

然なことである.

354　断片15：プルタルコス『コロテス論駁』12節1113D
　　　このようなことに聡き人が，心によってこう推し量ることなどあろうはずも
　　　　ない——
　　　彼らが「生」と呼ぶ，いのちの続くかぎり，
　　　そのかぎりは彼らはあ̇るのであって，善きこと悪しきことを味わいもするが，
　　　彼らが死すべき人間たちとして形成される前と解体された後には，まったく
　　　　あ̇りもしないなどとは．

　エンペドクレスが指摘しているのは，「生」についての通常の理解も間違っているということ，そして（プルタルコスがこの詩行を正しく解釈しているように）われわれは実際に「誕生」の前も「死」の後も存在しつづけるということである．したがって，資料354は，『カタルモイ（浄め）』において詳しく説明される輪廻説を暗示している．とはいっても，輪廻説と四つの根の混合理論との関係は，この証言の現状のままでは，資料350-351で説明される原則に比べるとはるかに分かりづらい．

(vii) 四つの根の混合

355　断片21：シンプリキオス『アリストテレス「自然学」注解』159, 13
　　　されどいざ，以下のことを先に語られたことの証としてとくと見よ，
　　　もし先の話の容貌にどこか欠けるところがあったとするなら——
　　　太陽を，まずは見よ——見るからに熱く，至るところまぶしき太陽を*訳注．
　　　不死なるもの[11]を，次に見よ——まばゆき光にひたされた不死なる
　　　　ものを．
　　　豪雨をまた，あらゆるものの中に見よ——暗く冷たき豪雨を．　　　　　5

[訳注* DKの読みに従えば，「見るからに明るく，至るところ熱き太陽を」．]
11) おそらく，微風か空気の果てしない広がりのことだろう．エンペドクレスはたぶん，アンブロシアー（「不死なる者たちの食べ物」）の合理的説明を暗示しているのだろう．つまりそれは，太陽に燃料を供給する蒸気であり，その結果，太陽の熱と光の中に浸されるのである．デモクリトス断片25参照．

第 10 章　アクラガスのエンペドクレス

また大地からは，礎となる固きものが流れ出る．
「恨み」においてこれらすべてはさまざまな形をとってばらばらになり，
「愛」においてそれらは集まり来たって互いに求め合う．
これらのものからこそ，かつてあったもの，いまあり，これから先も
　あるだろうもののすべてが[12]
生まれ出たのだ——樹木であれ，男たちや女たちであれ，　　　　　　　10
野獣であれ，鳥たちであれ，水にはぐくまれる魚たちであれ，
さらにはいのち永く，誉れいと高き神々でさえも——．
なぜなら，あるのはただこれらのみであって，それらが互いの間を駆
　け抜けては
さまざまな姿のものとなるのだから．それほどの変化をもたらすのは，
　混合なのだ．

356　断片 23：シンプリキオス『アリストテレス「自然学」注解』159, 27（資料 355
につづく）　さらに彼は，同じものから異なったものが生じるという事態を説明
するために，明瞭な実例を付け加えた．

あたかも画家たちが奉納物の銘板に彩りを与えるとき，
技芸にかけて巧智によりてゆたかな学びを得た人たちなれば，
まことに彼らは色とりどりの絵の具を手にとり，
ある色は多く，ある色は少なく混ぜ合わせては調和を生みだし，
それらの色からあらゆるものの似姿をつくり出す——　　　　　　　　5
樹木であれ，男たちや女たちであれ，

12）ἐκ τῶν ..... ὀπίσσω アリストテレス『形而上学』B 4, 1000a29 に基づく Wright による推測．ἐκ τούτων γὰρ πάνθ'..... ἔσται Simpl.（「まことにこれらのものから，かつてあったもの，いまあり，あるだろうもののすべてが*」）．[訳注* いわゆるストラスブール・パピュロスの解読によって，シンプリキオスが引用した断片 21 とアリストテレスが引用した断片とは，まったく別個の（しかしシンメトリカルに構成された）パッセージに属するものだったことが明らかになっている．したがって，ここではシンプリキオスの読みをとるべきであろう．A. Martin et O. Primavesi, *L'Empédocle de Strasbourg* (Berlin, 1999), 175-179 参照．]

> 野獣であれ，鳥たちであれ，水にはぐくまれる魚たちであれ，
> さらにはいのち永く，誉れいと高き神々をさえも創り出す——．
> されば，汝のこころを欺瞞によりて支配されることなかれ——他のど
>   こかに，
> 数限りなく眼にも露わに生じたかぎりの死すべきものどもの源があろ
>   うなどとは．   10
> いな，はっきりとこのことを知るがよい，神から聴きし物語なれば．

　資料355と356が何より興味深いのは，ここでエンペドクレスが，資料352-353の形而上学的な推論に比べてより経験を重視した議論の仕方をとっていることが分かるからである．四つの根を事物が形成される基本要素として認定することを立証するために，彼はそれらの基本的性質に対するわれわれの感覚意識に訴えかける．つまり，われわれを取りまく世界に広く美しく現在しているものに対するわれわれの感覚意識に訴えかけるのである（資料355, 1-6行目）．また，計り知れないほど多様な世界が少数の基本要素の混合理論によって適切に説明されることを立証するために，彼はホメロス流の文体を用いて，画家の創造とのアナロジーを導入する．画家は，数は少なくても多くの色彩を生みだす可能性をもった絵の具から，ひとつの想像の世界を描き出すのである（資料356）．この二つのパッセージは，おそらく詩の第一の部分の末尾近くにあったものだろう．その部分の結論は明らかに，変化の円環理論がとくに生命をもった混合物にどうあてはまるのかを十分に陳述することにあった．その詩行はほとんどすべてが資料348と349の詩行を反復ないし改変したものである（断片26）．

V. 「球（スパイロス）」と宇宙

　『自然について』の次の部分で，エンペドクレスが題材をどのように配置したかについては不明確で，多くの論争がある．おそらく彼は，変化の円環の一般的な枠組みを，それが宇宙を舞台にして展開するがままに記述することから始め（おおよそ断片27-36DKに相当），それに続いて，詳細ではあるが，今度は非常に断片的な宇宙生誕論と動物発生論とを記述したのであろう（おおよそ断片37-70に相当）．

第10章　アクラガスのエンペドクレス

(i)「球（スパイロス）」

357　断片29：ヒッポリュトス『全異端派論駁』第7巻第29章13節
　　またエンペドクレスは，宇宙の形状については，それが「愛」によってどのようなものとして秩序づけられるかを，次のような仕方で語っている．
　　　　その背から一対の枝が生え出ることはなく，
　　　　足なく，はやき膝なく，子を生むための器官なく，
　「それは球形をなして」自分自身と等しい*[訳注]．

358　断片27および31：シンプリキオス『アリストテレス「自然学」注解』1183, 28
　　エウデモス（断片71）は，［アリストテレスが『自然学』第8巻第1章252a9で語っている］不動状態を，「愛」が支配する「球（スパイロス）」の時期と理解している．それは，万物が結合しているときであって，
　　　　そこには太陽のはやき肢体も見分けられない
　のだが，エンペドクレスが言うには，
　　　　それほどしっかりとハルモニエ（調和女神）の秘密のヴェールに覆われてい
　　　　　た——
　　　　まんまるい「球（スパイロス）」は，喜ばしき**[訳注]孤独をたのしみつつ．
　しかし，ふたたび「争い」が支配の手を伸ばし始めると，そのときふたたび「球（スパイロス）」のなかに動が生じる．すなわち，
　　　　神の全肢体はあいついで震え始めた．

359　断片30：アリストテレス『形而上学』B巻第4章1000b12
　　そして同時に，その変化そのものの原因については，ただ本来そうなっているとしか彼は語っていない．
　　　　しかし，大いなる「争い」がその四肢五体の中にはぐくまれ，
　　　　時の充つるとともに権力の座に駆け上るとき——

[訳注* 　DK は πάντοθεν を補足挿入してこの行を元の詩句としている．「それは球形をなして＜至るところ＞自分自身と等しかった」．]
[訳注** 　περιγηθει KRS：περιηγέι DK「周囲の」．]

その時は，幅広の強き誓いによってそれら（「愛」と「争い」）のために交互に
　　　　定められてあった．……

　四つの根が「愛」によって隅から隅まで完全に結合されると，それらは「球（スパイロス）」となる．そしてこれを，（シンプリキオス『アリストテレス「魂について」注解』70, 17 によれば）エンペドクレスは「神として讃美している」（資料358参照）．彼の「球（スパイロス）」の描き方は，明らかにクセノパネスによる人間の形をした神々への攻撃から影響を受けてはいるが（220ページ以下を見よ），資料299, 42-44 行目におけるパルメニデスの詩行をもとにして作られていることに疑問の余地はない．エンペドクレスの「球（スパイロス）」は，死すべきものである点が，パルメニデスのそれとは異なっている．おそらく彼は，パルメニデスの完全性の概念が論理的に妥当なものではあっても，「ある」の一般条件としては間違って述べられているということをほのめかしているのだろう．

(ii) 渦　動

360　断片35：シンプリキオス『アリストテレス「天体論」注解』529, 1（1-15行目），『アリストテレス『自然学』注解』32, 13（3-17行目）
　　　されどわれはふたたび，先に物語った歌の針路に
　　　戻り行こう——つぎつぎと新たな物語を注ぎ出しつつ*訳注，
　　　かの針路へと．「争い」が最も深く渦巻きの底にまで
　　　到達し，「愛」がその旋回のただ中に生じると，
　　　その中でこれらすべてのものが寄り集まってただ一つのものとな
　　　　る——　　　　　　　　　　　　　　　　　　　　　　　　　5
　　　突然にではなく，それぞれがそこここから思い思いに相集まりながら．
　　　そしてそれらが混ぜ合わされると，死すべきものどもの数限りない種
　　　　族が流れ出た．
　　　だが，それら混合されたものと交互に，多くのものが混じり合わぬま

───────────

［訳注＊ λόγῳ KRS：λόγου DK 「一つの話から新たな話を汲み出しながら」．］

ま残った——
　　それらはなお「争い」が中空に引きとどめていたもの．というのは，未
　　　だ「争い」は*訳注
　　非の打ちどころなく完全に，円環の終端にまで退いてしまったわけで
　　　はなく，　　　　　　　　　　　　　　　　　　　　　　　　　　　10
　　肢体のうちにとどまったものも，そこからすでに立ち去ってしまった
　　　ものもあったからだ．
　　だが「争い」がたえず逃れ出て行くにつれ，ちょうどそれだけ
　　非の打ちどころなき「愛」のやさしく不死なる衝迫力が後を追った．
　　するとたちまち，以前は不死なることを慣いとしたものが，死すべき
　　　ものとして生まれ，
　　以前は混じり合わなかったものが，互いに道を交換しては混じり合っ
　　　た．　　　　　　　　　　　　　　　　　　　　　　　　　　　　15
　　そしてそれらが混ぜ合わされると，死すべきものどもの数限りない種
　　　族が流れ出た——
　　ありとあらゆる姿を与えられて，見るも驚嘆すべき種族が．

　資料358-359では，宇宙円環における「愛」の支配が初めて弱められる時期が描写されるのに対して，資料360では，円環の正反対の極にある時期，すなわちその権力の絶頂をきわめていた「争い」が退きはじめ，その後「愛」が（それまで閉じこめられていた）宇宙の渦巻きの中心から一番外側の終端にまで支配を伸張していく時期のことが物語られる．「争い」が四つの根を分離した後で，「愛」はふたたびそれらを結合し始める．宇宙円環のこの時期に「愛」が成し遂げる主要な業は明らかに動物発生であり，「死すべきものどもの数限りない種族」（すなわち混合物）の形成である．厳密な意味での宇宙生誕は，おそらく，資料360で描写された臨界点に先立って「争い」が支配していた時期に，「争い」によって成し遂げられた何ごとかだったのだろう．四つの根を分離する渦巻きは，世界規模の四つの集合体（資料365を見よ）の形成

[訳注＊ πω KRS：τῶν DK「「争い」はそれらを離れて」．]

を引き起こしただろう——したがって,宇宙の基本構造は,その現在の形ではないにしても,「争い」の完全支配という臨界期にはすでに確立されていることになるだろう.それゆえ,その時期は,混沌としたでたらめな動きの時期と考えられるべきではない(そもそも,渦巻きは組織だったものである).「愛」と「争い」の交替に関するエンペドクレスの形而上学的な教説には,このように,いくつかの魅力的な説明的特質がある.この教説によって,宇宙生誕論になくてはならない「分離」——パルメニデスの宇宙生誕論では説明されていないし,説明不可能でさえある事態——が説明できるだけでなく,生命世界の「混合」——ミレトス派の人たちによってきわめて不適切な扱いを受けた事態であり,宇宙のなかで作用する基本的な因果のメカニズムとしてはいわば「分離」と堅く結合していた——も説明できた[13].

しかし,アリストテレスはある場合には,あたかも臨界点(「争い」の完全支配期)以前にだけでなく,臨界点以後にも明確に区別された宇宙生誕論(動物発生論のみならず)があったとする仮説に,エンペドクレスが言質を与えていたと考えているかのような書き方をしている.

362　アリストテレス『天体論』第3巻第2章301a14
　　しかし,すでに分離して動いているものから(宇宙の)生成をつくり出すというのは,理にかなったことではない.エンペドクレスが「愛」の支配する時代における生成を無視するのもそのためである.なぜなら,すでに分離しているものからそれを構成しておきながら,「愛」によって結合をつくり出すことで宇宙を形成することはできなかっただろうからだ.というのも,この宇宙は現に分離した基本要素から成り立っているのだから.したがって,宇宙は一つに結合しているものから生成するというのが必然である.

---

13)「愛」と「争い」の宇宙的な役割をこのように解釈することは,アリストテレスが大まかに支持するところである.

　　361　アリストテレス『形而上学』A 4, 985a25 (DK31A37)　　というのは,一方で,万有が「争い」によって各々の基本要素へと分かれるときには,火は火で結合して一つになり,またその他の基本要素の各々も各々で結合して一つになる.他方で逆に,それらが「愛」によって一なるものへ寄り集まるときには,各々の要素の諸部分がふたたび各々の結合体から分離してくることが必然なのだから.(もとの英訳は Ross による)

しかし，もし（資料362が訴えているように）エンペドクレスが臨界点以後の完全な宇宙生誕論を描写しなかったとすれば，それは明らかに彼がそのような宇宙生誕論の存在を信じていないからだった．われわれはアリストテレスの間違いの原因を，彼がさらに展開している批判を考察することによって究明することができる．

363　アリストテレス『天体論』第2巻第13章295a29

　　　さらにまた，エンペドクレスに対して次のような反論を突きつけることもできよう．すなわち，基本要素が「争い」によってばらばらに分離されたときに，大地を静止させた原因は何だったのかと．というのは，ずうずうしくその場合も渦動が原因だとすることは彼にはできないだろうからだ．そして，以前は大地の諸部分が渦動によって中心へ運ばれたにもかかわらず，現在はいったいいかなる原因によって重さのあるすべてのものが大地の方へ運ばれるのかということを，彼が考えなかったということも奇妙なことである．なぜなら，少なくとも渦動がそれらをわれわれの方へ近づけることはないからである．

アリストテレスの考えはこうだ．「争い」が臨界点以前の時代に基本要素の完全分離を達成すると，その後にはもはや（それ以上分離することはないのだから）渦巻きのなすべきことは何もない．ところがエンペドクレスは，現在の臨界点以後の時代において基本要素を分離したままにしておくものが何であるのかを説明すべきなのに，説明していないというのである．しかし，シンプリキオスは明らかに，アリストテレスがこうした判断に達するのは誤解にすぎないと考え，臨界点以後の「愛」の支配伸張期において渦巻きが作用しつづけることを示すために，資料360を引用する（『アリストテレス「天体論」注解』528, 11-14 および 530, 16-22 を見よ）．資料362においても363においても同様に，アリストテレスが正しく認識しそこねているのは，臨界点以前の時代と臨界点以後の時代とのあいだにエンペドクレスがどの程度の因果的・構造的な継続性を想定しているかという点である．

エンペドクレスについて論じた他のいかなる古代作家も，臨界点以前・以後の両方に宇宙生誕論があったと証言してはいない．ただし，アリストテレスのもう一つのテクストには，その二つの宇宙生誕論が含意されていると考えられることもあった．

364　アリストテレス『生成消滅論』第2巻第6章334a5

彼は同時にまた，宇宙のあり方は，現在の「争い」が支配する時代も，以前に「愛」が支配していた時代も同様であると主張している．

しかしながら，エンペドクレスが言わんとしたことは，おそらく，渦巻きによって確立される宇宙の基本的な秩序が「愛」の支配伸張期にも継続するということにすぎなかっただろう．（「現在」と「以前」との奇妙な対比はアリストテレスのちょっとした間違いにちがいない．それは資料363と明瞭に矛盾するからだ．資料363では，臨界点以後の「愛」の支配伸張期が現在だと想定されている．もっともその動物発生論との関係によってどんなふうにも結論づけられるだろうが．）

(iii) 宇宙生誕論――最初の諸段階

365　アエティオス『学説誌』第2巻第6章3節（DK31A49）

　　エンペドクレスによれば，まず上層気（アイテール）が分離され，二番目に火が，それにつづいて土が分離された．そして，その土が（宇宙の）回転の力によってきつく締めあげられると，そこから水がほとばしり出た．

366　擬プルタルコス『雑録集』：エウセビオス『福音の準備』第1巻第8章10節による（DK31A30）

　　アクラガスのエンペドクレスによれば，……それらの基本要素の最初の混合体から空気が分離して円環状に放射された．一方，空気の次に発生した火は，他に行き場がないので，空気のまわりの凝固した外面の下から上方へ噴き出したというのである．

367　断片27：プルタルコス『月面に見える顔について』12節926E

　　そこには太陽の輝ける姿も見分けられず[14]，

　　大地の毛深き力[15]も，また海も見分けられない．

四つの基本要素のそれぞれは，アイテール（上層気――資料366では，蒸気のような下層の空気と間違って同一視されている）から順番に分離されていく（資料349,

---

14) δεδίσκεται Karsten : δεδίττεται codd. 「ひとを驚かせはしない」．
15) μένος Bergk : γένος codd. 「種族」．

28-29行目参照）．おそらくその分離は，「争い」によって引き起こされた渦巻きの動きに基づくのであろう．ここでくり返し言及される回転運動はその動きに関係づけられるべきである．われわれの世界の基本構造はこのようにして確立されるのであるが，そこには未だ太陽も，また地表の陸地と海の区別もない．

(iv) 宇宙の創成――現在の世界

368 断片38：クレメンス『雑録集』第5巻第48章3節

  さればいざ，まずは語ろう．太陽がはじめに，そしていまわれらが目にする他のすべてのものがそこから露わとなったその源となるものを [16] ――
  大地と波濤うねる大海と湿り気もつ空気と
  円環をなして万物を縛り上げるティーターン・アイテール（天空）とを――
  語ろう．

369 アエティオス『学説誌』第2巻第6章3節（DK31A49, 資料365につづく）

  水からは空気が蒸発させられた．そして天界は上層気（アイテール）から，太陽は火から生じ，その他のものからは大地をめぐる諸々のものが凝縮されて生じたという．

370 擬プルタルコス『雑録集』：エウセビオス『福音の準備』第1巻第8章10節による（DK31A30, 資料366につづく）

  また，土のまわりを円環状に動く二つの半球があって，その一つは全体として火からできているが，もう一つは空気とわずかの火とからなる混合物だという．これを彼は夜だと考えている．そして，その動きが始まるのは，ある場所で火がそこに重くのしかかったことでたまたま圧縮が生じたことによるというのだ．また，太陽はその本性からいって火そのものではなく，水面に生じる反射と類似した，火の反射にほかならない．しかし，月はそれ自体が火によって切り離された空気から成り立っていると彼は言う．つまり，この空気がまさに雹（ひょう）のように凝固したというのである．ただし，その光を月は太陽から得ているともいう．

---

16) πρῶτ' ἐξ ὧν ἥλιος ἀρχήν / τἆλλά τε δῆλ' Wright による推測補訂：πρῶθ' †ἥλιον ἀρχήν†,/ ἐξ ὧν δὴ codd.「まず太陽を始めに語ろう．／……そこから露わとなったその源となるものを」．

371　アリストテレス『気象論』第2巻第3章357a24（DK31A25）および第2巻第1章353b11

(a) また同様に，誰かが，エンペドクレスのように

（断片55）　海は大地の汗

と言うことで，何か明確なことを語ったと思いこむのも笑止千万なことである．

(b) 彼らの中にはこう主張する人びともいる．太陽によって大地が熱せられて，海が汗のように生じる．海が塩辛いのもそのためである．汗は塩辛いのだからと．

372　アリストテレス『生成消滅論』第2巻第6章334a1

なぜなら，基本要素の分離を引き起こしたのは「争い」であるが，アイテールが上方へ運ばれたのは「争い」によってではない．むしろ，エンペドクレスはあるときは，いわば偶然によってそれが上方へ運ばれる——

（断片53）　なぜなら，そのときはたまたまそのような走り方をしていたが，他の走り方をすることもしばしばだったのだから——

と言い，またあるときは，火が上方へ運ばれる本性をもっているのに対して，アイテールは

（断片54）　　　その長き根によりて大地の下へ沈み込んだ

と言うのである．

　資料368が宣言しているのは宇宙生誕論の第二段階である．その焦点が太陽にあったことは明らかである．最初に形成されるのは，昼と夜の半球であるが，それらは霧状の空気がそれまでは完全に火によって支配されていた領域に立ち上っていくことによって生じる．太陽はそのとき火の反射として説明される（たぶん月の光とのアナロジーに基づいてであろう）．おそらくそれは，大地によって火の半球からまさにその半球へと投げ返されて（アエティオス『学説誌』II, 20, 13, DK31A56にもかかわらず），「一点に収斂した閃光」（Burnet, *EGP* 238，プルタルコス『ピュティアの神託について』12, 400B, DK31B44参照）なのである．他の諸天体の形成については，比較的型にはまった説明がなされる．その後に続くのは，海とおそらくは大地とがいかにして現在のような形になったかについての説明である．

　これらの出来事は——資料365-366の出来事とは対照的に——宇宙円環の臨界点以

後の時代に位置づけられるべきである．というのは，夜と昼が分けられる以前でさえ，樹木が（すなわち，「死すべきものどもの数限りない種族」のあるものが）生長すると言われているからである（アエティオス『学説誌』V, 26, 4, DK31A70）．この時代の同じ初期の段階に帰せられねばならないのは，アイテールが大地へ浸透していくというような異なった基本要素の結合である．ただし，アイテールがこのように下方へ沈み込んでいくのを，アリストテレスは不自然な方向とみて困惑している．彼は「愛」の影響力の徴候を見失っているのである．じじつそれは，大地から生じる生命の起源をもたらす前提条件の一つである．しかしここでわれわれが推察できることは，宇宙生誕論がほとんど身体的・生物学的用語で記述されたということ，そして作用因として言及されたのはつねに「偶然」であって，「愛」あるいは「争い」にさえほとんど言及がないということである．

(v) 動物発生論

　動物の発生が「愛」の固有の職分であることを読者に想い起こさせた上で，エンペドクレスが話題を転換し，まず動物の諸部分の発生について説明したということは十分にありうる（アリストテレス『天体論』III, 300b25 以下，DK31B57 参照，資料 374 は，詩のなかでは明らかに資料 381 よりも前にあった．シンプリキオス『アリストテレス「自然学」注解』300, 20; 381, 29 を見よ）．血と肉に関する断片と骨に関する断片が現存している．それらの断片で数的な割合が用いられているのは，おそらくピュタゴラス派の影響が反映されているのだろう．

373　断片 98：シンプリキオス『アリストテレス「自然学」注解』32, 6

　　　地（土）はこれら，ヘパイストス（火），豪雨（水），そして輝くアイテール（空気）とほとんど等しい割合で出会った——
　　　キュプリス（「愛」）の全き胎内に錨をおろし，
　　　あるときはわずかに多く，またあるときは他のより多くのものに比べて少ない割合で．
　　　これらから血と，さまざまな肉の形とが生まれたのだ．

374　断片 96：シンプリキオス『アリストテレス「自然学」注解』300, 21

地は心地よく，その胸幅広き坩堝の中に
　　八つの部分のうち二つをきらめくネスティス（水）から受けとり，
　　四つをヘパイストス（火）から受けとった．そしてそれらは白き骨となっ
　　　た──
　　ハルモニエ（調和女神）の膠（にかわ）によりて神々しくも結び合わされて．

これらの部分を所有する生きものが描写されるのは，その後エンペドクレスの注目すべき進化論が展開されるときのことだった．

375　アエティオス『学説誌』第5巻第19章5節（DK31A72）
　　エンペドクレスによれば，第一世代の動植物はけっして完全なものとして生じたのではなく，成長を共にしない諸部分に分離したかたちで生じた．一方，第二世代は，成長を共にする部分から生じたが，想像の産物のようだった．また第三世代は，全一なる性質のものから生じた．そして第四世代は，もはや土や水のような同質のものからではなく，互いに異なったものの混合によって，すなわち，ある場合は養分が濃縮されることによって，またある場合は女性美が生殖活動を促す刺激を生みだすことによって生じた．そして，すべての動物の種族がその混合の性質によって区別された，というのである．

進化の第一段階においては，シンプリキオス（『アリストテレス「天体論」注解』587, 18-19）によれば，孤独な肢体が互いに混合を求めてさまよっていた．

376　断片57：アリストテレス『天体論』第3巻第2章300b30（1行目）およびシンプリキオス『アリストテレス「天体論」注解』587, 1（2-3行目）
　　　ここでは数多くの頭が頸なしに芽生え，
　　　剥き出しの腕が肩をもたずにぶらつき，
　　　眼の玉が額を求めてひとりさまよった．

結合は，たいてい満足のゆかないものだったが，第二段階で達成された．

377　断片59：シンプリキオス『アリストテレス「天体論」注解』587, 20
　　　されどいやましに神と神が混じり合っていったとき，

これらの肢体は各々がたまたま出遭うがままに落ち合い，
　　　またそれらのほかにも数々のものが絶え間なく生まれ出た．

378　断片60：プルタルコス『コロテス論駁』28節1123B
　　　……くねくねした足どりで，無数の手をもった……

379　断片61：アイリアノス『動物誌』第16巻29節
　　　数多くの両面に顔をもち両面に胸をもったものどもが生まれ，
　　　かたや人面の牛の子，かたや牛頭の人の子が跳梁し，
　　　またある部分には男の性，ある部分には女の性を混じえて
　　　蔭なす器官を具えたものどもが跋扈した．

この段階は異形のものどもによって支配されているが，たまたま適合して生き残った生きものが生き残った（つまり，それらにはおそらく繁殖力があった）のであって，残りはすべて滅びたのである——．

380　アリストテレス『自然学』第2巻第7章198b29（DK31B61）
　　　さて，すべてのものがあたかも何かある一定の目的のために生じたかのような結果になった場合，それらの生きものはひとりでに適切な組織を得て生き残った．しかしそうならなかった場合，それらの生きものは絶滅したし，今も滅びつつある．それはちょうどエンペドクレスが「人面の牛の子」と言っているような場合である．

第三段階がこれに続く．

381　断片62：シンプリキオス『アリストテレス「自然学」注解』381, 31
　　　さればいざ，男(お)の子らと，いと哀れなる女(め)の子らの
　　　闇夜につつまれし若枝をいかにして火が分離して育てたか，
　　　そのことを聴くがよい．的はずれでも愚かしくもない物語ゆえ．
　　　全一なる性(さが)もつ形態が，まずは大地から萌え出た——
　　　水と熱との両方の分け前に与りながら．　　　　　　　　　5
　　　火はそれらの形態を，自らに似たものに行き着くことを望んで送り出
　　　　したが，

> それらはまだ，肢体の愛らしい姿をも，
> また人間には普通に具わる発声の器官をも＊^{訳注}示してはいなかった．
>
> （もとの英文は Guthrie による）

　これらの形態が「全一なる性もつ」と呼ばれるのは，おそらくそれらが，資料 376–379 の生きものとは違って，完全な存在である（たんなる断片ではない）だけでなく，有機的な全体を形づくってもいる（諸部分の偶発的な集合ではない）からであろう．ただし，アエティオスのいう第四段階の動物たち（資料 375）と比べれば，それらもまだ幼生のものとして描かれてはいる．それらは明らかに大部分「愛」のすぐれた手腕の産物であるが，それらを大地から発生させるのは，まだ「愛」の混合力に服してはいない火の作用である[17]．

382　アエティオス『学説誌』第 5 巻第 18 章 1 節（DK31A75）

　　エンペドクレスによれば，人類が大地から生まれたとき，太陽の進行が遅かったために，時の長さにおいて，1 日は現在の 10 ヵ月と同じであった．ところが時の進むにつれて，1 日は現在の 7 ヵ月と同じ長さとなった．それゆえに，10 ヵ月であっても 7 ヵ月であっても，宇宙の本性がそのように習慣づけたのだから，胎児は生みつけられて 1 日のうちに成長するというのである．

　エンペドクレスがここで，後代の大地から生まれる巨人族の誕生のことを言っていたのでなければ，資料 382 は「全一なる性もつ」形態に関係しているように思われる．それは，進化のはじめの三段階が，臨界点以後の時代の非常に早い時期に起こったにちがいないことを示している．

[訳注＊　οἵη KRS：οἷόν DK「声をも，また人間には普通に具わる器官をも」．]
17) エンペドクレスに二重の宇宙生誕論を見ようとする説の支持者たちは，動物発生論の最初の二段階が臨界点以後の時代に属しているのに対して，後の二段階は臨界点以前の早い時期にあると考えている．また彼らの考えによれば，全一なる性質を持った生きものは，われわれの生きる現世界の男女よりも高度に「愛」の力を示しているという．しかし，資料 375 の諸段階にそのような区別を設ける独立した証言はない．また 7-8 行目が強く示唆しているのは，「愛」が第三段階ではまだ，第四段階で達成するほど多くのことを達成してはいないということである．

Ⅵ. 生 物 学

『自然について』の最後の部分は，われわれの現世界における数多くの生物学的なトピックスを詳細に論じることにあてられている（しかもその議論が後世に与えた影響は大きかった）．そこには動植物の生殖作用や，呼吸と感覚知覚の生理学が含まれている．ここに収載できるのは最も一般的な関心を呼ぶ断片と証言だけである．

(i) 説明の諸原理

383　断片 82：アリストテレス『気象論』第 4 巻第 9 章 387b4
　　　同じものが毛髪となり，木の葉となり，鳥たちの密生した羽毛となり，
　　　屈強な四肢に生える鱗となる．

384　断片 83：プルタルコス『偶運について』3 節 98D
　　　なぜなら，あるものたちは角や牙や棘を具えているが，
　　　　　　　　　　　　……されど針鼠には
　　　鋭くとがった剛毛が背中に逆立っていた．

385　断片 79：アリストテレス『動物発生論』第 1 巻第 23 章 731a4
　　　そしてエンペドクレスはこのことをうまく詩のなかでこう表現している——
　　　　このようにして高い樹木は卵を産む．まずはオリーヴの木が……
　というのは，卵も胚芽なのであって，動物はその一部から生まれ，残りは栄養となるのである．

　まったく異種の生物の，外観上は相異なった部分の間に相同的な機能を見てとったことが，エンペドクレス生物学の最も際だった特徴であるが，アリストテレスはこれを賞讃しただけでなく，体系的に活用した．資料 383 はこのテーマをはっきりと提示している．資料 384-385 は，エンペドクレスがこれをいかに用いて著しい記述的な効果をあげたかを示している．彼は自然万有の思いがけない類縁関係を読者に目の当たりにさせるのである．

　その他の点については，アリストテレスはエンペドクレスの説明的枠組みに対する辛辣な批評家である．

386　アリストテレス『動物部分論』第1巻第1章640a18（DK31B97）

　　なぜなら，生成が実体のためにあるのであって，実体が生成のためにあるのではないからである．それゆえ，エンペドクレスが次のように述べているのは正しい語り方ではなかった．すなわち，動物たちの属性の多くは，生成途上でたまたまそうなったためにそのようなものとして彼らに具わっている．たとえば，動物たちが背骨をいま現にあるようなものとしてもっているのも，胎児の身体の湾曲によってたまたま破壊されたからだというのである．

アリストテレスは，エンペドクレスが正常な生物学的現象を説明するさいに用いる偶然の適用範囲（彼による理にかなっていない偶然の使用．『自然学』II, 4, 196a19-24）に異議を唱えている．われわれはむしろ，生物学にはその説明のための装備として，無作為性と有機体の諸原理との両方が必要である，とみた最初の思想家として彼を賞讃することができる．

387　アリストテレス『生成消滅論』第2巻第6章333b30

　　さて，この自然的な動を引き起こすのは「愛」なのだろうか．それとも違うのだろうか．なぜなら，それは「愛」とは反対に，土を下方へ動かし，分離と似た働きをなす．また「愛」よりもむしろ「争い」の方が自然的な動の原因なのであって，その結果また「愛」は，一般的にみてむしろ自然に反する動の原因であることになるだろう．そして，もし動を引き起こすものが「愛」でも「争い」でもないとすれば，端的にみていかなる動も，静すらも物体そのものに本来備わっているものではないことになるが，それは非常識なことだからである．

エンペドクレスにおける「愛」と「争い」の働きと基本要素の「自然的」な動との関係は，じじつ曖昧であって，その点は次の断片を吟味すれば分かるだろう．

388　断片22：シンプリキオス『アリストテレス「自然学」注解』160, 26

　　なぜなら，これらすべて――輝く太陽と大地と，天界と海と――が
　　協調してあるのは，死すべきものどもの中に
　　散在させられてあったかぎりの自分たち自身の諸部分．
　　されど同様に，およそ混合を受け入れやすいすべてのものは，

第10章　アクラガスのエンペドクレス

　　アプロディテ（愛の女神）によって互いに似せられ恋い求め合うが，　　5
　　最も敵対し合うのは，生まれにおいても混合においても，また刻印さ
　　　れたかたちにおいても
　　互いから最も遠く隔たっているすべてのもの――　[18]
　　まったく結ばれあう慣いなどなく，「争い」の意のままに
　　冷淡きわまりなきもの．「争い」がそれらの誕生をもたらしたがゆえ．

　自然な親和性――たとえば，火と火の（1-3行目）――は，「愛」によって達成される互いに異なった基本要素間の同化作用と明らかに対比されている（「されど」――ギリシア語の小辞による対比が1行目と4行目との間にある）．そしてその親和性が最も完全に実現されるのは「争い」の支配の下においてである（資料361参照）．ところがそれは，否応なく「愛」の働きを想い起こさせるような言葉で記述されている（1-2行目を資料349，23行目と共に参照．また資料381，6行目をよく注意されたい）．このことは，同種間であれ異種間であれ，引力はすべて「愛」によるということを示唆しているのかもしれない．もちろん異種間の引力の方が，「愛」の力のより完全で顕著なはたらきであることは言うまでもないが．エンペドクレスが自分自身の愛と争いのメタファーに勝てなかったという結論を避けることは困難である．

　アナロジーとメタファーは，善かれ悪しかれ，エンペドクレスが自家薬籠中のものとして最も広く用いた説明装置である．広範囲に展開される忘れがたいホメロス風の直喩によって本節を締めくくろう[19]．

389　断片84：アリストテレス『感覚と感覚されるものについて』第2章437b23
　　　冬の夜の旅路に出ようとする者が，
　　　明るい火のひかり輝かす灯火を用意して，
　　　どんな風でも防げる亜麻布のランタンに点ずると，
　　　それは，吹きつける風の息吹は四散させるが，

---

[18] ἐχθρὰ μάλισθ' <ὅσα> πλεῖστον ἀπ' ἀλλήλων διέχουσι Wright による推測校訂．ἐχθρὰ πλεῖστον ἀπ' ἀλλήλων διέχουσι μάλιστα codd.「互いに最もへだたり異なるものは，互いに最も敵対し合い」．

[19] エンペドクレスによるクレプシュドラー（水取り器）のはるかに入念な直喩の一部が，資料471として後に収載されている．

光はいっそう先細なので，その外へ突き抜け，　　　　　　　　　　　　5
疲れ知らぬ光線となって敷居を越えて輝く．
ちょうどそれと同じように，かのとき原初の火を皮膜と
薄衣(うすぎぬ)のなかに閉じこめて，彼女（アプロディテ）はまるき瞳を産みた
　　もうた[20]．
そしてそれらの皮膜は，周囲を流れる深き水は遮ったが，
火はいっそう先細なので，これを外へ透過させた．　　　　　　　　　　10

(ii) 感覚知覚と思考

390　プラトン『メノン』76C（DK31A92）

　ソクラテス　では，君たちはエンペドクレスに従って，諸々の存在のなかには何か流出体のようなものがあると言うのではないかね．

　メノン　もちろん言いますとも．

　ソクラテス　また，それらの流出体が入り込んだり，通り抜けたりする通孔があるということも？

　メノン　たしかに．

　ソクラテス　そして流出体のうちには，それらの通孔のあるものにぴったり適合するものもあれば，小さすぎたり大きすぎたりするものもあるわけだ．

　メノン　そのとおりです．

　ソクラテス　君が視覚と呼んでいるものもあるね．

　メノン　はい．

　ソクラテス　されば，これらのことから，ピンダロス曰く，「わが言の葉の意を悟れ」．すなわち，色とは形から出て視覚に適合し感覚されうる流出体なのだ．

　メノン　ソクラテス，あなたのお答えはたいへん見事だと思います．

　ソクラテス　おそらく君には聞き慣れた言い方だからだろう．それにね，君には

---

20) λοχεύσατο Förster: λοχάζετο Arist. EM「（原初の火は……瞳の）かげにひそみかくれたが」, ἐχεύατο cet. codd., Alex ad loc.*［訳注* KRS は写本の9行目（「その皮膜にはいくつもの精妙な孔があけられ通されてあった」）を何の注意もなく削除している．］

この言い方に基づいて，声が何であるかを言うことも，匂いやその他この種の多くのものを説明することもできるという心づもりがあるからだ．

メノン 何もかもお見通しですね．

391　テオプラストス『感覚論』7 節（DK31A86）

エンペドクレスは，すべての感覚について同様の仕方で語り，個別の感覚の通孔に対して何かが適合することによって知覚が成立すると言っている．それゆえにまた，彼によれば，ある感覚が他の感覚の対象を識別することはできない．なぜなら，特定の知覚対象と対応している通孔は，それが出会うものに応じていくぶん広すぎたり，狭すぎたりするために，あるものは接触することなく通孔を通り抜けるが，あるものはまったく通孔に入っていくことができないからだというのである．

テオプラストスはこれにつづけて個別の感覚，とくに視覚[21]と聴覚に関するエンペドクレスの説明を十二分に記述し，さらに多くの紙幅を割いてその理論を批判する．他の資料から明らかになるように，エンペドクレスは通孔と流出体の巧妙な理論を用いて，ギリシアの哲学者として初めて，知覚のみならず化学的混合（アリストテレス『生成消滅論』I, 8, 324b26-35, DK31A87, 断片 91-92 の事例）や磁気作用（アレクサンドロス『問題集』II, 23, DK31A89）を含む他の多くの現象をも詳細に説明した．それゆえテオプラストスは，混合と知覚と成長とを区別する手段が彼には何もないと訴えているのである（『感覚論』12, DK31A86）．適合する通孔と流出体をもちうるのは，似たもの（あるいは「愛」によって似せられたもの）同士だけだとエンペドクレスが考えていたことは明らかである．なぜなら，明るい色の知覚のためには眼のなかの火を，聴覚を説明するためには耳の中の共鳴する鈴を，そして嗅覚のためには鼻の中の吸気を仮定するからである（『感覚論』7 および 9. 一般原理については資料 388, 1-5 行目を見よ）．

---

21) 彼はここでの視覚の取り扱いを資料 389 の要約から始めるのだが，この断片を彼は，視覚を眼からの火の放出とする説（アリストテレス『感覚と感覚されるものについて』437b9-14, 438a4-5 はそう解釈）——流出体の理論とは食い違う——として正しく解釈してはいない．むしろ彼はこれを，色の流出を受容するために眼がどのような構造と構成をもっているかを説明するものと解釈している．

392　テオプラストス『感覚論』9節（DK31A86）

また彼は，思考と無知についても同様に語っている．(10) すなわち，彼によれば，ものを考えるはたらきは似たもの同士によって，無知は似ていないもの同士によって成立するが，それは思考が知覚と同じものか，あるいはそれに近似のものと考えてのことである．というのは，彼はわれわれが各々のものをそれと同等のものによっていかに認識するかを列挙したうえで，最後に，

（断片107）＜なぜなら＞これらのものからすべては適合させられて形づ
　　　　　くられたのであり，
　　　　これらのものによってこそ彼らはものを考え，
　　　　快楽や苦痛を感じるのだから，

と付け加えたからである．それゆえにまた，彼らは血液によってとりわけよくものを考えるということにもなる．なぜなら，諸々の基本要素は，他のいかなる身体部分においてよりも血液の中においてこそ最もよく混合されているからだというのである．

393　断片109：アリストテレス『形而上学』B巻第4章1000b6

　　　なぜならわれわれは，土によって土を見，水によって水を，
　　アイテールによってアイテールを，火によって焼き尽くす火
　　　を見，
　　　また「愛」を「愛」によって，「争い」を破滅もたらす「争い」によっ
　　　て見るのだから．

394　断片105：ポルピュリオス『ステュクスについて』（ストバイオス『自然学抜粋集』第1巻第49章53節より）

　　（心臓は）うねってはぶつかり合う血の大海に養われ，
　　またそこにこそ，とりわけ人間たちが思惟と呼ぶものがある．
　　なぜなら，人間たちにとって心臓の周囲の血こそは思惟なのだから．

資料392で言及された列挙は，資料393で行なわれている．また資料394は（資料373と共に），テオプラストスの最後の発言を根拠づける証拠となるにちがいない．これらの典拠には，基本要素が文字どおり感覚し，それらによって構成される血液が文

字どおり思考するということが含意されていると理解されることがある．しかしむしろ，「土によって」などの与格に注意しつつ資料393の「われら」と資料392の「彼ら」にアクセントを置き，そして基本要素が等しい割合で混合されている実在の所有によってこそわれらは思考できるとエンペドクレスは考えている（プルタルコス『亡命について』607D参照）と解釈するほうがよい．明らかに，等しい混合がきわめて重要だと彼が考えているのは，世界がどのようなものであるかを偏見なく判断できるのが，彼の考えでは，そのときだけだからである．さらにもう一つの断片が指摘しているように，そのような判断は，われわれの感覚に現在するものから最もよく引き出されるのである（資料343参照）．

395　断片106：アリストテレス『魂について』第3巻第3章427a21
　　　　なぜなら，現にそこにあるものに応じて人間たちの明知は増大するのだから．

エンペドクレスはたぶん，ある神の「聖らな心」の描写によって『自然について』を締めくくったのだろう．その神は「球（スパイロス）」の自然的性質をいくつかもってはいるが，その存在は明らかに宇宙と同時発生するものである．

396　断片133：クレメンス『雑録集』第5巻第81章2節
　　　　（神的なものは）われらの眼の届くところまで近づけることも，
　　　　手で掴むこともできない——それこそ人間たちにとって
　　　　心に通ずる説得のための最大の本道なれど．

397　断片134：アンモニオス『アリストテレス「命題論」注解』249, 6 Busse
　　　　なぜなら，彼はその肢体に人間の頭を具えることなく，
　　　　その背から二本の枝が生え出ることなく，
　　　　足なく，はやき膝なく，毛深き器官なく，
　　　　ただ聖らかな名状しがたき心としてあるのみ——
　　　　その迅速な想いによりて全宇宙を駆け抜けつつ．

神の身体がわれわれの身体に欠けている完全性を示すにしたがって，神の心の力はわれわれの心の限界を超越していく．

Ⅶ. エピローグ

398　断片110：ヒッポリュトス『全異端派論駁』第7巻第29章25節

　　もしも汝がこれらを厚き胸のうちに深く植えつけて，
　　善き意志と純粋な配慮をもって見守るならば，
　　これらすべては生涯を通じて確実に汝のもとにありつづけ，
　　そして汝はこれらから他の数多くのものを得ることだろう．なぜなら
　　　　これら自身が
　　各々のものを各々の天性に応じた性格に成長させるのだから．　　　　5
　　されど，もしも汝がこれらとは異質のものに手を伸ばし，世の人びと
　　　　のあいだにあって
　　想いを鈍らせる数限りなき惨めなものごとを切望しようものならば，
　　必ずやこれらは汝をたちまちにして見棄てるであろう——時の経巡る
　　　　に従って
　　これら自身の本来の始源へ還ることを望みつつ．
　　なぜなら知るがよい！　これらはすべて，思慮をもち思惟の分け前に
　　　　与るものなのだから．　　　　　　　　　　　　　　　　　　10

　パウサニアスへの激励と警告が5行ずつに等しく分配されたかたちで，この詩は締めくくられる．彼が見守るように命じられるのは，おそらく彼が授けられたばかりの教訓であろう．エンペドクレスの教えは，それ自体が思慮あるものだけに，もしもパウサニアスが哲学に敵意ある営みに関与するならば，彼を見棄ててより性格の合った仲間を見出そうとするようなことがらなのである．

Ⅷ. 『カタルモイ（浄め）』

399　断片112：ディオゲネス・ラエルティオス『哲学者列伝』第8巻62節（1-10行目）およびクレメンス『雑録集』第6巻30節（9-11行目）

　　親しき輩（ともがら）よ，黄金色なすアクラガスの大いなる都の，

第10章　アクラガスのエンペドクレス

　　城砦の高みに住まい，善き業を心がける者たちよ*訳注,
　　幸あれ！　われは不死なる神として，もはや死すべきものとしてではなく，
　　汝らすべての間を巡り行く──われに相応しいと思われる尊崇を受け，
　　頭に綬飾りと瑞々しい花冠とを戴いて.　　　　　　　　　　　　　　　5
　　そしてその繁栄の町々のなかへ入れば，そこで出会う＜すべての＞
　　男の子，女の子らによりてわれは崇敬を受ける．彼らは幾千もの
　　群衆をなしてわれにつき従っては，利得へと至る道をたずね，
　　あるいは予言をもとめ，あるいはさまざまの病を
　　快癒せしめる託宣を聞くことをねがう──　　　　　　　　　　　　　10
　　あまりにも長くむごたらしい＜苦痛を＞耐え忍んできたがゆえ．

　『カタルモイ（浄め）』の第1行目によって，この詩が『自然について』とは違い，一般の公衆に対してではないにしても，広く一団の人びと（ひょっとするとピュタゴラス派の宗教教団のようなものか）に宛てられた詩であることが認められる．エンペドクレスは明らかに祖国を離れた身で書いている．ディールスとヴィラモーヴィッツは事実，彼が流謫の身であって（ディオゲネス・ラエルティオス『哲学者列伝』VIII, 52と57，DK31A1参照），『自然について』の冷静な唯物論者の哲学からピュタゴラス主義か密儀宗教の霊的陶酔に転向したばかりの人物なのだと思い描いた．しかし，『カタルモイ（浄め）』の方がより後の詩だという一般的な合意があるにもかかわらず，こうした伝記的な推測は根拠薄弱であることが分かっている．『カタルモイ（浄め）』には，ある鍵となる機能をその中で帯びているテーマや概念に対する数多くの言及（たとえば，「愛」と「争い」，四つの基本要素，誓い）が含まれているのだが，その機能は『自然について』の理論的枠組みの中でしか十分に説明できないのである．

　自らを神だと主張するエンペドクレスの言葉は，『イリアス』最終歌（XXIV, 460）で，ヘルメスがプリアモスに自らの神としての素姓を暴露する言葉の模倣である（デメテルによる呼びかけの言葉，『デメテル讃歌』120行目も参照）．それはまた，秘儀への

―――――――――――――――――――――――――
[訳注＊　DKはこの後に，ディオドロス『世界史』第13巻83節によって，「よそ人を迎えいれる威厳ある港となり，悪になじまぬ者たちよ」の1行を挿入している．]

参入を許された物故者が（明らかにペルセポネによって）迎え入れられるときの挨拶
——トゥリオイ出土の「黄金板」（紀元前4世紀以後のものと推定される．前出29ページ参照）に刻まれている——に類似している．

400 『ギリシア碑文集成』Inscriptiones Graecae^2 第14巻641, 1（10行目），DK1B18（= A 1 Zuntz）

  幸いにして羨むべきものよ！ 汝は神たるべし，もはや死すべきものにはあらず．

詩の中心部分でエンペドクレスが教えているのは，他の神霊（ダイモーン）たちと同じように彼は死を運命づけられているが，転生の円環を一巡りした後にふたたび神性は獲得されうるということだった．そして，彼と神霊たちが恩寵から堕落する因となる罪と，浄めの宗教になくてはならない儀式としての実践とについて，彼は説明を付け加えた．

IX. 転生の円環

(i) 太古の掟

401 断片115：ヒッポリュトス『全異端派論駁』第7巻第29章14節（1-2, 4-14行目）
およびプルタルコス『亡命について』17節607C（1, 3, 5, 6, 13行目）

  ここにあるものはアナンケ（必然の女神）の宣告．それは神々の太古の掟，
  永遠にして，幅広のゆるぎなき誓いによりて封印されたるもの．
  すなわちいわく，誰であれ罪を犯して流血の惨事でみずからの手を汚し，
  また過ちを犯して偽りの誓いをなす者があれば，
  長久の生を授かりしダイモーンたちのひとりなれば，   5
  その者は，至福の者たちのもとを追われて，一万周期の三倍をさまようべし——
  そのときを通じて死すべきものどものありとあらゆる姿に生まれかわり，
  苦しみに満ちた生の道をつぎつぎと取りかえながら．

すなわちアイテール（空気）の力は彼を大海へと追いやり，
大海は彼を大地の面(おもて)へ吐き出し，大地は輝く太陽の　　　　　　　　　10
　光の中へ，そして太陽は空気の渦巻きの中へ彼を投げ込む．
各々のものが彼を他から受けとりはするが，すべてのものが彼を忌み
　嫌う．
われもまたいまはかかる者らのひとり，神々のみもとから追放されて
　さまよう者，
荒れ狂う「争い」に信をおいたばかりに．

　罪の結果として一連の転生を命ずる掟は，「争い」による「球（スパイロス）」の分裂を律する法則の規定に用いられるのとほとんど同じ言葉で記述されている．罪は明らかに「荒れ狂う「争い」に信をおいた」ことにかかわりがある．またダイモーンたちによって作られる基本要素の円環は，さまざまな基本要素がつぎつぎと優位に立つ現象——『自然について』のなかで「球（スパイロス）」の断片化に続いて生じる——を想起させる．しかし資料401は同時に，『神統記』のいくつかの詩行（775-806行）をもとにして作られていて，そこでは，静いと争いに陥り，偽りの誓いを立てるかぎりのすべての神の宿命が語られる．「ヘシオドスによって描写される追放された神とは，まさしく人間なのである」(Zuntz, *Persephone*, 267)．そしてエンペドクレスがこれに続いて，ホメロスとヘシオドス（おそらくとくに『オデュッセイア』（第11歌）の黄泉路下り）に由来する明確に神話的な用語で，ダイモーンたちの堕落を彼なりに入念に説明したことは明らかである．

(ii) 転生の悲惨

402　断片118：クレメンス『雑録集』第3巻第14章2節（1行目）および断片
　　121：ヒエロクレス『「黄金詩篇」への注解』24節（2-3行）
　　　われは泣き，われは歎きぬ，馴染みなき土地を見て．
　　　そこには「ポノス（殺戮）」と「コトス（怨恨）」と他の「ケール（兇運）」
　　　　の神々の種族が
　　　………………………………

彼ら（ダイモーンたち）は「アーテー（破滅）」の牧場の暗闇をさまよっている．

403　断片124：クレメンス『雑録集』第3巻第14章2節
　　おお，ぽぽい，おお，死すべきものどもの惨めな種族よ，おお，ひどく呪われたる者よ！
　　どのような争いと呻きとの中から汝らは生まれ来たったのか．

404　断片119：クレメンス『雑録集』第4巻第13章1節
　　いかなる栄誉と，どれほど大きな至福とから……

405　断片120：ポルピュリオス『ニンフたちの岩窟』8節
　　われらはこの蔽われた洞窟の奥深くにやってきた……

406　断片122：プルタルコス『爽快な気分について』15節474B
　　そこにおわせしは，「クトニエー（大地母神）」と遠く見はるかす「ヘーリオペー（日輪）」，
　　血なまぐさい「デーリス（戦闘）」と厳粛なる面持ちの「ハルモニエー（調和）」，
　　「カリストー（優美）」と「アイスクレー（醜悪）」，「トオーサ（敏速）」と「デーナイエー（遅滞）」，
　　愛らしき「ネーメルテース（無誤謬）」と瞳暗き「アサペイア（不確実）」．

407　断片126：ストバイオス『自然学抜粋集』第1巻第49章60節
　　肉という見知らぬ衣を（ダイモーンに）纏わせて．

　連続性を断ち切られたこれらの断片は，ほとんどがある一つのパッセージから残された破片の一部である．エンペドクレスがそこで語ったと思われることは，まず堕落した他のダイモーンたちが集められている悲惨な場所へ彼自身が降りていき，やがてある洞窟へ導かれる様である．その洞窟では，ダイモーンたちが馴染みのない肉の衣を纏わされ，死すべきものを支配する反対的な諸力に服せしめられるのである．この場面が設定されているのは徹頭徹尾，地下の世界なのだろうか．それともエンペドクレスは，この地上の死すべきものの生の本質について比喩的に語っているのだろうか．奇妙なことに諸学者はこの二つの可能性が相互に排除し合うと考えてきた．おそらく

エンペドクレスは，終末論的なミュートス（すでにわれわれはピュタゴラス派の思想のなかにその形跡を見出している）を用いて，死すべきものの馴染みなき，あわれむべき状況について彼がもつ確信に強烈な表現を与えると同時に，生というものが，単純に人間的な時間的・空間的次元を越えたところに置かれているという思想を可能なかぎり鮮明に印象づけようとしたのである．

(iii) 解放の希望

408 　断片127：アイリアノス『動物誌』第12巻7節
　　　　獣らに生まれるときは，山に棲み地に臥し眠る獅子となり，
　　　　うるわしく青葉繁らす樹木に生まれるときは，月桂樹となる．

409 　断片146および147：クレメンス『雑録集』第4巻第150章1節および第5巻第122章3節
　　　　されど最後には，地に住まうひとの身に来たり，
　　　　予言者，詩人，医師，君主となり，
　　　　さらにそこから身を高め，誉れいと高き神々となり，
　　　　ほかの不死なる者たちと竈(かまど)を分かち，食卓を共にし，
　　　　人間どもの苦しみに与ることなく，身をすり減らされることもない．

これらの詩行のもととなっているのはおそらく，あるダイモーンが連続する個々の生の中で，いかにして創造物の階級（植物，動物，人間）をいよいよ高く昇りつめ，各階級で最も優れた姿に転生し，最後に本来の神としての資格を取り戻すかを，エンペドクレスが説明したパッセージであろう．資料409で明細に述べられているアポロンの召命のすべてが，彼自身の人格の中で統合されているとエンペドクレスが考えていたのではないかということが，しばしばまことしやかに思い描かれている．さまざまなかたちの生の記述にも，神々の記述にも同様に，『自然について』で「死すべきものどもの数限りない種族」を明細に述べるために用いられたのと同一用語の反復が見出される（たとえば，資料355-356を参照）．そして神々の祝宴への言及は，追放された神に対してその9年間の流謫の後に訪れることをヘシオドスが約束している，神々の饗宴への回帰（『神統記』801-804）をふたたび想起させる．しかし，エンペドクレスが

おそらくピュタゴラス派の密儀宗教の終末論にも依存しているであろうことは，ピンダロスの有名な断片と比較すれば明らかになるだろう（前出306-307ページ参照）．

410　ピンダロス断片133 Snell：プラトン『メノン』81B
　　　されどペルセポネに古き歎きのつぐないを受けいれられる人びとは，
　　　その魂をふたたび九年目にいと高き日輪のもとへ
　　　送り還され，それらから気高き王たちと，
　　　敏腕にして知恵ならびなき男たちが
　　　生まれいづ．そして彼らは後の世に人びとにより
　　　　聖なる英霊と呼ばれたもう．（もとの英訳はGuthrieによる）

X．供　犠

(i) 原初の状態

411　断片128：ポルピュリオス『禁忌について』第2巻21節
　　　彼らにとってはアレス（軍神）も，キュドイモス（鬨の声）も神ではなく，
　　　ゼウスもクロノスもポセイドンも王ではなく，
　　　ただキュプリス（アプロディテ）のみが女王であった．
　　　この女神を宥めんと，彼らは聖なる神像を捧げ，
　　　動物たちの絵画や，巧に匂い施した香油，　　　　　　　　　　　　　　5
　　　純正なる没薬と馥郁たる乳香を捧げた——
　　　灌祭の黄金色なす蜜を地に注ぎて．
　　　牡牛らの口にもできぬ殺戮によって祭壇が血に濡れることもなかった*訳注．
　　　いな，このことは人間たちのあいだで最大の穢れとされていた——
　　　生あるものからいのち奪い，その気高き四肢を喰らうことは．　　　10

――――――――――

[訳注＊ ἀρρήτοισι KRS：ἀκρήτοισι DK「混じり気なき血によって」．]

412　断片130：ニカンドロス『動物詩集』453行目への欄外古注
　　　すべてのものが穏やかで人間たちに優しかった——
　　　猛獣たちも，猛禽たちも．そしてそこには友愛の灯火が燃えていた．

　テオプラストスの報告によれば（ポルピュリオス『禁忌について』II, 21による），資料411は「供犠と神々の系譜」に関するエンペドクレスの記述のなかにあった．たしかにこれらの詩行は，詩人がふたたび神話を利用していることを示している．もっともこの時点で彼が依拠しているのは，ヘシオドスといっても『神統記』ではなくむしろ『仕事と日』（109行以下）における「黄金時代」の描写である．エンペドクレスは伝統的な神学を修正して，「愛」が——クロノスではなく——本来は最高神だったと主張する．そしてわれわれはふたたび，『自然について』の，今度は「愛」が四つの根に対して完全な支配を及ぼすときの「球（スパイロス）」の時期のことを想起させられるのである．

(ii) 殺戮と食人（カニバリズム）

413　断片135：アリストテレス『弁論術』第1巻第13章1373b6
　　　されどこの万物の法は，広大に支配するアイテール（空気）と
　　　（太陽の）無限の光とをつらぬいて，とぎれなく伸び広がっている．

414　断片136：セクストス・エンペイリコス『学者たちへの論駁』第9巻129節
　　　汝らは耳にするのもおぞましき殺戮を止めようとはしないのか．無頓着な心
　　　　のゆえに
　　　互いにむさぼり食いあっているのが見えないのか．

415　断片137：セクストス・エンペイリコス『学者たちへの論駁』第9巻129節
　　　姿を変えた愛息を，げに愚かにも，父はもち上げ
　　　祈りを捧げて切り散る——贄(はふ)を捧げるそのおりに [22]，哀れな叫び声上げ
　　　　て [23]

---

22) θύοντος Hermann : θύοντες codd.
23) οἰκτρὰ τορεῦντα Zuntz : οἱ δ' ἀπορεῦνται DK 「彼ら（供犠を執り行なう者たち）は命乞いするものを生贄に捧げることに心を乱すが」．

  命乞いするその息子を．されど父には非難の叫びは聞き取れず，
  切り散っては館のうちで禍々(まがまが)しき祝宴を調(ととの)える．
  同様にまた，父を息子が，母を子らがとらえては，
  そのいのち奪いて，親しき者の肉をむさぼり喰らう．

416 断片139：ポルピュリオス『禁忌について』第2巻31節
  おいもい！　なにゆえその前に，容赦なき死の日がわれを滅ぼさなかったのか——
  くちびるに生贄の肉喰らうむごたらしき業をわれがたくらむその前に！

417 断片117：ディオゲネス・ラエルティオス『哲学者列伝』第8巻77節
  すでにわれ，かつて一度は少年であり，少女であり，
  また藪であり，鳥であり，跳ねては海を旅する*(訳注)魚であった．

 資料411ですでに明らかなように，血なまぐさい供犠と肉食は原初の罪である（資料401, 3-4行目参照）．アリストテレスは，資料413で示された「自然の法」が，絶対的な見地から生きものを殺すことを禁じたと説明している（上掲個所）．資料414-415がわれわれに納得させようとしているのは殺戮と肉食の恐怖であるが，そのさい，すでにクセノパネスがおどけた調子で述べた輪廻説のある帰結（上掲資料260）が生かされている．すなわち，物言わぬ動物にすぎないと思っていても，もしそれを殺せば，じつは自分の息子や父親を殺害していることになるかもしれないという帰結である．資料416-417でのエンペドクレスは，『カタルモイ（浄め）』にとくに顕著な切迫した個人的な口調で，恩寵からの彼自身の没落を嘆き，また彼自身の転生の奇想天外な歴史を記録している．

(iii) **禁忌**

 418 断片140：プルタルコス『食卓歓談集』第3巻1節646D
  月桂樹の葉は完全に避けるべし．

 419 断片141：ゲリウス『アッティカの夜』第4巻第11章9節

[訳注* ἔμπορος KRS：ἔλλοπος DK「物言わぬ」．]

惨めなる，げに惨めなる者たちよ，豆からは手を遠ざけるべし．

　エンペドクレスはおそらく，独特の儀式についての具体的な指示をもって『カタルモイ（浄め）』（この詩の表題はそこから来ている）を締めくくったのだろう．これらの指示はほとんど残存していない（ただし，資料411参照）．資料418の理論的根拠を見出すべき場所は，明らかに資料408である．資料419は，何人かの著作家に帰せられる流動的な頻出表現であるが，少なくともピュタゴラス派のよく知られた豆の忌避に対して記憶に値する表現を与えている（前出299-300ページ参照）．

XI. 二つの詩のあいだの関係

　エンペドクレスは『カタルモイ（浄め）』の教えを『自然について』の諸理論によって正当化しようとはしていない．しかし，宇宙で大規模に行なわれているのと同じ力と変化のパターンが人間の運命をも支配しているということを彼がほのめかしているのは明らかである．二つの詩の教説をエンペドクレス自身がそう望んだよりもいっそう密接に関連づけることは，冒険的であるにせよ，心そそられることだ．

　もしも彼が人間を堕落した神（あるいは神的な霊）と考えているなら，これは確かに彼が自分と『自然について』の神との親近性を見ているからにほかならない．つまりこの神，「球（スパイロス）」は，両者の違いを超越するのである．その親近性のありかは，明らかに両者が分けもっている思惟の能力である．ここにこそエンペドクレスは完全性を見ているのであって，そのことは彼が「聖らかな心」を神と結びつける（資料397）と同時に，われわれがものを考えるための素材である血（資料394）を彼が四つの基本要素のほとんど等しい混合だと考えていることによって示唆されているとおりである．じじつ，おそらくわれわれ一人ひとりのうちなる神は，現実に「球（スパイロス）」の一断片なのであって，今は基本要素のあいだの争いに支配されてはいるが，いつの日かその他のすべての断片や他のすべての事物と統合されて，全一なる思惟そのものとなるのであろう．こう推測することによって，エンペドクレスの輪廻信仰が明らかにピュタゴラス派の魂不死説の翻案であるにもかかわらず，彼が『カタルモイ（浄め）』のなかで魂（プシューケー）について語らないのはなぜかの説明がつく．

追放された神という彼自身の人間観は，ピュタゴラス派の教えを以下のようにして改善したものなのである．すなわち，人間的運命の円環に支配された存在の正体は，それが宇宙の円環的図式のどこに位置するかを暗示する（暗示する以上ではないにしても）という仕方で確認されるのである．

　『カタルモイ（浄め）』は，まさにこの魂の本性という論点において『自然について』と矛盾しているとしばしば考えられてきた．というのは，『自然について』はすべての心理的機能を完全に還元主義的な唯物論の立場から説明しようとする試みとして読まれてきたのに対して，『カタルモイ（浄め）』は魂（あるいはダイモーン）がいつの日か没落以前にそうであったような非物体的なあり方を享受できるし実際にそうなるだろうと考え，あるいはほのめかしているものとして解釈されてきたからだ．われわれはこのどちらの解釈にも反する結論を下してきた．ダイモーンは，つねに物体的な形を与えられている．すなわちダイモーンは，人間の肉という不似合いで不自然な身体をもつことを運命づけられていて，「球（スパイロス）」の完全な身体を思い焦がれるのである．また『自然について』の心理学は，基本要素でもって思考し知覚する「われ」とは何であるかを曖昧なまま残しているけれども，純粋に還元主義的であるわけではない．

　同様に曖昧なまま残っている問題は，ダイモーンが基本要素を次から次へと取りかえ，植物から動物，人間へと姿を変えるとき，その永続的な同一性が本来どこにあるのかということである．明らかなことは，次のことを信じるエンペドクレスの確信の強さである——そのような変化を通じて生きる「われ」が存在し，生と死や他のあらゆるものについてその「われ」がもつ視野は，けっして完全に宇宙的な視野の範囲内に包括されることはできないのであって，それは神的な「球（スパイロス）」の視野であれ，宇宙の形而上学を構築する哲学者の視野であれ同様であると——．エンペドクレスは，殺戮について語るとき必ず個人的な罪に対する鋭い感覚を伝えている．とくに彼は，恩寵からの彼自身の没落について語るのだが，この没落を，「争い」という非人格的な力によってもたらされた宇宙の大破壊をめぐる避けがたいエピソードにすぎない，などと彼が感じていないことは明らかである．「われ」は消し去ることのできない存在なのだ．

第11章
クロトンのピロラオスと前5世紀のピュタゴラス派

はじめに

　パルメニデス，ゼノン，エンペドクレスといった卓越した思想家の現存断片が比較的多く残されているのを見とどけたあと，次いで，前5世紀のピュタゴラス派に関する学説史的な性格の濃い証言にふたたび目を向けると失望せざるをえない．その概略についてはすでに述べたが（282-285ページ参照），幸いにも，5世紀後半のピュタゴラス派をリードした哲学者のいくつかの真正断片が残されている．ピロラオスである．われわれのピュタゴラス派に関する研究は，これらのうちとくに重要なものの調査から始められる．それから，アリストテレスが「いわゆるピュタゴラス派」のものとした哲学との関係が論じられることになるが，これが本章の主要なテーマとなろう．

Ⅰ．クロトンのピロラオス

(i) 年代と生涯

420　プラトン『パイドン』61D（DK44B15）

　　ソクラテス　どういうことなのかね，ケベス．君とシミアスは，ピロラオスと親しくしていたときに，このような問題（自殺の禁止）について聞いたことがなかったのかね．

　　ケベス　確かなことはなにひとつ聞いていなかったのですよ，ソクラテス．……たしかに，あなたが尋ねたことに関しては，ピロラオスからも，彼がわれわれの地（テバイ）に滞在されていたおりに，またほかの人たちからも，

かかる行為におよんではならないということをすでに聞いておりました．しかし，この問題について明確なことはなにひとつとしてだれからも聞いたことはなかったのです．

421　ディオゲネス・ラエルティオス『哲学者列伝』第8巻46節（DK44A4）
　アリストクセノスが知っていた最後のピュタゴラス派の人たちは，トラキアのカルキディケの人でクセノピロス，プレイウス人でパントン，さらにエケクラテス，ディオクレス，ポリュムナストスで，彼らもプレイウスの人であった．彼らはタラスの人ピロラオスやエウリュトスの弟子であった[1]．

422　ディオゲネス・ラエルティオス『哲学者列伝』第9巻38節（DK44A2）
　キュジコスのアポロドロス[2]も，デモクリトスはピロラオスと同時代人であったと言っている．

　資料420から，ピロラオスが前399年のソクラテスの死の少し前にテバイに暮らし，そこで教えていたことがわかる．エケクラテスは，シミアスやケベスとともに，『パイドン』の登場人物であるから，資料421は資料420が示している年代をほぼ裏づけるものであり，さらには，ピロラオスがコリントスに近いプレイウスのピュタゴラス派教団と思しき所で指導的な地位にあった人物であったことを教えている．資料422は，証言としての信頼度も低く，きわめて簡潔なもので，情報源もはっきりしない．資料420-422と後出の542（これはデモクリトスの生年が前460頃-457年であると述べている）から，ピロラオスがソクラテス（前470年生まれ）とほぼ同時代の人であったと推測することができる．

(ii) 著　作

---

1)　アリストクセノスがピロラオスをタラスの人としているのは正しいかもしれないが，一方，医学史家でアリストテレスの弟子のメノンは，クロトンの人としており（資料445），資料423のディオゲネス・ラエルティオスも同様である．もしかすると，ピロラオスはクロトンで生まれだが，タラスで哲学を学び，成人後の生のほとんどをこの地で過ごしたのかもしれない（資料268参照）．
2)　哲学者で（年代史家のアポロドロスとは別人とすべきである），おそらく前4世紀後半の人（クレメンス『雑録集』II, 130（DK68B4）および Burkert, *Lore*, 229 n.51 参照）．

423 ディオゲネス・ラエルティオス『哲学者列伝』第8巻84節（DK44A1）

クロトンのピロラオス，ピュタゴラス派．この人からピュタゴラス派の書物を買うように，プラトンはディオンに宛てた手紙を書いている．…（中略）…彼には一冊の著述がある．（ヘルミッポスによると，哲学者プラトンはシケリアのディオニュスのもとに赴き，ピロラオスの親族からアレクサンドリア銀貨で40ムナでこの書物を買って，これによって『ティマイオス』を書いたと，ある著作家が述べているとのことである．しかし，別の人たちによると，プラトンがこれを得たのは，ディオニュシオスに懇願して，ピロラオスの弟子のひとりであった若者を牢獄から救い出してやったからであるという．）

ヘルミッポスの話は，明らかにプラトンを中傷することを目論んだもので（プラトンについてのほかの多くの逸話と同種のものである），この場合はプラトンの著作がオリジナルであることに疑問を投げかけている．ヘルミッポスの情報源は，おそらく前4世紀の作家であろう（彼自身は，カリマコスの弟子であるから，これにつづく世紀の人である）．「ピュタゴラス派の書物」にふれた手紙は，別の報告の中でも言及されているが，おそらくこれは実際に存在していた書物であり，ピュタゴラス自身に帰される三つの著作*[訳注]が真正のものであると弁護するためにつくられた偽作であったのかもしれない（ディオゲネス・ラエルティオス『哲学者列伝』VIII, 6（DK14, 19），イアンブリコス『ピュタゴラス伝』199（DK14, 17）．さらにBurkert, *Lore*, 223-225参照）．いずれにしても資料423は，書物にされたピュタゴラス派の教義とピロラオスの名前が早くからどのように結びついていたかを教えるものである．彼の手になる書物の存在は，ピロラオスの生物学説に関するメノンの報告によっても裏づけられる（資料445）．

後代の著作家には，ピロラオスの著作の断片と称する抜粋が数多く残っている．これらの抜粋集に関しては何度も論議されたが，ブルケルトが，主として形而上学，宇宙論を扱った原文が真正のものであるとその後の研究者を確信させたのはおそらく正しいであろう（*Lore*, ch. III）．ブルケルトはさらに，(a) このピロラオスの書物が，アリストテレスがピュタゴラス派の思想に関して述べた説明（資料430ほか）の典拠

───────────────

［訳注* ピュタゴラスには『教育論』『政治論』『自然論』の三つの著作があったと言われる．］

となっていること，(b)「前5世紀の自然学説（ピュシオロギア）の助けを借りて，ピュタゴラスからなんらかのしかたで受け継いだ世界観を再構築」するべく，「限定と無限定の思想および数による調和の教説」（*Lore*, p. 298）を純理論として実際に作り上げたのはピロラオスであったと主張する．これらの解釈は，一般には受け入れられていない（たとえば，J. A. Philip, *Pythagoras and Early Pythagoreanism*, Toronto, 1966, 32-33, 121-122; C. J. de Vogel, *Philosophia* I, Assen, 1970, 33-34, 84-85; J. Barnes, *The Presocratic Philosophers* II, 88, 92-93）．われわれの見解はブルケルトに同調するものである．

(iii) 限定と無限定

424 断片1：ディオゲネス・ラエルティオス『哲学者列伝』第8巻85節
　　宇宙内にある[3]自然は，無限定なものと限定するものとによって調和づけられた——宇宙全体も宇宙の中にあるいっさいのものも．

425 断片2：ストバイオス『自然学抜粋集』第1巻第21章7a
　　存在するものはすべて限定するものであるか，無限定なものであるか，限定するとともに無限定なものであるか，いずれかであることが必然である．しかるに，存在するものが無限定なるものだけであることはありえないであろう．[……[4]] それゆえ，限定するもののすべてから生じたのでも，無限定なもののすべてから生じたのでもないことが明らかである以上は，宇宙も，宇宙の中にあるものも，無限定と限定するものによって調和づけられたことは明らかである．現実に存在するものもまたこれを明らかにしている．というのは，それらのうち限定するものから生じるものは限定するもの，限定するものと無限定から生じるものは限定しかつ限定しないもの，無限定から生じるものは無限定なものであることは明らかだからである．

426 断片3：イアンブリコス『ニコマコスの数学入門』p.7, 24 Pist

---

3)　「宇宙内にある」（ἐν τῷ κόσμῳ）は写本の読み．Heidel は τῷ κόσμῳ と読んでいる．
4)　テクストはここで欠落があるようである．その前で言及されたことを証明する言葉があって，その後限定するものの議論に移ることが予想されるからである．おそらく資料426もここの議論の一部であろう．

万物が無限定であるならば，まず第一に，認識するものも存在しないことになろう．

資料424は，ディオゲネス・ラエルティオスによれば，ピロラオスの書物の巻頭を飾る言葉だということであるが，ピロラオスの哲学大系の主要な概念と主要な論点とを導入している．資料425の苦心の推論は曖昧である[5]．おもしろいことに，それは(a) ア・プリオリな部分と，それにつづく (b) 経験に訴える部分とに分かれる．(b)からすると，議論が引き出そうとする結論は，限定するものも，無限定なものも，両者から構成されるものも存在しなければならない，ということのようである．(a) の議論では，万物が限定するものであることも，万物が無限定なものであることも真ではないので，両者から合成されたもの（すなわち，宇宙と宇宙の中にあるもの）が存在せねばならない，ということになる．かくて，資料424の主張を間接的に弁護したことになる（間接的にと言うのは，ダッシュ以下のパラフレーズした部分はまったく証明されないままだからである）．現状のままでは，見えすいたような不合理な推論であるが，ひとも知るようにテクストは不完全である．

ピロラオスは，「限定するもの」と「無限定なもの」が哲学的分析において必要となるような基本概念と解されるべきだという理由をここでは述べていないし，ほかでも同様である．実際のところ，彼は限定するものや無限定なものとして心に描いているものの内実を明らかにはしていないので，そのぶんだけ (b) の議論を弱くしている．バーンズ（J. Barnes, *The Presocratic Philosophers* II, 85-87）は，限定するものとして図形（とくに幾何学的な図形）を，無限定なるものとして素材（たとえば銅，スズ，油，酢）を考えていて，おぼろげながらアリストテレスの形相と質料の区別が見られるとしている．よりもっともらしい推定は，ピロラオスは，ピュタゴラス派の数理論が読者には周知のこととして前提しているというものである（「限定しかつ限定しない」といった表現がいきなり出てくることに注意されたい）．そうすると，限定する

---

5) 選言的な物言いには，明らかにエレア派の影響がある．メリッソス（資料533），ゴルギアス（擬アリストテレス『メリッソス，クセニパネス，ゴルギアスについて』979a11以下）参照．ピロラオスがもっぱら「限定するもの」「無限定なもの」の概念を用いているのは，メリッソスにも負うところがあるかもしれない（資料526-531参照）．

ものは奇数,無限定なるものは偶数,そして両者からなるもの(「限定するものから生じるもの」等)とは資料437で言及されるような図形を指すことになろう.この想定は明確に数に関連している二つの断片によって支持される.ストバイオスは,これらの断片を資料425に続いて引用している.

(iv) **数**

 427 断片4:ストバイオス『自然学抜粋集』第1巻第21章7b
  そしてじっさい,認識されるものはすべて数をもつ.なぜなら,数がなければ,なにひとつ思惟されることも認識されることもできないからである.

 428 断片5:ストバイオス『自然学抜粋集』第1巻第21章7c
  じっさい,数には二つの固有な種として奇数と偶数が存在するが,第三のものとして両者の混合されたものからなる奇偶数が存在する.また,二つの種には多くの形態があって,各事物がそれ自体に示しているとおりである[6].

資料427は,もし限定するものと無限定なるものがピロラオスの基本的な概念であれば,数もまた彼の思想において中心的な役割をはたしていることを示している.おそらくピロラオスの主張は,もし事物が数えられるのでないならば,事物について思考することも,知ることもできない,ということであろう.言葉遣いはパルメニデスを連想させるものがあるかもしれないが(たとえば資料291),エレア派に対抗して,知識と思考の必要な条件であると理性がみなすものは一元論ではなく,多元論であるということを,意図して述べようとしたものではない(主張しようとするものでないことは言うまでもないが)[7]と解されるべきである.これらはむしろピュタゴラス派の古い思想を新しい認識論の支えで補強することを意図したものである.

---

[6] 資料428は,言葉遣いもその思想も,アリストテレス『形而上学』A 5, 986a17(資料430の末尾の部分)と近似している.資料427については,アレクサンドロス『アリストテレス「形而上学」注解』40, 12(アリストテレス断片203)を参照されたい.

[7] M. C. Nussbaum, 'Eleatic Conventionalism and Philolaus on the Conditions of Thought', *HSCP* 83 (1979), 64-66, 81-93 は,資料425-429のひとつひとつの表現にエレア派の模倣や影響を見てとっているが,信じがたい.

(v) 自然と調和

429 断片 6：ストバイオス『自然学抜粋集』第 1 巻第 21 章 7 d

　自然本性と調和（ハルモニア）については以下のとおりである．もろもろの事物の永遠にある存在や自然本性そのものは，神的な認識は許すが，人間の認識を許さない．ただし，宇宙がそれから構成されるもの，すなわち限定するものと無限定なものの存在がなければ，存在するものや認識されるもののいかなるものも生成することはありえなかったということは別である．そして，これらの原理は同じような性質のものではないし，同族のものでもないから，もし調和が，どのようなしかたで生じたにせよ，つづいて生じたのでなければ，それらの原理が秩序づけられることは不可能であったであろう．同じような性質のもの，同族のものはなんら調和を必要とすることはなかったが，異なる性質のもの，同族でないもの，同じ序列にないものは，もしもそれらが秩序世界（宇宙）の中でとらえられてあるべきものだとすれば，調和によってつなぎ留めておかれることが必要であった．

　資料 429 は，ピロラオスの断片の中で最も興味深いものである．人間の知識について懐疑的に内省する態度は，クセノパネス（資料 186），ヘラクレイトス（資料 205），アルクマイオン（資料 439）に代表される伝統の上に立っている．しかし，その精密な議論はきわめて独創的なものである．われわれが事物の真の存在（これを，エレア派に従って，永遠的なものとピロラオスはみなす）について知ることができるのはたかだか次のようなことであるが，しかし少なくとも知ることができることでもある．すなわち，われわれが見知っているつかの間の事物が存在するための必要な条件をあたえるものであるということである．明らかにピロラオスは，このことを根拠にして，事物の究極の原理として限定するものと無限定なるものが存在すると推論することが許されると考えている．それからさらにア・プリオリな議論によって，もし事物（とりわけ宇宙）が限定するものと無限定なるものとによって構成されるのであれば，これらは一定のハルモニア，すなわち相互的な調律を受けたに相違ないと推論する．

(vi) むすび

ピロラオスは，われわれがピュタゴラスの教説を扱った章において求めても見出すことのできなかったピュタゴラス派の思想を補ってくれる．すなわち，哲学的な論議である．このようにピロラオスは，前5世紀のソクラテス以前の思想家たちの主要な流れにピュタゴラス派の哲学を接近させるものである．すでに述べたように，ピロラオスはその存在論的，認識論的前提となるものをこれらの思想家たちと共有しているのである．じっさい彼は，自然，宇宙，存在，原理等々の哲学特有の概念の装いのもとに，ピュタゴラス思想にソクラテス以前の哲学の服を着せて表現したのである．これらの概念の中のどれだけが，はっきりとピュタゴラスから受け継いだと言えるものであるかについては推定することしかできない．調和と数はおそらくピュタゴラス自身の要となる思想に含まれていたであろう．けれども，資料424-429のほかの主要な概念をピュタゴラス思想に持ち込んだのは，あるいは少なくとも彼らの体系に暗々裡に含まれていたものを活用したのは，おそらくピロラオスであり，彼と同時代の人たちであったであろう．ピュタゴラスの教説に関するアリストテレスの主要な報告（資料430）を検討すれば，限定するもの（あるいは限定）と無限定なものが，一般のピュタゴラス派の人たちによってとりわけ彼らの体系において中心的な思想と見なされていたわけではないという判断が正しいことがわかる．そういった役割はむしろピロラオスに，あるいはアリストテレスが伝えている別の（無名の）ピュタゴラス派（資料438）に認められているのである．さて，アリストテレスの「いわゆる」ピュタゴラス派に関する証言に目を向けることにしよう．この調査には，ピロラオスの仕事のほかの面に関連するテクストを挙げることになろう．

II．ピュタゴラス派に関するアリストテレスの主な報告

430　アリストテレス『形而上学』A巻第5章985b23（DK58B4, 5）
　　これらの人々（レウキッポスとデモクリトス）と同じ頃に，またそれ以前に，いわゆるピュタゴラス派と呼ばれる人たちが数学に手をそめ，はじめてこの研究を推し進めた．そして，この研究の中で育ったために，彼らはこの数学の原理をあらゆるあるものの原理であると考えた．このような原理の中では数が自然本性のうえで第一のものであり，火，土，水よりもむしろ数に，存在するものや生成す

るものとの類似性が見られる（つまり，数がもつこれこれの特性は正義であり，これこれの特性は魂や知性であり，別のそれは好機であり，いわばほかのどんなものにも，そのひとつひとつが同じように数に対応する）と考えたために，さらに，音階についても，その特性や比例関係を数のうちに認めたので，したがって，数以外のものはその全自然本性において数に似ていて，数が自然本性の全体のうちで第一のものであるように思われたために，以上の理由から，彼らは数の基本要素がすべての存在するものの基本要素であり，全宇宙は音階であり，数であると考えたのである．そして，数や音階の中に，宇宙の諸特性や諸部分，さらに宇宙の全秩序と一致しているのを示すことができるものがあれば，それらを集めて，自分らの体系に適合させた．そして，いささかでも欠けるところがあれば，どこまでも自分たちの体系全体が一貫したものであることのほうを選んだのである．というのも，たとえば，10は完全数であり，数の自然本性のすべてを包含しているように思われるので，宇宙を周行している天体の数も10であると彼らは主張するのであるが，目に見える天体は九つしかないので，そのために10番目の天体として対地星（アンティクトーン）なるものを考え出したのである．これらのことに関しては，われわれは他の個所でもっと詳しく論じた．……[8]（986a15）明らかにこの人たちもまた，あるものにとって質料（素材）であるという意味で，また性状や様態であるという意味で，数を原理とみなしている．そして，数の基本要素は偶数と奇数であり，前者は無限定なもの，後者は限定されるものである．1はこれらの両方からなり（というのも，1は偶数でも奇数でもあるから），数は1からなる．そして，すでに述べたように，宇宙全体が数であるということである．

アリストテレスは，他の個所と同様にここでも，「イタリア派」と関係する思想を扱うさいには，「ピュタゴラス」ではなく「ピュタゴラス派」という名称を用いている（『形而上学』987a31，『天体論』293a20，『気象論』342b30）．これはこの教説がどこま

---

[8] （アプロディシアスの）アレクサンドロスは，この個所の注解において（『アリストテレス「形而上学」注解』41, 1, DK58B4），この問題についてより詳しく扱ったものとして，アリストテレスの『天体論』（資料446）と失われたピュタゴラス派に関する著作に言及している．

でピュタゴラス自身のものであるか疑われているからに違いない[9]．おそらく「いわゆる」という限定辞によって，アリストテレスは疑念を表わしているのであろう．彼の述べる教説がどれだけ古いかについてはわざと曖昧にしておかれている．原子論者たちの哲学活動の年代を前440年頃以降（508ページ参照）としてよければ，アリストテレスは，ピュタゴラス派を前5世紀後半，あるいはそれ以前に想定していることになる（『形而上学』1078b19（DK58B4）も参照）．

資料430は，年代についても，教説の出所についてもこのように意図的に曖昧にされているので，アリストテレスの説明はひたすらピロラオスに基づいているというブルケルトの主張には不利である．アリストテレス全著作において，ピロラオスはたった1回，それも偶然に言及されているだけである（『エウデモス倫理学』1225a30, DK44B16）．事実，資料430と424-429では明らかに類似した論点があるが，しかし強調するところがかなり違っている．このこともブルケルトの仮定の信頼性を弱めている．資料430は，数とその原理である奇数，偶数をピュタゴラス派の中心思想にすえているが，一方424-429は，限定するものと無限定なもの（これらはむろんより一般的な概念であるが）を基本的なものとみなしている．資料430では，「ハルモニア」は音楽の比例関係によって構成されるが，429では，それは限定するものと無限定なものとが調和し合うことである[10]．430のほとんどはピュタゴラス派が類似性をかなり恣意的に扱ったことを述べた（『形而上学』1092b26以下，DK58B27を参照）ものであるのに対して，425やとりわけ429は抽象的な議論を行なっている．もちろん，430でも奇数は限定されるもの，偶数は無限定なものであって，限定と無限定の概念はア

---

9) たしかに，アリストテレスの時代にはすでに彼らの思想はすべてピュタゴラス自身のものとされていた．おそらく αὐτὸς ἔφα（「彼みずから語った」（ディオゲネス・ラエルティオス『哲学者列伝』VIII, 46）．イアンブリコス『共通なる数学的知識について』p.77, 22-24参照）という有名な言い回しが用いられたのであろう．しかしながら，アリストテレスは，ピュタゴラスという名前が完全に伝説の霧の中につつまれていることに十分に気づいていた．資料273-274参照．

10) ピロラオスが，「ハルモニア」を音の比率で表現されるものとして発展させたことは確かである（たとえば，ニコマコス『数学入門』26, 2, DK44a24）．資料429のすぐ後にストバイオスが引用している箇所に断片が残されている（『自然学抜粋集』I, 21, 7d, DK44B6）．しかし，資料424-425や429でこの概念を用いているのは，これとは直接の関係はなにもない．

リストテレスの他の個所でのピュタゴラス派に関する報告（たとえば資料438, 442-444,『形而上学』987a9以下，DK58B8も参照）ではもっと前面に押し出されていて，424-429からも予想されるようなはたらきをしている．さらに，資料430の対地星の奇妙な説は，ピロラオスととくに結びついた教説（後述の資料447を参照）の例として挙げられている見込みが高い．しかし，証言全体から適切な結論を導くとすれば，アリストテレスは，（たとえば）ピュタゴラス派の宇宙生誕論や天文学についてのはっきりした，詳しい説明を必要とするときには，ピロラオスの書物を参照したが，他方（資料430のように）ピュタゴラスの教えの一般的な内容や性格の概略を示したい場合には，ピロラオスだけでなく，あるいはそれ以上に別の伝承（おそらくたいていは口頭のものであろうが）に頼ったことは疑いないだろう．

　実際のところ，（資料424-429や後の438と対照的に）資料430には，ピュタゴラスその人に帰するのにしかるべき理由があった数やハルモニアの説（先の301-305ページ参照）を展開しただけのものだと言えないようなものはなにもない．それは，資料438のように，存在についての二元論的な考えに終始しているわけでもない．概してそれには，資料424-429にあるような専門的な概念が欠けているし，いずれにしてもこれらの資料にあるような用い方はされていないので，こういう概念はもともとピロラオスの貢献によるものであると解釈されるのが一番よい．アリストテレスは，資料430の終わりで，数と事物との関係を，質料（素材），性状，様態という彼独自の形而上学的概念によって説明しようと苦労している．その前の個所で類似したものについて彼が述べていることは，それほど的を外していないと思われる（結婚によって2つの性は結合し，5の数において奇数と偶数は一つになり，諸天体の位置関係は協和音における音の関係に似ているなど）．しかしこれもすべての場合に適合するわけではない（妊娠後7ヵ月で出産し，誕生後7ヵ月で歯が生えるから，好機の数は7であるなど（アリストテレス断片203：アレクサンドロス（アプロディシアスの）『アリストテレス「形而上学」注解』38, 16による）．この教説全体の要点は，宇宙――およびその内で起こるあらゆること――が完全に理性的な秩序を表わしていることを教えることにあることは間違いない．ピュタゴラス派が事物と数を同一とみなすのは，主としてその秩序に象徴的な表現をあたえることを役目としている．特定の数（それらはさまざまな根拠で選ばれる）は，特定の事物の本質を表わすのに用いられ，このよ

うな数のそれぞれを定まった数列の中に置くことによって，あらゆる事物のもつ秩序性を表現することができるのである（1から10までの数列がそうであり，10は他のすべての数を含む完全数と考えられている）．

Ⅲ. ピュタゴラス派に対するアリストテレスの主な批判

431　アリストテレス『形而上学』M巻第6章1080b16（DK58B9）
　　ピュタゴラス派の人たちもまた，一種類の数，すなわち数学的数があると主張しているが，（感覚的事物から）独立にあるのではなく，数学的数から感覚的な実体が構成されるとしている．というのは，彼らは全宇宙を数からつくりあげているからである．ただし，単位的な数からという意味ではなく，単位が大きさをもつと考えている．しかし，どのようにして大きさをもつ最初の一が構成されたのか，説明に困っているようである．（もとの英訳はRossによる）

432　アリストテレス『形而上学』M巻第8章1083b8（DK58B10）
　　ピュタゴラス派の人たちのやり方は，ある面では先に述べられた人たちよりも困難が少ないが，彼らに固有な別の困難がある．すなわち，数を（感覚的事物から）独立にあるものとはしないために，多くの不可能な帰結を免れているけれども，物体が数から構成されているとか，この数が数学的な数であるとかいうことは，不可能なことである．というのは，不可分な大きさを語るのは正しくなく，かりにこのようなことを認めるとしても，少なくとも単位は大きさをもたないからである．大きさが不可分割的なものから構成されることなど，どうして可能であろうか．しかし，少なくとも数学的な数は単位的なものである．ところが，彼らは数をあるものとして語っている．とにかく，彼らは物体がこのような数からなるかのように，物体に（数学的な）定理を適用しているのである[11]．（もとの英訳はRossによる）

[11) アリストテレスは，この個所の前のところで，感覚的事物から独立なものとして数が存在するという，プラトンとプラトン主義者の何人かが唱えた説について論じ，またこの引用文の二番目の文でこれに言及している．この説については，Ross, *Aristotle's Metaphysics* (Oxford, 1924) liii-lvii 参照．

資料430ほど同調していないが，アリストテレスはピュタゴラス派が文字通り数と事物とを同一視しているとみなし，その上で彼らが重大な誤りを犯していると非難している．一般のピュタゴラス派がこのように理解されることを望んだとか，数と事物とを同一視することの帰結を生み出すとアリストテレスが考えた見解，すなわち大きさは不可分割的な単位であるという見解に彼らがくみしていたというのは，ありそうもないように思われる（たとえば，D. J. Furley, *Two Studies in the Greek Atomists* I, chap.3 参照）．資料431では，アリストテレスはピロラオスの宇宙論に的を射た批判をしているが（後の430ページ以下参照），資料432では，ピュタゴラス派の思想を主としてプラトン哲学と関連する議論の中で，弁証論的な，しかし歴史的ではないやり方で用いているにすぎない．他の個所では，みずから不満を述べながら，ピュタゴラス派の立場は，資料431-432のそれと比べると，およそ明確なものではないとしている．

433 アリストテレス『形而上学』N巻第5章 1092b8（DK45, 3）

また，どちらの仕方で数はもろもろの実体やあることの原因であるのかについても，なんら規定されなかった．それは（1）限界という意味であるのか（たとえば，点は大きさの限界であるように）．ちょうどエウリュトスが，どの数はどの事物の数に相当するか（たとえば，この数は人間の数であるとか，この数は馬の数であるとか言うように）を定めるのに，三角形や四角形といった図形に数をあてがう人がいるように，生きものの輪郭を小石でもってかたどり，その数を決めたようなやり方か．あるいは，（2）ハルモニアは数の比率であり，そのように人間もその他の動物も数の比率であるからなのか．

エウリュトスは，前5世紀の終わりに活動した人であるが（資料421参照），明らかにピュタゴラスの教説をより正確に述べることを試みた人物であり，幾何学図形は自然数によって規定されるという説（小石で輪郭をつくって数で表現して示すことができるように．資料437参照）を拡張して，人間や馬のような実体を説明している．

IV. 数学と哲学

434 ディオゲネス・ラエルティオス『哲学者列伝』第8巻12節

算術家のアポロドロスによれば，ピュタゴラスは，直角三角形の斜辺上にある正方形は直角をはさむ他の2辺上の正方形（の面積の和）に等しいことを発見して，百頭の牛を犠牲に捧げたということである．また，次のようなエピグラムもある．

　　かの名高い図形を発見したおりに，ピュタゴラスは，
　　それゆえに有名になりし牛の犠牲を捧げたり．

435　プロクロス『エウクレイデス「原論」注解』第1巻44節 (p.419 Friedl., DK58 B20)

エウデモスやその弟子たちによると，これらのことは昔に発見されたもので，ピュタゴラス派のムゥサの技によるという．すなわち，面積のあてはめ（パラボレー）や超過（ヒュペルボレー）や不足（エレイプシス）である．

436　プロクロス『エウクレイデス「原論」注解』第1巻32節 (p.379 Friedl., DK58 B21)

ペリパトス派のエウデモスが，あらゆる三角形は2直角に等しい内角をもつという，この定理の発見をピュタゴラス派に帰している．そして，彼らがこの定理を次のように論証したと言っている．「三角形ＡＢΓがあるとして，Ａを通ってＢΓと平行な線分ΔＥを引く．そうすると，ＢΓとΔＥは平行であるから，その錯角もまた等しい．したがって，∠ΔＡＢと∠ＡＢΓは等しく，∠ＥＡΓと∠ＡΓＢは等しい．これに共通の角である∠ＢＡΓを付け加えてみる．そうすると，∠ΔＡＢ＋∠ＢＡΓ＋∠ΓＡＥ＝∠ΔＡＢ＋∠ＢＡＥ＝2直角と三角形ＡＢΓの三つの角の和は等しい．したがって，三角形の三つの角の和は2直角に等しい」．

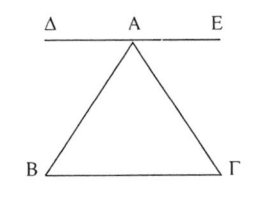

前5世紀以来ピュタゴラス派が数学の発達に実質的な貢献をしたことはほとんど疑いがない．幾何学では，面積をあてはめる重要なやり方（資料435）や資料436のようないくつかの孤立した定理のほかに，エウクレイデスの『原論』第4巻の定理の発見はピュタゴラス派のものとされている（「エウクレイデス『原論』への古注」273, 3; 13）．とくに，前4世紀の前半に活躍した（資料268参照）アルキュタスは，音楽に関する

まじめな数理論を作り上げた重要な数学者であった（プトレマイオス『音階論』I, 13, DK47A16，ボエティウス『音楽教程』III, 11, DK47A19 参照）．これはむろんプラトンがわれわれにピュタゴラス派のものの一つであると予想させるような数学理論であり（資料 253），もともとのピュタゴラス派のハルモニア概念が自然に展開したものと考えられる．ピュタゴラス派が貢献した数学の全容とその性格を判定することは困難である．たとえば，後代のさまざまな伝承は，正方形の対角線が有理数で表わせないことの発見をピュタゴラス派と結びつけているが（たとえば，「エウクレイデス『原論』への古注」417, 12 以下やイアンブリコス『ピュタゴラス伝』246 以下（DK18, 4）参照），これには信じるだけの十分な根拠がない（Burkert, *Lore*, 455-465, J. A. Philip, *Pythagoras and Early Pythagoreanism*, Appendix 2 参照）．さらに，「ピュタゴラスの定理」の発見とピュタゴラスを結びつける証言も，資料 434 のように，すべて後代の信憑性のとぼしい資料に由来しているのである．このような問題については，少なくとももともとのピュタゴラス派は幾何学的な証明など思いもよらず，むしろ 3，4，5 の数の組み合わせがもつそのような性質を認めたにすぎない．直角三角形を表わすのに小石を（資料 433, 437 参照）並べて，そのようにして（斜辺が）有理数になるように計算する一般的な方法を思いついたのかもしれない（Burkert, *Lore*, 427-430）．このような算術の方法はすでにバビュロニア人には知られていた（O. Neugebauer, *The Exact Sciences in Antiquity* (2nd ed. Province, R. I., 1957) chap.II）．

アリストテレスの資料 430[12] の第一文から，ギリシア数学が実質的にはピュタゴラス派によって作られたのだと推測されるかもしれない．この見解は，今日でも広く支持されているが，現代の研究では否定されている．むしろ実際のところは，幾何学を基礎づけて，前 4 世紀に至るその発展のほとんどを招来したのはイオニアのギリシア人であった．このことはエウデモスの幾何学史についてのプロクロスの著名な要約からも明らかである（『エウクレイデス「原論」注解』p. 65, 3 以下[13]）．さらに，ピュタゴ

---

12) しかし，構文についてもその解釈も異議がある．たとえば，ブルケルト（Burkert, *Lore*, 412-414）はアリストテレスの言葉を，ピュタゴラス派は「「数学的原理」と「原理」に関する一般的な問題との連関に気づいた最初の人たちであった」という意味にとっている．

13) W. A. Heidel, 'The Pythagoreans and Greek Mathematics', (D. J. Furley & R. E. Allen, *Studies in Presocratic Philosophy* I, 350 以下所収）や Burkert, *Lore*, ch. VI 参照．ブルケルトは，この要約の

ラス派の数学における活動が数やハルモニアの思想に導いたというアリストテレスの説明もありそうもないことである．これは馬の頭に荷車をつなぐようなもので，事の前後を間違えている．資料430のような思想が現われるのは，個別的にも全体としても，数がもつとされる象徴的な力への関心であって，より深遠な数学研究ではない．(たとえば) ピュタゴラス派が結婚と数字の5を結びつけたのは，女性数の最初のものと男性数の最初のものを合計して (アリストテレス断片203：アレクサンドロス (アプロディシアスの)『アリストテレス「形而上学」注解』39, 8参照)，$2 + 3 = 5$ という単純の真理を表わしたにすぎないのである．

ピュタゴラス派の形而上学の動機をこのように解釈するための証拠として，さらに (再びまたアリストテレスであるが) 次のテクストがある．これはまた，彼らが数を現在のドミノやサイコロに見られるのに似たパターン形式を好んだことの証言にもなっている．

437　アリストテレス『自然学』Γ巻第4章203a10 (DK58B28)
　　ピュタゴラス派の人たちは，無限定なものは偶数であるとしている．なぜなら，偶数は奇数によって囲まれ，限定されることによって，存在するものに無限定性をあたえるからである．そして，数の場合に起きることがその証拠になるという．すなわち，定規形 (グノーモーン) が1の周囲に置かれるか，あるいは1なしに置かれるかすると，つねに異なる形が生じる場合があったり，つねに一つの形が生じる場合があったりするからである．

資料437の内容もそれを説明する図も曖昧である (とくに καὶ χωρίς がそうであるが，ここでは「1なしに」と訳した)．アリストテレスが言及している二つの図版は，明らかに以下のようなものである．これらの図版のどちらも，グノーモーン (これについては先の137ページを参照) をさらに，追加することによって無限に延長することは言うまでもない．図1では，「グノーモーンが1の周囲に置かれ」て，加えられていくものが奇数系列の次の数を示しており，図2も同様の仕方で偶数の系列を表わし

ピュタゴラスに関する個所が，エウデモスではなく，新プラトン派のイアンブリコスからのものであると述べている (pp. 409-412)．

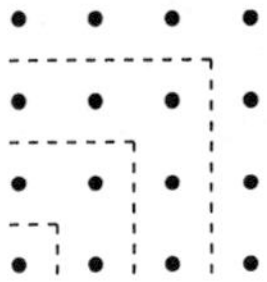

(図1) 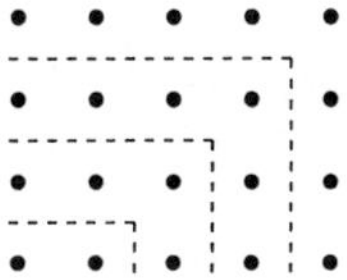　　　　　　　　　　(図2)

ている．しかし，図1は加えられてもいつも同じ形（正方形）にとどまるのに対して，図2は逆に加えられるたびに横との縦の長さの割合を変えていく．このようなことから，資料438の表に「正方形」と「長方形」が含まれているのである．

　この図は，奇数と限定との関係を（一様性によって），偶数と無限定との関係を（無限の変様性によって）作り出すのにたしかに成功している．けれども，どうして偶数が事物の無限定性の原因となるのか，それが奇数によって取り込まれ，限定されるということで何を意味しているのかを説明するものにはなっていない．おそらくこの方面におけるピュタゴラス派の思考のプロセスを正確に説明することは，これを補足しようとする古代の注釈家たちの説得力のない努力にもかかわらず（シンプリキオス『アリストテレス「自然学」注解』455, 20-456, 15），不可能なのであろう．ピュタゴラス派が奇数と偶数，限定と無限定の両方を原理として使って，二組の原理を結びあわせようとしたことは明らかである．しかし，これら二つの原理がどのように結びつくのかを明確にしなかったこともはっきりしている．資料437では，資料430と同様に，そして資料424-429, 443-444とは違って，数や他のすべてのものの根本原理と考えられたのは奇数と偶数であって，限定と無限定ではなかったのである．

V．対系列

438　アリストテレス『形而上学』A巻第5章986a22（DK58B5, 資料340のつづき）
　　同じ（ピュタゴラス派の）人たちのうちでも他の人たちは，対系列のかたちで語られる10の原理があると言っている．すなわち——

限定	無限定
奇数	偶数

一	多
右	左
男	女
静	動
直	曲
光	闇
善	悪
正方形	長方形

である．クロトンのアルクマイオンもまた，この説を彼が先のピュタゴラス派の人たちから受け継いだにせよ，とにかく同じように考えていたようである．なぜなら，アルクマイオンはこの人たちに近い見解を表明したからである[14]．すなわち，人間にかかわる事柄の多くは対をなしていると主張しているわけであるが，もっとも彼が挙げている反対的なものは，ピュタゴラス派の人たちのように，確定したものではなく，たとえば，白と黒，甘と辛，善と悪，大と小のように任意的なものである．したがって，残りの反対的なものについては，彼は未確定なまま放置したが，これに対して，ピュタゴラス派の人たちは，反対的なものがいくつあり，また何であるかについて明言しているわけである．

　かくして，これら両方の人たちからは，これだけのことを知ることができる．すなわち，反対的なものがあるものの原理であるということである．また，一方の人たち（ピュタゴラス派）からは，原理がいくつあり，何であるかについて知ることができる．けれども，これらの原理を先に述べた原因（四原因）とどのように結びつけられるかについては，彼らによって明確にされなかったが，おそらく基本要素を質料（素材）としての原因に割り当てているのであろう．なぜなら，実体はこれらのものから，それに内在するものとして，構成され形づくられると

---

14) いくつかの写本では，この一文は καὶ γὰρ ἐγένετο τὴν ἡλικίαν Ἀλκμαίων ἐπὶ γέροντι Πυθαγόρᾳ, ἀπεφήνατο δὲ......（「ピュタゴラスが老年の頃，アルクマイオンは齢も＜若かった？＞」）と書かれている．このように書くと，原文が損なわれているのは明らかなので，もしかすると正しい情報を含んでいるかもしれないが，A^{b}写本やアレクサンドロスに従い，この付加的な文句を誤ってテクストに紛れ込んだ写本の欄外メモとみなす Ross（当該個所の注参照）のほうが間違いなく正しい．

彼らは主張しているからである．（もとの英訳は Ross による）

アリストテレスは明らかに対概念表を，ピロラオスの書物とも，資料 430 で用いられたのとも異なるピュタゴラス派の情報源から引き出している．この一覧表から，アリストテレスは哲学者かつ医師であるクロトンのアルクマイオン（先の資料 310 を参照）が用いた対概念を思い起こしている．この人物はおそらく前 5 世紀前半の著作家であろう（原文に付した注を参照[15]）．この記憶に基づいて，アリストテレスはアルクマイオンとピュタゴラス派のそれぞれの見解の関係について述べているが，そうしながらもこの対概念表の古さについては曖昧であることが露呈している．資料 430 で記録されている思想とは違って，対概念表には第 7 章で述べた原初のピュタゴラス派の思想を想起させるようなものはなにもない．むしろ，これはパルメニデスの二元論的宇宙論や資料 437 で言及された図形に感銘した人物の手になるもののようにみえる．この人物によって他のエレア派の概念や数学のそれと結びつけられ，限定・無限定や奇数・偶数のようなピュタゴラス派の原理のもとに組み込まれたわけである．この表には内的な連関はほとんどないし，むしろ限定・無限定こそが基本的な概念であり，これらはある意味において奇数・偶数をも含めた残りのすべての概念の基礎となっていると推定したい気がする[16]．

VI. 宇宙論

---

[15] 資料 438 でのアリストテレスの言葉遣いをみると，アルクマイオン自身はピュタゴラス派ではなかったようである．ただし，彼の書物で語りかけられている友人たちはたぶんピュタゴラス派であったであろう．次の資料を参照のこと．

439 アルクマイオン断片 1：ディオゲネス・ラエルティオス『哲学者列伝』第 8 巻 83 節によるクロトンの出身で，ペイリトオスの子アルクマイオンはプロティノス，レオン，およびバテュロスに対して以下のように語った．「目に見えないものについて，神々は明確な認識をもつが，人間は推測するのみである……」．

[16] 次の資料を参照のこと．

440 アリストテレス『ニコマコス倫理学』第 2 巻第 5 章 1106b29（DK58B7）　ピュタゴラス派の人たちが喩えたように，悪は無限定に，善は限定に属するから．

441　ピロラオス断片7：ストバイオス『自然学抜粋集』第1巻第21章8

　　調和した第一のもの，一なるものが天球の中央にあって，かまど（ヘスティア）と呼ばれている．

442　アリストテレス『形而上学』N巻第3章1091a12（DK58B26）

　　永遠的な存在に生成があるとすることも不合理なことであり，あるいはむしろ不可能なことの一つである．ピュタゴラス派の人たちがそれらに生成を認めているか否かについては，これを疑問にする必要はなにもない．というのも，彼らははっきりとこう言っているからである．一が構成されたとき──構成されるのが面からにせよ，表皮からにせよ，種子からにせよ，表現するのが困難な要素からにせよ──，ただちに無限定の最も近い部分が引っぱられ，限定によって限られたと．（もとの英訳はRossによる）

443　アリストテレス『自然学』第4巻第6章213b22（DK58B30）

　　ピュタゴラス派の人たちも空虚が存在すると主張した．そして，空虚は無限定な気息から天の中に，あたかも天が（気息のみならず）空虚も吸い込むかのようにして入っていき，継起的に存在するものを分離し，区分するために，自然にあるものを区分する．そして，このことはまず最初に数において行なわれる．なぜなら，空虚は数の自然本性を区分するからである，と主張した．

444　ストバイオス『自然学抜粋集』第1巻第18章1c（アリストテレスを引用する（DK58B30））

　　アリストテレスは，『ピュタゴラスの哲学について』の第1巻において，天は一つであり，時と気息と空虚が無限定なるものから入りこんできて，空虚がそのつど各々のものの場所を区分する，と述べている．

　資料442では，アリストテレスはこのような主張をするのに，少なくとも一つのピュタゴラス派の教説に関する文書に基づいているような書き方をしている．ここでの主たる情報源は（たとえば資料430の場合と異なり）ピロラオスの書物である公算が高い．ただし，ピロラオスの宇宙生誕論には真正の断片はほとんど含まれておらず，おそらくわずかに資料441が幸いにも資料442と同じ教説を説いている．ピロラオスは彼の一般的な理論が求めるより以上のことを知っていると主張することはある

まい（資料429で，ハルモニアが作り出される手段について慎重に沈黙を守っていることなど）．したがって，資料442においてはアリストテレスの批判を招くことにもなった．資料443-444に関して言うと，宇宙生誕論での「呼吸作用」の説明はピロラオスの生物学での呼吸理論を想起させるような言葉遣いになっている[17]．この宇宙生誕論が主としてピロラオス自身の手になるものか，それともさらに古い時代の教説なのかについては論争中である．それが未成熟である点は，アナクシマンドロスやアナクシメネスの宇宙生誕論の思想と共鳴するところがある前6世紀の思潮にもともと属する教説であったことを示唆していると考えてよかろう（先の資料172を参照．また，Philip, *Pythagoras*, 68-70, 93-95, C. H. Kahn, 'Pythagorean philosophy before Plato', in *The Presocratics*, ed. A. P. D. Mourelatos (Garden City, N.Y., 1974), 183-184も参照）．ただし，未熟さはピュタゴラス派に特有のことであり，資料443-444での，空気のもつ空虚とは区別された（後述の資料470を参照）空虚概念の出現は（この概念はエレア派の創案であろうが），前5世紀の年代を指し示すものである[18]．

---

17) 次の資料を参照のこと．

445 メノン断片：逸名著作家のロンドン資料XVIII, 8（DK44A27） クロトンの人ピロラオスは，われわれの身体が熱いものからできていると主張する．というのも，以下のような考察に基づいて，われわれの身体は冷たいものにはあずからないとするからである．──精液は熱く，生きものをつくるのは精液である．また，それがまかれる場所（すなわち子宮）はよりいっそう熱く，しかも精液に似ている．そして，なにかに似ているものはそれが似ているものと同じ力をもっている．そして，つくるものは冷たいものにはあずからないし，それがまかれる場所も冷たいものにはあずからないので，つくられる生きものもまたそのような性質のものとして生まれることは明らかである．彼はまた生きものの生成について次のような言及もしている．生きものは誕生するとすぐに外の冷たい空気を吸い込む．次いで，生きものは，まるでそうしなければならないかのように，その空気をはき出す．したがって，外の空気を吸い込む欲求が起こるのは，外からの空気を吸入することによって，より熱いものであったわれわれの身体をそれによって冷却するためである．

18) 前5世紀のピュタゴラス派は，ずっと特殊な宇宙生誕論──まず，数の生成があって，次いで，数から幾何学図形が生じ，最後に幾何学図形から物理的な物体が生じるというもの（たとえば，Guthrie, *HGP* I, 239-282参照）──を抱いていたはずであると，考えられることがあった（カーク／レイヴンも同様である）．このような詳細な事物の生成論は資料442と（また資料431とも）一致しない．彼らは以下のようなテキストに頼りすぎているのである．たとえば，アリストテレス『形

アリストテレスが報告しているこの宇宙生誕論は非常に興味深いものである．それは時間と個々の物体も（われわれが主張しようとするように，異なる仕方で）数えられうること，そしてこれがこれらのものに関する基本的な事実であるという認識を含んでいる．この理論が現実離れしているのは，数がしかるべき順序で空虚によって分離されるというような物理的な説明をも許容する数の取り扱い方と，概して形式的な発想である．

Ⅶ．天文学

(i) 天体の構造

446 アリストテレス『天体論』第2巻第13章293a18（DK58B37）

大部分の人たちは，（地球が）中心に位置していると主張しているが……，ピュタゴラス派と呼ばれるイタリア方面の人たちは，反対の意見を述べている．彼らの主張によると，中心に位置しているのは火であって，もろもろの星の一つである地球は中心の周りを円運動しながら，夜と昼をつくりだすという．さらに，この地球とは反対のところに別の地球をこしらえあげて，これを対地星と名づけているが，これは現象を説明するために理論や原因を探求しているのではなく，むしろ現象を自分たちの理論や意見のほうに引きよせて，これに適合させようとしているのである．しかし，中心の位置を地球にあたえるべきではないという同じ意見をもつ人たちはほかにもたくさんいるであろうが，彼らは確証を現象にではなく理論に求めているのである．というのも，彼らの考えでは，最も尊いものには最も尊い場所がふさわしく，また火は土（地球）よりも，限界は中間よりも尊いが，最外周と中心が限界であるからである．したがって，以上のことから推論

而上学』1028b16, 1090b5（DK58B23-24）——これらは間違いなくピュタゴラス派のものではない（たとえば，Cherniss, *ACPA*, 132 以下, Burkert, *Lore*, 42-43 参照）——やアリストテレス『魂について』409a4, セクストス・エンペイリコス『学者たちへの論駁』X, 281, 擬イアンブリコス『数理神学』p. 84, 10（DK44A13）といった他のテクスト——これは初期アカデメイアでのピュタゴラス派の影響を受けたプラトン主義に始まる（たとえば，Burkert, *Lore*, 66-71）——である．

して，彼らは天球の中心には土（地球）ではなく火があると考えている．(b1) さらに，ピュタゴラス派の人たちは，万有のうちで最も尊いものは守護されているのがふさわしく，また中心はそのようなものであるので，中心を，あるいはむしろこの場所を占める火をゼウスの見張り台と名づけている．あたかも，中心が一義的にのみ語られる語であって，（幾何学的な）大きさの中心が事物や自然の中心でもあるかのように考えているのである．しかしながら，生きものの場合に生きものの中心と身体の中心が同じでないように，全宇宙についてもそのように考えなければならない．（もとの英訳は Stocks による）

447 アエティオス『学説誌』第2巻第7章7節（DK44A16）

ピロラオスは宇宙の中心に火を置いている．そして，これを「万有のかまど（ヘスティア）」とか「ゼウスの館」とか「神々の母」とか「自然本性の祭壇，絆，尺度」と呼んでいる．そして，最も上方にも別の取り巻く火がある．自然本性において第一のものは中心であり，その周囲を10個の神的な物体が輪舞している．すなわち，まず恒星天球があって，それから五つの惑星，次いで太陽，その下に月，その下に大地（地球），その下に対地星，そしてこれらすべてのものの後にかまどの火があって，これが中心を占めている．

資料447は，資料446にみえるピュタゴラス派の天文説をピロラオスが考案したことを示す信頼しうる証言である．大地（地球）を宇宙の中心に置かなかったことで，ピロラオスはコペルニクスの先駆者であると言えるだろうか．その答えは，彼の天文学説が答えるべき問いとみずからの教説を弁護するために述べた根拠がどのようなものであったかによって決まる．アリストテレスが言及している唯一の天文現象は，昼と夜との交替であり，これをピロラオスは地球の回転運動によると説明している（つまり，中心火の周囲の回転運動ばかりでなく，地軸の回転も説明に役立つと考えたわけであろう）．当時，天文学者は恒星に運動をあたえなくてもよいことがわかっていたに相違ないが，ピロラオスは恒星が輪舞すると言っている．一般的な言い方をすれば，蝕(しょく)や太陽の光の起源にソクラテス以前の哲学特有のやり方で[19]，特有な説明を

---

[19] 次の資料を参照のこと．

448 アエティオス『学説誌』第2巻第20章12節（DK44A19） ピュタゴラス派のピロラオスは，

あたえようとしたわけで，ギリシア天文学が主としてかかわっていた天体の年周運動その他の問題には関与することはなかったと思われる．アリストテレスは，火や10という数字への崇拝（資料430参照）や地球は宇宙の中心に位置を占めるほど重要な存在ではないという宗教的信念[20]に刺激された学説だとみなしている．

(ii) 天球のハルモニア

449　アリストテレス『天体論』第2巻第9章290b12（DK58B35）

　　　これらのことから，（もろもろの）星が運行するとき，その音が協和するためにハルモニアが生じると主張することは，これを述べる人たちによって巧妙に，独創的に語られたとしても，真実でないことは明らかである．ある人たちが考えるところによると，われわれの所で大きさもそれと等しくなく，そのような速さで運動することもないものが音を発するのだから，こんなにも大きな物体が運行するときには，必然的に音を発するはずである．また，太陽や月も，さらに数も多く大きさも大きい星がこんなにも速く運行しているのだから，途方もない大きさの音を発しないはずがない．そして，これらのことや，速さはその距離に応じて

　　太陽がガラス質のものであり，宇宙の火（中心火）の反射を受け取って，その光と熱を通過させてわれわれに届けていると言う．したがって，ある意味では二つの太陽があることになる．すなわち，宇宙において燃えているものと，そのものの反射によって生じるものである．ただし，鏡からの反射によってわれわれの方へ照射された光を第三の太陽と呼ばなければの話であるが．なぜなら，いわば影の影のように，この光をわれわれは太陽と名づけているからである．
　この説明文は，明らかに太陽についてのエンペドクレスの理論に示唆を受けている（先の資料370．また，アエティオス『学説誌』II, 20, 13（DK31A56）も参照）．対地星を引き合いに出したのは蝕を説明するためである（アエティオス『学説誌』II, 29, 4（DK58B36）参照．説明の仕方はアナクサゴラスからも借りている．ヒッポリュトス『全異端派論駁』I, 8, 6および9（DK59A42）=資料502，アエティオス『学説誌』II, 29, 7（DK59A77）参照）．

20) したがって，おそらくピロラオスはいつものように古いピュタゴラス派の教説を引き合いに出しているのであろう．ヒッパソス（304-305ページ参照）は基本物質を火と考えたとされている（アリストテレス『形而上学』984a7，シンプリキオス『アリストテレス「自然学」注解』23, 33（DK18, 7)参照）．しかし，中心火という特有の思想はパルメニデスの宇宙論の特徴を示すものであるし（その特徴も曖昧ではあるが．先の資料307参照），天文説の細部のほとんどが第5世紀後半より以前というのはほぼありえないことである（前注参照）．

協和音の比をもつことを想定することによって，彼らは円運動する星の発する音はハルモニアをなすと主張している．しかし，われわれがこの音を聞いていないのは理屈にあわないと思われたので，その理由として，われわれは生まれるとすぐにこの音を耳にするために，反対の無音を判別できないと主張するのである．すなわち，音と無音とはお互いに比較されることによって聞き分けられるわけで，ちょうど鍛冶屋がその音に慣れ親しむあまりどちらも区別がつかなくなるように，人々にもこれと同じようなことが起きるのだと言っている．(もとの英訳は Stocks)

資料449は，古いピュタゴラス派の天球ハルモニア論 (303ページ参照) を細部にわたって仕上げる試みであることを示している．アリストテレスはハルモニア論の著者たちの創意工夫には感心している (彼らはピロラオスの周囲にいた人たちであろうと考えてみたい)．しかしながら，彼らの見解を支えるだけの精密な観察が行なわれたとか，そもそもなんらかの観察が行なわれたという証拠はなにひとつない．

Ⅷ．魂

(i) 魂の本性

450 アリストテレス『魂について』第1巻第2章 404a16 (DK58B40)

また，ピュタゴラス派の人たちによって語られていることも同じ考えを含んでいるように思われる．というのも，彼らのうちのある人たちは，魂が空気中の塵であると主張し，またある人たちは塵を動かすものであると主張したからである．この塵については，完全に無風であっても連続的に動いていることは明らかであるということが，すでに述べられた．

451 アリストテレス『魂について』第1巻第4章 407b27 (DK44A23)

また，魂については別の見解も伝えられている．……すなわち，彼らは魂を一種のハルモニアだと言うのである．なぜなら，ハルモニアとは反対のものどもの混合であり，結合であり，身体は反対のものどもから構成されているからである．

[アリストテレス『政治学』Ⅷ, 5, 1340b18, DK58B41 参照]

452 プラトン『パイドン』88D

今もそうですが,いつも不思議な魅力でわたし(エケクラテス)をとらえる説があるんだ.それはわれわれの魂はハルモニアだというもので,その話がでたときに,わたし自身が以前にそのように考えていたことを思い出したのだ.

資料450は,素朴な信仰(資料281で,青銅のものを打ったときの響きがダイモン(神霊)たちの声だという考え方と比較できる)およびその合理的解釈を伝えている.資料451は,おそらくピュタゴラス派一般の数理論[21]から示唆をあたえられた説明を表わしているのであろう.アリストテレスが問題のハルモニアの種類を詳しく述べているのは,明らかにプラトンの『パイドン』に基づいており,ピュタゴラス派がもともと持っていた思想ではないかもしれない(彼らなら魂と数的な比率を同一としたであろうと予想される.資料430参照).資料452は,この教説と輪廻転生説を両立させることの困難さをわれわれに思い起こさせてくれる.

(ii) **魂の不死**

453 アリストテレス『魂について』第1巻第2章405a29(DK24A12)

魂については,アルクマイオンもまた彼ら(タレス,アポロニアのディオゲネス,ヘラクレイトス)に近い見解をもっていたようである.というのも,不死なる存在に似ているがゆえに,魂は不死なるものであると彼が主張するからである.また,この性質(不死)をもつのは,魂がつねに運動しているからである.つまり,太陽や月や星々や全天など,神的なものはすべてつねに連続的に動いているからだというのである.

454 アエティオス『学説誌』第4巻第2章2節(DK24A12)

アルクマイオンは,魂を永遠の動によって自己運動するものであり,それゆえに不死であり神的な存在に似ている,と考えている.

455 アルクマイオン断片2:擬アリストテレス『問題集』第17巻第3章916a33

アルクマイオンは,人間が滅びるのは,始めと終わりを結びつけることができ

---

[21] この説がピュタゴラス派起源であることは,資料452(資料421も参照)でエケクラテスがこれに賛同していることで暗示されているが,特定のピュタゴラス派の人にこれを帰することは軽々にはできないであろう.

ないからだ，と主張している．

　アルクマイオン自身はおそらくピュタゴラス派ではなかったであろうが（429ページ参照），これらのテクストは魂の不死（資料285参照）について現実に行なわれた最初の議論を含んでいる（魂と運動の連関性を議論に用いているのは興味深い．資料450参照）．資料454は，アルクマイオンが，魂はつねに運動しているという前提からそれが不死であるという帰結をただちに導いていることと，そのさいに証拠として，単に類比的に指示するものでしかないが（資料453にもかかわらず），天体をもちだしていることを示している．この前提の背後にあるのは，生けるもののみが魂を有することによってみずからを動かす（運動する）という思想であろう．そして，みずからを動かすことが魂の本質であるならば，いつまでもみずからを動かすことをやめることができないし，したがって生きることをやめることができないわけである．それゆえに，魂は不死であることになる（プラトン『パイドロス』245C-246A 参照．この個所は明らかにアルクマイオンの影響を受けている）．資料455は解釈がよりむずかしい．考えられるのは，天体が永続的な運動——すなわち，繰り返される回転運動——をつづける手段が人間の意のままにならない事実を暗に述べているということである．なぜなら，年をとる過程を逆行することはできないからである．人間が同じ一つの肉体にある間は，老年から幼児の時代に戻ることができない（つまり，「始めと終わりを結びつけることができない」）．だからこそ，資料453-454が教えるように，不死であるのであれば，人間は身体の死を迎えても，輪廻転生によって新しい身体に生まれ変わるのでなければならない．

IX．倫理学

456　イアンブリコス『ピュタゴラス伝』137節（DK58D2）

　　わたしはもう一度，ピュタゴラスや彼にしたがう人たちがとくに重んじた神々への崇拝のいくつかの原則について述べてみたいと思う．何をなすべきか，そして何をなしてはいけないかを定めたものは，すべて神的なものとの交わりを目指している．これが原則であり，彼らの全生活は神にしたがうことを目指している

のである.そして,人間たちは神々とは違ったところに善を求めているが,これは愚かな行為であって,ちょうど王によって統治されている国にいて,万民を支配し統治している肝心の王のことはなおざりにして,市民たちのうちの総督のような人に仕えているようなものであるというのが,この哲学の語っていることである.人間たちはこのようにふるまっていると彼らは考えている.なぜなら,神が存在し,万物を統べるものであり,また,そのような統治者から善きものを求めなければならないことが認められていて,さらにまた,ひとはだれでも自分が親しみ好ましく思うものたちには善きものをあたえるが,それとは反対の気持ちをいだくものたちには反対のもの(悪しきもの)をあたえるものであるのだから,神が好ましく思うことを行なうのでなければならないことは明らかであるからである.

457 イアンブリコス『ピュタゴラス伝』175節(DK58D3)

神的なものやダイモン的なものに次いで,彼らがとくに論じたのは両親と法律のことである.しかも,見せかけではなく心から信じて,これらのものにみずから従わなければならないと言った.また,一般に無統制状態(アナルキアー)ほど悪いものはないことを心に留めておかねばならないと考えていた.人間はだれでも監督されることがなければ,身を安全に保つことが本来できないものであるからというのがその理由である.(176)かの人たちは,父祖伝来の習慣やしきたりにとどまることを,たとえそれらが他の国のものよりいささか劣るところがあっても,よいこととみなしていた.というのは,安易に現行の法律からとび離れて,目新しさを求めたりするのは,けっして益のあることではないし,健全なことでもないからである.

458 プラトン『パイドン』62B(DK44B15)

ところで,この問題について秘教的な教義の中で語られているところによると,われわれ人間はある種の牢獄の中にいるのであって,そこからみずからを解放したり逃げ出したりしてはならないというのだ.これはなにか高邁で,容易には真意を見抜けない思想のように思われる.しかしながら,ケベスよ,少なくともこのことだけは正しく語られているとわたしは考えている.すなわち,神々はわれわれを配慮するものであり,われわれ人間は神々の所有物の一つだということだ.

資料456-457は，おそらくアリクセノスによるものであろう（ストバイオス『精華集』IV, 25, 45 および IV, 1, 40（DK58D4）参照）．ピュタゴラス派の倫理学に関する彼の詳細な説明には，かなりの部分がプラトン哲学からの投影が見られ，（もし史実であって，プラトンを剽窃者とする試みでしかないのでなければ）おそらく前4世紀半ば（資料421参照）の「ピュタゴラス派の最後の世代」の見解を代表するものであろう．しかしながら，これらの人たちはピロラオスの弟子あったし，資料458（これはピロラオスの教説である．資料420参照）と比較すると，アリストクセノスが遺したものは前5世紀後半のピュタゴラス派倫理学でとくに力点が置かれたものである公算が高いと言えよう．いずれにしても，これらのテクストからわれわれが思い起こすのは，ピュタゴラス派哲学のもつ絶えざる魅力のかなりの部分が，この哲学があたえる宗教的および倫理的な確信にあったということである．

むすび

アリストテレスが資料430において伝えているピュタゴラス派思想は，（おそらくその大部分は口伝によるものであろうが）その中心的な思想，力点の置きどころ，一般に緻密な議論を欠くところを見ると，われわれがピュタゴラス自身の教説としたものによく似ている．前5世紀のピュタゴラス派がこれにとりわけ貢献した（とりわけピロラオスであるが，もちろん彼だけではない）ことを明らかにする他の情報もある．それらは，もともとは古いピュタゴラス派の思索から始まった形而上学的，宇宙論的なテーマをより抽象的に，時にはより詳細に述べたものである．文体的には，同じ世紀の初期自然哲学者（およびエレア派）から一部借りたものである．ハルモニアという中心概念がどのようにして哲学のあらゆる領域，すなわち宇宙論，天文学，心理学の鍵をあけるのかを示す彼らの試みには，どこか崇高なところがある．倫理学や政治学にも秩序を求めようとする彼らの執着でさえも，彼らがこのように専心したことの表われであると理解することができよう．学問を数学化しようとする企てにおいて，その大胆さと創意に満ちた考えにもかかわらず，彼らが空想的な数理論という域を越えることはなかった．けれども，その企ての核心をなす思想は，もしもそれがピュタゴラス派が心に描いたものと同じであると言ってよいのであれば，現代において驚嘆

すべき豊かな成果をもたらしたことになる．

イオニア派の応答

パルメニデスの形而上学は，前5世紀のイオニア派の哲学を支配し，それがソクラテス以前の思索の最終段階をかたちづくった．主導的なイオニアの思想家たちは，各個独特でよく考え抜いており，しばしば独創的であったが，彼らはそれぞれに，われわれの周囲の世界に信をおく常識を根本から批判するパルメニデスに対して応答しているのだとする見方は，適切である．そのことがすぐに見てとれるのはメリッソスの場合で，彼の断片はパルメニデスの議論を改訂したものに他ならない．アナクサゴラスや原子論者の多元論についても，同様にその見方は正しい．またディオゲネスによって手直しされた物質的一元論は，前5世紀のものとしては，精神において，おそらくミレトス派の体系に最も近接しているかもしれないが，しかしなお，かのエレア派の原則に抵触することを避けようとする決意の上に立っている．すなわち，あるものがあらぬものから生ずることはありえないという原則は，これらの著作家全員に受け入れられ，エンペドクレスにも同様に受け入れられていた．

　しかし，彼ら全員が他にはどのようなエレア派の規範を支持することに同意したのかを特定することは，簡単ではない．たとえば，アナクサゴラス，メリッソス，原子論者たちは（さらにはエンペドクレスもまた），多が原初の一なるものから生ずることはありえない，と考えた．もし多がありうるとすれば，真実在がそうであるように，それらが究極のものでなければならない．しかし，はたしてディオゲネスはそれに同意しただろうか．また，彼らの大部分は（ここでもまたエンペドクレスもだが），もはや（ミレトス派がそうしたようには）宇宙生誕論において運動をすんなりとは想定しがたいものと考え，その存在を説明することに努めている．しかし，原子論者たちは，明らかに，運動は常に存在しつづけてきたと語ることで満足し，それ以上立ち入ることはしていない．したがって，イオニア思想に与えたエレア派の衝撃の図柄を，あまりきっちりと塗りつぶそうとするのは，誤りであろう．

　ともあれ，初期ギリシア哲学の歴史において最も興味深く重要な側面の一つは――しかも容易に見失われやすい一面でもあるが――，それが奇妙に連続してい

ることである．以下の主要な章のいずれにおいても，その一部は，可能な場合には当の哲学者自身の言葉によって，これらパルメニデス以後の諸体系が彼の「真理」の裁定（原子論者の場合にはメリッソスを介して）に，どれほど周到に注意を払おうとしているかを示すことに費やされるであろう．

第12章
クラゾメナイのアナクサゴラス

Ⅰ．年代と生涯

459 ディオゲネス・ラエルティオス『哲学者列伝』第2巻7節（DK59A1）

　　クセルクセスのギリシア侵攻当時，彼は20歳で，その生涯は72年であったと言われている．またアポロドロスの『年代誌』によると，彼が生まれたのは第70オリュンピア祭期（前500-497年）で，没したのは第88オリュンピア祭期の1年目（前428／27年）であったという．そして，彼がアテナイで哲学活動を始めたのはカリアスがアルコーンのとき（前456／55年）で，当時彼は20歳であったとは，パレロンのデメトリオスが『アルコーン名鑑』で述べているところである．その地に彼は30年間滞在したとも伝えられている．……（12）……ところで，彼の裁判についてはさまざまのことが語られている．ソティオンの『哲学者たちの系譜』によれば，彼はクレオンによって不敬神のかどで告発されたのであるが，その告発理由は，彼が太陽を赤熱した金属の塊だと主張したことにあった．そして彼のために弟子のペリクレスが弁護の演説に立ったが，結局，彼は5タラントンの罰金刑を受けて国外追放にされたというのだ．ところが，サテュロスの『伝記』によれば，彼を法廷へ引きずり出したのはペリクレスの政敵として活動していたトゥキュディデスで，不敬神のみならずそのペルシア贔屓をさえ問われた彼は，欠席裁判で死刑判決を受けたというのである．……（14）……最終的に彼はランプサコスに引っ込み，その地で没した．その国の支配者たちが，いかなる恩典の与えられることを望むかと彼に訊ねたところ，毎年自分が死んだ忌月に子供たちが遊ぶ祝日を設けて欲しいとの答えだったという．そしてその慣わしは今日

でも守られている．(15) 彼が亡くなったとき，ランプサコスの人びとは丁重に彼を葬った．

460 アリストテレス『形而上学』A巻第3章 984a11 (=資料334)

クラゾメナイのアナクサゴラスは，年齢の点ではエンペドクレスよりも先だが，哲学活動の点ではより後の（あるいは，より劣った）ひとである……．(もとの英訳は Ross による)

461 プラトン『パイドロス』270A (DK59A15)

ペリクレスもその優れた天性に加えて，この高邁な精神を身につけたのだった．というのも，思うに，すでにこうした資質を備えていたアナクサゴラスと出会い，天界現象論に没頭し，アナクサゴラスが大いに論じた知性と無知の本性に触れ，そこから言論の技術のために貢献しうるものを引き出したのだから．

これらのパッセージは，アナクサゴラスの生涯の年代決定が困難であることを十分に示している．資料459の最初の部分は，そのほとんどがおそらくパレロンのデメトリオスの復原不可能な発言に基づくアポロドロスの単なる推測の提示であろうが，そこからたちまち年代学上の深刻な問題がもちあがる．というのは，たとえスカリジェの校訂を受け入れ——そうしなければならないことは明らかだ——，アナクサゴラスの生涯を前500年頃から428年までだと結論づけるとしても，このパッセージを矛盾のないものにするためには，やはり「カリアスがアルコーンのとき」という言葉をむしろ「カリアデスがアルコーンのとき」，すなわち前480年と読むように推測することが必要である．そう考えれば，概略は次のようになる．

前500／499年	生まれる
前480／79年	アテナイに来て哲学活動を始める
前428／27年	ランプサコスに死す

これらの年代がおおよそ正しいと見てよい，としか言うことはできない．というのも，資料460はこの問題にいくぶんか光を投げかけはしたかもしれないが，その価値のほとんどが次のような理由で失われてしまうからだ．つまり，エンペドクレスの正

確な年代がわれわれには知られていないだけでなく（364ページ以下を見よ），その最後の語句の意味が曖昧——アナクサゴラスがその書物を著わしたのがエンペドクレス「より後」だ（比較的明瞭な解釈）というのか，それとも彼のほうがその見解の点で「より現代的」だ（あるいは，アレクサンドロスの解釈によれば，「より劣っている」でさえある）というのか——なのである[1]．

彼の裁判の年代に関する問題はさらに困難である．ときにはその歴史性が疑われたこともあった（たとえば K. J. Dover, *Talanta* 7 (1975), 24-54 のように）．しかしほとんどの学者は，アナクサゴラスが実際に告訴されようがされまいが，前433年頃ディオペイテスなる人物によって提出された反無神論者法案の犠牲者となってアテナイを退去したというプルタルコスの話[2]を受け入れている．ところが A. E. テイラーは，「彼の訴追をペリクレスの政治的キャリアの晩節にではなくその発端（すなわち前450年頃）に置いている点で，サテュロスの説明（資料459参照）が正しかった」と考えた（*CQ* 11 (1917), 81-87）．アナクサゴラスの哲学者としての直接的な影響力が主としてアテナイに及んだのは[3]前450年よりも前のことだ，という結論を支持するかなりの量の

---

1) 資料460の議論に関しては，Ross *ad loc.*, Kahn, *Anaximander*, 163-165 および D. O'Brien, *JHS* 88 (1968), 93-113 を見よ．

2) 次の資料も参照．

    462 プルタルコス『ペリクレス伝』32節（DK59A17）　この頃（ペロポンネソス戦争の初期）……ディオペイテスは，すべて宗教を蔑視する者，もしくは諸天界に関する教理を説く者を公訴に付すべしという決議を提案し，アナクサゴラスを口実にペリクレスにこの嫌疑を被らせようとした．……しかしながらペリクレスは，アナクサゴラスの身辺のなりゆきを憂慮してひそかにこれを国外に逃れせしめた．

3) アナクサゴラスはアルケラオス（第13章を見よ）とエウリピデスの両者を教えたと言われている．次の資料を参照のこと．

    463 ストラボン『地誌』14節 p. 645 Cas.　クラゾメナイの著名人，自然学者アナクサゴラスは，ミレトスのアナクシメネスの門人であった．また彼自身の弟子には自然学者アルケラオスと詩人エウリピデスがいた．

    アナクサゴラスがアナクシメネスの門人であったという記述は，彼がアナクシメネスの宇宙論の諸要素を再現したという以上のことを意味し得ない（468ページ参照）ので，アルケラオスとエウリピデスに対するアナクサゴラス自身の影響という伝承もそれ以上のことを含意する必要はないと考えられよう．しかし，前450年までのこととしても，エウリピデスは少なくとも30歳だった．し

第12章 クラゾメナイのアナクサゴラス

累積的証拠があることは確かである．

　プラトンは，ペロポンネソス戦争（前431-404年）直前の時代にアテナイの知的生活を支配していたのはソフィストたちだったという印象を与え，そして旧世代の哲学者の最後の生き残りとしてアナクサゴラスをソフィストたちと対比している（『ヒッピアス（大）』281C, 282E-283B）．そして彼が描くソクラテスは，アナクサゴラス説をその書物の朗読によってしか聞いたことがないのである（『パイドン』97B-99C）．同様に，死後ランプサコスの人びとによってアナクサゴラスに与えられた名誉の話[4]も，彼が晩年のかなりの期間をアテナイではなくランプサコスで過ごしたということを示唆している．他方，アナクサゴラスの名前は，前467年頃トラキアのアイゴスポタモイに巨大な隕石が落ちたという出来事と結びつけられている（彼の予言が的中した結果だと伝承にはある．後出の資料503）．アイスキュロスは，アナクサゴラス説からの影響を『救いを求める女たち』（前463年？――ナイル河の氾濫の原因，『救いを求める女たち』559-561行目．後出の資料502参照）と『エウメニデス（慈しみの女神たち）』（前458年――母親はこの誕生に何ら貢献するものではなく，父親の胤(たね)が育つ場にすぎない．『エウメニデス』657-666行．アリストテレス『動物発生論』IV, 1, 763b30-33, DK59A107参照）において見せている．

　アナクサゴラスにはっきりと思想的な影響を及ぼした前5世紀の哲学者は，パルメニデスだけである（452ページ以下を見よ）．もっとも，彼がゼノン（453ページ以下を見よ）とエンペドクレス（たとえば465, 482ページを見よ）の両者に反発しているということはありうる．

たがって彼が，アテナイの知的サークルという程度の狭い社会の中ですでにアナクサゴラスと知己を得ていただろうということは，九分通り確かなことのように思われる．アナクサゴラスの影響が顕著だと言われているエウリピデスの詩行については，DK59A20a-c, 30, 33, 48および112を見よ．なかでも最後の詩行は全般として納得できる点が最も多いものである．

4）次の資料も参照．

464　アルキダマス：アリストテレス『弁論術』第2巻第23章1398b15による（DK59A23）
　　ランプサコスの人びとも，アナクサゴラスを異国のひとであったにもかかわらず埋葬し，今日でもなお崇敬している．

こうしたすべてによって，盛年は前 470-460 年頃であることが示される[5]．

II．著　作

465　プラトン『ソクラテスの弁明』26D
　メレトス　ゼウスに誓って，そのとおりなのです，裁判官のみなさん，なにしろソクラテスは，太陽が石で，月は土塊(つちくれ)だと主張しているのですから．
　ソクラテス　アナクサゴラスじゃないか，君が訴えているつもりなのは，メレトス君．それに君はまさかそうやってここにいる人たちをばかにして，彼らが文盲だからクラゾメナイのアナクサゴラスの書物にはそういった言説がぎっしり詰まっていることを知らないとでも思っているのかい？　それに青年たちがそうしたことをぼくから学ぶといったって，そんなものは彼らがいつだってオルケーストラー（中央広場の一隅）から高くてもせいぜい 1 ドラクメーで買ってきて，たとえソクラテスが自説を装っても，ことにそれほど奇妙な説であってみれば，当人を嘲笑できるような代物なのだ．

466　ディオゲネス・ラエルティオス『哲学者列伝』第 1 巻 16 節
　一冊ずつしか書物を著わさなかった人びとには，メリッソス，パルメニデス，アナクサゴラスがいる．

アナクサゴラスは事実，十中八九ほとんど，ただ一冊の書物しか書かなかった．後代の当てにならない典拠によって彼に帰せられた他のさまざまな著作——遠近法に関する論文，円の正方形化に関する論文，さまざまな問題を集めた書物など——は，たとえそれらが実在したとしても，アナクサゴラスの真作であることはほとんどありそうにない．さらに，彼の一冊の書物については，バーネットが——明らかに資料 465

---

[5]　アナクサゴラスの年代学に関する論争点を回顧した最近の業績としては，D. Sider, *The Fragments of Anaxagoras* (Meisenheim an Glan, 1981), 1-11 の賢明なる所見を見よ．ただ，論争は続いている．テイラーの見解は L. Woodbury, *Phoenix* 35 (1981), 295-315 によって広範囲に裏書きされているが，アナクサゴラスのアテナイ来訪の年代を遅く（前 456 年に）設定する考えは，J. Mansfeld, *Mnemosyne* ser. 4, 32 (1979), 39-60, 33 (1980), 17-95 によって支持されている．

のビブリア（書物）という複数形が「おそらく2巻以上のパピュロスに書き込まれていたことを意味する」ことに基づいて[6]——「かなり大部」だったと言っているが，むしろきわめて短かい書物だったと見るほうが蓋然性が高いように思われる．シンプリキオスによって伝存されている断片が相当回数繰り返されることで，彼の体系の全基礎が与えられるように思われるからだけではない．この書物が1ドラクメーで買えたという資料465の叙述が，それほど大部ではなかったということを強く示唆するからでもあるのだ．前399年当時のアテナイ経済の全貌を推測することはけっして容易ではないが，あらんかぎりの証拠によって示されることは，1ドラクメーの購買力がその頃までにきわめて小さくなっていたということだ．アナクサゴラスがその書物の後半で彼の基本原理に従って，天文学，気象学，生理学，感覚知覚——こうしたテーマに関しては二次的な証言は多いのだが，断片はまばらで数が非常に少ない——のような詳細にわたる諸問題を追究していったことは疑いない．しかし彼はその場合それらの問題を，前半部分の残存断片のいくつかを特徴づけているのと同じ要約的な簡潔さでもって扱ったにちがいない．真正断片は合わせておよそ一千語からなっているが，もとの全体の8分の1を下回るということはありえないし，かなり大きな方の部分に相当すると見てよいだろう[7]．

---

6) シンプリキオスも彼の時代にアナクサゴラスの著作が複数の部分に分割されていたということを示唆している．すなわち，たとえば『アリストテレス「自然学」注解』34, 29（DK59B4）や 155, 26（DK59B1）で，彼は『自然について』という著作の「第1部」（あるいは「第1巻」）について語っている．これは確かにバーネットの見解に有利な発言に見える．しかし，資料465のソクラテスの言葉には，その書物が複数のビブリア（書物）であること以外に大部の書物であったことを示唆するものは何もない．そしてビブリオンという言葉には，たとえ複数形であっても（少なくともこの時代には）長さについての明確な含意はない．よりありそうに思われるのは，本節に挙げられたさまざまな理由により，もしもその著作がシンプリキオスの時代にそうであったように，もともと複数の部分に分割されていたのだとすれば，それらの部分は非常に小さな部分だったということである．

7) A. H. M. ジョウンズ教授がご親切にもこの計算を次のような覚書でもって確証してくださった．「写字生が「派遣」（χωρὶς οἰκῶν）奴隷だと想定すれば最も単純な計算になる．その所有者は，熟練奴隷ひとりにつき1日に少なくとも2オボロス（1オボロスは1/6ドラクメー）の上納金（ἀποφορά）を期待しただろう．ティマルコスの靴職人たち（σκυτοτόμοι（アイスキネス『ティマルコス弾劾』I, 97））は彼に2オボロスの上納金をおさめ，彼らの親方は3オボロスの労賃を支払った．ニキアスや

III. パルメニデスと初期多元論者たちに対する反応

467 断片1：シンプリキオス『アリストテレス「自然学」注解』155, 26

すべての事物は一緒にあった——数量においても小ささにおいても無限なるものとして．というのは，小さいことも無限であったのだから．そして，すべてのものが一緒にある間は，いかなるものもその小ささのゆえに明瞭ではなかった．なぜなら，すべてのものを空気とアイテールが支配していたのだから——そのどちらもが無限なるものであるがゆえに．というのは，これらはすべてのものの混合のなかに，数量においても大きさにおいても最大のものとして，含まれているのだから．

468 断片4（後半）：シンプリキオス『アリストテレス「自然学」注解』34, 21（断片4の残りの部分については，資料483および498を見よ）

しかしこれらのものが分離されてくるまでは，すべてのものが一緒にあったので，色さえもどれ一つとして明瞭ではなかった．というのは，それを妨げていたのはすべての事物の混合——湿ったものと乾いたもの，熱いものと冷たいもの，明るいものと暗いものの混合——であり，さらにその混合のなかには多くの土も，

前5世紀のほかの人びとは，非熟練の鉱山奴隷で1日に1オボロスを得ていたが，これには割賦弁済金が含まれていた——雇用者は死亡した奴隷を返済しなければならなかったからだ——（クセノポン『歳入論』IV, 14-15）．食糧費は，デモステネス『ピリッポス弾劾第一』IV, 28によって1日に2オボロスと計算されているが，これはデモステネスが，自分の計画がきわめて安上がりであることを証明しようとしているからで，おそらく安すぎる見積もりであろう．エレウシスの勘定書（『ギリシア碑文集成』 $I.G.^2$ II および III 1672-1673, 前329-327年のもの）では，公有奴隷の食糧費（τροφή）のために1日3オボロスが認められている．また衣料費その他の雑費や，奴隷自身の賃金も認めねばならない（奴隷は，仕事のない不景気なときにそれを取っておかねばならないだろうし，またみずからの自由の代価として取っておくことを期待してもいた）．またパピュロス代も認めなくてはならない（パピュロスがどれくらいの単位で買い求められたかが知られていないので，この計算は不可能なのではないかと私は思う）．しかしながら，ひとり分の賃金だけなら，1日に少なくとも1ドラクメーになるだろう．熟練労働者（大工，石工など）は，エレウシスの勘定書では，2ないし2½ドラクメーを支払われている」．

それゆえ，1ドラクメーで買える書物というのは，優に1日で写本の作れる程度の書物ということになるだろう．

また数量は無限にして互いに何ら似たところのない種子も含まれていたのだから．なぜなら，他の諸事物のいかなるものも互いに別のものと似てはいないのだから．そしてこれらがそのとおりであるとすれば，その全体のうちにすべての事物が含まれていると考えなくてはならない．

ほとんどすべての断片を伝存させてくれているのはシンプリキオスであるが，その彼が，資料 467 はアナクサゴラスの書物の冒頭にあったと述べている．これによって出だしから明らかになることは，エレア派の一元論に対するアナクサゴラスの反発がどれほど過激なものだったかということである．パルメニデスは（資料296 で）こう書いていた——

> またそれはあ̇っ̇た̇ことなく　あ̇る̇だ̇ろ̇う̇こともない．今あ̇る̇のだから——
> 　一挙にすべて，
> 一つのもの，つながり合うものとして．

これに対してアナクサゴラスは，まさにその第一文で，「一挙にすべて」（ὁμοῦ πᾶν）の代わりに「すべての事物は一緒に」（ὁμοῦ πάντα χρήματα）を置くことからはじめる．次に禁じられた過去時制の「あった」を認め，最後には「小ささにおいて無限」という言葉によって，パルメニデスの「つながり合うものとして」という言葉に含意されている事物の不可分割性を否定する．アナクサゴラスによれば，最終的には現われ出てくるはずの一つひとつの事物が，ことごとく遍在している混合状態から世界は生じたのだった．そして「一緒にあったすべての事物」をこの原初の混合の中に置きさえすれば，生成と消滅を望みどおり完全に排除できるだろうというのである．この点がきわめて明確になるのは次のパッセージである．

469　断片17：シンプリキオス『アリストテレス「自然学」注解』163, 20
　生成・消滅というものをギリシア人たちは正しく認めてはいない．なぜなら，いかなる事物も生成することもなければ，消滅することもなく，現にある事物から混合されたり分離されたりするからである．したがって，生成を混合と呼び，消滅を分離と呼べば，彼らは正しく呼んだことになるだろう．

ここでアナクサゴラスが，パルメニデスの要求の一つを明確に受け入れていることは疑いえない．また，資料467で他のすべての要求を拒否するのが同様に熟慮のうえであることもほとんど疑いえない．

　原初の混合は，アナクサゴラスが資料467でも468でも述べているように，想像上の観察者にとって，おそらく「空気[8]とアイテール」以外は何一つ知覚できなかっ

---

8) 次の資料を参照のこと．

　470　アリストテレス『自然学』第4巻第6章213a22　空虚が存在しないことを証明しようとしている人たちは，空虚という言葉によって人びとが実際に言わんとしている当のものをではなく，間違ってそう言っているものを論破しているのであって，アナクサゴラスをはじめ次のような仕方で空虚の存在を論駁している人たちがそれにあたる．すなわち，彼らは革袋に圧力を加えて空気の抵抗力がいかに強いかを示したり，水取り器（クレプシュドラー）に空気を閉じこめたりすることによって，空気が何ものかであることを証明しているにすぎないのである．

　それゆえ，アナクサゴラスでは，空気が物体的な存在であって，非存在としての空虚から明確に区別されていることは明らかである．また，アリストテレス『天体論』IV, 2, 309a19（DK59A68）をも参照．そこでは，アリストテレスはエンペドクレスとアナクサゴラスを同じグループにいれ，(1) 空虚の存在を否定し（エンペドクレス，後出資料536参照），(2) 重さの違いを説明していない，と考えている．クレプシュドラーというのは一種の金属容器で，頸部が細く，底部には現代のコーヒー濾過器（パーコレーター）のように多数の細かい穴が空けられたものである．これを用いたアナクサゴラスの実験の詳細については，擬アリストテレス『問題集』XVI, 8, 914b9（DK59A69）を見よ．エンペドクレスの有名なパッセージでこれが描写されるのは，空気が物体的な存在であることを示すためではなく，呼吸の本質を説明するためである．関連する詩行を引用しておこう．次の資料を参照のこと．

　471　エンペドクレス断片100：アリストテレス『呼吸について』第7章473b9
　　かくて，そこから滑らかな血が駆け去るときには，
　　沸き立つ空気が猛烈なうねりをなして駆け込んでくるが，
　　そこに血が駆け上ってくるときには，ふたたび空気は吐き出される．
　　あたかもそれは乙女子が輝く青銅の水取り器もて戯れるときのごと――
　　乙女子がその管の狭き口にたおやかな手を押し当てて，　　　　　　　　　　10
　　白銀の水のなめらかな体に浸すときには，
　　一滴の水もその器には入り来ず，その水を空気のかたまりが
　　器の中からびっしりと穿たれた孔の上に落ちかかって閉め出している――
　　乙女子が手をどけて濃密な空気の流れを解き放つまでは．されどそのときには，
　　空気がその場を後にして，同じかさの水が入り来る．　　　　　　　　　　　15
　　また同じようにして，水が青銅の器の深みを占領し，

たであろうほどに多種多様な要素の，それほどまでに均質一様な混合だった（468ページ以下を見よ）．資料468の長文に挙げられている諸要素のリストは，現代の注釈家にとって困難の源でありつづけているが，おそらく網羅的であることを意図されてはいないだろう．「無数の種子」については後でより多くのことが語られるのでひとまずおくとしても，他に挙げられた諸要素は，アナクサゴラスの他の先行者たちの見解に関係づけることによって合理的に説明できる．多元論には，過去に二つの主要なタイプがあった．かつてアナクシマンドロスやヘラクレイトスのように，世界を何らかの仕方で相反的なものが闘争する場とみなした人びとがいた．そしてエンペドクレスは（もし彼の業績がアナクサゴラスのそれに先立つのだとすれば），闘争する相反的なものを四つの永遠・不変な基本要素に固定化したのだった．多元論のいずれのタイプも，アナクサゴラスの考えによれば，十分ではなかった．彼自身のいう原初の混合に含まれねばならないのは，伝統的な相反的なものやエンペドクレスの基本要素——これがここではおそらく「土」によって例示されているのだが，それは，残りの三つの基本要素のうち「空気」と「アイテール」（あるいは「火」）の二つが，すでに資料467で要素として言及されていたからである——だけではない．そこには，「数量は無限にして互いに何ら似たところのない種子」も含まれなければならないのである．

IV．ゼノンに対する反応

472　断片3：シンプリキオス『アリストテレス「自然学」注解』164, 17

　　狭き口の通孔が死すべき人間の手*もて塞がれるときには，
　　空気が外から中へ入ろうとして，響きのにぶい濾過器の底の
　　城門のところでその最前線を制圧して水を押し返す——
　　乙女子が手を放すまでは．そしてそのときにはふたたび，前とは真逆に　　　　20
　　空気が突入するにつれ，同じかさの水がほとばしり出る．
　［訳注＊「手」（17行）は文字通りには，「皮膚」．19行でKRSは，「濾過器の頭の入り口のところでその表面を抑え込みつつ」という意味の訳を付しているが，複数の「入り口」が空いているのは水取り器の頸部ではなく，底部である．エンペドクレスの城攻めのイメージに忠実に訳しておいた．］

小さなものにとっては，最少の部分というようなものはなく，どこまでもより小さなものがありつづける（というのは，あるものがあることを止めるというのはありえないことだから）．大きなものにとっても同様に，どこまでもより大きなものがありつづける．そして，それは数量的には小さなものと等しく，各々のものは，自分自身との関係においては，大きくもあり小さくもある．

473　断片5：シンプリキオス『アリストテレス「自然学」注解』156, 10

これらのものがこのように分離されてあるのならば，すべてのものはけっしてそれ以上に少なくもなければ多くもない，ということを知らなくてはならない．というのは，すべてのものより多いということはあり得ることではなく，すべてのものはつねに等しいのだから．

この二つの短い断片で，アナクサゴラスが明瞭にゼノンに対して反応していると想定するだけの理由がある[9]．とにかく際だった暗合があるのだ．ゼノン自身の言葉の中に残されている「多」への論駁は二つだけであるが，その一方の議論の終わりのところはこうなっているはずだ——

474　ゼノン断片1：シンプリキオス『アリストテレス「自然学」注解』141, 6（＝資料316）

このようにして，多があるとすれば，それらのものは小にしてかつ大でなければならない．すなわち，大きさを持たぬまでに小さいとともに，無際限なまでに大きくなければならない．

そしてもう一方の議論の始まりのところはこうだ．

475　ゼノン断片3：シンプリキオス『アリストテレス「自然学」注解』140, 29（＝資料315）

もし多があるならば，それは必ず現にあるそれだけの数あり，それ以上に多くもなければ少なくもない．

---

[9]　どちらの哲学者もおそらく前470-460年の10年間に著作をした．そしてどちらが先に書いたかに関する推測はいずれもやや冒険的である．さらにM. Schofield, *An Essay on Anaxagoras* (Cambridge, 1980), 81-82を見よ（アナクサゴラスのほうがゼノンより先だという見解を反駁している）．

これらの発言はどちらも一風変わった性格をもっているので，アナクサゴラスがその両方をまさに彼がやっているような仕方で繰り返す以上，彼がきわめて意図的にそうしているということは大いにあり得るように思われるのだ．

資料473は，アナクサゴラス説の枠組み全体のなかではそれほど重要ではない．その要点はおそらく，世界にいかなる変化が生じようとも，事物（あるいは事物の種類）の数は一定でありつづけねばならないというところにある．しかしこれが資料475に対する応答として書かれたとすれば，俄然興味が湧く．というのは，ゼノンは，多なるものが数的に有限でなければならないというみずからの前提に立って推論を始めたからである．アナクサゴラスは，実在が数的に無限の事物から成り立っているということ（資料467）をそのまま信じているのなら，その推論を適切に却下しているであろう．現にある事物がそれ以上に多くもなければ少なくもないということだけを理由に，それらの数が有限だということにはならない．この洞察によって示唆されることは，アナクサゴラスが無限の本性についてゼノンよりも明確な見解をもっていたということである．

資料472によっても同様のことが指摘される．資料474でその結論が与えられている議論の第2節は，無限分割が可能だという考えが耐えがたいほど逆説的であることを示そうとするものだった．すなわち，もしもある事物が，そのいずれもが明確な大きさを持った数的に無限の部分に分割可能だとすれば，それは無際限なまでに大きくなければならないというのだ．原子論者のレウキッポスとデモクリトスはこの議論を受け入れ，そしてそのゆえに，事物が無限に分割可能だという観念は却下されねばならないと結論づけた．彼らはとどのつまり，彼らの自然学の基本原理として，実在は分割不可能な物体，すなわちアトモンから成り立っていると断定するに至ったのである（後出資料545-546）．これに対してアナクサゴラスは，資料472において，無限分割可能性の観念になんら逆説的なところを見出していないことを示している．ここでも，資料474の主張に賛成するゼノンの論拠をもし知っていたとするなら，彼はそれを却下するに十分なだけの明晰な頭脳の持ち主だったことになるだろう．すなわち，あるものがいかに小さな部分に分割されようとも（τὸ μὴ に代えて τομῇ「分割によって」を読むツェラーの提案は魅力的だ），それらは明確な大きさを持っている（ゼノンの第1節にある「大きさを持たない」ということにはならない）．しかしその分割

がけっして最後の項を迎えることがないという事実から，その項の総和が無限に大きくなるという帰結が生じることを（ゼノンの第2節が結論づけたように）恐れる理由は何もない．あるものの大きさがどんな大きさであろうと，それにはすべてのものの部分が含まれている（資料 481-482）のだから，各々のものはじつは大きくもあり小さくもあると中立的な記述がなされてよい，というのである．このように，アナクサゴラスの物質理論は，原子論者たちのそれと同じように，ゼノンに応答するために考案されたものとして読まれてよい．そしてその応答が彼のパルメニデスに対する応答に付け加えられると，彼の体系の基礎がすでに半ば完成することになる．彼は宇宙生誕論を考案し，また変化というものについて，あ・る・ことのなかったものの生成という禁じられた事態をじっさいに排除する説明を与えることができるのである．

V．「知性（ヌゥス）」

476　断片 12：シンプリキオス『アリストテレス「自然学」注解』164, 24 および 156, 13

　　他のすべてのものはあらゆるものの部分を分けもっているが，「知性（ヌゥス）」は無限にして絶対的で，いかなる事物とも混じり合うことなくただ独りそれ自体で独立自存している．なぜなら，もし独立自存していないで他の何かと混じり合っているとすれば，それはいったん何かと混じり合ったからには，すべての事物を分けもつことになるだろうからだ．というのは，すでに以前のところでわたしが述べたように，あらゆるものにあらゆるものの部分が含まれているのだから．そして「知性」と一緒に混じり合ったものがこれを妨げるので，それはただ独りで独立自存しているときと同じようには，いかなる事物をも支配できなくなるだろう．なぜなら，「知性」はすべての事物のなかで最も微細にして最も純粋なものであり，あらゆるものについてあらゆる知識を有し，最大の力をもっているからである．また，いのちある限りのものは，より大きなものであれより小さなものであれ，そのすべてを「知性」が支配している．そして，回転運動の全体をも「知性」が支配していたので，原初において回転運動が生じたのだ．最初に回転運動が始まったのは小さな領域からだったが，いまはもっと広い領域で回転

運動が行なわれており，さらにもっと広範囲に回転運動は及んでいくだろう．また，一緒に混合しあっているものも，分離していくものも，分解していくものも，それらすべてを「知性」は知っていた．そして，あろうとしたかぎりのすべてのものを——あったものも，いまあるものも，あるであろうものも——*訳注秩序づけたのは「知性」であったし，さらには星々や太陽や月，空気やアイテールなどの分離しているものがいま現に行なっているこの回転運動を秩序づけたのも「知性」であった．そして，分離を引き起こしたのはこの回転運動である．希薄なものから濃密なものが分離し，冷たいものから熱いものが，暗いものから明るいものが，湿ったものから乾いたものが分離していく．しかし，そこには多くのものの多くの部分がある．あるものが別のものから完全に分離することも，分解し合うこともけっしてないが，「知性」だけは別である．「知性」は，その量がより大きなものもより小さなものも，全体として同質である．しかし，それ以外のものは，どれ一つとして他のいかなるものとも同質ではなく，それらのうちで最も多く含まれているものが，眼に最も明らかなものとして，一つひとつの個物でありかつあったのである．

477 断片13：シンプリキオス『アリストテレス「自然学」注解』300, 31

そして「知性（ヌゥス）」は，動かすことを始めたときに，動かされているすべてのものから分離した．そして「知性」が動かしたかぎりのものは，そのすべてが分解した．そして事物の運動と分解がすすむにつれ，回転運動がはるかにいっそう多くの分離を引き起こした．

478 断片9：シンプリキオス『アリストテレス「自然学」注解』35, 14

これらのものがこのように回転運動し，（それらの回転運動の）力と速さのために分離していくと……．そして力をつくり出すのは速さである．しかし，それらのものの速さは，いま現に人びとの間にあるいかなるものの速さにも譬えようがなく，まったくそれらの幾層倍も速いのである．

[訳注* DK は，ὁποῖα ἦν の後に ἅσσα νῦν μὴ ἔστι を補っている．「いまはもはやないものについては，それがどのようになるはずであったか，事実どのようであったかを，またいま現にあるものを，またそれがどのようになるであろうかを」．]

479 断片14：シンプリキオス『アリストテレス「自然学」注解』157, 7

　　しかし「知性（ヌゥス）」はつねにあ̇り̇，いまも確か̇に̇，他のすべてのものもあ̇るそのところに，あ̇る̇――まわりを取りまく（未分離の）集塊のなかにも，（分離してから）集まってできたものや分離したままのもののなかにも．

　アナクサゴラスが従わねばならなかったパルメニデスのもう一つの要求は，運動の可能性を無条件に認めるのではなく，説明すべきだというものだ．エンペドクレスの「愛」と「争い」に代えて，アナクサゴラスは「知性（ヌゥス）」という単一の知的な起動力をおく．これもまた，「愛」と「争い」と同じように，抽象的な原理の性格を数多くもっている．「あらゆるものについてあらゆる知識を有し，最大の力をもっているからである．また，いのちある限りのものすべてを支配している」．そしてそれは「あ̇ろうとしたかぎりのすべてのものを秩序づけた」のだが，そこにはもちろん宇宙の回転運動が含まれていた．しかし同時に，それは「すべての事物のなかで最も微細にして最も純粋なものであり」，「より大きなものもより小さなものも，全体が同質である」．そしてそれは，「いかなる事物とも混じり合うことはない」が，それでもなお，「他のすべてのものがあ̇るそのところに――まわりを取りまく（未分離の）集塊のなかにも，（分離してから）結合してできたものや分離したままのもののなかにも――」現在する．アナクサゴラスはじじつ，彼の先行者のうちの何人かがそうしたように，真に非物体的な存在を想像し，記述しようと努力している．しかし，彼らと同じように，まだアナクサゴラスでは，空間的な延長が実在の唯一究極的な規準である．「知性」は，他のすべてのものと同様に物体的であり，その力を一部はその微細さに負い，一部はそれだけが混合のなかに現在してはいても混合されずにありつづけているという事実に負っている．

　「知性」が最初の回転運動をいかに分け与えたかは，けっして明らかではない．アナクサゴラス自身でさえ，そのプロセスについて明確な心象を何一つ持ち合わせていなかったのかもしれない．しかしながら，その影響をうける領域は最初は小さかったけれども，いっそう着実に拡大していく．その回転運動の速さは計り知れないものなので，それが原初の混合に及ぼした影響力は非常に力強い（資料478）．その直接の帰結は，分離の連続的進行である．すなわち，回転運動がつねにそうしつづけているよ

うに新しい領域に及ぶとすぐに，その領域の構成要素が分離し始める（資料477）．じ
じつ分離を直接引き起こしているのはこの回転運動なのであって，これによって今度
は宇宙生誕論がもたらされる．「知性」は，最初の回転運動を与えると，ただ独り究
極の原因者でありつづける．しかし同時に，資料477の末尾の発言から明らかなよう
に，いったん原初の運動が分け与えられると，純粋に機械的な要因が作用し始め，「知
性」そのものの働きはしだいに直接的ではなくなる．これがアナクサゴラス説の特徴
であって，プラトンとアリストテレスをいらつかせたことには，この特徴は彼の宇宙
生誕論が進むにつれてより顕著になるのである．

　「知性」の導入とともにこの学説の基礎は完成する．アナクサゴラスは，ピロラオ
スや彼以後の原子論者たちと同様に二元論者である．そして彼の二元論はある意味に
おいて，「知性」と素材の二元論である[10]．この二元論の構成メンバーはどちらも一
風変わっている．「知性」は，素材のように物体的であり，素材を支配するその力を
自らの微細さと純粋さに負っている．素材そのものは，純粋であるどころか，少なく
とも原初においては，世界が究極的に含み持っているあらゆる形の実在の無限分割可
能な混合なのである．

VI．あらゆるもののなかにあらゆるものの部分が

481　断片6：シンプリキオス『アリストテレス「自然学」注解』164, 26
　　そして，大きなものの部分も小さなものの部分も，数量的には等しいのだから，
それゆえにまた，あらゆるもののなかにすべてのものが含まれていることになる

---

10) 次の資料を参照のこと．
　480　テオプラストス『自然学説誌』断片4：シンプリキオス『アリストテレス「自然学」注解』
　　27, 17 による（DK59A41）　このように彼ら（アナクシマンドロスとアナクサゴラス）が考
　　えているとすれば，アナクサゴラスは，素材としての原理を無限なものとし，運動と生成の原因
　　を「知性」という単一のものとしたかに思われるだろう．しかし，すべてのものの混合が単一
　　のもので，形相においても大きさにおいても無規定なものと考えられうるとするならば，彼は
　　じっさいは，無限なるものと「知性」という二つの第一原理のみを主張していることになるだ
　　ろう．

だろう．またそれらものが離れて存在するということはありえず，すべてのものがあらゆるものの部分を分けもっている．最小の部分が存在するということはありえないのだから，いかなるものも引き離されたり，独立自存したものになったりすることはできず，原初においてそうであったように，いまもすべてのものは一緒にあるのでなければならない．すべてのもののなかに多くの要素が含まれていて，分離してくる諸事物には，そのより大きなものにもより小さなものにも，等しい数量のものが含まれている．

482　断片11：シンプリキオス『アリストテレス「自然学」注解』164, 23
あらゆるもののなかにはあらゆるものの部分が含まれているが，「知性」だけは別である．しかし，「知性」も含まれている若干のものは存在する．

この二つの断片には，それらが簡潔に，強調的に，そして明確に——と考えられたのかもしれない——言わんすることが語られている．資料481がわれわれに教えることは，原初の混合のなかでそうだったように，いまも，いかなる大きさであれ分離してくるあらゆるもののなかに，すべてのものが一緒にあるということだ．一方，資料482が「「知性」だけは別である」という但し書きによって納得させてくれる要点は，原初の混合が伝統的な相反的なものやエンペドクレスの基本要素だけでなく「無数の種子」をも含んでいるのとちょうど同じように，現在のあらゆるものも「知性」以外のあらゆるものの部分を含んでいるということである．それが疑いなくアナクサゴラス自身の語っていることである．そして彼は，すでに引用された後続の断片（資料476）で，それを一度ならず繰り返す．たとえばコーンフォードやヴラストスによれば，「あらゆるもののなかにはあらゆるものの部分が含まれている」と語ったときアナクサゴラスが言わんとしたことは，あらゆるもののなかにすべての相反的なものの一部が存在する，ということでしかありえないという．しかし，彼らにこのような主張ができるのは，アナクサゴラスが言おうともしなかったことを言ったという濡れ衣を着せているからにすぎない．確かに，アナクサゴラスのような経験をつんだ思想家は言うまでもなく，どんなギリシア人であっても，彼がもし本当に「あらゆるもの（の部分）」(παντὸς) という言葉によって「あらゆるもの（のなかに）」(παντί) とはまったく別の何かを指示させようというのなら，「あらゆるもののなかにはあらゆるもの

の部分が含まれている」(ἐν παντὶ παντὸς μοῖρα ἔνεστι) などと書いたとは考えられない. παντί と παντός に含まれるよう意図されていることが何であろうがなかろうが, アナクサゴラスに対して公平を期すのなら, それらが同じものを含んでいるということが想定されねばならない. そして, それらのものに相反的なもの以外のものが含まれているということは, 断片6（資料481）を断片4（資料468）と比較することから必然的に帰結するように思われる.

　資料482の末尾でアナクサゴラスは,「知性」が現在している若干のものも存在すると付け加えているが, この発言は,「知性」がいのちあるかぎりのすべてのものを支配しているという, 資料476の別の一文と比較対照されるべきである.「知性」が現在している若干のものが存在するのなら,「知性」が現在していない別のものも存在することは明らかである. それゆえ, おそらく「知性」は, いのちあるものの世界にあまねく切れ目なく分け与えられているわけではないと推察されるべきである. そう考えることによって, 資料476の末尾近くでアナクサゴラスがやっているような, その「量がより大きなものもより小さなものも」という言葉遣いがなぜできるのかが説明されるだろう.

VII.「種子」と「部分」

　アナクサゴラスが語ったことの意味を推測するどんな復原の試みにとっても, その中心問題となるのは, 資料468の「種子」(σπέρματα) を, 資料476, 481, 482の「部分」(μοῖραι) とどう関連づけるかを決定することである. もしアナクサゴラスが, 素材の無限分割可能性を本当に信じていたとすれば（そしてこのことが論争の的になったことは一度もない）, 原初の混合のなかに「種子」がすでに現在しているとはどういうことなのか. この決定的な問題に答えるには, まずアナクサゴラスがモイラ (μοῖρα) という言葉で何を正確に意味していたのかを考察し, そうして初めて, そもそもなぜ「種子」が導入される必要があるのかを考察するという方法が最も容易であろう.

　もちろんモイラ (μοῖρα) は, スペルマ (σπέρμα) がアナクサゴラスによって半ば術語として用いられているような仕方で用いられてはいない. しかしそれにもかかわらず, 彼はその言葉を注意深い考察を要する意味で用いたように思われる. アナクサゴ

ラスのモイラ（μοῖρα）は，「部分」といっても「断片」や「微粒子」ではなく，「分け前」という意味の「部分」である．そうした「部分」の本質的な特徴は，それが，それを含むものにまで現実に到達してそこから分離してくることが理論上も実際上もありえない何ものかだ，ということであるように思われる．素材をどこまで細かく分割していっても，またそれによってその断片がどれほど極微なものにまで到達しようと，つねにアナクサゴラスはこう応えるだろう——それは，それ以上分解できないということはけっしてなく，むしろなおも数量的に無限な「部分」を含んでいるのだと．

じじつこれこそ，アナクサゴラスのゼノンに対する反応の本質である．そしてそれがおそらく，資料481で彼が「大きなものの部分も小さなものの部分も，数量的には等しい」と語るときに言わんとしていることなのだろう．無限に大きなものも無限に小さなものも同様に，数量的に無限の「部分」を含んでいる．事実上はもちろん，そのような理論はベイリー（*Greek Atomists and Epicurus* (Oxford, 1928), App. 1）がアナクサゴラスに帰するような融解理論と区別することはできない．しかしそれは，二つの根本的な意味で，現代の化学的な融解の概念とは異なっている．一杯のコーヒーのなかには，水とミルクと砂糖とコーヒー豆のエキスとがすべて完全に混合されていて，その液体の目に見えるどの一滴もまったく同質的であるようにみえる．しかしわれわれは，そのような一滴がさまざまの明確に区別される要素的な分子構造体から成り立っているということを信じているが，アナクサゴラスは，無限分割可能性の原理に傾倒していたために，そうした基本要素にまで到達するいかなる可能性をも拒絶する．またわれわれは，そのような一滴がある限られた数量の実在のみを含んでいると信じているが，アナクサゴラスは，それが「さまざまな部分」，すなわちそこにあるすべての実在としての相反的なもののさらなる分け前を含んでいると考えている．

それでは，事物の原初状態のなかで，もしも現実が単純にすべての実在としての相反的なものの完全に均質な混合から成り立っていたとするなら，宇宙生誕論はどのようにして始まりうるのだろうか．何らかの秩序づけられた宇宙の創造のために必要な，小規模かつ大規模な差異化のプロセスを基礎づけることができるであろうような，限定された個別的な存在物がはたしてどこにあるのだろうか．そのような存在物はそれらのプロセスによって要求されはしないというのがおそらくアナクサゴラスの考えだった．しかし，もしかすると，彼の解答は，彼が原初の混合の中におく「種

子」によって与えられていたのかもしれない．資料 467-468 は，微視的なレヴェルでは原初の混合が均質ではなかった，という考えを示すものと読めるかもしれない．素材は，たとえ無限分割可能なものだとしても，最初からさまざまな断片ないしは「種子」に凝集されていたのであり，そしてそれゆえに，宇宙生誕論がそこから始まる自然的な単位というものが存在するのである（したがって，おそらく「種子」という言葉が用いられるのは，種子がより大きなものがそこから生じてくる当のものだからである[11]）．

Ⅷ．「種子」と相反的なもの

483 断片 4（第 1 文）：シンプリキオス『アリストテレス「自然学」注解』34, 29

これらのものがそのような状態にあるとすれば，次のように考えられねばならない．すなわち，混合してできたすべてのもののなかには，数多くの多種多様なもの――すべての事物の種子として多種多様なかたちや色や味わいをもったもの――が含まれている……．［資料 498 につづく］

484 断片 10：「ナジアンゾスのグレゴリオス『説教集』への欄外古注」XXXVI, 911 Migne

いったいどうして毛髪でないものから毛髪が，そして肉でないものから肉が生じてくることがあり得ようか．

485 アリストテレス『自然学』第 1 巻第 4 章 187a23

しかしながら，両者は以下の 2 点において互いに異なっている．すなわち，エンペドクレスはこうした変化が円環をなすものとし，アナクサゴラスは一度きり

---

11) アナクサゴラスの「部分」についてここで提供された解釈の展開に関しては，たとえば，C. Strang, 'The Physical Theory of Anaxagoras', in *Studies in Presocratic Philosophy* II, ed. R. E. Allen and D. J. Furley (London, 1975), 361-380; Barnes, *The Presocratic Philosophers* II, ch. 2; Schofield, *An Essay on Anaxagoras*, 75-78, 107-121 を見よ．彼の学説における「種子」の本質と役割は，なお論争の的でありつづけている．ここで素描された見解に代わりうるもう一つの明解な見解については，Barnes, *op. cit.* II, 21-24 を見よ．この問題は，Schofield, *op. cit.*, 68-79, 121-133 で詳細に論じられている（さらなる関係書目に対する言及もそこにある）．

のものとしている点，そしてアナクサゴラスは原理として同質的な部分をもったもの（タ・ホモイオメレー）と相反的なものとを無数に立て，エンペドクレスはいわゆる「基本要素」だけを立てている点である．

　アナクサゴラスがそのように原理を無数だと考えたのはおそらく，あ̇ら̇ぬ̇ものからは何も生成してくることはないという自然学者たちの共通意見を，真なるものとして受け入れたことによるのだろう（そのゆえにこそ，彼らは「すべてのものは一緒にあった」と語り，これこれの性質のものとして生じることを質的変化とみなし，またある人たちは混合と分離について語るのである）．さらにまた，相反的なものがお互い同士から生じるという事実からも同じ結論が導かれる．一方が他方のなかにあらかじめ内在していたと彼らは考えたのである．なぜなら，もしもあらゆる生成物があ̇る̇ものから生じるか，あ̇ら̇ぬ̇ものから生じるかのいずれかであることが必然であり，かつあ̇ら̇ぬ̇ものから生じることが不可能であるとするなら（というのは自然学者たちのすべてがこの考えに同意しているのだから），すでに必然的にもう一方の選択肢が真であることになると彼らは考えたからである．すなわち，事物の生成はあ̇る̇ものからなのであって，あらかじめ内在しているが，その嵩の小ささのためにわれわれには知覚できないものから生じるというのである．それゆえに，あらゆるものがあらゆるもののなかに混合していると彼らが主張するのは，あらゆるものがあらゆるものから生じてくるのを彼らが見たからなのである．しかし，彼らの主張によれば，事物が異なった現われ方をし，お互いに別の名前で呼ばれるのは，無数の構成素因の混合のなかで数量によって最も優勢であるものの本性に基づく．なぜなら，純粋かつ完全な意味で，白いとか黒いとか甘いとか，肉であるとか骨であるとかいうことはなく，事物の本性は，各々のものが最も多く含んでいる当のものであると思われているからだというのである．（もとの英訳はHardieによる．）

　「種子」の組成に関する手がかりと言えるものをわれわれに与えてくれるアナクサゴラス自身の残存断片は，不幸にして，資料483と484の二文だけしかない．そしてこのうち後者のほうはたぶん，アナクサゴラス自身の正確な言葉ではなく，その議論を伝存しているナジアンゾスのグレゴリオスへの古典注釈家による論旨説明に相当す

第12章　クラゾメナイのアナクサゴラス

るものだろう．それゆえわれわれは，この点においては二次資料を援用せざるをえない．しかし，少なくともわれわれが持っている二次的な典拠（その一人であるシンプリキオスがアナクサゴラスの書物か，その広範囲にわたる抜粋を手元に置いていたことは確かである）の一致した意見によれば，資料485でアリストテレスが語っている見解はアナクサゴラスに帰せられるものである．

「種子」が多種多様な色や味わいをもっていると言われる資料483からいくらか明らかになることは，相反的なものの少なくともいくつか，たとえば，明るい，暗いとか，甘い，苦いとかいったものが，実際に「種子」の成分だったということだ．そして，それゆえに次のような一般的な主張をアナクサゴラスのものとするアリストテレスの考えが正しいことはほとんど疑い得ない．すなわち，相反的なものが「お互い同士から生じる」——換言すれば，あるものがより冷たかったものからより熱いものになる，そして逆もまた同様——のである以上，それらはつねにお互い同士のなかに現在していたにちがいないという主張である．しかしそれが，ときにそう考えられるように，素材の限界であるようには思われない．資料484が同様に——それほど直接的にではないにしても——示唆しているように，自然物は相反的なものと等しい関係にある．というのは，もし毛髪が毛髪でないものから生じ得ず，肉も肉でないものから生じ得ないとするなら，毛髪や肉も，相反的なものとまったく同様に，つねにそこにあったにちがいないからである．さらにまた，この推論はアリストテレスによって支持されている．というのは，資料485の最後の文で，ある物体全体の目に見える性格をそれが優勢であることによって決定する事物の例を挙げるリストのなかに，白い，黒い，甘いといった相反的なものに加えて，肉や骨といった自然物が現われるからである．じじつ，「種子」は，それらが内在していた原初の混合と同様に，相反的なものだけでなく，また自然物だけでもなく，その両方を共に含んでいるのである．

アリストテレスが，資料485におけるように，しばしばエンペドクレスとアナクサゴラスを比較・対照していることは重要である．資料468における原初の混合の成分リストからすでに明らかになったように，アナクサゴラスはエンペドクレスが十分なところまで到達していなかったと感じていたように思われる．もしあらゆるものが四つの基本要素からのみ成り立っていたとするならば，その四つの基本要素をさまざまな割合で結合することによって，たとえば，肉や骨を形成したという点において，エ

ンペドクレスは何か新しいものの生成を排除することに成功してはいなかったことになる，というのがアナクサゴラスの考えである．そのことに成功するには，あらゆるもののなかにそこから生じてくることのできるあらゆるものが最初から内在していると考えるしかなかったのである．世界に生じうる見かけの変化に限界はなかったのである以上，原初の混合全体のなかにだけではなく，構成素因としてのあらゆる「種子」のなかにも，すべての相反的なものの「部分」だけでなく，あらゆる自然物の「部分」も内在していなければならない．そのようにしてのみ，毛髪や骨はそれらを養う小麦から，何か新しいものの生成なしに，生じうるのである．

IX. 相反的なもの

486　断片8：シンプリキオス『アリストテレス「自然学」注解』175, 12 および 176, 29

　　　一つの世界秩序のなかにあるものは，お互いから切り離されてはいないし，斧で断ち切られてもいない——熱いものが冷たいものから，冷たいものが熱いものから断ち切られることすらないのだから．

この断片は，資料476末尾の（「希薄なものから」で始まる）いくつかの文と比較されるべきである．この二つのパッセージは，次節のパッセージとともに，相反的なものが自然物よりも高次の資格をもつ最も重要な要素であると，実際にアナクサゴラスが考えていたことを示していると理解されることが多い．しかしながら，そうではないことを示す証拠を考慮すると，よりありそうに思われるのはこういうことである．つまり，彼はただ，相反的なものが「あらゆるもののなかにあらゆるものの部分がある」という彼の一般理論を最もよく説明してくれると考えただけなのである．ヘラクレイトスがすでに示していたように，相反的なものの対の一方は，他方なしには存在し得ない．ところが，それらが反対的であるという事実そのものが意味しているのは，それらの間の密接な関係の存在が，それがいかなる関係であろうと，たとえば，黄金と肉とのような実在同士の場合よりも明白だということである．じじつ，アナクサゴラスが用いたと言われている特殊な議論——雪は本当は黒くなくてはならないという

第12章　クラゾメナイのアナクサゴラス

パラドクス[12]——はたぶん，雪のなかには「黒いもの」の「部分」があるという意味の発言が，後代になって歪曲されたものにすぎないだろう．しかし，たとえ相反的なものが諸断片のなかに際だって多く現われるのがこの理由のためであることに疑問の余地はないのだとしても，この証言は，なお次のことをも示唆しているように思われる．すなわち，熱いものと冷たいものが斧によってお互いから断ち切られ得ないのと同様に，肉，毛髪，黄金，その他のあらゆる自然物も，お互いから切り離すことはできないのである．

X．宇宙生誕論のはじまり

488　断片2：シンプリキオス『アリストテレス「自然学」注解』155, 31
　　　なぜなら，空気とアイテールはまわりを取り囲む多なるもの（集塊）から分離してくるのであり，このまわりを取り囲むものは，数量的に無限だからである．

489　断片15：シンプリキオス『アリストテレス「自然学」注解』179, 3
　　　濃密なものと湿ったものと冷たいものと暗いものは，いま大地があるこの場所に寄り集まり，希薄なものと熱いものと乾いたもの＜と明るいもの＞は，アイテールの彼方へと離れ去った．

490　断片16：シンプリキオス『アリストテレス「自然学」注解』179, 8 および 155, 21
　　　これらのものが分離して出てくると，それらから土が凝固してできた．というのは，雲からは水が分離し，水からは土が分離してくるのだから．そして土からは石が冷たいものによって凝固させられてできるのであるが，これらの石は水よりもはるか遠くへ離れ去っていく．

---

12) 次の資料を参照のこと．
　　487　セクストス・エンペイリコス『ピュロン主義哲学の概要』第1巻第33章（DK59A97）
　　　　われわれが思惟の対象を感覚の対象に対置させるというのは，たとえば，かつてアナクサゴラスが「雪は白い」という見方に対して，「雪とは氷結した水である．しかるに水は黒い．ゆえに雪も黒い」という推論を対置したような場合のことである．

資料490を資料140-141と比較することによって，アナクサゴラスによる生成変化の図式[13]が広範囲にわたってアナクシメネスからの借用であることが分かる[14]．ただし，もちろん彼は，空気を単一の基本原理とみなすアナクシメネスの考えに同意を与えているわけではない．アナクサゴラス自身の空気とアイテール（あるいは火[15]）についての見解ははっきりしない．この書物の冒頭文（資料467）ですでに語られていたように，原初の混合のなかでは，「いかなるものもその小ささのゆえに明瞭ではなかった．なぜなら，すべてのものを空気とアイテールが支配していたのだから」．では，もし空気とアイテールの存在がすでに原初の混合のなかで明白であるとするなら，なぜそれらは，回転運動が始まるときに分離してくる必要があるのか．資料489の考察によってもたらされる答えは一つの推論にすぎないだろう[16]．

　相反的なものは，すでに見たように，「種子」のなかの「部分」というかたちで存在し，それぞれの「種子」は，その中に最も多くあるものによって特徴づけられている．それゆえに，資料489で「濃密なもの，湿ったもの，冷たいもの，暗いものは，いま大地があるこの場所に寄り集まった」と語られるとき，その意味することはこうである．すなわち，濃密なもの，湿ったもの，冷たいもの，暗いものがそのそれぞれの相反的なものに対して優勢を占めている「種子」は，回転運動の中心へ向かったと．言い換えれば，それらの「種子」は，アナクサゴラスがほとんど自明なものとみなしていたように思われる二つの法則――似たものが似たものへ引きつけられることと，重いものが旋回の中心へ向かい，軽いものがその周辺部へ向かうということ――に従っ

---

13) 資料490は実際に，あるがままの宇宙における変化の一般的なパターンを明細に述べるものだ（M. C. Stokes, 'On Anaxagoras', *AGP* 47(1965), 229-244を見よ）．しかし，それが資料489で描写された宇宙生誕時の分離と同じ原理に基づいていることは明らかである．

14) 446ページ注3参照．

15) 次の資料を参照のこと．
　　491　アリストテレス『天体論』第1巻第3章270b24（DK59A73）　アナクサゴラスはこの名前（「アイテール」）を正しく用いてはいない．なぜなら，彼は「火」と言うべきところで「アイテール」と言っているからである．

　　たとえば，アリストテレス『気象論』第2巻第9章369b14（DK59A84）および資料494参照．

16) この困難な問題に関するさらなる議論については，Schofield, *An Essay on Anaxagoras*, 70-78 (esp. n. 6 at p. 155), 128, 131-132を見よ．

たのである[17]．アナクサゴラスにとっての根本物質は，エンペドクレス流の基本要素ではなく，あらゆる種類の「種子」の混合体だった[18]．少なくとも宇宙生誕論のこの段階では，土が土であって他のいかなるものでもない理由は，単純に，それを構成している「種子」のなかで，濃密なものとその他残りのものがそれらの相反的なものに対して優勢を占めているからにほかならない．他方で，アイテールを構成する「種子」は，希薄なもの，熱いもの，乾いたものによって特徴づけられる．それゆえに，宇宙世界の生成発展におけるこのきわめて早い段階で起こっていることは，相反的なものの同じ組成によって特徴づけられる「種子」が，宇宙のなかのそれらに相応しい場所へ向かって寄り集まっていくということだけなのである．

しかし，もしことがそのとおりだとすれば，断片1（資料467）を断片2（資料488）と比較することで生じる問題は容易に解決する．断片1の決定的な一文がわれわれに語ろうとしていることは，コーンフォードの言葉（*CQ* 24 (1930), 25）を借りれば，以

17）次の資料を参照のこと．

492 シンプリキオス『アリストテレス「自然学」注解』27, 11（DK59A41）　そして，テオプラストスによれば，こうしたことについてアナクサゴラスは，アナクシメネスと類似の語り方をしているという．すなわち，彼（アナクサゴラス）が言うには，無限なるものの分離にさいして，類縁のもの同士がお互いに寄り集まり，原初の全体のなかで黄金としてあったものは黄金となり，土としてあったものは土となるというのである．

493 ディオゲネス・ラエルティオス『哲学者列伝』第2巻8節（DK59A1）　また，彼が言うには，「知性（ヌゥス）」が運動の始源である．そして重い物体は低い場所を占め，軽い物体は高い場所を占め……．（資料117参照．）

18）次の資料を参照のこと．

494 アリストテレス『天体論』第3巻第3章 302a28（DK59A43）　アナクサゴラスは，基本要素についてエンペドクレスと正反対の語り方をしている．というのは，エンペドクレスは，火やそれらと同列のものが物体の基本要素であって，それらからすべてのものが構成されると言っているのに対して，アナクサゴラスはこれと正反対のことを言っているからである．すなわち，彼の主張によれば，基本要素は同質部分体（ホモイオメレ）——たとえば，肉や骨やこうしたもののそれぞれ——であるが，空気や火は，これらや他のすべての「種子」の混合体である．すなわち，空気も火もそのそれぞれが，目に見えない集合物から成り立っているというのである．このゆえにまたすべてのものがこの二つのものから生じるとも彼は言う．なぜなら，火とアイテールをアナクサゴラスは同義語として扱っているからである．

下のとおりでしかない.「アイテールと空気は，より熱い種子とより冷たい種子（等々）の組のそれぞれに与えられた集合的な名称にすぎない．どちらの組も混合のなかに存在していて，じじつ一緒にその混合全体を作り上げているのだが，原初においては，それらは完全にごた混ぜになって共存していたのだ」．他方，断片2は，原初において混ざり合っていた「種子」のこれらの組がお互いから分離して，二つの明確に異なった多なるもの（集塊）を形成し始めるさまを描いている．アナクサゴラスは，イオニア育ちの彼に相応しく，伝統的な相反的なものの存在をじじつ認めてはいる．ただし，それら相反的なものの地位は，いまや「種子」の「部分」としての地位にまで引き下げられ，それゆえにまた自然物と等しい立場におかれて，宇宙生誕論におけるそれらの伝統的な役目を保っている．そして同時に彼は，自らの体系のなかにエンペドクレス流の基本要素のあるべき場所を見出したのである[19]．

アナクサゴラスの宇宙生誕論はこのようにして始まる．資料488と489で始まったそのプロセスは，資料490に受け継がれる．最初に空気は，この段階ではアイテールの相反的なものなのであるが，凝固して雲になる．雲からは水が生じ，水からは土が生じる．そして最後に，土からは石が凝固してできる．似たものが似たものに引き寄せられつづけるだけではなく，明らかに，回転運動の中心部の圧力（資料478の「力」を参照）が「種子」を圧縮して，はるかに固い物体を生みだす．「種子」の成分のうち，相反的なものが作用因であることはなお明らかなことだ．すなわち，石が土から凝固してできるのは，冷たいものの作用によるのである．しかし，相反的なものがそれらの主要な機能を果たすのはこれまでである．ここから先は，主として「種子」のなか

---

[19] 宇宙生誕論が進むにつれて「知性（ヌゥス）」の責任がしだいに直接的でなくなっていく仕儀は，このようにしても説明される．「知性」の用い方に関するソクラテスの有名なアナクサゴラス批判（『パイドン』97B以下）の根拠は，明らかにここにある．とくに次の個所を参照．

    495 プラトン『パイドン』98B7（DK59A47）   この驚嘆すべき希望から，おお友よ，ぼくはたちまち運び去られてしまった．それというのも，先へ読み進んでいくにつれて，ぼくが見出した男といったら，知性なぞはちっとも用いることなく，事物を秩序づける何らかの原因をこれに帰することすらなく，ただ空気やアイテールや水や，その他数多くの珍妙なものを事物の原因としていたのだから！

  この批判は，アリストテレス『形而上学』A 4, 985a18とエウデモス（シンプリキオス『アリストテレス「自然学」注解』327, 26による）とによって繰り返されている（どちらもDK59A47）.

に混合されているさまざまな実在が，それらの代わりをするのである．

XI. 食物と成長

496 アエティオス『学説誌』第1巻第3章5節（DK59A46）

クラゾメナイの人でヘゲシブゥロスの子であるアナクサゴラスは，同質部分体（ホモイオメレイアイ）を存在する事物の第一原理であると主張した．なぜなら，あらぬものから何かが生成したり，あらぬものへと消滅したりすることがいかにして可能であるのかが，彼にとってはきわめて困難な問題であると思われたからである．とにかくわれわれは，パンや水のような単純で均質な食物を摂取し，そしてこれによって，毛髪，静脈，動脈，肉，腱，骨その他の身体部位が養われる．これらのものがそのように生じるからには，摂取された食物のなかにすべての存在する事物が含まれていて，それらの存在する事物からすべてのものは成長するということに同意しなければならない．かの食物のなかには血液を生みだす部分も，腱や骨やその他のものを生みだす部分も含まれている．ただしそれらの部分は，理によって見てとられうる部分だったのである．というのは，パンと水がこれらのもの（身体部位を生みだす部分）を用意するからといって，それらがすべて感覚にもたらされる必要はないからである．むしろ，パンと水のなかに理によって見てとられうる部分が含まれているのである．

このパッセージやこれに類似した他のパッセージを，断片10（資料484）と合わせると，アナクサゴラスがとくに栄養作用の問題に関心をもっていたという示唆が得られる．彼の一般原理――「あらゆるもののなかにあらゆるものの部分が」あるということと，似たものが似たものに引き寄せられること――に基づいて，単純な解答がもたらされる．じっさいあまりにも単純なので，たぶん彼はまさにこの問題の考察から，逆にかの一般原理にたどり着いたのだろうといってもよいくらいである．というのは，細部にいくらか相違があることは避けがたいにしても，マクロコスモス（大宇宙）――われわれが生きている世界――とミークロコスモス（小宇宙）――個別の生きもの――とのアナロジーは，とくにアナクサゴラスにおいて顕著だからである．

パンと水は，他のすべての物と同様に「種子」から成り立っている．そしてそれらの「種子」の一つひとつに，あらゆるものの「部分」が含まれている．（もちろん，パンは自然物ではなく，水は，すでに見たように，あらゆる種類の「種子」の集合体であることは確かである．しかし，アエティオスとシンプリキオスがどちらも実際に引用しているパンを，もしも小麦——これは自然物である——に置き換えてみたところで，議論には何の相違も生まれない．）パン（あるいは小麦）を食べると，それはたぶんそれを構成する「種子」に分かれるであろう．そして，これらそのものは無限分割が可能なので，少なくともそれらのいくつかはおそらく，咀嚼や消化のプロセスによってさらに小さな「種子」に分解されるであろう．そこで，似たものが似たものに引き寄せられることによって，肉が優勢を占めている「種子」は身体の肉に付け加わり，毛髪のそれは毛髪にというように，以下も同様に付け加わりはじめる．しかし，純粋な物の小片などというようなものはそもそも存在し得ないのだから，パンから生じて身体の肉に付け加わりに行く肉は，つねに他のあらゆるものの「部分」を一緒に運んでいかねばならず，そのようにしてそれは，確実に肉が，パンと同じように，あらゆるものの「部分」を含みつづけるようにするのである．その間にもちろん，たとえば銅やコルクなど[20]，パンのなかにあって栄養作用には無関係の成分は，その大部分——すなわち，身体の肉や毛髪に付け加わるために運ばれる少数の「部分」を除

---

[20] これらはコーンフォードの挙げた事例である．アエティオスに基づくこのパッセージに注釈を加えて，彼はこう書いている（CQ 24(1930), 20）．「穀物は肉と骨を養う．それゆえ，そこには肉と骨の小片が含まれている．穀物は銀やルビーを養わない．とすれば，なぜそこにこれらの小片が含まれていなければならないのか．……ここには，パンや穀物やそのような他のいかなる食べ物にも「あらゆる物の部分」が含まれていると主張する動機はない．その主張はばかげているだけでなく根拠のない主張であろう」．　しかし，「あらゆるもののなかにあらゆるものの部分が」という主張がばかばかしいほど不経済だというこの議論は，ある意味では正しいのかもしれないが，少なくともその主張が努力を浪費するものではないという事実——そのことについてはすでに465ページで注意しておいた——を見過ごしている．アナクサゴラスにとって，いかなるものがいかなるものから生じ得，また生じ得ないのかを規定することは，果てしのないような仕事だっただろう．そしておそらく，これこそがソクラテス以前のドグマティズムの特徴なのであろうが，彼は果てしのないような仕事に直面するよりもむしろ，彼がしばしばそうするのを見たように，「あらゆるもののなかにあらゆるものの部分が」と単純に主張したのだった．

くすべての部分——が，消化のプロセスによって排泄されるのである．

XII. 同質部分体

すでに引用された三つのパッセージのなかで，ホモイオメレー（ὁμοιομερῆ）ないしはホモイオメレイアイ（ὁμοιομέρειαι）——「同質部分体」あるいは「同質的な部分をもっているもの」——といった言葉のどれかが用いられている．これらのパッセージはどれも，アナクサゴラス自身のものではない．そのうち二つ（資料485と494）はアリストテレスのもので，一つ（資料496）は，シンプリキオスその他の人たちに数多くの類似点が見出されうるが，アエティオスのものである．そもそもアナクサゴラス自身がどちらかの言葉を用いたということは，実際あまりありそうなことではない．後代の注釈家たちがホモイオメレイアイと呼んだものを，彼自身は「種子」と呼んでいたように思われる．おそらくアナクサゴラス説に初めてタ・ホモイオメレーという表現を適用したのはアリストテレスであろうが，彼は少なくともその表現を首尾一貫して用いたように思われる．しかし，アリストテレス以後の著作家たちの場合は，どちらの用語であっても，その正確な意味について疑義をさしはさむ余地がある．

アリストテレスのパッセージのなかでたぶん最も重要なのは，資料485の冒頭のパッセージであろう．彼がそこで伝えてくれるのは，アナクサゴラスが第一の基本要素とみなしたものが，相反的なものとタ・ホモイオメレー，すなわち「同質的な部分を持っているもの」との両方だったということである．さて，アリストテレスは，しばしばタ・ホモイオメレーという表現を彼自身の目的のために用いる．すなわち，彼自身の体系のなかでは，タ・ホモイオメレーは肉や骨，金属，あるいは四元素のような自然物なのであって，そのあらゆる部分は，彼自身の考えによれば，まさしく全体と同質なのであった．アナクサゴラス説との関連でこの表現を用いるときに，彼がそれを別の意味で用いたなどということはほとんどありそうには思われない．それゆえに，資料485が伝えてくれることは，アナクサゴラスが相反的なものと自然物との両方を第一の基本要素とみなしていたということなのである．たしかに，資料494のようなアリストテレスの他の個所では，同質的な部分を持ったものだけがアナクサゴラスの第一の基本要素であるように見える．しかし，そのことが結局はより詳細な資料

485の発言と矛盾することはない.

アナクサゴラス説を復原しようとするわれわれ自身の試みは，このより詳細な発言が正しいことを示唆するものである．というのは，復原されたかぎりの体系のなかでは，相反的なものと自然物とが実際どちらも，あらゆるものにその「部分」が含まれている「あらゆるもの」から成り立っているからである．それゆえに，たとえ考え得る最も厳密な解釈の重点がアリストテレスのタ・ホモイオメレーという表現に置かれるとしても，なおもそのことが，本章の前のいくつかの節で挙げられたいくつかの議論を台無しにするなどということは少しもない．アリストテレスは，アナクサゴラス自身なら認めなかったような意味でこの表現を用いているのかもしれない．自然物がアナクサゴラスの体系のなかでいかなるものであろうとなかろうと，それらは確かに，アリストテレス自身の体系のなかでそうであるように均質なものではないであろう．すなわち，どの種子も互いに何ら似たところはない（資料468）のである．しかし，だからといって，アナクサゴラスの体系のなかで第一の基本要素が相反的なものと自然物とのどちらもであった，という発言の真実性が無効になるわけではない．

実際に問題がより難しくなるのは，後代の著作家の間で，ホモイオメレイアという用語がタ・ホモイオメレーのそばに忍び込んでくるときだけである．たとえば，ルクレティウス『事物の本性について』第1巻830行目（DK59A44）によって明らかなことは，ホモイオメレイアという言葉が，すでにそれまでにほとんど自動的にアナクサゴラスの自然学説に適用されるキャッチ・ワードになっていたということである．そしてその言葉を用いた人たちの多くがその正確な意味を理解せずに用いたということは大いにあり得ることのように思われる[21]．シンプリキオスは，アナクサゴラスの書物に精通していたので，おそらくその言葉の正しい用法に関してわれわれの最も安全な導き手となってくれるだろう．タ・ホモイオメレーとホモイオメレイアイのいず

---

[21] たとえば，アエティオスがホモイオメレイアという言葉の正確な意味内容をはっきりとは知らなかったことは明らかである．資料496のつづきはこうなっている．

497 アエティオス『学説誌』第1巻第3章5節（DK59A46）　それゆえ，生じてくるものと同質的な部分（ホモイア・タ・メレー）が食物のなかに含まれていることから，彼はそれらをホモイオメレイアイと名づけ，これが存在する事物の第一原理であると主張した……．

れかが現われるシンプリキオスのパッセージをみると，前者はつねにアリストテレスがそれを用いた意味で理解できるが，後者は，いつもというわけではないけれども，たいてい「種子」を意味するものととることができる．もちろん，問題がいくぶん純理論的であることは事実である．アナクサゴラス自身が明らかに一度もそれらの言葉を使わなかっただけでなく，それらの意味がどう解釈されようと（均質性という不可能な解釈だけは別として），復原されたかぎりの体系にそれらを適合させることは困難ではないということなのだ．しかし，もしもわれわれがなぜアナクサゴラスの「種子」がホモイオメレイアイと呼ばれるようになったかを推測しなければならないとするなら，あらゆる「種子」にあらゆるものの「部分」が含まれている以上，個々のあらゆる「種子」にだけでなく，「種子」から成り立っているあらゆるものにも，同質的な「部分」が含まれているだろう，というのがいちばんもっともらしい説明である．

XIII. 自然学的体系の概要

個別の学説に進むに先立って，アナクサゴラスの体系の基礎を復原した以上の試みに関して，いくつか締め括りの考察を付け加えておいたほうがよいだろう．

アナクサゴラスが直面していた問題は，もちろん，原子論者が直面していたのとまったく同じ問題である．彼は，原初の一なるものから多なるものを引き出したり，何らかの実在の生成変化を認めたりすることなしに，宇宙世界の起源を説明しなければならなかったのだ．同じ問題に取り組みながら，両者の出した解答はそれ以上異なることはありえないほど異なっていた．アナクサゴラスは，素材を数量と同じように無限分割可能なものとしたが，原子論者は，素材が無限分割不可能な最小の単位から成り立っていると主張した．そしてアナクサゴラスは，生成と，一からの多の導出とをどちらも，無限に多様な存在物を最初から要請することによって排除したが，原子論者は，あらゆる存在物を絶対的に均質なものとみなし，現象の見かけの多様性を単なる形と大きさと位置と配列の違いによって説明した．どちらの解答も，概略と細部の両面において，巧みな仕掛けに満ちあふれている．しかしそれらがいかに巧みで，いかに互いに異なっていたとしても，両者の解答は，それぞれの創案者の創意の結果であるのと同じだけ，エレア派のパラドクスのもたらした結果でもあるのだ．

XIV. 個別の学説

(i) 無数の世界？

498 　断片4：シンプリキオス『アリストテレス「自然学」注解』35, 3（資料483からつづく）

　　……そして人間たちも，また魂をもつかぎりの他の動物たちも，結合されてできた（と考えなくてはならない）．また少なくともその人間たちに，集まって住む諸々の都市と開墾された農地とがあるのは，われわれのところと同じであり，彼らに太陽と月とその他の星々があるのも，われわれのところと同じである．大地もまた彼らのために数多くの多種多様なものを生み育て，それらのなかで最も有益なものを彼らは住居に運び込んで用いるのだ．さてこれだけのことをわたしは分離の過程について語ってきた——分離はわれわれのところでだけではなく，他のところでも生じたであろうということを．（資料468につづく．）

499 　シンプリキオス『アリストテレス「自然学」注解』157, 9

　　しかしながら，「これらのものがそのような状態にあるとすれば，……が含まれている」（資料483より）と述べたうえで，「そして人間たちも，……運び込んで用いるのだ」（資料498より）と彼は付け加えている．われわれのところにあるのとは別の秩序世界が暗示されていることは，「われわれのところと同じ」という表現が一度ならず繰り返されていることから明らかである．しかも，かの秩序世界が感覚の対象とも，また時間的にこの秩序世界に先立つものとも考えられてはいないということが，「それらのなかで最も有益なものを彼らは住居に運び込んで用いる」という個所によって明らかである．なぜなら，彼は「用いた」ではなく「用いる」と言ったからである．しかし，ここで彼が言わんとしたことは，われわれのところにあるのと同じ世界が現在どこか他の居住地域にも広がっているということではない．なぜなら，彼は「彼らのところには，われわれのところにもあるのと同じ太陽と月がある」と言ったのではなく，まるで別の太陽と月について語っているかのように，「われわれのところと同じように，太陽と月が」と言ったからである．しかし，以上の考察が正当であるかどうかについては，検討の余地がある．

第12章　クラゾメナイのアナクサゴラス

　多くの学者は，資料498に基づいて，アナクサゴラスが共時的多世界論をとっていたにちがいないと主張してきた．しかし，彼がとっていたのは単一世界論であることを示唆する古代の証言もいくつかある．実を言えば，アエティオスは，とある個所（『学説誌』II, 4, 6, DK59A65）で，この世界が可滅的であると考える人たちの一人にアナクサゴラスを数え上げ，そうすることで，複数の世界が継起するという考えを彼がもっていたことを示唆している．しかし，アエティオスは，アナクシマンドロスの場合に明らかにされたように（124ページ），この問題に関しては支離滅裂で，他の個所（『学説誌』II, 1, 2, DK59A63）では，逆に単一世界論をとる人たちの一人にアナクサゴラスを数え上げているのである．最も信頼するにたる証人は，おそらくシンプリキオスであろう．なぜなら，彼がアナクサゴラスの書物の関連する部分を手元に置いていたことは確かだからだ．また彼はその『自然学』に対する注解の別の個所（たとえば，154, 29, DK59A64）で，アナクサゴラスの世界について単数形で語ってはいるけれども，そのことが意味しなければならないのは，彼がそこで関心を抱いているのはわれわれの知っているこの世界のことだけだということにすぎないからだ[22]．資料499は，彼のよく考えた上での見解をわれわれに示し，そしてこの問題点に関して彼が疑いをもっていることをはっきりと認める．おそらくかろうじて可能かもしれないのは，コーンフォードが主張したような解釈であろう．すなわち，資料498でアナクサゴラスが言及しているのは，この世界とは別の複数の世界のことではなく，プラトン『パイドン』(109A以下）のミュートスに登場する「大地の窪み」に比せられうるような，この地表の遠く離れた未知の部分のことだというのである．しかし，いずれにせよこの問題は，アナクサゴラスにとっては——原子論者の場合（525ページを見よ）とは違って——，自らの第一原理から避けがたく生じ，結果としてある一定の答えを要求するような問題ではなかったのだから，資料499におけるシンプリキオスの導きに従って，

---

[22] アリストテレスの，たとえば『自然学』I, 4, 187a23以下，VIII, 1, 250b18以下における，アナクサゴラスについての所見は，これまでアナクサゴラスが単一世界論をとっていたことの証言として用いられてきたが，あまりに一般化されているので，この特定の問題に関する証言としてはほとんど価値をもたないか，あるいは，アリストテレスの意見によれば，アナクサゴラスがこの世界を（他の世界の存在とは無関係に）可滅的なものとみなしていたことを示唆するにすぎないかである．

問題を未解決のままに残しておくのが最も賢明であるように思われる.

(ii) 天文学と気象学

500　断片18：プルタルコス『月面に見える顔について』16節929B
　　太陽は月に明るさを賦与している.

501　断片19：ホメロス『イリアス』第17歌547行への欄外古注（BT）
　　虹とわれわれが呼んでいるものは, 雲のなかに生じた太陽の反射光である.

502　ヒッポリュトス『全異端派論駁』第1巻第8章3-10節（DK59A42）

（彼の考えによると,）大地は形状が平らであり, そしてその大きさのゆえと空隙がないことのゆえに, また空気がきわめて強力で, 浮遊する大地を支えているために, それは空中にとどまっている.（4）地上の湿ったもののうち, 海は, 地中の水脈からいったんその水が蒸発して現在あるような状態になるとともに, またそこへ流れ込む河川からも生じた.（5）そして河川は, その水源を降雨と地中の水脈とにあおいでいる. すなわち, 大地は空洞になっていて, 窪んだところに水がたまっているのである. ナイル河が夏季に増水するのは, 南方の*訳注雪から生じた水がそこへ流れ込むからである.（6）太陽や月をはじめとするすべての星々は, アイテールの周転運動によって一緒に集められて回る赤熱した石である. 星々の下側には, われわれの目には見えないある種の物体があって, 太陽や月と周転運動をともにしている.（7）星々の熱さが感覚されないのは, 大地からの距離が大きいからである. しかも, それらはより冷たい場所を占めているために, 太陽ほどに熱くはないのである. 月は太陽よりも下方にあって, われわれにより近いところにある.（8）太陽の大きさは, ペロポンネソス半島を凌いでいる. 月は自分で光を発せず, 太陽からそれを得ている. 星々の周転運動は, 大地の下でも行なわれている.（9）月が蝕を起こすのは, 大地が遮るからであるが, ときには月より下方の物体が遮るからでもある. また太陽が蝕を起こすのは, 新月のときに月が遮るからである. ……（10）……彼はまた月が土の性をもち, そこに

───────
［訳注＊　テクストどおりだと,「南極の」（ἀνταρκτικοῖς）であるが, KRSは何の注釈も加えずに「南方の」と訳している. 諸写本は「北方の」（ἄρκτοις）となっている.］

は平野も峡谷もあると言った．［ディオゲネス・ラエルティオス『哲学者列伝』II, 8-9（DK59A1）参照．］

資料500と501がここに収載されているのは，主として，実際にアナクサゴラスが天文・気象に通有の諸問題に携わっていたことを示すためである．このテーマに関するわれわれの情報はほとんど，資料502がその一部をなしている長大なパッセージから得られる．そして資料502は，大部分それ以上の注釈を必要としない．アナクサゴラスの天文学が大多数の先行者たちよりはるかに合理的であることは明白である．とくにそう言えるのは，おそらく太陽と月と星々が光り輝く巨大な岩石だという見解であろう．ディオゲネス・ラエルティオス[23]とプリニウスによって伝えられている話によれば，アナクサゴラスは前467年にアイゴスポタモイで起こった巨大な隕石の落下を予告したという（558ページ参照）．この出来事がかなりの騒ぎを引き起こしたことは確かである．そしてアナクサゴラスがこれを予告したという示唆は常識に反しているけれども，たぶんこの出来事は，天体が石でできているという彼の考えの成立に貢献したことだろう．資料490ですでに示唆されていたように，そもそも天体は，まさにその固さのゆえに，宇宙の周転運動の中心にある大地から投げ出されて，周辺により近いところにその位置を定められていた．そしてどうやら，通常は周転運動の速さのために空中高くにとどまっているにもかかわらず，重いものが回転運動の中心に動こうとするよく知られた傾向によって大地へ引き戻された天体が，隕石だということのようである．

(iii) **生物学**

504　断片22：アテナイオス『食卓の賢人たち』第2巻57D
　　「鳥の乳」と言い慣わされているのは，卵の白身のことである．

---

23) 次の資料を参照のこと．
　503　ディオゲネス・ラエルティオス『哲学者列伝』第2巻10節（DK59A1）　彼はアイゴスポタモイで起こった隕石の落下を予告し，それが太陽から落ちてきたものだと言ったと伝えられている．
　パロス島大理石碑文57，およびプリニウス『博物誌』II, 149（いずれもDK59A11）参照．

505　ヒッポリュトス『全異端派論駁』第1巻第8章12節（DK59A42）
　　動物は，最初は湿ったもののなかで発生したが，後にはお互い同士から生まれるようになった（と彼は言う）．［ディオゲネス・ラエルティオス『哲学者列伝』第2巻9節末尾（DK59A1）参照．］

506　テオプラストス『植物誌』第3巻第1章4節
　　アナクサゴラスは，空気がすべてのものの種子を含んでいて，これらの種子が雨と一緒に降下すると，植物が発生すると言って……．

　資料504の引用目的も，ただ実際にアナクサゴラスが詳細にわたるさまざまな学説をその書物に盛り込んでいたことを示すことにある．むろんその要点は，卵白が胚の食物だということなのだろう．アリストテレスを含む古代の著作家たちは，同様に詳細にわたる理論をいくつか彼に帰しているが，それらは当面の目的にとって重要ではない．彼の生物学的理論のなかで最も重要なのは，資料505と506に見られる二つの理論である．生命が「湿ったもの」のなかで発生すると考えたときに彼が従ったのはアナクシマンドロスである（185ページ以下を見よ）．しかし，それが雨とともに地上に降下するという考えは奇妙である[24]．もちろん，すべての生物は，最下等の植物から最高等の人間に至るまで[25]，「知性（ヌゥス）」の部分を分けもっている（資料476と482を見よ）．生物が発生する以前は，おそらく「知性」が混合のなかにすみからすみまで均等に分散していたのであろう．しかし，生命が発生したときからは，明らかに「知性」は生物のなかに集中し始めた．だからこそ，資料482によれば，いま「「知性」も含まれている」のは「若干のもの」でしかないのだ．

───────────────
[24] これは，アイスキュロスによって例証される通俗的な考え方——雨はウゥラノスの精液で，ガイアはそれによって身籠もるという——（資料33を見よ）を発展させたものかもしれない．
[25] 次の資料を参照のこと．
　　507　プルタルコス『自然学的諸問題』1節911D　　植物とは大地に生えた動物だと，プラトン，アナクサゴラス，デモクリトスの徒たちは考えている．
　　また，
　　508　アリストテレス『動物部分論』第4巻第10章687a7（DK59A102）　　そこで，アナクサゴラスは，手をもっているがゆえに，人間は動物たちのなかで最も賢いと言うのである．

(iv) **感覚論**

509 　断片21：セクストス・エンペイリコス『学者たちへの論駁』第7巻90節
　　　諸々の感覚の弱さのゆえに，われわれは真相を判定できない．

510 　断片21a：セクストス・エンペイリコス『学者たちへの論駁』第7巻140節
　　　外見上の現われは，明らかでないものの見え姿である．

511 　テオプラストス『感覚論』27節以下（DK59A92）
　　　アナクサゴラスの考えによれば，知覚は相反的なものによって生じる．というのは，似たものが似たものによって作用を受けることはないからである．……すなわち，われわれと同じ程度に温かいものや冷たいものが近づいてきても，それがわれわれを温めたり冷やしたりすることはないし，また甘いものや苦いものをわれわれが認知するのもそれらと同質的なものを通じてではない．むしろわれわれは，温かいものによって冷たいものを，塩辛いものによって塩分を含まないものを，苦いものによって甘いものをというように，それぞれの不足分に応じて認知するのである．なぜなら，すべてのものがわれわれのうちにあらかじめ内在しているのだから，と彼は言う．……また，あらゆる知覚には苦痛が伴うというのであるが，このことは彼の以上の仮説に付随することのように思われるであろう．というのは，同質的でないものはすべて，その接触によって苦痛をもたらすからである．そしてこの苦痛の存在が明らかになるのは，持続時間があまりに長かったり，感覚が過剰になったりすることによってである．

　パルメニデス以降の他の多元論者たちと同様に，アナクサゴラスは，知覚の真実性を回復するような知覚の説明を与えねばならなかった．これら3つのパッセージは，すべて感覚に関わりをもっているにもかかわらず，共通するところはほとんどない．資料509は，これを伝存させたセクストスの説明によれば，色彩の漸次的推移が識別できないことを論じるもので，その大まかな要点はこのようなものだった．すなわち，われわれの感覚は，あるもののなかでどの「部分」が優勢を占めているかをわれわれに示しはするが，その当のものが含んでいるにちがいない他のすべての「部分」を明らかにするのに適してはいない，ということである．他方，資料510——おそ

らく知覚論というよりは認識論に関する議論に由来するものかもしれない——が示唆するのは，見えるものからは見えないものをも想像することができるということである．資料511には，アナクサゴラスの知覚論の詳細な説明から最も重要な部分を抜粋したものが含まれているにすぎない．しかしこれらの数少ない行文だけで，アナクサゴラスがこの分野においても，彼の大多数の先行者たちよりも進歩を遂げていることを示すには十分である．彼の理論は，エンペドクレスの理論との意識的な対立のなかで発展したのかもしれない．エンペドクレスは，似たものによって似たものが知覚されると考えていたからである（資料393を見よ）．しかし，同質的でない（＝似ていない）ものによる同質的でないものの知覚が，いわば知覚できない苦痛だという考え方は，独創的で巧妙なものである．

第13章
アテナイのアルケラオス

Ⅰ. 年代と生涯

512 ディオゲネス・ラエルティオス『哲学者列伝』第2巻16節（DK60A1）

　　アルケラオスはアテナイもしくはミレトスの人．アポロドロスを――ある人たち言うところではミドンを――父とし，アナクサゴラスの弟子にして，ソクラテスの師であった．彼ははじめてイオニアからアテナイへ自然哲学をもたらした．彼は自然学者と呼ばれたが，ソクラテスが倫理学を導入したために，自然哲学は彼において終焉を迎えたことになる．しかし，彼もまた倫理学に手を染めていたようである．なぜなら，法律について，立派なことについて，正しいことについて哲学したからである．

　アルケラオスの正確な年代は不明である．アルケラオスがアテナイに自然研究をもたらしたというディオゲネスの記述はほぼ間違いなく誤りであって，その栄誉はおそらくアナクサゴラスにあたえられるであろう．同様に，自然哲学が彼において終焉を迎えたというのもきわめて疑わしい[1]．デモクリトスは言うまでもなく，レウキッポスさえも，多分彼より後代の人である．しかし，アルケラオスがアナクサゴラスの弟子であり，ソクラテスの師であったという伝承は，十分に証明できて，疑いの余地はなく[2]，これによって少なくとも近似的な年代が得られる．彼の重要性は主としてこ

---

1) これは単に，歴史を「時代」区分しようとする熱意の現われた例とみなしてさしつかえない．ソクラテスが「倫理学の時代」をもたらせば，「自然哲学の時代」はぱたりと終わるというように．
2) 資料514参照．また，次の資料を参照のこと．

れらの卓越した人物たちと縁故があったことにあり，師や弟子と比べて哲学に直接に寄与するところはきわめて少ない．しかし，後代のほとんどの自然研究者たちが独自の宇宙論を探求するさいに，彼らが歩むべき道を示したという点では，いくらかの興味をもてる人物である．

II. 宇宙論と動物発生論

514　シンプリキオス『アリストテレス「自然学」注解』27, 23

　　アテナイのアルケラオスは，彼がアナクサゴラスの弟子であったときに，ソクラテスが交際した人物であるが，宇宙の生成やその他の問題で独自の思想を示そうと試みたが，基本原理として立てたのはアナクサゴラスと同じものである．両者とも基本要素は数において無限で種類も異なると考え，同質部分体を基本原理としており……．

515　ヒッポリュトス『全異端派論駁』第1巻第9章1節

　　アルケラオスは生まれがアテナイで，アポロドロスの息子．アナクサゴラスと同じように，素材（質料）の混在を主張し，基本原理についても師と同様に考えたが，知性（ヌゥス）にははじめからなんらかの混合が含まれているとしている．(2) また，熱と冷のお互いからの分離が動の始源であり，熱は動き，冷は静止する[3]．水は溶解すると中央部に流れ，そこで燃焼すると空気と土になるが，前者は上方へと運ばれ，後者は下方へ沈んでいく．(3) さて，こういうわけで土（大地）は静止し生成するが，万有の，いわばいかなる部分でもない．他方，燃焼によってつくり出された空気は万有を統括する[4]．最初に燃やされた部分からは星の自

　　513　ディオゲネス・ラエルティオス『哲学者列伝』第2巻23節　　キオスのイオン（499ページ注9参照）が言うところでは，（ソクラテスは）若い頃アルケラオスとともにサモスへ行ったという．
　　　　ポルピュリオス『哲学史』断片12 Nauck^2（DK60A3）も参照．
[3]　アルケラオスの唯一現存する断片（プルタルコス『原理としての冷たいものについて』21, 954F）「冷たさが絆(きずな)」を参照．
[4]　「空気は万有を統括し」は，Roeper, Dielsの補い．

然本性をもつものが生じ，最大のものは太陽で，第二が月であり，その他の星々にも小さいものと大きいものとがある．(4) 彼の主張では，天は傾いており，そのために太陽は地上に光をもたらし，空気を透明にして，土（大地）を乾いたものにする．というのは，土（大地）は周辺部が高く，中央は窪んでいるので，はじめは湖沼であったからである．大地が窪んでいることの証拠となるのは，太陽はあらゆるものに対して同時に昇り，かつ沈むということはないが，かりに平坦であるとすれば，そのような結果になったはずだということである．(5) 生きものについては，土（大地）が，熱と冷が混合している下方部分においてはじめに温められて，その他多くの生きものも人間も現われた．生活のしかたはすべて同じで，泥から養分を得ていたが（そして，短命であった），後にはお互いからの生殖によって生まれるようになった．(6) 人間は他の生きものから離れて，指導者，法律，もろもろの技術，国家，その他のものをつくり出したということである．知性（ヌゥス）はすべての生きものに同じように生まれつきそなわっている，と彼は言っている．というのは，生きもののそれぞれがヌゥスを用いるが，生きものによってより遅い，より速いの違いがあるからである．

　これらの資料から考えられるのは——むろん資料はもとはテオプラストスに遡る[5]——，アルケラオスがアナクサゴラスの思想を継承したが，いくつかの点において，あるものは根本的に，あるものは表面だけにおいて，独自の変更ないし修正を行なったということであろう．以下に挙げるのは，この改訂された宇宙論で最も興味ある特徴である．

　(1)「知性（ヌゥス）」——アナクサゴラスの思想における知性は，「いかなる事物とも混じり合うことなく」，その純粋性の中から力を得ているが（資料476参照），アルケラオスでは知性はその純粋性も（資料515，1節参照[6]），それとともに創造的な力も失われているようにみえる．

---

[5] ディオゲネス・ラエルティオス（『哲学者列伝』V, 42）は，テオプラストスの著作一覧の中に『アルケラオスの学説について』1巻を挙げている（6ページ以下参照）．

[6] しかし，資料515, 1節の関連する文言が，ツェラー（Zeller）が提案する τῷ νῷ συννυπάρχειν（「知性と共存する」）という意味であるとすれば，非常に興味ある表現となる．

(2)「第一次的物体」——古代の伝承のいくつかにはアルケラオスが第一次的物体としたのは空気だと示唆するものがあるが（また，一つの伝承（エピパニオス）は土だという），資料514および515が最も信頼しうる伝承を伝えていて，彼が，アナクサゴラスと同じように，「種子」すなわち「同質部分体」から始めたということにはほとんど疑いがない．しかし，アナクサゴラスは知性に初期的な動をあたえ，そのようにして「濃密なものと湿ったものと冷たいものと暗いもの」と「希薄なものと熱いものと乾いたもの」が分離する原因としたが（資料489参照），アルケラオスは（証言は錯綜しているが．DK60A10および18を参照）熱と冷の自動的にみえる分離を運動の原因としているようである（資料515, 2節参照）．それによって，知性が原因であることを反対物に帰するという，プラトンが強く反対の意見を述べた（470ページ注19参照）アナクサゴラスにある面をむしろ強張しているということになる．

(3)「世界の四つの構成物」——アルケラオスが反対物から世界の四つの構成物を生み出していく方法は，曖昧なところがあり，きわめて特異である．水は，「熱」との交互作用によって「冷」から「溶解」ないし「液化」してくるようであり（おそらく「冷」は氷のようなものが考えられているのであろう），その後に水が中央部に流れていくと，それは「燃焼」し，再び「熱」との交互作用によって，土や空気を形成する．「熱」（すなわち火）の可動性と「冷」の不動性（おそらく氷が最初に水を生み出し，つづいて静止した土だけでなく流動した空気も生み出すのであろう[7]），そしてそれらの間で反発しあうことが，アルケラオスの宇宙生誕論の本質的な，そしてわれわれが判断しうるかぎりでは独創的な性格であると思われる[8]．アナクサゴラスの哲学をこのように改定する明らかな動機としては，おそらくエンペドクレスの「基本要素」をより重要視しようとすること以外にはないであろう．

---

[7] 次の資料を参照のこと．
　　516 ディオゲネス・ラエルティオス『哲学者列伝』第2巻17節（DK60A1）　（アルケラオスは）水は熱によって溶解されると，一方で，火的なもの＜によって下方に＞集まって凝集するかぎりにおいてそれは土となり，他方で，周辺を流れるかぎりにおいてそれは空気となる．
　　＜　＞内のディールス（Diels）による補いか，あるいはこれに似た補足が必要である．
[8] この理論はヒッポクラテス『食餌法について』において拡張されている．これはおそらく前4世紀の終わり頃書かれた，折衷的で，ごく表面的に哲学書を装った文書である．

(4)「動物論」——アルケラオスの動物論は，種子が雨とともに土（大地）へ運ばれる（資料506）というアナクサゴラスの立場から，「生物は，太陽の蒸発作用を受けた湿ったものの中から発生した」（資料136）というアナクシマンドロスの立場に逆戻りするものであるようにみえる．

むすび

一般的に言って，アルケラオスは二流の思想家であり，最も著名な先行哲学者たちの学説をできるだけ取り込むことで，アナクサゴラスの思想体系を改訂しようとする動機をもっていたという結論を下さざるをえない．アナクシマンドロスからは，生物学説とともに，熱と冷を第一位にすえたところを，アナクシメネスからは，明らかに空気の濃密化と希薄化の説（資料140参照[9]）を借用したし，エンペドクレスからは四つの「基本要素」を借りたようだし，アナクサゴラスからは大地の形状に関することなどいくつか細部における修正はあるものの（資料515, 4節），他の大部分のことを継承した．その結果として総合されたものには大きな関心や重要性において欠けるところがあることは驚くにはあたらない[10]．

---

9) 次の資料を参照のこと．
 517 アエティオス『学説誌』第1巻第3章6節（DK60A7）　アルケラオスは……無限の空気とその濃密化と希薄化が（始源であると主張した）．そして，それら（空気の濃密と希薄）のうち前者は水であり，後者は火であるとした．

10) アルケラオスの倫理学説についてもっと多くのことがわかれば，この評価はおそらく修正しなければならないであろう．この点について述べられていることは，以下の文で要約されている．これは資料512に続く個所である．
 518 ディオゲネス・ラエルティオス『哲学者列伝』第2巻16節（DK60A1）　（アルケラオスは）正しさや醜さは自然本来のことではなく，法律習慣のことである（と主張した）．
　これはもちろんソフィストの見解としてよく知られているものであるが，これはソクラテスの師には倫理的思想は最小限のものしかないはずだという見当違いの読み込みをアルケラオスにしたのであろう（おそらくツェラー（Zeller）の言うように，人類は最初は法も道徳もなく，後に時間の経過とともにこれらをもつようになった（資料515, 6節）という内容のことをアルケラオスが語ったからであろう）．

第14章
サモスのメリッソス

I. 年代と生涯

519　プルタルコス『ペリクレス伝』26節（DK30A3）

　なぜならペリクレスが出帆すると，イタゲネスの子メリッソス——哲学者であり，そのときは司令官としてサモス軍を率いていた——が，アテナイの軍船の数が少ないことや将軍たちの経験の乏しさを侮って，アテナイ軍を攻撃するように市民たちを説得したのである．戦いの火蓋が切って落とされ，サモス軍が勝利を収めると，彼らはアテナイ人たちの多くを捕虜にするとともに，その多数の艦船を破壊して，海上権を掌握し，以前はもっていなかった戦争遂行に必要な物資を手に入れた．アリストテレス[1]の語るところによると，メリッソスには，ペリクレス自身も以前，海戦の折りに敗北を喫したとのことである．

520　プルタルコス『テミストクレス伝』2節（DK30A3）

　ところがしかし，ステシンブロトスは，テミストクレスがアナクサゴラスの弟子であって，また自然哲学者メリッソスのもとで熱心に学んだと語っているが，彼は年代の前後関係を正しく把握していない．というのも，テミストクレスよりずっと年下だったペリクレスがサモスを攻略したときに，この人を敵に回しメリッソスは軍を率いて戦ったのであり，またアナクサゴラスが親交を結んだのもこのペリクレスだからである．

---

[1]　散佚した『サモス人の国制について』において．

資料519は，メリッソスの生涯と年代に関して唯一の確実な情報源となっている．彼がアテナイ艦隊を撃破した戦いは前441年に戦われたものであり，おそらくこれを根拠にアポロドロスは彼の盛年を第48オリュンピア祭期，すなわち前444-441年と定めたのであろう（ディオゲネス・ラエルティオス『哲学者列伝』IX, 24, DK30A1）．したがって，メリッソスはアナクサゴラス（前500年生まれ）よりも若くはないという想定が可能となる．そしてステシンブロトスは，テミストクレスがこれら二人の哲学者たちと親交を結んだとする自分の話を裏付ける何らかの証拠を握っていたのかもしれない[2)]．そうであるとすれば，通常テミストクレスが死んだとされている前460年代中期までには，メリッソスは一定の名声を得ていたに相違ない．

Ⅱ．メリッソスの著書

521　シンプリキオス『アリストテレス「自然学」注解』70, 16（DK30A4）

メリッソスは実際，その著作の表題を次のようにした．すなわち『自然について，もしくは存在するものについて』である．

522　シンプリキオス『アリストテレス「天体論」注解』557, 10（DK30A4）

そして，もし『自然について，もしくは存在するものについて』という表題をメリッソスが著作名に用いたとすれば，自然は存在するものであると彼が考えていたのは明白である．

---

2)　例えばGomme, *A Historical Commentary on Thucydides* I（Oxford, 1945）, 37, n.1 はそう主張する（ただし彼は，同書の37-38で，前五世紀後期のソフィストで時事批評家のステシンブロトスは信頼性に欠けると注記している）．プルタルコスが資料520で言わんとしていることが，テミストクレスは若者のときにアナクサゴラスやメリッソスの講筵の末席に連なっていたはずはなかっただろうということであれば，プルタルコスはおそらく正しい．しかし，年代決定に関してはアナクサゴラス（445ページ以下参照）についてもテミストクレス（Gommeの前掲書トゥキュディデス『歴史』第1巻138節4行への注解）についても困難な点はあるにしても，それにもかかわらず，テミストクレスがアナクサゴラスのことを知っていて，そして彼の哲学に関心をもったとする可能性を排除するのは軽率であろう．そしてテミストクレスはおそらくイオニア地方沿岸部のマグネシアで過ごした晩年に，メリッソスと知己の間柄となったのだろう．

第14章　サモスのメリッソス

　メリッソスの現存著作断片はそのすべてがシンプリキオスによって保存されているが，その出所がただ一冊の書物であることは明らかである（資料466参照）．おそらく資料521と522で報告されている表題は，例によって著者自身によるものではなかろう[3]．

　メリッソスが書物を著わしたのはたぶんパルメニデス以後であろう．彼はパルメニデスの弟子だったと言われており（ディオゲネス・ラエルティオス『哲学者列伝』IX, 24, DK30A1），またその哲学は，プラトン（『テアイテトス』180D）とアリストテレス（たとえば『自然学』I, 3, 186a6, 『天体論』III, 1, 298b14）以降，パルメニデスの名前と関連づけられている．われわれの切なる希望は，彼の書物が著わされ流布していたのが，はたして彼と同時代のソクラテス以前哲学者たちの書物よりも前なのか後なのかを知ることである．これから見ることになるが，おそらく資料537には，彼がアナクサゴラスとエンペドクレス両人の著作を読んでいたことを示す証左がある．他方，レウキッポスがメリッソスの弟子だったと伝えている証言資料もあり（ツェツェス『キリアデス（古典博捜）』II, 980, DK67A5），また原子論をもたらした動機に関するアリストテレスの概説（後出資料545）は，レウキッポスが，少なくともゼノンからと同様にメリッソスからも影響を受けたという見方を確かに裏付けるものとなっている[4]．

---

3) ゴルギアスが彼自身の著作に『自然について，もしくはあらぬものについて』という表題をつけたのはメリッソスの表題をもじってのことではないかと言われることがある．しかし，散文の書物に表題をつけるという慣習が始まったのはようやくソフィストの時代になってからのように思われる（たとえば，E. Schmalzriedt, Περὶ φύσεως: zur Frühgeschichte der Buchtitel, München, 1970を見よ）ので，われわれがせいぜい無難に推測できることは，メリッソスの著作が資料521と522で報告されている表題でもってゴルギアスに知られていたということである．135ページ注3参照．

4) メリッソスの哲学者としての才能は，アリストテレスが彼の思想は「粗野」（『自然学』I, 2, 186a8-10）であり「かなり洗練さを欠いている」（『形而上学』A 5, 986b25-27）と断言して以来ずっと，パルメニデスやゼノンと比べてはるかに劣っていると判断されることが多かった．しかし最近になって，果敢にもReale（492ページの注5で挙げられている研究書）とBarnes（*The Presocratic Philosophers*）によって擁護論が展開されている．

III. メリッソスの演繹推論

　メリッソスの著作における議論の論旨説明が，擬アリストテレスの論考『メリッソス，クセノパネス，ゴルギアスについて』（974a1ff., DK30A5）において，そしてまたシンプリキオス（『アリストテレス「自然学」注解』103, 13ff., DK vol. I pp. 268-270）によって保存されている．シンプリキオスは，奇妙なことに，メリッソスの推論の簡略版を提示しながら，それをそこではメリッソス自身の手になるものと報告している．しかも同じ論題についてメリッソスが実際に書いたものの真正断片を数頁後に引用しているにもかかわらず，である．その論旨説明からわかることは，彼の議論がたいていは，単に何かが存在するとだけ仮定した場合[5]の諸帰結を厳格な演繹推論で導き出すことによって展開していたということである．この証言はわれわれのもとにある実際の著作断片によって確証される．

(i) 「不生にして不滅」

---

5) 『メリッソス，クセノパネス，ゴルギアスについて』の著者はこの仮定が異論の余地のないものだと解している．次の資料を見よ．
　　523 擬アリストテレス『メリッソス，クセノパネス，ゴルギアスについて』974a2-3, 975a34-35（DK30A5）　彼の言うところによると，もし何かが存在するならばそれは永遠である．なぜならいかなるものもあらぬものから生じてくることは不可能だから．……というのも，彼は存在する何かがあるということを事実でありすでに前提されたものとして語っているからである．
　他方，シンプリキオスの論旨説明では，メリッソスはこの仮定を論証していると言われている．次の資料を見よ．
　　524 シンプリキオス『アリストテレス「自然学」注解』103, 15（DK I p. 268）　もしそれがあらぬものなら，これに関して，いったい何が語られえようか——あたかもそれが何ものかであるように．しかし，もしそれが何ものかであるならば，それは生じる何ものかであるか，常に存在するものであるかのいずれかである．
　そうして，資料525で保存されている推論についての図式的説明が後に続く．一部の研究者たち（たとえば Burnet, *EGP*, 321 n. 5; G. Reale, *Melisso*（Firenze, 1970）, 34-36, 368-369）は，資料524の最初の一文をメリッソスの最初の真正著作断片であるとする．しかし，他の個所で見ることができるように，われわれは『メリッソス，クセノパネス，ゴルギアスについて』のほうがここでは原文により近い忠実なものであると想定すべきである．

525　断片1：シンプリキオス『アリストテレス「自然学」注解』162, 24

　　何であれあったものは常にあったのであり，常にあるだろう．なぜなら，もしもそれが生成したのであれば，それは生成するよりも前にあらぬものであったことは必然だから．ところで，それがあらぬものならば，あらぬものから，何かが生成することはどうしてもありえないだろう．

　パルメニデス同様，メリッソスも，存在が含意する諸特性の演繹を，もし何かが存在するならそれは生成したはずはない，という証明から開始する．パルメニデスと同じくメリッソスも，生成することは先行する非存在を必要とするが，いかなるものもあらぬものから生成しえない，と論じる．そしてやはりメリッソスもまた，この生成否定論証と同じ構造の消滅否定論証を組み立てることをわれわれの手に委ねる．しかしながら，パルメニデスは，あるものはけっしてあったこともあるだろうこともなく，むしろ永遠の現在のうちに存在する，という結論を曖昧な形で導き出していた．メリッソスはこの結論を断固として斥ける．つまり彼は，「あった」と「あるだろう」という時制を許容し，理解がより容易な永続的存在性をあるものに帰しているのである．

(ii)「無限の拡がり」

526　断片2：シンプリキオス『アリストテレス「自然学」注解』29, 22 および109, 20

　　すると，それが生成したものではなく，あるのだから，それは常にあったし，常にあるだろう．そしてそれはいかなる始まりももたず，またいかなる終わりももたないで，むしろ無限である．なぜなら，もしそれが生成したのであれば，それは何らかの始まりをもち（というのも，それは或る時に生成し始めたことになろうから），そして何らかの終わりをもつ（というのも，それは或る時に生成し終えたことになろうから）であろうから．しかしそれは，始まったのでも終わったのでもないがゆえに，常にあったし常にあるだろう．そしていかなる始まりももたず，いかなる終わりもまたもたないのである．なぜなら，完全でないものが常にあるなど不可能なことだからである．

527　断片3：シンプリキオス『アリストテレス「自然学」注解』109, 31
　　しかし，それが常にあ̇る̇のと同じように，それはまた大きさの点で常に無限でなければならない．

528　断片4：シンプリキオス『アリストテレス「自然学」注解』110, 3
　　始まりと終わりをもつものはけっして永遠でも無限でもない．

　メリッソスの今度の推論は，あ̇る̇ものには始まりと終わりとがないので，ちょうどそれが永続しているように空間的拡がりにおいても無限である，というものである．明らかに，彼は再びパルメニデスの諸前提から離れて，「真理」の部での前提とまったく矛盾する帰結へと進むことを意図している．つまり限界についてのパルメニデスの曖昧な語りは，無限の拡がりという主張のために放棄されるのである．不運なことに，資料526でのメリッソス自身の議論は，それ自体がもって回った分かりにくいものとなっている．実際，研究者の中には，メリッソスがそこで主張しようと意図していたのは無限の時̇間̇的拡がりだけであると考えるものもいた．しかしメリッソスがその概念を表現するのに用いているのは，ἀίδιον（「永遠の」）と ἀεί（「常に」）という語であり（資料527と528），そしてまた資料526は，何分にも複雑すぎるひとつの推論であるがゆえに，525ですでに簡単かつ適切に論じられた帰結を目的とするものではありえない．

　一見するとメリッソスは次のように仮定しているようである．すなわち，もし或るものが生成するとしたら，そのものには，時間の点で最初に生成し，そして（それによって）空間的位置において先頭に立つ一片となるような，そんな部分（たとえばその前面の端）があることになろうし，またそれとは別に，時間の点で最後に生成し，位置の点で最後の一片となるような部分（たとえばその後端）もあることになろう．その場合，彼の議論はこうなる．つまり，あ̇る̇ものは生成し始めたり生成し終えたりしえない以上，そのような最初と最後の部分などもちえない——だから，拡がりの点でも無限である．アリストテレスはこの議論の誤った論理に愕然とした[6]（アリストテ

---

6) メリッソスはまた無限の拡がりを論ずるさらにもっともらしい論証を提示したと想定されることがある．次の資料を見よ．

　　530　アリストテレス『生成消滅論』第1巻第8章325a13（DK30A8）　　したがって，これらの

レス『詭弁論駁論』第5章167b13，第6章168b35，第28章181a27も参照）．

529　アリストテレス『自然学』第1巻第3章186a10
　　　メリッソスの推論が虚偽であることは明らかである．というのも彼は，もし生成したものがすべて始まりをもつなら，生成しなかったものは始まりをもってはいないと仮定できる，と考えているからである．それから，すべてのものが始まりをもっていると仮定すること，これもまたばかげている．つまり彼は，始まりが事物にもあり，時間にだけあるのではないとし，また，生成することについても，端的な生成だけでなく変容にもまた始まりがあると仮定している．あたかも変化というものは同時には生起しえないかのように．

(iii)「一」

531　断片6：シンプリキオス『アリストテレス「天体論」注解』557, 16
　　　なぜならば，もしそれが無限であるならば，それは一であろうから．というのも，それが二つであれば，その二つのものは無限ではありえず，むしろ互いによって限界づけられることになろうからである．

ここでのメリッソスの戦術は，資料525と526-528で彼が用いた戦術と正反対のものである．彼は，パルメニデスが排除した前提（無限の拡がり）から（とはいうものの，もちろん，無限の拡がりはそれ自体，パルメニデスによる生成の排除から引き出されるものではあるが）パルメニデスの出した一つの結論（一元論）を論証している．
資料531はメリッソスのすべての命題の中でもっとも大きな影響を与えるものであった．もし何かがあるなら，その場合ただ一つのものしかありえない，という見解

議論から——感覚が語ることに背いて論証に従わなくてはならないという理由から感覚を無視して——彼らは万有が一で不動であると結論を下す．そしてこれに付け加えて，それは無限であると言うものたちもいる．なぜなら，万有に限界があればその限界は空虚に対して万有を限界づけることになるだろうからである．
しかし，資料531と両立させるのは容易でないこの論証を，『メリッソス，クセノパネス，ゴルギアスについて』もシンプリキオスの論旨説明も報告していない．おそらくそれは真正のメリッソスの議論ではなく，メリッソスに材を得てアリストテレスがこしらえあげたものであろう．

にパルメニデスが言質を与えていると読み取るのも無理からぬことである．しかし彼はそれに関してはっきりとした証明や言明をまったく与えてはいなかった（325ページ参照）．そして，確かに彼はそれを自分にとって主要な急務とは考えていなかった．したがって，プラトンとアリストテレスが一元論をエレア派の重要命題と述べるとき（例えば前掲資料327と530，『自然学』I, 2, 184b25以下，I, 3, 186a4以下），彼らはまちがいなくメリッソスの眼鏡を通してパルメニデスを読解しているのである．

(iv)「同質的」

532　擬アリストテレス『メリッソス，クセノパネス，ゴルギアスについて』974a12-14（DK30A5）

　一であるからには，それはあらゆる点で一様である．なぜなら，もしそれが一様ならざるものならば，複数のものとなるので，それはもはや一ではなく多となるだろうから．

メリッソス自身が唯一性から同質性を推論したときの議論は失われている（資料533冒頭部は，彼がその推論を行なっていたことを確証するものである）．この点で彼が資料297でのパルメニデスの詩行から示唆を受けていたことは疑いない．もっとも，彼はパルメニデスの結論からパルメニデスの前提を推論することで，独特の変異形を導入したのではあるが．

(v)「不変」

533　断片7：シンプリキオス『アリストテレス「自然学」注解』111, 18

　（1）したがって，このように，それは永遠で，無限で，一で，そして全体的に一様である．（2）そしてそれは，何ものも失うことなく[7]，より大きくもならず，秩序を変えることもなく，さらには苦痛や苦悩を感じることもないだろう．なぜならば，これらのうちの何かをそれが被るならば，それはもはや一ではないだろうから．というのも，それが変容するならば，あるものは一様でなく，むしろ以

---

[7]「何ものも失う（ことなく）」の個所はCovottiの読み（ἀπολλύοι τι）．シンプリキオスの写本では「消滅する（ことなく）」となっている（F写本：ἀπόλοιτο，E写本：ἀπόλλοιτο）．

第14章　サモスのメリッソス

前あったものが滅び去り，あらぬものが生成することが必然となるのである．実際，もしそれが，一万年のうちにほんの髪の毛一本ほどでも別なものになれば，それは全時間のなかで完全に滅び去ることになるだろう．(3) しかし，それが秩序を変えられる（μετακοσμηθῆναι）ということも不可能なことである．なぜなら，より前にあった秩序（κόσμος）は消滅しないし，現在あらぬ秩序は生成しないからである．そして，何も付け加えられることなく消滅することもなく変容することもないからには，どうやってあるものは，秩序を変えられうるだろうか．なぜなら，もしそれが何らかの点で別なものとなったら，これによってそれは秩序を変えられるだろうからである．(4) それはまた，いかなる苦痛も感じない．というのも，もし苦痛を感じれば，それは完全ではないだろうからである．なぜならば，苦痛の状態にあるものは常にはありえず，また健全なものと同じ力をもつこともないから．またそれは，苦痛の状態にある場合，一様でもないであろう．その理由は，何らかのものがそれから除かれたりそれに付加されたりすることによって，それは苦痛の状態にあることとなろうし，そしてもはや一様ではないだろうからである．(5) また，確かに健全なものは苦痛の状態にあることもありえないだろう．というのも，その場合には，あるもの*訳注は滅び去り，あらぬものが生成することになろうから．(6) 苦悩の感覚にも，苦痛の感覚に適用されたのとちょうど同じ証明が適用される．

　この長い引用は諸々の興味深い議論で満ちている．そこには，同質性に関する考察に依拠する議論もあれば，資料525の生成と消滅に対する根本的反論に依っている議論もある．さらにはまた，まったく新しい一連の思考を導入するものもある．例えば，苦痛の状態にあるものは健全なものと同じ力をもっていないと述べられている場合がそうである．この例は人を当惑させるものであり，実際，ほとんど理解できない一続きの推論に属している．いったいなぜメリッソスはそれほどまでに，あるものが苦痛と苦悩を被ることを否定しようとするのだろうか．彼の最初の読者なら周知の学説として気づいただろうが，われわれではそうはいかないような，そんな何か特別な哲学

───────────────
[訳注＊　ディールス／クランツ（DK）で保存されている τὸ ὑγιὲς καὶ（「健全なものと」）を削除している．]

497

上の標的を彼は念頭においているのだろうか．彼の諸々の否定は，実在が神的なものであると積極的に信じること（おそらくはクセノパネスから得られたものであろう）と対をなしているのだろうか．ことによると，むしろ，メリッソスは，あ̇る̇も̇の̇と生物——普通の死すべきものたちはその存在を信じ，彼ら自身がそれであることを信じている——との違いをきわめて効果的にかつ痛切に際立たせるようなことばでもって，あ̇る̇も̇の̇の完全性を力説したかったということなのかもしれない．したがって，彼の議論は，クセノパネス（資料166-169）に示唆を受けたのかもしれないが，しかし彼は，実在とは感覚あるいは知性をもったものであるとわれわれに考えさせるつもりはなかったであろう（資料170-172と対比せよ）．

(vi)「不動」

534　断片7：シンプリキオス『アリストテレス「自然学」注解』112, 6[8]

(7) また，そのいかなる部分も空虚ではない．なぜなら空虚なものはあ̇ら̇ぬ̇ものだから．ところで，あ̇ら̇ぬ̇ものであるものは，当然存在しえないであろう．また，それは動くこともない．というのも，それはどこにも退去しえず，むしろ充実しているからである．なぜならそれは，もし空虚というようなものがあるならば，空虚なものへと退去していくだろうが，しかし，空虚というようなものがあ̇ら̇ぬ̇以上，それは，退去すべきいかなる場ももっていないからである．((8) また，濃密も稀薄も存在しないだろう．なぜなら，稀薄なものが濃密なものと同じほどに充実しているはずはなく，むしろ稀薄なものはそのために，濃密なものより空虚になるからである．) (9) そしてこれが，充実したものと充実していないものとを区別する基準である．すなわち，もし何かが退去するか受容するならば，それは充実してはいない．それに対して，退去せず受容もしない場合には，それは充実している．(10) したがってそれは，もし空虚というようなものがあ̇ら̇ぬ̇ならば，充実していなければならない．ところで，それが充実しているならば，そ

---

[8] シンプリキオスは資料534を533と一つながりのものとしているが，534は，533の緒言では予告されていない論題を導入しているので，両者を仲介する部分が失われたにせよ，そうでないにせよ，資料534は別個の論証部分とするのが妥当である．

第14章 サモスのメリッソス

れは動かないのである．(もとの英訳はD. N. Sedleyによる)

資料534の議論は，メリッソスの最大の功績である．これらの行文において，彼は単に，変化と運動に関するパルメニデスの曖昧な考察(資料298)に多大な改善を施しただけでなく，空虚は運動の前提条件であるという，ギリシアの自然学思想の古典的理解の一つを創り出してもいるのである[9]．この理解は，空虚はあらぬものであ̇る̇[10]という(これもまたおそらくメリッソスの独創であろうが)見解とあわせ，レウキッポスによってその自然学説の基盤の一つとして借用されることになったものである．多分メリッソスは，あ̇ら̇ぬ̇ものであるものは存在しないという自らの主張が議論の余地のないものと考えていたであろうが，しかし，原子論者たちは，あ̇る̇ものはあ̇ら̇ぬ̇ものと同様に存在するという逆説的な命題(資料555)を提出する用意ができ

---

9) ただし，世に知られていないクスゥトスなる人物に先取権ありとする場合には話は別である．次の資料を参照．

535 アリストテレス『自然学』第3巻第9章216b22　稀薄さと濃密さの存在は空虚があることを示している，と考える人々がいる．彼らが主張するところでは，もし稀薄さと濃密さが存在しないなら，事物は収縮しえないし圧縮されることもありえない．しかし仮にもしこれが生じないとすると，いかなる運動もまったくないか，万有は海のように膨張するかのいずれかとなろう．ちょうど，クスゥトスが言っていたように．(もとの英訳はHardieによる)

このクスゥトスという人物は，シンプリキオスにピュタゴラス派の人と呼ばれているが(『アリストテレス「自然学」注解』683, 24)，キオスのイオンの父親であったクスゥトスのことかもしれない(ハルポクラティオン『辞典』:「イオン」の項，DK36A1．なお本書287ページ参照)．もしそうなら，クスゥトスは前5世紀初めの人物ということになる(『スーダ』(「キオスのイオン」の項，DK36A3)は，イオンの最初の悲劇作品が書かれた年代を第82オリュンピア祭期，すなわち前452-449年としている)．万有の膨張に関する彼の熟考にはパルメニデスへの返答を見てとりたくもなる．つまり，もし実在が限界をもち充実しているとすると，その場合，たとえいかなる本来的な運動(すなわち，限界内部での，あるいは限界を通り抜けてのいかなる場所的変化)もまったくありえないとしても，あ̇る̇ものは依然として拡張し，その限界を外へと押し拡げうる．むろん，メリッソスがこの奇妙な一連の反論の適用を受けることはない．

10) しかしおそらくすでにアナクサゴラスは空虚の概念を空気の概念と区別していたであろう(上掲資料470参照)．そして，同じくおそらくメリッソス以前にエンペドクレスが，その区別を理解していたことを示唆するような仕方でκένεον(「空虚な」)という語を用いていた．次の資料を見よ．

536 エンペドクレス断片13：アエティオス『学説誌』第1巻第18章2節　万有のいかなる部分も空虚ではないし過剰でもない．

499

ていた．彼らはそうすることで，資料534での運動可能性に対する論駁を，思いも寄らぬプラスの効果をもったものへと変えるのである．

IV. 常識に対する反論

537　断片8：シンプリキオス『アリストテレス「天体論」注解』558, 21

　（1）したがって，以上の議論は，それがただ一つである，ということの最大の証拠である．しかし次のこともまたそれについての証拠である．（2）すなわち，多なるものがあるなら，事物は，一なるものがそうであると私が述べているのと同じ性質をもつものでなければならないだろう．というのも，土と水，空気と火，鉄と金があり，また生きているものもあれば，死んだものもあり，そして事物が黒と白であり，また，人々が本当にそうであると主張するところのすべてである場合——もしそうであり，しかもわれわれが正しく見て聞いているならば，これらのそれぞれは，まさしく最初にわれわれが判断したとおりのものであらねばならない．そして，それらは変化したり変容したりしえず，むしろそのそれぞれは，まさしくそれがそうあるとおりに常にあらねばならない．さてしかし実際，われわれは正しく見，聞きそして理解していると主張する．（3）ところがわれわれは確かに，温かいものが冷たくなり，冷たいものが温かくなると思うのである．そしてまたわれわれは，硬いものが柔らかくなり，柔らかいものが硬くなり，生きているものが死に，そして事物が生きていないものから生まれると思う．つまりこうしたもののすべてが変化し，それらの過去のあり方と今のあり方とはけっして同じではないとわれわれは確かに思うのである．われわれは，硬いものである鉄が，指との接触によって磨滅し，そしてまた金や石や，われわれが強固だと思っているものも同様であると考え[11]，また水から土と石ができていると考え

---

[11] 諸写本ではこの後に ὥστε συμβαίνει μήτε ὁρᾶν μήτε τὰ ὄντα γινώσκειν（「したがって，あるものを見ることも認識することもできないということが帰結する」）と続いている．Karstenはこれらの語を次の γίνεσθαι（「できている」）の後に置き換えているが，Barnesはこれらを欄外注だとして削除しており，それは妥当である（*The Presocratic Philosophers* I, 340 n. 3）．

るのである．(4) ところで，以上のことは，相互につじつまが合わないのである．われわれは，永遠であり固有の形態と強度とを備えている多くのものがあると主張した．しかしながらわれわれは，それらすべてが変容を被り，われわれがそのつど目にするものからそれらが変化するように思うのである．(5) だから，明らかに，われわれが結局は正しく見ていなかったのであり，また，これらのものはすべて多であると信じている点でわれわれは正しくないのである．もしそれらが実在のものならば，それらは変化せずに，むしろそのそれぞれは，以前そうであるとわれわれが信じていたちょうどそのとおりのものであろうからである．というのも，真の実在ほど強いものはないから．(6) しかし，もしあるものが変化したのであれば，それは滅び去り，そしてあらぬものが生成したことになる．したがってその場合，もし多なるものがあるならば，事物は一なるものとまさに同じ性質を備えていなければならないであろう．(もとの英訳は Burnet による)

諸感覚の妥当性を衝くこの巧みな攻撃は明らかに，ちょうどパルメニデスとゼノンが死すべき者たちの臆見一般に対してその批判を展開したように，実在に関するすべての人間の基本的な想定に向けられたものである[12]．この議論の戦略は単純だが独創的である．つまり，メリッソスがリストの形で列挙している事物を，人々が実在だと信じている場合，彼らがそうしているのは，自分たちの感覚を信頼の置けるものだと信じて疑わないからである．ところが，もし人々が，実在するいかなるものも変化しえないという資料 533 の議論を受け入れるとすると，彼らは矛盾に陥ることを余儀なくされるのである．なぜなら，リスト中の事物が変化するのは確かだとわれわれが思うのも，やはりわれわれの感覚に従っているからである．その結果，資料 533 から，われわれは自分たちの感覚が信頼できるものであるという当初の想定を放棄せざるをえない．かくして，われわれには，感覚がわれわれに明らかにしてみせるような事物

---

[12] にもかかわらず，メリッソスのリストは，彼がおそらくエンペドクレスの著作（彼は，四要素の規準的なリスト——これは多分エンペドクレスに由来するものだろう——を知っているように思える）を，そしてとりわけアナクサゴラスの著作を熟知していた（素材と反対物双方を列挙しており（資料 485 参照），また反対物の中からは黒と白を選んでいる（資料 487 参照）という点で）ということを端なくもさらけ出している．

の多数性を信じる理由がなくなることになる．もし多数のものがあるなら，その成員は，ちょうど一なるものがそうであるとメリッソスの主張するような種類のもの——つまり，不変で，不生で不滅のものでなければならなくなるだろう．この帰結は，事物の多数性を信じることを背理へと還元する議論（背理法）としてメリッソスが意図していたものであるが，原子論者たちに受容され，彼らの学説のもう一つの根本命題となった．

V．非物体的なもの

538　シンプリキオス『アリストテレス「自然学」注解』109, 34 および 87, 6
　　彼は，存在するものが非物体的であることを欲しているが，彼は次のように語って，それを明らかにしている．つまり，(断片9)「したがって，もしそれがあるならば，それは一でなければならない．そして一であるならば，それは物体を備えていてはならない．しかし，もしそれが厚み（固体性）を備えているならば，それは諸部分をもっており，もはや一ではないことになろう」．

資料 538 はひどく不可解な文である．シンプリキオスがこれを引用している目的は，実在は非物体的であるとメリッソスが信じていたのを示すためである．しかしこの証明が資料 525 以下の演繹推論の一部をなしていなかったことはきわめて明白である（これは，『メリッソス，クセノパネス，ゴルギアスについて』には知られていないものであり，またシンプリキオスの論旨説明にも出てこない）．そして，資料 534 が，あるものは充実しており，それゆえその内部へと，またはその内部において何かが運動することを許容しえない，と主張するとき，この資料は厚み（固体性）を実在に帰しているものと読むのが当然である．したがって，資料 538 はメリッソスの真正の原文ではまったくないと想定するか[13]，もしくはそれはすでに資料 537 で提示されて

---

13) シンプリキオスはエレア派の原文の抜粋集を利用しているのかもしれないし（だから彼は『アリストテレス「自然学」注解』103, 13 以下の論旨説明の資格をめぐって混乱している），またそのために判断を誤ってゼノンの一著作断片をメリッソスのものとしてしまったのかもしれない．資料 316 における πάχος（「固体性」ないしは「厚み」）という語のゼノンによる用例に注意せよ．また，

いたメリッソスの著書の論争的部分に属するものであると想定したくなる．おそらく資料537を承けて，メリッソスは，人々が通常その存在を信じている様々な種類の多なる事物のそれぞれが一でなくてはならない——しかしそれゆえに（資料538がそうである）非物体的でなくてはならないが，これは一般的信念と相容れないものである[14]——ということをさらに補足して論じにかかったのであろう．しかしその場合，実在は無限の拡がりを通じて一であるが充実しているとする彼自身の考えに対して，彼の背理法が同様に損傷を与えないのはいったいどうしてなのか理解困難である．

むすび

メリッソスは，パルメニデスのように偉大な独創的形而上学者ではなかったし，ゼノンのように才能あふれるパラドクスの唱導者でもなかった．しかし彼は，議論の点で創意に富み，実在の諸特性の演繹推論は概してパルメニデスのそれよりもはるかに明快である．原子論者がもっぱら応答したのも，プラトンとアリストテレスによるエレア派の学説提示のあり方を方向付けたのも，ほかならぬメリッソス版のエレア主義なのである．

資料316の最初の節で足りない議論を，資料538であればどれほど適切に補充できるかに注意せよ．
[14] シンプリキオスはその場合，メリッソスの見解の趣旨に関して混乱を来していたのかもしれない．ちょうど，資料330-331で論じられたゼノンの考察の場合にそうだったように．

第15章
原子論者たち
——ミレトスのレウキッポスとアブデラのデモクリトス

I. 両者それぞれの寄与と年代

539 シンプリキオス『アリストテレス「自然学」注解』28, 4 （＝テオプラストス『自然学説誌』断片 8）
　　レウキッポスはエレアの人ないしミレトスの人で（彼については，そのいずれとも言われている），パルメニデスの哲学に与したが，しかしあるものについてはパルメニデスおよびクセノパネスとは同一歩調をとらず，むしろ正反対の道をとったように思われる．

540 ディオゲネス・ラエルティオス『哲学者列伝』第10巻13節
　　彼（エピクロス）は，アポロドロスが『年代誌』に言うところによれば，ナウシパネスおよびプラクシパネスに学んだ．しかしエピクロス自身は，エウリュロコスに宛てた書簡において，それを否定し，自力で学んだと言っている．のみならず，当のエピクロスやヘルマルコスは，レウキッポスなどという哲学者はいなかった，とも言っている――（エピクロス派のアポロドロスを含めた）幾人もがデモクリトスの師であったと言っているこの人物を，である．

541 キケロ『アカデミカ前書』第2巻第37章118節
　　レウキッポスは充実体（原子）と空虚を基本要素とした．デモクリトスもこの点では彼と同様であるが，他の点ではより内容豊かであった．

542 ディオゲネス・ラエルティオス『哲学者列伝』第9巻34節
　　デモクリトスはヘゲシストラトスを父とする，しかしある人たちによればアテノクリトスを，またある人たちによればダマシッポスを父とする，アブデラの人，

あるいは幾人かの言うところによればミレトスの人である．……後にレウキッポスに師事し，またある人たちによればアナクサゴラスにも師事したとのことで，彼はこのアナクサゴラスより40歳年下だった……．(41) 彼自身が『小宇宙体系』で言っているように，彼は，アナクサゴラスが老人であったときに，若年にあり，彼よりも40歳年下であった．彼の言うところによれば，『小宇宙体系』が編纂されたのは，イリオン（トロイア）の陥落730年後のことであった．彼が生まれたのは，アポロドロスの『年代誌』によれば，第80オリュンピア祭期（前460-457年）だったことになり，トラシュロスの『デモクリトスの著作を読むための手引』という表題の付された著作によれば，第77オリュンピア祭期の3年目（前470／469年）だったことになろう．すなわち，彼の言うには，ソクラテスより1歳年長だったのである．

レウキッポスは，エレア派の論駁への応答の中で，彼の原子説を発展させた，という合意が一般になされていた．以下の資料545におけるアリストテレスもそう考えていた．さらには，後代の資料によれば，エレア派の一人とさえ目されていた．ディオゲネス・ラエルティオス『哲学者列伝』第9巻30節（DK67A1）によれば，彼はゼノンの弟子であったとのことである．これは信ずるに足りない．アリストテレスはそれらしいことを言っていないし，その種の事柄はいかにもソティオンその他の学統誌家の言いそうなことである．それに代わる彼のもう一つの出生地はミレトスである．この説に対するア・プリオリな理由として，彼がいくつかのミレトス派的天文学説を復興させたことは明らかであるにしても，それはさほど強力ではない．それだからこそ，その説は正しいのかもしれない．むろん彼はエレアを訪問したかもしれない．しかしエレア派の学説はアテナイにも知られていたし，レウキッポスが主として対応したのは，多分，メリッソスに対してであっただろうが（500ページ以下，512ページ以下参照），そのメリッソスはイオニア人であった．

レウキッポスについて知られていることは，ともかく奇妙なほどにわずかしかないし，しかも資料540では，彼の存在自体がエピクロスとヘルマルコスによって否定されているかのようである．もっとも，エピクロスは彼自身の独創性をひけらかすことに懸命だった．バーネット（*EGP*, 330 n. 2）によれば，エピクロスの言わんとしたのは，

第15章 原子論者たち——ミレトスのレウキッポスとアブデラのデモクリトス

要するに，Λεύκιππον οὐδ' εἰ γέγονεν οἶδα（レウキッポスなどいたかどうかも知らない）ということ，すなわち「レウキッポスのことは論ずるに足りないと思う」ということだ，とされた．もう一つの可能性としては，強調は φιλόσοφον（哲学者）という言葉にあったのかもしれない．哲学者レウキッポスは存在しなかった（すなわち，レウキッポスは哲学者などではなかった），ということである．

レウキッポスとは事情を異にして，デモクリトスは，古代の著作家による多数の逸話の題材となった（たとえば，ディオゲネス・ラエルティオス『哲学者列伝』IX, 34 以下，DK68A1 参照．その抜粋は以下の 510 ページ注 3 のとおり）．しかし，彼の姿は影のようにおぼろげでしかなく，話は架空のものばかりである．確実に言えるのは，彼がアブデラの出身で，その都市には年長の同時代人にプロタゴラスがいたこと，そして，間違いなくレウキッポスとのつき合いがあったことくらいしかない．

アリストテレスがレウキッポスを原子論の創始者と考えたことは，資料 545 から明らかであり，その見解はテオプラストスにも受け入れられた（資料 539 のつづき．シンプリキオス『アリストテレス「自然学」注解』28, 7 以下）．はるかに検証しにくいのは，デモクリトスがこの説に対してなした寄与である．アリストテレスの報告では，通常はただ「レウキッポスとデモクリトス」と書かれているし，後代の学説誌の記載の中で，これら二人の哲学者の一方だけについて述べられている場合，そこに取り上げられている学説をその人特有のものと推測するのは，総じて危険だとしなくてはならないのである[1]．しかし，デモクリトスは原子論の認識論的基盤にとりわけこだわった，という証拠がある．しかも，疑いの余地なく，その理論を多くの点で細部にわたって適用する作業は彼の行なったことである．たとえば感覚理論への適用があり，テオプラストスはレウキッポスの名前をまったく挙げることなく，それをデモクリトスのものとしている（『感覚論』49 以下．DK68A135）．それ以外にも，キケロが言おうとしてい

---

[1] これら二人の思想家の見解を峻別しようとしたベイリー（C. Bailey, *The Greek Atomists and Epicurus*）の試みはあまり支持されなかった．ガスリー（*HGP* II, 382 n. 2）および（個々の論点については）ファーリー（D. Furley, *Two Studies in the Greek Atomists,* 94-95），ストークス（M. C. Stokes, *One and Many in Presocratic Philosophy* (Washington, D. C., 1971), 334 n. 15, 335 n. 20）を参照のこと．

るように（資料541），デモクリトスは，おそらくレウキッポスが手がけないままに残したと思われる広い分野にわたる事項について（509-510ページ参照）著作した．こうした関心の多様さには，彼がソフィストの時代の典型的な著作家だったことが示されている．

　レウキッポスの年代は単独には知られず，たとえば，彼はゼノンの弟子であったといったことからの，推定によるほかない．それに対して，デモクリトスは彼自身の年齢について，『小宇宙体系』という著作の中で，明確な手がかりを与えていて，彼はアナクサゴラスよりおよそ40歳若かった，とのことである．これは，資料542におけるトラシュロスの年代設定よりも，アポロドロスの年代設定（前460/457年生まれ）に合致する．前者はそれより10年ほど早い時期に設定している．いずれにしても，もしデモクリトスがトロイアの陥落を前1184年としていたのであれば（これは，エラトステネスの指標年次だが，単にいくつかある年代設定のうちで最も一般的なものであるにすぎない），『小宇宙体系』（これについては次の節を見られたい）の著述は前454年ということになり，これでは早すぎる時期に置かれることになろう．それが書かれたのは前430年以降と見るのが妥当であろう．

　レウキッポスは，おそらくは，やや年長で，したがって彼の盛年（すなわち『大宇宙体系』の著述）は前440-434年頃に設定されることになろう．考えられるterminus ante quem（最も遅い想定時期）は，アポロニアのディオゲネスが彼の考え方の一部をレウキッポスから得たとする，テオプラストスの言明（資料598）によって与えられる．ディオゲネスは，前423年上演の『雲』（アリストパネス喜劇の一つ）の中で，すでにパロディ化されていたからである（資料614）．

II．著　作

543　ディオゲネス・ラエルティオス『哲学者列伝』第9巻45節（DK68A33）

　　トラシュロスは，彼（デモクリトス）の著作を，ちょうどプラトンの著作の場合にしたと同じように，四部作集（テトラロギア）のかたちで編纂した．(46) 倫理学的著作は以下のとおりであった．……自然学的著作は以下のとおりであった．［第三テトラロギア］『大宇宙体系』（テオプラストス派の人たちは，これをレウキッ

第15章 原子論者たち——ミレトスのレウキッポスとアブデラのデモクリトス

ポスのものだと言っている），『小宇宙体系』，『宇宙誌』『惑星について』…….

たしかに，『大宇宙体系』は，通例デモクリトスのものとされている．彼が原子論を仕上げた人であり，エピクロスをさておくならば，その主要な唱道者であったからである．当のエピクロスにしても，それをデモクリトスのものと考えたことであろう．しかし，資料543におけるテオプラストスの意見には重みがある．アリストテレスはトラキア地方の都市の出身であり，彼も弟子のテオプラストスも，ともにデモクリトスだけにあてた著作を残した．彼らは，明らかに，意識してレウキッポスとデモクリトスを区別することに努めたのだが，他方，当然ながら，その区別が忘れ去られてからは，初期の原子論的な事績はすべてデモクリトスのものとされるほかなかったであろう．そのためにわれわれとしては，さしあたり，レウキッポスが『大宇宙体系』を著わし，デモクリトスが『小宇宙体系』[2]を著わしたという，テオプラストスの見解を受け入れておくのがよかろう．修正の余地としてありえそうなのは，前者はレウキッポスの宇宙論的著作の要約版に，他の後代の原子論が追補されたものかもしれない，というあたりだろう．他にもう一つレウキッポスのものとされている著作に『知性（ヌゥス）について』がある．アエティオスによる彼の著作からの引用（資料569）は，これに属するものとされているが，もちろん『大宇宙体系』の一節だったのかもしれない．この断片の内容は，たしかに，その著作から遠いものではなかっただろうし，アナクサゴラスの知性（ヌゥス）概念に対する攻撃の一部をなすものだったのかもしれない．

それに対して，デモクリトスは，古代の全著作家の中でも最も多作の一人だったにちがいない．トラシュロス（ThrasylosあるいはThrasyllos）はプラトンの対話篇を四部作集に整理した人だが，資料543によれば，デモクリトスについても同じ作業をしたとのことである．それらは13の四部作集からなり（52の独立した著作を含んでいたが，

---

[2] この著作には文明と文化の起源についての叙述が含まれていた可能性があり，ディオドロス『世界史』I, 7-8（DK68B5, 1）にある叙述の一部は，アブデラのヘカタイオスを介してデモクリトスにまで遡ることもありそうに思われる（G. Vlastos, *AJP* 67 (1946), 51ff. 参照）．とはいえ，ディオドロスは，この個所を書くにあたって，まちがいなく複数のイオニア資料を用いており，またI, 7における宇宙生誕論の説明がことさら原子論的だというわけでもないことは，譲歩してしかるべきであろう．

いくつかは疑いなくきわめて短いものだった），次のような大項目に分類されていた．倫理学（二つの四部作集），自然学（四つの四部作集），数学（三つの四部作集），文学および言語論を含む音楽論（二つの四部作集），技術に関するもの（二つの四部作集）．他にもさらに追加著作があったが，それらはおそらく真作ではあるまい[3]．伝存した断片（それらすべてが確実に本物というわけではない）はかなりの数にのぼるが，そのほとんどすべてが倫理学的著作からのものであることは，歯がゆくなるような不運と言うしかないし，それが後代の嗜好の反映でもあったのである．

III. 形而上学的原理

545 アリストテレス『生成消滅論』第1巻第8章325a2（DK67A7，引用前半部は資料530につづく）

　　以前の時代のある人たちの見解によれば，あるものは必然的に一にして不動であるとされた．なぜなら，空虚はあらぬものであるが，ものとは切り離された仕方で空虚が存在するのでなければ，運動ということは不可能であり，さらにはものを遮断するものがなければ，多が存在することもありえないからである．──

---

[3]『覚書』としてまとめられた諸著作で，トラシュロスには算入されていないもの（ディオゲネス・ラエルティオス『哲学者列伝』IX, 49, DK68A33）の中に，5篇の外国旅行に関するものがある．たとえば『カルダイア論議』や『プリュギア論議』がそれである．これらが彼の著作とされたことは，おそらく，デモクリトスが広く旅行したという，現存する古代の伝記資料に見られる多数の話と関連していよう．たとえば次の資料を参照されたい．

　544 ディオゲネス・ラエルティオス『哲学者列伝』第9巻35節　デメトリオスが『同名人録』において，またアンティステネスが『学統誌』において言うところによれば，デモクリトスは幾何学を学ぶ目的でエジプトに旅行して神官たちを訪ね，またペルシアにも出掛けてカルダイア人を訪ねたし，エリュトラ海（紅海）へも赴いた．ある人たちの言うには，インドでは裸形の知者たちと交流し，またエチオピアにも赴いたとのことである．

　別の話として，クセルクセス王がカルダイア人の顧問官をデモクリトスの父の邸宅に残したので，デモクリトスは彼らから多くを学んだ，とも言われている．こうした異国との接触の物語には，実際に何か元になるものがあったのかもしれない．もう一つの逸話によれば，デモクリトスはアテナイを訪問したが，だれ一人として彼のことに気づかなかった，と彼が言ったとされている．

第15章 原子論者たち——ミレトスのレウキッポスとアブデラのデモクリトス

そして，もし万有は連続的ではなく分割されたものが接触しあっていると考えるのならば，それは万有が一ではなく多であり，しかも空虚であると言っていることと何ら異ならないのである．なぜなら，それがいたるところで分割可能であるとすれば，一なるものは存在せず，したがって多も存在せず，全体は空虚と化すからである．またもしあるところでは分割可能であるがあるところでは不可能であるとすれば，それはまるで作り事のようでしかない．どこまで分割はなされるのか，そしてなぜ万有のうちのある一定のものは分割がそこまでとなって充実的であるのに，別のものは分割が進むのか．さらには，やはり同様にして運動は必然的にありえないのである……．(a23) しかしレウキッポスは，感覚にも一致する事柄を語るものでありながら，生成も消滅も，また運動やあるものの多数性をも退けることのないような論法の用意があると考えた．彼は，それらについては見かけの事態に同意したうえで，一なるものを設定して空虚がなければ運動はありえないと考える人たちに対しては，空虚は・あ・ら・ぬ・ものであるとともに，あるものに比していささかも・あ・ら・ぬ・ものならず，と言っている．むろん，固有の意味での・あ・るものとは完全充実体にほかならないからである．ただし，こうした実在は一つだけではなく，数的に無限であり，しかもその量塊が小さいために目に見えない，と言う．これらが虚空間を動き回り（空虚は・あ・るのだから），寄り集まると生成をなし，分離すると消滅をなすのである．そして，たまたま接触しあった仕方に応じて作用を及ぼしたり受けたりする（接触しあっている場合には両者は一つではないからである）．そしてそれらが寄り集まったり絡み合ったりすると，ものが生み出される．正真正銘の一なるものから多なるものが生ずることもなければ，文字通りの多なるものから一なるものが生ずることもなく，それはそもそも不可能なのである．しかし，エンペドクレスや他にも何人かが通孔（ポロイ）を介して作用を受けると言っているが，ちょうどそういう仕方であらゆる性質変化も作用を受けることも行なわれる．すなわち，空虚（虚空間）を通じて分離すなわち消滅が生じ，また増大が起こるのも同様にしてであり，剛体が（空虚部分に）入り込む，というのがレウキッポスの説である．

546 アリストテレス『自然学』第1巻第3章187a1（DK29A22）

一部の人たちは，それら両方の議論を受け入れた——もし・あ・るものとは一なる

ものを意味するならば万物は一であるという議論に対しては，あ̇ら̇ぬ̇ものがあるとすることによって，また二分割に基づく議論に対しては，不可分の大きさを設定することによって．

アリストテレスは，無限に多数の，目に見えない微粒子が空虚の中を動いているとするレウキッポスの説を，適切と思われる仕方で言い表わしている．それは，われわれの感覚の示す証左とエレア派の形而上学との折り合いをつけることを意図したものだ，というのである．したがって，感覚の示す証左への信頼性も，エレア派の論法の妥当性も，ともにレウキッポスには無条件的には受け入れられていない．原子論者とエレア派との主要な見解の相違点は，資料546に簡潔に（ただし名指しされないままに）述べられている[4]．

（ⅰ）レウキッポスはあ̇ら̇ぬ̇ものの存在を措定した．彼は（メリッソスに従って）空虚がそれであるとした．資料545に強調されているように，彼は，そうすることで，運動と多数性がありうることを説明可能にしたが（感覚的経験におけるそれら二つの主要表徴を，彼は事実であると見なした），それは，運動と多数性が存在しうるのは空虚が存在する場合にのみだというエレア派の命題[5]を是認することによってであった．

---

4) この一節は，古代ギリシアの注釈家たちによれば（シンプリキオスの当該個所を見られたい），プラトンおよびクセノクラテスに言及したものと解されていた．しかし，ロス（D. Ross, ad loc.）は，アリストテレスが念頭に置いているのは原子論者であることを説得的に論じ，たとえばファーリー（D. Furley, Two Studies, 81-82）もその説に従っている．

5) この命題が信頼に足る仕方で確認できるのは，どこを見ても，エレア派の中でメリッソスについてだけであり，しかも運動の場合についてだけである．レウキッポス自身が空虚と多数性の結びつきを想定したことについては，アリストテレスの文言から推定するほかなく，ピロポノスも当該個所で（DK67A7）そうしていたのである．ことによると，それははっきり打ち出されたエレア派の学説というよりも，むしろパルメニデス断片8, 22-25（資料297）などの詩句から導かれた推論なのかもしれない．明らかに，アナクサゴラスやエンペドクレスがパルメニデスによる死すべき者どもの思わくへの批判に耐えうるような自然の仕組みを構成できると考えたときには，空虚概念を用いていなかったことには注目していい．彼らの著作時期はメリッソス以前だったからである（資料470, 536を見られたい）．もっとも，アリストテレス（『生成消滅論』I, 8, 325b1）によれば，エンペドクレスによる身体の通孔理論は，彼が公式には否定していた空虚の存在を，実際には前提していたのである．

第15章　原子論者たち——ミレトスのレウキッポスとアブデラのデモクリトス

(ii) 原子論者たちは，ゼノンの試み，すなわち多なるものの各成員は無限に分割可能であり，したがっておかしな帰結に従わざるをえない，ということを示そうとした試みを退けた．資料545では，正確にはどのような文言によって，レウキッポスがそこに再現されたかたちでのゼノンの議論に応答したのかは，さほど明確にはなっていない．それに対する彼の態度は，あるいは「正真正銘の一なるものから……」に始まる文章によって示されているのかもしれない．もしそうだとすれば，分割可能性という理念は——「いたるところで」分割可能であるにせよ，「一定のところまで」であるにせよ——まったくのところ許容できないということを，彼は認めたかのようであり，それだからこそ，彼の立てた無限に多数の微粒子はどれ一つとして分割されえず，それぞれが文字どおり単一体なのである[6]．

彼の微粒子の単一性についてのこうした強調は，これによってゼノンに対処するにあたって，彼が資料537におけるメリッソスの帰結，すなわち「したがって，多なるものがあるなら，事物は，一なるものと同じ性質をもつものでなければならないだろう」を援用していたことを示唆している．

おそらくレウキッポスは，われわれの感覚は多の本性への誤った導き手であるというメリッソスの前提にも，もし多があるとすればその成員のそれぞれはメリッソスの一なるもののようなあり方でなければならないという帰結にも，同意したのであろう．実際，レウキッポスは彼自身の微粒子に，資料533および534でメリッソスが究極的に単一性と実在性から引き出されると考えた諸属性のいくつかを付与することまでし

---

6) この一連の思考はデモクリトスのものともされている．アリストテレス『形而上学』Z, 13, 1039a9, DK68A42および資料579を参照されたい．アリストテレスが随所で示唆しているところによれば，デモクリトスは，どんなところでも分割できるとすればおかしなことになるということに同意することによって，エレア派の議論に対抗したが，しかし彼は，その結果として，ディレンマの第二の角，すなわち「分割は不可分な大きさすなわちアトムに達したとき，そこで止まらなければならない」を受け入れたのだという（『生成消滅論』I, 2, 316a33-317a2, DK68A48b．この点については，ファーリー（D. Furley, *Two Studies* I, ch. 6），ストークス（M. C. Stokes, *One and Many*, 222-224），バーンズ（J. Barnes, *Presocratic Philosophers* II, 50-58）などの議論がある．上記の論旨が実際にどれほどデモクリトスないしエレア派にまでさかのぼるものなのかは，きわめて不明確である）．

ている——とくに充実体であること，内部変化がないこと，そして非受動的であることなどである（資料555-557参照）[7]．（奇妙なことだが，明確にアトム（原子）が不生不滅であると言っている原文を見つけるのはむずかしい．もっとも，このことはアトムと空虚が基本要素であり原理であるとしばしば述べられていることのうちに，暗に言われてはいるのである．たとえば，資料555参照．）

IV. 感覚の示すもの

(i) 懐疑主義

548　アリストテレス『形而上学』Γ巻第5章1009b7

　　さらには，動物の多くにとって，それらが健康である場合に，同じ事柄についてわれわれにとってとでは反対の現われが生じ，また当の各人にしても，感覚に関しては，彼自身に対する現われについてつねに同じ判断をするわけではない．したがって，これらのうちのいずれが真であり偽であるのかは，不明瞭である．なぜなら，これらがあれらよりもよりいっそう真であるということはなく，

---

[7] 資料545に述べられたエレア派の立場は，それらが正確に同定されうる範囲では，一貫してメリッソス的である．「さらには，やはり同様にして……」という文章で明らかに考えられていると思われる「分割されない，ゆえに，運動していない」とする推論が次のメリッソス断片10を想起させるのも，そのためである．

　547　メリッソス断片10：シンプリキオス『アリストテレス「自然学」注解』109, 32 「あるものが分割されるのであれば」と彼は言う，「それは運動してもいる．しかし，それが運動状態にあることはないであろう」．

　そして資料530（資料545の前半部のつづき）では，あるものは無限に拡がっているとする，メリッソスの説が特定的に取り上げられている．とすれば，アリストテレスの目からすると，レウキッポスに影響を与えたエレア派の学説はとりわけメリッソスのものであることに，ほとんど疑う余地がない．後代の説明では，原子論がエレア思想の発展形態と位置づけられ，たとえばレウキッポスがゼノンの弟子とされているのは（ディオゲネス・ラエルティオス『哲学者列伝』IX, 30, DK67A1, ヒッポリュトス『全異端派論駁』I, 12, 1, DK67A10），おそらくアリストテレスの査定から来たことであろう．なお，資料539におけるテオプラストスを参照されたい．しかしこれは，アリストテレスの本質をついた判断がすぐれた歴史理解を示している事例であり，この場合はそれが哲学上の先人たち同士の関係を過度に図式化したものだとすることはできない．

いずれも同等に存立しているからである．そのために，ともかくデモクリトスは，何一つとして真ではないか，あるいはわれわれにとっては不明瞭であるかである，と言っているのである．

549　デモクリトス断片9：セクストス・エンペイリコス『学者たちへの論駁』第7巻135節

　デモクリトスは，ときとして，諸感覚に対する現われを退けていて，これらのどれ一つとして真実に従って現われているのではなく，ただ思わくに従って現われているにすぎず，実在するものにおける真実とは，アトムと空虚があるということだと言っている．すなわち彼はこう言う．「約定（ノモス）においては甘く，約定においては苦く，約定においては熱く，約定においては冷たく，約定においては色であるが，真実にはアトムと空虚である」．

550　デモクリトス断片10および6-8：セクストス・エンペイリコス『学者たちへの論駁』第7巻136節（資料553のつづき）

　さらに彼はこうも言う．（断片10）「さていまや，真実にはそれぞれのものがどのようであり，あるいはどのようでないのかを，われわれは認知していないということが，多くの仕方で明らかにされた」．そして『形態（イデア）について』ではこう言う．（断片6）「人は，この判定基準に従って，自分が真実から隔てられていることを知らなければならない」．そしてさらに（断片7）「この議論もまた，われわれが真実にはいかなるものについても何も知らず，ただわれわれ個々人に対して思わくという再形成（ἐπιρρυσμίη）があるのだ，ということを明らかにしている」．さらにまた（断片8）「しかしながら，それぞれのものが真実にはどのようであるのかを知る道は閉ざされている，ということは明瞭であろう」．

　レウキッポスは，諸感覚が多数のものの存在と運動の存在を告げていることには信頼をおいていいという考えだったが，それにもかかわらず，感覚の告げるものの多くが偽である，とくにそうした多数のものの本性についてはそうだと考えたにちがいない．エレア派の原理に同調したことで，真にあるものはいずれも変化や生成消滅することがありえないという考えをとることが，彼には求められた．とはいえ，感覚の信頼性について徹底的な批判を展開したのは，明らかにデモクリトスであった．

資料548におけるアリストテレスの説明によれば，デモクリトスは，プロタゴラスが彼とは別の二者択一的な見解をとるに至ったのと類似した考察によって得心して，彼自身の立場を定めたのだった．プロタゴラスによれば，あらゆる現われは真であるが，ただし真はそれを経験している当人との間での関係的なものでしかない．したがって，同じ一つの風があなたにとって温かいものとして現われれば，（あなたにとっては）温かいのであるし，わたしにとって冷たいものとして現われれば，（わたしにとっては）冷たいのである[8]．そこで，プロタゴラスは両方の現われが真であると結論するが，デモクリトスは，真という理念の客観性を放棄する気になれず，そのいずれもが真ではありえないとするのである．このように，アリストテレスが彼に帰している感覚への不信の理由は，資料537におけるメリッソスの批判とは別個のものである．それを彼の考えとすることについては，デモクリトスがプロタゴラスの真理論を退けて，彼のοὐ μᾶλλον原理（「あれであるよりもむしろこれであることはない」という原理）の用法についてプロタゴラスに論争を挑んだという，別の独立の証拠によっても裏づけられている[9]．また，資料549におけるデモクリトスの第二次性質への対処を，これに照らして解釈してみたくなる．その場合，風を事例にとった現われの矛盾的事態は，さまざまな現われが相対的に真であることを示すのではなく，風を温かいと言いあるいは冷たいと言うのはわれわれの側での恣意的な判定でしかありえないということを示すものである，ということになる．ともあれ，資料549-550は，アリストテレスとセクストスの主張のとおりに，まさにデモクリトスが感覚への信頼

---

8) 次の資料を参照のこと．

　　551　プロタゴラス断片1：セクストス・エンペイリコス『学者たちへの論駁』第7巻60節
　　　人間はすべてのものの尺度である——あるものについてはあるということの，あらぬものについてはあらぬということの．

　　風の事例は，プラトン『テアイテトス』151E以下から取られたものであるが，プロタゴラス本人のものであった公算がきわめて高い．

9) 断片156（プルタルコス『コロテス論駁』1108F）およびセクストス・エンペイリコス『学者たちへの論駁』第7巻389節，DK68A114を見られたい．原子論者たちは，プルタルコスが容認しているよりもはるかに大々的にこの原理を採用していた．たとえば521ページ注13を見られたい．またバーンズ（J. Barnes, *The Presocratic Philosophers* II, 251-257）参照．

性について広範囲にわたる懐疑主義の立場——実のところ，どのような種類の知識の成立可能性についても，とまでは行かないにしても——をとったことに対して，十二分の証拠を提示するものとなっている．

(ii) 確証

552　デモクリトス断片 125：ガレノス『経験派の医術について』p. 113 Walzer

　　あわれな心よ，おまえはわれわれから確信を得ておきながら，そのわれわれ［すなわち諸感覚］を打ち倒すのかね．われわれの打倒はお前の転倒なのだ．

553　デモクリトス断片 9：セクストス・エンペイリコス『学者たちへの論駁』第 7 巻 136 節．（資料 549 のつづき）

　　『確証』においては，彼は，なるほど諸感覚に確信の力があるとしてはいるものの，しかしやはりそれらを断罪しているのが見られる．すなわち彼はこう言っている．「しかしわれわれは，ほんとうのところは，何一つ確実なことは認知していないのであり，ただわれわれの身体の状態に応じて，そして身体に入り込んでくるものや身体に抵抗感を与えるものの状態に応じて，変動するものを認知するだけである」．

554　デモクリトス断片 11：セクストス・エンペイリコス『学者たちへの論駁』第 7 巻 138 節．（資料 550 のつづき）

　　しかし『規準論』では，彼は二つの認識があると言っている．一つは感覚を通じた認識，もう一つは思惟を通じた認識であり，それらのうち思惟を通じた認識のほうを「真正のもの」と呼び，それに真理を判定するための信頼性を保証しているが，感覚を通じた認識には「暗いもの」と名づけて，真理の判別に対する揺るぎなさをそれから剥奪している．言葉どおりには，彼はこう言っている．「認識には二つの形態があり，一つは真正なもの，もう一つは暗いものである．そして，暗いものには，次のようなもののすべて，すなわち視覚，聴覚，嗅覚，味覚，触覚などが属する．もう一つは真正のもので，それは暗いものから隔離されている」．そして，真正なものを暗いものよりも勝るとしながら，つづけてこう言っている．「暗いものがもはやそれ以上により小さなものを見ることも，聞くことも，嗅ぐことも，味わうことも，接触して感知することもできず，しかしより微細な

ものを……」[10].

　資料552および553の示すところによれば,デモクリトスの懐疑主義はけっして徹底したものではなく,認識論における感覚の積極的役割を全否定するまでには至っていない.彼の著作の『確証』という表題は,デモクリトスが次のようなさまを思い描こうとしていたことを示唆していよう.すなわち,資料549-550において感覚が「自分たちは完全に拒絶されている」と言って不平をこぼしているのに対して,知性はこう答えるのである.「いや,そうではない.おまえたちは世界について(そこには多くの事物があって,それらが運動しているということを除いては)われわれにほんのわずかな真理しか告げてくれない.とりわけ,個々の事物がどのようであるのか(資料550にある「それぞれのもの(ἕκαστον)」に注意)については,客観的に真なることは何一つ告げてはくれない.しかしおまえたちは,わたしがエレア派のア・プリオリな推論によって構成された真正な類いの判断を用いて考え出した(資料554),アトムと空虚の理論の真なることを確証はしてくれるのだ.たとえば,わたしの理論によれば,アトムはたえざる衝突にさらされているために,それらの結合は単に一時的なものであるはずなのだ.おまえたちは間違った仕方で生誕や死のことを告げるが,それを告げることで,理論の側が起こっているはずだと言っている事象が実際に存在していることを,おまえたちが確証してくれる.あるいはまた,わたしの理論によれば,知覚は対象と感知する者との交互作用を含んでいて,それはそれぞれのものの特性に依存して成立するのであり,したがってそのつどの場合ごとに異なるはずである(資料553).おまえたちのあるものは「風は温かい」と言い,別の人のうちにある別のものは「風は冷たい」と言う.ここでも,おまえたちは嘘をついているが,しかしおまえたちの言うことは,わたしの理論の予告することが実際に生起していることを示しているのである」[11].

---

10) ここで原文は中途のまま途切れている*.［訳注* 英訳はバーンズによっている.同訳ではγνησίηをlegitimate(正統の,正嫡の),σκοτίηをbastard(まがいものの,庶子の)としているが,この邦訳では当該ギリシア語を直訳して,それぞれ「真正の」「暗い」とした.］
11) 諸感覚が真理の確証を補填するという,この評価の仕方が,おそらくは,原子論者たちは「真理は現われのうちに存する」と考えているとする,アリストテレスの主張(資料562)の背後にあるのであろう.『形而上学』Γ 5, 1009b12 (DK68A112),『魂について』III, 3, 427a21-b6参照.

第15章　原子論者たち——ミレトスのレウキッポスとアブデラのデモクリトス

V. アトムと空虚

555　アリストテレス『形而上学』A巻第4章985b4（DK67A6）

　　レウキッポスと彼の弟子デモクリトスは，充実体と空虚とが基本要素であると述べ，その一方をあ̇る̇も̇の̇，他方をあ̇ら̇ぬ̇も̇の̇という言い方をした．すなわち，それら両者のうち，充実していて堅固なものがあ̇る̇も̇の̇，空虚で希薄なものがあ̇ら̇ぬ̇も̇の̇である．したがって，あ̇る̇も̇の̇があ̇ら̇ぬ̇も̇の̇に較べていささかなりともよりいっそうあ̇る̇わけではない，と彼らは言うのであるが，それは，空虚も物体より劣った存在ではない，ということである．これら両者は素材（質料）という意味であ̇る̇ものどもの原因となっているのである．そして基体となる実在（実体）を単一のものとし，それ以外のものはその実在の性質的様態によって作り出し，希薄なものと濃密なものとをさまざまな性質的様態の元になるものとしている人たちと同じやり方で，レウキッポスとデモクリトスもまた，（基本要素の持つ）多様な差異がそれ以外のものの原因であると言っている．もっとも，そうした差異は3種類あり，形状と配列と向きがそれである，と彼らは主張している．彼らの言い方をすれば，「リュスモスとディアティゲーとトロペーによって」のみ，多様な差異は生ずるのであって，それらのうちリュスモスとは形状のことであり，ディアティゲーは配列，トロペーは向きのことである．すなわち，AとNの場合が形状による差異であり，ANとNAの場合が配列による差異，ZとNの場合が向きによる差異である．

556　アリストテレス『デモクリトスについて』：シンプリキオス『アリストテレス「天体論」注解』295, 1による（DK68A37）

　　デモクリトスは……場所のことを「空虚」とか「あ̇ら̇ぬ̇も̇の̇」とか「無限なるもの」といった名前で呼び，他方，真実在の一つ一つを「も̇の̇（デン）」[「あらぬもの（ウッデン）」から「あらぬ（ウッ）」を取った語形である]とか「堅緻なもの」とか「あ̇る̇も̇の̇」とか呼んでいる．彼の考えでは，真実在はわれわれの感覚に捉えられないほどにも小さいものである．それらには，あらゆる様相，あらゆる形態のものがあり，その大きさもまちまちである．そしてそれらのものからすぐさま，ちょうど文字（ストイケイア）を用いるようにして，目に見えるもの，感覚され

うる集塊が生み出され，結合が行なわれるのである．

557 シンプリキオス『アリストテレス「天体論」注解』242, 18（DK67A14）

彼ら（レウキッポス，デモクリトス，エピクロス）は，始源（アルケー）が数的に無限であると語り，それらは「アトモイ」すなわち分割できないものであるとし，堅緻であり空虚に与らないがゆえに，非受動的であると考えた．すなわち，彼らの言うところによれば，分割は物体内部にある空虚のところで行なわれるのであるが……．

エレア派の原理と諸感覚との両方に対する原子論者たちの態度を考察しおえたところで，次に彼らが資料545-546, 548-550 および554 で設定した基盤の上に構築した体系を探査することにしよう．資料555-557（さらに，テオプラストスに基づいたシンプリキオス『アリストテレス「自然学」注解』28, 7-27 をも参照のこと）は，アトムと空虚について，かなり十分な情報を与えてくれる．実在性は物体的ないし堅緻なものにあるとされ，それは充実体（メリッソスの資料534参照）と同等のものと考えられ，したがっていかなる空虚あるいは空隙をも排除する．しかし，資料557によれば，充実していて堅緻なものは不可分でなければならない，言葉を変えればアトムでなければならない（おそらくは物理的に不可分ということであって，理念的にというのではないだろう．というのは，たとえば，アトムはさまざまな大きさをしているからである（資料556）[12]．アトムはきわめて小さい，実際のところ小さくて目に見えないほどだと考

---

[12] アトムの不可分性については，さまざまな典拠によって，別々の理由づけがされている．次の資料もその一例である．

558 シンプリキオス『アリストテレス「自然学」注解』925, 10（DK67A13）　レウキッポスとデモクリトスは，第一次的な物体が分割されえない理由として，非受動性（アパテイア）ということのみならず，それらの小ささおよび部分を持たないということを認めたのに対して，のちにエピクロスは，部分を持たないとは考えず，それらが分割できないのは非受動性のゆえであると言っている．

どんなものにせよ小ささがそれを不可分なものにするという考えは，途方もなく奇妙であり，そのためにこれは，レウキッポスとデモクリトスの具合の悪そうなところは信じようとしない研究者たちによって，しばしば学説誌における混乱とされてきた．シンプリキオスが「小さい」に「部分を持たない」という語注を付した試みには，エピクロスだけの考えを初期の原子論者たちに遡らせて読み込もうとした気配があるのは確かである．そして，この同じレウキッポス説が，別の

えられている（資料556）．ただし，デモクリトスは「宇宙大のアトムも存在しうる」（アエティオス『学説誌』I, 12, 6, DK68A47）とも思っていたようである．それらのアトムは無限の空虚の全体に散在しており，数的にも形状的にも無限である[13]．それらが相

ところでは語注なしに報告されている（ガレノス『ヒッポクラテスによる基本要素について』I, 2, DK68A49）．しかし，まさにこうした証言の不一致は，その基本的な考え方が真正のものであることを示している．とはいえ，それは不明瞭なものにとどまっているし，また，レウキッポスとデモクリトスによって考えられたアトムは理念的に不可分であるという命題を支持するのに，それを証拠にすることは危険である（Guthrie, *HGP* II, 396, 503-507 および Furley, *Two Studies* I, ch.6 がそれを支持する立場をとっている．また Stokes, *One and Many*, 225ff. をも参照のこと．Barnes, *The Presocratic Philosophers* II, 50-58 はそれに反対している）．

13) 物体が無限の空虚全体に散在しているということは，おそらくは，οὐ μᾶλλον（〜であるよりもむしろ……であるということはない）の原理の行使によって推測されたものであろう．

559 (= 112) アリストテレス『自然学』第3巻第4章203b25　しかし，（天界の）外側の領域が無限であれば，物体もそして諸宇宙世界も無限だと思われよう．それというのも，虚空間のどこかある領域に別の領域によりもいっそうそれらが存在することなど，どうしてありえようか．

同じ原理は，アトムが数的にも形状的にも無限であるとする議論においても，適用された．

560　シンプリキオス『アリストテレス「自然学」注解』28, 8（テオプラストスに基づく）（DK67A8）　レウキッポスは，基本要素として，無限でたえず運動変化している不可分なもの（アトム）を想定するとともに，いかなる事物もこのようにある以上にあのようにあるということはないのだからとして，アトムの形状は無限に多数あり，実在にはたえず生成変化がつづいている，との見方をとった．

ことによると，デモクリトスはそのあとで，アトムの大きさの問題についてもまたその原理を適用しない理由はない，という結論に達したのかもしれない．

561　ディオニュシオス：エウセビオス『福音の準備』XIV, 23, 3 による（DK68A43）　ただしエピクロスのほうはすべてのアトムがきわめて小さなもので，したがって感覚できないとしたのに対して，デモクリトスのほうはアトムにはきわめて大きなものも存在すると想定した限りでは，意見を異にしていた．

疑いなく，彼は，きわめて大きなアトムが見られるのはわれわれのいる宇宙からは遠く隔たった空間のあちこちにおいてだけである，と説明したのであろう．原子論者たちは，感覚的な現われの無限の多様性を説明するために，アトムの形状が無限であるとする仮説を立てた．

562　アリストテレス『生成消滅論』第1巻第1章315b6（DK67A9）　彼らは目に見える現われのうちに真実はあると考えたが，現象は相対立し無限に多様であることから，アトムの形状を無限であるとした．その結果，それらから構成されたものがさまざまに変容して，同一のものが人により反対のものに思われるのであり，またわずかなものが混入しても変動が起こり，し

互に異なるのは，とりわけ形状と配列においてである（資料555-556）．事物（それはアトムの複合体である）における，すべての「質的」な差異は，したがって，量的および位置的差異のみにかかっている．

　空虚は，あらぬものと同一だとされてはいるが，存在性が付与されている．原子論者たちがこのパラドクスをどのように正当化したのかを見てとることは，むずかしい．彼らの要点は，ことによると，ある場所が何ものにも占拠されていないとすれば，その場合，占拠者——「空虚」——が何ものでもない限りにおいては，それは存在しないが，しかしそれがある場所を占拠している限りでは，それは存在している，ということだったのかもしれない．この解釈に立てば，空虚は（資料556が想定しているような）「空間」ないし「場所」ではなく，より不可思議な存在者であり，実在の否定だということになる[14]．

VI. 諸世界の形成

563　ディオゲネス・ラエルティオス『哲学者列伝』第9巻31節（DK67A1）
　　万有は無限であると彼（レウキッポス）は言う．……そしてその一部は充実体，その一部は空虚であって……そのようにして数限りない宇宙世界が存立し，また

　　かも一つの変動が起こっただけで，全体として異なった現われを呈する，というのである．なぜなら，同じ文字によって悲劇も喜劇も成り立っているからである．

[14] この解釈は，セドレー（D. N. Sedley, 'Two Conceptions of Vacuum', *Phronesis* 27 (1982), 179-183）によって提出されたものである．より普通に行なわれている見解では，空虚はニュートン的絶対空間ではなく，ただアトムが存在しないところに存在する空いた空間で，それによってアトム同士の間に空隙を作っているものである．セドレーの議論によれば，原子論者にはそれを非存在と呼ぶ理由は何もないのであり，また「充実体」という言い方は，対等の扱いをすれば，充実した（満たされた）空間ということでなければならないことに注意している——しかし他方，それが空間を満たすもの，運動しているアトムでもあることは分かっている．彼の解釈からすれば，原子論者たちの「あらぬもの」という言葉の用法は，まさにパルメニデスによるその語の逆説的用法，すなわち否定的存在性が，もし何ものかを指しているとするならばだが，その指している対象に言及したときの用法（資料293, 296）の余韻を引いている．「空虚」や「空隙」はそれの別称にほかならないのである．

第 15 章 原子論者たち——ミレトスのレウキッポスとアブデラのデモクリトス

これらの基本要素へと解体していく．諸宇宙世界は次のようにして形成される．すなわち「無限なるものから切り離しが起こって」多様な形状をした多数の物体が巨大な虚空間へともたらされると，それらは一体化して一つの渦動運動を起こし，その作用によって衝突したり，ありとあらゆる仕方で回転したりして，類似したアトム同士がそれぞれに選り分けられていく．すると，その数が多いために，もはや均等に回転することができなくなり，微細なものは，ちょうど箕で篩い分けられるようにして，外側の虚空間へと移動していく．他方，残りのものは「一つにまとまり」，絡み合いながら互いに歩調の合った動きをして，その結果，球体をした第一次的な構造体を作り出すのである．(32) そしてこの構造体は，あらゆる種類の物体（アトム）をその内部に包括した「被膜体（ヒュメーン）」のようなものとして，それ自体分離した存在となる．諸物体が中心部の抵抗を受けつつ渦動運動を行なうにつれて，外周部の被膜は，それに接し合っている諸物体が渦動との接触によってたえずいっしょに流出していくために，薄くなっていく．このようにして，中心部へと運ばれた諸物体が「一つにまとまる」ことによって，大地が形成された．他方，それらを包括している被膜体のようなもの自体は，外部から追いやられてくる諸物体によって肥大化し，渦動運動を行ないながら，接触する相手のものを付加併合する．そして，それら諸物体の一部が結びつき合うと構造体をなす．当初は湿潤なもので泥状のものであるが，それが乾き上がり，宇宙全体の渦動運動とともに回転するにつれて，やがて燃え上がると，諸天体の本体ができあがる[15]．（アエティオス『学説誌』I, 4, 1-4, DK67A24 をも参照のこと．）

564　アエティオス『学説誌』第 2 巻第 7 章 2 節

レウキッポスとデモクリトスは，鉤状のアトムが結びつき合ってできた「キトーン（衣服）」あるいは「ヒュメーン（被膜体）」が，宇宙世界の周囲をぐるっ

---

[15]「一つにまとまる (συμμένειν)」，「被膜体 (ὑμήν)」，あるいは（資料 564 における）「衣服 (χιτών)」などは，実際に原子論的な文脈に由来するものだったように思われる．「無限なるもの（すなわち無限の場）から切り離しが起こって (κατὰ ἀποτομὴν ἐκ τῆς ἀπείρου)」という句は，エピクロスのピュトクレス宛て書簡 (II, 88, DK67A24) にそっくり対応している．ディオゲネスはそれをデモクリトスから引き出したのかもしれないが，しかし，συμμένειν, ὑμήν, χιτών あるいは κατὰ ἀποτομήν も同じく，いずれもエピクロスのものでしかないのかもしれない．

と覆っているものとしている．

565　ヒッポリュトス『全異端派論駁』第1巻第13章2節（DK68A40）
　　彼（デモクリトス）は基本要素について，レウキッポスと同様に，充実体と空虚がそれであると語っている……．そして，諸存在は空虚の中をたえず運動していると語るとともに，無限の宇宙世界があって，それらはさまざまな大きさをしている，とした．またある宇宙世界には太陽も月も存在しないが，ある宇宙世界にはわれわれのところよりもより大きな太陽や月が，ある宇宙世界にはわれわれのところよりもより多数の太陽や月が存在している，とのことである．(3) 諸宇宙世界同士の間隔は不均等で，あるところには多数存在するが，あるところには少なく，またある宇宙世界は増大しつつあり，ある宇宙世界は最盛期を迎えているが，あるものは衰退しつつある．またあるところには生まれつつあり，またあるところでは衰亡しつつある．それらは互いに衝突することによって消滅する．いくつかの宇宙世界には動物も植物も生息していず，また水分がまったくない．

　資料563における世界形成の説明（形式的にはレウキッポスのものとされているが，明らかにデモクリトスの一般的見解をも表わしている）は，かなり詳細なものではあるが，分かりにくいところばかりである．最初の段階は，アトムの大きな集合体が，いわば虚空間の大きな一マスの中に切り離される場面である．第二の段階は，それらが渦巻あるいは渦動を形成する場面である．それがどのようにして生じるのか，われわれには分からない．分離したアトムの動きが特定の仕方で組み合わされた結果として，「必然的に[16]」生ずるのであろう．しかも渦動は，必ずしもあるいは一般的に，第一段階的状況のみから発生するわけではなさそうである．渦動運動は類似したアト

---

16) 次の資料を参照のこと．

　566　ディオゲネス・ラエルティオス『哲学者列伝』第9巻45節（デモクリトスについて）
　　万物は必然によって生じる．渦動が万物の生成の原因であり，その渦動を彼は必然と呼んでいるからである．

　　渦巻あるいは渦動が必然と呼ばれるのは，それがアトム同士の必然的な（機械的で，理論上決定されうる）衝突と結合を作り出すからである．次の資料にそのことが言われている．

　567　アエティオス『学説誌』第1巻第26章2節　（必然の実相について）デモクリトスは，それによって，物質の抵抗性と運動と打突のことを言おうとしている．

ム同士を引き寄せ合う傾向を引き起こす[17]．（これらは全体的に，アナクサゴラスを想起させるところがきわめて多い．彼の場合は，ヌゥス（知性）が渦動を始動させると，類似した微粒子が寄り集まって物体を形成したのだった．資料476および467ページ以下参照[18]．）比較的大きなアトムは中央に寄り固まり，小さめのアトムは押し出されていく（資料575）．被膜体あるいは衣服（資料564）のようなものが全体を包んで

　　アリストテレスの用語では，結合は偶然によって行なわれると言い表わすことができる．次の資料を参照されたい．

　　568　アリストテレス『自然学』第2巻第4章196a24　　ある人たちは，この天界をはじめすべての諸宇宙世界が偶発に起因するものとしている．すなわち，偶発的に渦動と運動が生じて，それによる分離のはたらきによって，万有は現にあるような秩序づけを与えられた，というのである．

　　アリストテレスにとっては，それらは目的因を実現していないので，偶然的事象とされるが，原子論者たちは非計画的な機械的事象系列の別の面を，すなわち必然性としての面を強調したのである．次にあげる，レウキッポス自身の言葉として現存する唯一のものに，そのことが言われている．

　　569　レウキッポス断片2：アエティオス『学説誌』第1巻第25章4節　　いかなる事柄も何気なく生ずることはなく，万事は理路（ロゴス）に基づき必然によっているのである．

　　すべての事物，すべてのできごとは，衝突と反作用の連鎖の結果であり，それらはすべて関与するアトムの形状と個々の運動に対応しているのである．

17）デモクリトスは，生物と無生物の両方にわたる諸事物についての，この伝統的な行動規則を，次のように事例を挙げて説明している．

　　570　断片164：セクストス・エンペイリコス『学者たちへの論駁』第7巻117節　　なぜなら，生き物は（と彼は言う），ハトはハトと，ツルはツルというように，そしてその他のものについても同様に，同類の生き物と群をなす．また魂を持っていないものについても同様で，篩にかけられた種子や浜辺の小石について，それを見ることができる．［彼はそれにつづけて，よく似た穀類や同じ形をした小石は，篩や波の作用で寄り集まる，と言っている．］

　　類似の形状や大きさの事物が運動の影響下で寄り集まる機械的な傾向を示すことが，とりわけ原子論にとって好都合であったのはもちろんで，しかもそれは，ホメロス『オデュッセイア』XVII, 218に見られる「神はつねに似たものを似たものに導く」というような，素朴な見解を越え出たものである．

18）シンプリキオスの次の個所によれば，デモクリトスは，渦動が「分れ出てくる」と考えたとされる．

　　571　断片167：シンプリキオス『アリストテレス「自然学」注解』327, 24　　しかしデモクリトスが「渦動は，あらゆる種類の形態（アトム）からなる万有から分れ出てきた」と言っているとき（どのようにして，いかなる原因によってかは言っていないのだが），彼はそれを偶発的に，偶然によって作り出そうとしているようである．

いる．これの形成は，比較的小さくて形の整ったアトムによるものなのか（DK67A24 のアエティオスに示唆されているように），それともそれらは構造体（σύστημα）そのものから外の虚空間へと押し出されていくのか（資料563に示唆されているように）は，不明瞭である．その他のアトムは回転する大きな塊の外周部に接触すると，被膜体の中に引き込まれていく．これらのアトムの一定部分は回転の速さのために発火するようになり（資料563末尾），そうして諸天体が形成される．嵩の大きめのアトムは中心部に「一つにまとまり（συμμένειν）」，大地を形成する．

ディオゲネス・ラエルティオスは，資料563の後につづけて，宇宙論の細部にわたる叙述をしているが，それらは特に蒙を啓くようなものではなく，むしろここでレウキッポスが，さほど批判的な態度をとらずに，古来のイオニア派の説を取り入れようとしていたことを示している．レウキッポスの考え方として，一つの重要な，そしてきわめて保守的なものは，大地が平らでタンバリンのような形（τυμπανοειδής，アエティオス『学説誌』III, 10, 4）をしているとされていることである．デモクリトスはこれをわずかに修正したが（同書III, 10, 5），全面的に平らであることに変わりはなかった．両者ともに，大地が傾斜して南に向かって低くなっていると考えたようである[19]．

無数のアトムがあり，無限の空虚があるからには，そうした世界が一つだけ形成さ

宇宙生誕論的な過程の始動者が「分れ出てくる」とする考え方は，アナクシマンドロスまで遡るだろう（資料121および173ページ以下を見られたい）．

19）次の資料でもそうである．

572　ディオゲネス・ラエルティオス『哲学者列伝』第9巻33節（レウキッポスについて）　太陽と月に蝕が起こるのは，大地が南側に傾いているからであり，他方，熊座側（北方）はいつも雪が降り寒冷で凍結している．

たいていの研究者が，「月」の後に写本空隙部を想定してきた．そうすることで，蝕以外の何らかの事象が大地の傾斜によって説明されているものとするためである．ディオゲネスにおける論題の順序からすると，空隙部の想定は考えにくい．しかし大地の傾斜は蝕の説明としてはまるで不適切だろうということから，原文の入れ違いとか，ディオゲネスないし彼の典拠による完全な取り違いを想定するのが理にかなっているようである．大地の傾斜ということは残る．それによって，獣帯（黄道帯）の傾きと気候の違いがともに説明される．それはまた，想像としては，まるで違うものではあるにせよ，太陽は夜には北方の高地の後ろに隠れるとするアナクシメネスの説と関係しているようでもある．アエティオス『学説誌』III, 12, 1-2（DK67A27および68A96）をも参照のこと．

れるという理由はありえない．レウキッポスとデモクリトスは，したがって，無数の世界を措定し，それらが空虚の全体にわたって生成したり消滅したりするとした（資料563冒頭部および565）．絶対的な確実性をもって無数の諸世界（連続的な有機的組織体が継時的につづく状態とは対立したものとして）という考え方を最初に帰することができるのは彼らに対してであり，それは全面的に上述のようなア・プリオリな理由によって到達したものであった[20]．しかし，学説誌家たちが複数世界の考え方（同時併存的であれ継時的であれ）を，イオニア派の何人かに帰したのは確かで，おそらくそれはテオプラストスに始まる誤りによるものであろう（163ページ以下および477ページ以下を見られたい）．

デモクリトスは，資料565によれば，どの世界にもそれぞれ太陽や月などがある必要はないこと，あるいは水の存在や生命の発生の必要はないことに着目して，その考え方を多彩なものにしたようである．資料563に見られる宇宙生誕論的過程が無原則的な性格のものであるために，いつでも同じ結果をもたらすとは限らなかったのであろう．たとえば，ある世界では外側の被膜体の近くに引き寄せるべきさらなるアトムがなかったとすれば，その世界ではおそらく天体が一つも存在しないことになったのであろう[21]．

VII. アトムのふるまい

(a) 重さ

---

20) デモクリトスの弟子であるキオスのメトロドロスのよく知られた言い回しに，大草原に穀物の穂が一つだけ実るのが奇妙なら，無限の中に世界が一つだけというのも奇妙だ，というのがある．それと較べられたい．
21) ここには，アナクサゴラスの断片4（資料498．「われわれのところ（παρ' ἡμῖν）」という句が頻出するのは偶然であろうが）に対する言及があるかのようにも見える．とはいえ，その断片には，きちんとした仕方で別々の諸世界には別々の太陽と月があると述べられていたのかどうかは，まるで不確かである．もしそう述べられていたのならば，すべての世界は同一構造を持っているということが事実となり，ヴラストスの言っていること（G. Vlastos, *Philos. Rev.* 55(1946), 53f.）が正当化されよう．彼は「アナクサゴラスの自然学における目的論的な気配」を言い，デモクリトスの説はそれに対する「意識的な拒否」なのかもしれない，と示唆している．

573　アリストテレス『生成消滅論』第1巻第8章326a9
　　ただしデモクリトスは，不可分割体のそれぞれは（大きさが）過大になるに応じてより重くなる，と言っている．

574　テオプラストス『感覚について』61節（DK68A135）
　　デモクリトスは，重い-軽いということを大きさによって区別している．……ただし，混合体の場合にはそうではなく，空虚をより多く含んでいるものはより軽く，それがより少ないものはより重いのである．いくつかの個所で，彼はそう述べている．(62) しかし他の個所では，単に希薄なものは軽いと述べている．

575　シンプリキオス『アリストテレス「天体論」注解』712, 27（DK68A61）
　　デモクリトス派の人たちの考えによれば，すべてのものが重さを持っているが，火は相対的によりわずかな重さしか持っていないために，より優勢なものに押しのけられて上方に動かされ，そのために軽いものであるように見えるのである．

576　アエティオス『学説誌』第1巻第3章18節（DK68A47）
　　すなわち，デモクリトスは（アトムの属性として）大きさと形状の二つをあげたのに対し，エピクロスはそれらに第三のものとして重さを付け加えた．……

　　アエティオス『学説誌』第1巻第12章6節
　　デモクリトスによれば，第一の基礎的物体（「堅緻なもの」とはこのことである）には重さがなく，それらは相互に衝突することによって，無限なるものの中を運動している．

　アリストテレスとシンプリキオスがアトムの基本的属性を論じている原典個所（たとえば資料555-557）は，アトムに重さがあるのかどうかの問いには口を閉ざしている．実のところ，アナクサゴラスとエンペドクレスの見解についての報告も，この論点については，やはり情報を欠いている（資料493は，明らかに，資料117におけるアリストテレスの一般的所見に促されて，資料489を解釈したものの域を出ない）．資料573-576には，デモクリトスの立場について，一見して矛盾した見解が提示されていて，そのため彼の立場がどのようなものかという論点は，研究者間での紛争の種となってきた．（これらの個所で，レウキッポスには言及されていない．おそらく，彼は，この論題を特に取り上げる必要があるとは考えなかったのであろう．）

第15章 原子論者たち——ミレトスのレウキッポスとアブデラのデモクリトス

資料573でのアリストテレスは、きわめて明確に、デモクリトスの考えではアトムには重さがあり、その重さはアトムの大きさにかかっていた、としている。アリストテレスの意見はテオプラストスに支持され（資料574）、また（第一の点については）シンプリキオスの支持も得ていた（資料575）。実際、どのようにして原子論者たちが、何らかの仕方でこの見解を取らずにすますことができたのかを見てとることはむずかしい。この世界にある物体は、経験上当然のこととして、重さを持っているように思われ、アトムが充実していて同質であるとすれば、大きさの違いこそが重さの違いの決定要因として考えられる唯一のものであるということになるからである。しかし、資料576は資料573-575と矛盾するかのように思われる。その矛盾はいかに説明されるのか。

(i) 一つの広く支持されている解法は、たとえばバーネット（*EGP*, 341-346）によって提唱され、KRに採用されたもので、それによれば、資料573-575の証言はこの世界に配置された物体だけについて、あるいはもう少し一般的な言い方をすれば渦動の中にある物体だけについて言われたものとされる。より大きな事物は渦巻の中心に向かって動こうとすることから、それらの「下方へ」の運動はより大きなサイズのものであることの働きであるという事実を言い表すのに、それらはより周辺部の近くにあってより小さな事物よりもより重いとするのが簡便である。しかし、それ自体としては物体には重さ、すなわち「下方へ」と運動する趨勢はない。渦動の圏外の虚空間では、それらの運動は衝突（そして、むろん大きさと形状）のみによって決定される。そして、それらを重いとか軽いとかと記述する理由は何もないのである。資料576でアエティオスが指摘したのは、まさにこの点である。

(ii) 説明(i)は、資料576を大いに尊重しているが、その点でのアエティオスへの信頼をも維持するためには、かなりの理論的装備を取り入れなければならない。それよりも、ともかく信頼性のより高い典拠に基づいた見解である資料573-575を、その表面的な評価のままに、制約なしにデモクリトスのアトムについて正しく記述したものとして受け取るのが、概してより簡明である。とすれば、たしかにデモクリトスはそれについて多くの言葉を費やしはしなかったが、重さはアトムの絶対的な属性である。なるほど、渦動圏外の虚空間における重さとは何たるかの問いに対して答える用意を、おそらく彼は持ち合わせていなかったのだろう。そこには、重さとは下方に運

529

動する趨勢のことであるとは言われていない．しかし，その難題そのものが，なぜアエティオスがデモクリトスの見解について，資料576で犯したような誤った言い方をするに至ったかを示唆している．彼は直前でエピクロスの見解について述べたところだった（『学説誌』I, 12, 5）．それによれば，アトムは，それらの持つ重さによって，空虚の中を下方へと運動するのだが，衝突が起こると他の方向にも運動する（そして衝突は，周知のとおり，場当たり的な逸れ（クリーナーメン）によるものと説明された．これについては，たとえばディオゲネス・ラエルティオス『哲学者列伝』第10巻61節，ルクレティウス『事物の本性について』第2巻216-242行を参照のこと）．エピクロスの立場は彼に明瞭に理解できただろうから，そこで彼は，デモクリトスのアトムは空虚の中では下方運動し̇な̇い̇がゆえにそれらには重さがありえない，と推測したのではないだろうか[22]．

(b) 運動

577　アリストテレス『天体論』第3巻第2章300b8

　　したがって，レウキッポスやデモクリトスが，第一次的な物体は無限なる空虚の中をたえず運動していると言うのであれば，それらがどのような運動をしているのか，また自然本性に即したそれらの運動とは何であるのかを，彼らは語らなければならない．

578　アリストテレス『デモクリトスについて』：シンプリキオス『アリストテレス「天体論」注解』295, 9による（資料556のつづき）

　　それらは，非同質性などの上述したような差異性のために，空虚の中で反発しあって運動する．そして，運動しながら落下し絡み合いを演ずると……．

579　アリストテレス『天体論』第3巻第4章303a5

　　なぜなら，彼ら（レウキッポスとデモクリトス）の言うところによれば，第一次的な大きさのものは数的に無限で，大きさにおいて分割できないものであるが，

---

[22]　重さについては，さらにオブライエン（D. O'Brien, 'Heavy and Light in Democritus and Aristotle', *JHS* 97 (1977), 64-74, あるいは（より大部のものではあるが）O'Brien, *Democritus, Weight and Size* (Paris, 1981)）を見られたい．

第15章　原子論者たち——ミレトスのレウキッポスとアブデラのデモクリトス

一から多が生ずることも多から一が生ずることもありえず，ただそれらアトム的なものの絡み合いと周辺分散（περιπαλάξει）によって万物が生まれるのである．

580　アレクサンドロス『アリストテレス「形而上学」注解』36, 21

なぜなら，彼ら（レウキッポスとデモクリトス）は，アトムが相互衝突したり打撃を与えあったりしながら運動していると言っているからである．

581　アエティオス『学説誌』第1巻第23章3節

デモクリトスは，運動の（ただ）一つの種類として，振動によるものの存在を主張した．

582　シンプリキオス『アリストテレス「自然学」注解』138, 35（DK68A58）

そして彼らは，それら（アトム）が，その有する重さによって，抵抗を示すことなく場所を譲る空虚の中を場所的に運動すると語った．すなわち，それらのものが「周辺に分散される[23]」と語ったのである．

レウキッポスもデモクリトスも，アトムの原初的運動——衝突によって引き起こされた運動ではなくて，衝突を引き起こす運動——について，何ら十分な説明をしなかったことは，資料577その他においてアリストテレスが漏らしている同じような不平によっても，この点についてこれという情報が欠如していることからも，明らかである．実際，アトムと空虚はつねに存在してきたからには，どこから考えても，運動もつねに存在してきたにちがいないし，それに伴って衝突もつねに繰り返されてきたにちがいないではないか．なぜなら，アトムは現にいま運動状態にあるのである．どうしてそれらがかつて運動状態になかったことなどありえようか（資料296の7-9行目において，充足理由律により生成を否定するパルメニデスの議論を参照のこと．原子論者たちが，目下の場面で，それを念頭に置いていたこともありえよう．また，アリストテレス『自然学』第8巻第1章252a32, 『動物発生論』第2巻第5章742b17をも見られたい）．

したがって，アリストテレスがしているように，アトムの「自然本来の」運動が何であったかを問うのは，とっさにそう思われるほどには要を得たことではないのであ

---

23) περιπαλάσσεσθαι (Diels). 諸写本は περιπαλαίσεσθαι.

る.とはいえ,もしも原子論者たちがむりやり「原初の」運動を規定させられたとすれば,おそらく彼らは,場当たり的な運動がそれで,どのアトムにせよ別の方向よりもむしろある特定の方向に運動する趨勢といったものはない,と答えたことだろう.明らかに,衝突はたちまちにして起こり,原初の運動は,衝突と跳ね返りから結果する二次的な運動に,徐々に取って代わられていったのであろう.

アトムの規則的な運動で,ことによるとレウキッポスとデモクリトスがはっきりと想定した唯一のものかもしれないのは,衝突後のアトムの跳ね返りによるものである.つづいて起こる運動の性格は,疑問の余地なく,重さと形状と衝突した物体の先行運動によって決定されるであろう.アトム同士が衝突すると,それらが適合した形状のものであれば絡み合い(συμπλοκή)を結果し,そうでなければ周辺分散(περιπάλαξις)する——すなわち,あちこちの方向に跳ね返る——ことになる.これが資料579でアリストテレスが言わんとしていることである(資料582参照).

アエティオスは資料581で特殊なタイプの運動をデモクリトスに帰している.παλμόςすなわち「振動」がそれである(その語根は「周辺分散(περιπάλαξις)」のそれと同じである.ベイリー(C. Bailey, *The Greek Atomists and Epicurus*)は,事実,資料579のπεριπάλαξιςをπαλμόςの意味で解釈した.ただしその公算はきわめて高いとは言えないだろう).アエティオスはここで,まず疑いなく,エピクロスの観念をデモクリトスに読み込んでいるのだろう.エピクロスはこの言葉を,アトムが,彼の考えたところによれば,複合体の中に取り込まれたときに行なう,見えざる振動を記述するのに用いた(エピクロス『書簡』I, 43.ベイリー前掲書332ページ参照)[24].

---

24) LSJはπεριπάλαξιςの意味をアトム同士の「衝突,組み合わせ」とし,しかしπεριπαλάσσεσθαιの意味を「周囲に放り投げられる」としている.いずれの訳も不完全である.παλάσσεσθαιの意味は「振り回される,(あるいは)振り撒かれる」であり,その語のより単純な形であるπάλλεινの意味は「振る」である.エピクロス的なπαλμός(振動)とする解釈への移行段階が,ことによると,テオプラストス『感覚論』66節末尾(DK68A135)に見られるのかもしれない.資料579でアリストテレスが言わんとしているのは,単に,事物はアトムの絡み合いと跳ね返りによって作られる,ということだけである.後者は,それ自体としては,γένεσις(生成)をもたらしはしないが,その存続のために必要なことである.

第 15 章　原子論者たち——ミレトスのレウキッポスとアブデラのデモクリトス

(c) 物体の形成

583　アリストテレス『デモクリトスについて』：シンプリキオス『アリストテレス「天体論」注解』295, 11 による（資料 578 のつづき）

　……そして，それら（アトム）が運動しながら落下し絡み合いを演ずると，それによってそれらは接触し合い，相互に接近し合う．もっとも，自然本性においては一つのものであるから，それらからほんとうの意味では何一つとして生まれ出るわけではない．そもそも二つないしそれ以上の多数のものが一つのものになるなどということが，まさに愚かでしかないからである．真実在同士が一定の間纏まりを保っていることの原因として，彼は，物体の相互適合と相互把捉とを挙げている．なぜなら，それらのあるものは凹凸がはげしく，あるものは鉤型（かぎ）をしており，また窪みを持ったものや突起のあるものもあり，その他無数の違いを持っているからである．そのために，一定時期まではそれら自身をしっかりと捉まえ合い纏まりを保っているのだが，やがてそれらを取り囲むものによって，何らかのより大きな必然性が立ち現われ，それらを激しく揺さぶり，四散させることになるのである．

584　シンプリキオス『アリストテレス「天体論」注解』242, 21（資料 557 のつづき）

　……これらのアトムは，無限の空虚のうちに相互にばらばらに離れて存在し，形状と大きさと向きと配列を異にしつつ，空虚の中を運動している．そして，相互に行き合うと衝突して，偶然のままに，あるもの同士は跳ね返るが，あるもの同士は，形状と大きさと向きと配列との適合性に応じて相互に絡み合って一つの纏まりを保つと，それによって複合体の生成が行なわれるのである．[「一つの纏まりを保つ」は συμμένειν (Diels)，諸写本では συμβαίνειν (いっしょになる)．]

　これらの個所には，先に掲げた引用，たとえば資料 545 や 563 で略述されていた事柄，すなわち，どのようにしてアトムはわれわれの経験世界において目に見える複合体を作り上げるのかについて，より精細に述べられている．アトム同士の衝突の結果，適合し合う形状のアトム同士であれば跳ね返ることなく，一時的に相互に結合しつづける．たとえば鉤型（かぎ）のアトムは，その鉤がうまく合う形をしたアトムと絡まりあうことになろう．その二つのアトムの複合体に，他の適合し合ったアトムの結合体が衝突す

ると さらに結合し，やがて一定の性質を持った目に見える物体が形成されるのである．

　強調されているように，アトム同士はけっしてほんとうの意味で合体するわけではない．それらは単に相互に接触するだけであり，つねに固有の形状と単一性は保持しつづける．アトムの複合体が他のアトム複合体と衝突すると，それらは解体されて小さな複合体に，あるいは複合体を構成する個々のアトムになるだろう．そしてそれぞれがまた空虚の中で運動しはじめ，再び適合し合ったアトムないし複合体と衝突するまで，それはつづくことになろう．

　この説明にはかなりの難点がある．「似たものが似たものと」の原理は，どんな役割を演ずるのだろうか．この原理は，資料570でデモクリトスによって具体的に説明されているが，世界の形成過程の叙述に用いられている．資料563では，あらゆる形状のアトムが巨大な虚空間の中で寄り集まると，より小さなアトムは周辺部に，より嵩の大きなものは中心部に移動することで，似たものは似たものに向かう，とされているからである．

　ここで第一に問題とされているのは，形状の類似よりも大きさの類似であるように見える．大小の選別が行なわれるのは，渦動の中においてだけである．アトム同士の衝突については，第一義的には渦動に左右されるわけではない．すなわち，世界形成においてアトムが分散している領域の外においてであれ，渦動の活動が緩和されているはずの，形成された世界の内部においてであれ，合体は「似たものが似たものと」の原理よりも，むしろ適合性（それは，συμπλοκή（絡み合い）に関するかぎりでは，類似ではなく差異を含んでいる）によるのである．資料584によれば，この適合性は形状，大きさ，位置，配列に関して働くはずのものである．

　しかし，これは完全な解法ではない．ある特殊な形状のアトムがあると言われていて，それらは同形の他のアトムとは明瞭な適合類型のどれにも従うことができず，それにもかかわらず，結合してただ一つの（あるいはむしろ，異なってはいるが関連しあった二つの）タイプの複合体を作り上げるものとされているからである．それは球形のアトムであり，魂と火の二つがそれらから成る，とはっきり考えられている[25]．

---

25) アリストテレスはいくつかの個所で，原子論者にとって魂のアトムと火のアトムは，動きやすく浸透性がなければならないために，球形をしている，と主張している．たとえば次の個所を見られ

第 15 章　原子論者たち——ミレトスのレウキッポスとアブデラのデモクリトス

異論もあろうが，魂は（前 5 世紀にはどこででもそうだが）身体全体に分散しているものと考えられていて，しかしそうは言っても，魂のアトム同士が何らかのつながりを持つ必要はありそうである．火はより明確な事例である．それははっきり目に見えるし，球形のアトムから成り，それ以外の形状のアトムはまったく（あるいはごくわずかにしか）含まないものでなければならないからである．

　これらのアトムはどのようにして寄り集まったのだろうか．衝突の結果として，相互にもつれ合ったり引っ掛かり合ったりしたことはありえない．むしろそれらは，「似たものが似たものと」の原理の働きによって，結合するに至ったのであろう．したがって，資料 583 でのアリストテレスは，συμμένειν（纏まりを保つこと）の全事例を，

たい．

585　アリストテレス『魂について』第 1 巻第 2 章 405a11　デモクリトスの言うところによれば，さまざまな形の中で球形が最も動きやすく，知性と火はそのような形状をしている．

　また同書 404a5（DK67A28）を比較参照のこと．そこでは，魂は大気から球形のアトムを吸い込むことで補充される，と言われている．その考え方は，おそらく資料 234 におけるヘラクレイトスのものと類同的であろう．アリストテレスは，ときとして，魂は，こうした形状の共通性のゆえに，火である，と言わんとしている．しかし，ほんとうは球形のアトムが魂であるわけでもなければ火であるわけでもなく，単に球形のアトムであるにすぎない．それが他のアトムと結びついたときにのみ，二次的属性を持つ．動物の身体の関連の中ではそれが魂となり，他の関連の中では火となるのである（H. Cherniss, *Aristotle's Criticism of Presocratic Philosophy*, 290 n. 参照）．とはいえ，形状の類似性は，どのようにして魂が大気によって養われうるかの説明となる（大気はけっして魂を付与されてはいないが，しかし若干の火を含んでいる）．魂（原子論についてのアリストテレスの説明によれば，それは知性と同じものである）および火以外には，どんな形状のアトムがどんな二次的性質をもたらすのかについて，詳しいことは伝えられていない．ただし感覚の場合は別である——尖ったアトムは辛い味覚をもたらす，などという具合である（以下の資料 591 を見られたい）．アリストテレスは空気と水を（そして，おそらくは土をも）すべての形状のアトムの寄り集まり（パンスペルミアイ，全種子総合体）と解していた．

586　アリストテレス『天体論』第 3 巻第 4 章 303a12　しかし，それぞれの基本要素の形状が特定のどのようなものであるかということについては，彼ら（レウキッポスおよびデモクリトス）はそれ以上には規定していず，ただ火を球形のものとしただけだった．空気や水やその他のものは，大小によって区別した——それらの自然本性をなすものが，言わばあらゆる基本要素の全種子総合体（パンスペルミアー）に相当するようなものと考えてのことであった．

　もしこの記述が正確であれば，原子論者たちはこの考え方をアナクサゴラスから引き継いだのかもしれない（469 ページを見られたい）．

すなわち安定しているように見える複合体を形成している場合のすべてを，アトムのもつれ合いによるものと言わんとしているが，それは誤解をまねきやすいことに思われる．他のタイプの「適合性（συμμετρία）」（資料584を見られたい），特に形状や大きさの類似がより適切であるような場合も存在するのである．

Ⅷ．感覚と思考

587 アリストテレス『感覚と感覚されるものについて』第4章442a29
　しかし，デモクリトスをはじめ感覚について論じている自然学者たちの大部分は，何かきわめて奇妙なやり方をしている．彼らは感覚されるものはすべて触れられるものだとしているからである．

588 アエティオス『学説誌』第4巻第8章10節
　レウキッポス，デモクリトスおよびエピクロスによれば，感覚と知性認識は，写影像（エイドーラ）が外界から突き当たってくることによって成立する．なぜなら，写影像が突き当たってくることなしには，いかなる者にもそのいずれも現われはしないからである，というのである．

589 テオプラストス『感覚について』50節（DK68A135）
　彼（デモクリトス）は，見ることを反映像によるとしているが，それを彼は独特の仕方で語っている．すなわち，反映像は瞳において直接生ずるのではなく，視覚と見られるものとの中間にある空気が，視覚と見られるものとにより圧縮されることによって，刻印される．なぜなら，すべてのものからたえず何らかの流出物が生じているからである．次いで，この圧縮された空気は固くてさまざまな色をしているので，それが湿潤な（?）目に反映する．目は稠密なものは受けつけないが，湿潤なものは通り抜けていく．……

590 アレクサンドロス『感覚について』56, 12
　彼らは，視覚対象からそれと類似した形態の写影像なるものが絶え間なく流出していて，これが視覚に飛び込んでくることが，ものを見ることの原因であるとしていた．レウキッポスおよびデモクリトスを奉ずる人たちがそうした見解をとっていたが……．

第 15 章　原子論者たち――ミレトスのレウキッポスとアブデラのデモクリトス

　すべてのものはアトムと空虚から成る，あらゆる感覚は接触あるいは感触の一形態として説明されることになる――これが原子論の必然的な帰結である（資料 587）．魂は球形のアトムから成り（資料 585），身体に分散している．そして精神（知性）は，おそらくは魂のアトムの集結したものと見なされていた．したがって，思考は感覚と類同的な過程であり，それがなされるのは，外界から適合したアトムが突き当たってくることによって，魂のアトムあるいは精神のアトムが運動状態に入る場合である（資料 588）．さまざまな感覚についてのデモクリトスの細部にわたる説明に対する，十全な報告が，テオプラストスによって彼の『感覚論』49 節から 83 節（DK68A135）に提示されている．この報告には若干のペリパトス派的な歪曲や加工のあとが含まれているが，しかしデモクリトスが，この論題や他の論題について，精魂傾けて原子論の細部にわたる仕組みをこしらえあげたことを，それは明示している．

　最も十全な，しかし最も満足の行かない記述は，見ることについてのものである．レウキッポスは明らかに（資料 590）エンペドクレスの説（396 ページ以下）を継承していた．ここでは写影像（εἴδωλα）と言い表わされている流出物が事物から放出され，感覚器官に作用を及ぼす，とするものである．次いでデモクリトスは，瞳の中の反映像（ἔμφασις）は見られる対象と見る者との両方からの流出物（ἀπορροαί）によってできたものと考えた（資料589）．これらが出会うと，空気中に固い刻印（ἐντύπωσις）を形成し，それが次いで目の瞳に入ってくるのである．

　これ以外の諸感覚はもっと簡単に説明されていて，そのさい，さまざまな大きさと形状のアトムによるさまざまな影響が強調されている[26]．どの説明も立ち入った吟

---

26)　たとえば味覚については，次の資料を見られたい．

　591　テオプラストス『感覚について』66 節（DK68A135）　苦い味が引き起こされるのは，小さく滑らかで球状のアトムによってであり，その外周は襞状にうねったものになっている［諸写本およびディールスには εἰληχότα とあるが，εἰληχότων に改める］．そのために，それはべたべたして膠着性がある．塩辛い味は，大きくて丸みのないアトムによって，ときにはギザギザのあるアトムによって引き起こされ……．

　音声は，声や音の微粒子が空気中の類似した微粒子と混じり合う（そしてそのようにして，おそらくは写影像（εἴδωλα）を形成する）場合に伝達される．次の資料を参照のこと．

　592　アエティオス『学説誌』第 4 巻第 19 章 3 節（DK68A128．ディールスによれば，おそらくはポセイドニオスに基づいている）　デモクリトスは，空気もまた類似した形状の物体へと破

味に耐えるものではなく，アリストテレスとテオプラストスも，いくつかきわめて要を得た批判をすることに成功している．たとえば，デモクリトスがどのように触覚を説明したのか，われわれには分からない．すべての感覚が最終的にはこの感覚に依拠しているとすれば，たとえば視覚や味覚がそれとどのように違うのかは，明らかに一つの問題である．

IX. 倫理学

593　デモクリトス断片3：ストバイオス『精華集』第4巻第39章25節
　　快活でありたいと思う者は，私的にであれ公的にであれ，多くのことをするべきではないし，何をするにつけても，自分自身の力量と自然本性に過ぎたことに手出しするべきではない．むしろ，分をよく守って，もし幸運が舞い込み，より多くへと誘おうとも，判断を働かせてそれを脇に押しやり，自分の力量に余る物事からは手を引くようにしなければならない．適量の荷は重たい荷よりも安全だからである．

594　デモクリトス断片191：ストバイオス『精華集』第3巻第1章210節
　　なぜなら快活さが人間に備わるのは，適度な悦びと均衡のとれた生き方によってである．不足と超過は変転しがちで，魂に大きな変動をもたらしやすい．そして，大きな振幅で変動している魂は，安定性もなければ快活でもない．
　　したがって，人は自分の力量に見合った物事に専心し，自分の持ちあわせている分に満足するべきであり，羨ましがられたり称賛されたりしている者たちのことはさほど気にせず，考え込まないことだ．そして，苦難に陥っている人たちの生き方に目を向け，彼らがひどい目に遭っているさまに思いを致さなければならない．そうすれば，君が持ちあわせ，君に備わった分が大きくて羨ましがられるべきものに思われるだろうし，もはやより多くを欲して魂が悩み苦しむことはなくなるだろうからである．
　　なぜなら財を所有し他人から祝福されている人たちを称賛し，いつでもその人

　　砕され，音声の破片とともに転がっていく，と言っている．

たちのことを気にしつづけていると，たえず新奇な事柄に手出しすることを余儀なくされ，欲望に駆られて，法が禁ずることの中でも治療の施しようがないようなことをしでかそうと身を投ずることを余儀なくされるからである．

　さればこそ，そうしたものを求めてはならず，現にあるものによって快活であらねばならない．そして，自分の生き方をよりみじめな行ないをしている人たちの生き方と見較べ，彼らが被っていることを肝に銘じて，自分が彼らよりどれだけよりすぐれた行ないをし，すぐれた生活を送っているかを祝福しなければならない．なぜなら，こうした考えを堅持していけば，君はより快活に生活していけるであろうし，少なからざる人生の災いを追い払うことができるだろう——嫉みとか嫉妬とか悪意とかの災いを．

　トラシュロスの目録（DK68A33）でデモクリトスのものとされた60の著作のうち，「倫理学的」に分類されていたのは八つだけで，それらのうち最もよく知られているのが『快活さについて（Περὶ εὐθυμίης）』である．しかし，伝存している彼の断片で，もとの字句どおりのものの5分の4以上が倫理学関係のものである．最も実質のある短章も含めて，それらの大部分は，後5世紀にストビ（ストボイ）のヨハネスによって編纂された膨大な「抜粋集」のかたちで，今日まで伝えられてきた．それとともに，「デモクラテス」のものとされる86の「箴言」を集めたものがある．それらはストバイオスのデモクリトス資料と重なっており，五つを除外して，一般に真正のデモクリトス断片と見なされている．

　DK（ディールス／クランツ）収載の断片は広範囲の論題にわたっている——快活さ，いかにすれば気落ちしないですむか（3, 189, 191, 285），幸運（119, 172-174）と愚かさ（197-206），子供の養育（275-280）と教育（178-182, 228），快楽と節度（74, 188, 207, 232-235），好意（92-96）と友人関係（97-101, 106），国政問題（245, 248-255, 265-266）および悪人の処罰（356-362）などで，これらは若干の項目を挙げたにすぎない．それらの文体はまちまちで，言葉を尽くした華美なものもあれば，生彩ある箴言調のものもあるという具合で，短めの断片のいくつかには抜粋選定者によって切り縮められた兆候も見られる．若干の断片の内容は，戸惑いをおぼえるほどソクラテスの，あるいはそれ以降の学説に近い．ほとんどどの断片をとっても，通常その真正性には

あれこれの理由から異議が出されても仕方のないものばかりである．

　注目すべき例外は断片 3（資料 593）で，しばしば引用されるこの一文は，おそらくは『快活さについて』の冒頭部だったものと思われる．そこに言われているのは，伝統的な常識の一つである．すなわち，幸運の言いなりに引きずられることは避け，自分自身の生まれつきの能力の限度を守ったほうが安全だ，ということである．他のいくつかの断片（176．また 210, 197 をも比較参照のこと）にも，偶然と自然本性との同様の対比が見られる．しかし，デモクリトスにとって「自然本性」は，何人かの同時代のソフィストたちにはそうだったようには，最上位の道徳的権威ではなかった．人の本性（生まれつき）は教育によって「変えられる」可能性があるからである（断片33）．人間は各人の本性的（生まれつきの）能力を伸ばすことができる．たとえば深い水に出くわせば，水泳を習得することができる（断片 172）．とはいえ，自分の力量の範囲のものごとにとどまることは，しばしば残念ながらそれを超えたものごとを放念することにならざるをえないのである．断片 191（資料 594）は，ほぼ確実に同じく『快活さについて』という著作からのものであるが，そこには放念をいかにして甘受するかが示されている．人間が快活さを体得するのは，不足と飽満の両極端を避けて享受する悦び（断片 235 に述べられた放蕩とは違って）によってであり，そうした悦びとの，あるいはおそらく当人の本性（生まれつき）に備わった力との「均衡のとれた」生き方によってである．それ以外はどんなものも魂に激動をもたらし，安定性と快活さをさまたげる．

　この断片の冒頭部には，抽象的な用語が林立していて，それらはどれも確たる専門的，学術的な意味をきちんと持っていそうに見えよう．それは，デモクリトスが彼の自然学を基礎として倫理学説を立てたとする見解に対して，われわれの主要な証拠となるものである．ところが，その一節を原子論的な心理学によって文字どおりに解釈しようとすると，わけの分からない図柄ができあがってしまう．むしろ，それにつづく個所からすると，「大きな変動」といった表現などは比喩的なものと解するほうが，より簡明である．

　確かなこと，しかもきわめて重要なことは，ここでデモクリトスが，ちょうどソクラテスがやったように，われわれの道徳的な意識を内面へと，われわれの魂のあり方

第15章　原子論者たち——ミレトスのレウキッポスとアブデラのデモクリトス

へと向かわせているところにある．ただし，デモクリトス流の「魂の世話」*訳注は普遍的真理の探求ではない．彼の関心は，この断片でも他の断片（283，284，219）でも同様だが，われわれの主観的な幸福，「君に備わった分が，君にとって大きくて羨ましがられるべきものに思われるだろう」ということにある．デモクリトスの著作『快活さについて』は，したがって，非教説的で実践的な倫理学の作品に属するものであり，怒りをなだめることについての論考や，悲しみの緩和を目的とした「慰めの書」などと同類である．彼の主たる勧告は，自分自身よりも惨めな人たちを評価の規準に置くことによって満足を得よ，ということであるが，それはそうした作品に通有の常套句のようなものであった．

その基調，合理的で逆説的で，やや冷淡な気味のある調子は，断片の至るところに現われている——たとえば，子供を産むよりも養子をとるほうが賢明である，なぜなら，そうすることによってのみ自分がほしいと思うような子供を選ぶことができるから（断片277），といった議論がそうである．

上述の勧告の政治的な動機が三つ目のパラグラフに見られ，そこには，それを無視すると犯罪や革命政治に走るおそれがあると主張されている（「新奇な事柄に手出しする（ἐπικαινουργεῖν）」には「政治的反乱を起こす（νεωτερίζειν）」の意味が含まれている）．断片252には，国家の繁栄が最高度に考慮すべきことであるとする，前5世紀に共通の見解が表明されている．しかしそれは，他の諸断片（特に断片255）が明確にしているように，自国民の自発的な公徳心にかかっている．法が有益なものたりうるのは，ただ人びとが率先してそれに服するときにのみである（断片248）．外的な抑制は，それ自体としては，人びとが「かくれて罪を犯す」（断片181）ことを防止できない．そのためにデモクリトスが関心を示すのは，正しい行為を目指そうとする内面的心理的動機であり，「説得と理解と知識」であり（断片181），罪の意識の持つ拘束力であり（断片262，297），「魂の法」としての「自尊心」——単に他の人びとの意見を顧慮するのではなく——である（断片264）．また，そのために彼は，反社会的な態度の矯正にも関心を示す．たとえば，内乱につながるおそれがあり（断片245），ひいては共同体全体の破滅をももたらすことになりかねないような（断片249）嫉妬心などがそれである．

［訳注＊ ソクラテスの主要な主張の一つ．プラトン『ソクラテスの弁明』29D以下参照．］

資料594の勧告に従うことで，デモクリトスの読者は，より快活な精神状態になるだけではなく，同時に同胞市民の脅威であることも少なくなるはずである．このようにある種の公衆道徳を鼓舞することによって，デモクリトスは，彼以前の詩人たちや道徳家たちの役割を担いつづけていたのである[27]．

むすび

　原子論は，いろいろな意味で，プラトン以前のギリシア哲学が到達した究極点である．それは，エレア派の論駁というゴルディアスの結び目を切断することによって，イオニア派の物質的一元論の究極目標を達成した．それはパルメニデス，ゼノン，メリッソスにのみならず，エンペドクレスとアナクサゴラスの多元論の体系にも負うところが多かったが，しかし原子論は，アポロニアのディオゲネスの場合のような折衷的哲学ではなかった．それは本質的に新しい想案であり，デモクリトスによって広範囲にわたって巧妙に適用され，エピクロスとルクレティウスを介して，プラトンとアリストテレス以後にあってさえギリシア思想において重要な役割を演ずることになるものだった．それは，むろん，やがては近代の原子論の成立に刺激を与えることになる——ただし，その真の性格と動機はまったく異なったものではある．

---

27) より引き締まった格言のいくつかには，ヘラクレイトスとのつながりがはっきり窺われる．たとえば，断片171の「幸福は家畜に存するのでもなく，黄金に存するのでもない．魂はその人にとってのよき神霊（ダイモーン），悪しき神霊の住まうところ」（ヘラクレイトス断片9および119（＝資料247）参照）．あるいは断片246の「異国での生活は自足ということを教えてくれる．大麦パンと藁のベッドが空腹と疲労には最も快い癒し手となるからである」（ヘラクレイトス断片111（＝資料201）参照）．ヘラクレイトス的な余韻は，疑いなく意図的なものである．

第16章
アポロニアのディオゲネス

I. 生涯と年代

595　ディオゲネス・ラエルティオス『哲学者列伝』第9巻57節
　　　ディオゲネスはアポロテミスの子でアポロニアの人. 自然学者で, きわめて高名である. アンティステネスの言うところによれば, アナクシメネスの弟子であった. 年代的には, アナクサゴラスの時代の人であった.

　ディオゲネスがそこの市民であったアポロニアとは, おそらくクレタにあるその名の都市よりも, むしろミレトス市民が黒海沿岸に創建した都市のことであったようだ[1]. 彼がほぼアナクサゴラスと同時代の人であったという言明は, 資料598において, 彼が「おおむね最も若い時代の」自然哲学者であったとするテオプラストスの判定や, 前423年に上演されたアリストパネスの『雲』におけるパロディ（資料614）と考え合わせてみなければなるまい. これらすべては, 盛年を前440-430年頃とすることに符合する. 学統誌家のアンティステネスがディオゲネスをアナクシメネスの弟子としたという言明は, アンティステネスよりもむしろラエルティオスによる誤解に起因するものであろう. ディオゲネスがミレトス派の伝統に組み入れられ, またアナクシメネスと関係づけられたのは, 彼の素材原理からして当然のことだったのだろうが, し

---

[1]　アイリアノス『ギリシア奇談集』II, 31（DK64A3）がそう考えていて, 彼は「無神論者」のリストに「プリュギアの人ディオゲネス」を挙げている. ビュザンティオンのステパノスは, それに対して, 「自然学者ディオゲネス」をクレタの都市, 旧名エレウテルナと関係づけている（DK 前掲個所）.

かしそのさい，相対的な年代上の遅さは疑問とはされなかったようである．

Ⅱ．著　作

596　ディオゲネス・ラエルティオス『哲学者列伝』第9巻57節
　　彼の著作の冒頭部はこうである．（断片1）「およそいかなる言説を論じ始めるにあたっても，その原理すなわち出発点として，異論の余地のないものを提出しなければならず，また記述は平明かつ荘重なものでなければならない，とわたしは考える」．
597　シンプリキオス『アリストテレス「自然学」注解』151, 20
　　大多数の人たちの研究によれば，アポロニアのディオゲネスは，アナクシメネスと同様に，空気を第一の基本要素として立てていると言われるが，ニコラオスは，神々についての論考において，ディオゲネスは火と空気の中間のもの[2]が元のもの（始源）であると主張したと論じているので……，複数の著作がディオゲネスによってなされたことを知らなければならない（そのことは彼自身も『自然について』において言及したところであり，それによれば，彼は自然学者たち――彼自身の呼び方ではソフィストたち――に対する反論をも行ない，また『気象論』も著わして，そこでも元のもの（始源）について論じたと言っているし，さらには『人間の自然本性について』を著わしたとも言っている）．わたしが入手した彼の著作はただ『自然について』だけだが，少なくともそこでは，多数の議論によって，彼の立てた元のもの（始源）には多くの知性が内在していることを示す提案を行なっている．

　ディオゲネスが著わした著書は一つだけで，それはたとえばアナクサゴラスの著作のように，さまざまな，しかし相互に関連した主題にわたるものであったのか，そ

---

[2]　シンプリキオス（『アリストテレス「自然学」注解』149, 18）によれば，資料103におけるアリストテレスの「中間的な」実在への言及を，ダマスコスのニコラオスおよびポルピュリオスは，アポロニアのディオゲネスのことを言っているものと解釈した，とのことである．549ページ注4を参照のこと．

第16章　アポロニアのディオゲネス

れとも，シンプリキオスが想定したように（資料597），彼は少なくとも四つの著書を，すなわち『ソフィストを駁す』，『気象論』（著作の表題としてはきわめて疑わしいものであるが），『人間の自然本性について』，そしてシンプリキオス自身が実見して彼が引用したほとんどすべての現存断片の出所となっている『自然について』の四つを著わしたのかについては，さかんに論争が行なわれてきた．

ディールスは，資料596に支持されている前者の見解をとって，ヘレニズム時代になされた著書の下位区分化（ガレノスの中でルフスがディオゲネスの『自然について』の第2巻に言及していること（DK64B9）に示唆されている）がシンプリキオスに誤解を与えたものと考えた．バーネット（*EGP*, 353）やW. タイラーは，それに対して，シンプリキオスがその点で誤っているとは考えられない，とする論を立てた．しかしながら，彼がディオゲネスの根本実在についての古代の解釈に見られる食い違いと解した事柄は，ディオゲネスに多様な，しかも完全には一貫しない諸見解が存在することに起因していたにちがいないとする，資料597におけるシンプリキオスの議論は，妥当性を欠いている．ニコラオスが彼の解釈を引き出したのは，シンプリキオス自身が参照した当の著書からだったかもしれないからである（549ページ注4参照）．

さらには，同じその著書に「人間の自然本性」についての事柄がふんだんに盛り込まれていたことははっきりしている．というのは，アリストテレスによって引用された，長くて詳細にわたる断片6（資料615はその抜粋）は，まさにシンプリキオスが『自然について』において見いだしたと言っているもの（『アリストテレス「自然学」注解』153, 13, DK64B6），すなわち「血管の精確な解剖」を論じたものに他ならず，人間の自然本性についての別個の著作にもとづいたものとは思われないからである．同様に，シンプリキオスがその他の別個の著書の主題としたものも，もともと一つの著作に包含されていたとも考えられ，その単一著作の他の各部分についてなされた言及を，シンプリキオスがうっかり別個の複数の著作への言及と誤解した公算もありうる．現代の研究者たちは，アリストテレスが何か特定の主題についてどこか他のところで論じた個所に言及している場合に，それと似たようなあやふやさに時折出くわしている．

とはいえ，ことによるとディオゲネスは，シンプリキオスの言う『自然について』以外に，少なくとももう一つの著作を著わすことをしたかもしれない．というのは，ガレノス『経験派の医術について』第22巻第3章（R. ヴァルツァーによるアラビア

語からの翻訳）にこう述べられているからである，「ディオゲネスは，君（アスクレピアデス）よりも短く簡潔に書き記しながら，さまざまな病気とそれらの原因および治療法を，一つの論考に取りまとめている」．このディオゲネス（同書の第13巻第4章にも言及されている）とは，おそらくかのアポロニアの人のことであろうと十分考えられる．彼は，テオプラストス（『感覚論』43, DK64A19）およびもう一人の医学書の著者（擬ガレノス『体液について』XIX, 495 Kühn, DK64A29a）から知られるところによれば，患者の舌および顔色にもとづく診断法について一家言を持っていたとのことである．したがって，彼は，ことによると職業的な医師だったのかもしれず，宇宙理論についての一般的論述とともに，専門的な医学論考を公刊したとしてもおかしくはあるまい．

　宇宙論的な著書のほうの冒頭の文章が資料596に引用されているが，それは，「ヒッポクラテス集成」中の比較的古く，しかも哲学的傾向の強いいくつかの著作，特に『古来の医術について』や『空気，水，場所について』あるいは『人間の自然本性について』の冒頭でなされている方法論上の主張のあるものを思い起こさせる．ディオゲネスの論述の仕方や議論構成が，彼の時代としては，明確かつ平明で，しかも荘重なものであることは，彼が誇りとするに足るものとしなければなるまい．

III. ディオゲネスの思想は折衷的だが評価されるべき性格のものである

598　テオプラストス『自然学説誌』断片2：シンプリキオス『アリストテレス「自然学」注解』25, 1（DK64A5）

　アポロニアのディオゲネスは，こうした事柄（すなわち自然学）について考究した人たちの中で，おおむね最も若い時代の人であった．大部分は寄せ集め的な仕方で著作し，あるところはアナクサゴラスに，またあるところはレウキッポスに従った．彼もまた万有の本性的実在は無限にして永遠なる空気であると主張し，それが濃密化したり希薄化したり様態を変化させることによって，他のさまざまなものの形態が生ずるものとした．これは，テオプラストスがディオゲネスについて考究しているところであるが，わたしの入手した彼の著作『自然について』にも，他のすべてのものが生ずるもととなるのは空気であると，明確に語られている．

第16章　アポロニアのディオゲネス

　シンプリキオスはここで，ディオゲネスについてのテオプラストスの判断と，彼自身が付け加えた見解とを，わざわざ区別している．テオプラストスによれば，したがって，ディオゲネスの説の大部分は折衷的なもので，アナクサゴラスやレウキッポスから引き出され，あるいは物質原理という重要事項についてはアナクシメネスによっている，ということになる．これは，そのかぎりでは正しいように思われる．しかし，重要な影響を及ぼした要因のリストにヘラクレイトスを加えるべきことは，もっともだと思われる（550 ページ以下，554 ページ以下，560 ページ）[3]．

　なるほど折衷的な思想家ではあるにしても，ディオゲネスは，たとえばサモスのヒッポンや，あるいはさらにアルケラオスなどよりもはるかに豊かな内実を持っていたように思われる．彼は既存の体系から諸要因を借用し，それを素材として，先行する一元論よりもいっそう首尾一貫した，より込み入ったところのない，しかもより明瞭で，より広範囲に適用可能な，ある統一性を持った世界理論を仕上げた．彼は，アナクサゴラスの「知性」を，自らの一元論的考え方に適応させ，それによって，ことによると彼の先行者たちよりもさらに明確に，基本的な実在（それ自体がある一定の様態においてノエーシス，すなわち思惟（知性）である）がどのようにして自然的変化の活動を制御しうるのかを明らかにした．そして，目的論を鮮明にした断片において（資料601，それはディオゲネスの著作の他の個所でさらに大々的に論じられたに

---

[3]　ディラー（H. Diller, *Hermes* 76(1941), 359 ff.）は，レウキッポス的な要因は取るにたりないと主張する．また，メリッソスはディオゲネスとレウキッポスの両者を批判しようとしていた，とも主張する（むろん，通常の見解では，レウキッポスがメリッソスの示唆に対処したとされている．512 ページ以下参照）．もとより，これら三人の思想家の年代関係ははっきりさせにくく，ディラーが言わんとしているように，彼らはすべて前 440 年から 430 年の 10 年間に活動していたとしても構わないであろうし，彼らの関係について絶対的な確証は得られないのである．とはいえ，ディラーがメリッソスよりもディオゲネスがより先の人であるとする説を立てているのは，主として語法や用語の類似性にもとづいてのことであり，しかも μετακοσμεῖσθαι（かたちを変える）といった言葉は，前 5 世紀後半の哲学的な著作においてなら，どこにでも用いられがちなものだという事実を見過ごしにしている．メリッソスの断片 7（資料 533）とディオゲネスの断片 2（資料 599 以下）には，たしかに用語上の類似が存在する．しかし，メリッソスがディオゲネスを退けているのでもなければ，その逆だというのでもなく，両者がそれぞれに別の仕方で世界の多元論的説明に応答しているのだということは，明らかだと思われるのである．

ちがいない），彼は，さきにヘラクレイトスにおいて予示されながら，アナクサゴラスにおいても未完のままに残された一つの着想を十全に仕上げたのである．

IV. 万物は一つの基本的実在の変容でなければならない

599　断片2：シンプリキオス『アリストテレス「自然学」注解』151, 31

わたしの考えるところは，まとめて言えば，存在するすべてのものは同一のものから変異しているのであり，したがって同一である，ということである．そして，このことは明々白々である．なぜなら，今日この世界に存在するもの，すなわち大地，水，空気，火，その他この宇宙世界に存在しているものとして現われているかぎりのものについて，もしこれらのうちのいずれかがそれ以外のものと異なっているとしたら，すなわちそれ固有の自然本性において異なっていて，同一のものでありつつ多様に変化し変異していくのではなかったとしたら，それらのものはけっして相互に混合しあうこともありえなければ，他方のものに益を及ぼすことも害を与えることもありえなかっただろうし，また植物が大地から生え出ることも，動物やその他のいかなるものにせよ生まれ出ることも，もしそれらが同一のものであるように構成されていなかったとしたら，ありえなかっただろう．しかし，これらすべてのものは，同一のものが変異しつつ，その時々に応じて別のものになり，そしてまた同一のものへと立ち返っていくのである．

この言明は，シンプリキオスの導入的所見（DK64B2）によれば，「序論の後にただちに」――すなわち資料596の直後ないしやや後に――つづいていたもので，おそらくはエンペドクレスやアナクサゴラスの多元論の体系に対抗しつつ，一元論を改めて主張している．それは新しい議論を踏まえたものである．すなわち，そこに言われているのは，単一の原初的，基礎的な実在を立てることがより簡明である（それが一部は意識的に，しかし一部は無意識的に神話的-系譜的伝統の影響下にあったミレトス派の主要な動因であったのだろう）ということではなく，絶対的かつ本質的に異なった実在同士の間では，いかなる交互作用もありえないだろう，ということである．

「益を及ぼす」とか「害を与える」（おそらくそういう意味であろう）といった交互

第16章　アポロニアのディオゲネス

作用の名称，あるいは植物や動物の成長といった事柄は，生物の領域からとられている．そのことは，ディオゲネスの世界観が生理学的関心の影響を受けたものであることを物語っている．ちょうどアナクサゴラスの学説が栄養活動の考察と密接に結びついていたように思われるのと同じことである．生物学的な変化は，まったく異なった実在をただ並列してみただけでは生じようがないのであって，たとえばエンペドクレスに言われている骨や肉ができるための「レシピ」（資料373および374）を要するのである．この原理がディオゲネスでは無生物の世界にまで拡張されていて，ここに四大として認知された世界規模の量塊およびその他の自然的実在に即して分析され，それによって，アナクサゴラスがエンペドクレスの四つの「根」（資料346）を越えて自然的実在を拡張したことの影響結果が示されているのである．資料599は，アリストテレスがソクラテス以前の哲学者全般に付与した原理，すなわち，さまざまな事物はそれらが生じてきたその元のものへと消滅していくということを，最も早い時期に表明した言葉によって閉じられている（155ページ以下参照）[4]．

　資料599は，また，あらゆる生成は混合であり，あらゆる消滅は分離であるという，アナクサゴラスの断片17（資料469）に表明された原理に制約を課したものとも見ることができるかもしれない．ディオゲネスはこの原理を受け入れはしたが，それは混合における諸要素が単一種類のものである場合に限ってのことであり，アナクサゴラ

---

[4]　シンプリキオスは，資料599と601を関連づけたコメント（DK64B2）において，根底にある唯一の実在であるはずの空気が，資料599では複数の世界構成体の一つと言われているのはおかしいと考えた．またバーンズ（J. Barnes, *Presocratic Philosophers* II, 272-274）は，その見解を踏まえて，ディオゲネスのアルケー（元のもの）は実際には空気ではなく物体であり，四つの「基本要素」とは区別されて，それらに固有の特性を持たない基本的素材として，その基底にあるものだとする命題を立てて，強力な論陣を張っている．すなわち，それはアリストテレス的素材（質料）の先駆けをなすものだというのである．とはいえ，もし彼が正しければ，テオプラストス（資料598）がこの解釈に，あるいは少なくともニコラオスのような解釈（資料597）に飛びつかなかったのは，不思議である．ことによると，大気としての空気はそのまま空気の基礎的な形態なのではなく，わずかながらそれから派生したものだと見なすべきなのかもしれない．おそらく空気の基礎的形態は，知性を持った，温かい空気なのであろう（資料603参照）——ただし，あくまでも，もしディオゲネスが何らかのそうした「基礎的」あるいは真の形態なるものを区別して立てたとすれば，のことではあるが．

549

スが考えたように，多数の異なった種類のものであってはならないのである．この点において，ディオゲネスはレウキッポスに従っていたのかもしれない．とはいえ，彼がレウキッポスに依拠していたことを直接に示す証拠は，資料598におけるテオプラストスの唐突な言明の他には，わずかしかない[5]．

V. 基礎的実在は神的知性を有し，それが万物を最善へと導いている

601　断片3：シンプリキオス『アリストテレス「自然学」注解』152, 13

なぜなら，と彼は言う，冬と夏，夜と昼，雨と風と好天などのすべてのものについて適度さを有するように，（根底にある実在が）配分されている（δεδάσθαι）ということは[6]，思惟なしには不可能であっただろう．その他のものごとについても，もし考察しようという気になれば，ありうるかぎり最も見事に整えられてい

---

[5] 次の資料を参照のこと．

600　ディオゲネス・ラエルティオス『哲学者列伝』第9巻57節（資料595のつづき）　彼の見解は次のようであった．すなわち，空気が基本要素であり，無数の世界と無限の虚空間がある．空気は濃密になったりと希薄になったりすることによって，諸宇宙世界を産出する．いかなるものもあらぬものから生成したり，あらぬものへと消滅することはない．大地は円くて，（世界の）中心に静止している．その成り立ちは，熱いものによる回転運動と冷たいものによる凝固作用にもとづいている（資料607参照）．

この手短な要約は間接的にテオプラストスに由来してはいるが，三流の伝記的な資料によったものである．空虚をディオゲネスと結びつけた言及は，他にもう一つあるだけである（DK64A31）．空虚がここに登場するのは，学説誌内での推測によるものと思われることだろう．とはいえ，テオプラストスは，ディオゲネスが原子論者的な無数の諸世界を想定したことに，はっきりと保証を与えたし（この個所とともに，資料607をも見られたい），ディオゲネスがこの説をレウキッポスから受け取ったというのは十分ありうることである．そうだとすれば，彼は空虚の想定についてもレウキッポスに従ったとも考えられよう—それは，原子論者にとっては，無数の諸世界ということと密接に関連した想定だったのである．

[6] 「すべてのものについて適度さを有する（πάντων μέτρα ἔχειν）」の主語を補う困難が生じないのであれば，「配分されている（δεδάσθαι）」の主語は「すべてのもの（πάντα）」だと解するのが自然であろう．その難点があるので，資料599末尾に言われている，根底にある実在のようなものを，「配分されている」および「有する」の両方の主語と解するほうがいいように思われる．

るのを見いだすことができるであろう．

シンプリキオスによれば，資料 601 は資料 599 のほぼすぐ後につづき，また当の資料 601 には資料 602 がつづいていた．ディオゲネスは，そこからすると，基礎的な実在を完全に空気と同定するよりもさきに，彼の目的論的な考え方に優先的な位置を与えて論じたのである．その考え方によれば，世界とその各部分は神的な知性によって，ありうるかぎり最善の仕方で整えられている．この知性は，シンプリキオスおよび断片 5（資料 603）によれば，基礎的な実在に内含されている．その存在が想定されるのは，それなしには，諸事物が，現に明らかにそうなっているように，冬と夏，夜と昼，雨と風と好天などに分割されながら，しかも均衡が保たれているという事態は成立不可能だったであろうからである．したがって，ディオゲネスに感銘を与えたのは年周や日周の規則性や天候の規則性であった[7]．この点で彼は，まぎれもなく，あるところまでヘラクレイトスに依拠していた．ヘラクレイトスはあらゆる自然的変化の適度さ（一定の量）（資料 217-220）が「ロゴス」によって保たれることを強調していたし，「ロゴス」はそれ自体が原型的な実在，すなわち火の表出形態ないし一位相にほかならなかったのである．ヘラクレイトスは，これらの同じ自然的対立関係と循環性が，それらの適度さの規則性のゆえに，根底にある統一性を証示するものであることを，具体事例によって示していた（資料 202, 204 および断片 57 参照）．

とはいえ，ディオゲネスによる自然の持つ意識的な合目的性という概念は，ヘラクレイトスを越え出ていく．ヘラクレイトスも万物が火によって「操られる」と考えてはいたが（資料 220），そのことは事物の構成のうちに組み込まれている客観的な自然的規則（物質的なかたちでは「ロゴス」ないし火そのものと見なされるべきものであろう）に合致しているというのが，彼の考え方であった——ことによると，それは，自然的な相互変化は自然的な正義の法に支配されているとするアナクシマンドロスの

---

[7] 疑いもなく，彼は生物体の諸器官が意味を持った働きをしていることにも感銘を受けていた．彼が感覚の仕組み（資料 613 参照）や生物の種ごとに異なる呼吸の仕組み——たとえば魚の場合（DK64A31）——にしかるべき注意をはらったことが知られている．そして，そうした相違は自然的構造の相違によって説明されたのであり，したがってそれらの構造は目的志向的であったものと思われる．

考えを発展させたものだったのかもしれない．そのために，ヘラクレイトスにあっては，なるほど純粋な火は知性的なものであったが，自然的諸事象の規則性は，その都度に当の知性の周到な行使によって実現されるというよりも，むしろそれぞれ個別のものに「ロゴス」（すなわち，組織立った仕方で適度を保つ働きをしている火）が一体化して，その事物を規則的ないし適度を保った仕方でふるまうように主導することによってであった．

これに対してディオゲネスにとっては，明白に，各自然事象のすべてが直接に基礎的実在の純粋形態の有する知性によるものであった．したがって，ときとして起こりうる局所的な変則事態は，アナクシマンドロスやヘラクレイトスの体系では許容され，ただし，やがては矯正され均衡回復が図られればそれでよかったのだが，ディオゲネスには本来あるはずのないことであった．ディオゲネスの見解の相違は，疑いもなく，アナクサゴラスの「知性（νοῦς）」（資料476以下）の影響によるものであった．その結果は，しかしながら，ソクラテスが資料495で不満をもらしていたように，あまりにも頻繁にただ機械的なものでしかなかった．

VI. 知性と生命は空気によるものであり，したがって空気が物質の基礎的形態である．空気は神的であり，万物を司る．それは熱や運動などが異なるにつれて多様な形態をとる

602 断片4：シンプリキオス『アリストテレス「自然学」注解』152, 18

さらに，そうした事柄に加えて，次のことも重要な証拠である．すなわち，人間もその他の動物も呼吸することで，空気によって生きている．そして，この著述において明瞭に示されるであろうように，それらにとってこの空気が魂（すなわち生命原理）であるとともに思惟（知性）でもあって，もしもそれが取り除かれることになれば，動物は死に，思惟（知性）も途絶えるのである．

603 断片5：シンプリキオス『アリストテレス「自然学」注解』152, 22

そして，わたしの考えるに，思惟（知性）を持っているのは人びとから空気と呼ばれているものであり，これによって万人が舵取りされ，またそれは万物を支配している．なぜなら，わたしの考えるに，これこそが神であり，すべてに行き

第 16 章 アポロニアのディオゲネス

わたり，万物を配置し，あらゆるものに内在しているからである．そしてこれを分け持たないものは，およそ一つもない．しかし，異なったもの同士が同じようにそれを分け持つということもけっしてありえず，空気そのものの様相も思惟（知性）の様相も多様である．なぜなら，空気は多様な性状をとって，より熱くなったりより冷たくなったり，より乾いたりより湿ったり，より静止状態に近づいたりより素早い動きをしたりするし，他にも多くの変異の仕方が内在していて，味についても色についても無限だからである．またしかし，すべての動物の魂は同一のもの，すなわち，われわれがその中に住んでいる外気よりは熱いが，しかし太陽近辺の大気よりはずっと冷たい空気である．とはいえ，その熱はさまざまな動物のいずれについても同様のものではないが（人間たちの場合にも相互に同様ではないのであるから），しかし大きく相違しているわけではなく，近似しているとは言える程度のものである．しかしながら，変異しつつあるものうちの異なったもの同士が，ほんとうの意味で同様であることは，まさに同一のものとなるまでは，不可能である．変異のあり方が多様であるからには，動物も多様な性状をとり数も多く，また変異のあり方が多様であるために，形態においても生き方においても思惟（知性）においても，相互に似てはいないのである．それにもかかわらず，すべての動物が同一のものによって生きており，同一のものによって見たり聞いたりしているのであり，すべての動物は同一のものからその他の思惟（知性）をも持っているのである．

604 　断片 7：シンプリキオス『アリストテレス「自然学」注解』153, 19

　　そして，まさにこのものは永遠的で不死なる物体であるが，その他のもののあるものは生じ来たり，あるものは消滅していく[8]．

605 　断片 8：シンプリキオス『アリストテレス「自然学」注解』153, 20

---

8) これが神と人間との，あるいは神とこの世界との古来なされてきた対照のさせ方である．すなわち，前者は完全であるのに対して，後者は不完全である（232 ページ以下参照）．シンプリキオスは，ディオゲネスにとって，神的なものもこの世界もともに同じ空気から成っていることに注目した（DK64B7）．それにもかかわらず，空気の純粋かつ神的な形態とそれから派生した物体的諸形態とを対照させるのは適正なことである．この対照が厳格なものであることは，その伝統的定式化に由来している．

しかしこのこと，すなわち，それは巨大で強力であり，永遠的で不死であり，多くのことを知っているものである，ということは明らかだとわたしには思われる．

シンプリキオスは，ディオゲネスの著書のうちで，資料601と602の間にあったいくらかの部分を明らかに省略したようで，そのために資料602に言われている「証拠」（メリッソス断片8冒頭部＝資料537参照）が何であったのか分からなくなっている．おそらくは，それらもまた基礎的実在が空気であることを示す証拠だったのであろう．ことによると，腐敗した物体が少しずつ「薄い空気の中へ」目減りしていく事態もそうした兆候の一つであり，精子の本性（562ページおよび資料616参照）がもう一つの兆候だったのかも知れない．資料602に挙げられている証左，すなわちあらゆる動物は空気を呼吸することで生きており，それが魂（生命原理）であるとともに思惟（知性）でもあるということが，明らかに何にもまして最も重要な点である．なるほど，それはおそらくアナクシメネスにも述べられていたであろう（209ページ以下参照）．しかしディオゲネスのように生理学的関心を明言していた者であれば，当然あってしかるべきものだったであろう．

気息が生命実体であることは，資料602では，生命が気息とともに身体を立ち去るという事実から導き出されているが，それはθυμός（精神）およびψυχή（霊魂）という言葉のホメロス的用法におけるいくつかの場合にも暗に想定されていたことであった．気息としてのプネウマと風としてのプネウマとの関係づけは，おそらくアナクシメネスによって最初になされたのかもしれない．空気が思惟（知性）でもあるということは，一つにはそれが生命原理として神的なものであることからの類推であるが，他方ではヘラクレイトスがとっていたような見解，すなわち知性的な実在（彼の場合であれば「ロゴス」ないし火）は呼吸によって吸い込まれるということからの，理にかなった発展でもありえよう[9]．しかし，ホメロスにおいてさえ，生命（ψυχή）と知

---

[9] ディオゲネスは，生理学説の細部において，空気の二重の機能（生命としての機能と知性ないし知覚としての機能）をうまく説明した．感覚としての空気については560ページ以下を，生命としての空気については次の資料を参照されたい．

606 アエティオス『学説誌』第5巻第24章3節（DK64A29） ディオゲネスの言うところに

性ないし感情（θυμός）との区別ははっきりしないものであった．

　空気は神である．それは万物を支配し，それらすべてに内在し，配置している（資料603冒頭部）．それは永遠的で不死である（資料604，605）．こうした叙述には，神聖文書的な性格がある（特に資料603．そこには「万人（πάντας）」「万物（πάντων）」「すべて（πᾶν）」といった言葉が繰り返し用いられている）と指摘されてきたのは正しいことであるが，そこでディオゲネスは彼の先行者たちのあらゆる言い回しを一つに集めているかのようで，特にアナクシマンドロス（資料108），ヘラクレイトス（資料220），アナクサゴラス（資料476）のものが目につく．資料603において，万物が絶対的に空気を分け持っていることを彼が強調しているのは，アナクサゴラスに対する修正を意図しているのかもしれない．彼によれば，「知性」は生き物だけに存在していたのである．ディオゲネスにとっては，万物は空気から成るが，ただ一部の事物にのみ温かい空気が見られるという事実によって，無生物は生命界から区別される．資料603では，主として生き物が問題となっている．さまざまな差異は，空気がその温かさや乾き具合や動きその他の諸特性に応じて変化することによって説明され，それらが空気にさまざまな「味」や「色」を与えるとされる．

　ここで注目されていいのは，テオプラストスが資料598において下している裁定とはちがって，ディオゲネスは，空気のあらゆる変化を希薄化と濃密化のみによるものとして説明することに関心を示してはいないように見えることである．少なくとも，彼は，たとえば温度変化のような，派生的，二次的変化とされるべきものによる，ある種の変様を述べている．事実，神的なものを示す顕著な徴表は，空気の温度であって，その濃密さではない．ディオゲネスは，アナクシメネスのすっきりした一貫性を，明らかに見過ごしにした，あるいは少なくとも，それを強調しそこねた．

　思惟は温かい空気である．それは，大気（おそらく水に移行しつつある空気であろ

　　よると，血液が全身をめぐって血管を満たし，血管内の閉じ込められた空気を胸部および下方の腹部に押し込むと，眠りが生じ，胸郭部はより温かくなっている．しかし空気的なもののすべてが血管から退去するようなことがあれば，ただちに死に至る．

　これは，覚醒，睡眠，死を魂＝火の減退による意識の各下降段階とする，ヘラクレイトス説と類同したものである．

う）よりも温かいが，しかし太陽の周辺の空気（火に移行しつつある空気である）よりも冷たい．思惟を産出する空気の温度域には，無限の微妙な多様性があって，それによって知覚や思惟や生のあり方の無数の多様性が説明される．適度な温かさが魂＝空気の本質的特徴である．そうすることでディオゲネスは生物界と無生物界とに理にかなった区別立てを確立しながら，（アナクサゴラスとは違って）両者に共通の実在を保持し，それによって彼の一元論的構想を損なわずにすませているのである．独創性よりもむしろ整合性をつけることが，ここで彼が果たした役割である．すでにアナクシメネスが，魂も世界もともに空気からなり，それにもかかわらず両者はおそらく稠密化の度合いによって区別される（ただし，その点ははっきりとは述べられてはいない）ものと想定していた．またヘラクレイトスにとっても，原型的な物質，すなわち火が，特定の形態をとることで，魂の実質をなすものでもあり，それは生命を持った生き物の内にとどまらず，世界全体にわたっても，知性的で司令的な存在として活動していたのである．

VII. 自然学説の細目

(i) 宇宙生誕論および宇宙論

607 擬プルタルコス『雑録集』12節

アポロニアのディオゲネスは，空気を基本要素として措定して，万物が運動し，諸宇宙世界は無数にあるとしている．また宇宙形成を次のように語っている．すなわち，万有が運動していて，ある部分では希薄に，ある部分では濃密になると，濃密なものが求心運動によって寄り集まったところに＜大地を＞形成し，残りのものをも同じ仕方でそのようにして形成したが，＜他方＞最も軽い部分は上方に位置を占めて，太陽を作り上げた．[「求心運動によって（συστροφῇ）」への変更と＜大地を＞の挿入はKranzによる補訂．諸写本には「求心運動を（συστροφὴν）……形成した」とある．資料600参照．＜他方（δὲ）＞はDielsの補訂．]

608 アエティオス『学説誌』第2巻第13章5節＋9節

ディオゲネスの考えるところでは，星々は軽石状のもので，それらはこの宇宙世界の呼吸口であり，灼熱している．そして，目に見える星々とともに，目に見

えず，まさにそれゆえに名称のない石塊が周転していて，それらはしばしば地上に落下して鎮火する．たとえば，アイゴス・ポタモイで燃えながら落下してきた石の星がそれである．

ディオゲネスの宇宙生誕論は独創性を欠いたもので，アナクサゴラス（知性的な実在が渦動運動を引き起こすとする考え方で）やミレトス派の伝統（「似たものが似たものに」の原理と分化により，濃密なものは中心に寄り集まって大地を形成し，比較的希薄な物質は末端に向かっていく）に依拠している．資料607と600は，ともに無数の諸世界をディオゲネスの考えとしている（549ページ注4を見られたい）．それらの無数の諸世界は原子論者タイプのもの，おそらくはレウキッポスによったもので，すなわち無限の虚空間全体にわたって生成したり消滅したりしている（アエティオス『学説誌』II, 1, 3, DK64A10参照）．何人かの自然学者たちによれば世界は干上がりつつあるという，アリストテレスの評言（資料132）は，アレクサンドロスによって，アナクシマンドロスと並んでディオゲネスのものともされた．アレクサンドロスはさらに付け加えて，ディオゲネスは海の塩辛さを太陽が真水を蒸発させることによると説明した，とも言っている（DK64A17）．その付け加えは，ここに言う海の干上がりが単なる気象論的な見解であって，必ずしも宇宙の循環や無数の諸世界の存在にかかわるものではないことを示唆しているのかもしれない[10]．

---

10) 次の資料でディオゲネスのことが言われている可能性はある（もっとも，彼だけがというのではない．こうした細かな点では，彼はアナクシメネスと一括されていた）．

609 アリストテレス『気象論』第2巻第2章355a21　　はじめ大地も湿潤であったが，大地の周辺部の宇宙世界が太陽によって熱せられると，空気が生じて天空全体が膨張し，また空気が風を起こして太陽の回帰を行なわせる，と主張している人たちにも，先の人たちと同じ不合理が帰結する．

太陽によって蒸発物が引き上げられるとディオゲネスによって言われていたことは，ナイルの洪水の原因という，広く知られた自然学的問題（資料502参照）について，彼が示した解法によって証明される．次の資料を参照のこと．

610 ロドスのアポロニオス『アルゴナウティカ』IV, 269への古注　　アポロニアのディオゲネスは，海の水が太陽に奪取され，そのときそれがナイルに降ってくるのだと言う．すなわち，夏期にナイルが満水になるのは，太陽が大地から出る放散物をそこに向けるからだ，と考えるのである．

諸天体（それらの中でおそらくは太陽が星々よりもさらに遠方に位置している．資料607末尾参照）は，軽石状のもので灼熱している．それらが軽石状であると想定されたのは，疑いなく，非常に軽いものであるように，そして火が浸透しうるようにするためであった．前467年にアイゴスポタモイに落下した巨大隕石は，まぎれもなくディオゲネスに感銘を与え（アナクサゴラスにも与えたように，479ページ参照），彼は，他にもそうした物体が，目には見えないが，空中を周転しているにちがいないと推測した．これはディオゲネス自身が考えついたことかもしれない（203ページ参照）．それ以外の天文学的な細目はいずれも借りものである．太陽はアイテール（上層気）からの光線の凝集したものである（アエティオス『学説誌』II, 20, 10, DK64A13）という説は，エンペドクレスから来ている（388ページ）．大地は円形で，おそらくは円盤状をしているが，それが南方に傾斜している（アエティオス『学説誌』II, 8, 1, DK59A67）という説もまた，アナクサゴラスおよびレウキッポスのものとされている．これがアナクシメネスに由来するものであるかどうかは，疑問とされるべきことである（203ページ以下を見られたい）．

(ii) 生理学：(a) 認識

612　テオプラストス『感覚論』39節以下（DK64A19）

　　ディオゲネスは，生きることと同様に，思考することも諸感覚も空気によるものとしている．そこからすると，彼はそれらを「似たものによって」行なうとしているようである（というのも，もしも万物が一なるものからなっているのでな

　ディオゲネスは，ἰκμάδες すなわち湿った浸出物や放散物を，もう一つの広く知られた自然学的問題（資料89, 90参照）である磁石作用を説明するのにも用いた．次の資料を参照のこと．

　611　アレクサンドロス『問題集』第2巻第23章（DK64A33）　（ヘラクレイアの石（磁石）がなぜ鉄を引き寄せるのかについて）アポロニアのディオゲネスによれば，すべての可塑性のあるもの（金属）は，それぞれに多少の差はあるにせよ，何らかの放散物をそのもの自体から放出するとともに，外部から引き寄せもする．特に銅と鉄は最も多量に放出する……［他方，磁石のほうは，それが放出する以上の放散物を吸い寄せ，したがって，鉄や銅と近親的なそれらの余剰放散物を引き寄せる――そしてその結果，金属そのものをも引きつける．］

　エンペドクレスも類似の説を立てている（DK31A89）．

かったとしたら，作用を及ぼすことも作用を受けることもありえない，と言っているからである）．嗅覚は脳の周囲の空気によって生じる．……(40) 聴覚は，耳の中の空気が外部の空気によって動かされ，脳に向かって拡がっていく場合に生じる．視覚は，事物が瞳に映り込むと，その瞳が内部の空気と混じり合うことによって感覚を作りだすことで生じる．その証拠に，（目の中の）血管に炎症が起こると，内部の空気と混じり合わず，同じように映り込みがあっても，それを見ることはないのである．味覚は舌によるもので，それが稀疎で柔軟なためである．触覚については，どのように生ずるのか，何を対象とするものなのかを，何も規定しなかった．しかし彼は，それにつづいて，何が原因となり，どのようなものを対象とすることによって感覚がより精確なものとなるのかを論じようと努めている．(41) 最も鋭敏な嗅覚が生ずるのは，頭部の空気が最も少ない者たちの場合で，それは混合がきわめて速やかに行なわれるからである．彼らの他にも，より長くより狭い通路によって空気を引き入れる場合がそうである．そうすれば，より迅速に判定がなされるからである．そのために，ある種の動物は人間よりも敏感な嗅覚をしているのである．とはいえ，匂いが混合という観点で空気と適合していれば，人間は十二分にそれを感覚できるはずである．……また知覚するのは内部の空気であり，すなわち神の微小部分なのだということには証拠がある．すなわち，われわれが注意を別の方に向けているときには，見てもいないし，聞いてもいないことがしばしばあるからである．(43) 快と苦は次のような仕方で生じる．すなわち，多量の空気が血液に混入し，その自然本性によって血液を軽くし，それが全身に行きわたると，快が生じる．またそれが自然本性に反して混じり合わず，血液が沈澱して，弱化し濃厚になると，苦が生じる．意欲や健康，そしてそれらと反対のものも同様にして生じるのである……．(44) 思考は，すでに論じられたように，純粋で乾いた空気によって生じる．湿った放散物は知性の妨げとなるからである．そのために，眠っているときや酔っているときや満腹のときには，思考は衰えるのである．湿潤さが知性を奪うことは，人間以外の動物は思考力で劣っているという事実が証拠となる．なぜなら，それらの動物は大地から発生する空気を呼吸し，より湿った養分を摂取しているからである．もっとも，鳥類は純粋な空気を呼吸してはいるが，その自然本性は魚類と似てい

る．なぜなら，肉質は固く気息が全身に行きわたらず，腹部のあたりに滞留するからである……．また植物には空洞部がなく，空気を取り込めないために，まったく思考を欠いているのである．

資料612には，テオプラストスの当該原文のほぼ半分強が示されている．残りについては，ディールス／クランツを見られたい．テオプラストスの説明の若干部分は彼自身の解釈になっている．特に，「似たものが似たものに」を感覚の原理としていること，そして「適合性（シュンメトリアー）」の考え方がそれである．後者は，明らかに，ディオゲネスのκρᾶσιςすなわち適正な混合という理念と置き換えられたものである．あらゆる感覚は空気によって引き起こされる．外部からの空気が当の感覚器官の中の空気と，あるいは感覚器官から血液経路によって脳にまで伝えられ，その中の空気と出会って混じり合う，あるいは単にそれを動揺させるのである．知覚の鮮明度は，身体内の空気の純度と，空気が運ばれる血液経路の純度と直接性にかかっている．そのさいの空気は，明らかに，血液と混合されて頭部に運ばれることになっている．空気が自然的に全身の血液に充満していると，快が生みだされる．

思考（φρονεῖν）は純粋で乾いた空気にかかっている．資料612からは，これがどの部位でどのように機能するのか明らかではないが[11]，シンプリキオスが資料616で言うところによれば，血液と混じりあった空気が血液経路をへて身体に行きわたると，思考を生み出すのである（快との区別は，おそらく，その純度と乾き具合と温かさに

---

[11] とはいえ，初期のヒッポクラテス派の文書の一つに提出されている次のような説は，おそらくディオゲネスにもとづいているように思われる．

  613 擬ヒッポクラテス『神聖病について』16節（DK64C3a）　これによって，わたしは脳が人間において最大の力を有するものと考える．なぜなら，それが健全な状態にあるかぎり，われわれにとって脳が空気を元として生成する事物の解釈者だからである．そして思惟を供与するのは空気である．目や耳や舌や手足は，脳が認知するとおりのことをそのまま実行する．なぜなら，身体すべてに，それぞれが空気を分け持つ程度に応じて，いくらかの思惟が生ずるが，しかし知解へとそれを伝達するのは脳なのである．すなわち，人間が気息を体内に吸い込むと，それはまず脳に到達し，そしてそれから身体の残りの部分に広がっていくが，その際に空気はその精髄部分と何であれ思惟の働きをし洞察力を持つものを脳に残しておくのである．

  この文書の著者は，特有の重要性を脳に付与している．

よるのであろう）．これはアナクサゴラスの「知性」が「すべての事物のなかで最も微細にして最も純粋なものである」（資料476）ことや，ヘラクレイトスの魂－火と比較参照されるべきものであろう．ディオゲネスによれば，ヘラクレイトスの場合と同様に，湿潤さ（ここも ἰκμάς）は知性を不活発にさせ，あるいはその妨げとなる．知性および魂の活動にはさまざまな差異があるが，そのある部分は周辺の空気の差異によって（大地に近い空気は湿っていて重く，そのために，植物はきわめて低い段階の生を営むことになる）[12]，ある部分は身体構造の差異によって（鳥類は周囲の純粋な空気と同化することがもともとできない），説明される．

(b) 解剖と生殖

615　断片6：アリストテレス『動物誌』第3巻第2章511b31（DK64B6）

　　人間の血管系は以下のようである．最大の血管が2本ある．それらは腹腔部を脊柱に沿って，1本はその右側を，もう1本はその左側を通って伸びていて，それぞれが自分の側の脚部に達し，また上方には鎖骨を通過し喉頭部を通り抜けて，頭部に達している．これら2本の血管から，身体全体に血管が行きわたっていて，右側の血管からは右側の部分に，左側の血管からは左側の部分に，という具合に広がっている．その最も重要なものが2本あって，脊柱そのもののところから心

---

[12] ディオゲネスは，疑いの余地なく，『雲』の次の個所におけるソクラテスの発言の典拠になっている．

　　614　アリストパネス『雲』227行
　　　　　　　　　　それというのも，何としたところで
　　天上のものごとを正しく見つけだすなんてことはあるまいて，
　　わが思惟を吊り上げて稀疎なる思索を
　　それと同質の空気に混ぜ込んでやるのでなければ，だ．
　　この地上にあって上空のものを下から考察していたのでは，
　　けっして分かりっこあるまい．とにかく大地というのはむりやりに
　　思惟の発する湿潤物を自分のところへ引き寄せてしまうのだから．

ディオゲネスが，魚類は水中のわずかな量の空気を呼吸しているが，新鮮な空気はそれらには多量すぎるとする説を立てたことで，アリストテレス（『呼吸について』2, 471a2, DK64A31）は，彼を批判した．

臓に伸びている．他の2本は，それらよりやや上のところで胸部を通過し，腋の下を通ってそれぞれ自分の側の手の方へと伸びている．それらの一方は脾臓血管，他方は肝臓血管と呼ばれている．……(512b1) またもう一対の血管がそれらそれぞれから出て，脊椎を通って睾丸にまで伸びているが，それらは繊細なものである．さらに別の一対の血管が表皮の下の肉質部分を通って腎臓に伸びていて，その末端は男性の場合は睾丸に，女性の場合は子宮に達している．（なお，腹腔部から出た血管は，その当初はかなり太いが，その後はしだいに細くなって，右側のものは左側に，左側のものは右側にと入れ替わっていく．）上述の血管は精管と呼ばれている．それらを流れる血液は，最も濃厚な状態にあるときには肉質部分に吸収されるが，上述の部位にまで到達すると，希薄で熱く泡立ったものとなる．（もとの英訳は D'Arcy Thompson による．）

616 シンプリキオス『アリストテレス「自然学」注解』153, 13

次いで（資料603の後に）彼は，動物の精子も気息（プネウマ）を含み込んだものであり，また思惟活動は空気が血液と一体化して，血管を通じて身体全体を把捉するときになされる，ということを明示し，その際，血管系の精確な解剖を提示している．さて，そうした論述において，彼は，人びとが空気と言っているものこそが元のもの（始源）であることを，明瞭に語っているのである．

資料616は，血液経路についての大断片（資料615）が，実際にシンプリキオスによって『自然について』と呼ばれている著作からのものであることを示しているように思われる．精子が空気（気息）を含み込んだものであることは，資料615と616の両方で述べられている．この点は重要である．精子は新しい生命を作り出すし，それが空気（気息）を含み込んだ本性のものであることは（おそらくは，ペレキュデスによって注目されたことのようであるが，79ページを見られたい），空気が枢要な実在であることを示す重要な事柄だからである．精子は，ディオゲネスにとっても，身体の解剖を論じた他の初期の理論家にとっても，血液の所産であり，また当然ながら，それが空気（気息）を含み込んだものであって（さほど独特の仕方ででははなかったが），それゆえにこそ感覚や思考を伝達したのである．血液経路についての詳しい長大な説明

（ここでは，その中間部分は省略してある）は，ディオゲネスの生理学的な関心[13]が理論全般と関連し，ことによるとその一部はその動因となっているかもしれないのであって，彼にとってけっして単に付帯的な重要性にとどまるものではなかった．この点で，エンペドクレス（彼もまたある種の医師であった．365ページ参照）やアナクサゴラス（471ページ以下）が比較参照されるべきであろう．

アルクマイオンやエンペドクレス以来ずっと，より容易に確定されうる人体の構造が世界全体の構造を解く鍵として用いられたことに，疑いの余地はない．両者の間の並行関係を想定することは，ある仕方では，アナクシメネスによってもなされていたが，おそらくそれは，外なる世界を一人の人間に見立て，それに生命を付与して生きている一個の有機体と見なす非科学的な傾向を発展させたものであった．しかし，ここに言う想定は，ヘラクレイトスなどによる統一構造化の結果として合理性を基盤としたものであった．ヘラクレイトスは，すべての事物，人間および全体としての世界の「ロゴス」すなわち整序が，本質的には同一であることを，きわめて力を込めて強調していたのだった．

むすび

ディオゲネスとデモクリトスはソクラテスとまったく同年代とは言わずとも，わずかに古いだけであり，彼らをもってソクラテス以前の時代は終わったとするのは，至当なことである．前5世紀の後半には，とりわけペロポンネソス戦争期には，成人に達したソクラテスとソフィストたちの影響下にあって，古来の宇宙論的探求方法——それによる主要な狙いは外界を全体として説明することであり，人間はただ付随的に考察されただけだった——は，しだいに人間中心の哲学の方法に置き換えられていった．それによって，人間研究がもはや副次的ではなくなり，むしろすべての探求の出発点となった．この方向修正は自然な発展であった．一部は社会的諸要因によって決

---

[13] ディオゲネスは，エンペドクレスやアナクサゴラスと同様に，胎生学にも関心を払っており（DK64A25-28参照），たとえば胎児は雄の働きだけによって作られるのか，あるいは雄雌両方の働きによって作られるのかという古来の問題などを取り上げている（445ページ以下参照）．

定づけられたものだが，しかし一部は，すでに明らかになったであろうが，ソクラテス以前の哲学の動向そのものに内在していた趨勢の所産でもあったのである．

訳者あとがき

内山　勝利

　ソクラテスの「偉大な影のもとに」プラトン，アリストテレスの哲学が創始される以前に，もう一つの壮大な哲学世界が古代ギリシアに展開されていた．「ソクラテス以前の哲学」あるいは「初期ギリシア哲学」と呼ばれているもので，ギリシア哲学の素型と基調が確定されたのはその時期のことであった．初期の哲学者たちは，手短に言えば，形式的な論理や認識論的な反省よりも鋭い直観と観察力を先行させつつ，宇宙世界の総体を一つの秩序体（コスモス）として洞察するとともに，そのシステムの中に有機的に搦めとられ，根拠を一つにするものとして人間的生のあり方と意味を考察した．

　もっともその呼称は，いくつかの意味で，誤解をまねくおそれなしとしないであろう．H. ディールスとW. クランツが編纂した『ソクラテス以前哲学者断片集（*Die Fragmente der Vorsokratiker*）』は，この分野の研究において，いまも不可欠の基礎資料となっているが，同書において編纂者自身が述べているように，「ソクラテス以前」とはけっして時代的な区切りを意味するものではあり得ない．端的に，そこに収録されている思想家たちの年代を一覧するだけでも，原子論の大成者デモクリトスをはじめとして，ソクラテス以後にも活動した人たちのほうが（単純算定では）むしろ多数を占めるほどであり，その幾人かの活動時期は彼よりほとんど1世紀後にまで及んでいることが，容易に分かるだろう．ディールスによる「第1版へのまえがき」には「古来の学派が途絶えることなく前4世紀まで存続した場合には，それらのソクラテス以後の後継者たちをも考慮に入れた」とあるが，実情はさらに錯綜している．

　彼の没後の「第5版へのまえがき」において，クランツが改めてその点に触れ直し，「「ソクラテス以前」とは，厳密に解するならば，「ソクラテス派」以前の人たちのことであり，文字通りに「ソクラテス」以前の人たちを指すのではないのである」と記した

のも，この断片集の性格を適正に規定し直す必要があったからである．「ソクラテス派」以前という言い換えは，たくみに含蓄を取り込んでいる．さらにクランツのコメントを引いておこう．「ここにあるのは一つの哲学だということ，すなわちソクラテス（ないしプラトン）の考え方をとる学派，したがって「ソクラテス以前」でもなければ「非ソクラテス的」でもない古代哲学，を経由していない哲学だということに，その統一性は由来している」．つまり，やや単純化して言えば，ギリシア哲学は，ソクラテス-プラトン的なものと，非ソクラテス-プラトン的なものとに（むろん相互浸透はあるものの）塗り分けられるということであり，しかも後者は「ソクラテス以後」にも根強く存続している，ということである．

その哲学世界が，19世紀後半の西欧において新たな注目を集め始めた．当時のヘーゲル主義的な哲学体系に同調しえない人たちにとって，「ソクラテス以前」は，観念と思弁の形而上学にいまだ「汚染」されていない，哲学の理想郷と目された．それを「悲劇時代の哲学」と呼んだニーチェの独特の洞見を別にすれば，主要な研究動向は「科学主義」にあり，彼らにおいて合理的なコスモロジーを読み取ることに重点がおかれた．また方法的には厳密な文献実証主義による純粋「断片」の峻別とテオプラストスの『自然学説誌』による裏付けが，最大限に尊重された．この方向での成果の集約がJ. バーネットの『初期ギリシア哲学』（1892年に初版）であり，先述のH. ディールス（およびW. クランツ）による『ソクラテス以前哲学者断片集』（1903年に初版）の編纂もまた同じ精神に支えられていた．

この分野への関心は20世紀を通じてさらに高まった．そこに提示された大胆かつ合理的な宇宙像は，「科学の時代」にあって大きな共感を呼ぶとともに，たとえば同時代の理論物理学の進展を具体的に促す役割を果たしたりもした．もっとも，初期ギリシア哲学が単なる合理的科学性を基調とするものではなく，きわめて深い宗教性や人間の生の意味への洞察をはらんだものであることも，すでに早くから指摘されていた．そうした側面は，たとえばW. イェーガー『初期ギリシア哲学者たちの神学』（1947年）によって明らかにされた．彼によれば，ソクラテス以前の哲学世界のキー・コンセプトは「自然」よりもむしろ「神」であり，その思想展開は，基本的にキリスト教思想に先駆する自然神学にほかならない．また，この間，各思想家ごとの（あるいは各断片ごとの）緻密な校訂と解釈が多数の研究者によって進められ，より正確な本姿

訳者あとがき

と多様なアスペクトが照らし出されてきた．さらに，とりわけ60年代以降には，文献学的作業とともに精緻な言語分析的手法による検証がこの分野においても施されて，豊かな（しかも多面性をはらんだ）思想的内実がよりいっそう鮮明に析出されるようになった．

さて本書は，そうした「ソクラテス以前」の初期ギリシア哲学の成立と展開の過程を，その間に登場した主要な哲学者ごとに概観したものである．1957年に第1版が刊行されて以来，83年に大幅改訂された第2版を経て今日に至るまで，この分野についての最もすぐれた基本書目としての地位を占めてきている（さらに95年には文献表が追補された．この邦訳の底本としたのは，それにもとづく2003年版である）．たとえば20世紀後半を主導したギリシア哲学史家の一人G.ヴラストスは，「J.バーネットの『初期ギリシア哲学』以来最もすぐれたソクラテス以前の哲学史著作である」という評価を与えている．タレス以降の主要哲学者たちを順次的確に論じた各章も一貫してきわめて高水準の論考として，本書の中核をなしているのはもとよりであるが，ある意味でより大きな特色長所と見なすべきは，「先駆者たち」を立ち入って論じた第1章に比較的大きなスペースが割かれていることであろう．かつてのバーネットではもっぱらネガティヴな対置のもとで語られたホメロス，ヘシオドス，オルペウス教，ペレキュデスなどの神話思想家たちを，まさに「先駆者」という位置づけにおいて扱ったこの部分は，今日なお他にまとまった概観的叙述を求めがたいだけに，オリエント思想との関連の解明も含めて，この時代と領域への目配りが必ずしも十分ではないわが国の研究状況において，その持つ意義は大きい．

本書の第1版がカークとレイヴンによって著わされたのは，20世紀の中間点から遠くない1957年のことであった．当初の目論見は，「第1版への序文」からもうかがわれるように，高度の専門研究書というよりも，主要な思想家についての基礎資料を（ディールスとクランツの「断片集」に準拠して）精選し，それに英訳とコンパクトな解説を付した「ハンドブック」ないし「テクストブック」的なものであった．著書の性格としては，19世紀前半以来長く改版が重ねられてきたリッター／プレラーの『ギリシア哲学史教本』(H. Ritter & L. Preller, *Historia Philosophiae Graecae*, Berlin 1838; 1934[10]) を後継するはずのものであった．しかし，バーネットの『初期ギリシア哲学』

の初版刊行からほぼ半世紀を経たこの時期，研究動向が一つの成熟を迎えていたこともあり，本書はそれらの多彩な成果を網羅的に踏まえつつ，まさに必要かつ十分な記述によって，一冊の書物にまとめあげたものであり，少なくとも結果的には，20世紀半ばの初期ギリシア哲学研究の集約点を示すものとなった．その後における当該分野の研究の進展（特にピュタゴラスおよびピュタゴラス派，エレア派，エンペドクレスなど）に伴って要請された第2版刊行への過程と具体的な改訂内容については，「第2版への序文」に記されたとおりであり，これによって，本書は今日もなお新たな研究状況に即応して重要な役割を担いつづけている．

　骨格としては通史的な概説書とはいえ，3人の著者がそれぞれ専門とする領域を分担執筆しているだけに，きわめて質の高い研究水準が達成されている．この分野の著作においては，哲学的考察とともに，高度な古典文献学的研究要素を組み入れる必要がある．本書は特に各哲学者についての基本資料は原文で採録し，しばしばテクスト・クリティーク的な吟味にまで及ぶ徹底的な資料批判をも行なっている（ただし，この邦訳ではギリシア・ラテン語による原文表示は省略し，必要なかぎりの字句を訳文に組み入れることとした）．そして，その上で，厳密な文献実証と柔軟な資料分析を基本とする，20世紀ギリシア哲学研究の典型的な手法をとっている．したがって，本書の内容は，今日，初期ギリシア哲学における専門研究の共通の基盤と定点をなすものとして，きわめて重要な意義を有していると同時に，当該分野への研究入門書としても最良のものという定評を得ている．高度に専門的レベルの内容を含むとはいえ，記述は明晰平明で，ギリシア哲学に関心をもった一般読者にとっても恰好の本格的案内書となることが期待できよう．蛇足ながら，当初ケンブリッジの出版局はこの資料集的な企画に消極的であったが，いざ刊行されてみると驚異的な売れ行きを示し，第1版の総部数は，この種の出版としては異例の8万部近くに達したとのことである．引きつづき第2版も，毎年のように増刷を重ねて今日に至っている．

　原著を分担執筆している3人は，いずれもケンブリッジ大学の古典学的伝統を代表するギリシア哲学史家である．
　本書全体の実質的な監修者であるとともに，イオニア派とその先駆者たちについての各章を担当したジェフリー・スティーヴン・カーク（Geoffrey Stephen KIRK,

1921-2003) は，ケンブリッジ大学（トリニティ・ホール）での講師・研究員としての経歴が長いが，アメリカのイェール大学教授（兼任），ブリストル大学教授などをも務め，1973年から82年までケンブリッジ大学（トリニティ・カレッジ）の古典学教授の地位にあった．はじめ古代史学のN. G. L. ハモンドのもとで古典を学び，間もなく古代哲学に転じてF. H. サンドバッハのもとで本格的な研究に入った（本書は彼に献じられている）．当初の中心テーマとなったのがヘラクレイトスで，『ヘラクレイトス——宇宙論的諸断片——（*Heraclitus: the Cosmic Fragments*）』(1954) は，この「パンタ・レイ」の哲学者についての従来の解釈を大きく変更せしめる画期的な成果となった．1957年に本書『ソクラテス以前の哲学者たち』第1版を刊行した後，60年代からは関心をむしろホメロスに転じた．『ホメロスの歌（*Songs of Homer*）』(1962) やそれをコンパクトに纏め直した『ホメロスと叙事詩（*Homer and the Epic*）』(1965)，あるいはその前後に発表された関連諸論考を纏めた『ホメロスと口誦伝承（*Homer and the Oral Tradition*）』は，M. パリーやD. ペイジらの主唱したホメロス＝口誦伝承の立場から生彩ある議論を展開している．彼の研究の第三の柱は神話研究で，1969年にアメリカで行なった講義（カリフォルニア大学バークレー校でのセイザー・レクチャー）に基づいた『神話——古代およびその他の諸文化におけるその意味と機能——（*Myth: its Meaning and Functions in Ancient and Other Cultures*）』(1970)，次いで『ギリシア神話の本質（*The Nature of Greek Mythology*）』(1974) などにおいて，神話研究における普遍的な理論化と截断に異議を唱え，C. レヴィ＝ストロースの構造主義に一定の共感を示しつつ，ギリシア神話については青銅器時代以前の太古やメソポタミア神話へ遡及して，具体的にその起源を解明することの重要性を強調している．その後ふたたびホメロス研究に専念し，1985年から93年にかけて『イリアス』の大きな注解（全6冊）を監修するとともに，最初の8巻分（2分冊）を彼自身が担当している．

　第1版からの共同執筆者ジョン・アール・レイヴン（John Earle RAVEN, 1914-80) も，ケンブリッジ大学（トリニティ・カレッジ，キングズ・カレッジ）の講師・研究員の職にあった．F. M. コーンフォードのもとで学び，最初の主要な仕事『ピュタゴラス派とエレア派（*Pythagoreans and Eleatics*）』(1948) は，エレア派のパルメニデスやゼノンの批判との対応関係の中でピュタゴラス派の数理思想と宗教思想の展開を跡付けようとしたもので，それによって同主題についてのコーンフォード説を修正発展させる

ことを試みた．本書『ソクラテス以前の哲学者たち』の第1版 (1957) では，ほぼその線に従って当該の諸章を担当したが，その後の研究状況において，彼の主張が（個別的な論点での的確な指摘は，なお有益な示唆を含むものの）全体的な論旨においては大きく見直しを求められ，第12章（アナクサゴラス）と第13章（アルケラオス）のほかは，現行版の新稿（スコフィールドによる）に改められた．彼のもう一つの関心分野はソクラテスとプラトンにあった．『プラトンの思想形成 (Plato's Thought in the Making)』(1963) は，初期対話篇に即しつつプラトン哲学におけるソクラテスの意義を明らかにしたもので，恰好の入門書の一つとなっている．しかし，これがレイヴンの古代哲学分野での最後の纏まりある成果となった．依然「よき大学人」として学寮の運営や学生指導には当たったものの，その後の主たる活動は植物学（！）に移っていく．博物学的関心は若年からのもので，特に植物調査や収集には天賦の才をもっていた彼は，名だたる botanist でもあった．そうしたレイヴンにとって，古典作品に現われるおよそ800種の植物についての考証と同定はまさにうってつけのテーマであり，彼自身もその作業への意欲は終生持ちつづけたが，残念ながら，成果としては J. H. グレイ・レクチャーズとして行なわれた4回の連続講演に基づく『古代ギリシアの植物と植物知 (Plants and Plant Lore in Ancient Greece)』(posthumous, 2000) という小著（しかしきわめて魅力的な）のみにとどまった．

　レイヴン没後にようやく着手された本書『ソクラテス以前の哲学者たち』の改訂第2版に参画したマルコム・スコフィールド (Malcolm SCHOFIELD, 1942 -) は，現在ケンブリッジ大学の古代哲学教授の職にある．はじめ R. バンブロー，次いで G. E. L. オウエン，J. E. アクリルらのもとで学び，コーネル大学，オックスフォード大学に勤務の後，1972年以来ケンブリッジ大学（セント・ジョンズ・カレッジ）のスタッフとして研究と教育に当たってきた．最初の主要な成果は『アナクサゴラス論 (An Essay on Anaxagoras)』(1980) で，比較的コンパクトな著作ではあるが，アナクサゴラスの宇宙論の根本問題を扱ったものとして，今日も当該問題についての最重要文献の一つとなっている．本書『ソクラテス以前の哲学者たち』の改訂第2版に当たって中心的な役割を果たして後は，彼の主たる関心はむしろヘレニズム期の倫理・政治哲学に移され，ストア派の「宇宙市民」意識や「自然法」思想を論じた『ストア派の国家理念 (Stoic Idea of the City)』(1991; 増訂版1999)，ホメロスからプラトン（哲人王思

訳者あとがき

想）をへてヘレニズム諸派における国家統治理念を分析した『国家の救済（*Saving the Polis*)』（1999）などが著わされた．またその間，主としてこの領域に関わる論集の編纂と寄稿もきわめて多数に上る．現在は古代の政治哲学に関心を集中させているとのことで，大部にわたる編著書『ケンブリッジ版ギリシア・ローマ政治思想史（*The Cambridge History of Greek and Roman Political Thought*)』（2000, Ch. Roweと共編）はその一つである．カレッジや古典学会の要職を務めることも多く，哲学分野において今日最も精力的に活動している古典学者の一人である．

なお，本書における三者それぞれの作業分担については，「第2版への序文」を参照されたい．

*

邦訳は，カークによる章の大部分（「第1版への序文」にあるように「イオニア派の伝統およびその先駆者を論じた部分，そして原子論者とディオゲネスを論じた部分」と「出典資料についての付記」）を内山が担当し，レイヴンおよびスコフィールドによる各章（イタリア派のすべてとアナクサゴラス，アルケラオス）と，カークによるヘラクレイトスの章を，それぞれ当該思想家に従来関心を持って取り組んできた後進の研究者たちに分担してもらった．また全体的な調整には内山が当たった．内山以外の担当者による個所は次の通りである．

   第6章　ヘラクレイトス　　　木原志乃
   第7章　ピュタゴラス　　　　國方栄二
   第8章　パルメニデス　　　　三浦　要
   第9章　ゼノン　　　　　　　三浦　要
   第10章　エンペドクレス　　　丸橋　裕
   第11章　ピロラオスなど　　　國方栄二
   第12章　アナクサゴラス　　　丸橋　裕
   第13章　アルケラオス　　　　國方栄二
   第14章　メリッソス　　　　　三浦　要

本書にはすでにドイツ語版（*Die Vorsokratischen Philosophen,* übersetzt von K. Hülser,

Stuttgart / Weimar 1994)，フランス語版（*Les philosophes présocratiques,* traduit par H.-A. de Weck, sous la dir. de D. J. O'Meara, Paris, 1995）など数か国語の訳がある．参照できたものの中で，特にドイツ語版にはいくつかの点で裨益されるところがあった．原著ではパラグラフごとに本文中に組み込まれていた注を脚注形式にしたのも，それに準拠してのことである．結果として読みやすい印象になったものと思われる．ただし本書の注は，通常の場合よりも本文と一体的な叙述として，その内容を展開補充したものとなっているケースが多いので，極力同時に読み進めてくださることを期待したい．また，巻末の索引も原著以上に充実したドイツ語版を範とした．特にディールス／クランツとの対照を明示したことの便宜は大きいものと思われる．なお，原著には出典個所の指示などに明白な誤記と思われるものが若干あった．それらは，確認しえたかぎりで適宜改めてある．

　なお，すでに記したように，原著（および各国語版）には各資料がギリシア語（ないしラテン語）原文で採録され，それに訳が付されているが，この邦語版では煩瑣をおそれてその措置は見送った．本文理解に必要な最小限の原典表示は訳文中に組み入れたつもりであるとはいえ，多少の心残りなしとはしない．

　今回の邦訳に当たっても，校正作業などで，京大大学院文学研究科の西洋古代哲学史研究室の学生諸君の手を煩らわせるところが多かった．いつものことながら，感謝の意を表します．特に，目下ケンブリッジに滞在中の大草輝政君には，しばしば原著者の一人スコフィールド教授との連絡や問い合わせなどにあたってもらうことができた．同教授から「日本語版への序」を執筆いただけたのも，大草君を介してのことだった．本格的な学術書の刊行がますます困難となりつつある中，本書のような「大冊」の邦訳の出版をお引き受けいただいた京都大学学術出版会にも厚くお礼申し上げます．

　なお，本書の版組の複雑さその他諸般の事情により，出版は当初の予定よりかなり遅延する結果となった．それについて，早々に「日本語版への序」をお寄せいただいたスコフィールド教授には，特に重ねての感謝とお詫びの意を併せ表するばかりである．

　　　2006年8月

初期ギリシア哲学関連地図

0　　　500km

主要文献一覧

 近年出版されたソクラテス以前の哲学者たちに関する研究文献の案内については，J. Barnes, *The Presocratic Philosophers*[18]のものが広範囲にわたっており，きわめて利用しやすい．そのほかに有用な文献表としては，W. K. C. Guthrie の *History*[25]と A. P. D. Mourelatos の *The Pre-Socratics*[75]に収載されているものがある．また，G. B. Kerferd, 'Recent Work on Presocratic Philosophy', *American Philosophical Quarterly* 2 (1965), 130-140 も参照されたい．なお，次の定期刊行物もそれぞれ，当該分野で発表されるたいていの研究についてそのつど詳細な情報を与えてくれる．*L'Année Philologique, Repertoire bibliographique de la Philosophie de Louvain, The Philosopher's Index.*

 [邦訳版付記：各文献に付した番号は邦語版独自のものである．底本の文献一覧に含まれていない文献（とくに1990年代以降のもの）および邦語文献については，著書を中心に，基本的，標準的なものを訳者において補い，文献番号に＊を付した．また，英語訳の書名のみが挙げられているものについてはその原書名を，邦語訳の出版されているものについてはその翻訳書名を，それぞれの個所に[　]で補足するようにした．

 なお，欧文文献に関しては，上掲のもののほかに，A. A. Long の *The Cambridge Companion*[32*]中の文献案内が行き届いており，また，L. E. Navia, *The Presocratic Philosophers: An Annotated Bibliography* (New York, London, 1993), L. Paquet, M. Roussel, Y. Lafrance, *Les Présocratiques: Bibliographie analytique* (1450-1980) in 3vols. (Montreal, Paris, 1988-1995), W. Totok, *Handbuch der Geschichte der Philosophie*, 1: *Altertum* (Frankfurt am Main, 1997(2)) は資料を詳細に網羅している．邦語文献については，日本西洋古典学会機関誌『西洋古典学研究』の巻末の「古典学関係文献目録」が参考になろう．]

原 典

[1] DIELS, H., *Die Fragmente der Vorsokratiker*, Berlin 1903 (5. Aufl. mit Nachträgen hrsg. von W. Kranz, Berlin 1934, 6. verb. Aufl. 1951-52. 現行版はこの改訂第6版の重版) [内山勝利編『ソクラテス以前哲学者断片集』全5分冊＋別冊（岩波書店，1996-98)].
[2*] DUMONT, J.-P., *et al., Les Présocratiques* (Paris, 1988).

[3*] GIANNANTONI, G., et al., *I Presocratici: testimonianze e frammenti*, 2 vols. (Roma, Bari, 1993(5)).

出典批判

(i) アリストテレス

[4] CHERNISS, H. F., *Aristotle's Criticism of Presocratic Philosophy*, (Baltimore, 1935).
[5] GUTHRIE, W. K. C., 'Aristotle as an historian of philosophy', *JHS* 77(1957), 35-41 (repr. in Furley and Allen[73]).
[6] STEVENSON, J. G., 'Aristotle as historian of philosophy', *JHS* 94 (1974), 138-143.

そのほか，古典的なアリストテレス注釈書として，W. D. Ross によるもの，とりわけ，『形而上学』(*Aristotle's Metaphysics*, Oxford, 1924) と『自然学』(*Aristotle's Physics*, Oxford, 1936)，そして R. D. Hicks による『魂について』(*Aristoteles. De anima*, Cambridge, 1907) も参照せよ．

(ii) テオプラストス

[7*] BALTUSSEN, H., *Theophrastus against the Presocratics and Plato: Peripatetic Dialectic in the De sensibus* (Leiden, 2000).
[8*] FORTENBAUGH, W. W., GUTAS, D. (eds.), *Theophrastus: His Psychological, Doxographical, and Scientific Writings* (New Brunswick, 1992).
[9] McDIARMID, J. B., 'Theophrastus on the Presocratic causes', *HSCP* 61(1953), 85-156 (repr. in Furley and Allen[73]).
[10] STEINMETZ, P., *Die Physik des Theophrastos ron Eresos* (Bad Homburg, 1964).
[11] STRATTON, G. M., *Theophrastus and the Greek Physiological Psychology before Aristotle* (London, 1917).

(iii) 出典全般

[12*] BURKERT, W. et al.(Hrsg.), *Fragmentsammulungen philosophischer Texte der Antike* (Göttingen, 1998).
[13] DIELS, H., *Doxographi Graeci* (Berlin, 1879) (本書中には，ヒッポリュトスの『全異端派論駁』第1巻と，アエティオス『学説誌』第1巻の原文を復元したものとが収載されている．)
[14] JACOBY, F., *Apollodors Chronik* (Berlin, 1903).

主要文献一覧

[15] MANSFELD, J., *Studies in the Historiography of Greek Philosophy* (Assen, 1990).
[16*] MANSFELD, J., RUNIA, D.T., *Aëtiana: The Method and Intellectual Context of a Doxographer*, vol.1 The Sources (Leiden, 1997).
[17*] ディオゲネス・ラエルティオス（加来彰俊訳）『ギリシア哲学者列伝』全3冊（岩波文庫, 1984-94）.

　ソクラテス以前の哲学者をどう扱うにしても, 出典に関する議論はさけられない. これについては特に, 以下に一覧を挙げたソクラテス以前の各哲学者の主要な校訂本, Kahnの *Anaximander*[117]および Burkert の *Lore and Science*[149]を見よ.

ソクラテス以前哲学全般に関する研究

[18] BARNES, J., *The Presocratic Philosophers*, in 2 vols. (London, 1979; revised 1-vol. ed., 1982).
[19] BURNET, J., *Early Greek Philosophy*, 4th ed. (London, 1930)［西川亮訳『初期ギリシア哲学』（以文社, 1975）］.
[20*] CASTON, V., GRAHAM, D.W. (eds.), *Presocratic Philosophy. Essays in Honour of Alexander Mourelatos* (Aldershot, 2002).
[21] CHERNISS, H. F., 'The characteristics and effects of Presocratic philosophy', *Journal of the History of Ideas* 12 (1951), 319-345 (repr. in Furley and Allen[73]).
[22] DODDS, E. R., *The Greeks and the Irrational* (Berkeley, 1951)［岩田靖夫, 水野一訳『ギリシャ人と非理性』（みすず書房, 1972）］.
[23] FRÄNKEL, H., *Early Greek Poetry and Philosophy*, English trans. (Oxford, 1975). [*Dichtung und Philosophie des frühen Griechentums* (München, 1978)].
[24*] GRAHAM, D. W., *Explaining the Cosmos: The Ionian Tradition of Scientific Philosophy* (Princeton, 2006).
[25] GUTHRIE, W. K. C., *A History of Greek Philosophy*, in 6 vols. (Cambridge, 1962-81).
[26] GUTHRIE, W. K. C., 'The Greek world picture', *Harvard Theological Review* 45 (1952), 87-104[74*に収載].
[27] HUSSEY, E., *The Presocratics* (London, 1972).
[28*] LAKS, A., LOUGUET, C. (eds.), *Qu'est-ce que la philosophie présocratique?* (Villeneuve d'Ascq, 2002).
[29] LLOYD, G. E. R., *Polarity and Analogy* (Cambridge, 1966).
[30] LLOYD, G. E. R., *Magic, Reason and Experience* (Cambridge, 1979).

[31] LLOYD, G. E. R., *The Revolution of Wisdom* (Berkeley, 1987).
[32*] LONG, A. A. (ed.), *The Cambridge Companion to Early Greek Philosophy* (Cambridge, 1999).
[33*] OSBORNE, C., *Presocratic Philosophy: A Very Short Introduction* (Oxford, 2004).
[34] POPPER, K. R., 'Back to the Presocratics', in his *Conjectures and Refutations*, 3rd ed. (London, 1969); repr. in Furley and Allen [73] with G. S. Kirk's reply: 'Popper on science and the Presocratics', *Mind* 69 (1960), 318-339 [190*に収載] [藤本隆志, 石垣壽郎, 森博訳『推測と反駁』(法政大学出版局, 1980)].
[35] REINHARDT, K., *Parmenides und die Geschichte der griechischen Philosophie* (Bonn, 1916).
[36] ROBIN, L., *Greek Thought*, English trans. (London, 1928) [*La Pensée grecque et les origines de l'esprit scientifique* (Paris, 1923)].
[37] SAMBURSKY, S., *The Physical World of the Greeks*, English trans. (London, 1956) [first publ. in Hebrew, 1954].
[38] SNELL, B., *The Discovery of Mind*, English trans. (Oxford, 1953) [*Die Entdeckung des Geistes: Studien zur Entstehung des europäischen Denkens bei den Griechen* (Göttingen, 1975(4)): 新井靖一訳『精神の発見——ギリシア人におけるヨーロッパ的思考の発生に関する研究』(創文社, 1974)].
[39] STOKES, M. C., *One and Many in Presocratic Philosophy* (Washington, D.C., 1971).
[40*] TAYLOR, C. C. W. (ed.), *Routledge History of Philosophy*, vol.1: *From the Beginning to Plato* (London, New York, 1997).
[41] VERNANT, J.-P., *The Origins of Greek Thought*, English trans. (London, 1982) [*Les origines de la pensée grecque* (Paris, 1962): 吉田敦彦訳『ギリシャ思想の起源』(みすず書房, 1970)].
[42] VLASTOS, G., 'Theology and philosophy in early Greek thought', *Philosophical Quarterly* 2 (1952), 97-123 (repr. in Furley and Allen [73]) [43*に収載].
[43*] VLASTOS, G., *Studies in Ancient Greek Philosophy*, vol.1: The Presocratics (ed. by D. W. Graham, Princeton, 1993).
[44] ZELLER, E., *Die Philosophie der Griechen* I, i, and I, ii, respectively 7th and 6th eds. (Leipzig, 1923 and 1920), edited and enlarged by W. Nestle.
[45] ZELLER, E., *La Filosofia dei Greci* I, i, and I, ii, ed. and enlarged by R. Mondolfo (Firenze, 1932 and 1938).

[46*] 廣川洋一『ソクラテス以前の哲学者』(講談社学術文庫, 1997).

個別の主題に関する研究

[47] BEARE, J. I., *Greek Theories of Elementary Cognition* (Oxford, 1906).
[48] DICKS, D. R., *Early Greek Astronomy to Aristotle* (London, 1970).
[49] DICKS, D. R., 'Solstices, equinoxes and the Presocratics', *JHS* 86 (1966), 26-40.
[50*] DIXSAUT, M., BRANCACCI, A. (eds.), *Platon. Source des présocratiques* (Paris, 2002).
[51] EDELSTEIN, L., *Ancient Medicine,* (ed. O. and C. L. Temkin, Baltimore, 1967).
[52] VON FRITZ, K., 'Νοῦς, νοεῖν and their derivatives in Presocratic philosophy', *Classical Philology* 40 (1945), 223-242 and 41 (1946), 12-34 (repr. in Mourelatos[75]).
[53] GUTHRIE, W. K. C., *In the Beginning* (Ithaca, N.Y., 1957).
[54] HEATH, T. L., *Aristarchus of Samos* (Oxford, 1913) (pp. 1-133 がプラトン以前の宇宙論に充てられている).
[55] HEATH, T. L., *A History of Greek Mathematics*, 2 vols. (Oxford, 1921).
[56] HEINIMANN, F., *Nomos und Physis* (Basel, 1945) [廣川洋一, 玉井治, 矢内光一訳『ノモスとピュシス——ギリシア思想におけるその起源と意味』(みすず書房, 1983)].
[57] JONES, W. H. S., *Philosophy and Medicine in Ancient Greece* (Baltimore, 1946).
[58] KAHN, C. H., 'The Greek verb "to be" and the concept of being', *Foundations of Language* 2 (1966), 245-265[74*に収載].
[59] KAHN, C. H., *The Verb 'Be' in Ancient Greek* (Dordrecht, 1973).
[60] KAHN, C. H., 'On early Greek astronomy', *JHS* 90 (1970), 99-116.
[61] KERFERD, G. B., *The Sophistic Movement* (Cambridge, 1981).
[62] KNORR, W. R., *The Evolution of the Euclidean Elements* (Dordrecht and Boston, 1975).
[63] LONGRIGG, J., 'Philosophy and medicine: some early interactions', *HSCP* 67 (1963), 147-175[74*に収載].
[64*] MORGAN, K., *Myth and Philosophy from the Presocratics to Plato* (Cambridge, 2000).
[65*] NADDAF, G., *The Greek Concept of Nature* (Albany, N. Y., 2005).
[66] NEUGEBAUER, O., *The Exact Scicnces in Antiquity*, 2nd ed. (Providence R. I., 1957) [矢野道雄, 斉藤潔訳『古代の精密科学』(恒星社厚生閣, 1984)].

[67] NEUGEBAUER, O., *A History of Ancient Mathematical Astronomy*, 3 vols. (Berlin and New York, 1975).

[68] ROHDE, E., *Psyche*, English trans. (London, 1925) [*Psyche: Seelencult und Unsterblichkeitsglaube der Griechen* (Tübingen, 1894)].

[69] SZABÓ, A., *The Beginnings of Greek Mathematics*, English trans. (Dordrecht, 1978) [*Anfänge der griechischen Mathematik* (Wien, 1969)].

[70] TANNERY, P., *Pour l'histoire de la science Hellène*, 2nd ed. (Paris, 1930).

[71] VAN DER WAERDEN, B. L., *Science Awakening*, English trans. (New York, 1961) [*Ontwakende wetenschap: Egyptische, Babylonische en Griekse wiskunde* (Groningen, 1950)].

[72*] WRIGHT, M. R., *Cosmology in Antiquity* (London, 1995).

論文集

[73] FURLEY, D. J. and ALLEN, R. E.(eds.), *Studies in Presocratic Philosophy*, 2 vols. (London, 1970, 1975).

[74*] IRWIN, T.(ed.), *Classical Philosophy: Collected Papers*, vol.1: *Philosophy before Socrates* (New York, London, 1995).

[75] MOURELATOS, A. P. D.(ed.), *The Pre-Socratics* (Garden City, N. Y., 1974).

[76*] PREUS, A.(ed.), *Essays in Ancient Greek Philosophy*, vol.6: *Before Plato* (Albany, N. Y., 2001).

神話的な宇宙生誕論と宇宙論

[77*] BETEGH, G., *The Derveni Papyrus: Cosmology, Theology and Interpretation* (Cambridge, 2004).

[78*] BRISSON, L., *Orphée et l'orphisme dans l'antiquité gréco-romaine* (Aldershot, 1994).

[79] BURKERT, W., 'Orpheus und die Vorsokratiker', *Antike und Abendland* 14 (1968), 93-114.

[80] BURKERT, W., 'La genèse des choses et des mots. Le papyrus de Derveni entre Anaxagore et Cratyle', *Études philosophiques* 25 (1970), 443-455.

[81] BURKERT, W., *Griechische Religion der archaischen und klassischen Epoche* (Stuttgart, 1977).

[82] CORNFORD, F. M., 'Mystery religions and Pre-Socratic philosophy', *Cambridge Ancient History* IV (Cambridge, 1939), Ch. 15.

[83] CORNFORD, F. M., *Principium Sapientiae* (Cambridge, 1952).

[84] DETIENNE, M. and VERNANT, J. P., *Cunning Intelligence in Greek Culture and Society*, English trans. (Hassocks, 1978) [*Les Ruses de l'intelligence: la mètis des grecs* (Paris, 1974)].

[85*] GUTHRIE, W. K. C., *Orpheus and Greek Religion* (London, 1935).

[86] FRANKFORT, H., et al., *Before Philosophy*, (Harmondsworth, 1949).

[87] GUTHRIE, W. K. C., *The Greeks and their Gods* (London, 1950).

[88] HÖLSCHER, U., *Anfängliches Fragen* (Göttingen, 1968).

[89] KIRK, G. S., *Myth, its Meaning and Functions in Ancient and Other Cultures* (Berkeley and Cambridge, 1970).

[90] KIRK, G. S., *The Nature of Greek Myths* (Harmondsworth, 1974).

[91*] LAKS, A., MOST, G.W. (eds.), *Studies on the Derveni Papyrus* (Oxford, 1997).

[92] LINFORTH, I. M., *The Arts of Orpheus* (Berkeley, 1941).

[93] NILSSON, M. P., *Geschichte der griechischen Religion* I, 3rd ed. (München, 1967). (Index II, 'Kosmogonie', 'Kosmogonische Mythen' の各項を見よ.)

[94] PRICHARD, J. B. (ed.), *Ancient Near Eastern Texts relating to the Old Testament*, 3rd ed. (Princeton, 1969).

[95] SCHIBLI, H. S., *Pherekydes of Syros* (Oxford, 1990).

[96] SCHWABL, H., 'Weltschöpfung', in Pauly-Wissowa, *Realencyclopädie* suppl. 9 (1962), 1433-1589.

[97*] SOREL, R., *Orphée et l'orphisme* (Que sais-je?) (Paris, 1995) [脇本由佳訳『オルフェウス教』(文庫クセジュ, 2003)].

[98] STOKES, M. C., 'Hesiodic and Milesian cosmogonies', *Phronesis* 7 (1963), 1-35, and 8 (1964), 1-34.

[99] VERNANT, J. P., *Myth and Society in Ancient Greece* (London, 1980) [*Mythe et société en Grèce ancienne* (Paris, 1981)].

[100] WALCOT, P., *Hesiod and the Near East* (Cardiff, 1966).

[101] WEST, M. L., 'Three Presocratic cosmologies', *CQ* N. S. 13 (1963), 154-176.

[102] WEST, M. L., 'Alcman and Pythagoras', *CQ* N. S. 17 (1967), 1-15.

[103*] WEST, M.L., *The Orphic Poems* (Oxford, 1983).

また，同じ著者によるヘシオドスの校訂本 *Theogony* (Oxford, 1966) と *Works and Days* (Oxford, 1978) も参照せよ．
[104*] 廣川洋一『ヘシオドス研究序説――ギリシア思想の生誕』(未來社, 1975).

タレス

[105] CLASSEN, C. J., 'Thales', in Pauly-Wissowa, *Realencyclopädie* suppl. 10 (1965), 930-947.
[106] DICKS, D. R., 'Thales', *CQ* N. S. 9 (1959), 294-309.
[107*] MADDALENA, A., *Ionici: Testimonianze e frammenti* (Firenze, 1963) [ヒッポン，アポロニアのディオゲネスも含むイオニア派の著作断片と証言資料].
[108*] O'GRADY, P. F., *Thales of Miletus. The Beginnings of Western Science and Philosophy* (Aldershot, 2002).
[109] SNELL, B., 'Die Nachrichten über die Lehren des Thales', *Philologus* 96 (1944), 170-182.

アナクシマンドロス

[110] BURKERT, W., 'Iranisches bei Anaximandros', *Rh.M.* 106 (1963), 97-134.
[111] CLASSEN, C. J., 'Anaximandros', in Pauly-Wissowa, *Realencyclopädie* suppl. 12 (1970), 30-69.
[112] CONCHE, M., *Anaximandre, Fragments et Témoignages* (Paris, 1991).
[113*] COUPRIE, D. L., HAHN, R., NADDAF, G., *Anaximander in Context: New Studies in the Origins of Greek Philosophy* (Albany, N. Y., 2003).
[114] FURLEY, D. J., 'The dynamics of the earth: Anaximander, Plato, and the centrifocal theory', in his *Cosmic Problems* (Cambridge, 1989).
[115*] HAHN, R., *Anaximander and the Architects* (Albany, 2001).
[116] HÖLSCHER, U., 'Anaximander and the beginnings of Greek philosophy', in Furley and Allen (English trans. of an article in *Anfängliches Fragen* [88] first published in *Hermes* 81 (1953), 255-277 and 358-417).
[117] KAHN, C. H., *Anaximander and the Origins of Greek Cosmology* (New York, 1960).
[118] KIRK, G. S., 'Some problems in Anaximander', *CQ* N. S. 5 (1955), 21-38 (repr. in Furley and Allen [73]).
[119] VLASTOS, G., 'Equality and justice in early Greek cosmologies', *C. P.* 42 (1957),

156-178 (repr. in Furley and Allen[73]) [43*に収載].
[120*] WÖHRLE, G., *Anaximenes aus Milet: Die Fragmente zu seiner Lehre* (Stuttgart, 1993) [アナクシメネス文献].

クセノパネス

[121] DEICHGRÄBER, K., 'Xenophanes περὶ φύσως', *Rh. M.* 87 (1938), 1-31.
[122] FRÄNKEL, H., 'Xenophanes' Empiricism and his critique of knowledge', in Mourelatos[75] (English trans. of a German original in the author's *Wege und Formen frühgriechischen Denkens*, 2nd ed., München, 1960).
[123] VON FRITZ, K., 'Xenophanes', in Pauly-Wissowa, *Realencyclopädie* Suppl. 9A (1967), 1541-1562.
[124] HEIDEL, W. A., 'Hecataeus and Xenophanes', *AJP* 64 (1943), 257-277.
[125] LESHER, J. H., 'Xenophanes' scepticism', *Phronesis* 23 (1978), 1-21 [74*に収載].
[126] LESHER, J. H., *Xenophanes of Colophon* (Toronto, 1992).
[127*] SCHÄFER, C., *Xenophanes von Kolophon. Ein Vorsokratiker zwischen Mythos und Philosophie* (Stuttgart, 1996).
[128] STEINMETZ, P., 'Xenophanesstudien', *Rh. M.* 109 (1966), 13-73.
[129] WIESNER, J., *Ps.-Aristoteles, MXG: der historische Wert des Xenophanesreferats* (Amsterdam, 1976).

ヘラクレイトス

[130*] CONCHE, M., *Héraclite: Fragments* (Paris, 1986).
[131] FRÄNKEL, H., 'A thought-pattern in Heraclitus', *AJP* 59 (1938), 309-337 (repr. in Mourelatos[75]).
[132] HÖLSCHER, U., 'Paradox, simile, and gnomic utterance in Heraclitus', English trans., in Mourelatos[75] (from the German of *Anfängliches Fragen*[88]).
[133*] HUBER, M. S., *Heraklit: Der Werdegang des Weisen* (Amsterdam, 1996).
[134] KAHN, C. H., *The Art and Thought of Heraclitus* (Cambridge, 1979).
[135] KIRK, G. S., 'Heraclitus and death in battle (fr. 24D)', *AJP* 70 (1949), 384-393.
[136] KIRK, G. S., 'Natural change in Heraclitus', *Mind* 60 (1951), 35-42 (repr. in Mourelatos[75]).
[137] KIRK, G. S., *Heraclitus, the Cosmic Fragments* (Cambridge, 1954).

[138] MARCOVICH, M., *Heraclitus* (Merida, 1967).
[139*] MOURAVIEV, S., *Heraclitea* (Sankt Augustin, vol. II. A. 1, 1999; II. A. 2, 2000; II. A. 3, 2002; II. A. 4, 2003; III. 1, 2003; III. 3. A, 2002).
[140] NUSSBAUM, M. C., 'ψυχή in Heraclitus', *Phronesis* 17 (1972), 1-16 and 153-170 [74*に収載].
[141*] PRADEAU, J.-F., *Héraclite: Fragments (Citations et témoinages)* (Paris, 2002).
[142] RAMNOUX, C., *Héraclite, ou l'homme entre les choses et les mots* (Paris, 1959).
[143] REINHARDT, K., 'Heraklits Lehre vom Feuer', *Hermes* 77 (1942), 1-27.
[144*] ROBINSON, T. M., *Heraclitus: Fragments* (Toronto, 1987).
[145] SCHOFIELD, M., 'Heraclitus' theory of soul and its antecedents', in *Psychology*, ed. S. Everson (Cambridge, 1991), 13-34.
[146] VLASTOS, G., 'On Heraclitus', *AJP* 76 (1955), 337-368 (repr. in Furley and Allen [73]) [43*に収載].
[147] WIGGINS, D., 'Heraclitus' conceptions of flux, fire and material persistence', in *Language and Logos*, ed. M. Schofield and M. C. Nussbaum (Cambridge, 1982), 1-32.
[148*] 鈴木照雄『ギリシア思想論攷』(二玄社, 1982).

ピュタゴラスとピュタゴラス派

[149] BURKERT, W., *Lore and Science in Ancient Pythagoreanism*, English trans. (Cambridge, Mass., 1972) [*Weisheit und Wissenschaft: Studien zu Pythagoras, Philolaos und Platon* (Nürnberg, 1962)].
[150] BURKERT, W., 'Craft versus sect: the problem of Orphics and Pythagoreans', in *Jewish and Christian Self-definition*, ed. B. E. Meyer and E. P. Sanders, III (London, 1982), 1-22.
[151*] CENTRONE, B., *Introduzione a i Pitagorici* (Roma, Bari, 1996) [斎藤憲訳『ピュタゴラス派——その生と哲学』(岩波書店, 2000)].
[152] CORNFORD, F. M., 'Mysticism and science in the Pythagorean tradition', *CQ* 16 (1922), 137-150 and 17 (1923), 1-12 (repr. in Mourelatos[75]).
[153] DELATTE, A., *Études sur la littérature pythagoricienne* (Paris, 1915).
[154] VON FRITZ, K., *Pythagorean Politics in South Italy* (New York, 1940).
[155] VON FRITZ, K., *et al.*, 'Pythagoras', in Pauly-Wissowa's *Realencyclopädie* 24 (1963), 171-300, with a further contribution (by B. L. van der Waerden) in suppl. 10 (1965),

843-864.

[156] HEIDEL, W. A., 'The Pythagoreans and Greek mathematics', *AJP* 61 (1940), 1-33 (repr. in Furley and Allen[73]).

[157] HUFFMAN, C. A., *Philolaus of Croton* (Cambridge, 1993).

[158*] HUFFMAN, C., *Archytas of Tarentum: Pythagorean, Philosopher and Mathematician King* (Cambridge, 2005).

[159] KAHN, C. H., 'Pythagorean philosophy before Plato', in Mourelatos[75].

[160*] KAHN, C. H., *Pythagoras and the Pythagoreans. A Brief History* (Indianapolis, 2001).

[161*] MATTEI, J.-F., *Pythagore et les Pythagoriciens* ("Que sais-je?") (Paris, 2001(3)).

[162] MORRISON, J. S., 'Pythagoras of Samos', *CQ* N. S. 6 (1956), 133-156.

[163] NUSSBAUM, M. C., 'Eleatic conventionalism and Philolaus on the conditions of thought', *HSCP* 83 (1979), 63-108[74*に収載].

[164] PHILIP, J. A., *Pythagoras and early Pythagoreanism* (Toronto, 1966).

[165] RAVEN, J. E., *Pythagoreans and Eleatics* (Cambridge, 1948).

[166*] RIEDWEG, C., *Pythagoras: Leben, Lehre, Nachwirkung. Eine Einführung* (München, 2002) [Eng.transl. *Pythagoras: His Life, Teaching, and Influence* (Ithaca, 2005)].

[167] THESLEFF, H., *An Introduction to the Pythagorean Writings of the Hellenistic Period* (Åbo, 1961).

[168] THESLEFF, H., *The Pythagorean Texts of the Hellenistic Period* (Åbo, 1965).

[169*] 左近司祥子『謎の哲学者ピュタゴラス』(講談社, 2003).

パルメニデス

[170*] AUBENQUE, P. (dir.), *Études sur Parménide*, 2 vols (Paris, 1987).

[171*] CASSIN, B., *Parménide. Sur la nature ou sur l'étant: La langue de l'être?* (Paris, 1998).

[172*] CORDERO, N.-L., *By Being, It Is: The Thesis of Parmenides* (Las Vegas, 2004).

[173] CORNFORD, F. M., *Plato and Parmenides* (London, 1939), Ch. 2.

[174] COXON, A. H., *The Fragments of Parmenides* (Assen, 1986).

[175*] CURD, P., *The Legacy of Parmenides: Eleatic Monism and Later Presocratic Thought* (Princeton, 1998).

[176] DIELS, H., *Parmenides Lehrgedicht* (Berlin, 1897).
[177*] ENGELHARD, H. P., *Die Sicherung der Erkenntnis bei Parmenides* (Stuttgart, 1996).
[178] FRÄNKEL, H., 'Studies in Parmenides', English trans., in Furley and Allen[73] (from the German of *Wege und Formen frühgriechischen Denkens*, 2nd ed., München, 1960, 157-197).
[179] FURLEY, D. J., 'Notes on Parmenides', in *Exegesis and Argument*, ed. E. N. Lee, A. P. D. Mourelatos and R. Rorty (Assen, 1973), 1-15.
[180] GALLOP, D., ' "Is" or "Is not"?', *The Monist* 62 (1979), 61-80.
[181*] GALLOP, D., *Parmenides of Elea* (Toronto, 1984).
[182] HÖLSCHER, U., *Parmenides: vom Wesen des Seienden* (Frankfurt am Main, 1969).
[183] KAHN, C. H., 'The thesis of Parmenides', *Review of Metaphysics* 22 (1969-70), 700-724.
[184] LONG, A. A., 'The principles of Parmenides' cosmogony', *Phronesis* 8 (1963), 90-107 (repr. in Furley and Allen[73]).
[185] MACKENZIE, M. M., 'Parmenides' dilemma', *Phronesis* 27 (1982), 1-12.
[186] MANSFELD, J., *Die Offenbarung des Parmenides* (Assen, 1964).
[187] MOURELATOS, A. P. D., *The Route of Parmenides* (New Haven, 1970).
[188] OWEN, G. E. L., 'Eleatic questions', *CQ* N. S. 10 (1960), 84-102 (repr. in Furley and Allen[73])[山本巍訳「エレア派の問い」(井上忠, 山本巍編訳『ギリシア哲学の最前線』I, 東京大学出版会, 1986)].
[189] OWEN, G. E. L., 'Plato and Parmenides on the timeless present', *The Monist* 50 (1966), 317-340 (repr. in Mourelatos[75]).
[190*] POPPER, K. R., *The World of Parmenides: Essays on the Presocratic Enlightenment* (ed. by A. F. Petesen, London, New York, 1998).
[191*] REALE, G., RUGGIU, L., *Parmenide: Poema sulla natura* (Milano, 1992(2)).
[192*] TARÁN, L., *Parmenides: A Text with Translation, Commentary and Critical Essays* (Princeton, 1965).
[193*] UNTERSTEINER, M., *Parmenide: Testimonianze e frammenti* (Firenze, 1967).
[194] VLASTOS, G., 'Parmenides' theory of knowledge', *Transactions of the American Philological Association* 77 (1946), 66-77[43*に収載].
[195*]井上　忠『パルメニデス』(青土社, 1996).

[196*] 鈴木照雄『パルメニデス哲学研究』(東海大学出版会, 1999).

ゼノン

[197*] CAVEING, M., *Zénon d'Élée: prolégomène aux doctrines du continu* (Paris, 1982).
[198*] FERBER, R., *Zenons Paradoxien der Bewegung und die Struktur von Raum und Zeit* (München, 1981).
[199] FRÄNKEL, H., 'Zeno of Elea's attacks on plurality', *AJP* 63 (1942), 1-25 and 193-206 (repr. in Furley and Allen[73]).
[200] GRÜNBAUM, A., *Modern Science and Zeno's Paradoxes* (London, 1968).
[201] LEAR, J. D., 'A note on Zeno's Arrow', *Phronesis* 26 (1981), 91-104[74*に収載].
[202] LEE, H. D. P., *Zeno of Elea* (Cambridge, 1936).
[203] OWEN, G. E. L., 'Zeno and the mathematicians', *Proceedings of the Aristotelian Society* 58 (1957-58), 199-222 (repr. in Furley and Allen[73] and in Salmon[205]).
[204] ROSS, W. D., *Aristotle's Physics* (Oxford, 1936), 71-85 and 655-666.
[205] SALMON, W. C., ed., *Zeno's Paradoxes* (Indianapolis, 1970).
[206*] UNTERSTEINER, M., *Zenone: Testimonianze e frammenti* (Firenze, 1963).
[207] VLASTOS, G., 'Zeno of Elea', in *The Encyclopedia of Philosophy*, ed. P. Edwards (New York, 1967)[43*に収載]. 同著者はゼノンの議論に関して詳細な研究を数多く発表してきているが、そのうちで最も重要なものは Furley and Allen に再録されている．
[208*] 山川偉也『ゼノン 四つの逆理』(講談社, 1996).

エンペドクレス

[209] BIGNONE, E., *Empedocle* (Torino, 1916).
[210] BOLLACK, J., *Empédocle*, 4 vols. (Paris, 1965-69). (C. H. Kahn, *Gnomon* 41 (1969), 439-447 の書評も見よ．)
[211*] BOLLACK, J., *Les purifications: Un projet de paix universelle* (Paris, 2003).
[212*] INWOOD, B., *The Poem of Empedocles* (Toronto, 1992).
[213] KAHN, C. H., 'Religion and natural philosophy in Empedocles' doctrine of the soul', *AGP* 42 (1960), 3-35 (repr. in Mourelatos[75]).
[214*] KINGSLEY, P., *Ancient Philosophy, Mystery and Magic: Empedocles and Pythagorean Tradition* (Oxford, 1995).
[215] LONG, A. A., 'Thinking and sense-perception in Empedocles', *CQ* N. S. 16 (1966),

256-276.

[216*] MARTIN, A., PRIMAVESI, O., *L'Empédocle de Strasbourg: (P.Strasb. gr. Inv. 1665-1666); Introduction, édition et commentaire* (Berlin, 1999).

[217] MILLERD, C., *On the Interpretation of Empedocles* (Chicago, 1908).

[218] O'BRIEN, D., 'Empedocles' cosmic cycle', *CQ* N. S. 17 (1967), 29-40.

[219] O'BRIEN, D., *Empedocles' Cosmic Cycle* (Cambridge, 1969).

[220] OSBORNE, C., 'Empedocles recycled', *CQ* N. S. 37 (1987), 24-50.

[221] SEDLEY, D. N., 'The proems of Empedocles and Lucretius', *GRBS* 30 (1989), 269-296.

[222] SOLMSEN, F., 'Love and strife in Empedocles' cosmology', *Phronesis* 10 (1965), 123-145 (repr. in Furley and Allen[73]).

[223] SOLMSEN, F., 'Eternal and temporary beings in Empedocles' physical poem', *AGP* 57 (1975), 123-145.

[224*] TONELLI, A., *Empedocle: Frammenti e testimonianze* (Milano, 2002).

[225*] TRÉPANIER, S., *Empedocles: An Interpretation* (London, 2004).

[226] WRIGHT, M. R., *Empedocles: the Extant Fragments* (New Haven, 1981).

[227] ZUNTZ, G., *Persephone* (Oxford, 1971), 181-274 (『カタルモイ』の再校訂を含む).

[228*] 鈴木幹也『エンペドクレス研究』(創文社, 1985).

アナクサゴラス

[229] CORNFORD, F. M., 'Anaxagoras' Theory of Matter', *CQ* 24 (1930), 14-30 and 83-95 (repr. in Furley and Allen[73]).

[230] FURLEY, D. J., 'Anaxagoras in response to Parmenides', in *New Essays on Plato and the Presocratics*, ed. R. A. Shiner and J. King-Farlow (Guelph, 1976).

[231] FURTH, M., 'A "philosophical hero"? Anaxagoras and the Eleatics', *Oxford Studies in Ancient Philosophy* 9 (1991), 95-129.

[232*] GILARDONI, G., GIUGNOLI, G., *Anassagora: Frammenti e testimonianze* (Milano, 2002).

[233] KERFERD, G. B., 'Anaxagoras and the concept of matter before Aristotle', *Bulletin of the John Rylands Library* 52 (1969), 129-143 (repr. in Mourelatos[75]).

[234] LANZA, D., *Anassagora: testimonianze e frammenti*, (Firenze, 1966).

[235] SCHOFIELD, M., *An Essay on Anaxagoras* (Cambridge, 1980).

[236] SIDER, D., *The Fragments of Anaxagoras* (Meisenheim am Glan, 1981).
[237] STRANG, C., 'The physical theory of Anaxagoras', *AGP* 45 (1963), 101-118 (repr. in Furley and Allen[73]).
[238] VLASTOS, G., 'The physical theory of Anaxagoras', *Philosophical Review* 59 (1950), 31-57 (repr. in Furley and Allen[73] and in Mourelatos[75]) [43*に収載].

メリッソス
[239] REALE, G., *Melisso: testimonianze e frammenti* (Firenze, 1970).

レウキッポスとデモクリトス
[240] ALFIERI, V., *Atomos Idea* (Firenze, 1953).
[241*] ANDOLFO, M., *Atomisti antichi: testimonianze e frammenti* (Milano, 2001).
[242] BAILEY, C., *The Greek Atomists and Epicurus* (Oxford, 1928).
[243] COLE, A.T., *Democritus and the Sources of Greek Anthropology* (Cleveland, 1967).
[244] FURLEY, D. J., *Two Studies in the Greek Atomists* (Princeton, 1967).
[245] FURLEY, D. J., 'The Greek theory of the infinite universe', *Journal of the History of Ideas* 42 (1981), 571-585.
[246*] IBSCHER, G., *Demokrit: Fragmente zur Ethik* (Reclam, Stuttgart, 1996).
[247*] JÜRSS, F. et al., *Griechische Atomisten: Texte und Kommentare zum materialistischen Denken der Antike* (Leipzig, 1991(4)).
[248] LANGERBECK, H., Δόξις ἐπιρρυόμίη (Berlin, 1935).
[249] LURIA, S., *Democritea* (Leningrad, 1970). (デモクリトスの著作断片および証言資料のもっとも完全な校訂本).
[250] MAKIN, S., *Indifference Argument* (Oxford & Cambridge, Mass., 1993).
[251*] MOREL, P.-M., *Démocrite et la recherche des causes* (Paris, 1996).
[252] O'BRIEN, D., 'Heavy and light in Democritus and Aristotle', *JHS* 97 (1977), 64-74.
[253] ROMANO, F. (ed.), *Democrite e l'atomismo antico* (Catania, 1980).
[254*] SALEM, J., *Démocrite: Grains de poussière dans un rayon de soleil* (Paris, 1996).
[255] SEDLEY, D. N., 'Two conceptions of vacuum', *Phronesis* 27 (1982), 175-193.
[256] TAYLOR, C. C. W., 'Pleasure, knowledge, and sensation in Democritus', *Phronesis* 12 (1967), 6-27 [74*に収載].
[257*] TAYLOR, C. C. W., *The Atomists: Leucippus and Democritus: Fragments* (Toronto,

1999).

[258] VLASTOS, G., 'Ethics and physics in Democritus', *Philosophical Review* 54 (1945), 578-592 and 55 (1946), 53-64 (repr. in Furley and Allen) [43*に収載].

[259*] 西川亮『デモクリトス研究』(理想社, 1971).

アポロニアのディオゲネス

[260] LAKS, A., *Diogène d'Apollonie* (Lille, 1983).

KRS／DK 対照表

本書（KRS）の資料番号とディールス／クランツ編『ソクラテス以前哲学者断片集』（H. Diels-W. Kranz, *Die Fragmente der Vorsokratiker,* 3 Bde, 1951-52^2, Berlin）の断片番号との対照を以下に示す。

(1) KRS → DK

KRS	DK	KRS	DK	KRS	DK
（クセノパネス）		121	12A10	190	22B40
3	21B28	132	12A27	194	22B1
（オルペウス教）		137	12A30	195	22B2
16	1B12	（アナクシメネス）		196	22B50
（エピメニデス）		143	13B1	197	22B55
17	3B5	148	13A6	198	22B107
（オルペウス教）		150	13A20	199	22B61
21	1B12	（クセノパネス）		200	22B60
24	1B13	161	21A1	201	22B111
25	1B13	161	21B8	202	22B88
（エピメニデス）		163	21A29	203	22B10
27	3B5	166	21B11	204	22B67
（オルペウス教）		167	21B14	205	22B78
28	1B12	168	21B16	206	22B102
（デモクリトス）		169	21B15	207	22B54
37	68B5, 1	170	21B23	208	22B123
（ペレキュデス）		171	21B25	209	22B51
49	7B1	171	21B26	210	22B18
53	7B2	172	21B24	211	22B80
55	7B2	176	21A32	212	22B53
57	7B4	178	21B32	214	22B12
59	7B5	180	21B28	214	22B91
（タレス）		181	21B29	217	22B30
62	11A1	182	21B33	218	22B31
68	11A11 冒頭	183	21B30	219	22B90
78	11A3a	185	21B37	220	22B64
80	11A20	186	21B34	224	22A1
83	11A2	187	21B35	225	22B6
（アナクシマンドロス）		188	21B18	226	22B94
101A	12A9	189	21B38	227	22B41
101B	12A11	（ヘラクレイトス）		228	22B32
101C	12A10	190	22A1	229	22B36

230	22B118	264	14, 8	303	28B9
231	22B117	265	14, 8	304	28B10
232	22B45	266	14, 8	305	28B10
233	22B26	267	14, 16	306	28B12
234	22A16	268	14, 16	307	28A37
235	22B25	270	14, 8a	308	28B14
236	22B63	273	14, 7	309	28B17
237	22B136	274	14, 7	(アルクマン)	
239	22B62	(ピュタゴラス派)		310	24B4
240	22B85	275	58C3	(パルメニデス)	
241	22B5	276	58C6	311	28A46
242	22B14	277	58C4	311	28B16
243	22B15	(ピュタゴラス)		312	28B19
244	22B93	278	14, 3	313	28B4
245	22B92	(ピュタゴラス派)		(ゼノン)	
246	22B101	281	58C2	315	29B3
247	22B119	282	58C2	316	29B1
248	22B43	283	58C1	316	29B2
249	22B44	(ピュタゴラス)		317	29A25
250	22B114	285	14, 8a	318	29A25
251	22B29	(ゼノン)		319	29A25
(ピュタゴラス)		286	29A11	320	29A25
252	14, 10	(パルメニデス)		323	29A27
(アルキュタス)		287	28A1	324	29B4
253	47B1	288	28B1	325	29A28
(ピュタゴラス)		289	28B5	327	29A12
254	14, 18	(ヘラクレイトス)		328	29A10
(ヘラクレイトス)		290	22B103	329	29A13
255	22B40	(パルメニデス)		330	29A16
256	22B129	291	28B2	331	29A21
(ピュタゴラス)		292	28B3	(エンペドクレス)	
257	14, 2	293	28B6	332	31A1
(エンペドクレス)		294	28B7	333	31A1
259	31B129	295	28B8	334	31A6
(クセノパネス)		296	28B8	335	31A7
260	21B7	297	28B8	336	31A1
(イオン)		298	28B8	337	31A1
262	36B2	299	28B8	338	31A2
262	36B15	300	28B8	339	31A22
(ピュタゴラス)		301	28B1	341	31B1
263	14, 1	302	28B8	342	31B2

KRS／DK 対照表

343	31B3	383	31B82	420	44B15
	（ヘラクレイトス）	384	31B83	421	44A4
344	22B101a	385	31B79	422	44A2
	（エンペドクレス）	386	31B97	423	44A1
345	31B111	388	31B22	424	44B1
346	31B6	389	31B84	425	44B2
347	31A37	390	31A92	426	44B3
348	31B17	391	31A86	427	44B4
349	31B17	392	31A86	428	44B5
350	31B8	392	31B107	429	44B6
351	31B9	293	31B109		（ピュタゴラス派）
352	31B11	394	31B105	430	58B4
353	31B12	395	31B106	430	58b5
354	31B15	396	31B133	431	58B9
355	31B21	397	31B134	432	58B10
356	31B23	398	31B110		（エウリュトス）
357	31B29	399	31B112	433	45, 3
358	31B27		（オルペウス教）		（ピュタゴラス派）
358	31B31	400	1B18	435	58B20
359	31B30		（エンペドクレス）	436	58B21
360	31B35	401	31B115	437	58B28
361	31A37	402	31B118	438	58B5
365	31A49	402	31B121		（アルクマイオン）
366	31A30	403	31B124	439	24B1
367	31B27	404	31B119		（ピュタゴラス派）
368	31B38	405	31B120	440	58B7
369	31A49	406	31B122		（ピロラオス）
370	31A30	407	31B126	441	44B7
371	31A25	408	31B127		（ピュタゴラス派）
372	31B5	409	31B146	442	58B26
372	31B54	409	31B147	443	58B30
373	31B98	411	31B128	444	58B30
374	31B96	412	31B130		（ピロラオス）
375	31A72	413	31B135	445	44A27
376	31B57	414	31B136		（ピュタゴラス派）
377	31B59	415	31B137	446	58B37
378	31B60	416	31B139		（ピロラオス）
379	31B61	417	31B117	447	44A16
380	31B61	418	31B140	448	44A19
381	31B62	419	31B141		（ピュタゴラス派）
382	31A75		（ピロラオス）	449	58B35

450	58B40	489	59B15	537	30B8	
（ピロラオス）		490	59B16	538	30B9	
451	44A23	492	59A41	（デモクリトス）		
（アルクマイオン）		493	59A1	543	68A33	
453	24A12	495	59A47	（レウキッポス）		
454	24A12	496	59A46	545	67A7	
455	24B2	497	59A46	（ゼノン）		
（ピュタゴラス派）		498	59B4	546	29A22	
456	58D2	500	59B18	（メリッソス）		
457	58D3	501	59B19	547	30B10	
（ピロラオス）		502	59A42	（デモクリトス）		
458	44B5	503	59A1	549	68B9	
（アナクサゴラス）		504	59B22	550	68B6	
459	59A1	505	59A42	550	68B7	
461	59A15	508	59A102	550	68B8	
462	59A17	509	59B21	550	68B10	
464	59A23	510	59B21	（プロタゴラス）		
467	59B1	511	59A92	551	80B1	
468	59B4	（アルケラオス）		（デモクリトス）		
469	59B17	512	60A1	552	68B125	
（エンペドクレス）		516	60A1	553	68B9	
471	31B100	517	60A7	554	68B11	
（アナクサゴラス）		518	60A1	（レウキッポス）		
472	59B3	（メリッソス）		555	67A6	
473	59B5	519	30A3	（デモクリトス）		
（ゼノン）		520	30A3	556	68B37	
474	29B1	521	30A4	（レウキッポス）		
475	29B3	522	30A4	557	67A14	
（アナクサゴラス）		523	30A5	558	67A13	
476	59B12	525	30B1	（デモクリトス）		
477	59B13	526	30B2	561	68A43	
478	59B9	527	30B3	（レウキッポス）		
479	59B14	528	30B4	562	67A9	
480	59A41	530	30A8	563	67A1	
481	59B6	531	30B6	（デモクリトス）		
482	59B11	532	30A5	565	68A40	
483	59B4	533	30B7	（レウキッポス）		
484	59B10	534	30B7	569	67B2	
486	59B8	（エンペドクレス）		（デモクリトス）		
487	59A97	536	31B13	570	68B164	
488	59B2	（メリッソス）		571	68B167	

574	68A135	594	68B191	604	64B7
575	68A61		（ディオゲネス）	605	64B8
576	68A47	596	64B1	606	64A29
582	68A58	598	64A5	611	64A33
589	68A135	599	64B2	612	64A19
591	68A135	601	64B3	613	64C3a
592	68A128	602	64B4	615	64B6
593	68B3	603	64B5		

(2) DK → KRS

（オルペウス教）		12A27	132	21B14	167
1B12	16	12A30	137	21B15	169
1B12	21	（アナクシメネス）		21B16	168
1B12	28	13A6	148	21B18	188
1B13	24	13A20	150	21B23	170
1B13	25	13B1	143	21B24	172
1B18	400	（ピュタゴラス）		21B25	171
（エピメニデス）		14, 1	263	21B26	171
3B5	17	14, 2	257	21B28	3
3B5	27	14, 3	278	21B28	180
（ペレキュデス）		14, 7	273	21B29	181
7B1	49	14, 7	274	21B30	183
7B2	53	14, 8	264	21B32	178
7B2	55	14, 8	265	21B33	182
7B4	57	14, 8	266	21B34	186
7B5	59	14, 8a	270	21B35	187
（タレス）		14, 8a	285	21B37	185
11A1	62	14, 10	252	21B38	189
11A2	83	14, 16	267	（ヘラクレイトス）	
11A3a	78	14, 16	268	22A1	190
11A11	68	14, 18	254	22A1	224
11A20	80	（クセノパネス）		22A16	234
（アナクシマンドロス）		21A1	161	22B1	194
12A1	94	21A29	163	22B2	195
12A9	101A	21A32	176	22B5	241
12A10	101C	21B7	260	22B6	225
12A10	121	21B8	161	22B10	203
12A11	101B	21B11	166	22B12	214

22B14	242	22B111	201	（ゼノン）	
22B15	243	22B114	250	29A10	328
22B18	210	22B117	231	29A11	286
22B25	235	22B118	230	29A12	327
22B26	233	22B119	247	29A13	329
22B29	251	228123	208	29A16	330
22B30	217	22B129	256	29A21	331
22B31	218	22B136	237	29A22	546
22B32	228	（アルクマイオン）		29A25	317
22B36	229	24A12	453	29A25	318
22B40	190	24A12	454	29A25	319
22B40	255	24B1	439	29A25	320
22B41	227	24B2	455	29A27	323
22B43	248	24B4	310	29A28	325
22B44	249	（パルメニデス）		29B1	316
22B45	232	28A1	287	29B1	474
22B50	196	28A37	307	29B2	316
22B51	209	28A46	311	29B3	315
22B53	212	28B1	288	29B3	475
22B54	207	28B1	301	29B4	324
22B55	197	28B2	291	（メリッソス）	
22B60	200	28B3	292	30A3	519
22B61	199	28B4	313	30A3	520
22B62	239	28B5	289	30A4	521
22B63	236	28B6	293	30A4	522
22B64	220	28B7	294	30A5	523
22B67	204	28B8	295	30A5	532
22B78	205	28B8	296	30A8	530
22B80	211	28B8	297	30B1	525
22B85	240	28B8	298	30B2	526
22B88	202	28B8	299	30B3	527
22B90	219	28B8	300	30B4	528
22B91	214	28B8	302	30B6	531
22B92	245	28B9	303	30B7	533
22B93	244	28B10	304	30B7	534
22B94	226	28B10	305	30B8	537
22B101	246	28B12	306	30B9	538
22B101a	344	28B14	308	30B10	547
22B102	206	28B16	311	（エンペドクレス）	
22B103	290	28B17	309	31A1	332
22B107	198	28B19	312	31A1	333

KRS／DK 対照表

31A1	336	31B54	372	31B140	418
31A1	337	31B57	376	31B141	419
31A2	338	31B59	377	31B146	409
31A6	334	31B60	378	31B147	409
31A7	335	31B61	379	（イオン）	
31A22	339	31B61	380	36B2	262
31A25	371	31B62	381	36B15	262
31A30	366	31B79	385	（ピロラオス）	
31A30	370	31B82	383	44A1	423
31A37	347	31B83	384	44A2	422
31A37	361	31B84	389	44A4	421
31A49	365	31B96	374	44A16	447
31A49	369	31B97	386	44A19	448
31A72	375	31B98	373	44A23	451
31A75	382	31B100	471	44A27	445
31A86	391	31BI05	394	44B1	424
31A86	392	31B106	395	44B2	425
31A92	390	31B107	392	44B3	426
31B1	341	31B109	393	44B4	427
31B2	342	31B110	398	44B5	428
31B3	343	31B111	345	44B6	429
31B5	372	31B112	399	44B7	441
31B6	346	31B115	401	44B15	420
31B8	350	31B117	417	44B15	458
31B9	351	31B118	402	（エウリュトス）	
31B11	352	31B119	404	45, 3	433
31B12	353	31B120	405	（アルキュタス）	
31B13	536	31B121	402	47B1	253
31B15	354	31B122	406	（ピュタゴラス派）	
31B17	348	31B124	403	58B4	430
31B17	349	31B126	407	58B5	430
31B21	355	31B127	408	58B5	438
31B22	388	31B128	411	58B7	440
31B23	356	31B129	259	58B9	431
31B27	358	31B130	412	58B10	432
31B27	367	31B133	396	58B20	435
31B29	357	31B134	397	58B21	436
31B30	359	31B135	413	58B26	442
31B31	358	31B136	414	58B28	437
31B35	360	31B137	415	58B30	443
31B38	368	31B139	416	58B30	444

58B35	449	59B6	481	（レウキッポス）	
58B37	446	59B8	486	67A1	563
58B40	450	59B9	478	67A6	555
58C1	283	59B10	484	67A7	545
58C2	281	59B11	482	67A9	562
58C2	282	59B12	476	67A13	558
58C3	275	59B13	477	67A14	557
58C4	277	59B14	479	67B2	569
58C6	276	59B15	489	（デモクリトス）	
58D2	456	59B16	490	68A33	543
58D3	457	59B17	469	68A37	556
（アナクサゴラス）		59B18	500	68A40	565
59A1	459	59B19	501	68A43	561
59A1	493	59B21	509	68A47	576
59A1	503	59B21	510	68A58	582
59A15	461	59B22	504	68A61	575
59A17	462	（アルケラオス）		68A128	592
59A23	464	60A1	512	68A135	574
59A41	480	60A1	516	68A135	589
59A41	492	60A1	518	68A135	591
59A42	502	60A7	517	68B3	593
59A42	505	（ディオゲネス）		68B5, 1	37
59A46	496	64A5	598	68B6	550
59A46	497	64A19	612	68B7	550
59A47	495	64A29	606	68B8	550
59A92	511	64A33	611	68B9	549
59A97	487	64B1	596	68B9	553
59A102	508	64B2	599	68B10	550
59B1	467	64B3	601	68B11	554
59B2	488	64B4	602	68B125	552
59B3	472	64B5	603	68B164	570
59B4	468	64B6	615	68B167	571
59B4	483	64B7	604	68B191	594
59B4	498	64B8	605	（プロタゴラス）	
59B5	473	64C3a	613	80B1	551

出典個所索引

本書に引用・言及されている出典個所を以下に示す.「ローマン体」数字は引用された作品の巻, 章, 節などを, 括弧内の「ゴチック体」数字は資料番号を,「イタリック体」数字は言及個所のページ数をそれぞれ表わす. n. とあるのは「注」であることを示す. また, init. や fin. はそれぞれ当該作品のはじめの部分と終わりの部分を指す.

見出し語のあとに原綴を付した. ローマ字化には c (κ), y (υ), ou (ου) を使用した. また, 母音の長短については, e (ε) と ē (η), o (ο) と ō (ω) のみの区別を示した.

アイスキネス（弁論家の）Aischinēs ［アテナイ出身. 前 390/89-315 頃］
『ティマルコス弾劾』 *In Timarchum* I, 97 (*449n.7*)
アイスキュロス Aischylos ［アテナイ出身. 前 524/23-456/55. 三大悲劇詩人の一人］
『アガメムノン』 *Agamemnon* 1382 (*146n.9*)
『エウメニデス』 *Eumenides* 657-666 (*447*)
『ペルサイ』 *Persae* 351 以下 (*81*)
『救いを求める女たち』 *Supplices* (**219**); 96-103 (**173**); 559-561 (*447*)
「断片」fr.44 [『ダナオスの娘たち』より] 1-5 (**33**)
アイリアノス Ailianos (Claudius Aelianus) ［ローマ（プラエネステ）出身. 後 170 頃 -235 頃. ギリシア語散文作家］
『動物誌』 *De natura animalium* XII, 7 (**408**); XVI, 29 (**379**)
『ギリシア奇談集』 *Varia historia* II, 26 (**273**); II, 31 (*543n.1*); III, 17 (*139*); IV, 17 (*282, 297n.10*)
アウグスティヌス Augustinus ［北アフリカのタガステ出身. 後 354-430. 最大のラテン教父］
『神の国』 *De civitate dei* VIII, 2 (**114, 146**)
アエティオス Aëtios ［後 100 頃. 学説誌家］
『学説誌』 *De placita philosophorum* I, 3, 1 (**67**); 3, 3 (*140, 150*); 3, 4 (**160**); 3, 5 (**496, 497**); 3, 6 (**517**); 3, 18 (**576**); 3, 20 (*346, 371*); 4, 1-4 (**523**); 7, 11 (**93**); 7, 12 (*164, 196n.5*); 7, 13 (**145**); 12, 5 (**530**); 12, 6 (**521**); 18, 2 (**536**); 23, 3 (**581**); 25, 4 (**569**); 26, 2 (**567**); II, 1, 2 (**477**); 1, 3 (*164, 197n.5, 557*); 4, 6 (**477**); 6, 3 (**365, 369**); 7, 1 (**307**); 7, 2 (**564**); 7, 7 (**447**); 8, 1 (**558**); 13, 5+9 (**608**); 13, 10 (**152**); 13, 11 (**202**); 13, 14 (**226**); 14, 3-4 (**154**); 15, 6 (*179*); 16, 5 (**128**); 18, 1 (**227**); 20, 1 (**126**); 20, 3 (**177**); 20, 10 (**558**); 20, 12 (**448**); 20, 13 (*388, 434n.19*); 21, 1 (**127**); 22, 1 (**155**); 23, 1 (**153**); 24, 1 (**109**); 24, 4 (*228n.8*); 24, 9 (*179*); 25, 1 (*178*); 29, 4 (*434n.19*); 29, 7 (*434n.19*); III, 3, 1-2 (**130**); 3, 2 (**158**); 4, 1 (**158**); 7, 1 (*181*); 10, 2 (*176n.25*); 10, 3 (*199*); 10, 4 (**526**); 10, 5 (**526**); 12, 1-2 (*526n.19*); 15, 8 (*200*); 16, 1 (*182*); IV, 1, 1 (**71**); 2, 2 (**454**); 3, 12 (**270**); 8, 10 (**588**); 19, 3 (**592**); V, 18, 1 (*382*); 19, 4 (*133*); 19, 5 (*375*); 24, 3 (**606**); 26, 4 (*389*); 30, 1 (**310**)
アガテメロス Agathēmeros ［前 1 世紀以降だが年代不明. 地理誌家］
『地理誌』 *Geographias hypotypōsis* [*Geographi Graeci minores*, ed. Müller] I, 1 (**98**)
アキレウス・タティオス Achilleus Tatios ［ビュザンティオン出身. 後 2 世紀頃. 不詳の著作家. 同名の古代小説家とは別人］

597

『アラトス「天象譜（パイノメナ）」入門』 *Isagoge in Arati Phenomena* [ed.E. Maaß]　3 (*82n.46*); 4 (**28**); 4, p.34, 11 Maaß (**3**); 4, p.34, 11 Maaß (**180**)
アテナイオス Athēnaios [エジプトのナウクラティス出身．後3世紀前半．アレクサンドリアおよびローマで活動した著作家]
『食卓の賢人たち』 *Deipnosophistae*　II, 57D (**504**)
アテナゴラス Athēnagoras [アテナイ出身．後2世紀．哲学者でのちにキリスト教護教家に転ず．]
『キリスト教徒のための嘆願』 *Presbeia peri christianōn* [ed. Schwartz]　18, p. 20 Schwartz (*25n.6*); 18, 4, p. 20 Schwartz / p. 57 Marcovich (**25**)
アプレイウス Apuleius, Lucius [北アフリカのマダウラ出身．後2世紀．著作家，哲学者．『黄金の驢馬』の作者]
『金言集』 *Florida*　15, 20 (*134n.1*)
アポロニオス Apollōnios [ヘレニズム期の著作家．不詳]
『奇談集』 *Historiae mirabiles*　6 (**274**)
アポロニオス（ロドスの） Apollōnios Rhodios [アレクサンドリア出身．前295頃-215頃．カリマコスの弟子．詩人．一時ロドス等に滞在したのでその名がある]
『アルゴナウティカ』 *Argonautica*　(*90n.55*), I, 496 (**38**); I, 503 (**58**)
アポロドロス Apollodōros [前2世紀アテナイの文献学者]
（擬）『ギリシア神話』 *Bibliotheca*　III, 4, 2 (*84n.50*)
アラトス Aratos [キリキア地方ソロイ出身．前315頃-240頃．詩人]
『天象譜（パイノメナ）』 *Phainomena*　39 (*112*)
アリストクリトス Aristocritos [後5世紀．マニ教徒]
『神智学』 *Theosophia*　68 (**241**)
アリストパネス（喜劇詩人の） Aristophanēs [アテナイ出身．前450/445-385頃．最大のギリシア喜劇詩人]
『平和』 *Pax*　832以下 (*260n.19*)
『蛙』 *Ranae*　1030-32 (*290*); 1032 (*291*)
『鳥』 *Aves*　(*41*), 693 (*53*, **26**); 1009 (*105*); 1218 (*53*); 1737以下 (*85n.51*)
『雲』 *Nubes*　(*508*); 227 (**614**); 424 (*53*); 627 (*53*)
アリストテレス Aristotelēs [北ギリシアのスタゲイラ出身．前384-322．哲学者]
『分析論後書』 *Analytica posteriora*　II, 11, 94b32-4 (**283**)
『トピカ』 *Topica*　VIII, 8, 160b7 (**319**)
『詭弁論駁論』 *Sophistici elenchi*　5, 167b13 (*494*); 6, 168b35 (*494*); 28, 181a27 (*494*)
『自然学』 *Physica*　(3, *145n.8*, *361*); I, 2, 184b25以下 (*496*); 3, 186a4以下 (*496*); 186a6 (*491*); 186a8-10 (*491n.4*); 186a10 (**529**); 187a1 (**546**); 4, 187a12 (**104**); 187a20 (**118**); 187a23 (**485**); 187a23以下 (*477n.22*); 6, 189b1 (*147n.11*); II, 4, 196a19-24 (*394*); 196a24 (**568**); 8, 198b29 (**380**); III, 4, 203a10 (**437**); 203a16 (**102**); 203b7 (**108**); 203b15 (**106**); 203b23 (**112**); 203b25 (**559**); 5, 204b22 (**105**); 204b33 (*156*); 8, 208a8 (**107**); IV, 1, 208b29 (*52*); 209a23以下 (*343*); 3, 210b22以下 (*343*); 6, 213a22 (**470**); 213b22 (**443**); 9, 216b22 (**535**); VI, 2, 233a21 (**320**); 9, 239b9 (**317**); 239b11 (**318**); 239b14 (**322**); 239b24-25 (*352*); 239b5-9, 30-33 (**323**); 239b33 (**325**); VII, 5, 250a19以下 (*343*); VIII, 1, 250b11 (**116**); 250b18

以下 (*477n.22*); 252a9 (*381*); 252a32 (*531*); 3, 253b9 (**216**); 8, 263a15-18, b3-9 (**321**); 263a19-b3 (*351*)

『天体論』 De caelo (*3*); I, 3, 270b24 (**491**); 9, 278b9 (*154*); 10, 279b12 (*197n.5*); 279b14 (*262n.20*); II, 1, 284a11 (**221**); 9, 290b12 (**449**); 13, 293a18 (**446**); 293a20 (*419*); 294a21 (**229**); 294a28 (**84**); 294b13 (**150**); 295a7 (**117**); 295a29 (**363**); 295b11 (**123**); III, 1, 298b14 (**491**); 2, 300b8 (**577**); 300b25 以下 (*389*); 300b30 (**376**); 301a14 (**362**); 3, 302a28 (**494**); 4, 303a5 (**579**); 303a12 (**586**); 5, 303b10 (**109**); IV, 2, 309a19 (*452*)

『生成消滅論』 De generatione et corruptione I, 1, 315b10 (**562**); 2, 316a33-317a2 (*513n.6*); 8, 324b26-35 (*397*); 325a2 (**545**); 325a13 (**530**); 325b1 (*512n.5*); 326a9 (**573**); II, 1, 328b35 (*147n.11*); 5, 332a19 (**103**); 6, 333b30 (**387**); 334a1 (**372**); 334a5 (**364**)

『気象論』 Meteorologica (*264n.21*); I, 6, 342b30 (*419*); 14, 352a17 (*182*); II, 1, 353b5 (*201*); 353b6 (**132**); 353b11 (**371**); 354a28 (**157**); 2, 355a13 (**225**); 355a21 (**609**, *201*); 355a22 (*183n.28*); 3, 356b10 (*182*); 357a24 (**371**); 7, 365b6 (**159**); 9, 369b14 (*468n.15*); IV, 9, 387b4 (**383**)

『魂について』 De anima I, 2, 404a5 (*267n.23, 535n.25*);404a16 (**450**); 405a11 (**585**); 405a19 (**89**); 405a21 (*210n.10*); 405a25 (*267n.23*); 405a29 (**453**); 405b1 (**86**); 4, 407b27 (**451**); 409a4 (*432n.18*); 5, 411a7 (**91**); III, 3, 427a21-b6 (*518n.11*); 427a23 (**395**)

『感覚と感覚されるものについて』 De sensu et sensibilium 1, 437b9-14 (*397n.21*); 1, 438a4-5 (*397n.21*); 2, 437b26 (**389**); 4, 442a29 (**587**); 5, 444a22 (*273n.30*)

『呼吸について』 De respiratione 2, 471a2 (*561n.12*); 7, 473b14 (**471**)

『動物誌』 Historia animalium III, 2, 511b31 (**615**); VI, 10, 565b1 (*185n.29*)

『動物部分論』 De partibus animalium I, 1, 640a18 (**386**); IV, 10, 687a7 (**508**)

『動物発生論』 De generatione animalium I, 23, 731a4 (**385**); II, 3, 736b33 以下 (**80**); 6, 742b17 (**531**); III, 11, 762a21 (*126n.16*); IV, 1, 763b30-33 (*447*)

『異聞集』 Mirabilia 38, 833a15 (*230*)

『形而上学』 Metaphysica (*6*); A3, 983b6 (**85**); 3, 983b27 (**11**); 3, 984a5 (**139**); 3, 984a7 (*434n.20*); 3, 984a11 (**334**, **460**); 4, 985a18 (*470n.19*); 4, 985a25 (**361**); 4, 985a31-3 (**347**); 4, 985b4 (**555**); 5, 985b23 (**430**); 5, 986a17 (*416n.6*); 5, 986a22 (**438**); 5, 986b18 (**164**); 5, 986b21 (**174**); 5, 986b25-27 (*491n.4*); 5, 987a1 (*331n.16*); 5, 987a9 以下 (*421*); 6, 987b31 (*419*); 6, 987a32 (*243, 257*); 7, 988a30 (*147n.11*); 7, 989a14 (*147n.11*); B4, 1000a29 (*379n.12*); 4, 1000b6 (**393**); 4, 1000b12 (**359**); Γ5, 1009b7 (**548**); 5, 1009b12 (*518n.11*); 5, 1010a13 (**257**); Z2, 1028b16 (*432n.18*); 13, 1039a9 (*513n.6*); Λ2, 1069b20 (**120**); 6, 1071b27 (**28**); 1072a8 (**28**); M. 1078b19 (*420*); 6, 1080b16 (**431**); 8, 1083b8 (**432**); N3, 1090b5 (*432n.18*); 3, 1091a12 (**442**); 4, 1091b4 (**15**); 4, 1091b8 (**41**); 5, 1092b8 (**433**); 6, 1092b26 以下 (*420*)

『ニコマコス倫理学』 Ethica Nicomachea II, 5, 1106b29 (**440**); VII, 8, 1150b25 (*240*)

『エウデモス倫理学』 Ethica Eudemia II, 10, 1225a30 (*420*); VII, 1, 1235a25 (**213**)

『政治学』 Politica I, 11, 1259a9 (**73**); VIII, 5, 1340b18 (*435*)

『弁論術』 Rhetorica I, 13, 1373b16 (**413**); II, 23, 1398b16 (**464**); 1400b5 (*216*)

『詩学』 Poetica 1, 1447b17 (*339*)

(擬)『宇宙論』 De mundo 5, 396b20 (**203**)

(擬)『問題集』*Problemata* XVI, 8, 914b9 (*452*); XVII, 3, 916a33 (**455**); XXXIV, 7, 964a10 (*194*)

(擬)『メリッソス，クセノパネス，ゴルギアスについて』*De Melisso, Xenophane, Gorgia* (*216, 495n.6, 502*); 1, 974a1 以下 (*492*); 1, 974a2-3 (**523**); 1, 974a12-14 (**532**); 1, 975a11 (*50n.24*); 2, 975a34-35 (**523**); 2, 975b1 (**353**); 5, 979a11 以下 (*415n.5*)

「断片」fr.192 (*308*); fr.203 (*416n.6, 421, 426*)

アルクマン Alcman [サルディス出身．前7世紀後半．スパルタで活躍した抒情詩人]
「断片」[ed. Page] fr.1, 13 以下 (*67*); fr.3, col. II, 7-20 (**40**)

アレクサンドロス（アプロディシアスの）Alexandros [カリア地方アプロディシアス出身．後2世紀末-3世紀初め．アテナイでペリパトス学派を再興，多数のアリストテレス注釈書を著わした]

『アリストテレス「感覚と感覚されるものについて」注解』*In librum de sensu commentarium* 56, 12 (**590**)

『アリストテレス「形而上学」注解』*In Aristotelis metaphysica commentaria* 36, 21 (**580**); 38, 16 (*421*); 39,8 (*426*); 40, 12 (*416n.6*); 41, 1 (*419n.8*)

『アリストテレス「気象論」注解』*In Aristotelis meteorologicorum libros commentaria* 67, 11 (**132**)

『問題集』*Quaestiones* II, 23, p.73, 11 (**611**, *397*)

アンモニオス（ヘルメイアスの子の）Ammōnios [アレクサンドリア出身．後500頃．アレクサンドリア学派のプラトン主義哲学者]

『アリストテレス「命題論」注解』*In Aritstotelis librum de interpretatione commentarius* 249, 6 [ed. Busse] (**397**)

イアンブリコス Iamblichos [コエレ・シリアのカルキス出身．後250頃-325頃．新プラトン派の哲学者．ポルピュリオスに学び，後にシリアに学園を開いた]

『共通なる数学的知識について』*De communi mathematica scientia* [ed. Festa] p.76, 16-77, 2 Festa (**280**); p.77, 22-24 (*420n.9*)

『ニコマコスの数学入門』*In Nicomachi arithmeticam introductionem* [ed. Pistelli] p.7, 24 (**426**)

『哲学の勧め』*Protrepticos* [ed. Pistelli] 21 (*301n.14*)

『ピュタゴラス伝』*De vita Pythagorica* 11-19 (*293*); 82 (*277*); 85 (*306*); 115以下 (*305*); 127, 239 (*297*); 137 (**456**); 142 (*298n.12*); 175-176 (**457**); 197 (*293*); 199 (*413*); 233-237 (*297*); 246 以下 (*425*); 248-249 (*267*); 249-251 (*268*); 251 (*293*)

(擬)『数理神学』*Theologumena arithmeticae* [ed. De Falco] 84, 10 (*432n.18*)

逸名著作家（ロンドン資料の）
XI, 22 (119n.10); XVIII, 8 (**445**)

ウェルギリウス Vergilius [北イタリアのアンデス（マントヴァ近郊）出身．前70-前19．ローマの国民的詩人]

『アエネイス』*Aeneis* IV, 166 (*79n.42*)

エウセビオス Eusebios [パレスティナ出身．後264頃-315．カエサリアの司教．歴史家，教会史家]

『福音の準備』*Praeparatio evangelica* I, 8, 10 (**366**, **370**); I, 10 (*58n.29*); I, 10, 36 (*37n.17*); I,

10, 50 (*60*); XIV, 23, 3 (**561**); XV, 20 (**214**, *255*)
エウデモス（ロドスの）Eudēmos［前4世紀後半．哲学者．アリストテレスの弟子］→ プロクロス『エウクレイデス「原論」注解』［ed. Friedlein］65, 3 以下（*425*）
エウリピデス Euripidēs［アテナイ出身．前 480 頃 -406．三大悲劇詩人の一人］
『ヘレネ』*Helena* 1014 以下（*260n.19*）
『ヒッポリュトス』*Hyppolytus* 952（*291*）; 953-954（*290*）
『フェニキアの女たち』*Phoenissae* 1605（*57*）
「断片」［ed. A. Nauck²］fr.282［『アウトリュコス』より］（*219*）; fr.448［『クレスポンテス』より］（*53*）; fr.484［『メラニッペ』より］（**36**）; fr.839, 9 以下［『クリュシッポス』より］（*260n.19*）; fr. 910（*155n.14*）; fr.941［作品名不詳］（*260n.19*）
エピカルモス Epicharmos「断片」fr.1（*77*）
エピクロス Epicouros［サモス島出身．前 341-270．アテナイに学園を開いた．原子論者］
「書簡」［*Epicurea*, ed. Usener］I, 43（*532*）; II, 88（*523n.15*）
［黄金板］（ヒッポニオン出土の）［G. Pugliese Carratelli, *Parola del Passato* 29, 1974, 108-126 と 31, 1976, 458-466 による］（**29**）
オクシュリュンコス・パピュロス Papyrus Oxyrhynchos 2390（*65*）
オリゲネス Ōrigenēs［アレクサンドリア出身．後 185/86-254/55．ギリシア教父］
『ケルソス論駁』Contra Celsum VI, 12（**205**）; VI, 42（**57**）; VI, 42（**59**）; VI, 42（**211**）
［オルペウス教の吟唱詩］*Orphica*［神話伝説上のオルペウスに仮託された宗教詩・教典．その実質については本書第1章4節および *Orphicorum Fragmenta*, ed. O. Kern 参照］
［デルヴェニ・パピュロスで注釈家に引用されている抜粋詩行］（**30**）
「断片」［ed. Kern］frr. 59-235（*35n.12*）; fr.66［プロクロスより］（**22**）; fr.68（*78n.41*）; fr.70［ダマスキオスより］（**23**）; fr.78（*41n.22*）; fr.89（*36n.13*）; frr. 91-93（*36n.13*）; fr.94（*36n.13*）; fr.96（*36n.13*）; fr.107（*36n.14*）; fr.109［ヘルメイアスより］（**20**）; fr.167（*47*）
カリマコス Callimachos［キュレネ出身．前 305 頃 -240 頃．アレクサンドリアで活動した詩人・文献学者］
『イアンボス詩集』*Iamboi*［ed. Pfeiffer］I, 52, fr.191（**78**, *115*）
カルキディウス Chalcidius（正しくは Calcidius）［後 4-5 世紀か．プラトン『ティマイオス』のラテン訳と注解のみで著名］
『プラトン「ティマイオス」注解』*Platonis Timaeus interprete Chalcidio cum eiusdem commentario*［ed. J. Wrobel］122（*50n.24*）; 251（*270n.27*）
ガレノス Galēnos［ペルガモン出身．後 130 頃 -200 以降．主としてローマで活動した理論派ないし折衷派の医師で，多数の医学書を著した］
『ヒッポクラテスによる基本要素について』*De elementis secundum Hippocratem* I, 2（*521n.12*）
『治療法について』*De methodo medendi* I, 1（**365**）
『ヒッポクラテス「流行病」注解』In Hippocratis epidemiarum VI, 48（**309**）
『ヒッポクラテスとプラトンの学説について』*De placitis Hippocratis et Platonis* 459 Müller（*284n.1*）
『経験派の医術について』*De medic. empir.* XIII, 4（*546*）; XV, p. 115, 9 以下 Walzer（**552**）; XXII, 3（*545*）

(擬)『体液について』 *De humoribus* XIX, 495 Kühn（*546*）

キケロ Cicero［ローマ出身．前106-前43．ローマの文人・政治家］
『最高善と最高悪について』 *de finibus* II, 5, 15（*239*）
『トゥスクルム荘対談集』 *Tusculanae disputationes* I, 16, 38（*69n.36*）
『神々の本性について』 *De natura deorum* I, 10, 25（*128n.18, 165n.18, 196n.5*）; 10, 26（**144**）; 11, 28（*334*）
『アカデミカ第一』 *Academica priora* II, 37, 118（**541**, *9, 192*）
『卜占について』 *De divinatione* I, 49, 111（*108*）; 50, 112（*139n.7*）

『ギリシア碑文集』 *Inscriptiones Graecae*[2]
I, 945, 6（*222*）; II-III, 1672-1673（*450n.7*）; XIV, 641, 1［第10行］（**400**）

クセノクラテス Xenocratēs［カルケドン出身．前396/95-314/13．プラトンの弟子で，アカデメイアの第3代学頭］
「断片」［ed. Heinze］fr.9（*303*）

クセノポン Xenophōn［アテナイ出身．前430頃-355頃．軍事的経歴ののち著作活動に入った．「ソクラテスの仲間」に数えられる．多数の作品が伝存している］
『歳入論』 *Poroi* IV, 14-15（*450n.7*）
『饗宴』 *Symposium* 3, 6（*299*）

クレアンテス Cleanthēs［アッソス出身．前331-232頃．ストア派の哲学者．ゼノンの弟子，学園の2代目学頭］
『ゼウス讃歌』 *Hymnos eis Zen* 34以下（*265*）

クレメンス（アレクサンドリアの）Clemens［アテナイ出身か．後150頃-215頃．ギリシア教父］
『プロトレプティコス』 *Protrepticus*（*4*）; 22, 2（**242**）; 34, 5（**243**）
『雑録集』 *Stromateis*（*4*）; I, 64, 2（**162**）; 131, 4-5（**262**）; II, 17, 4（**210**）; 130（*412n.2*）; III, 14, 2（**402, 403**）; IV, 13, 1（**404**）; 49, 3（**235**）; 141, 2（**233**）; 150, 1（**409**）; V, 15, 5（**313**）; 48, 3（**368**）; 59, 5（**251**）; 81, 2（**396**）; 104, 2（**217**）; 104, 3+5（**218**）; 109, 1（**170**）; 109, 2（**167**）; 109, 3（**169**）; 115, 1（**228**）; 122, 3（**409**）; 138, 1（**305**）; VI, 9, 4（*83n.47*）; 17, 2（**229**）; 23, 3（**292**）; 30, 3（**399**）; 53, 5（**55**）; VII, 22, 1（**168**）

ケルスス Celsus, A. Cornelius［後1世紀前半．未詳の百科事典的著作家］
『医術について』 *De medicina*［ed. Daremb.］I prooem. 2, 11（**365**）

ゲリウス Gellius, Aulus［ローマ出身．後130頃-180頃．ローマの文人］
『アッティカの夜』 *Noctes Atticae* IV, 11, 9（**419**）

ケンソリヌス Censorinus［ローマ出身．後3世紀．ラテン文法学者］
『生誕の日について』 *De die natali*（*9*）; 4, 7（**135**）

［古注］（古写本の欄外書き込み）Scholia
「ホメロス『イリアス』への古注 b」II, 783（**52**）
「ホメロス『イリアス』への古注 bT」XI, 27（**178**）; XVII, 547（**501**）
「（ボドレー図書館所蔵本による）エピクテトスへの古注」［ed. Schenkl］p.lxxxiii（**237**）
「（ジュネーヴ写本による）ホメロス『イリアス』への古注」［ed. Nicole］XXI, 196（**183**, *217*）
「ロドスのアポロニオスへの古注」［ed. Wendel］IV, 269（**610**）
「アラトス『天象譜（パイノメナ）』への古注」［ed. Maaß］172（*117*）
「アリストパネス『雲』への古注」［ed. Dübner］247（**90**）

「カルキディウスへの古注」（*267n.24*）
「エウクレイデス『原論』への古注」273, 3 (*424*); 273, 13 (*424*); 417, 12 以下 (*425*)
「ナジアンゾスのグレゴリオス『説教集』への古注」[ed. Migne] PG XXXVI, 911 (**484**)
「ニカンドロス『動物詩集』への古注」453 (*412*)
「ピンダロス『オリュンピア祝勝歌』への古注」10, 53 (*112*)
「プラトン『パイドロス』への古注」279C (**271**, *304*)
[骨片板]（オルビア出土の）(*44, 271n.28*)
シンプリキオス Simplicios［小アジアのキリキア地方出身．後 6 世紀前半．古代末期の新プラトン主義哲学者．アリストテレスなどへの膨大な注解書を著わした］
　『アリストテレス「天体論」注解』*In Aristotelis quattuor libros de caelo commentaria* [ed. Heiberg] 242, 18 (**557**); 242, 21 (**584**); 295, 1 (**556**); 295, 9 (**578**); 295, 11 (**583**); 522, 7 (*216*); 528, 11-14 (**385**); 529, 1 (**360**); 530, 16-22 (**385**); 557, 10 (**522**); 557, 16 (**531**); 557, 25 (**301**); 557, 25 以下 (**288**); 558, 9 (**312**); 558, 21 (**537**); 559, 20 (*333*); 587, 1 (**376**); 587, 18-19 (*390*); 587, 20 (**377**); 615, 15 (*150*); 712, 27 (**575**)
　『アリストテレス「魂について」注解』*In Aristotelis libros de anima commentaria* [ed. Hayduck] 70, 17 (*382*)
　『アリストテレス「自然学」注解』*In Aristotelis physicorum libros commentaria* [ed. Diels] (**6**); 22, 26 (**165**); 23, 11. 23, 20 (**171**); 23, 21 (*119n.10*); 23, 23 (*143*); 23, 29 (**81**); 23, 33 (*434n.20*); 24, 1 (*260*); 24, 4 以下 (*262n.20*); 24, 13 (**101A**); 24, 17 (**110**); 24, 21 (**119**); 24, 26 (**140**); 25, 1 (**598**); 25, 19 (**335**); 27, 11 (**492**); 27, 17 (**480**); 27, 23 (**514**); 28, 4 (**539**); 28, 7-27 (*520*); 28, 7 以下 (*507*); 28, 8 (**560**); 29, 22 (**526**); 30, 14 (**300**); 31, 13 (**306**); 32, 6 (*373*); 32, 13 (**360**); 33, 19 (*372n.6*); 34, 21 (**468**); 34, 29 (**483**, *449n.6*); 35, 3 (**498**); 35, 14 (**478**); 39, 1 (**302**); 39, 14 (**306**); 39, 18 (*311*); 70, 16 (**521**); 78, 8 (**295**); 78, 14 (**296**); 86, 27-28 (**293**); 87, 1 (*327*); 87, 6 (**538**); 97, 12 (**330**); 97, 13 (*359n.8*); 99, 7 (**331**); 103, 13 以下 (*492, 502n.13*); 103, 15 (**524**); 109, 20 (**526**); 109, 31 (**527**); 109, 32 (**547**); 109, 34 (**538**); 110, 3 (**528**); 111, 19 (**533**); 112, 6 (**534**); 116, 28 (**291**); 117, 4-13 (**293**); 139, 9 (**316**); 140, 28 (**315**); 140, 29 (**475**); 140, 34 (**316**); 141, 6 (**474**); 145, 1 (**295**); 145, 5 (**296**); 145, 23 (**297**); 145, 27 (**298**); 146, 5 (**299**); 146, 23 (*330*); 149, 18 (*544n.2*); 149, 32 (**142**); 150, 22 (*170*); 150, 23 (*143*); 151, 20 (**597**); 151, 31 (**599**); 152, 12 (**601**); 152, 18 (**602**); 152, 22 (**603**); 153, 13 (**616**, *545*); 153, 19 (**604**); 153, 20 (**605**); 154, 29 (*477*); 155, 21 (**490**); 155, 26 (**467**); 155, 31 (**488**); 156, 10 (**473**); 156, 13 (**476**); 157, 7 (**479**); 157, 9 (**499**); 158, 1 (**348**); 158, 13 (**349**); 159, 13 (**355**); 159, 27 (**356**); 160, 28 (**388**); 162, 24 (**525**); 163, 20 (**469**); 164, 17 (**472**); 164, 23 (**482**); 164, 24 (**476**); 164, 26 (**481**); 175, 12 (**486**); 176, 29 (**486**); 179, 3 (**489**); 179, 8 (**490**); 180, 9 (**303**); 180, 14 (*124n.15*); 189, 1 (**181**); 300, 20 (*389*); 300, 21 (**374**); 300, 31 (**477**); 327, 23 (**571**); 327, 26 (*470n.19*); 381, 29 (*389*); 381, 31 (**381**); 455, 20-456, 15 (*427*); 458, 23 (*124n.15*); 460, 12 (*471*); 479, 33 (*150*); 683, 24 (*499n.9*); 732, 30 (*308*); 925, 13 (**558**); 1016, 14 (**326**); 1017, 4 (*355n.2*); 1018, 1 (*355n.3*); 1019, 28 (*355n.3*); 1121, 5 (**113**); 1121, 12 (**147**); 1183, 28 (**358**); 1318, 35 (**582**)
ステシコロス Stēsichoros［伝説ではシケリア島ヒメラ出身．前 632 頃 -556 頃．合唱叙情詩の完成者］
　「断片」[ed. Page] fr.8, 1-4 (*23*)

ストバイオス Stobaios, Iōannēs［マケドニアのストボイ出身．後4世紀後半-5世紀初め頃．息子の教育用に全4巻の「ギリシア著作抜粋集」を作成した］
　『自然学抜粋集』*Eclogae physicae* I, 8, 2 (188); 18, 1c (444); 21, 7a (425); 21, 7b (427); 21, 7c (428); 21, 7d (*429, 420n.10*); 21, 8 (441); 49, 53 (*394*); 49, 60 (407)
　『精華集』*Florilegium* (*5*); III, 1, 172 (*126n.16*); 1, 177 (201); 1, 179 (250); 1, 210 (594); 5, 7 (231); 5, 8 (230); IV, 1, 40 (*439*); 25, 45 (*439*); 39, 25 (*593*); 40, 23 (247)

ストラボン Strabōn［ポントスのアマシア出身．前64/63-後24以降．ローマおよびアレクサンドリアで活動した歴史家，地理誌家］
　『地理書』*Geographica* [ed. *Casaubon*] 1, p.7 (*99*); 1, p.12 (*19*); 14, p.633 (*239n.2*); 14, p.645 (*463*)

『スーダ』Suidas/ Suda［後10世紀頃にビュザンティオン（コンスタンティノポリス）で作成されたギリシア語語彙辞典．約3万項目をアルファベット順に収載．長く「スイダス」なる著者が想定されてきたが，実は「スーダ」という書名であることが明らかになった］
　「アナクシマンドロス」(95);「アナクシマンドロス（歴史家の）」(*299*);「アナクシメネス」(*187*);「キオスのイオン」(*499n.9*);「エンペドクレス」(338);「ヘカタイオス」(*238n.1*);「ペレキュデス（シュロスの）」(*43, 44, 46, 69n.36, 82n.46*);「ペレキュデス（アテナイの）」(*71*);「タレス」(83)

『聖書』
　『創世記』*Genesis* 1 (*61, 61n.32*); 49, 25 (*122*)
　『申命記』*Deuteronomium* 33, 13 (*122*)
　『詩篇』*Psalmi* 24, 2 (*122*); 136, 6 (*122*)
　『イザヤ書』*Jesaia* 55, 8以下 (*250n.10*)

セクストス・エンペイリコス Sextos Empeiricos［出生地不詳．後2世紀後半から3世紀初頭に活動．経験派の医師で，ピュロン主義（懐疑主義）哲学者］
　『ピュロン主義哲学の概要』*Pyrrhoniae hypotyposes* I, 33 (487); I, 224 (*217*)
　『学者たちへの論駁』*Adversus Mathematicos* VII, 49 (186); 60 (551); 90 (509); 94-95 (279); 110 (186); 111 (288); 114 (294); 117 (570); 123 (342); 125 (343); 126 (198); 129 (234); 132 (194); 133 (195); 135 (549); 136 (550, 553); 138 (554); 140 (510); 389 (*516n.9*); IX, 129 (414, 415); 144 (*172*); 193 (*166*); X, 85以下 (*361*); 87 (*353*); 248-309 (*284*); 281 (*432n.18*); 314 (*182*)

セネカ（小・哲学者の）Seneca, Lucius Annaeus［スペインのコルドバ出身．前4頃-後65．ローマで活動したストア哲学者，作家，政治家．ネロ暗殺の嫌疑を受けて自殺］
　『自然研究』*Naturales quaestiones* II, 18 (131); III, 14 (88)

ソロン Solōn［アテナイ出身．前640頃-560頃．アテナイ民主制の基礎を築いた立法家，政治家．政治思想をエレゲイアなどの詩にうたった］
　「断片」[ed. Diehl] fr.16 (*265n.22*); fr.24, 1-7 (111)

『大語源辞典』*Etymologicum Magnum*［後12世紀］(*78n.42*)

ダマスキオス Damascios［ダマスコス出身．後6世紀前半．新プラトン派の哲学者］(*31n.10*)
　『第一の原理について』*De principiis* 123 (*21*); 123 (*24*); 124 (*16, 27*); 124 (*50*)

ツェツェス Tzetzes, Iōannēs［ビュザンティオン出身．後1110頃-80頃．弁論術教師．きわめて博学の古典文献学者］

『古典博捜（キリアデス）』 *Chiliades* II, 980 (*491*); VII, 514 (*366n.1*)
ディオゲネス・ラエルティオス Diogenēs Laertios ［キリキア地方のラエルテ出身．後3世紀前半か．次の著作のみが知られる］

『(ギリシア) 哲学者列伝』 *Vitae et sententiae eorum qui in philosophia probati fuerunt* (*4*); I, 16 (*466, 311*); 22 (*62, 103n.1*); 23 (*75, 82, 112*); 24 (*90, 111, 128*); 26 (*108*); 27 (*79*); 34 (*116*); 37-38 (*103n.1*); 42 (*69n.36*); 110-111 (*296* 訳注); 116 (*44*); 118 (*265, 69n.36, 72*); 119 (*42, 47, 49, 72*); 120 (*45, 258*); 121 (*69n.36*); II, 1-2 (*94*); 3 (*138*); 7 (*459*); 8 (*493*); 8-9 (*479*); 9 *fin.* (*480*); 10 (*503*); 16 (*512, 518*); 17 (*516*); 23 (*513*); V, 42 (*189, 485n.5*); VIII, 1 (*264*); 6 (*256, 284n.1, 413*); 8 (*278, 290n.7, 302n.15*); 12 (*434*); 15 (*308*); 19 (*300*); 34-5 (*275*); 36 (*260*); 46 (*421*); 48 (*206n.9*); 51 (*332*); 52 (*401*); 57 (*328*); 57-58 (*366n.1*); 58 (*336*); 59 (*345*); 60 (*341*); 60-61 (*365*); 62 (*399*); 63 (*365*); 66 (*365*); 67-69 (*368*); 67-72 (*365*); 71 (*368*); 74 (*333*); 77 (*337, 417*); 79 (*293*); 83 (*439*); 84 (*423*); 85 (*424*); IX, 1 (*190, 227, 255*); 2 (*248, 249*); 5 (*192, 238n.1*); 6 (*191, 239-240*); 7 (*232, 251n.11*); 8 (*252n.11*); 9-10 (*224*); 11 (*264*); 16 (*272*); 18 (*161*); 19 (*221n.3*); 20 (*216*); 21-3 (*287*); 24 (*490-491*); 28 (*341*); 29 (*341*); 30 (*506, 514n.7*); 31 (*563*); 33 (*572*); 34 (*542*); 34 以下 (*507*); 35 (*544*); 38 (*422*); 45 (*543, 566*); 49 (*510n.3*); 57 (*595, 596, 600*); 72 (*324*); X, 13 (*540*); 61 (*530*)

ディオドロス Diodōros ［シケリア（シチリア）島のアギュリオン出身．前1世紀後半‐後1世紀初め．歴史家］

『世界史』 *Bibliothēcē* I, 7, 1 (*37*); I,7-8 (*442, 509n.2*); X, 3, 4 (*57, 72*); XIII, 83 (*401* 訳注)

ティモン Timōn ［プレイウゥス出身．前 320 頃 -230 頃．アテナイで活動した懐疑主義哲学者．ピュロンの弟子］

『シロイ』 Silloi [fr.ed. Diels, *Poetarum philosophorum fragmenta*] fr.59 (*222n.4*)

テオプラストス Theophrastos ［レスボス島エレソス出身．前 371 頃 -287 頃．哲学者．アリストテレスの弟子で，師の学園リュケイオン（ペリパトス派）の後継者］

『感覚論』 De sensu (*10*); 1 以下 (*311*); 7 (*391, 397*); 9 (*392, 397*); 12 (*397*); 27 以下 (*511*); 39 以下 (*612*); 43 (*546*); 49-83 (*537*); 49 以下 (*507*); 50 (*589*); 61 (*574*); 66 (*591*); 66 *fin.* (*532n.24*)

『植物誌』 *Historia plantarum* III, I, 4 (*506*)

『自然学説誌』 *Physicorum opiniones* （しばしば『自然学史』『摘要』などとも呼ばれている） [fr.ed. Diels, *Doxographi Graeci*, p.475 以下] (*6*); fr.1 (*119n.10*); fr.2 (*598*); fr.4 (*480*), fr.8 (*539*)

テオン（スミュルナの）Theōn ［イオニア地方のスミュルナ出身．後2世紀前半に活動．プラトン派の哲学者・数学者で，天文学・占星術にも長じていた］

『プラトンを読むための数学的事項に関する解説』 *Theonis Smyrnaei philosophi Platonici expositio rerum mathematicarum ad legendum Platonem utilium* [ed. Hiller] p.198, 14 (*76*)

デモステネス Dēmosthenēs ［アテナイ出身．前 385/84-322．弁論家，政治家］

『ピリッポス弾劾第一』 *Philippica* I IV, 28 (*450n.7*)

テルトゥリアヌス Tertullianus (Quintus Septimius Florens Tertullianus) ［カルタゴ出身．後 160 頃 -220 以降．法律家（?）であったがキリスト教に改宗後キリスト教護教家に転じた．多数の著作が伝存している］

『兵士の冠について』 De corona militis 7 (*91*)
デルヴェニ・パピュロス Papyrus Derveni (*35n.12*) → [オルペウス教の吟唱詩]
テミスティオス Themistios [小アジアのパプラゴニア地方出身．後317頃-388頃．ビュザンティオンとローマで活動した弁論家・哲学者．アリストテレスの全著作への注解を著わした]
『弁論集』 Orationes [ed. Dindorf] 5, p. 69 (**208**); 26, p. 383 (**96**)
ニコマコス（ゲラサの）Nicomachos [アラビアのゲラサ出身．後1世紀後半ないし2世紀頃．新ピュタゴラス主義哲学者．数学者]
『数学入門』 Arithmetica introductio [ed. Hoche] 26, 2 (*420n.10*)
バッキュリデス Bacchylidēs [ケオス出身．前6世紀末-5世紀後半．抒情詩人]
「断片」[Bacchylidis carmina cum fragmentis, ed. B. Snell] 5, 27 (*53*)
[パピュロス] Grenfell & Hunt, Greek Papyri Ser. II, n. 11, p. 23 (**53**) →オクシュリンコス・パピュロス，デルヴェニ・パピロス
ハルポクラティオン Harpocratiōn [アレクサンドリア出身．後1-2世紀．文献学者，辞典編纂者]
『辞典』 Lexica「イオン」の項 (*499n.9*)
パロス島大理石碑文 Marmor Parium [17世紀にスミュルナ島で発見された碑文．前264/63年に作成されたもので，多数の年代記的記録が刻されている．その典拠は，ペリパトス派のパニアス（Phanias, エレソスの人）と考えられている]
[FGrHist. 239A による]57 (*479n.23*)
ヒエロクレス Hieroclēs [後5世紀後半．アレクサンドリアで活動したピュタゴラス派的新プラトン派の哲学者]
『「黄金詩篇」への注解』 Ad carmina aurea 24 (**402**)
ヒッポクラテス Hippocratēs [コス島出身．前5世紀．コス派医師団の祖．『ヒッポクラテス集成』は，多数の著者の手になるギリシア医学文書の集成で，年代の下るものも含まれている（各個著作の多くにKRSが（擬）を付しているのはそのためである）]
『ヒッポクラテス集成』 Corpus Hippocraticum
　　『古来の医術について』 De prisca medicina (*546*)
　　『空気，水，場所について』 De aere, aquis et locis (*546*)
　　『流行病』 Epidemiae (*173*)
　　『人間の自然本性について』 De natura hominis (*546*)
　　『神聖病について』 De morbo sacro 16 (**613**)
　　『食餌法』 De Victu (*486n.8*)
　　『肉質について』 De carnibus 2 (**223**); 16 (*272n.30*)
　　『七について』 De hebdomadibus (*80n.44*)
ヒッポリュトス Hippolytos [東方ギリシアないしローマ出身．後170頃-236頃．ギリシア教父．ローマにおいて教会の要職を歴任]
『全異端派論駁』 Refutatio omnium haeresium (*4, 9*); I, 1 (*121n.12*); 2, 12 (*88n.54*); 6, 1-2 (**101B**); 6, 2 (**115**); 6, 3 (**122B, 124**); 6, 4-5 (**125**); 6, 6 (**136**); 6, 7 (**129**, *134n.1*); 7, 1 (**141**); 7, 4 (**151**); 7, 5 (**149**); 7, 6 (**156**); 7, 7-8 (**205**); 7, 9 (**187**); 8, 3-10 (**502**); 8, 6 (**202**, *434n.19*); 8, 9 (*434n.19*); 8, 12 (**505**); 9, 1 (**515**); 12, 1 (*514n.7*); 13, 2-3 (**565**); 14, 3 (**175**); 14, 5-6 (**184**); VII, 29, 13 (**357**); 29, 14-23 (**401**); 29, 26 (**398**); IX, 9, 1 (**196**); 9, 2 (**209**); 9, 4 (**212**); 9, 5 (**197, 207**); 10, 4 (**200**); 10, 5 (**199**); 10, 6 (**236, 239**); 10, 7 (**220**); 10, 8 (**204**)

ピロデモス Philodēmos［パレスティナのガダラ出身．前110-前40/35頃．エピクロス派の哲学者で詩人・著作家．主としてローマで活動］
　『敬虔について』*De pietate* [ed. Gomperz] 47a (**17**); 137, 5 (**18**)
ピンダロス Pindaros［前518頃-438頃．テバイ出身．合唱抒情詩人］
　『ネメア祝勝歌』*Nemeonicai* VI, 3-4 (*17*)
　『オリュンピア祝勝歌』*Olympionicai* II, 17 (*78n.41*); II, 57-77 (**284**)
　『ピュティア祝勝歌』*Pythionicai* I, 16 以下 (*81*)
　『パイアン』*Paianes* VI, 51 以下 (*233*)
　「断片」[ed. Snell] fr.131b (*270n.27*); fr.133 (**410**)
プトレマイオス Ptolemaios, Claudios［アレクサンドリア出身．後2世紀．数学者，天文学者，地理学者．古代ギリシア天文学を集大成した『数理天文学大系』(いわゆる「アルマゲスト」)で知られる］
　『音階論』*Harmonica* I, 13 (*425*)
プラトン Platōn［アテナイ出身．前427-347．哲学者］
　『ソクラテスの弁明』*Apologia Socratis* 26D (**465**)
　『ヒッピアス（大）』*Hippias maior* 281C (*447*); 282E-283B (*447*)
　『ゴルギアス』*Gorgias* 523A-B (*307*)
　『メノン』*Meno* 76C (**390**); 81B (**410**)
　『パイドン』*Phaedo* (*283, 289, 412*); 61D-E (**420**); 62B (**458**); 88D (**452**); 96B (*210n.10*); 96以下 (*6*); 97B-99C (*447*); 97B以下 (*470n.19*); 98B7 (**495**); 99B (*200*); 108C以下 (*228*); 109A以下 (**477**)
　『饗宴』*Symposium* 178B (*49n.24*); 187A (*251n.11*)
　『国家』*Respublica* II, 363C-E (*291*); 364E (*290*); VII 530D (**253**); X, 600A (*105*); 600A-B (**252**); 616B-617E (*303*); 617-618 (**336**)
　『パイドロス』*Phaedrus* 245C-246A (*437*); 261D (**329**); 270A (**461**)
　『クラテュロス』*Cratylus* 400B-C (*291*); 402A (**215**); 402B (**12**); 440C (**240**)
　『パルメニデス』*Parmenides* (*341, 359n.8, 361*), 127A (**286**); 127D-128A (**315**); 127D-128E (*358*); 128C (**327**)
　『テアイテトス』*Theaetetus* 151E 以下 (*516n.8*); 152D-E (*215*); 152E (**10**); 160D (*215*); 174A (**72**); 179D. 179E (**193**); 180D (*491*)
　『ソピステス』*Sophista* (*311*); 237A (**294**); 242C-D (**61**); 242D (*163, 262n.20*); 258D (**294**)
　『ピレボス』*Philebus* (*283*)
　『ティマイオス』*Timaeus* (*52, 168, 283, 413*); 22C-E (*162*); 40D-E (**13**)
　『法律』*Leges* VI, 782C (*291*); X 899B (**92**)
　『エピノミス』*Epinomis* (*283*)
プリニウス（大）Plinius (Gaius P. Secundus)［北イタリアのコムム出身．後23-79．ローマの軍人・政治家で，博物学者］
　『博物誌』*Naturalis historia* II, 31 (*136n.5*); 53 (*103n.1*); 149 (*479n.23*); 187 (*138n.6*); 205 (*69n.36*); XVIII, 213 (*117*); XXXVI, 82 (*113*)
プルタルコス Ploutarchos［ボイオティア地方のカイロネイア出身．後45頃-120頃．アテナイでプラトン哲学などを学び，各地を旅行したのち，主として郷里で著作活動を行なった］

『倫理論集（モラリア）』 *Moralia* （4）
　『どのようにして若者は詩を学ぶべきかについて』 *Quomodo adolescens poetas audire debeat* 2, 17E （**186**）
　『偶運について』 *De fortuna* 3, 98D （**384**）
　『七賢人の饗宴』 *Septem sapientium convivium* 2, 147A （*113*）
　『アレクサンドロス大王の運と徳について』 *De Alexandri magni fortuna aut virtute* 328A （*284n.1*）
　『イシスとオシリスについて』 *De Iside et Osiride* 32 （*78n.41*）; 34, 364D （*25n.6*）
　『デルポイの E について』 *De E apud Delphos* 8, 388E （**219**）; 18, 392B （**214**）
　『ピュティアの神託について（ピュティアは今日では詩のかたちで神託を降ろさないことについて）』 *De Pythiae oraculis* 6, 397A （**245**）; 12, 400B （*388*）; 18, 402E （*116*）; 21, 404D （**244**）
　『爽快な気分について』 *De tranquillitate animi* 15, 474B （**406**）
　『亡命について』 *De exilio* 11, 604A （**226**）; 17, 607C （**401**）; 607D （*399*）
　『食卓歓談集』 *Quaestiones convivales* III, 1, 2, 646D （**418**）; V, 8, 2, 683E （**340**）; VIII, 8, 4, 730E （**137**）; IX, 14, 7, 746B （**187**）
　『自然学的諸問題』 *Quaestiones naturales* 1, 911D （**507**）
　『月面に見える顔について』 *De facie quae in orbe lunae apparet* 12, 926E （**367**）; 16, 929B （**500**）
　『原理としての冷たいものについて』 *De primo frigido* 7, 947F （**143**） 21, 954F （*484n.3*）
　『陸生動物と水生動物とではどちらが利口か』 *De sollertia animalium* 33, 982A （*185n.29*）
　『コロテス論駁』 *Adversus Colotem* 1108F （*516n.9*）; 10, 1111F （**350**）; 11, 1113A-B （**351**）; 12, 1113C （**352**）; 12, 1113D （**354**）; 13, 1114B （**304**）; 15, 1116A （**308**）; 20, 1118C （**246**）; 28, 1123B （**378**）; 1126B （*365*）
『英雄伝』 *Vitae Parallelae*
　『コリオラヌス伝』 *Coriolanus* 22 （**240**）
　『ペリクレス伝』 *Pericles* 26 （**519**）; 32 （**462**）
　『ポキオン伝』 *Phocion* 12 （*206n.9*）
　『テミストクレス伝』 *Themistocles* 2 （**520**）
（擬）『アポロニオス宛の弔意書簡』 *Consolatio ad Apollonium* 10, 106E （**202**）
（擬）『雑録集』 *Stromateis* ［*Doxographi Graeci*, ed. Diels, p. 579 以下］ （*9, 140, 164, 173*）; 2 （**101C, 121, 122A, 134**）; 3 （**148**）; 4 （**176**）; 10 （**366, 370**）; 12 （**607**）
プロクロス Proclos ［コンスタンティノポリス出身．後410頃-485．アテナイのアカデメイア学頭となり，新プラトン主義哲学を精緻に体系化した］
　『エウクレイデス「原論」注解』 *In primum Euclidis elementorum librum commentarii* ［ed. Fridlein］ I, 26, p.352 （**80**）; 32, p.379 （**436**）; 44, p.419 （**435**）; p.65 （**68**, *425*）
　『プラトン「クラテュロス」注解』 *In Platonis Cratylus commentaria* ［ed. Pasquali］ 396B （**19**）
　『プラトン「パルメニデス」注解』 *In Platonis Parmenidem* ［ed. Cousin］ 1, p.708, 16 （**289**）
　『プラトン「ティマイオス」注解』 *In Platonis Timaeum commentaria* ［ed. Diehl］ I, p.345, 18 （**291**）; II, p.54 （**54**）
プロティノス Plōtinos ［エジプト出身．後204/05-269/70．アレクサンドリアで学んだのち，ロー

マで活動．新プラトン主義哲学の創始者］
『エンネアデス』*Enneades* V, 1, 8 (**292**)
ヘシオドス Hēsiodos［ボイオティアのアスクラ出身．前 8 世紀．叙事詩人］
  『神統記』*Theogonia* (*15-16, 41, 48* 以下, *97, 102*); 20 (**29**); 26-27 (**330**); 27-28 (**340**); 106 以下 (**29**); 116 (**31**); 123 (**52**); 123 以下 (**55,** *334*); 125 (**52**); 126 (**52**); 126 以下 (**55**); 132 (**52**); 154 (**39**); 213 (**52**); 215 (*22n.3*); 223-232 (*334*); 274 (*22n.3*); 294 (*22n.3*); 295 以下 (*91n.56*); 306 以下 (*92n.57*); 358 (*91n.56*); 382 (*336*); 468 以下 (**64**); 632 (**54**); 669 (**51**); 681 以下 (**54**); 695 (**32**); 700 (**54**); 720 (*18, 228*); 727 以下 (*229*); 726 (**2,** *87*); 734-819 (*31*); 736 (**34**); 740 (*36n.14*); 742 (*41n.22*), 775-806 (*403*); 801-804 (*405*); 811 (**35**); 814 (**54**), 825 (*90*)
  『仕事と日』*Opera et dies* (*49, 74n.38, 97*), 109 以下 (*407*); 121 以下 (**238**); 252 以下 (*128n.18*)
ヘラクレイトス（ホメロス学者の）Hēracleitos Homērikos［後 1 世紀か．次の著書のみが知られている］
  『ホメロス問題』*Quaestiones Homericae* 22 (*87*)
ヘロディアノス Hērōdianos (Herodianus Aelius)［アレクサンドリア出身．後 2 世紀後半．文法家としてローマで活動，マルクス・アウレリウスの師］
  『独特の表現について』*Peri monērous lexeōs* 30, 30 (**185**); 41, 5 (**189**)
  「断片」[ed. Wright] fr.152 (*366n.1*)
ヘロドトス Hērodotos［ハリカルナッソス出身．前 485 頃 -420 頃．歴史家］
  『歴史』*Historiae* I, 29 (**77**); 74 (**74**); 75 (**66**); 146 (**64**); 170 (**63, 65**); II, 4 (*111n.7*); 20 (**70**); 21 (*19*); 23 (*19*); 81 (**263,** *44*); 109 (**69, 97,** *111n.7*); 123 (**261**); III, 125, 131-132 (*293*); IV, 8 (**5**); 15 (*298*); 36 (**100**); 78-80 (*44*); 95 (**257**); VII, 6 (*31n.9*)
ボエティウス Boethius［ローマ出身．後 480-524．政治家・哲学者．『哲学の慰め』で知られる］
  『音楽教程』*De institutione musica* III, 11 (*425*)
ホメロス Homēros［前 8 世紀頃．叙事詩人］
  『イリアス』*Ilias* I, 530 (*222n.6*); II, 447 (*154*); 485 以下 (*233*); V, (*98*), 6 (*23n.4*); 504 (*17*); VII, 99 (*229*); 422 (*23n.4*); VIII, 13 (**1**); 13 以下 (*24n.5*); 15 (*57*); 16 (*91, 228*); 478 以下 (*24n.5, 57*); IX, 600 (*222n.6*); XI, 574 (*130n.20*); XIV, (*123*); 153-360 (*24*); 200 (**8**); 203 以下 (*24n.5*); 244 (**9**); 258 (**14**); 271 (*24n.5*); 274 (*24n.5*); 279 (*24n.5*); 288 (*18*); 296 (*94*); 301 (**8**); XV, init. (*24*); 37 以下 (*24n.5*); 189-193 (*24n.5*); 225 (*24n.5*); XVII, 425 (*17*); XVIII, (*84*), 107 (*254n.15*); 398 以下 (*91n.56*); 489 (*23n.4*); 607 (**4**); XX, 444 以下 (*180*); XXI, 194 (**6**); 549 (*180*); XXII, 235 (*222n.6*); XXIV, 460 (*401*)
  『オデュッセイア』*Odysseia* (*20*); III, 2 (*17*); V, 123 (*75n.40*); 218 (*154*); X, 191 (*23n.4*); XI, (*403*); XIV, 328 (*88*); XV, 329 (*17*); 403-404[古注付き] (*48*); 455 (*75n.39*); XVII, 218 (*525n.17*); 565 (*17*); XXIV, 11 (*22n.3*)
  （擬）『アポロン讃歌』*Hymnus in Apollinem* 16 (*75n.39*); 351 以下 (*78n.42*)
  （擬）『デメテル讃歌』*Hymnus in Cererem* 120 (*401*); 480-482 (*306*)
ポリュビオス Polybios［アルカディア地方のメガロポリス出身．前 200 頃 -118 頃．対ローマ戦に敗れたのち，主としてローマで活動．彼の『歴史』は，ローマの興隆を中心に論じている］
  『歴史』*Historiae* II, 39 (*294*); 39, 1 (*297*); XII, 27 (**344**)

ポルクス Pollux［エジプトのナウクラティス出身．後2世紀．『オノマスティコン』の著者］（*217*）
ポルピュリオス Porphyrios［シュリアのテュロス出身．後234頃-304頃．新プラトン派哲学者．ローマでプロティノスに学び，後に師の著作を『エンネアデス』として編纂した］
　『禁忌について』*De abstinentia* II, 21（**411**, *407*）; 31（**416**）
　『ニンフたちの岩窟』*De antro nympharum* 8（**405**）; 31（**51**）
　『哲学史』*Historia philosophiae*［ed. iter. Nauck］fr.12（*484n.2*）
　『ホメロス「イリアス」についての諸問題』*Quaestionum Homericarum ad Iliadem*［ed. Schrader］IV, 4への注解（**206**）; XIV, 200への注解（**290**）
　『プトレマイオス「音階学」注解』*Porphyriou eis ta harmonica Ptolemaiou hypomnema*［ed. Düring］30, 2以下（*303*）
　『ピュタゴラス伝』*Vita Pythagorae* 2（*134n.1*）; 9（**266**）; 18（**270**）; 19（**285**）; 30（**259**）; 41（**281**）; 42（**276**）; 56（*72*）
ポンペイウス・トログス Pompeius Trogus →ユスティヌス
マクシモス（テュロスの）Maximos［フェニキアのテュロス出身．後125頃-185頃．プラトン哲学に親しんだギリシア弁論家・ソフィストで，主としてローマで活動］
　『哲学談義』*Sermones*［ed. Hobein］IV, 4, p.45, 5（**56**）
マクロビウス Macrobius［アフリカ出身のギリシア人か．後4-5世紀．ラテン文法家，著作家．］
　『スキピオの夢』*Somnium Scipionis* I, 14, 19（*268n.25*）; II, 1, 9以下（*305*）
ミムネルモス Mimnermos［小アジアのコロポン出身．前600頃．エレゲイア詩人］
　「断片」［ed. Diehl］fr.10（**7**）
ユスティヌス Iustinus［年代・出自とも不詳（後3世紀頃か）．アウグストゥス期の歴史家・自然誌家ポンペイウス・トログスの散佚した『ピリッポス史』*Historiae Philippicae* の抄録作家として重要］
　『『ピリッポス史』抄録』（地中海世界史）*Epitoma Historiarum Philippicarum Pompei Trogi* XX, 4, 1-2. 5-8（**269**）; 4, 14（**272**）
ヨセフス Iosephus Flavius［イェルサレム出身．後37-98頃．ユダヤ歴史家］
　『アピオン論駁』*Contra Apionem* I, 94（*37n.17*）; 163（**254**）
ルキアノス Loucianos［シュリアのサモサタ出身．後2世紀．弁論術，哲学を学び，対話体による多数の作品を著わした］
　（擬）『恋さまざま』*Amores* 32（*52*）
ルクレティウス Lucretius, Titus L. Carus［前94頃-55頃．エピクロス派のアトミズム的世界を語った次の詩作品のほかは，ほとんど何も知られていない］
　『事物の本性について』*De rerum natura* I, 830（*474*）; II, 216-242（*530*）

固有名詞索引

　本書に言及される固有名詞を A) 人名 (古代)・地名・神話伝説関係名辞と, B) 人名 (近・現代) に分けて収載する. 個所指示は本書ページ数で示した. n. とあるのは「注」であることを示す. A) は見出し語および原綴のあとに人名・地名・神話伝説関連の区別を付した. 地は地名, 神は神話伝説関係名辞であることを示し, 符号のないものは人名ないし種族名などであることを示している. 説明文中の＊記号は, 参照項目に関連する説明があることを示す.

　見出し語のあとに原綴を付した. ローマ字化には c (κ), y (υ), ou (ου) を使用した. また, 母音の長短については, e (ε) と ē (η), o (ο) と ō (ω) のみの区別を示した.

A) 人名 (古代)・地名・神話伝説関係名辞

ア 行

アイア Aia 神 75n.40

アイゴス・ポタモイ Aigos potamoi 地 203, 447, 479, 479n.23, 557-558

アイサ Aisa 神 66-67

アイスキネス Aischinēs [アテナイ出身. 前390/89-315 頃. 弁論家　→出典個所索引] 449n.7

アイスキュロス Aischylos [アテナイ出身. 前524/23-456/55. 三大悲劇詩人の一人　→出典個所索引] 55n.28, 81, 96, 146n.9, 219, 223, 223n.7, 275n.32, 447, 480n.24

アイスクレー (醜悪) Aischrē 神 404

アイティオプス Aithiops 神 22

アイトナ (エトナ) (山) Aitnē 地 81, 364

アイドネウス Aidōneus 神　→ハデス

アイネシデモス Ainesidēmos [クレタのクノッソス出身. 前 1 世紀か. 懐疑主義哲学者] 4

アイリアノス Ailianos (Claudius Aelianus) [ローマ (プラエネステ) 出身. 後 170 頃-235 頃. ソフィスト, ギリシア語散文作家　→出典個所索引] 139, 297, 305, 391, 405, 543n.1

アウグスティヌス Augustinus [北アフリカのタガステ出身. 後 354-430. 最大のラテン教父　→出典個所索引] 8, 164, 196

アエティオス Aëtios [後 100 頃. 学説誌家　→出典個所索引] 5, 7-9, 106-107, 109, 120n.10, 128n.18, 140, 150, 164, 176n.25, 177-179, 181-182, 184-185, 196, 196-197n.5, 199-200, 202-203, 205-207, 210n.10, 217, 225-227, 228n.8, 270, 335, 337, 370-371, 386-390, 392, 433, 433-434n.19, 436, 471-472, 472n.20, 473, 474n.21, 477, 487n.9, 499n.10, 509, 521, 523, 524-525n.16, 526, 526n.19, 528-532, 536, 537n.26, 554n.9, 556-558

アカイア Achaia 地 294

アカデメイア (派) Acadēmaicoi 4, 10, 283, 432n.18

アガテメロス Agathēmeros [前 1 世紀以降だが, 年代不詳. 地理誌家　→出典個所索引] 138

アキレウス Achilleus 神 19, 84, 343-344, 352

アキレウス・タティオス Achilleus Tatios [ビュザンティオン出身. 後 2 世紀頃. 不詳の著作家. 同名の古代小説家とは別人　→出典個所索引] 8, 42, 82n.46, 228

アクゥシラオス Acousilaos [アルゴス出身. 前 6 世紀後半-5 世紀前半. 神々の『系譜論』

611

を著わした] 30-31, 31n.10, 53
アクラガス Acragas 地 306, 363-364, 386, 400
アゲノル Agēnōr 神 [神話伝説上のフェニキア王. ポセイドンとリビュアの子で, カドモス*やエウロペの父] 104
アケロオス Acheloios 神 19
アサペイア（不確実）Aspheia 神 404
アスクレピアデス Asclēpiadēs [ビテュニアのプルサ出身. 前1世紀. ローマで活動した医師. 原子論を医学理論に取り入れた] 546
アッシュリア Assyria 地 34n.11
アテナ Athēna 神 86, 86n.52, 98
アテナイ 地 Athēnai 31n.9, 68, 71, 103n.1, 133, 159, 260n.19, 292, 296, 309-310, 341, 363, 444-447, 447n.3, 448n.5, 449, 483-484, 489-490, 506, 510n.3
アテナイオス Athēnaios [エジプトのナウクラティス出身. 後3世紀前半. アレクサンドリアおよびローマで活動した著作家 → 出典個所索引] 5, 479
アテナゴラス Athēnagoras [後2世紀. キリスト教護教家 → 出典個所索引] 8, 25n.6, 38
アテノクリトス Athēnocritos [デモクリトス*の父?] 505
アトゥム Atum 神 21n.1, 79
アトゥム－ケプレル Atum-Khepher 神 21n.1
アトラス Atlas 神 61
アドラステイア Adrasteia 神 37
アトロポス Atropos 神 38
アナカルシス Anacharsis [スキュティアの王族. 前6世紀初め. ギリシア各地を訪問. 錨や轆轤の発明者とされ, しばしば七賢人の一人にあげられる] 105
アナクサゴラス Anaxagoras [哲学者 → 第12章] 3, 7, 9, 45, 136n.4, 146n.10, 147, 152n.13, 158, 164, 169, 172n.20, 172n.21, 174, 174n.23, 191, 198-199, 199n.6, 200, 203,

203n.8, 204, 211, 224, 248, 260n.19, 338, 361, 364, 434n.19, 442, 444-482 [第12章 passim], 483-487, 489-490, 490n.2, 491, 499n.10, 501n.12, 506, 508-509, 512n.5, 525, 527n.21, 528, 535n.25, 542-543, 546-549, 552, 555-558, 561, 563, 563n.13
アナクシマンドロス (1) (ミレトスの) Anaximandros [哲学者 → 第3章] 9, 39, 58n.29, 68-69, 71, 77, 78n.41, 86-87, 88n.53, 98, 102, 111, 133-186 [第3章 passim], 187-188, 188n.1, 189-190, 192, 194, 196, 197n.5, 198, 198-199n.6, 205, 210, 229-232, 254, 277, 309, 315, 330, 336, 375, 431, 453, 459n.10, 477, 480, 487, 526n.18, 551-552, 555, 557
アナクシマンドロス (2) (ミレトスの) Anaximandros [クセノポン*に言及されているピュタゴラス派教理解釈家. ミレトス出身とされるが, 不詳] 299
アナクシメネス Anaximenēs [哲学者 → 第4章] 7, 9, 17, 20, 77, 79, 102, 124, 124n.15, 138n.6, 152n.13, 164, 166, 168, 177, 182, 187-211 [第4章 passim], 218, 224, 227, 229, 237-238, 260-261, 266, 267n.23, 268n.24, 431, 446n.3, 468, 469n.17, 487, 526n.19, 543-544, 547, 554-556, 557n.10, 558, 563
アナンケ（ー）（必然）Ananchē 神 37, 326, 334-335, 402
アヌ Anu 神 63-64
アバリス Abaris 神 ? [ギリシア北方のスキュティアの宗教者, 呪術師. トロイア戦争時代の人とも, 前7世紀後半の人とも伝えられる] 298
アプス Apsu 神 21n.1, 61, 122
アブデラ Abdēra 地 505, 507, 509n.2
アプレイウス Apuleius, Lucius [北アフリカのマウダラ出身. 後2世紀. 著作家, 哲学者. 『黄金の驢馬』の作者 → 出典個所索引] 134n.1
アプロディシアス Aphrodisias 地 6, 148,

419n.8, 421, 426
アプロディテ Aphroditē 神 42n.23, 62, 97, 277, 374, 395-396, 406
アポピス Apophis 神 92
アポロテミス Apollothemis［アポロニアのディオゲネス*の父］543
アポロドロス⁽¹⁾（アルケラオスの父の）Apollodōros［アルケラオス*の父．不詳］483-484
アポロドロス⁽²⁾（キュジコスの）Apollodōros［キュジコス出身の哲学者．前4世紀後半か →出典個所索引］412
アポロドロス⁽³⁾（算術家の）Apollodōros［アポロドロス⁽²⁾*と同一人か］424
アポロドロス⁽⁴⁾（エピクロス派の）Apollodōros［「庭園の独裁者」とあだ名された同名人物のことか．不詳］505
アポロドロス⁽⁵⁾（『年代誌』の）Apollodōros［アテナイ出身，後にアレクサンドリアに移住．前2世紀．文献学者．8ページ参照 →出典個所索引］8-9, 69, 69n.36, 84n.50, 103n.1, 133-134, 134n.1, 135n.2, 136, 136n.5, 187, 188n.1, 213-214, 237-238, 310, 341, 363-364, 412n.2, 444-445, 490, 505-506, 508
アポロニア Apollonia 地 3, 45, 80, 139, 152, 152n.13, 154, 164, 203, 207n.9, 260n.19, 436, 508, 542-544, 544n.2, 546, 556, 557n.10, 558n.10
アポロニオス⁽¹⁾（ロドスの）Apollonios［アレクサンドリア出身．前295頃-215頃．一時ロドス島に滞在したので，その名がある →出典個所索引］59, 60n.31, 89-90, 90n.55, 91, 557n.10
アポロニオス⁽²⁾（奇譚著作家の）Apollonios［ヘレニズム期の著作家．不詳 →出典個所索引］72, 297
アポロニオス⁽³⁾（テュアナの）Apollonios［カッパドキアのテュアナ出身．後1世紀．各地を放浪し，奇蹟を示した新ピュタゴラス派の哲学者］134n.1

アポロン 神 32, 274, 297-298, 302n.15, 405
アメイニアス Ameinias［前6世紀末のピュタゴラス派．パルメニデス*の師とされているが，不詳］310
アメレス Amelēs 神 82n.46
アラトス Aratos［キリキア地方ソロイ出身．前315-240頃．詩人 →出典個所索引］112, 117
アラル Alalu 神 63-64
アリスタルコス Aristarchos［サモトラケ島出身．前217頃-145．アレクサンドリアで活動し，当地の文献学研究を大成した］74
アリステアス Aristeas 神？［プロコンネソス出身．前7世紀か．アポロンの弟子と言われ，多くの奇蹟を顕わした北方の宗教者］298
アリストクセノス Aristoxenos［タラス出身．前4世紀後半．アリストテレス*の弟子．数理音楽理論にすぐれた哲学者．ピュタゴラス*（派）についての著作があった］10, 69n.36, 72, 88n.54, 285, 292-294, 297, 302n.15, 303, 412, 412n.1, 439
アリストクリトス Aristocritos［後5世紀．マニ教徒．『神智学』を著わした →出典個所索引］273
アリストテレス Aristotelēs［スタゲイロス出身．前384-22．哲学者 →出典個所索引］3, 6-7, 10, 25, 28-29, 32-33, 45, 47, 50n.24, 52, 65-66, 68-69, 72, 80, 95, 108, 112, 115, 117-119, 119n.10, 120, 120-121n.11, 123-124, 124n.15, 125-126, 126.16, 127, 127n.17, 128n.18, 129-130, 135, 140, 143-144, 145n.8, 146, 146n.9, 147-152, 152n.13, 154, 156, 160, 162-163, 165-171, 172n.20, 176, 180n.27, 181-183, 183n.28, 185, 185n.29, 188-189, 194-196, 197n.5, 198-199n.6, 199-201, 204-205, 207-208, 210n.10, 215-216, 218n.1, 223-225, 229-230, 238, 240-244, 248, 254n.15, 255-257, 260,

613

260n.19, 262n.20, 263, 263-264n.21, 267n.23, 273n.30, 278, 284, 292, 296-298, 298n.11, 299-300, 302-303, 305-306, 308, 311, 331n.16, 343-344, 346, 349-356, 356n.6, 357, 360-361, 363-365, 367, 367n.2, 370, 377, 379n.12, 381, 384, 384n.13, 385-386, 388-391, 393-395, 396n.20, 397, 397n.21, 398-399, 407-408, 411, 412n.1, 413, 415, 415n.5, 416n.6, 418-419, 419n.8, 420, 420n.9, 421-422, 422n.11, 423, 425, 425n.12, 426-427, 429, 429n.15, 429n.16, 430-431, 431-432n.18, 432-434, 434n.20, 435-436, 439, 445, 447, 447n.4, 452n.8, 459, 463, 465, 468n.15, 469n.18, 470n.19, 473-475, 477n.22, 480, 480n.25, 489, 491, 491n.4, 492, 492n.5, 494, 494n.6, 495, 495n.6, 496, 499n.9, 503, 506-507, 509-512, 512n.4, 512n.5, 513n.6, 514, 514n.7, 516, 518n.11, 519, 521n.13, 525n.16, 528-532, 532n.24, 533, 534n.25, 535, 535n.25, 536, 538, 542, 544n.2, 545, 549, 549n.4, 557, 557n.10, 561, 561n.12

アリストパネス Aristophanēs［アテナイ出身．前450/45-385頃．最大のギリシア喜劇詩人　→出典個所索引］5, 39, 41, 41n.22, 42, 53, 85n.51, 90, 105, 146n.9, 173, 260n.19, 290-291, 299, 508, 543, 561n.12

アリモン Arimon 地 81

アリュアッテス Alyattēs［リュディア王．前619（あるいは605）-560在位．クロイソス*の父］69

アルキダマス Alcidamas［小アジアのアイオリス地方エライアの出身．前4世紀後半．弁論家で，ゴルギアス*の弟子］447n.4

アルキッポス Archippos［タラス出身．前6世紀後半-5世紀前半．初期ピュタゴラス派］294

アルキュタス Archytas［タラス出身．前5世紀末-4世紀後半．ピュタゴラス派の数学者，タラスの政治指導者］285, 293-294, 424

アルキロコス Archilochos［パロス島出身．前7世紀半ば．最初期の叙情詩人］245n.6

アルクマイオン Alcmaiōn［クロトン出身．前6世紀末．ピュタゴラス派に近い立場の医師　→第9章］158, 233, 337, 417, 428, 428n.14, 429, 429n.15, 436-437, 563

アルクマン Alcman［サルディス出身．前7世紀後半．スパルタで活躍した叙情詩人 →第1章第6節(A)　→出典個所索引］16, 64-68

アルケラオス Archēlaos［哲学者　→第13章］7, 9, 164, 446n.3, 483-487［第13章 passim］, 547

アルゴス Argos 地 31n.10, 116, 216

アルテミス Arthemis 神 75n.40, 238, 240

アルノビオス Arnobios［北アフリカのシッカ・ウェネリア出身．後3世紀末．初め弁論術教師だったが，キリスト教に転じた．異教徒論駁の書を著わした］8

アレイオス・ディデュモス Areios Didymos［アレクサンドリア出身．前1世紀．折衷派（ないしストア派）の哲学者．アウグストゥスの師．学説誌的著作があった］80, 255, 255n.16, 257-258

アレオパゴス Areios pagos 地 296

アレクサンドリア Alexandria 地 4-5, 7-8, 70, 74-76, 83n.47, 85, 115, 117, 135, 241, 413

アレクサンドロス（アプロディシアスの）Alexandros［カリア地方アプロディシアス出身．後2世紀末-3世紀初め．アテナイでペリパトス学派を再興，多数のアリストテレス*注釈書を著わした　→出典個所索引］6, 140, 148, 182, 231, 355n.3, 356, 359n.8, 396n.20, 397, 416n.6, 419n.8, 421, 426, 428n.14, 446, 531, 536, 557, 558n.10

アレス Arēs 神 97, 406

アンキテス Anchitēs［パウサニアス*の父］368

アンティステネス（ロドスの）Antisthenēs［ロドス出身．前200頃．『ロドス史』『学統誌』を著わした］239n.2, 510n.3, 543

アンティポン Antiphōn［プラトン*の異父

614

弟] 309

アンドロクロス Androclos 神 [神話伝説上アテナイ王コドロスの子で，エペソスの建国者] 239n.2

アンドロン（エペソスの）Andrōn [エペソス（あるいはハリカルナッソス）出身．前4世紀の歴史著作家] 72

アンモニオス（ヘルメイアスの子の）Ammōnios [アレクサンドリア出身．後500頃．アレクサンドリア学派のプラトン主義哲学者 →出典個所索引] 399

イアソス Iasos 地 128n.19

イアペトス Iapetos 神 51

イアンブリコス Iamblichos [コエレ・シリアのカルキス出身．後250頃-325頃．新プラトン派の哲学者．ポルピュリオス*に学び，後にシリアに学園を開いた →出典個所索引] 5, 285, 292-294, 297, 298n.11, 301, 301n.14, 302, 304-306, 413-414, 420n.9, 425, 426n.13, 432n.18, 437-438

イオニア Iōnia 地 68, 68n.35, 75n.40, 99, 102, 104n.2, 105, 109-110, 112, 139, 183-184, 187-188, 190, 206, 214, 216, 242n.4, 244, 245n.5, 257, 280-281, 286, 312, 425, 470, 483, 490n.2, 506, 509n.2
 ――派 Iōnicoi 7, 39, 59n.30, 60, 102, 181, 199, 211, 216-217, 280, 442, 526-527, 542

イオン（キオスの）Iōn [前490頃-425頃．主としてアテナイで活動した悲劇その他の詩人．散文による自然学的著作があった] 72-73, 286-287, 289, 290n.7, 484n.2, 499n.9

イシドロス（グノーシス派の）Isidōros [アレクサンドリア出身．後3世紀半ば．グノーシス派のバシレイデス*の子] 85, 88-89n.54

イシュタル Ishtar 神 80

イタゲネス Ithagenēs [メリッソス*の父] 489

イタノス Itanos 地 76

イタリア Italia 地 43, 214, 280-281, 292-297, 300, 311, 432

――派 Italicoi 7, 304, 419

イリオン Ilion 地 506 →トロイア

イルヤンカ Illuyanka 神 92

インド India 地 510n.3

ウァロ Varro [サビニウム地方レアテ出身．前116-前27．共和制ローマ末期の学者，文人] 9

ウゥラノス Ouranos 神 17-18, 26, 28-29, 35, 35n.13, 38-40, 46-47, 50-52, 52n.26, 53, 55, 55n.28, 58n.29, 62-63, 79, 91, 97, 480n.24

ウェルギリウス Vergilius [北イタリアのアンデス（マントヴァ近郊）出身．前70-前19．ローマの国民的詩人 →出典個所索引] 79n.42

ウガリット Ugarit 地 92

ウペルリ Upelluri 神 61

エイレナイオス Eirēnaios [小アジア出身．後130頃-202頃．主としてガリア地方で活動したキリスト教思想家] 7

エウクレイデス Eucleidēs [前300頃．アレクサンドリアで活動した数学者．『幾何学原論』で知られる] 424

エウセビオス Eusebios [パレスティナ出身．後264頃-315．カエサリアの司教．歴史家，教会史家 →出典個所索引] 7, 9, 37n.17, 58n.29, 69n.36, 72, 92, 103n.1, 255, 386-387, 521n.13

エウデモス（ロドスの）Eudēmos [前4世紀後半．アリストテレス*の友人，弟子．『自然学』『数学史』『天文学史』などを著わした →出典個所索引] 6, 25, 29-30, 30n.8, 34n.11, 35, 38, 40, 79, 106, 109-111, 113-115, 117, 138n.6, 203n.8, 308, 359n.8, 381, 424-425, 426n.13, 470n.19

エウドクソス Eudoxos [クニドス島出身．前390頃-340頃．数学者，天文・地理学者．一時アカデメイアでも活動] 154

エウプロニエ（夜）Euphroniē 神 46-47
 →ニュクス

エウリピデス Euripidēs [アテナイ出身．前480頃-406．三大悲劇詩人の一人 →出

615

典個所索引] 5, 20, 53, 57, 59, 155n.14, 173, 219, 260n.19, 290-291, 446-447n.3

エウリュストラトス Eurystratos [アナクシメネス*の父] 187, 189, 206

エウリュトス Eurytos [前5世紀後半のピュタゴラス派] 412, 423

エウリュノメ Eurynomē 神 89-91, 94

エウリュロコス Eurylochos [不詳. エリスのピュロンの弟子に同名人物がいる] 505

エオス Eōs 神 22, 75n.40

エキドナ Echidna 神 91n.56, 92n.57

エクサミュエス Examyēs [タレス*の父] 104, 104n.2

エーゲ海 Aigaios pontos 地 21

エケクラテス Echecratēs [プレイウス出身. 前4世紀のピュタゴラス派] 412, 436, 436n.21

エジプト Aigyptos 地 16, 20-21, 21n.1, 23, 25n.6, 27, 44, 60, 75n.39, 79, 92, 102, 106-107, 110, 113, 114n.9, 117, 122, 122n.13, 123-124, 130, 288-290, 510n.3

エシャラ Esharra 神 61

エチオピア Aithiopia 地 220, 510n.3

エトナ（山）地 →アイトナ（山）

エパメイノンダス Epameinōndas [テバイ出身. 前362殁. 政治家, 軍人. ピュタゴラス派のリュシス*の弟子] 294

エピカルモス Epicharmos [シケリア島（シュラクゥサイ出身か）の喜劇詩人. 前5世紀前半 →出典個所索引] 77, 213-214, 216

エピクロス Epicouros [サモス島出身. 前341-270. アテナイに学園を開いた. 原子論者 →出典個所索引] 164, 505-506, 509, 520, 520n.12, 521n.13, 523n.15, 528, 530, 532, 532n.24, 536, 542

——派 Epicoureioi 5, 9-10, 505

エピゲネス Epigenēs [アレクサンドリア出身. 前3世紀頃. 文法家, 著作家] 289, 290n.7

エピパニオス Epiphanios [パレスティナ出身. 後4世紀前半. キュプロス島サラミスの司教. 著作に『異端派論駁』がある] 486

エピメニデス Epimenidēs [クレタの宗教家. 多くの奇蹟を行なった. 前600頃とも前500頃とも伝えられる] 29-30, 30n.8, 31, 31n.9, 33, 38, 40, 68, 213-214, 296, 298

エペソス Ephesos 地 71-72, 75n.39, 102, 237-239, 239n.2, 241-242, 242n.4, 276n.33

エラトステネス Eratosthenēs [キュレネ出身. 前276頃-196頃. アレクサンドリアで活動した文献学者. 地理学者, 数学者としても事績が多い] 8, 138, 187, 363, 508

エリウン Eliun 神 58n.29

エリドゥ Eridu 神 122

エリニュス Erinys 神 62, 263

エリュトラ海（紅海）Erythra thalassa 地 510n.3

エル Er 神 37n.17

エレア Elea 地 214-216, 309-310, 341, 361, 505-506

——派 Eleaticoi 9, 52, 211, 213-216, 225, 278, 280, 341, 348, 360, 415n.5, 416, 416n.7, 417, 429, 431, 439, 442, 451, 475, 496, 502n.13, 503, 506, 512, 512n.5, 513n.6, 514n.7, 515, 518, 520, 542

エレウシス Eleusis 地 48, 306, 450n.7

エレウテルナ Eleutherna 地 543n.1

エレボス（闇）Erebos 神 18, 37, 37n.18, 39, 41, 50, 51-52, 58, 81

エロース Erōs 神 37n.16, 39-42, 42n.23, 50, 50n.24, 51-52, 55, 55n.28, 84-85, 85n.51, 86, 334

エロヒム Elohim 神 63n.33

エンケラドス Encelados 神 86n.52

エンペドクレス[1]（エンペドクレス[2]の祖父の）Empedoclēs [エンペドクレス[2]*の祖父] 363

エンペドクレス[2]（アクラガスの）Empedoclēs [哲学者 →第10章] 3, 5, 7, 9, 20, 97, 147, 158-159, 162, 169, 172n.20, 193, 197n.5, 198, 202, 203n.8, 206-207n.9,

238, 256n.17, 262n.20, 267n.23, 280, 287-289, 303, 337-338, 360, 363-410 [第 10 章 passim], 411, 434n.19, 442, 445-447, 452n.8, 453, 458, 460, 463-465, 469, 469n.18, 470, 482, 486-487, 491, 499n.10, 501n.12, 511, 512n.5, 528, 537, 542, 548-549, 558, 558n.10, 563, 563n.13

オイノピデス Oinopidēs [キオス島出身．前 5 世紀後半．幾何学者，天文学者] 109, 111, 138n.6

オケアノス Ōceanos 神 15, 19-21, 21n.2, 22, 22n.3, 23, 23n.4, 24-30, 40, 46-47, 50, 52, 52n.26, 53, 67, 79, 83, 83n.49, 84-85, 87-91, 91n.56, 93-94, 122-123, 125, 127n.17, 139, 176, 203, 264

オゲノス（オーゲーノス）Ōgēnos/Ōgenos 神 79, 83, 83n.47, 83n.49, 84, 88-89, 93, 96

オデュッセウス Odysseus 神 98
オトリュス（山）Othrys 神 54
オノマクリトス Onomacritos [アテナイ出身．前 6 世紀半ば．オルペウス教と関係のあった宗教家，神託解釈者] 31n.9

オピオネウス Ophioneus 神 73, 81, 86, 89-92, 92n.57, 93-95

オピオン Ophiōn 神 89-91, 93
オラノス Oranos 神 43-44 →ウゥラノス
オリオン Ōriōn 神 75n.40
オリゲネス Ōrigenēs [アレクサンドリア出身．後 185/86-254/55．ギリシア教父 →出典個所索引] 5, 9, 86n.52, 89-90, 250n.10, 253

オリュンポス（山）Olympos 神 18, 36n.13, 49n.24, 89-90, 160, 222n.6, 225, 274

オルコメノス Orchomenos 地 104n.2
オルテュギエ Ortygiē 神 74-75, 75n.39, 75n.40

オルトメネス Orthomenēs [クセノパネス* の父] 213

オルビア Olbia 地 44, 271n.28, 274n.31
オルペウス Orpheus 神 [伝説上トロイア戦争以前のトラキアの王族．音楽に長じていた →第 1 章] 16, 26, 29, 31n.9, 32-33, 35, 35n.12, 38, 41n.21, 45-46, 48-49, 60n.31, 89, 90n.55, 289-290, 290n.7

── 教 26-27, 29-30, 30n.7, 32-34, 34n.11, 35, 35n.12, 35n.13, 36, 36n.14, 36n.15, 37, 37n.16, 37n.17, 38-41, 41n.21, 41n.22, 42-46, 48, 60n.31, 78n.41, 81, 90n.55, 96, 127n.17, 174, 271n.28, 274n.31, 289-291

カ 行

ガイア Gaia 神 23, 26, 29, 35, 35n.13, 38, 43-44, 49-51, 51n.25, 52, 52n.26, 53, 55, 62-64, 78n.42, 81, 91, 94, 97, 480n.24 →ゲー

カウロニア Caulōnia 地 297
カオス Chaos 神 28, 30, 31n.10, 32, 36, 36n.14, 37, 37n.18, 39, 41-42, 47-54, 54n.27, 55-58, 58-59n.29, 61, 63, 67, 77, 79, 82n.46,

カシオス（山）Casios 地 92
カタネ Catanē 地 213
カドモス Cadmos 神 [神話伝説上テバイの建国者] 84n.50, 104, 104n.2

カリア Caria 地 104n.2
カリアス Callias [前 456 のアテナイのアルコーン（政務長官）] 444-445

カリアデス Calliadēs [前 480 のアテナイのアルコーン（政務長官）] 445

カリスト—（優美）Callistō 神 404
カリッポス Callippos [キュジコス出身．前 330 頃．アリストテレス*の学園に合流した天文学者．エウドクソス*の同心円天球理論を改良した] 154

カリマコス Callimachos [キュレネ出身．前 305 頃 -240 頃．アレクサンドリアで活動した詩人，文献学者 →出典個所索引] 70, 112, 115-116, 413

カリュプソ Calypsō 神 154
カリロエ Callīroē 神 91n.56
カルキディウス Chalcidius（正しくは Calcidius）[後 4-5 世紀か．プラトン*『ティ

617

マイオス』のラテン訳と注解のみで知られる　→出典個所索引] 50n.24, 267n.24, 270n.27
カルキディケ Chalcidicē [地] 412
カルダイア Chaldaia [地] 510n.3
ガレノス Galēnos [ペルガモン出身．後130頃-200以降．主としてローマで活動した理論派ないし折衷派の医師で，多数の医学書を著わした　→出典個所索引] 5, 8, 202n.7, 284n.1, 336, 365, 517, 521n.12, 545-546
キオス Chios [地] 72, 108, 111, 286, 289, 484n.2, 499n.9, 527n.20
ギガス（巨人） Gigas [神] 62, 81
キケロ Cicero, Marcus Tullius [ローマ出身．前106-前43．ローマの文人，政治家　→出典個所索引] 9, 69n.36, 108, 128n.18, 139n.7, 164, 165n.18, 192, 195, 196-197n.5, 239, 334, 505, 507
キティオン Cition [地] 50n.24, 52, 243
キマイラ Chimaira [神] 322
キュジコス Cyzicos [地] 7, 412
キュドイモス（鬨の声） Cydoimos [神] 406
キュプリス Cypris [神] 389, 406　→アプロディテ
キュリロス（アレクサンドリアの） Cyrillos [エジプト出身．?-後444．アレクサンドリアの大司教] 8
キュロス Cyros [アケメネス朝を創建したペルシア王．前559-529在位] 69, 187, 213-214
キュロン Cylōn [クロトンの有力者．ピュタゴラス*（派）と争って彼らを追放した] 292, 294
キリキア Cilicia [地] 81, 92
ギンヌンガ Ginnunga [神] 54n.27
クスゥトス Xouthos [不詳．キオスのイオン*の父か．当該個所参照] 499n.9
クセノクラテス Xenocratēs [カルケドン出身．前396/95-314/13．プラトン*の弟子で，アカデメイアの第三代学頭　→出典個所索引] 283, 303, 512n.4
クセノパネス Xenophanēs [哲学者　→第5章] 9, 19, 102, 109, 112n.8, 119, 129, 136n.3, 145, 164, 183, 183n.28, 184, 196, 198, 211, 213-235 [第5章 passim], 237, 238n.1, 245n.6, 249, 252n.12, 260-261, 270n.26, 274, 280, 285, 288-289, 309, 309n.1, 310-311, 382, 408, 417, 498, 505
クセノピロス Xenophilos [トラキア地方カルキディケ出身．前4世紀のピュタゴラス派] 412
クセノポン Xenophōn [アテナイ出身．前430頃-355頃．軍事的経歴ののち著作活動に入った．ソクラテス*の仲間に数えられる．多数の作品が伝存している　→出典個所索引] 299, 450n.7
クセルクセス Xerxēs [ペルシア王．前486-465在位] 444, 510n.3
クトニエ（ー） Chthoniē [神] 70, 76-77, 78n.42, 79-80, 82-86, 93-95, 404
グノーシス派 Gnōsticoi 85, 89n.54
クマルビ Kumarbi [神] 47, 63, 63n.34, 64
グラウコス Glaucos [レギオン出身．前400頃．詩人論，音楽論などを著わした] 363
グラウコン Glaucōn [プラトン*の兄で，『国家』の登場人物] 282
クラゾメナイ Clazomenai [地] 364, 444-445, 446n.3, 448, 471
クラテュロス Cratylos [アテナイ出身．前5世紀後半．ヘラクレイトス主義者] 242, 242n.4, 243, 257-258
クリオス Crios [神] 51
クレアンテス Cleanthēs [アッソス出身．前331-232頃．初期ストア派哲学者．キティオンのゼノン(2)*の弟子で学園の後継者　→出典個所索引] 10, 255n.16, 265n.22
クレオストラトス（テネドスの） Cleostratos [前6世紀後半．自然学者，天文誌家] 116-117
クレオブゥリネ Cleoboulinē [タレス*の母] 104

クレオン Cleōn［アテナイ出身．前5世紀後半．アテナイの民衆派政治指導者］444

グレゴリオス（ナジアンゾスの）Grēgorios［カッパドキア地方のナジアンゾス出身．後330頃-390頃．バシレイオスと親しく，各地の司教を歴任］464

クレタ Crētē 地 43, 76, 91, 295, 543, 543n.1

クレメンス（アレクサンドリアの）Clemens［アテナイ出身か．後150頃-215頃．ギリシア教父　→出典個所索引］4-5, 10, 83n.47, 85, 89n.54, 127n.17, 213, 220, 220n.2, 221, 252n.12, 259, 259n.18, 265-266, 268, 270, 273, 276n.33, 289, 319n.7, 334, 339, 387, 399-400, 403-405, 412n.2

クロイソス Croisos［リュディア王．アリュアッテス*の子で，前560-546在位］105-106

クロト Clōthō 神 38

クロトン Crotōn 地 120n.11, 288, 292-297, 302n.15, 304, 337, 411, 412n.1, 413, 428-429, 429n.15, 431n.17

クロノス Cronos 神 23, 24n.5, 26-27, 34n.11, 37n.17, 41, 41n.21, 46-47, 51n.25, 55, 62-64, 73, 77-78, 78n.41, 79, 81, 82n.46, 89-91, 93-95, 305, 307, 406-407

クロノス Chronos 神［時間の神格化］35-36, 36n.14, 36n.15, 37, 37n.18, 38-39, 41, 41n.21, 70, 71n.37, 76-78, 78n.41, 79, 79n.43, 80-82, 82n.46, 90-96

ゲー（大地）Gē 神 26, 38, 38n.19, 39-40, 76, 78n.42, 79, 81, 83, 83n.47, 84, 94-95, 160　→ガイア

ケドレヌス Cedrēnos［後11世紀．ビュザンティオンの歴史家］180-181n.27

ケブ Keb 神 61

ケベス Cebēs［テバイ出身．前5世紀末．ピュタゴラス派のピロラオス*に学んだ］411-412, 438

ケラメイコス Cerameicos 地 309

ゲリウス Gellius, Aulus［ローマ出身．後130頃-180頃．ローマの文人　→出典個所索引］408

ケルコプス Cercōps［ピュタゴラス派．不詳］289

ケルスス Celsus［後1世紀前半．未詳の百科事典的著作家　→出典個所索引］365

ケルソス Celsus［後2世紀後半．プラトン派哲学者．キリスト教への批判書を著わした］86n.52, 89-90, 93-94

ケンソリヌス Censorinus［ローマ出身．後3世紀．ラテン文法学者　→出典個所索引］9, 184

ケンタウロス Centauros 神 34n.11, 322

コイオス Coios 神 51

コイリロス（イアソスの）Choirilos［カリア地方イアソス出身．前4世紀後半に活動し，アレクサンドロス大王に侍した叙事詩人とされるが，KRSは前3-2世紀の人とする］128n.19

コサス（河）Cosas 地 297

コリントス Corinthos 地 412

ゴルギアス Gorgias［レオンティノイ出身．前483頃-376頃．弁論術に秀でたソフィストの代表者］135n.3, 361, 364, 415n.5, 491n.3

コルキス Colchis 地 75n.40

ゴルディアス Gordias 神 542

コロポン Colophōn 地 102, 213-214, 216, 217n.1, 237

サ　行

サグラ Sagra 地 295

ザース Zas 神 70, 76-77, 78n.42, 79n.43, 80, 82-83, 83n.47, 84-86, 88, 91, 93-95　→ゼウス

サテュロス Satyros［ポントスのカラティス出身．前3世紀．アレクサンドリアで活動したペリパトス派の歴史家，伝記作家］364, 444, 446

サモス Samos 地 71, 115-116, 120n.11, 133, 282, 286, 292-293, 484n.2, 489, 547

サルディス Sardis 地 8, 102, 103n.1, 110, 110n.5, 130, 134, 187, 188n.1
サルモクシス Salmoxis 神［伝説上トラキアの神あるいは宗教者．魂不死説においてピュタゴラス*と関連］286-287
サンクニアトン Sanchuniathon 神？［半ば伝説的な（トロイア戦争以前の）古代フェニキアの歴史著作家］37n.17, 58n.29
ザンクレ Zanclē 地 213
サンドン Sandōn［前1世紀の著作家 →当該個所］37n.17
シケリア（シチリア）Sicelia 地 213-214, 231-232, 280, 296, 306, 311, 413
シミアス Simmias［テバイ出身．前5世紀末．ピュタゴラス派のピロラオス*に学んだ］412
シモニデス Simōnidēs［ケオス島イウゥリス出身．前556頃-468．叙情詩人，エレゲイア詩人］214
シュ Shu 神 60-61
シュバリス Sybaris 地 280
シュラクゥサイ Syracousai 地 75n.39, 214, 230, 363
シュリア（シリア）Syria 地 75n.40, 185
シュリアノス Syrianos［アレクサンドリア出身．後4世紀後半-440頃．アカデメイアに学び，学頭となる．プロクロス*の師］36n.14
シュリエ Syriē 神 74-75, 75n.39, 75n.40
シュロス Syros 地 16, 34n.11, 41, 48, 52, 68, 70-72, 74-75, 75n.39, 76, 80n.45, 83n.47, 85
新プラトン派，新プラトン主義（者）3, 5, 25n.6, 34-35, 35n.12, 36, 39, 39n.19, 40, 40n.20, 85, 426n.13
シンプリキオス Simplicios［小アジアのキリキア地方出身．後6世紀前半．古代末期の新プラトン主義哲学者．アリストテレス*などへの膨大な注解書を著わした →出典個所索引］3, 5-6, 10, 114, 116-117, 119n.10, 124n.15, 139-144, 148, 150, 155, 164, 166, 167n.19, 170-172, 172n.21, 173,
188-190, 191n.2, 194, 197n.5, 215-216, 217n.1, 221, 229, 259n.18, 260, 262n.20, 308, 311, 313, 314n.3, 314n.4, 316, 319, 319n.7, 322, 322n.8, 323, 325-327, 327n.13, 329-331, 331n.16, 332-334, 339, 344-347, 355n.2, 355n.3, 356, 359n.8, 364, 371, 372n.6, 374, 378-379, 381-382, 385, 389-391, 394, 427, 434n.20, 449, 449n.6, 450-451, 453-454, 456-459, 459n.10, 460, 463, 465-467, 469n.17, 470n.19, 472-477, 484, 490-492, 492n.5, 493-495, 495n.6, 496, 496n.7, 498, 498n.8, 499n.9, 500, 502, 502n.13, 503n.14, 505, 507, 512n.4, 514n.7, 519-520, 520n.12, 521n.13, 525n.18, 528-531, 533, 544, 544n.2, 545-548, 549n.4, 550-553, 553n.8, 554, 560, 562
スキュティノス Scythinos［テオス島出身．前4ないし3世紀．イアンボス詩人］272
スキュレス Scylēs［スキュティア（スキタイ）の王．前5世紀前半か］44
スケリア（の岩場）Scelia 神 98
スコトス（闇）Scotos 神 67
ステシコロス Stēsichoros［シケリア島マタウロス出身．主としてヒメラで活動した叙情詩人．前6世紀末-5世紀半ば．『スーダ』によれば，実の名はテイシアス →出典個所索引］23, 78n.42
ステシンブロトス Stēsimbrotos［タソス島出身．前5世紀．アテナイで活躍した詩人，歴史家］489-490, 490n.2
ステパノス（ビュザンティオンの）Stephanos［ビュザンティオン出身．後5ないし6世紀．ギリシア語文法学者］83n.49, 543n.1
ステュクス Styx 神 24n.5, 25, 82n.46
ストア派 Stōicoi 5, 9-10, 39, 52, 79-80, 82n.46, 85, 121n.12, 128n.18, 128n.19, 196, 197n.5, 241, 243, 259n.18, 261n.20, 265n.22, 267n.23, 269-270, 270n.26, 270n.27
ストバイオス Stobaios［ヨハネス・ストバイオス．マケドニアのストボイ出身．後

4世紀後半-5世紀初め頃. 息子の教育用に全4巻の「ギリシア著作抜粋集」を作成した　→出典個所索引］4-5, 8, 50n.24, 126n.16, 164, 197n.5, 217, 233, 247, 266, 275, 398, 404, 414, 416-417, 420n.10, 430, 439, 538-539

ストビ（ストボイ）Stoboi 地　539

ストラボン Strabōn［ポントスのアマシア出身. 前64/63-後24以降. ローマおよびアレクサンドリアで活動した歴史家, 地理誌家　→出典個所索引］5, 19, 138, 239n.2, 446n.3

ストロンボリ（火山）Strongylē 地　230

スパルタ Sparta 地　65-66, 68, 71, 133, 137-138, 138n.6, 139, 139n.7, 295　→ラケダイモン

スピンタロス Spintharos［タラス出身. 前4世紀. アリストクセノス*の父］293

スペウシッポス Speusippos［アテナイ出身. 前407頃-339頃. プラトン*の甥で, アカデメイアの後継者. プラトンの数理哲学的側面を重視した］283, 310

スミュルナ Smyrna 地　7, 109

ズラン・アカラナ Zuran Akarana 神　34n.11, 78n.41

セイレン Seirēn 神　302-303

ゼウス Zeus 神　18-19, 23-24, 24n.5, 27-28, 37n.16, 46-49, 53, 64, 73, 77-78, 78n.42, 79n.43, 81, 84-85, 85n.51, 88-93, 95, 97, 222n.6, 223n.7, 265-266, 271n.28, 306-307, 370-371, 406, 433, 448

セクストス・エンペイリコス Sextos Empeiricos［出生地不詳. 後2世紀後半に活動. 経験派の医師で, ピュロン主義（懐疑主義）哲学者　→出典個所索引］4, 50n.24, 82n.46, 217, 219, 221, 229, 232, 244-245, 246n.7, 268-269, 270n.26, 270n.27, 284, 303n.16, 311-312, 314, 314n.3, 321, 353, 361, 368-369, 369n.4, 407, 432n.18, 467n.12, 481, 515-516, 516n.8, 516n.9, 517, 525n.17

セト Sēth 神　92

――派 Sēthianoi　89n.54

セネカ（小・哲学者の）Seneca, Lucius Annaeus［スペインのコルドバ出身. 前4頃-後65. ローマで活動したストア哲学者. 著作家, 政治家　→出典個所索引］123n.14, 181

ゼノン(1)（エレアの）Zēnōn［哲学者　→第9章］145, 280, 309-310, 341-362［第9章 passim］, 411, 447, 453-454, 454n.9, 455-456, 462, 491, 491n.4, 501, 502n.13, 503, 503n.14, 506, 508, 513, 542

ゼノン(2)（キティオンの）Zēnōn［キュプロス島キティオン出身. 前334-262. ストア派哲学の創始者］50n.24, 52, 80, 243, 255n.16

セム Sem 神　34n.11, 61, 91, 104n.2

ソクラテス Sōkratēs［アテナイの哲学者. 前470頃-399］257, 278, 282, 309-310, 342, 360, 411-412, 447-448, 449n.6, 470n.19, 483, 483n.1, 484, 484n.2, 487n.10, 506, 539-540, 541訳注, 552, 561n.12, 563

ソティオン Sōtiōn［アレクサンドリア出身. 前200頃. ペリパトス派の哲学者. 『哲学者たちの系譜』が重要］7-8, 135n.2, 238n.1, 309-310, 444, 506

ゾロアスター Zōroastrēs［ペルシアの宗教家, 予言者. バクトリアでゾロアスター教を創始. 年代については前15世紀頃から前7-6世紀にわたる諸説がある. 前5世紀にはギリシアでも知られていた］73, 88-89n.54

ソロン Solōn［アテナイ出身. 前640頃-560頃. アテナイ民主制の基礎を築いた立法家, 政治家. 政治思想をエレゲイアなどの詩にうたった　→出典個所索引］78n.41, 106, 110n.5, 159-160, 223n.7, 265n.22, 277

タ　行

ダマシアス Damasias［前582/81のアテナイのアルコーン（政務長官）］103n.1

ダマシッポス Damasippos［デモクリトス*

の父?] 505
ダマスキオス[1] Damascios [前582/81年のアテナイのアルコーン（政務長官）] 69
ダマスキオス[2] Damascios [ダマスコス出身．後6世紀前半．新プラトン派の哲学者 → 出典個所索引] 25n.6, 29, 30n.8, 31, 31n.10, 34, 34n.11, 35-36, 36n.15, 37, 37n.17, 37n.18, 40, 71n.37, 76, 79
ダマスコス Damascos 地 544n.2
タラス（タレントゥム）Taras (Tarentum) 地 292, 294, 412, 412n.1
タルソス Tarsos 地 37n.17
タルタロス Tartaros 神 18, 24n.5, 26, 29-32, 39-41, 41n.22, 42, 50-51, 55-58, 86n.52, 87-88, 88n.53, 90-91, 95, 228-229, 306
ダレイオス（一世）Dareios I [ペルシア王．前521-486在位] 213-214
タレス Thalēs [哲学者 → 第2章] 6, 9, 15-17, 20, 25n.6, 68-69, 82n.46, 102, 103-131 [第2章 passim], 133-134, 134n.1, 135, 135n.3, 137-138, 138n.6, 141, 143, 145, 151, 153, 164, 177, 187, 190, 192, 199, 210, 213-214, 224, 229, 231, 240, 260, 436
ツェツェス Tzetzēs [ヨハネス・ツェツェス．ビュザンティオン出身．後1110頃-80頃．きわめて博学の古典文献学者 →出典個所索引] 3, 366n.1, 491
ティアマト Tiamat 神 21n.1, 61, 92, 96, 122
ディオカイタス Diochaitas [ピュタゴラス派のアメイニアス*の父] 310
ディオクレス Dioclēs [プレイウス出身．前4世紀半ば．ピュタゴラス派] 412
ディオゲネス（アポロニアの）Diogenēs [哲学者 → 第16章] 3, 45, 80, 152, 152n.13, 154, 164, 166, 182, 188, 197n.5, 203-204, 207n.9, 210n.10, 211, 231, 260n.19, 436, 442, 508, 542, 543-564 [第16章 passim]
ディオゲネス・ラエルティオス Diogenēs Laertios [キリキア地方のラエルテ出身．後3世紀前半か．著作『哲学者列伝』のみが知られる →出典個所索引] 4, 6-7, 9-10, 69n.36, 70, 72, 74, 76, 103n.1, 104, 109, 111, 111n.7, 112-113, 114n.9, 115-116, 125, 128n.19, 133, 136, 138, 187, 188n.1, 189, 206n.9, 213-214, 216-217, 221n.3, 237-238, 238n.1, 239, 239n.2, 240-241, 251-252n.11, 263-264, 264n.21, 265-266, 272, 275, 284n.1, 285-286, 288, 290n.7, 292-293, 299-300, 302n.15, 308-309, 309n.1, 310-311, 341, 353, 360, 363-365, 366n.1, 368, 370, 400-401, 408, 412, 412n.1, 413-415, 420n.9, 423, 429n.15, 444, 448, 469n.17, 479, 479n.23, 480, 483, 484n.2, 485n.5, 486n.7, 487n.10, 490-491, 505-508, 510n.3, 514n.7, 522, 523n.15, 524n.16, 526, 526n.19, 530, 543-544, 550n.5
ディオドロス（シケリアの）Diodōros [シケリア（シチリア）島のアギュリオン出身．前1世紀後半-後1世紀初め．歴史家 → 出典個所索引] 59, 59n.30, 72, 509n.2
ディオドロス・クロノス Diodōros Cronos [前300頃．カリア地方イアソス出身．ストアのゼノン[2]*およびアカデメイア派のカルネアデスの師] 353, 361
ディオニュシオス[1]（二世，シュラクゥサイの）Dionysios [シケリア島シュラクゥサイの僭主（前367年から）．ディオン*らとの確執が長くつづいた] 413
ディオニュシオス[2]（アレクサンドリアの）Dionysios [後3世紀（264頃歿）．アレクサンドリアの司教．大ディオニュシオス] 521n.13
ディオニュソス Dionysos 神 32, 44, 47, 271n.28, 273-274, 274n.31
ディオペイテス Diopeithēs [前5世紀後半．ペリクレス*時代の狂信的宗教家] 446, 446n.2
ディオン（シュラクゥサイの）Diōn [シケリア島シュラクゥサイ出身．前408頃-354．僭主ディオニュシオス二世[1]*の叔父で，プラトン*と親交があった] 413

ディカイアルコス Dicaiarchos［メッセネ出身．前 4 世紀後半 -3 世紀初め．ペリパトス派］72, 285, 295-296, 308
ディクテ（の洞窟）Dictē 神 90
ディケー Dicē 神 263-264, 313, 323, 335
ティタン／ティーターン Titan 神 24n.5, 26-27, 31, 40, 40n.20, 41, 44, 51, 51n.25, 53-54, 57, 89, 387
ティマイオス（タウロメニオンの）Timaios［前 356 頃 -260 頃．タウロメニオンの有力者だったが，追放され，後半生はアテナイで弁論術や哲学を学び，シケリア史を著わした］213-214, 285, 296, 365
ティマルコス Timarchos［前 4 世紀半ばのアテナイの有力政治家］449n.7
ティモン Timōn［プレイウス出身．前 320 頃 -230 頃．エリスのピュロンの弟子．懐疑主義哲学者 →出典個所索引］217, 222n.4, 239
デウカリオン Deucaliōn 神 162, 184, 231
テオス Teōs 地 105
テオドレトス Theodōrētos［小アジアのアンティオキア出身．後 4 世紀末 -5 世紀前半．キュルスの司教，キリスト教教父］8
テオドロス（キュレネの）Theodōros［前 460 頃 -4 世紀前半．数学者］107
テオプラストス Theophrastos［レスボス島エレソス出身．前 371 頃 -287 頃．哲学者．アリストテレス*の弟子で，師の学園リュケイオン（ペリパトス派）の後継者 →出典個所索引］6-10, 114-116, 119, 119n.10, 121n.11, 121n.12, 123n.14, 124n.15, 125, 128n.18, 135, 135n.2, 136, 139-145, 145n.8, 146, 150, 154-156, 156n.15, 157, 157n.16, 160-166, 168-171, 172n.21, 173-174, 181-182, 187-188, 188n.1, 189-191, 191n.2, 192-196, 197n.5, 198, 200, 205, 215-217, 218n.1, 224-226, 240, 242-243, 247n.8, 251-252n.11, 255, 260, 261-262n.20, 263, 263-264n.21, 264, 309, 309n.1, 311, 337, 364, 367, 371, 397-398, 407, 459n.10, 469n.17, 480-481, 485, 485n.5, 505, 507-509, 514n.7, 520, 521n.13, 527-529, 532n.24, 536-537, 537n.26, 538, 543, 546-547, 549n.4, 550, 550n.5, 555, 558, 560
テオポンポス Theopompos［キオス島出身．前 378 頃 -4 世紀末．イソクラテスの弟子の歴史家］70-72
テオン（スミュルナの）Theōn［イオニア地方のスミュルナ出身．後 2 世紀前半に活動．プラトン派の哲学者で，天文学・占星術にも長じていた →出典個所索引］109
デクシオス Dexios［クセノパネス*の父］213
テッサリア Thessaria 地 139n.7
テティス Thetis 神 65-68
テテュス Tēthys 神 23, 25-27, 29-30, 91
デーナイエー（遅滞）Dēnaiē 神 404
テネドス Tenedos 地 116
テバイ Thēbai 地 294, 411-412
テホム Tehom 神 122
テミスティオス Themistios［小アジアのパプラゴニア地方出身．後 317 頃 -388 頃．ビュザンティオンとローマで活動．弁論家，哲学者．アリストテレス*の全著作への注解を著わした →出典個所索引］135n.3, 167n.19, 251
テミストクレイア Themistocleia［ピュタゴラス*時代のデルポイの巫女］302n.15
テミストクレス Themistoclēs［前 480 年のペルシア戦争を指揮したアテナイの政治家，軍人．前 528 頃 -462］489-490, 490n.2
デメテル Dēmētēr 神 47, 55n.28, 401
デメトリオス（パレロンの）Dēmētrios［アテナイ（パレロン区）出身．前 350 頃 -3 世紀初め．ペリパトス派の哲学者，弁論家，政治家］103n.1, 126n.16, 444-445, 510n.3
デモクラテス Dēmocratēs［ストバイオス*に「箴言集」が伝えられるが，デモクリトス*の誤りであろう］539
デモクリトス Dēmocritos［哲学者 →第 15 章］5, 7, 59n.30, 104, 109, 112n.8, 162, 164,

172n.20, 174, 182, 183n.28, 199, 199n.6, 211, 246n.7, 361, 378n.11, 412, 418, 455, 480n.25, 483, 505-542 [第15章 passim], 563
デモケデス Dēmocēdēs [クロトン出身．前6世紀．当時きわめて名声を馳せた医師] 293
デモステネス Dēmosthenēs [アテナイ出身．前385/84-322．弁論家，政治家 →出典個所索引] 450n.7
テュアナ Tyana 地 134n.1
テュエラ (嵐) Thyella 神 90
テュポエウス Typhōeus 神 73, 81, 90-92, 92n.57, 94
テュポン／テュパオン Typhōn, Typhaōn 神 78n.42, 81, 91n.56, 92, 92n.57
テュレニア Tyrrhenia 地 292, 298
テュロス Tyros 地 5, 85
デーリス (戦闘) Dēris 神 404
デルキュリデス Dercylidēs [後1世紀前半．アカデメイア学派] 109
テルトゥリアヌス Tertullianus, Quintus Septimius Florens [カルタゴ出身．後160頃-220頃．法律家 (?) であったが，キリスト教に改宗キリスト教護教家に転じた．多数の著作が伝存している →出典個所索引] 91
デルポイ Delphoi 地 103n.1, 274, 276, 302, 302n.15, 305
テレウス Thēleus 神 104
デロス Dēlos 地 72, 74-75, 75n.39, 292
テロン (アクラガスの) Therōn [前540/30-472．アクラガスの僭主 (前483-歿年)] 306
トゥウリオイ Thourioi 地 8, 363-364, 402
トゥキュディデス[(1)] Thoucydidēs [アテナイ出身．前460頃-400頃．歴史家．ペロポンネソス戦争を題材に『歴史』を著わす] 490n.2
トゥキュディデス[(2)] Thoucydidēs [前5世紀のアテナイの貴族派政治家で，ペリクレス*のライバル] 444

ドゥリス Douris [サモス島出身．前340頃-260頃．サモスの僭主，歴史家，文人．テオプラストス*の弟子] 104
トオーサ (敏速) Thoōsa 神 404
ドドナ Dōdōna 地 88
トラキア Thraicē 地 32, 107, 220, 286, 411, 447, 509
トラシュロス Thrasylos あるいは Thrasyllos [エジプトのメンデスあるいはアレクサンドリア出身．後36頃歿．占星学者．プラトン*，デモクリトス*の著作を編纂] 506, 508-509, 510n.3, 539
ドリュオプス Dryops 神 [伝説上の古代ギリシア王族の一人] 104
トロイア Troia 地 58n.29, 506, 508 →イリオン

ナ 行

ナイル (河) Neilos 地 21, 106n.4, 107, 447, 478, 557n.10
ナウクラティス Naucratis 地 107, 136n.4
ナウシパネス Nausiphanēs [テオス島出身．前4世紀後半．デモクリトス*の弟子で，テオスに学派を開いた．エピクロス*の師?] 505
ナジアンゾス Nazianzos 地 464
ニカンドロス Nicandros [コロポン付近のクラロス出身．前2世紀か．クラロスのアポロン神殿の神官で，医師，著作家] 407
ニキアス Nicias [前470頃-413．ペロポンネソス戦争時の将軍] 449n.7
ニコマコス[(1)] (アリストテレスの父の) Nicomachos [アリストテレス*の父] 297
ニコマコス[(2)] (ゲラサの) Nicomachos [アラビアのゲラサ出身．後1世紀後半ないし2世紀頃．新ピュタゴラス主義哲学者，数学者 →出典個所索引] 420n.10
ニコラオス (ダマスコスの) Nicolaos [ダマスコス出身．前64頃-後1世紀初頭．ローマ皇帝 (特にヘロデス) のもとで活動した

歴史家，文人] 544, 544n.2, 545, 549n.4
ニフルヘイム Niflheim 神 54n.27
ニュクス（夜）Nyx 神 15, 28-30, 30n.7, 30n.8, 31-32, 35, 35n.13, 36, 38-42, 46, 50-52, 56-58, 62
ヌゥメニオス Nouménios [シリアのアパメア出身．後2世紀後半．新ピュタゴラス主義哲学者．プロティノス*に大きな影響を与えた] 5, 284
ヌト Nut 神 61
ヌン Nun 神 21n.1, 122n.13
ネアンテス Neanthēs [キュジコス出身．前3世紀．歴史家] 7
ネイレオス Neileōs 神 [神話伝説上のアテナイ王コドロスの子の一人．兄メドンとの争いにより，イオニア地方に移住，ミレトスの創建者の一人となった] 104
ネスティス Nēstis 神 370-371, 390
ネーメルテース（無誤謬）Nēmertēs 神 404
ノエトス Noētos [スミュルナ出身．後200頃．異端的キリスト教の一派を立てた] 4

　　ハ　行

パウサニアス Pausanias [エンペドクレス(2)*の弟子] 368, 375, 400
パエトン Phaethōn 神 184, 231
バシレイデス Basileidēs [グノーシス派のイシドロス*の父] 89n.54
バッキュリデス Bacchylidēs [ケオス島出身．前5世紀半ば．叙情詩人．シモニデス*の甥 →出典個所索引] 53
バッコス Bacchos 神 33, 43-44, 271n.28, 290
ハデス（冥府）Haidēs 神 16, 18, 24n.5, 29, 33, 50n.24, 51, 89n.54, 91, 127, 272n30, 274, 290, 299-300, 370-371
バテュロス Bathyllos [初期ピュタゴラス派] 429n.15
パネス（光）Phanēs 神 30n.7, 35-36, 36n.13, 37n.16, 38n.19, 41, 41n.22, 42, 47-48
パパ Papa 神 60, 63

バビュス Babys [シュロスのペレキュデス(1)*の父] 70
バビュロニア，バビュロン Babylōnia, Babylōn 地 16, 20-21, 21n.1, 27, 34n.11, 48, 61, 63n.33, 80, 88n.54, 92, 96, 109-111, 111n.7, 112, 114n.9, 122-123, 130, 137, 425
パボリノス（ファウォリヌス）Phabōrinos (Favorinus) [ガリアのアレラトゥム（アルル）出身．後2世紀．主としてローマで活動．後期ソフィストの代表者] 133, 137
ハム [=ゾロアスター*] Ham 神 85, 88-89n.54
パラメデス Palamēdēs 神 [トロイアに遠征したギリシアの英雄．知謀に長けていたが，オデュッセウスの恨みを買い殺害された] 361
ハリュス（河）Halys 地 105-106
ハルピュイア Harpyia 神 90
ハルポクラティオン Harpocratiōn [アレクサンドリア出身．後1-2世紀．文献学者，辞典編纂者 →出典個所索引] 499n.9
パルメニデス Parmenidēs [哲学者 →第8章] 3, 5, 102, 152n.13, 158, 187, 203n.8, 214-216, 217n.1, 218, 218n.1, 222n.4, 223-224, 234, 238, 252n.11, 256, 256n.17, 280-281, 309-340 [第8章 passim], 341, 348, 358-359, 359n.8, 360, 364, 367, 369, 371-372, 375-376, 382, 384, 411, 416, 429, 434n.20, 442-443, 447-448, 450-452, 456, 458, 481, 491, 491n.4, 493-496, 499, 499n.9, 501, 503, 505, 512n.5, 522n.14, 531, 542
ハルモニア（ハルモニエ）Harmonia 神 84n.50, 381, 390, 404
パレロン Phalēron 地 103n.1, 126n.16, 444-445
パロス（大理石碑文）Paros 地 230-231, 479n.23
パントン Phantōn [プレイウス出身．前4世紀のピュタゴラス派] 412
パンピラ Pamphila [エピダウロスまたはエジプト出身．後1世紀．ローマで活動した

女性歴史家] 114n.9

ビアス Bias [前7世紀．プリエネの僭主．七賢人の一人] 112

ヒエロクレス Hieroclēs [後5世紀後半．アレクサンドリアで活動したピュタゴラス派的新プラトン派の哲学者　→出典個所索引] 403

ヒエロニュモス（ロドスの）Hierōnymos [前290頃-230頃．ペリパトス派．主としてアテナイで活動．ただし37ページ注17参照] 7, 37, 37n.17, 38, 108, 113

ヒエロン Hierōn [シケリア島シュラクゥサイの僭主．前478に兄のゲロンから地位を継承，467に歿するまでシケリア全島に大きな勢力を形成した．彼の宮廷には多数の詩人，哲学者などが招かれた] 213-214

ヒッタイト Hittite 地 16, 20, 51, 58n.29, 63-64　→フルリ＝ヒッタイト

ヒッパソス Hippasos [南イタリア（メタポンティオンか）出身．前5世紀前半．ピュタゴラス派] 191n.2, 304-305, 434n.20

ヒッパルコス Hipparchos [アテナイの僭主ペイシストラトスの子．前514にハルモディオスとアリストゲイトンによって暗殺された] 31n.9

ヒッピアス Hippias [エリス出身．前5世紀後半．博学多才タイプのソフィスト] 5, 125-126, 127n.17

ヒッポクラテス Hippocratēs [コス島出身．前5世紀．コス派医師団の祖　→出典個所索引] 68n.35, 80n.44, 173, 260n.19, 272-273n.30, 486n.8, 546, 560n.11

ヒッポニオン Hipponion 地 43

ヒッポボトス Hippobotos [前3世紀後半．不詳の著作家．学説誌的著作があった] 363

ヒッポリュトス Hippolytos [東方ギリシアないしローマ出身．後170頃-236頃．ギリシア教父．ローマにおいて教会の要職を歴任　→出典個所索引] 4-5, 9-10, 88n.54, 121n.12, 134n.1, 140-141, 167, 173, 175-177, 180, 184, 187, 188n.1, 189-191, 194, 196, 198, 200-203, 205, 225, 227, 230-231, 245, 245n.7, 246-247, 247n.8, 249, 251, 251n.11, 253, 259, 271, 271n.28, 381, 400, 402, 434n.19, 478, 480, 484, 514n.7, 524

ヒッポン（サモスの）Hippōn [サモス島出身．前5世紀後半．自然学者] 119-120n.10, 120-121n.11, 547

ビュザンティオン Byzantion 地 83n.49, 543n.1

ピュタゴラス Pythagoras [哲学者　→第7章] 5, 9-10, 16, 69, 71-73, 88n.54, 102, 134n.1, 139n.7, 158, 179, 206n.9, 213-214, 216-217, 235, 237, 238n.1, 245n.6, 267, 273, 278, 280-281, 282-308 [第7章 passim], 364, 413-414, 418-420, 420n.9, 421, 423-425, 426n.13, 428n.14, 437, 439
──派（教徒）Pythagoreioi [→第11章] 33, 44, 69, 102, 158, 206n.9, 221n.3, 282-285, 285n.2, 289-294, 296-303, 303n.16, 304-311, 337, 359n.7, 364, 389, 401, 405-406, 409-410, 411-440 [第11章 passim], 499n.9

ピュトクレス Pythoclēs [ランプサコス出身．前4世紀後半．エピクロス*の弟子] 523n.15

ピュトドロス Pythodōros [アテナイ出身．前5世紀後半．ソクラテス*の仲間の一人] 309

ヒュプノス（眠り）Hypnos 神 23, 27-28

ビュブロス Byblos 地 58n.29, 92

ヒュペリオン Hyperiōn 神 22, 51

ピュラ Pyrrha 神 231

ピュレス Pyrēs [パルメニデス*の父] 309

ピロデモス Philodēmos [パレスティナのガダラ出身．前110頃-前40/35頃．ローマで活動したエピクロス派の哲学者，詩人　→出典個所索引] 5, 25n.6, 29, 30n.8

ピロポノス Philoponos [アレクサンドリア出身．後490頃-570頃．キリスト教徒で，ギリシア語文法家，哲学者．アリスト

テレス*の著作への注解を多数著わした]
512n.5
ピロラオス Philolaos［哲学者　→第11
章］285, 303, 336-337, 411-440［第11章
passim］, 459
ピロン（ビュブロスの）Philōn［フェニキア
のビュブロス出身．後1ないし2世紀．宗
教史家］58n.29, 92
ピンダロス Pindaros［前518頃-438頃．テ
バイ出身．合唱叙情詩人　→出典個所索
引］17, 78n.41, 81, 112, 233, 270n.27, 306,
396, 406
ファウォリヌス Favorinus　→パボリノス
フェニキア Phoinicē 地　58n.29, 73, 75n.39,
92, 104, 104n.2, 105, 112
プトレマイオス Ptolemaios, Claudios［アレ
クサンドリア出身．後2世紀．数学者，天
文学者，地理学者．古代ギリシア天文学を
集大成した『数理天文学大系』（いわゆる
「アルマゲスト」）で知られる　→出典個所
索引］425
プラクシアデス Praxiadēs［アナクシマンド
ロス(1)*の父］133, 141
プラクシパネス Praxiphanēs［不詳．レスボ
ス島のミュティレネ出身で，前4世紀末
-3世紀半ばに主としてロドスで活動した
ペリパトス派の哲学者とは別人であろう］
505
プラタイア Plataia 地　84n.50
プラトン Platōn［アテナイ出身．前427-347．
哲学者　→出典個所索引］3, 5-6, 25-26,
33, 34n.11, 45, 49-50n.24, 52, 59n.30, 82n.46,
95n.58, 105, 107-108, 112, 126, 126n.16, 162,
168, 200, 210n.10, 215, 228, 240-242, 242n.4,
243, 251n.11, 255, 255n.16, 256-258, 262n.20,
270n.27, 278, 282-284, 289-291, 293, 303,
307, 309-311, 319, 321, 336, 338, 341-343,
358-359, 359n.8, 360-361, 396, 406, 411,
413, 422n.11, 423, 425, 432n.18, 435-439,
445, 447-448, 459, 470n.19, 477, 480n.25,
486, 491, 496, 503, 508-509, 512n.4, 516n.8,
541 訳注, 542
プリアモス Priamos 神　401
プリニウス（大）Plinius (Gaius P. Secundus)
［北イタリアのコムム出身．後23-79．ロー
マの軍人・政治家で，博物学者　→出典
個所索引］69n.36, 103n.1, 113, 117, 136n.5,
138n.6, 479, 479n.23
プリュギア Phrygia 地　543n.1
プルタルコス Ploutarchos［ボイオティア
地方のカイロネイア出身．後45頃-120
頃．アテナイでプラトン哲学などを学び，
各地を旅行したのち，主として郷里で著
作活動を行なった　→出典個所索引］4,
8-10, 25n.6, 78n.41, 113, 116, 140-141, 157,
157n.16, 164, 171-175, 184-185, 185n.29,
190, 193-195, 197-198, 206n.9, 225-226,
232-233, 247, 251n.11, 255, 255n.16, 259,
259n.18, 263, 272n.29, 274, 274n.32, 275,
275n.32, 284n.1, 322n.8, 333, 336, 365, 367,
367n.2, 376-378, 386-388, 391, 393, 399,
402, 404, 408, 446, 446n.2, 478, 480n.25,
484n.3, 489, 490n.2, 516n.9, 556
フルリ，フルリ＝ヒッタイト Hurrian,
Hurrian-Hittite 地　47, 61, 63, 92　→ヒッ
タイト
プレイウス Phleious 地　217, 222n.4, 239, 283,
412
プロクロス Proclos［コンスタンティノポリ
ス出身．後410頃-485．アテナイのアカ
デメイア学頭となり，新プラトン主義哲
学を精緻に体系化した　→出典個所索引］
5, 30n.7, 36n.14, 41n.21, 84, 106, 113-114,
315-316, 319n.7, 424-425
ブロソン Blosōn［ヘラクレイトス*の父］
237
プロタゴラス Prōtagoras［アブデラ出身．前
487頃-420頃．ソフィストの第一人者で，
約40年間アテナイで活動］59n.30, 361,
507, 516, 516n.8
プロディコス Prodicos［グノーシス派］
89n.54

プロティノス Plōtinos［エジプト出身．後204/05-269/70．アレクサンドリアで学んだのち，ローマで活動．新プラトン主義哲学の創始者　→出典個所索引］5, 319n.7
ブロ（ン）ティノス Bro(n)tinos［初期ピュタゴラス派］289, 429n.15
プロメテウス Promētheus 神 63n.33
ペイトー（説得の女神）Peithō 神 316
ペイリトオス Peirithoos［アルクマイオン*の父］429n.15
ヘカタイオス⁽¹⁾（ミレトスの）Hecataios［ミレトス出身．前6世紀．歴史家，地理誌家］138-139, 237-238, 238n.1, 245n.6, 285
ヘカタイオス⁽²⁾（アブデラの）Hecataios［アブデラ出身．前4世紀後半．『エジプト史』を著わした］509n.2
ヘゲシストラトス Hēgēsistratos［デモクリトス*の父］505
ヘゲシブゥロス Hēgēsiboulos［アナクサゴラス*の父］471
ヘシオドス Hēsiodos［ボイオティアのアスクラ出身．前8世紀．叙事詩人　→出典個所索引］15-16, 18, 21, 22n.2, 22n.3, 24n.5, 26-31, 31n.10, 32, 36n.14, 37n.16, 38, 41, 41n.21, 41n.22, 42, 46-49, 51-53, 55, 55n.28, 56-58, 58-59n.29, 60-61, 61n.32, 62-64, 67-68, 71, 73, 74n.38, 77, 82n.46, 87, 90-93, 96-99, 102, 116-117, 127n.17, 128n.18, 179-180, 213, 220, 228-229, 237, 245n.6, 248, 271, 271n.28, 273, 285, 291, 314-315, 330, 330n.15, 334, 336, 340, 367, 403, 405, 407
ヘシュキオス（ミレトスの）Hēsychios［後6世紀．歴史家．『スーダ』に多数引用されている］83n.48, 115-116, 135
ヘスペリス（夕闇）Hesperis 神 22
ヘパイストス Hēphaistos 神 19, 22, 84, 389-390
ヘーメレー（昼日）Hēmerē 神 50
ヘラ Hēra 神 23-24, 78, 78n.42, 81, 83, 84n.50, 85n.51, 94-95, 370-371

ヘラクレイア Hēracleia 地 558n.10
ヘラクレイデス（ポントスの）Hēracleidēs［ポントスのヘラクレイア出身．前4世紀．プラトン*の弟子．天文学をはじめ多方面にわたる著作があった］10, 363
ヘラクレイトス⁽¹⁾（エペソスの）Hēracleitos［哲学者　→第6章］4-5, 9-10, 17, 23, 25, 48-49, 77, 89, 96-97, 102, 109, 112n.8, 120, 152, 152n.13, 153-154, 156, 156n.15, 158-159, 161-162, 166, 178, 180n.27, 191, 191n.2, 192, 193n.3, 196, 197n.5, 206n.9, 208, 210-211, 214, 216, 218-219, 221, 226, 228, 233-234, 237-278［第6章 passim］, 285-286, 286n.3, 287, 302-303, 315, 315n.5, 338, 364, 369, 369-370n.5, 372-373, 375-376, 417, 436, 453, 466, 535n.25, 542n.27, 547-548, 551-552, 554-555, 555n.9, 556, 561, 563
ヘラクレイトス⁽²⁾（ホメロス*注釈家の）Hēracleitos［後1世紀か．『ホメロス問題』のみが知られている　→出典個所索引］121n.12
ヘラクレス Hēraclēs 神 37-38
ヘラコン Hēracōn［ヘラクレイトス⁽¹⁾*の父？］237
ヘラニコス Hellanicos［レスボス島出身．前5世紀．神統記的著作の他にも多方面にわたり多数の著作があった．ただし，当該個所参照］37, 37n.17, 38
ヘリオス（太陽）Hēlios 神 22
ヘーリオペー（日輪）Hēliopē 神 404
ヘリオポリス Hēliopolis 地 21n.1
ペリクレス Periclēs［アテナイの黄金期を主導した軍人，民主派政治家．前495頃-429］444-446, 446n.2, 489
ペリパトス派 Peripatēticoi 6-7, 9, 25, 29, 35, 72, 107, 119n.10, 124, 130, 143-144, 156, 159, 173, 195, 240, 263, 424, 537
ペルシア Persis 地 78n.41, 238, 444, 510n.3
ペルセポネ Persephonē 神 47, 305, 402, 406
ヘルマルコス Hermarchos［ミュティレネ

出身．前4世紀半ば-3世紀前半．エピクロス*の弟子で，彼の学園の後継者］505-506

ヘルミッポス Hermippos［スミュルナ出身．前3世紀後半．カリマコス*の弟子で主としてアレクサンドリアで活動．歴史家兼伝記著作家］7, 69n.36, 284n.1, 292, 413

ヘルメイアス Hermeias［アレクサンドリア出身．後2世紀後半-3世紀前半．キリスト教思想家．著作に『異教哲学者を諷す』がある］35n.13

ヘルメス Hermēs 神 401

ヘルメス・トリスメギストス Hermēs Trismegistos［エジプトのトト神の異称で，その名に仮託された著作の大部分は，古資料によりながら後4世紀頃に書かれたものである］58n.29

ヘルモドロス Hermodōros［ヘラクレイトス[(1)]*の知人］238, 276n.33

ヘルモポリス Hermopolis 地 60

ペレキュデス[(1)]（シュロスの）Pherecydēs［前550頃．オルペウス教的神話思想家．最初期の散文著作家 →第1章第6節(B)］16, 34n.11, 41, 41n.21, 48, 52, 68, 68n.35, 69-74, 76-78, 78n.41, 80n.45, 81-82, 82n.46, 83, 83n.47, 83n.49, 84-86, 86n.52, 88n.53, 88n.54, 89, 89n.54, 90-95, 95n.58, 96, 110, 136n.4, 139n.7, 286, 292-293, 562

ペレキュデス[(2)]（アテナイの）Pherecydēs［前5世紀前半．歴史家．神統記的著作がある］68, 71

ペレキュデス[(3)]（レリア／レロスの）Pherecydēs［前4世紀か．『アッティカ史』を著わした歴史家］68

ヘレスポントス Hellēspontos 地 286

ヘレネ Helenē 神 42n.23, 277

ヘロディアノス Hērōdianos［アレクサンドリア出身．後2世紀半ば．文法家．主としてローマで活動．マルクス・アウレリウス*の師 →出典個所索引］74, 230, 233, 366n.1

ヘロドトス Hērodotos［ハリカルナッソス出身．前485頃-420頃．歴史家 →出典個所索引］19-20, 31n.9, 33, 44, 104, 104n.2, 105-106, 106n.4, 107-109, 110n.5, 111, 111n.7, 137, 139, 220, 286-290, 293, 298

ペロポンネソス（半島）Peloponnēsos 地 294, 446n.2, 447, 478, 563

ボイオティア Boiotia 地 104n.2

ボエティウス Boethius［ローマ出身．後480-524．政治家，哲学者．『哲学の慰め』で知られる →出典個所索引］425

ポコス Phōcos［サモス出身の天文学者．不詳］115-116

ポセイドニオス Poseidōnios［シリアのアパメア出身．前135頃-前50頃．中期ストア派の哲学者．アテナイでパナイティオスに学び，ロドスで学派を開いた］8, 123n.14, 270n.27, 284n.1, 537n.26

ポセイドン Poseidōn 神 24n.5, 406

ホメロス Homēros［前8世紀頃．叙事詩人 →出典個所索引］15-21, 22n.2, 23, 23n.4, 24, 24n.5, 25, 25n.6, 26-30, 32, 42n.23, 49, 51, 55n.28, 57, 58n.29, 66, 74-75, 75n.39, 75n.40, 76, 78n.42, 81, 86n.52, 87, 90-91, 93, 98, 102, 119, 123, 125, 127, 127n.17, 130n.20, 138, 145, 154-155, 179-180, 190, 200, 202, 207, 213, 215-216, 219-221, 222n.6, 223-225, 228-230, 233-234, 245n.6, 254, 254n.15, 266, 276, 282, 290, 314, 367n.2, 368, 380, 395, 403, 478, 525n.17, 554

ポリュクラテス Polycratēs［ピュタゴラス*時代のサモスの僭主．前540頃-522頃在位］133-134, 134n.1, 292-293

ポリュビオス Polybios［アルカディア地方のメガロポリス出身．前200頃-118頃．対ローマ戦に敗れたのち，主としてローマで活動．彼の『歴史』は，ローマの興隆を中心に論じている →出典個所索引］294, 297, 369n.5

ポリュムナストス Polymnastos［プレイウス出身．前4世紀のピュタゴラス派］412

629

ポルキュス Phorcys 神 26
ポルクス Pollux［エジプトのナウクラティス出身．後2世紀．主にアテナイで活動した後期ソフィスト．文法学者，弁論術教師．『語彙辞典』が伝存 →出典個所索引］217
ポルピュリオス Porphyrios［シュリアのテュロス出身．後234頃-304頃．新プラトン派哲学者．ローマでプロティノス*に学び，のちに師の著作を『エンネアデス』として編纂した →出典個所索引］5, 72, 80n.45, 82n.46, 134n.1, 250n.10, 251n.11, 285, 287, 292, 295, 300-301, 303, 305, 307, 315n.5, 398 404, 406-408, 484n.2, 544n.2
ボレアス（北風）Boreas 神 90
ポントス(1) Pontos 地 10
ポントス(2)（大海）Pontos 神 26, 47, 50-52, 52n.26
ポンペイウス・トログス Pompeius Trogus →ユスティヌス

マ 行

マクシモス（テュロスの）Maximos［フェニキアのテュロス出身．後125頃-185頃．プラトン哲学に親しんだギリシア弁論家・ソフィストで，主としてローマで活動 →出典個所索引］5, 85, 90-91, 93-94
マグナ・グラエキア Magna Graecia 地 43
マグネシア Magnēsia 地 125-126, 128, 490n.2
マクロビウス Macrobius［アフリカ出身のギリシア人か．後4-5世紀．ラテン文法家，著作家 →出典個所索引］268n.25, 305
マヅダ Mazda 神 78n.41
マルクス・アウレリウス Marcus Aurelius［ローマ皇帝．後161-80在位．著書に『自省録』がある］5
マルタ Malta 地 230 →メリテ
マルドゥク Marduk 神 48, 61, 92, 122
ミドン Midōn［アルケラオス*の父？］483

ミニュアス Minyas 神［神話伝説上オルコメノスの創建者，ミニュア族の祖］104n.2
ミムネルモス Mimnermos［コロポン出身．前630頃．エレゲイア詩人，音楽家 →出典個所索引］22
ミュケナイ Mycēnai 地 42n.23
ミレトス Milētos 地 44, 99, 102-109, 112, 114, 117, 133, 136n.4, 138-139, 139n.7, 141, 182, 184, 187-189, 206, 210, 232, 299, 446n.3, 483, 505-506, 543
——派 Milēsioi 15, 17, 76, 102, 152, 193, 211, 214, 218, 218n.1, 224, 229, 231, 235, 250, 260, 262-263, 280, 337, 384, 442, 506, 543, 548, 557
ミロン Milōn［クロトン出身．前5世紀後半．ピュタゴラス*の弟子で，古代ギリシアで最も名高い体育競技者］294
ムゥサ（ミューズ）Mousa 神 65, 233, 305, 369, 424
ムゥサイオス Mousaios［半ば伝説上の存在で，オルペウス*（教）と関係のある神話語り．神託で有名］29-31, 31n.9, 33, 38
ムスペルズヘイム Muspellsheim 神 54n.27
ムネサルコス Mnēsarchos［ピュタゴラス*の父］285-286, 292
ムネモシュネ Mnēmosynē 神 43
ムンム Munm 神 21n.1
メソポタミア Mesopotamia 地 20-21
メタポンティオン Metapontion 地 120n.11, 292, 297-298, 302n.15, 304
メッセネ Messēnē 地 71
メディア Mēdia 地 109, 214
メトロドロス（キオスの）Mētrodōros［前4世紀．デモクリトス*の弟子］527n.20
メトン(1)（アクラガスの）Metōn［エンペドクレス(2)*の父］363
メトン(2)（アテナイの）Metōn［アテナイ出身．前5世紀後半．天文学者．「メトン周期」で知られる］105
メノン Menōn［アリストテレス*の弟子．医学関係の学説誌を編纂］6, 412n.1, 413,

431n.17
メリアス Melias 神 62
メリッソス Melissos［哲学者 →第14章］145, 215-216, 223-224, 256n.17, 347, 361, 415n.5, 442-443, 448, 489-503［第14章 passim］, 506, 512, 512n.5, 513, 514n.7, 516, 520, 542, 547, 554
メリテ Melitē 地 230 →マルタ
メンフィス Memphis 地 79
モイラ（運命の女神）Moira 神 327
モデラトス Moderatos［ヒスパニア（スペイン）のガデス出身．後50頃-100頃．ピュタゴラス派についての著作がある］284

ヤ 行

ヤハウェ Yahweh 神 63n.33, 122
ユスティヌス Iustinus［年代・出自とも不詳（後3世紀頃か）．アウグストゥス期の歴史家・自然誌家ポンペイウス・トログスの散佚した『ピリッポス史』(Historiae Philippicae) の抄録作家として重要 →出典個所索引］295-296
ユッグドラシル Yggdrasil 神 88n.53
ヨセフス Iosephus Flavius［イェルサレム出身．後37-98頃．ユダヤ歴史家 →出典個所索引］37n.17, 284n.1

ラ 行

ラケシス Lachesis 神 38
ラケダイモン Lacedaimōn 地 133 →スパルタ
ラダマンテュス Rhadamanthys 神 307
ランギ Rangi 神 60, 63
ランプサコス Lampsacos 地 444-445, 447, 447n.4
リパイ（連山）Rhipai 地 204
リバイアサン Leviathan 神 122

リュコプロン Lycophrōn［エウボイア島のカルキス出身．前320頃-前3世紀半ば．アレクサンドリアで活動した文献学者，詩人］83n.49
リュシス Lysis［クロトン出身．前5世紀初め．初期ピュタゴラス派］294
リュディア Lydia 地 69, 109, 214
ルキアノス Loucianos［シュリアのサモサタ出身．後2世紀．弁論術，哲学を学び，対話体による多数の作品を著わした →出典個所索引］52
ルクレティウス Lucretius［前94頃-55頃．エピクロス派のアトミズム的世界を語った『事物の本性について』のほかは，ほとんど何も知られていない →出典個所索引］474, 530, 542
ルフス／ルゥポス Rufus/Rhouphos［エペソス出身．トラヤヌス帝時代（後98-117）頃を中心に，ローマで活動したギリシア人医師］545
レ（太陽神）Re 神 21n.1, 60-61, 79, 92
レー Rhē 神 79, 82n.46 →レア
レア Rhea 神 26-27, 41, 47, 64, 79, 82n.46, 89-90, 94, 305, 307 →レー
レウキッポス Leucippos［哲学者 →第15章］162, 164, 204, 211, 361, 418, 455, 483, 491, 499, 505-542［第15章 passim］, 546-547, 547n.3, 550, 550n.5, 557-558
レオン Leōn［初期ピュタゴラス派．不詳］429n.15
レオンティノイ Leontinoi 地 364
レギオン Rhēgion 地 120n.11, 294
レスボス Lesbos 地 37n.17
レリア（レロス）Leria 地 68
ロドス Rhodos 地 7, 59, 89, 108, 113, 557n.10
ロボン（アルゴスの）Lobōn［前2世紀（あるいは前3世紀か）．偽作者として知られる詩人］116, 216

B）人名（近・現代）

Allen, R. E.　322n.8, 331n.16, 336n.17, 425n.13, 463n.11
Alt, K.　210n.10
Bailey, C.　462, 507n.1, 532
Baldry, H. C.　175n.24
Barnes, J.　173n.22, 193, 221, 222n.5, 235n.11, 289, 347, 373, 414-415, 463n.11, 491n.4, 500n.11, 513n.6, 516n.9, 518n.10（訳注）, 521n.12, 549n.4
Barnett, R. D.　63n.34
Bergk, Th.　368n.3, 386n.15
Betegh, G.　45 訳注
Bidez, J.　88n.54
Blass, F.　83n.47
Bollack, J.　367n.2
Boyle, R.　193
Burkert, W.　45-46, 66, 283, 290n.6, 291n.8, 296, 298, 302n.15, 305, 412n.2, 413-414, 420, 425, 425n.12, 425n.13, 432n.18
Burnet, J.　114n.9, 121, 129, 134, 143, 161, 168, 196n.5, 218, 283, 310, 388, 448, 449n.6, 492n.5, 501, 506, 529, 545
Burnyeat, M. F.　327n.13
Calogero, G.　172n.20
Carratelli, G. Pugliese　43
Cherniss, H.　146n.10, 150, 157n.17, 432n.18, 535n.25
Cornford, F. M.　54-55, 58n.29, 59n.30, 145, 146n.9, 161, 172n.21, 174, 185, 283, 356n.4, 460, 469, 472n.20, 477
Covotti, A.　496n.7
Coxon, A. H.　313n.2
Cumont, F.　88n.54
Deichgräber, K.　232-234
Descartes, R.　312
Dicks, D. R.　106n.3

Diels, H.　8-9, 59n.30, 71n.37, 83n.47, 86, 86n.52, 107, 116, 146n.9, 176n.25, 179, 185, 188n.1, 190, 220n.2, 228n.9, 230, 232, 241, 249, 253n.14, 265n.22, 298n.11, 314n.3, 366n.1, 368n.3, 369n.4, 372n.6, 376n.9, 401, 484n.4, 486n.7, 531n.23, 533, 537n.26, 545, 556
Diller, H.　547n.3
Dodds, E. R.　16, 298n.12
Dover, K. J.　446
Emperius, A.　185n.29
Erbse, H.　81
Farnell, L. R.　84n.50
Förster, A.　396n.20
Fränkel, H.　275n.32, 336n.17, 346n.1, 368n.3
Frankfort, H.　16, 122n.13
Fritz, K. von　86, 86n.52, 87, 222n.6, 294n.9
Furley, D. J.　322n.8, 331-332n.16, 336n.17, 344, 423, 425n.13, 463n.11, 507n.1, 512n.4, 513n.6, 521n.12
Gaye, R. K.　349-350, 352
Gigon, O.　265n.22
Gomme, A. W.　490n.2
Gomperz, H.　73, 82n.46, 86
Gomperz, Th.　38n.19, 230
Grenfel, B. P. & Hunt, A. S.　82
Gurney, O. R.　16, 61, 63n.34, 92
Güterbock, H. G.　63n.34
Guthrie, W. K. C.　33, 193, 202n.7, 252n.11, 257, 262, 262n.20, 338n.18, 367n.2, 369, 374n.7, 392, 406, 431n.18, 507n.1, 521n.12
Hardie, R. P.　464, 499n.9
Harnack, A. von　88n.54
Heidel, W. A.　175n.24, 265n.22, 414n.3, 425n.13
Hermann, G.　407n.22

Herwerden, H. van 220n.2
Hölscher, U. 58n.29, 122n.13, 170-171, 336n.17
Hussey, E. 149
Jacoby, F. 68n.35
Jaeger, W. 16, 71n.37, 86n.52, 218
Jones, A. H. M. 449n.7
Kahn, Ch. H. 110, 136n.3, 139-140, 143, 146n.9, 149, 157n.16, 162, 176, 176n.25, 177, 180-182, 186n.30, 207n.9, 241n.3, 261n.20, 319n.7, 431, 446n.1
Karsten, S. 228n.9, 323n.9, 386n.14, 500n.11
Kerferd, G. B. 188n.1
Kern, O. 35n.12, 78n.41, 79n.43
Kirk, G. S. 16, 63n.34, 135n.3, 149, 255n.16, 259n.18, 264n.21, 318, 322n.8, 328, 331n.16, 344, 357, 359n.7, 373n.7, 431n.18, 529
Kranz, W. 40n.20, 556
Kroll, W. 40n.20
Laks, A. 45 訳注
Lear, J. D. 355
Lee, E. N. 332n.16
Lee, H. D. P. 356n.6
Lewis, I. M. 298n.12
Linforth, I. M. 33, 45
Lloyd-Jones, H. 230
Lobeck, Ch. A. 38n.19
Long, A. A. 331n.16
Lorimer, H. L. 75n.39, 75n.40
Mansfeld, J. 448n.5
Martin, A. 379 訳注
Merkelbach, R. 45
Meyer, B. E. 291n.8
Mondolfo, R. 86n.52
Morrison, J. S. 295-296, 336n.17
Most, G. W. 45 訳注
Mourelatos, A. P. O. 313n.2, 314n.3, 327n.13, 330n.15, 332n.16, 431
Neugebauer, O. 425
Newton, I. 522n.14
Nilsson, M. P. 42n.23

Nussbaum, M. C. 262n.20, 416n.7
O'Brien, D. 373n.7, 446n.1, 530n.22
Owen, G. E. L. 322n.8, 344
Page, D. L. 66-67
Parassoglou, G. M. 45, 45 訳注
Philip, J. A. 414, 425, 431
Pritchard, J. B. 16, 21n.1
Primavesi, O. 379 訳注
Raven, J. E. 318, 322n.8, 328, 331n.16, 344, 357, 359n.7, 373n.7, 431n.18, 529
Reale, G. 491n.4, 492n.5
Reinhardt, K. 323n.9, 336n.17
Reiske, J. J. 377n.10
Robertson, D. S. 273
Roeper, T. 176n.25, 484n.7
Ross, W. D. 167n.19, 283, 297-298, 300-301, 305-306, 353 訳注, 355n.2, 355n.3, 356n.5, 356n.6, 364, 384n.13, 422, 422n.11, 428n.14, 429-430, 445, 446n.1, 512n.4
Russell, B. 319, 361
Sandbach, F. H. 286n.4
Sanders, E. P. 291n.8
Scaliger, J. J. 445
Schmalzriedt, E. 491n.3
Schofield, M. 262n.20, 454n.9, 463n.11, 468n.16
Sedley, D. N. 522n.14
Sider, D. 448n.5
Snell, B. 127n.17, 249n.9
Snorri Sturluson 54n.27
Speiser, E. A. 21n.1
Stein, H. 369n.4
Stocks, J. L. 433, 435
Stokes, M. C. 468n.13, 507n.1, 513n.6, 521n.12
Strang, C. 463n.11
Sylburg, S. 220n.2
Tannery, P. 103n.1, 168
Taylor, A. E. 446, 448n.5
Theiler, W. 545
Thesleff, H. 285n.2

Thompson, D'Arcy 562
Tsantsanoglou, K. 45, 45 訳注
Verdenius, W. J. 272n.29
Vernant, J. P. 66
Vlastos, G. 58n.29, 157n.17, 172n.21, 174, 210n.10, 247n.8, 251n.11, 257, 259n.18, 265n.22, 268, 460, 509n.2, 527n.21
Vogel, C. J. de 414
Walbank, F. W. 294
Walzer, R. 265n.22, 545
Wasserstein, A. 111n.7
Webster, T. B. L. 88
Weil, H. 83n.47

West, M. L. 22n.2, 22n.3, 44, 66
Whitby, M. 149
Wiggins, D. 262n.20
Wilamowitz, U. von 33, 45, 68n.35, 78, 78n.41, 268, 401
Wilson, J. A. 21n.1, 122n.13
Woodbury, L. 448n.5
Wright, M. R. 366, 366n.1, 373n.7, 379n.12, 387n.16, 395n.18
Zeller, E. 87, 161, 197, 199n.6, 353 訳注, 455, 485n.6, 487n.10
Zuntz, G. 43-44, 287n.5, 366n.1, 402-403, 407n.23

著 者
ジェフリー・スティーヴン・カーク（Geoffrey Stephen KIRK, 1921-2003）
　前ケンブリッジ大学（トリニティ・カレッジ）古典学部教授
ジョン・アール・レイヴン（John Earle RAVEN, 1914-80）
　前ケンブリッジ大学（キングズ・カレッジ）古典学部講師・研究員
マルコム・スコフィールド（Malcolm SCHOFIELD, 1942-）
　現ケンブリッジ大学（セント・ジョンズ・カレッジ）古典学部教授
　［主要業績などについては「訳者あとがき」を参照されたい．］

訳 者
内山勝利
　京都大学名誉教授　1942年兵庫県生まれ
　京都大学大学院文学研究科博士課程単位取得退学
木原志乃
　國學院大学文学部教授　1969年大阪府生まれ
　京都大学大学院文学研究科博士課程修了、博士（文学）
國方栄二
　大阪大学非常勤講師　1952年大阪府生まれ
　京都大学大学院文学研究科博士課程修了、博士（文学）
三浦 要
　金沢大学人間社会学域人文学類教授　1958年山口県生まれ
　京都大学大学院文学研究科博士課程修了、博士（文学）
丸橋 裕
　兵庫県立大学看護学部教授を経て、現在、同志社大学大学院文学研究科嘱託講師　1954年大阪府生まれ
　京都大学大学院文学研究科博士課程修了、博士（文学）

ソクラテス以前の哲学者たち（第二版）

平成 18（2006）年 11 月 10 日　初版第一刷発行
令和 3（2021）年 5 月 15 日　初版第三刷発行

著　者	G・S・カーク J・E・レイヴン M・スコフィールド
訳　者	内山　勝利 木原　志栄 國方　栄二 三浦　要 丸橋　裕
発行人	末原　達郎
発行所	京都大学学術出版会 京都市左京区吉田近衛町69番地 京都大学吉田南構内（〒606-8315） 電話　075（761）6182 FAX　075（761）6190 http://www.kyoto-up.or.jp/ 振替　01000-8-64677
印刷・製本	亜細亜印刷株式会社

ⒸKatsutoshi Uchiyama, Shino Kihara, Eiji Kunikata, Kaname Miura
and Yutaka Maruhashi 2006.　　　　　　Printed in Japan
ISBN978-4-87698-688-0　　　定価はカバーに表示してあります

本書のコピー，スキャン，デジタル化等の無断複製は著作権法上での例外を除き禁じられています。本書を代行業者等の第三者に依頼してスキャンやデジタル化することは，たとえ個人や家庭内での利用でも著作権法違反です。